Schriften des Vereins für Socialpolitik

Gesellschaft für Wirtschafts- und Sozialwissenschaften

Neue Folge Band 63

SCHRIFTEN
DES VEREINS FÜR SOCIALPOLITIK
Gesellschaft für Wirtschafts- und Sozialwissenschaften
Neue Folge Band 63

Beiträge zu Wirtschaftswachstum
und Wirtschaftsstruktur
im 16. und 19. Jahrhundert

VERLAG VON DUNCKER & HUMBLOT
BERLIN 1971

Beiträge zu Wirtschaftswachstum und Wirtschaftsstruktur im 16. und 19. Jahrhundert

Herausgegeben von

Wolfram Fischer

VERLAG VON DUNCKER & HUMBLOT

BERLIN 1971

© 1971 Duncker & Humblot, Berlin 41

Gedruckt 1971 bei Berliner Buchdruckerei Union GmbH., Berlin 61

Printed in Germany

ISBN 3 428 02595 4

Vorwort

Der wirtschaftshistorische Ausschuß der Gesellschaft für Wirtschafts- und Sozialwissenschaften, den Prof. Dr. Dr. Friedrich Lütge, München, nach dem Zweiten Weltkrieg mitbegründete und viele Jahre lang leitete, stellte seine Aktivität mehr und mehr ein, nachdem 1961 die eigenständige, einen größeren Mitgliederkreis erfassende „Gesellschaft für Sozial- und Wirtschaftsgeschichte" gegründet und Friedrich Lütge zu ihrem ersten Vorsitzenden gewählt worden war. Damit gab die Wirtschaftsgeschichte ihre Repräsentanz innerhalb der Berufsorganisation der deutschsprachigen Wirtschaftswissenschaftler auf, und ein Diskussionsforum ging verloren, um wirtschaftswissenschaftliche Probleme und Methoden auf dem Gebiet der Geschichte zu erproben. Im Frühjahr 1967 drängte mich daher der Vorstand der Gesellschaft für Wirtschafts- und Sozialwissenschaften, den Versuch der Gründung eines neuen Ausschusses zu unternehmen. Eine Umfrage bei den nationalökonomisch orientierten Wirtschaftshistorikern in der Bundesrepublik, Österreich und der Schweiz ergab, daß das Interesse an der Wiederbelebung eines solchen Ausschusses groß genug sein würde, um den Versuch aussichtsreich erscheinen zu lassen. Am 27. September 1968 konstituierte sich der neue Ausschuß und hielt seine erste Arbeitstagung im Institut für Wirtschafts- und Sozialgeschichte der Freien Universität Berlin ab. Ihr folgten weitere Tagungen am gleichen Ort im Juni 1969 und im April 1970.
Es erschien zweckmäßig, die Mitglieder zunächst nicht auf ein gemeinsames Thema zu verpflichten, sondern innerhalb eines weiten Rahmenprogramms diejenigen Teilnehmer zu Worte kommen zu lassen, die eigene Forschungsansätze aufzuweisen hatten und zu diskutieren wünschten. Zeitlich ergaben sich dabei zwei Schwerpunkte, das 16. und das 19. Jahrhundert. Thematisch lassen sich alle Arbeiten als Beiträge zur Frage nach Wirtschaftsstruktur und Wirtschaftswachstum fassen. Die meisten der auf den drei ersten Sitzungen diskutierten Referate werden hiermit zusammen vorgelegt. Einige Arbeiten konnten leider nicht aufgenommen werden, da sie schon an anderer Stelle veröffentlicht worden sind.

Nachdem die zweijährige Aufbauphase gezeigt hat, daß der neue Ausschuß lebensfähig ist und daß sich, besonders unter der jüngeren Generation der Wirtschaftshistoriker, gemeinsame Interessenschwerpunkte herausbilden, konnte der neue Vorsitzende des Ausschusses, Prof. Dr. Harald Winkel, Aachen, die Sitzung des Jahres 1971 erstmals unter einem gemeinsamen Thema (Wirtschaftshistorische Probleme der Weimarer Republik) vorbereiten. Damit schließt sich der wirtschaftshistorische Ausschuß der Übung der anderen Ausschüsse der Gesellschaft an.

Ich danke den Autoren der folgenden Aufsätze für ihre Kooperation und Ass. Prof. Dr. Czada, Berlin, für seine redaktionelle Mitarbeit bei der Herausgabe dieses Bandes.

All Souls College, Oxford, im März 1971

Wolfram Fischer

Inhalt

Die Wandlungen der Preis- und Lohnstruktur während des 16. Jahrhunderts in Deutschland

Von *Diedrich Saalfeld*, Göttingen

Zum engeren und wichtigen Aufgabenbereich der preishistorischen Forschung gehört die Untersuchung

1. der Preisentwicklung,

2. des Preisgefälles und

3. der Preisstruktur.

Die Preisgeschichte befaßt sich demnach 1. mit dem zeitlichen und 2. mit dem räumlichen Vergleich bestimmter Preise und Löhne oder des gesamten Preisniveaus. Schließlich sind 3. die Relationen zwischen den einzelnen Preisen oder bestimmten Preisgruppen für die Deutung ökonomischer Zusammenhänge von besonderer Wichtigkeit[1]. Aus dem Bereich des dritten Aufgabenkreises sollen in dieser Studie besonders die Auswirkungen der Preisstrukturveränderungen auf die Lebenshaltungskosten städtischer Lohnarbeiter untersucht werden. Vom Material her haben sich dafür einige interessante Aspekte ergeben.

Die Tendenzen der Strukturwandlungen lassen sich bereits aus der langfristigen Preisentwicklung ableiten. Um diese anschaulich darzustellen, sind in Abbildung 1 die Preise für die einzelnen auf den städtischen Märkten gehandelten Waren zu 25jährigen Durchschnitten zusammengefaßt und auf den Mittelwert der Jahre 1501 bis 1525 bezogen worden[2].

Erfaßt wurden Waren aus acht Städten. Die auf die Basisperiode bezogenen Preise aus diesen Orten wurden zu einer Indexreihe für Deutschland zusammengefaßt. Aufgenommen wurden davon in das Schaubild nur die Waren, für die Preisreihen aus mindestens vier Städten vorlagen. Einige Ausnahmen wurden allerdings gemacht, zumal die Anschaulichkeit der graphischen Darstellung dadurch nicht litt. So lagen für Wein und Nägel lediglich drei und für Reis und Ochsen sogar nur zwei Preisreihen vor. Für alle anderen in der Anlage 1 nicht aufgeführten Waren sind nur einzelne Zeitreihen, sporadische Angaben oder überhaupt keine Preise veröffentlicht worden. Die Abbildung vermittelt damit gleichzeitig einen Überblick über die Quellenlage.

---

[1] Vgl. *W. Abel*, Preis-, Lohn- und Agrargeschichte. (Sonderband 3 der Zeitschrift für Agrargeschichte und Agrarsoziologie „Wege und Forschungen der Agrargeschichte" — Festschrift zum 65. Geburtstag von Günther Franz). Ffm. 1967, S. 74 f.

[2] Quellennachweise und Erläuterungen zu Abb. 1. s. Anlage 1.

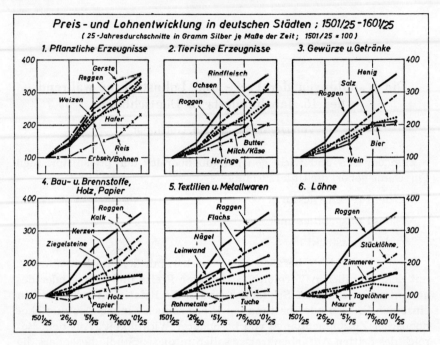

Abb. 1

Die aus der preishistorischen Forschung bekannten Entwicklungen
gehen auch klar aus der graphischen Darstellung hervor[3]. Danach erfuhren die Getreidepreise vom ersten Quartal des 16. bis zum ersten Quartal
des 17. Jahrhunderts den größten Preisaufschwung; er betrug im Mittel der erfaßten Städte das 3,3- bis 3,6fache des Basiswertes. Bei den übrigen Nahrungsgütern blieb der Steigerungsfaktor mit 2,5 bis 3,2 hinter
dem Getreide zurück; am niedrigsten wurde er in dieser Gruppe für den
Heringspreis mit 2,0 ermittelt.

Aus dem 16. Jahrhundert sind mit Ausnahme des Herings Fischpreise
noch recht lückenhaft überliefert. Es ist daher fraglich, ob der Hering
als preisgünstiger Eiweißlieferant unter den Fischen als typisches Beispiel für die übrigen Fischereierzeugnisse angesehen werden kann. Während zum Beispiel in München von 1551/60 bis 1591/1600 der Preis für
Rindfleisch um 60 v. H. zunahm, stieg er für Lachs um 69 v. H., für
Heringe um 39 v. H. und für Karpfen lediglich um 21 v. H. an. In der

---

[3] Besonders verwiesen sei auf W. *Abel*, Agrarkrisen und Agrarkonjunktur.
Eine Geschichte der Land- und Ernährungswirtschaft Mitteleuropas seit dem
hohen Mittelalter. 2. Aufl., 1966, sowie F. P. *Braudel* und F. *Spooner*, Prices in
Europe from 1450 to 1750. (The Cambridge Economic History of Europe,
vol. IV, 1967, S. 374—486).

Tendenz wiesen die Heringe und Karpfen in Augsburg und Würzburg die gleiche Preisentwicklung auf[4].

Von allen anderen erfaßten Waren erreichten nur noch die Preise für Salz, Flachs, Kalk und Kerzen einen Indexwert von 250 und etwas darüber. Bei diesen vier handelt es sich um Güter, die aus Agrarerzeugnissen oder anderer Urproduktion gewonnen wurden und nur einen geringen Grad der gewerblichen Verarbeitung oder technischen Aufbereitung besaßen. Damit ist schon angedeutet, daß sich bei diesen — wie auch bei den vorher genannten Agrarerzeugnissen — die unterschiedlichen, aber doch hohen Preissteigerungen auf ihre geringe Angebots- und Nachfrageelastizität zurückführen lassen.

Die Gewerbeerzeugnisse hatten im Vergleich zu den Agrarprodukten einen weit geringeren Preiszuwachs zu verzeichnen; deren Indices überschritten im behandelten Zeitraum selten den Wert von 200. Wenn bei diesen Waren meistens auch nur Preisüberlieferungen aus vier bis fünf der herangezogenen acht Städte vorhanden und diese selbst wiederum lückenhafter waren als bei den Nahrungsgütern, so kann doch eine Feststellung getroffen und verallgemeinert werden: In dem wichtigsten Gewerbezweig des 15. bis 18. Jahrhunderts, dem Textilgewerbe, stiegen die Rohstoffe in der zweiten Hälfte des 16. Jahrhunderts stärker im Preise an als die verarbeiteten Produkte (Leinwand, Barchent, Laken, Zwillich und Drillich). Dies wird auch die Lohnentwicklung der Textilarbeiter gehemmt haben. Im Metallgewerbe dagegen erfuhren die Fertigwaren während des gesamten Zeitraumes einen erheblich stärkeren Preisauftrieb als die Rohmetalle. Die Veröffentlichungen sind in diesem Fall aber so mangelhaft, daß generelle Aussagen nicht möglich sind.

Die Löhne blieben im 16. Jahrhundert über lange Zeit konstant und bei den wenigen Lohnerhöhungen war die Zuwachsquote erheblich geringer als bei den Warenpreisen. Bei den wenigen überlieferten Lohnreihen scheint sich nach Schaubild 1 auch die These[5] zu bestätigen, daß die ungelernten Arbeiter in Zeiten starker Bevölkerungszunahme in der Lohnentwicklung hinter den gelernten Fachkräften zurückstehen mußten. Eine Überprüfung des Quellenmaterials konnte diese Vermutung allerdings nicht bestätigen. Bei *van der Wee*[6], der wohl die beste Preis- und Lohnstudie sowie Materialveröffentlichung für eine einzelne Stadt — und zwar der bedeutenden Handelsmetropole Antwerpen —

---

[4] *M. J. Elsas*, Umriß einer Geschichte der Preise und Löhne in Deutschland, Bd. I, 1936, S. 566 ff.

[5] Vgl. *W. Krelle*, Art. „Lohn: (I) Theorie", (Handwörterb. d. Sozialwiss., 7. 1961, S. 1—16).

[6] *H. van der Wee*, The Growth of the Antwerp Market and the European Economy (fourteenth—sixteenth centuries). I. Statistics, 1963, S. 333—475.

geliefert hat, verlaufen die Löhne im 16. Jahrhundert weitgehend gleich-
förmig. Dasselbe geht für die Lohnarbeiter aus Abbildung 2 hervor[7]:

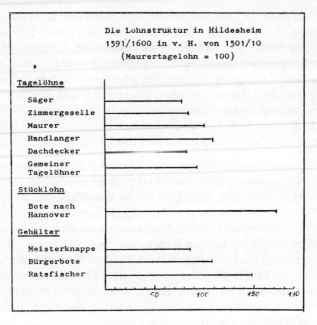

Abb. 2

Von den zehn Lohnempfängern haben fünf (Säger, Zimmerer, Dachdecker, Gemeiner Tagelöhner und Meisterknappe = Müllergeselle) vom
Beginn bis zum Ausgang des 16. Jahrhunderts in etwa die gleiche Steigerung der Barlöhne erhalten, wobei der ungelernte (gemeine) Tagelöhner sogar noch den größten Zuwachs erhielt. Die übrigen beiden Ge-
hälter und der Botenlohn sind hiermit nicht vergleichbar, weil sich mit
großer Wahrscheinlichkeit im Laufe des Jahrhunderts Änderungen in
der Zusammensetzung von Barlohn, den Nebeneinnahmen und Depu-
taten ergeben haben[8]. Ohlmer hat aber nur die Barlöhne ausgewiesen.
Ebenso sind Wandlungen in den Aufgabenbereichen zu vermuten. Unter
den sechs Gruppen von Tagelöhnern heben sich die Maurer und Hand-
langer von den übrigen ab, zu deren Gunsten sich die Bargeldentloh-
nung verschoben hat. Während die Maurergesellen 1501/10 im Durchschnitt 22 v. H. weniger verdienten als die Zimmergesellen, wurden sie
1591/1600 um 13 v. H. besser bezahlt als diese. In anderen Städten lassen

---

[7] A. Ohlmer, Die Preisrevolution des 16. Jahrhunderts in Hildesheim.
Rechts- u. staatswiss. Diss., Würzburg (1921), Tabellenanhang II, S. 269 ff.

[8] F. Bothe, Beiträge zur Wirtschafts- und Sozialgeschichte der Reichsstadt
Frankfurt. Leipzig 1906, S. 10 f.

sich diese starken Verschiebungen nicht nachweisen. Wenn sie in Hildesheim nicht auf einer unzureichenden Quellenüberlieferung beruhen[9], so
müßte hier im 16. Jahrhundert eine besondere Konjunktur im steinver-
arbeitenden Baugewerbe entstanden sein.

Zum Abschluß der Ausführungen über die stark divergierenden Preis-
und Lohnbewegungen sind zwei für die wirtschafts- und sozialwissenschaftliche Forschung besonders günstige Fakten der preishistorischen
Quellenlage hervorzuheben.

1. Für das wichtigste Konsumgut der vorindustriellen Zeit, das Brotgetreide[10], sind die Preise in großer Fülle überliefert und auch schon in
großer Zahl publiziert worden, so daß man mit großer Sicherheit überprüfen kann, ob die Preisüberlieferungen einen Sonderfall darstellen
oder der allgemeinen wirtschaftlichen Entwicklung entsprechen[11]. Dem
Getreidepreis kommt damit aber nicht nur für den Preisvergleich eine
besondere Bedeutung zu, sondern er kann als der Grundpreis aller vorindustriellen Wirtschaft angesprochen werden. Bei dem geringen Einkommen der großen Masse der vorindustriellen — auch der bäuerlichen — Bevölkerung bestimmte der Getreidepreis durch den lebensnotwendigen hohen Getreideverbrauch vorweg die Ausgabenstruktur
der Haushalte und damit schon weitgehend die Konsummöglichkeiten.

2. Auf der anderen Seite bieten sich die Tagelöhne der Bauhandwerker
als Grundlage für die Berechnung der Einkommen der unselbständigen
Lohnarbeiter an. Die gelernten Bauarbeiter — vor allem die Maurer-
und Zimmergesellen — waren neben wenigen anderen Arbeitern weitgehend Empfänger von Barlöhnen, aus „denen sie den gesamten Lebensunterhalt für sich und gegebenenfalls für ihre Familie" bestreiten mußten, wie schon *E. Maschke*[12] für das Mittelalter festgestellt hat.

Diese beiden Grunddaten wurden von den Klassikern der Wirtschaftsgeschichte miteinander verglichen, um die Höhe des Real- oder

---

[9] *Ohlmer*, (S. 270, s. Anm. 7) hat in den Tabellen nur zehnjährige Durchschnitte aufgeführt und in Tabelle 89 Maurer, Steindecker und Stoßer zusammengefaßt. Es läßt sich nicht nachprüfen, ob in den Lohnreihen vielleicht
unterschiedlich bezahlte Arbeitsleistungen enthalten sind.
[10] In Mitteleuropa ist es der Roggen, in den westlichen und südlichen Ländern der Weizen. Im alemannischen Siedlungsraum kam der Dinkel hinzu.
Elsas (s. Anm. 4) hat auch Preisreihen für Dinkel (Fesen) aus Augsburg, für
Spelz aus Speyer und für Kern aus München (bis 1678) überliefert.
[11] Die Dichte der Getreidepreisüberlieferungen läßt schließlich auch eine
Überprüfung der Angaben über die Münz- und Währungsverhältnisse zu.
Vgl. *D. Saalfeld*, Die Produktion und Intensität der Landwirtschaft in Deutschland und angrenzenden Gebieten um 1800. (Z. f. Agrargesch. u. Agrarsoz.,
15. 1967, S. 165 f.).
[12] *E. Maschke*, Die Unterschichten der mittelalterlichen Städte Deutschlands.
(Gesellschaftliche Unterschichten in den südwestdeutschen Städten = Veröff.
d. Komm. f. geschichtl. Landeskunde in Baden-Württemberg, B 41, 1967, S. 32).

Kornlohnes zu berechnen. *Brown* und *Hopkins*[13] sind einen Schritt weitergegangen und haben den Bauarbeiterlöhnen ein ganzes Bündel von Warenpreisen gegenübergestellt. Dessen Zusammensetzung entsprach allerdings in etwa den Konsumgewohnheiten der Bevölkerung um 1900[14]. Um die Kaufkraftentwicklung im 16. Jahrhundert darzustellen, wurde hier *Scholliers*[15] gefolgt und die Prämisse gemacht, daß die Lohnempfänger von ihrem Geldlohn zunächst den lebensnotwendigen Bedarf für sich und ihre Familie decken mußten, allem voran den Nahrungsbedarf. Dieser wurde über die Kalorienrechnung in Ansatz gebracht[16].

Die für die Berechnung in Abb. 3 unterstellten Konsummengen, die als Mindestbedarf für eine fünfköpfige Arbeiterfamilie angesehen werden können, gehen aus Anlage 3 hervor. Sie wurden zunächst für den gesamten Zeitraum unverändert beibehalten und mit den jeweiligen Jahrespreisen bewertet.

Für die Auswahl mußte weitgehend auf die Quellenlage Rücksicht genommen werden. Dabei hatte Augsburg von den deutschen Städten noch die beste Überlieferung aus dem 16. Jahrhundert aufzuweisen[17]. Dieses gilt ganz besonders für die Löhne der Bauhandwerker. Es konnten die Löhne sowohl der Maurer- als auch der Zimmergesellen herangezogen werden. Da sie weder in der Höhe noch in der Entwicklung nennenswerte Unterschiede aufwiesen, wurden für die nachfolgenden Darlegungen nur die Tagelöhne der Maurer berücksichtigt. In den Warenkorb der Familie konnten nur wenige Güter des täglichen Bedarfs aufgenommen werden. So mußte der Roggen als Repräsentant für alle Getreideprodukte (Brot, Nährmittel, Bier u. a.), das Butterschmalz für die tierischen Fette und dieses zusammen mit den Erbsen für andere Nahrungsmittel, die preiselastischer auf Nachfrageänderungen reagierten als das Brotgetreide, dienen. Schließlich war das Fleisch von den tierischen Eiweißträgern das verbreitetste Konsumgut der Zeit. Die unterstellten Kon-

---

[13] *Phelps Brown*, E. H. a. *S. Hopkins*, Seven Centuries of the Prices of Consumables Compared with Builder's Wage-Rates (Economica, 36. XXIII, 92, 1956, S. 296 ff.).
[14] *F. P. Braudel* u. *F. Spooner*, (s. Anm. 3), S. 427 ff. *D. Saalfeld*, Die Bedeutung des Getreides für die Haushaltsausgaben städtischer Verbraucher in der zweiten Hälfte des 18. Jahrhunderts. (Schriftenreihe f. ländl. Sozialfragen, 44, „Landwirtschaft und Gesellschaft in Geschichte und Gegenwart" = Festschrift Wilhelm Abel, 1964, S. 37 f.).
[15] *E. Scholliers*, Loonarbeid en honger. De levensstandaard in de XVe en XVIe eeuw te Antwerpen. 1960.
[16] S. Anlagen 3 u. 4. Mit ähnlicher Fragestellung wurde die Kaufkraftentwicklung von Leipziger Bauarbeiterlöhnen für die Zeit von 1780 bis 1850 dargestellt (vgl. *D. Saalfeld*, Handwerkereinkommen in Deutschland vom ausgehenden 18. bis zur Mitte des 19. Jahrhunderts. Ein Beitrag zur Bewertung von Handwerkerlöhnen in der Übergangsperiode zum industriellen Zeitalter; in: Handwerksgeschichte in neuer Sicht = Göttinger Handwerkswirtsch. Studien, 16. 1970, S. 65—115).
[17] Vgl. *F. P. Braudel* u. *F. Spooner* (s. Anm. 3, S. 482, Fig. 32), die für die Darstellung der Reallöhne und Lebenshaltungskosten aus Deutschland auch Augsburg herangezogen haben.

summengen[18] entsprechen ungefähr dem Pro-Kopf-Verbrauch der deutschen
Bevölkerung um 1800. Dabei muß betont werden, daß dieser Ansatz für den
Nahrungsbedarf tatsächlich nur die notwendigsten Bedürfnisse befriedigen
konnte. Bei besseren Einkommensverhältnissen — z. B. bei eigenem Garten-
besitz mit Gemüse- und Leguminosenanbau und eigener Viehhaltung — wird
sich der Verbrauch mehr zu den tierischen Produkten und beim Rückgang der
Einkommen zu dem je Nährwerteinheit billigeren Brotgetreide verschoben
haben.

Für die Gewerbeerzeugnisse sind aus Augsburg nur wenige Preisreihen
überliefert worden. Der unterstellte Leinwandverbrauch ist stellvertretend
für den persönlichen Bedarf der einzelnen Familienmitglieder an Textilien
und anderen Waren, die während des 16. Jahrhunderts relativ gering im Preise
gestiegen sind, gesetzt und daher auch recht hoch angegeben worden. Das
Holz soll die Wohnungs- und Heizungskosten und die Kerzen sollen andere
Haushaltsbedürfnisse abgedeckt haben. Aus Augsburg sind allerdings nur
Preise für recht grobe Leinwand — „zwilch in säcken"[19] — vorhanden.

Ein Preisvergleich mit anderen Städten ergab, daß sich der grobe Sackzwilch
zu Leinwandsorten für Kleidungszwecke im Preis etwa wie 1 : 2 verhielt. So
bertrugen in München die Ellenpreise für Sackzwilch im 16. Jahrhundert
durchschnittlich 24,1 und für „Federrid Leinwand" 49,0 denare[20]; in Frankfurt
am Main kostete das „Sackleinen" zwischen 1501 und 1572 im Mittel 10,4, das
„Hausmachertuch (Inkus)" 21,0 und der Ulmer Barchent, der auch als „Bürger-
meisterbarchent" bezeichnet wurde, 32,4 Pfennige je Elle[21]. Der Augsburger
Zwilch wurde daher mit dem doppelten Marktpreis in Ansatz gebracht, womit
der Preis der üblichen Leinwandsorten für die häusliche Wäsche- und Klei-
dungsherstellung richtig erfaßt sein dürfte. Brennholzpreise liegen aus Augsburg erst ab 1522 vor, die im darauffolgenden Jahrzehnt 62,6 denare je Reif
betrugen. In der gleichen Zeit kostete 1 Schock 14schuhiger Bretter 181 Pfennige. Für die Zeit von 1501 bis 1521 wurde daher der Brennholzpreis gleich
einem Drittel des Wertes von einem Schock Bretter in Rechnung gestellt.

Nach den soeben erläuterten Ansätzen erreichten die Leinwand und
das Holz entsprechend der unterschiedlichen Preisentwicklung einen
Wertanteil von jeweils 9—5 v. H. und die Kerzen von 1—2 v. H. der als
Mindestaufwand anzusprechenden Haushaltsausgaben[22].

Die mit den jeweiligen Jahrespreisen bewerteten Konsummengen
wurden dem vermutlichen Jahresverdienst des ganz für Bargeld arbeitenden Maurergesellen gegenübergestellt. Dabei wurde davon ausgegangen, daß der Maurer insgesamt 260 Tage im Jahr beschäftigt war, und
zwar 190 im Sommer und 70 Tage im Winter. Nach *Scholliers*[23] arbeiteten die Bauhandwerker in Antwerpen im 15./16. Jahrhundert den
Sommer über 189 und im Winter 75 Tage. Dieselbe Zahl von 264 Arbeits-

---

[18] *D. Saalfeld*, Die Bedeutung des Getreides . . . (Anm. 14), S. 28.
[19] *M. J. Elsas*, (Anm. 4), I, S. 413 f.
[20] *M. J. Elsas*, I, S. 333 f.
[21] *M. J. Elsas*, II A, S. 215 f. u. 221.
[22] Vgl. Tabelle 1, S. 18.
[23] *E. Scholliers*, (s. Anm. 15), S. 03.

tagen ist für 1844 aus Frankreich überliefert[24]. Während also bei der Ermittlung der Kaufkraft als variable Wertgrößen die jährlichen Durchschnittspreise und -löhne eingingen, wurden die als Mindestbedarf angesetzten Mengen für den gesamten Zeitraum zunächst unverändert beibehalten. Errechnet wurde die Kaufkraft der Geldlöhne gegenüber den lebensnotwendigen Bedürfnissen, indem der Wert des jährlichen Haushaltsbedarfs einer fünfköpfigen Maurerfamilie durch den Jahreslohn des Maurergesellen dividiert wurde.

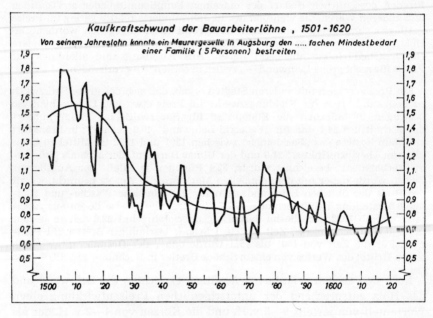

Abb. 3

Als besonders auffälliges Ergebnis ist hervorzuheben:

1. Bei langfristiger Betrachtung besaßen die Bauarbeiterlöhne in den ersten drei Jahrzehnten des 16. Jahrhunderts mit einem Indexwert von 1,5—1,4 eine hohe Kaufkraft. In den dreißiger Jahren ist ein steiler Abfall der Kaufkraft zu verzeichnen und im dritten Quartal des 16. Jahrhunderts pendelten die Indices um den Wert 0,85. Nach einer spürbaren Aufbesserung zwischen 1575 und 1585 mit einem Index von 1,0 sank die Kaufkraft der Geldlöhne in den Jahrzehnten vor und nach der Jahrhundertwende allmählich auf Indexwerte von 0,8 bis 0,7 ab. In den drei Jahrzehnten vor dem Dreißigjährigen Kriege konnte nach diesen Be-

---

[24] K. von Tyska, Löhne und Lebenshaltungskosten in Westeuropa im 19. Jahrhundert. 1914, S. 6.

rechnungen ein Augsburger Geselle im Bauhandwerk von seinem Lohn die notwendigen Lebenshaltungskosten einer fünfköpfigen Familie nur zu drei Vierteln decken[25].

2. Die großen Schwingungen von Jahr zu Jahr in der Entwicklung der Reallöhne sind vor allem auf die stark schwankenden Roggenerträge und -preise zurückzuführen; denn der Roggen ist in dem Haushaltsbudget anfangs mit 41 v. H. und am Ende des 16. Jahrhunderts mit 52 v. H. des Marktwertes vertreten[26]. Entsprechend dem Erntezyklus der vorindustriellen Zeit[27] kehrt in der jährlichen Reallohnkurve alle 7 bis 12 Jahre ein Maximum (erstmals 1505) oder Minimum (erstmals 1502) wieder. Das absolute Maximum erreicht sie 1505 mit einem Index von 1,76 und das absolute Minimum während des Untersuchungszeitraumes im Jahre 1614 mit 0,59, welches auf gleich tiefem Niveau wie der Index im Mißerntejahr von 1571 (0,60) liegt. Es sei besonders darauf hingewiesen, daß eine Reihe aufeinanderfolgender „wohlfeiler" Jahre die Reallöhne in den ersten drei Jahrzehnten, in den fünfziger Jahren und zwischen 1575 und 1585 spürbar verbesserte, während in der übrigen Zeit der Quotient aus dem Jahreslohn und den Lebenshaltungskosten durch eine Reihe von Teuerungsjahren in der Tendenz abfiel.

3. Durch die unterschiedliche Preissteigerung ergab sich in der wertmäßigen Zusammensetzung des Familienbedarfs eine Verschiebung zu den Nahrungsgütern, insbesondere zu dem unelastisch nachgefragten Brotgetreide. Während die Lebensmittel 1501/10 insgesamt 77 v. H. des Haushaltsbudgets beanspruchten, waren es 1591/1600 sogar 86 v. H. Der

---

[25] Einen ähnlich starken und gleichläufigen Fall der Reallöhne haben E. H. P. *Brown* und S. *Hopkins* (s. Anm. 13) für das südliche England und nach den gleichen Berechnungsmethoden F. P. *Braudel* und F. *Spooner* (s. Anm. 3) für Wien und Valencia dargestellt. F. M. *Ress* (Zur Entwicklung der Lebensmittelpreise, der Löhne und des Realeinkommens von 1554 bis zum Jahre 1660; in: Schmollers Jb., 82, 1962, S. 191 ff.) dagegen stellt für die Arbeiter eines südostbayerischen Eisenhüttenwerkes „als vielleicht wichtigste Erkenntnis" seiner Studie fest, daß der „Lebensstandard der in Lohn und Brot stehenden Arbeiter bis zum Beginn des 17. Jahrhunderts keineswegs so rapide abgesunken" sei, wie bisher allgemein angenommen worden sei. Es ist dabei zu bemerken, daß die Brotpreise je Laib — wie auch die Löhne — in dem Hüttenwerk, das seinen Arbeitern Lebensmittel und andere Güter keineswegs zu sozialen Preisen verkauft habe (S. 190), in der zweiten Hälfte des 16. Jahrhunderts konstant geblieben waren, während das Brotgetreide im Preis etwa auf das 2 1/2fache gestiegen war. Wenn es sich bei der Festsetzung des Brotpreises nicht um eine soziale Maßnahme handelte, ist vielleicht zu überprüfen, ob die Gewichte der Brote nicht auch reziprokproportional zu den Brotpreisen variiert — bei steigenden Getreidepreisen also vermindert — wurden, wie es die städtischen Bäcker entsprechend den Brottaxen taten.
[26] Vgl. unten Tab. 1, S. 18.
[27] H.-H. *Wächter*, Ostpreußische Domänenvorwerke im 16. und 17. Jahrhundert (Beihefte z. Jb. d. Alb.-Univ. Königsberg/Pr., XIX); 1958, S. 125 ff., W. G. *Hoskins*, Harvest Fluctuations and English Economic History, 1480 bis 1619 (Agric. Hist. Rev., XII. 1964, S. 28—46).

Wertanteil der Gewerbeerzeugnisse ging ständig zurück, und zwar von 20 v. H. in dem ersten auf 12 v. H. in dem letzten Jahrzehnt des 16. Jahrhunderts, wie aus Tabelle 1 hervorgeht.

Tabelle 1

Zusammensetzung des lebensnotwendigen Haushaltsbedarfs im 16. Jahrhundert
(in v. H. des Marktwertes in Augsburg)

Zeit	Roggen 1	Erbsen 2	Butter 3	Rindfleisch 4	Sa. 1—4
1501/10	40,8	7,0	17,8	11,1	76,7
1551/60	43,1	6,1	17,7	13,4	80,3
1591/1600	52,3	5,9	15,0	12,5	85,7
16. Jh.	47,0	6,9	16,4	11,4	81,7

Zeit	Salz 5	Leinwand 6	Holz 7	Kerzen 8	Sa. 6—8
1501/10	3,1	9,3	9,6	1,3	20,2
1551/60	2,3	7,5	8,1	1,8	17,4
1591/1600	2,1	5,4	5,8	1,0	12,2
16. Jh.	2,3	7,6	7,2	1,2	16,0

Quelle: M. J. ELSAS (s. Anm. 4).

Wenn man den Kaufkraftschwund der Geldlöhne im 16. Jahrhundert nach klassischem Maßstab des Kornlohnes mißt, so konnte ein Maurergeselle in Augsburg für seinen Sommertagelohn

     1501/10   17,2,

     1551/60   9,3 und

     1591/1600   7,5 kg Roggen kaufen.

Schmoller hielt diesen Maßstab sogar 1914 noch für relevant und hat nach den Ergebnissen der von ihm sehr stark geförderten Sozialforschungen[28] anhand der Kornlöhne eine Skala über die Kaufkraft der Arbeiterwochenlöhne aufgestellt, die „früher wie heute die tatsächlichen Abstufungen in der Lebenslage im ganzen richtig" kennzeichnete[29]. Ergänzt man *Schmollers* Übersicht, indem die zu der Zeit übliche Sechstagewoche zugrunde gelegt wird, so ergeben sich folgende Abstufungen in der Bewertung des Kornlohnes hinsichtlich der Bedürfnisse einer Familie:

[28] *C. Brinkmann*, Art. „Schmoller, Gustav" (Handwörterb. d. Sozialwiss., 9. 1956, S. 135 ff.).
[29] *G. Schmoller*, Die Tatsachen der Lohnbewegung in Geschichte und Gegenwart (Schmollers Jb., 38, 1914, S. 529).

Tabelle 2

Bewertung des Kornlohnes (nach Schmoller)

Lohn in kg Roggen je Woche	Tag	Kennzeichnung
15 — 24	2,5 — 4	Hungerlohn
50 — 60	8 — 10	dürftig
90 — 120	15 — 20	ausreichend

Danach erhielten die gelernten Bauarbeiter[30] zu Anfang des 16. Jahrhunderts einen für eine fünfköpfige Familie voll ausreichenden Barlohn; am Ende des Jahrhunderts war er nach *Schmollers* Skala dürftig, unter Zugrundelegung des in der Anlage 3 zusammengestellten Mindestbedarfs ganz unzureichend. Durch den Vergleich der Kaufkraft von Bauarbeiterlöhnen gegenüber dem Getreide und anderen Gütern des täglichen Bedarfs in anderen Städten wird diese Aussage erhärtet (vgl. Anlage 2). Diese Ergebnisse kann man unter Vernachlässigung der Bedenken gegen Generalisierungen[31] verallgemeinern und gelangt für Deutschland zu

Tabelle 3

Ein Geselle im Bauhandwerk konnte für den Lohn eines Sommertages kaufen

Ware	Anfang des 16. Jahrhd.	Ende	Ende des 16. Jahrhd. Kalorien	Roggen = 100
kg Roggen	18	9	22 500	100,0
kg Erbsen	10	6	19 800	88,0
kg Butter	1,6	1,0	7 500	33,3
kg Fleisch	5	2,5	5 500	24,4
kg Heringe	2,5	2,0	3 400	15,1
kg Karpfen	2,5	1,2	840	3,7
Liter Bier	7	4	1 800	8,0
m Leinwand	2	1,5		
m Tuche	0,25	0,2		
Paar Schuhe	0,4	0,3		
Quellen und Erläuterungen s. Anhang 2				

---

[30] Die Zimmergesellen, Sägerknechte und andere Gesellen im Bauhandwerk erhielten den gleichen Lohn, wenn sich auch geringfügige Unterschiede und Verschiebungen im 16. Jahrhundert nachweisen lassen.

[31] *B. H. Slicher van Bath*, Theorie en praktij in de economische en sociale geschiedenis (A. A. G.-Bijdragen, 14. 1967, S. 139 ff.).

folgenden Kenndaten über die Kaufkraft eines Bauarbeiter-Tagelohnes gegenüber den Nahrungsmitteln, deren Nährwert und einigen Gewerbeerzeugnissen zu Beginn und am Ausgang des 16. Jahrhunderts (Tabelle 3).

Aus dieser Übersicht wird wiederum deutlich, daß die Kaufkraft der Geldlöhne besonders stark gegenüber den einkommensunelastisch nachgefragten Agrarprodukten abfiel. Diese waren dennoch die je Nährwerteinheit preisgünstigsten Lebensmittel, wie sich aus der Kalorienrechnung ergibt. Mit abnehmendem Realeinkommen mußte sich die Nachfrage immer mehr vom Fisch zum Fleisch, vom Fleisch zum Fett und von den tierischen Erzeugnissen zu den Cerealien verschieben. Diese Konsumwandlungen lassen sich im 16. Jahrhundert auch tatsächlich nachweisen[32]. Die Zusammensetzung des Mindestbedarfs für einen Arbeiterhaushalt, wie sie für die Berechnung der Kaufkraft der Geldlöhne in Abb. 3 zugrunde gelegt wurde[33], kann den Verhältnissen in der ersten Hälfte des 16. Jahrhunderts entsprochen haben. Für die zweite Hälfte ist sie unrealistisch. Aus diesem Grunde wurden die Werte — insbesondere die Konsummengen — die in die Berechnungen zu Abb. 3 als Konstante eingingen, variiert (vgl. Anlagen 3—5). Die Ergebnisse wurden in Abb. 4 wiedergegeben.

Zur Erläuterung sind einige Bemerkungen vorauszuschicken: Eine durchschnittliche Familiengröße von fünf Personen, mit der auch Kötzschke[34] rechnete, dürfte für das 16. Jahrhundert zu hoch gegriffen sein. Das gilt vor allem für die städtischen Familien. So waren es nach E. Keyser[35] zu Beginn des hier behandelten Zeitraumes in den Städten „nirgends mehr als 4—5 Personen". Es lag daher nahe, die gleichen Berechnungen sowohl für eine fünf- als auch für eine vierköpfige Familie durchzuführen, wobei sich infolge der unterschiedlichen Alterszusammensetzung in den beiden Beispielsfamilien Verschiebungen in dem Kalorienbedarf pro Person ergaben (vgl. Anlage 4).

Da das Jahreseinkommen des Familienvorstandes nur zu fassen ist, wenn man den im Durchschnitt des Jahres gezahlten Tageslohn mit der Zahl der jährlichen Arbeitstage multipliziert (vgl. S. 15), wurde ebenfalls mit einer

---

[32] W. Abel, Agrarkrisen und Agrarkonjunktur. Eine Geschichte der Land- und Ernährungswirtschaft Mitteleuropas seit dem hohen Mittelalter, 2. Aufl. 1966, S. 137 ff. Ders., Zur Entwicklung des Sozialprodukts in Deutschland im 16. Jahrhundert (Jb. f. Nat. u. Stat., 173, 1961, S. 475 ff.). Ders., Wandlungen des Fleischverbrauchs und der Fleischversorgung in Deutschland seit dem ausgehenden Mittelalter (Ber. ü. Landw., N. F. 22, 1938, S. 411—452).

[33] Vgl. Abb. 3, S. 16 und Anlage 3.

[34] R. Kötzschke, Allgemeine Wirtschaftsgeschichte des Mittelalters (Hdb. d. Wirtschaftsgesch., 1924, S. 575). F. Koerner, Die Bevölkerungsverteilung in Thüringen am Ausgang des 16. Jahrhunderts (Wiss. Veröff. d. Inst. f. Länderkunde, NF. 15/16, Leipzig 1958, S. 303 ff.); H. Mauersberg, Beiträge zur Bevölkerungs- und Sozialgeschichte Niedersachsens (Studien z. Volkskörperforschung Niedersachsens, 1. 1938, S. 114 ff.); K. Blaschke, Bevölkerungsgeschichte von Sachsen bis zur industriellen Revolution, Weimar 1967, S. 42 ff.).

[35] E. Keyser, Die Bevölkerung der deutschen Städte (Städtewesen und Bürgertum als geschichtliche Kräfte — Festschrift für Fritz Rörig); Lübeck 1953, S. 28.

variablen jährlichen Beschäftigung gerechnet. Eine spürbare Erhöhung der Arbeitstage wäre allerdings unrealistisch gewesen; denn 270 Arbeitstage bedeuteten zumindest im Bauhandwerk Vollbeschäftigung[36]. Daher wurde in die untenstehende Abbildung nur die Verminderung der Arbeitstage um 20 v. H. für die ersten drei Jahrzehnte des 16. Jahrhunderts aufgenommen (Variation II b). Es ist nämlich durchaus anzunehmen, daß in der Beschäftigungslage zwischen dem Beginn des Jahrhunderts und der nachreformatorischen Zeit, in

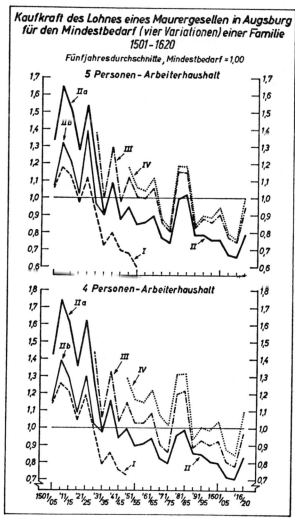

Abb. 4

---

[36] *H. van der Wee*, Löhne und wirtschaftliches Wachstum. Eine historische Analyse (Kölner Vorträge zur Sozial- und Wirtschaftsgeschichte, 6. 1969, S. 25).

der viele kirchliche Feiertage entfielen[37], ein Unterschied bestand. Schließlich
hätte in der Zeit nach 1525 eine so geringe Beschäftigungsrate von nur
4 Arbeitstagen je Woche im Durchschnitt des Jahres zu einer anderen Themen-
stellung führen müssen. Diese Frage, wovon die im Tagelohn Beschäftigten
mit ihren Familien bei längerer Unterbeschäftigung gelebt haben könnten,
kann hier nur angedeutet werden.

Weil die benötigten Gewerbeprodukte im 16. Jahrhundert durchschnittlich
nur einen Wertanteil von weniger als 20 v. H. des Familienbedarfs beanspruchten, wurden hier keine Änderungen vorgenommen.

Um es noch einmal hervorzuheben: Tatsächlich faßbar waren für die
Berechnungen nur die gezahlten Tagelöhne und die Preise für die wichtigsten Güter des täglichen Bedarfs. Variiert wurde vor allem der Nah-
rungsverbrauch (s. Anl. 5). Die Variation II a der Abb. 4 entspricht den
Ansätzen zu Abb. 3. I enthält einen höheren Fleischverbrauch (80 kg je
Person). In III und IV wurden das Fleisch und die Butter zunehmend
durch Roggen ersetzt.

Hieraus ergibt sich, daß in den ersten beiden Dritteln des 16. Jahrhunderts und von 1576 bis 1584 ein Augsburger Maurergeselle von seinem Lohn eine mittelgroße Familie ernähren konnte, wenn er voll beschäftigt war und sich der Konsum in dieser Zeit fortschreitend von den

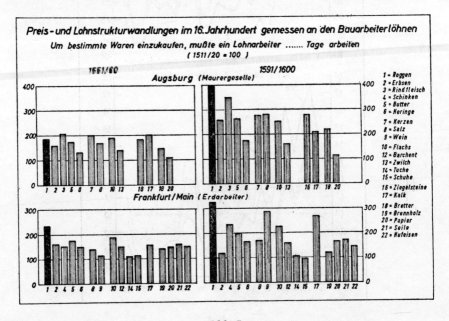

Abb. 5

---

[37] *St. Beissel*, Geldwerth und Arbeitslohn im Mittelalter (Stimmen aus
Maria Laach, VII. Erg.bd., 27. H., 1885, S. 157 ff.).

höherwertigen Lebensmitteln zum preiswerteren Brot verschob. In dem Jahrzehnt 1566/75 und von 1585 bis zum Dreißigjährigen Kriege waren diese Familien auf den Zuerwerb der Frau oder sogar der Kinder angewiesen. Die Verarmung breiter Bevölkerungsschichten[38] und ein Anwachsen der Bettelei[39] waren die Folge dieser säkularen gegenläufigen Bewegung zwischen den Preisen und den Löhnen. Der Frage, welche Schichten vom Reallohnfall des 16. Jahrhunderts besonders betroffen wurden und welche Ausmaße die Verarmung in dieser Zeit annahm, kann hier nicht näher nachgegangen werden.

Zum Abschluß der Ausführungen über die Preisstrukturverschiebungen und dem starken Kaufkraftschwund der Geldlöhne gegenüber den Waren des täglichen Bedarfs sollen anhand einer weiteren graphischen Darstellung[40] die Gründe für die aufgezeigte Entwicklung erörtert werden.

In der Abbildung 5 wurde (aus optischen Gründen) der reziproke Kaufkraftwert der Geldlöhne herangezogen und auf die Mittelwerte der Jahre 1511 bis 1520 bezogen. Dadurch wurde erreicht, daß die Waren, zu deren Gunsten sich die Preise am stärksten verschoben hatten, auch die höchsten Relativwerte erreichten. Zwar wies die Kaufkraftentwicklung der Maurerlöhne in Augsburg einen stärkeren Rückgang auf, als die Tagelöhner in Frankfurt am Main hinnehmen mußten, auch divergierten die Preise in Frankfurt stärker als in Augsburg; dennoch läßt sich in beiden Städten die gleiche Preisstrukturverschiebung beobachten, wie sie in der Tendenz bereits in Abbildung 1 dargestellt worden ist.

Im einzelnen soll auf die Wandlungen im Preisgefüge, wie sie sich aus der Abbildung 5 ergeben, nicht eingegangen werden. Dazu kann auf die

---

[38] *R. Kötzschke*, Deutsche Wirtschaftsgeschichte bis zum 17. Jahrhundert (Grundriß d. Geschichtswiss., II. 1, 1908, S. 131); *W. Sombart*, Der moderne Kapitalismus, I. 2, S. 788 ff.; *W. Abel*, Agrarkrisen... (s. Anm. 3), S. 129 ff.; *F. Lütge*, Deutsche Sozial- und Wirtschaftsgeschichte (Enzykl. d. Rechts- u. Staatswiss., 3. Aufl., 1966, S. 310). Interessant ist in diesem Zusammenhang, daß in den Kleiderordnungen die Handwerksgesellen erst im Laufe des 16. Jahrhunderts bei den untersten Schichten aufgeführt sind, während sie vorher offenbar allgemein den Handwerkern zugerechnet wurden, die dem Mittelstand angehörten (vgl. *L. C. Eisenbart*, Kleiderordnungen der deutschen Städte zwischen 1350 und 1700, in: Gött. Bausteine zur Geschichtswiss., 32. 1962, S. 58 ff.).

[39] *I. Bog*, Wachstumsprobleme der oberdeutschen Wirtschaft, 1540—1618 (Wirtsch. u. soziale Probleme der gewerbl. Entwicklung im 15.—16. Jahrhundert = Forschgn. z. Sozial- u. Wirtschaftsgesch., 10. 1968, S. 48 ff.); *W. Rüger*, Mittelalterliches Almosenwesen. Die Almosenordnungen der Reichsstadt Nürnberg (Nürnberger Beiträge zu den Wirtsch.- u. Sozialwiss., 31. 1932, S. 12 ff.).

[40] Quellen zu Abb. 5: *M. J. Elsas* (s. Anm. 4), I, S. 594 ff. und II A, S. 463 ff. Die Waren werden zu Gruppen zusammengestellt, um auch die Preisdivergenz in einigen Wirtschaftssektoren zu veranschaulichen. Nahrungsgüter 1—6, andere Haushaltswaren 7—9, Textilien und Schuhe 10—15, Baumaterialien 16—17, andere Gewerbeerzeugnisse 18—22.

Erörterungen zu Abb. 1 (S. 10 ff.) verwiesen werden. Der starke Preisaufschwung für Fleisch bedarf allerdings einer Erklärung. Er stand in Augsburg im 16. Jahrhundert nur wenig hinter dem Anstieg der Getreidepreise zurück. Die Preiselastizität der Nachfrage ist für Vieh und Fleisch jedoch höher als für Getreide, so daß sich eine stärkere Preisverschiebung zum Getreide hätte ergeben müssen, als für Augsburg nachgewiesen ist[41]. Eine Erklärung dürfte diese Diskrepanz darin finden, daß es sich um Nachfragesteigerungen in verschiedenen Verbraucher- und Einkommensebenen handelte. Die Ochsen wurden vor allem in den städtischen Haushaltungen der mittleren und höheren Bürgerschichten verbraucht. Diese hatten in ihrer zahlenmäßigen Zunahme mit der gesamten Bevölkerungsentwicklung des 16. Jahrhunderts Schritt gehalten[42]. Die Preiselastizität der Nachfrage war in den einkommensstarken Schichten der städtischen Bevölkerung für Fleisch wiederum relativ unelastisch. Es mußten immer mehr Ochsenherden von den außerdeutschen Weidegebieten auf die deutschen Märkte gebracht werden[43]. Durch die steigenden Transportkosten und schichtenspezifische Nachfrageentwicklung wurde das Fleisch überproportional verteuert.

Diese Wandlungen lassen sich nicht monokausalistisch mit der Vermehrung der Edelmetalle und damit des Geldes erklären. Wenn man den Preis als eine Resultante aus Angebot und Nachfrage begreifen will, so sind die Gründe auch vornehmlich auf der Marktseite zu suchen.

Das Angebot an Agrarerzeugnissen war in der vorindustriellen Zeit bei den geringen technischen, vor allem bei den wenigen ertragssteigernden Betriebsmitteln und wegen der Bodenregalien sowie des Flurzwanges weit unelastischer als im Gewerbe. Die starke Bevölkerungsvermehrung um rund 0,5 v. H. jährlich im artihmetischen Mittel[44] mußte

---

[41] Dies scheint eine eigenartige Entwicklung des 16. Jahrhunderts zu sein. Sie läßt sich für Rindfleisch neben Augsburg ebenso auffällig in Würzburg nachweisen, nicht in Straßburg und ebensowenig für Schinken in Frankfurt. Die Ochsenpreise stiegen zumindest in Nordwesteuropa ähnlich stark an wie die Getreidepreise. Quellen s. Anlage 1, dann *H. Wiese*, Der Rinderhandel im nordwesteuropäischen Küstengebiet vom 15. Jahrhundert bis zum Beginn des 19. Jahrhunderts (Quellen und Forschungen zur Agrargeschichte, XIV = Rinderhandel und Rinderhaltung im nordwesteuropäischen Küstengebiet vom 15. bis zum 19. Jahrhundert, 1966, S. 100 ff.).

[42] *K.-H. Blaschke*, Bevölkerungsgeschichte von Sachsen bis zur industriellen Revolution. Weimar 1967, S. 174 ff.

[43] *W. Abel*, Geschichte der deutschen Landwirtschaft vom frühen Mittelalter bis zum 19. Jahrhundert. (Deutsche Agrargeschichte, II. 2. Aufl., 1967, S. 171 ff.).
F. Lütge, Strukturwandlungen im ostdeutschen und osteuropäischen Fernhandel des 14. bis 16. Jahrhunderts. (Sitzungsber. d. Bayer. Akad. d. Wiss., Phil.-Hist. Kl., Jg. 1964, H. 1, 1964, S. 44 ff.).

[44] *F. Körner*, Die Bevölkerungszahl und -dichte in Mitteleuropa zum Beginn der Neuzeit (Forschgn. u. Fortschr., 33, 1959, S. 325 ff.). *W. Abel*, Agrarkrisen (s. Anm. 32), S. 97 ff.

daher zu einer Verschiebung der Preisrelationen zugunsten der auf Nachfrageänderungen recht unelastisch reagierenden Agrarprodukte führen.
Hinzu kam, daß ein quantitativ kaum faßbarer Teil der angewachsenen
Bevölkerung keine ausreichenden Arbeitsbedingungen fand, weder in
der Stadt noch auf dem Lande[45]. Als ungelernte Tagelöhner, Kätner,
Häuslinge oder Gärtner[46] wurden sie vielfach nur zu unregelmäßig anfallenden Arbeiten herangezogen; im Hausgewerbe — vor allem im Spinnen und Weben — erschloß sich für sie und ihre Familienangehörigen
eine weitere Einkommensquelle[47]. Um überhaupt satt zu werden, mußten sie ihre Bedürfnisse auf die je Kalorieneinheit preisgünstigsten
Nahrungsgüter — und das war neben den Körnerleguminosen mit Abstand das Brot — und die billigeren Gebrauchsgegenstände (wie grobes
Leinen u. a.)[48] beschränken. Diese unausbleiblichen Konsumverschie-
bungen mußten die schon durch die unterschiedlichen Angebotselastizi-
täten hervorgerufenen Preisdivergenzen verstärken. Abschließend sei
hervorgehoben, daß im 16. Jahrhundert nicht so sehr die „Preisrevolution", der allgemeine Preisauftrieb also, sondern die Preis- und Lohn-
verschiebungen die sozialökonomische Lage der Bevölkerung erheblich
verändert und zu einer Verarmung breiter Bevölkerungskreise geführt
haben. Besondes betroffen wurden davon die Lohnarbeiter und die auf
Lohnhandwerk angewiesenen Schichten.

---

[45] *I. Bog*, a. a. O., (s. Anm. 39), S. 48 ff.; *W. Sombart*, Der moderne Kapitalismus, I. 2, 1928, S. 788 ff.
[46] *W. A. Boelcke*, Wandlungen der dörflichen Sozialstruktur während Mittelalter und Neuzeit. (Wege u. Forschungen der Agrargeschichte. Festschr. z.
65. Geburtstag von *Günther Franz* = Sb. 3. d. Zts. f. Agrargesch. u. Agrarsoz.,
1967, S. 90 ff.). *K.-H. Blaschke*, Bevölkerungsgeschichte von Sachsen bis zur
industriellen Revolution. Weimar 1967, S. 182 ff.
[47] *H. Aubin*, Das westfälische Leinengewerbe im Rahmen der deutschen und
europäischen Leinwanderzeugung bis zum Anbruch des Industriezeitalters.
(Vortragsr. d. Ges. f. westfäl. Wirtschaftsgesch. e. V., 11. 1964, S. 14 ff.).
[48] *I. Bog* (s. Anm. 39), S. 76 ff.

Anlage 1

Quellennachweis und Anmerkungen zu Abbildung 1

In der Abb. 1 wurden Preise und Lohne aus folgenden Städten zusammengefaßt:

1. Hamburg	4. Augsburg	7. Frankfurt/M.
2. Hildesheim	5. München	8. Straßburg
3. Göttingen	6. Würzburg	

Sie wurden (für 1, 4, 5, 6 und 7) dem preis- und lohngeschichtlichen Archiv des Instituts für Wirtschafts- und Sozialgeschichte der Universität Göttingen (Elsas-Archiv) entnommen. Vgl. *M. J. Elsas*, Umriß einer Geschichte der Preise und Löhne in Deutschland, I u. II A, Leiden 1936 u. 1940. Weiter wurden herangezogen: *A. Ohlmer*, Die Preisrevolution des 16. Jahrhunderts in Hildesheim, Diss. Würzburg 1921 (für 2). *H. Kullak-Ublick*, Die Wechsellagen und Entwicklung der Landwirtschaft im südlichen Niedersachsen vom 15. bis zum 18. Jahrhundert; Diss. Göttingen 1953 (für 3). *A. Hanauer*, Études économiques sur l'Alsace ancienne et moderne, I u. II, Paris 1876 (für 8).

Aus diesen Städten lagen folgende Preisreihen vor (Numerierung der Städte s. oben):

Roggen (1—8); Weizen (Kern, Dinkel aus 2—8); Gerste (1—5, 8); Hafer (1—8); Erbsen/Bohnen (1, 3, 4, 8); Reis (5, 8); Ochsen (2, 3); Rindfleisch (4, 6, 7, 8); Milch/Käse (1, 4, 7, 8); Butter (Schmalz aus 1, 2, 4—8); Heringe (1, 5—8); Honig (4, 5, 7, 8); Bier (1, 2, 5, 7, 8); Wein (2, 5, 8); Holz (1, 3, 6—8); Kerzen (2, 3, 6—8); Kalk (1, 4—8); Ziegelsteine (2, 4—8); Papier (2—4, 8); Flachs (1, 4, 5, 7); Leinwand (1, 2, 5, 8); Tuche, Laken (2, 4, 6—8); Rohmetalle (1, 2, 6, 8); Nägel (1, 2, 6).

Tagelöhne: Maurer (1, 2, 4, 8); Zimmergesellen (1, 2, 4, 8); Stücklöhne: Leinwandweber (1), Botenlohn (2), Holzhacker (3), Drescher (8); ungelernte Tagelöhner (2—5, 8)

Anlage 2

Für den Lohn eines Sommertages konnte ein Bauhandwerker kaufen:

Ware	1501/20			1575/1600		
	Augs-burg	Frank-furt/M.	Hildes-heim	Augs-burg	Frank-furt/M.	Hildes-heim
kg Roggen	17,1	18,4	17,6	8,2	8,0	10,5
kg Erbsen	10,7	9,5	—	6,1	6,2	—
kg Butter	1,6	1,6	(3,9)	1,0	(2,4)	1,0
kg Rindfleisch	5,0	—	—	2,7	—	—
kg Schinken	—	5,1	—	—	2,4	—
kg Karpfen	2,7	—	—	1,2	—	—
Stück Heringe	13,3	13,8	—	14,0	10,1	—
(ca. kg)	(2,7	2,8)		(2,8	2,0)	
1 Bier	—	5,0	8,7	—	4,6	3,9
m Leinwand	1,2	2,4	1,6	1,1	1,7	1,5
m Tuche	—	0,24	0,28	—	0,12	0,32
Paar Schuhe	—	0,20	0,56	—	0,22	0,33

Quellen: M. J. *Elsas*, a. a. O. (s. Anm. 4), I, S. 541 ff., II A, S. 463 ff.; A. *Ohlmer*, a. a. O. (s. Anm. 7), Tabellenanhang.

Anmerkungen: Augsburg und Hildesheim: Maurergesellen, Frankfurt am Main: Opperknechte (Grabenarbeiter).

Anlage 3

Ansatz für den Haushaltsbedarf einer Arbeiterfamilie im 16. Jahrhundert

Produkt	1. Fünf-Personen-Haushalt			2. Vier-Personen-Haushalt		
	Konsum je Person u. Jahr	Kalorien je Tag	Jahresbedarf der Familie	Konsum je Person u. Jahr	Kalorien je Tag	Jahresbedarf der Familie
Brotgetreide	250 kg	1 680	1 250 kg	265 kg	1 780	1 060 kg
Erbsen	27 kg	240	135 kg	30 kg	265	120 kg
Butter	10 kg	205	50 kg	15 kg	310	60 kg
Fleisch	20 kg	115	100 kg	25 kg	145	100 kg
Kalorien je Tag und Person[a]		2 240			2 500	
Salz	8 kg		40 kg	8 kg		32 kg
Leinwand	2 m		10 m	2,5 m		10 m
Brennholz[b]			10 Fuder			10 Fuder
Kerzen	1 kg		5 kg			5 kg

a) Ansatz für den Kalorienbedarf s. Anlage 4.
b) Nach den Kämmerei-Registern der Stadt Göttingen (KR 1749/50, 1761/2 u. 1802/03) erhielten der 1. Stadtschreiber 10 Fuder Holz (und zwar 4 Klafter Holz und 2 Schock Wellen), der zweite 8 Fuhren (3 Klafter und 2 Schock) und der Bauvoigt 4 Fuder Holz (1 Klafter und 2 Schock). Die vier Fuder reichten für den Haushalt keineswegs, was ihm vom Senat bescheinigt wurde. Wenn in dem Ansatz für Brennholz auch noch andere Wohnungsbedürfnisse abgedeckt werden sollen sind 10 Fuder als Mindestbedarf anzusprechen.

Anlage 4

Kalorienbedarf je Person und Tag

	Ansatz für einen Arbeiterhaushalt von ... Personen	
	5	4
Mann	3 600	3 600
Frau	2 400	2 400
Kind (2 J.)	1 200	
Kind (5 J.)	2 400	2 400
Kind (10 J.)	1 600	1 600
Sa.	11 200	10 000
Mittel je Person	2 240	2 500

Nach E. SCHOLLIERS, Loonarbeid en honger. De levensstandaard in de XVe en XVIe eeuw te Antwerpen, Antwerpen 1960. Vgl. A. HANAU, Entwicklungstendenzen der Ernährung in marktwirtschaftlicher Sicht (Entwicklungstendenzen der Ernährung, München 1962, S. 33—58); darin wird der lebensnotwendige Bedarf je Person und Tag für die Welt mit 2400 und für Westeuropa mit 2600 Kalorien angegeben (S. 36, Übersicht 1).

Anlage 5

Variation des Nahrungskonsums in kg je Person

Variation:	I	II	III	IV
1. Fünfköpfige Familie (Mindestbedarf: 2 240 kcal./Person)				
Getreide	200	250	280	300
Erbsen	17	27	25	17
Butter	15	10	5	3
Fleisch	80	20	5	3
2. Vierköpfige Familie (Mindestbedarf: 2 500 kcal./Person)				
Getreide	210	265	295	320
Erbsen	20	30	30	20
Butter	18	15	10	5
Fleisch	100	25	10	5

Fleischpreise und Fleischversorgung in Oberdeutschland im 16. Jahrhundert

Von *Fritz Blaich*, Marburg/L.

1. Einführung

Die Reihen der Fleischpreise im 16. Jh., die für einige oberdeutsche Städte geschlossen vorliegen[1], fügen sich lückenlos in die Preis- und Lohnbewegung ein, die Mitteleuropa im Jahrhundert der „Preisrevolution" erlebt[2]. Im säkularen Trend steigen die Fleischpreise an, jedoch längst nicht so stark wie die Preise des Brotgetreides, da Fleisch eben doch nicht so einkommensunelastisch nachgefragt wird wie das Brot[3]. In den Kommentaren und Erläuterungen zu diesen Preisreihen findet sich — meist etwas versteckt — stets der Hinweis, daß es sich bei diesen Fleischpreisen um Taxen handelt[4], also um Preise, die von der Obrigkeit festgesetzt worden sind und die sich nicht auf den Märkten beim Gegenübertreten der kaufkräftigen Nachfrage und des mengenmäßigen Angebots gebildet haben[5]. Welche Marktsituation hatte die Obrigkeit veranlaßt, auf den Fleischmärkten Preistaxen einzuführen? Die Geschichte der obrigkeitlichen Preispolitik im Mittelalter und zu Beginn der Neuzeit nennt zwei Anlässe für eine derartige Preispolitik, die in erster Linie die Lebensmittelmärkte betraf[6]:

---

[1] Vgl. die Preisreihen für München, Augsburg, Würzburg, Frankfurt u. Speyer bei *M. J. Elsas*, Umriß einer Geschichte der Preise und Löhne in Deutschland 1, 1936 u. 2 A, 1940. Dazu kritisch: *F. Lerner*, Neue Beiträge zur Geschichte der Preise und Löhne in Deutschland, Holland u. Italien, VSWG 39, 1952, S. 251 f. Für die elsässischen Reichsstädte siehe *A. Hanauer*, Etudes Economiques sur l'Alsace Ancienne et Moderne. 2. 1878, S. 178 ff. Brauchbare Reihen der Fleischpreise finden sich ferner in lokalen Untersuchungen, z. B. bei *C. L. Sachs*, Metzgergewerbe u. Fleischversorgung der Reichsstadt Nürnberg bis zum Ende des 30jähr. Krieges, MVGN 24, 1922, S. 252 u. *F. Elser*, Die obrigkeitl. Fleischpreispolitik in München. Diss. Frankfurt 1928, S. 17 f.

[2] *W. Abel*, Agrarkrisen und Agrarkonjunkturen. 1966, S. 113.

[3] Die moderne Volkswirtschaftslehre erklärt diesen Sachverhalt mit Hilfe der Kreuzpreiselastizität der Nachfrage. *W. Abel*, Gesch. d. deutschen Landwirtschaft. 1967, S. 177.

[4] Vgl. z. B. *F. Elser*, a. a. O., S. 23.

[5] Gegen die Preisangaben, die sich auf Einkäufe städt. u. kirchl. Institutionen beziehen, macht *Durniok* geltend, hierbei handele es sich meist „um gebundene Vorzugs- u. Gefälligkeitspreise", deren Höhe die Marktlage nicht wiedergeben könne. *P. Durniok*, Ökonomische Erkenntnisse aus den preisgeschichtl. Arbeiten über das 16. Jh. Diss. Köln 1958, S. 24.

[6] Vgl. *E. Kelter*, Gesch. d. obrigkeitl. Preisregelung. 1935.

1. Die Obrigkeit wünschte, die Bevölkerung preiswert mit Fleisch zu versorgen. Der Preis, der sich im Marktprozeß ergab, erschien ihr zu hoch. Also setzte sie einen Höchstpreis für die einzelnen Fleischsorten fest, der nicht überschritten werden durfte.

2. Die Obrigkeit beabsichtigte, das Metzgergewerbe in seiner bisherigen wirtschaftlichen und sozialen Struktur zu erhalten. Da der Marktpreis jedoch nach ihrer Ansicht zur Verdrängung einiger Betriebe vom Markt geführt hätte, legte sie einen Mindestpreis für die einzelnen Fleischsorten fest, um die Rentabilität der Grenzbetriebe zu sichern.

Theoretisch denkbar wäre noch ein drittes Motiv für eine obrigkeitliche Preisregelung·

3. Da der Fleischmarkt in Teilmärkte zerfiel, auf denen die Bildung eines Wettbewerbspreises durch verschiedene Differenzierungsmomente erschwert wurde, erließ die Obrigkeit einen Richtpreis als Taxe, nach dem sich die Preisbildung auf den einzelnen Teilmärkten ausrichten konnte[7].

Die Kenntnis des Systems der Fleischtaxen im 16. Jh. ist nun deshalb wichtig, weil von der Art dieser behördlichen Preise die Qualität und die Quantität der Versorgung der Bevölkerung mit Fleisch abhingen. Während die Fleischtaxen auf Schwankungen des mengenmäßigen Angebots und der kaufkräftigen Nachfrage nicht reagierten, waren die Kostengüter der Metzger, z. B. die Schlachtochsen, ständig diesen Schwankungen unterworfen[8]. Allzuleicht konnte es daher beim Bestehen einer Maximaltaxe vorkommen, daß die Erlöse die Kosten nicht mehr deckten und daß infolgedessen die angebotene Menge stark schrumpfte. Was aber nützte dem Verbraucher eine noch so sozial kalkulierte Preistaxe, zu der keine Ware auf den Markt gelangte? Der obrigkeitliche Mindestpreis zum Schutze der Produzenten bedeutete hingegen, wenn er sich zu weit vom Wettbewerbspreis entfernte, eine Übervorteilung der Konsumenten, die ihren Fleischverbrauch oder den Konsum anderer Lebensmittel einschränken mußten. Angesichts dieser Gefahren lag der Versuch nahe, die Preisregelung auch auf die Kostengüter auszudehnen und außerdem die Verteilung der Rohstoffe und der Endprodukte selbst zu übernehmen[9]. Abgesehen von der Frage, ob die Obrigkeit die Märkte der Kostengüter, z. B. der Schlachtochsen, ohne weiteres unter ihre Kontrolle bringen konnte, stellte sich hier das Problem der allmählichen Transformation der Wirtschaftsordnung von der

---

[7] Siehe z. B. *H. v. Stackelberg*, Grundlagen der Theoretischen Volkswirtschaftslehre. 1951, S. 229/230.

[8] Kennzeichnend für diesen Sachverhalt ist die Unterscheidung, die *Hanauer* in den Überschriften seiner Preisreihen vornimmt: „*Taxe* de la viande" u. „*Prix* des bêtes". *A. Hanauer*, a. a. O., S. 178 f. u. 183 f.

[9] Vgl. *E. Carell*, Allgem. Volkswirtschaftslehre. 1966[12], S. 222.

Marktwirtschaft in die Zentralverwaltungswirtschaft. Die Frage dieses Übergangs erweckt nicht allein theoretisches Interesse, behaupten doch ernsthafte Historiker, die städtische Wirtschaftspolitik des Spätmittelalters und der frühen Neuzeit habe „eine Kommandowirtschaft, eine obrigkeitlich dirigierte Planwirtschaft" aufgebaut, „in der planmäßig die Freiheit des wirtschaftenden Menschen immer mehr eingeschränkt wurde[10]."

In der folgenden Untersuchung soll nun festgestellt werden, ob und in welcher Weise das System der Preistaxen auf einem wichtigen Markt — dem Fleischmarkt — in einem geographisch abgegrenzten Gebiet — dem oberdeutschen Wirtschaftsraum — die Versorgung einer wachsenden Bevölkerung im Zeichen ständig steigender Preise mit einem lebenswichtigen Gut sicherstellen konnte. Im Ablauf der Untersuchung folgen zunächst einige Bemerkungen über die Nachfragesituation auf den Fleischmärkten, darauf soll deren Angebotsseite skizziert werden. Beide Bereiche liefern Hinweise auf die Marktstruktur, auf deren Hintergrund dann das Zustandekommen und die Funktionen der Fleischtaxen betrachtet werden sollen.

2. Einige Bemerkungen zur Nachfragesituation auf den oberdeutschen Fleischmärkten

Spätmittelalterliche Quellen berichten von einem außergewöhnlich hohen Fleischverbrauch in Deutschland[11]. Das „goldene Zeitalter der Handwerker[12]", das durch sinkende Agrarpreise, steigende Preise der Gewerbeerzeugnisse und stark ansteigende Löhne gekennzeichnet war, erlaubte es auch der breiten Masse der Bevölkerung, den Bedarf an Nahrungsmitteln vorzugsweise mit Fleisch zu decken. Abel schätzt für das 15. Jh. den durchschnittlichen Verbrauch an Fleisch pro Kopf der Bevölkerung — ohne Geflügel — im Jahr auf 100 kg[13]. Trotz gewisser Vorbehalte — veränderte Einkommensstruktur, andere Ernährungsgewohnheiten, reichhaltigeres Angebot an Nahrungsmitteln — sei hier eine Vergleichszahl angeführt: In der Bundesrepublik Deutschland belief sich im Wirtschaftsjahr 1965/66 der Verbrauch an Fleisch, Schlacht-

---

[10] H. Lentze, Nürnbergs Gewerbeverfassung im Mittelalter, Jb. f. fränk. Landesforschung 24, 1964, S. 253. Ders., Nürnbergs Gewerbeverfassung des Spätmittelalters im Rahmen der deutschen Entwicklung, Beiträge zur Wirtschaftsgesch. Nürnbergs 2, 1967, S. 607.

[11] Siehe hierzu G. Schmoller, Die histor. Entwicklung des Fleischkonsums, sowie der Vieh- u. Fleischpreise in Deutschland. I., Z. f. d. ges. Staatswiss. 27, 1871, S. 284 f. u. R. Martin, Der Fleischverbrauch im Mittelalter u. in der Gegenwart, Preuß. Jbb. 82, 1895, S. 308 f.

[12] W. Abel, Agrarkrisen, S. 59.

[13] Ders., Gesch. d. deutschen Landwirtschaft, S. 122.

fette ausgenommen, aber einschließlich Geflügel, auf 66,5 kg je Einwohner[14]. Gilt indessen der Sachverhalt eines außergewöhnlich hohen Fleischkonsums ohne Einschränkungen auch für das 16. Jh.? Noch zu Beginn dieses Jahrhunderts hielt die Vorliebe für Fleischmahlzeiten unvermindert an. 1523 z. B. erhielt jeder Arbeiter, der im Dominikanerkloster zu Straßburg beschäftigt wurde, täglich mittags und abends je 600—700 g Fleisch als Verpflegung[15]. 1524 fürchtete die Tiroler Landesregierung, Störungen in der Fleischzufuhr könnten die Knappen des Schwazer Reviers zu „auflauff und zerrittung im perckwerch" anstiften, da Fleisch „ir höchste Narung" sei[16]. Nachrichten dieser Art weichen jedoch spätestens bis zur Jahrhundertmitte Klagen über die hohen Lebensmittelpreise, die besonders die ärmere Bevölkerung zwängen, den Verbrauch allgemein, gerade aber auch den Fleischkonsum, einzuschränken[17]. Vergegenwärtigt man sich die Preis- und Lohnbewegung des 16. Jhs., so erscheinen diese Klagen nicht übertrieben. Die Getreidepreise verliefen steil aufwärts, die Preise der Viehprodukte folgten ihnen in einem gewissen Abstand, die Preise der Gewerbeerzeugnisse stiegen nur langsam, und das Wachstum der Löhne blieb sogar noch hinter der Erhöhung gewerblicher Preise zurück[18]. Die sinkende Kaufkraft breiter Konsumentenschichten, die sich als Ergebnis dieses Vorgangs einstellte, löste damit zwangsläufig eine Drosselung des Fleischverbrauchs aus, da das Brot, das zwar absolut auch erheblich teurer wurde, dennoch pro Nährwerteinheit billiger blieb als das Fleisch[19]. Aus dem Rückgang des Fleischkonsums pro Kopf der Bevölkerung im Verlauf des 16. Jhs. darf indessen nicht auf ein Schrumpfen der Gesamtnachfrage nach Fleisch geschlossen werden. Zweifellos erhöhte sich trotz der steigenden Preise der mengenmäßige Bedarf an Fleisch beträchtlich, da in diesem Zeitraum die Bevölkerung stark zunahm. Repräsentative regionale und lokale Untersuchungen lassen den Schluß zu, daß die Zahl der auf dem Gebiet des Deutschen Reiches, mit Ausnahme der Niederlande, lebenden Menschen von etwa 12 Millionen um 1500 auf etwa 16—20 Millionen um 1600 anwuchs[20].

---

[14] Stat. Jb. f. die BRD 1967, S. 504.
[15] *A. Hanauer,* a. a. O., S. 165/66.
[16] *H. Wopfner,* Die Lage Tirols zu Ausgang des Mittelalters, 1908, S. 27, Anm. 3.
[17] Vgl. *W. Abel,* Wandlungen des Fleischverbrauchs u. der Fleischversorgung in Deutschland seit dem ausgehenden Mittelalter, Berichte über Landwirtschaft N. F. 22, 1938, S. 427 f.
[18] *W. Abel,* Agrarkrisen, S. 113 f.
[19] Ebenda, S. 119.
[20] Vgl. z. B. *F. Körner,* Die Bevölkerungsverteilung in Thüringen am Ausgang des 16. Jhs. 1958 u. *G. Mackenroth,* Bevölkerungslehre. 1953, S. 116. *Mackenroth* schätzt die Bevölkerung Deutschlands um 1600 auf 20 Millionen, eine Zahl, die *Lütge* und *Bog* übernehmen. *Abel* nimmt für das Jahr 1620 eine Bevölkerung von ca. 16 Millionen an. *W. Abel,* Gesch. d. dt. Landw., S. 251.

Außer der starken Zunahme der Bevölkerung ist das Bestehen von Konsumzentren für die Nachfrageseite der Fleischmärkte Oberdeutschlands kennzeichnend. Schwerpunkte der Versorgung bildeten die bedeutenden Reichsstädte, allen voran die Großstädte dieses Zeitalters: Frankfurt, Nürnberg, Augsburg, Ulm und Straßburg[21]. Bestimmte Gewerbelandschaften, in denen große Teile der Bevölkerung lebten, erwiesen sich ebenfalls als Zentren des Verbrauchs von Lebensmitteln, z. B. das „Schwäbische Gewerbezentrum[22]" mit seiner bedeutenden Textilindustrie und die Abbaugebiete im Tiroler Metallbergbau. Überdies traten im territorial zersplitterten Südwesten des Reiches zahlreiche landesherrliche Großhaushaltungen als Nachfrager am Markt auf, in denen die gesamte Dienerschaft „bis herab zum letzten Stallknecht" verpflegt werden mußte[23].

3. Herkunft und Umfang
des Angebots an Schlachtvieh in Oberdeutschland

a) Das Angebot an Rindern

Die Fleischsorten, die Tag für Tag in den Schirnen und auf den Fleischbänken der oberdeutschen Städte in großen Mengen feilgeboten wurden, waren das Rindfleisch, das Schweinefleisch und das Schaffleisch. Zwar wurde im 16. Jh. auch viel Geflügel verzehrt, doch traten hier nicht allein die Bauern, sondern auch die meisten Bürger als Selbstversorger auf[24]. Keine große Bedeutung für die Fleischversorgung erlangte das Wild, obwohl einzelne oberdeutsche Landschaften wildreich waren[25]. Der Ertrag der Jagd floß nämlich meist einer herrschaftlichen Haushaltung zu, deren Eigentümer über den Wildbann verfügte[26]. Selbst in einer wohlhabenden Handels- und Industriestadt wie Nürnberg bildete Wild-

---

Franz enthält sich einer Schätzung der Gesamtbevölkerung Deutschlands vor Ausbruch des Dreißigjährigen Krieges. *G. Franz,* Der Dreißigjährige Krieg und das deutsche Volk. 1961³.

[21] Im 15. Jh. lauten die geschätzten Einwohnerzahlen für Nürnberg 22 000, Straßburg 20 700, Ulm 20 300, Augsburg 18 300, Frankfurt/M. 10 000. Raum u. Bevölkerung in der Weltgesch. Bev. Ploetz. Bd. 3. Bearb. v. *E. W. Buchholz,* S. 52.

[22] *H. Kramm,* Landschaftlicher Aufbau u. Verschiebungen des deutschen Großhandels am Beginn der Neuzeit, . . ., VSWG 29, 1936, S. 5.

[23] *F. Lütge,* Strukturwandlungen im ostdeutschen u. osteuropäischen Fernhandel des 14. bis 16. Jhs. Bayr. Akad. d. Wissenschaften, Philosophisch-historische Klasse, Sitzungsber. 1964, H. 1, S. 32. Vgl. ferner *F. Zoepfl,* Die Hofhaltung der Frundsberg zu Beginn des 16. Jhs. 1923.

[24] Vgl. *F. Grüttner,* Gesch. d. Fleischversorgung in Deutschland. 1938, S. 26 u. *L. Klaiber,* Beiträge zur Wirtschaftspolitik oberschwäb. Reichsstädte im ausgehenden Mittelalter, 1927, S. 67.

[25] Vgl. *G. Franz,* Der deutsche Bauernkrieg, 1956⁴, S. 25 f.

[26] Vgl. *A. Hanauer,* a. a. O., S. 199 u. *F. Zoepfl,* a. a. O., S. 25/26.

braten im 16. Jh. eine Seltenheit, da sich der Markgraf von Ansbach den „großen Wildbann" in den städtischen Reichswäldern ausdrücklich vorbehalten hatte[27]. Die Versuche der oberdeutschen Bauern, sich an der Ausübung des Jagdrechtes zu beteiligen, scheiterten mit den Bauernkriegen von 1525[28].

Indessen konnte die oberdeutsche Landwirtschaft auch nur geringe Mengen an Rindfleisch liefern. Seit dem 15. Jh. führte die zunehmende Bevölkerung zu einer Verdichtung der Besiedelung. Die zahlreichen Wüstungen, die während der großen Pestzüge in der zweiten Hälfte des 14. Jhs. entstanden waren, wurden nach und nach wieder für den Ackerbau herangezogen[29]. Bereits um 1550 stand eine lebhaft wachsende Bevölkerung einer kaum mehr vermehrbaren Bodenfläche gegenüber[30].

Angesichts dieser Bodenknappheit mußte eine Entscheidung zwischen dem Anbau von Getreide oder der Viehzucht getroffen werden. Infolge seiner geringen Produktivität erforderte der Getreidebau im 16. Jh. eine verhältnismäßig große Anbaufläche. 1574 beschwerte sich z. B. die württembergische Stadt Tübingen bei der Regierung in Stuttgart, die Versorgung ihrer Bürger mit Brot sei gefährdet, da die Ämter Sulz, Rosenfeld und Balingen kein Getreide angeliefert hätten[31]. Für die Versorgung Tübingens, das damals etwa 3 000 Einwohner zählte, waren also die Zulieferungen — trotz außerordentlich hoher Kosten des Getreidetransports[32] — aus drei Ämtern lebenswichtig, die etwa 40 km südwestlich der Stadt lagen[33]. Die Viehzucht hingegen konnte nur als Weidewirtschaft betrieben werden, da ein systematischer Anbau von Futterpflanzen, der eine Stallfütterung in großem Ausmaß erlaubt hätte, noch unbekannt war[34]. Besondere Schwierigkeiten ergaben sich daraus für die Viehhaltung im Winter. Mit dürftigen Futtervorräten — neben dem spärlichen Heu wurde den Tieren minderwertiges Futter wie Laub und Stroh vorgesetzt — gelang es, einen bescheidenen Viehbestand bis zum

---

[27] F. Schnelbögl, Die wirtschaftl. Bedeutung ihres Landgebietes für die Reichsstadt Nürnberg. In: Beiträge zur Wirtschaftsgeschichte Nürnbergs, 1967, S. 271.
[28] Siehe hierzu G. Franz, Bauernkrieg, passim.
[29] Vgl. W. Abel, Agrarpolitik, 1958², S. 328 f.
[30] I. Bog, Wachstumsprobleme der oberdeutschen Wirtschaft, Jbb. f. Nat. u. Stat. 179, 1966, S. 495.
[31] K. Weidner, Die Anfänge einer staatl. Wirtschaftspolitik in Württemberg, 1931, S. 10.
[32] Noch zu Beginn des 19. Jhs. — bei wesentlich besseren Straßenverhältnissen — schätzte J. H. v. Thünen, daß die Kosten des Landtransportes bei 375 km (= 50 Meilen) den Preis einer Ladung Roggen erreichten. J. H. v. Thünen, Der isolierte Staat in Beziehung auf Landwirtschaft u. Nationalökonomie, 1966⁴, S. 17/18.
[33] K. Weidner, a. a. O., S. 10/11.
[34] Vgl. W. Abel, Gesch. d. deutsch. Landw., S. 166 f.

Frühjahr regelrecht durchzuhungern[35]. Die Entscheidung in der Konkurrenz um die knappe Bodenfläche zugunsten des Getreideanbaus besiegelte schließlich die Entwicklung der Preise landwirtschaftlicher Produkte. Während im Verlauf des 16. Jhs. die Getreidepreise um das Vierfache stiegen, hatten sich bis 1584 die Preise für Schlachtochsen gerade erst verdoppelt[36]. Die hohen Getreidepreise aber bewirkten, daß der Ertrag des arbeitsintensiven Getreideanbaus vergleichsweise höher war als der Gewinn aus der Viehzucht, obwohl dort wesentlich weniger Arbeitskräfte benötigt wurden[37].

Noch von zwei anderen Seiten drohte der Aufzucht des Rindviehs Gefahr. Mehrfach im Verlauf des 16. Jhs. beklagte z. B. die württembergische Regierung den Mangel an Rindfleisch im Herzogtum, der darauf zurückzuführen sei, daß immer mehr Bauern das Pferd dem Ochsen als Zugtier vorzögen[38]. Diese „ausgeprägte Liebe des Bauern für das Pferd[39]" beruhte indessen auf nüchternen Kosten- und Ertragserwägungen. Die Zugkraft des Pferdes ist wesentlich höher als die des Ochsen, das Pferd ist schneller, standfester und verfügt obendrein über eine größere Arbeitsausdauer[40]. Abgesehen von den Vorteilen des Pferdes als Zug- und Arbeitstier in der Landwirtschaft lohnte sich die Pferdezucht aber auch aus anderen Gründen. Für den gerade im 16. Jh. aufblühenden Fernhandel war das Pferd unentbehrlich, denn es zog die Postkutsche und den Planwagen, und es treidelte den Schleppkahn; nicht übersehen werden sollte schließlich auch seine militärische Bedeutung[41].

Ähnlich wie die Pferdezucht schränkte auch die im 16. Jh. in Deutschland bedeutende Wollproduktion die Haltung von Rindvieh ein, da nun viele Weideflächen für das „Wollschaf" benötigt wurden[42]. Für die Aufzucht von Rindern sprachen hingegen die Milchleistung und — im 16. Jh. sogar der ausschlaggebende Grund — die „Düngerleistung"[43]. Die einzige Möglichkeit, dem Boden die Nährstoffe wieder zuzuführen, die ihm durch das Wachstum der Pflanzen entzogen worden waren, bestand für die meisten Bauern in der Düngung mit tierischem Dünger[44]. Die Not-

---

[35] Vgl. K. Ilg, Die Walser u. die Bedeutung ihrer Wirtschaft in den Alpen, VSWG 39, 1952, S. 71, u. A. Marty, Die Viehwirtschaft der Urschweiz u. Luzerns, insbesondere der Welschlandhandel 1500—1798. Diss. Zürich 1951, S. 80.

[36] P. Durniok, a. a. O., S. 65.

[37] Vgl. W. Abel, Agrarpolitik, S. 328 f.

[38] A. Reyscher, Vollständige, historische und kritisch bearbeitete Sammlung der württembergischen Gesetze, 12. Bd. 1841, S. 108, 263 u. 334.

[39] F. Lütge, Strukturwandlungen, S. 53.

[40] L. White Jr., Medieval Technology and Social Change, 1963, S. 62.

[41] F. Lütge, Strukturwandlungen, S. 54.

[42] Vgl. z. B. die Klagen über die Ausbreitung der Schafzucht in der 5. Wbg. Landesordnung v. 2. 1. 1552.

[43] A. Reyscher, a. a. O., S. 235. W. Abel, Agrarpolitik, S. 328.

[44] F. K. Riemann, Ackerbau u. Viehhaltung im vorindustriellen Deutschland, 1953, S. 2 u. S. 46/47.

wendigkeit, die Nährstoffe des Ackerbodens zu ersetzen, forderte mithin die Haltung von Rindvieh, wobei es dem Bauern kaum gelang, der folgenden Gesetzmäßigkeit zu entfliehen: Die Ernte fiel gering aus, weil die Zufuhr an Düngemitteln unzureichend gewesen war. Der Mangel an Dünger aber war auf die geringen Ernten zurückzuführen, die es nicht erlaubten, mehr Vieh im Winter durchzufüttern[45]. Immerhin war die Anzahl der Rinder, die allein wegen der Düngerleistung gehalten werden mußten, recht beträchtlich. In einem landwirtschaftlichen Großbetrieb Oberdeutschlands, der dem Biberacher Spital unterstand, gliederte sich der Viehbestand 1551 in 117 Stück Rindvieh, 27 Pferde und 100 Wollschafe. Nach dem Urbar von 1524 umfaßte die selbstbewirtschaftete Grünlandfläche des Spitals 65 ha, was mehr als dem Vierfachen der Ackerfläche entsprach. Dabei handelte es sich ausschließlich um Wiesen, welche der Heugewinnung für die Winterfütterung dienten. Als Schlachtvieh wurden Rinder hingegen kaum verkauft, als Objekte des Viehhandels weisen die Bücher des Spitals vorwiegend Schweine aus. Also wurden die Rinder wegen ihrer Milch- und Düngerleistung gehalten; ihre Schlachtung deckte allenfalls den Eigenbedarf des Spitals an Rindfleisch[46].

Mithin war aus den Getreidebauzonen Oberdeutschlands nur ein bescheidener Beitrag zur Fleischversorgung der Bevölkerung zu erwarten. Begünstigt wurde die Viehzucht dagegen in den Gebieten, in denen die Höhenlage, eine Hanglage oder schlechter Boden den Getreideanbau hinderten[47]. Aufgrund natürlicher Standortvorteile entwickelte sich die Viehhaltung im oberdeutschen Wirtschaftsraum vor allem im Alpengebiet[48]. Doch gerade die Viehzucht der „Schweighöfe" und der Höfe der „Walser" in den Weidezonen der Alpen diente vorwiegend der Erzeugung von Butter und Käse[49]. Immerhin trug der Auftrieb an Schlachttieren aus den Alpen wesentlich zur Versorgung der im Voralpenland liegenden kleineren Städte wie Kempten und Rosenheim bei[50]. Die alpenländische Viehzucht war jedoch kaum in der Lage, den Fleischbedarf für ein Konsumzentrum, wie es das Schwazer Bergbaugebiet dar-

---

[45] B. H. Slicher van Bath, The Agrarian History of Western Europe 500 — 1850, 1966, S. 10 f.

[46] C. Heimpel, Die Entwicklung der Einnahmen u. Ausgaben des Heiliggeistspitals zu Biberach an der Riß im Zeitalter der Preisrevolution von 1500 bis 1630, 1966, S. 48.

[47] W. Abel, Rinderhaltung in Grünlandgebieten im Mittelalter. Ein Beitrag zur Rassenbildung des Rindes im Hausstand. Z. f. Tierzüchtung u. Züchtungsbiologie 76, 1961, S. 92.

[48] Ebenda, S. 91/92 u. H. Rubner, Die Landwirtschaft der Münchener Ebene u. ihre Notlage im 14. Jh., VSWG 51, 1964, S. 438.

[49] K. Ilg, a. a. O., S. 71 u. H. Rubner, a. a. O., S. 438.

[50] A. Mitterwieser, Der Rosenheimer Viehhandel im Spätmittelalter, in: 600 Jahre Rosenheim, 1928, S. 14 f.

stellte, zu befriedigen[51]. Die bedeutende Viehzucht der Innerschweiz hingegen lieferte Mast- und Zuchtvieh hauptsächlich nach Italien, die Ausfuhr nach Deutschland fiel neben dem „Welschlandhandel" kaum ins Gewicht, wenngleich sie für die Versorgung grenznaher Städte, namentlich Konstanz, wichtig war[52].

Das Rindfleisch, das auf den Märkten Oberdeutschlands angeboten wurde, stammte also nur zu einem geringen Teil aus dem Lande selbst. Die Aufzuchtgebiete für „Fleischrinder" lagen vielmehr im Norden, Osten und Südosten Mitteleuropas jenseits der Getreideanbauzone. Die Weidegebiete, die fast ausschließlich der Fleischproduktion dienten, erstreckten sich dabei von Jütland, den dänischen Inseln und Schonen über Polen, Böhmen und Mähren bis nach Ungarn und erfaßte Teile Rußlands und des heutigen Rumäniens[53]. In diesen Randgebieten Mitteleuropas wurden die Mastochsen gezüchtet, die später in riesigen Herden in die Verbrauchszentren Deutschlands zogen, wobei die nördliche Weidezone vorwiegend die nordwestdeutschen Städte belieferte, während der ost- und südosteuropäische Raum Süd- und Mitteldeutschland mit Schlachtochsen versorgte[54].

b) Das Angebot an Schweinen

In den Zollbüchern des 16. Jhs., die von den Ochsenzügen aus dem Südosten nach Oberdeutschland berichten, werden ab und zu auch Schweineherden erwähnt, die auf den „Ochsenstraßen" nach Westen ziehen[55]. Bei diesen Importen handelte es sich jedoch nur um die Ergänzung des heimischen Angebots, da — im Gegensatz zum Rindfleisch — der größte Teil des in Oberdeutschland konsumierten Schweinefleischs im Lande erzeugt wurde. Selbst in den großen Städten mästeten viele Bürger und Einwohner Schweine, schlachteten sie selbst oder ließen sie von einem Lohnmetzger schlachten und deckten damit ihren Hausbedarf

---

[51] *H. Wopfner,* a. a. O., S. 27/28.
[52] *A. Marty,* a. a. O., S. 46.
[53] Die Literatur, die diesen Ochsentrieb erwähnt, ist zu umfangreich, als daß sie hier zitiert werden könnte. Stattdessen sei auf einige neuere Untersuchungen verwiesen, die sich vorwiegend oder ausschließlich mit dem Ochsenhandel befassen:
1. *F. Lütge,* Strukturwandlungen, a. a. O., u. die dort angegebene osteurop. Literatur.
2. *H. Wiese* u. *J. Bölts,* Rinderhandel u. Rinderhaltung im nordwesteurop. Küstengebiet v. 15. bis 16. Jh., 1966.
3. Verschiedene Beiträge in: *I. Bog* (Hrsg.), Der Außenhandel Ostmitteleuropas 1450—1650. Die ostmitteleuropäischen Volkswirtschaften und ihre Beziehungen zu Mitteleuropa, 1971.
[54] *H. Wiese* u. *J. Bölts,* a. a. O., S. 20.
[55] Vgl. z. B. *F. X. Zacher,* Gesch. d. Stadt Plattling, 1948, S. 22.

an Salz- und Rauchfleisch und an Speck[56]. Auch auf dem Lande war die
Schweinezucht beträchtlich, nur wurde sie hier weniger als Mästung mit
Abfällen in Ställen und in Koben, sondern mehr in Form der „Eichel-
mast" durchgeführt. Die Schweineherden wurden dabei einfach in die
Wälder getrieben, wo sie sich von Eicheln und Bucheckern ernährten,
oder nach der Ernte auf die Stoppelfelder zur „Stoppelmast[57]". Bei einigen Gewerben, insbesondere bei den Müllern, Bäckern und „Pfragnern",
bildete die Schweinezucht einen willkommenen Nebenerwerb, da sich die
reichlich verfügbaren Abfälle als Futtermittel verwerten ließen[58]. Zeit-
weilig wurde die Schweinezucht in den engen, dicht bebauten Städten so
intensiv betrieben, daß der Magistrat seinen Untertanen aus gesund-
heitspolizeilichen Gründen Beschränkungen auferlegen mußte. In Würzburg wurde den Bürgern und Einwohnern untersagt, die Schweine einfach auf der Straße herumlaufen zu lassen[59]. In Schlettstadt wurde den
Bäckern die Mästung von höchstens 12 Schweinen zur gleichen Zeit erlaubt[60], in Nürnberg durften Bäcker und Müller höchstens 10, alle anderen Bewohner der Stadt höchstens 3 Schweine halten[61], in Isny gestand
der Rat dem Bäcker nur zwei Schweine, dem Bürger, der weder der
Bäcker- noch der Metzgerzunft angehörte, nur ein Schwein zu[62]. Diese
Begrenzung der Aufzucht von Schweinen setzte natürlich die Möglichkeit
der Selbstversorgung mit Schweinefleisch herab und verschaffte dem
Angebot auf den Märkten neue Gewinnchancen, wo aber nun zusehends
die Bäcker und Müller als Verkäufer neben die Metzger traten[63].

c) Das Angebot an Schafen

Das Angebot an Schaffleisch auf den Märkten wurde im 16. Jh. dadurch
eingeschränkt, daß die verfügbare Weidefläche meist dem Wollschaf
überlassen wurde. Für die Wirtschaftsstruktur der Kurpfalz, der Mark-
grafschaft Baden, der Herzogtümer Württemberg und Bayern waren die
Produktion und die Ausfuhr, teilweise auch die Verarbeitung von Wolle

---

[56] *C. L. Sachs*, a. a. O., S. 41 u. *O. Gerlach*, *M. Graminger*, Art. „Fleischergewerbe", HdStW 4, 1927[4], S. 215 f.
[57] Vgl. *F. Grüttner*, a. a. O., S. 25, *C. Heimpel*, a. a. O., S. 48 u. *L. Klaiber*,
a. a. O., S. 66.
[58] *C. L. Sachs*, a. a. O., S. 41.
[59] Würzburger Polizeisätze. Gebote u. Ordnungen des Mittelalters, 1125 bis
1495, Hrsg. *H. Hoffmann*, 1955, S. 182, Nr. 364.
[60] *M. Mayer*, Die Lebensmittelpolitik der Reichsstadt Schlettstadt bis zum
Beginn der Franzۆs. Herrschaft. Diss. Freiburg 1907, S. 109.
[61] *C. L. Sachs*, a. a. O., S. 43.
[62] *K. O. Müller*, Oberschwäb. Stadtrechte I, 1914, S. 275, § 422.
[63] *O. Gerlach*, *M. Graminger*, a. a. O., S. 215.

von ausschlaggebender Bedeutung[64]. Fast alle oberdeutschen Reichsstädte zählten die Wollverarbeitung zu ihren wichtigsten Wirtschafts-
zweigen[65]. Die Lieferung der Rohwolle bildete indessen nicht den einzigen Vorzug des Schafes. Auch die „Düngerleistung" des Wollschafes
schätzte der Landwirt, zumal ihm der Hürdenschlag erlaubte, die Düngung gleichmäßig auf die Bodenfläche zu verteilen[66]. Obwohl genaue Angaben über die Entwicklung der Preise für Wollschafe und für „Fleisch-
schafe" fast völlig fehlen[67], liegt der Schluß nahe, daß die mannigfachen
Vorzüge des Wollschafes das Angebot an Schaffleisch verhältnismäßig
knapp und damit dessen Preise relativ hoch hielten. Aus Sachsen stam-
mende Preisangaben aus dem 16. Jh. bestätigen diese Vermutung: Ham-
mel wurden teurer gehandelt als Wollschafe[68]. Genau wie bei den
Schlachtochsen, so blieb auch die Versorgung des Marktes mit Schaffleisch Aufgabe einzelner Gebiete, die von Natur aus für die Schafzucht
geeignet waren. Den wichtigen Absatzmarkt in der Großstadt Nürnberg
belieferte so z. B. das Schafzuchtgebiet des Ries[69].

Doch waren Oberdeutschlands Schafzüchter nicht in der Lage, den Bedarf dieses Gebietes an Schaffleisch zu befriedigen. Erhalten gebliebene
Zollregister beweisen, daß die Schafherden denselben Weg nahmen wie
die Schlachtochsen. Zum Beispiel passierten im August 1569 die Zollsta-
tion von Pregarten, nördlich von Linz/Donau, ein Händler aus Passau mit
550 Schafen, ein Händler aus Schwaz mit 500 Schafen und ein Händler
aus Regensburg mit ebenfalls 500 Schafen[70]. Im Jahre 1577 war wiederum
der August der Monat des Schafdurchtriebs, ein Händler aus Linz und

---

[64] Vgl. für Baden: *E. Gothein*, Die badischen Markgrafschaften im 16. Jh.,
1910; für Bayern: *B. Kreuter*, Beiträge zur Geschichte der Wollengewerbe in
Bayern im Zeitalter des Merkantilsystems, Oberbayr. Archiv 50, 1897, für
Württemberg: *K. Weidner*, a. a. O., u. für die Kurpfalz: *L. Ziehner*, Zur Geschichte der kurpfälzischen Wollgewerbes im 17. und im 18. Jh., 1931.
[65] Vgl. z. B. *A. Kunze*, Zur Geschichte des Nürnberger Textil- u. Färberge-
werbes vom Spätmittelalter bis zum Beginn der Neuzeit, in: Beiträge zur
Wirtschaftsgesch. Nürnbergs II, 1967. *F. Bauer*, Das Wollgewerbe von Eßlingen
bis zum Ende des 17. Jhs., 1914. *K. Hettler*, Ulms Wollhandel u. Wollgewerbe,
hauptsächlich im 16. u. 17. Jh., Diss. Würzburg 1923. *F. Furger*, Zum Verlags-
system als Organisationsform des Frühkapitalismus im Textilgewerbe. Bei-
heft zur VSWG, 1927. *A. Westermann*, Zur Gesch. d. Memminger Weberzunft
u. ihrer Erzeugnisse im 15. u. 16. Jh., VSWG 12, 1914 u. *G. Schmoller*, Die Straßburger Tucher- und Weberzunft, 1879.
[66] *F. K. Riemann*, a. a. O., S. 46.
[67] *W. Jacobeit*, Schafhaltung u. Schäfer in Zentraleuropa bis zum Beginn des
20. Jhs, 1961, S. 24/25.
[68] *G. Schmoller*, Histor. Entwicklung der Fleischpreise, a. a. O., S. 333 f.
[69] *R. Endres*, Die Nürnberg—Nördlinger Wirtschaftsbeziehungen im Mittelalter bis zur Schlacht von Nördlingen, 1963, S. 187.
[70] Oberösterr. Landesarchiv Linz/Donau. Stadtarchiv Freistadt, Schachtel
326: Filialmaut in Pregarten 1528—1772. Reitungen der Maut Pregarten 1569,
fol. 164 f.

ein Händler aus Passau vermauteten gemeinsam 800 Schafe, ein Händler aus Landshut verzollte 500 Schafe und ein Händler aus Passau 300 Schafe[71].

4. Die Struktur der Vieh- und Fleischmärkte Oberdeutschlands

a) Die Viehmärkte

Auf drei Wegen gelangte im 16. Jh. das Schlachtvieh vom Produzenten, dem Viehzüchter, in die Hände des Weiterverarbeiters, des Metzgers. Vielfach kauften die Metzger das Schlachtvieh für ihren Bedarf unmittelbar beim Erzeuger. Auch das Schlachtvieh aus den Weidezonen Ostmitteleuropas wurde zum Teil auf diesem Wege beschafft[72]. Nur waren es hier besonders kapitalkräftige und auch wagemutige Metzger, die entweder in die Produktionsgebiete reisten oder die zumindest die wichtigen Umschlagsmärkte für das ostmitteleuropäische Schlachtvieh in Buttstädt nördlich von Weimar, in Zerbst, Halle, Ohrdruf, Reppen, Frankfurt a. d. Oder, Breslau, Brieg, Posen, Auspiz und Strasnitz in Mähren, sowie in Wien und in Bruck an der Leitha besuchten[73].

Den zweiten und für Oberdeutschland wichtigsten Weg der Belieferung mit Schlachtvieh stellt der Viehmarkt dar, wobei viele Viehhändler, die Herden von einigen hundert Tieren vom Osten nach dem Westen trieben, ebenfalls dem Metzgerstande angehörten, nun aber Schlachtvieh über ihren eigenen Bedarf hinaus einkauften[74]. Neben großen Umschlagplätzen für importierte Rinder, namentlich Nürnberg, Augsburg und Ulm[75], überzog ein Netz von mittleren und kleinen Viehmärkten die oberdeutschen Territorien. Diese Marktorte, die immer noch über den lokalen Bereich hinausreichten, dienten dem Absatz und dem Umsatz des Viehs, das in der Umgebung gezüchtet wurde, bildeten zugleich aber Umschlagplätze, oft auch nur Durchgangsstationen für das aus dem Osten eingeführte Schlachtvieh[76]. Über die Lage wenigstens einiger dieser Märkte geben die Zollisten Aufschluß, in denen die Heimatorte und Firmensitze der Viehhändler festgehalten wurden. In den Aufzeichnungen der Zollstelle von Pregarten, die an der von Wien nach Passau führen-

---

[71] Ebenda, Reitungen 1577, fol. 45 f.

[72] Zu den Einkaufsreisen Frankfurter Metzger nach Polen, Rußland u. Ungarn siehe *F. Lerner*, Geschichte des Frankfurter Metzger-Handwerks, 1959, S. 175.

[73] Vgl. *J. Schultze*, Rindereinfuhr in den deutschen Territorien, insbesondere in Hessen im 16. und im 17. Jh., Jbb. f. Nat. u. Stat. 102, 1914, S. 616 u. *C. L. Sachs*, a. a. O., S. 84.

[74] In Eßlingen z. B. haben die Metzger stets einen ausgedehnten Viehhandel betrieben. *B. Kirchgässner*, Wirtschaft u. Bevölkerung der Reichsstadt Eßlingen im Spätmittelalter. Nach den Steuerbüchern 1360—1460, 1964, S. 119.

[75] *R. Klier*, Der schlesische u. polnische Transithandel durch Böhmen nach Nürnberg in den Jahren 1540 bis 1576, MVGN 53, 1965, S. 210 ff. u. S. 219.

[76] Vgl. *F. Lütge*, Strukturwandlungen, S. 50.

den Ochsenstraße nördlich der Donau lag, finden sich neben Nürnberg,
Ulm und Augsburg in den Jahren 1569 und 1577 noch folgende Heimat-
orte von Händlern, die mit Herden von mehr als 50 Ochsen oder mehr
als 300 Schafen die Zollstätte passierten: München, Regensburg, Passau,
Ingolstadt, Straubing, Plattling, Vilshofen, Pfarrkirchen, Schärding,
Braunau, Schwaz, Memmingen, Schwäbisch Hall, Ehingen, Munderkin-
gen[77]. Zu den Viehmärkten mit regionaler Bedeutung zählten ferner
Regen und Cham als Umschlagplätze für das Vieh des Bayerischen Wal-
des[78], Rosenheim und Aibling als Handelsplätze für das alpenländische
Vieh[79], Sennheim im Elsaß als Marktort für das in den Vogesentälern
gezüchtete oder aus Burgund eingeführte Schlachtvieh[80], schließlich auch
noch Bamberg, das als Umschlagsplatz für Schweine galt[81].

Alle diese Märkte hätten ihre Aufgabe, das Schlachtvieh vom Erzeuger an den Metzger zu leiten, nur mangelhaft erfüllen können, wenn sie
obrigkeitlichen Marktregulierungen unterworfen worden wären. In
Nürnberg z. B. war der Handel auf dem Viehmarkt bis zum Dreißigjährigen Krieg völlig frei[82]. Weder war der Zutritt zu diesem Markt beschränkt
oder gar gesperrt, noch nahm der Stadtrat in irgendeiner Form Einfluß
auf die Preisbildung, auch dann nicht, wenn Interessen der Nürnberger
Bürger auf dem Spiel standen, wie das folgende Beispiel zeigt: Als am
31. 8. 1571 wie gewohnt in Nürnberg der Ochsenmarkt abgehalten wurde,
feilschte ein Pilsener Viehhändler mit den reichsstädtischen Metzgern
um den Preis einiger Ochsen. Während die Metzger noch hofften, den
Preis weiter drucken zu können, trat ein Viehhändler aus Neustadt am
Kocher hinzu, erklärte sich mit dem Verkaufspreis einverstanden und
schloß mit seinem böhmischen Kollegen einen Kaufvertrag ab. Vergebens
versuchten die Nürnberger Metzger daraufhin, bei ihrem Magistrat ein
Vorkaufsrecht auf die Ochsen des Pilsener Händlers geltend zu machen[83].
Auch kleinere Städte, deren Wirtschaftsverfassung weniger freiheitlich
ausgestaltet war als die Nürnbergs und deren Wirtschaftspolitik mehr
von den Zünften beeinflußt wurde, gewährleisteten die Vertragsfreiheit
auf dem Viehmarkt. In Eßlingen z. B. war der Viehhandel für Gäste zu-
lässig, soweit nur die Stadt die geforderten Abgaben erhielt[84]. In Heidelberg versicherte der Kurfürst 1512 jedem Besucher der Viehmärkte

---

[77] Oberösterr. Landesarchiv Linz/Donau, Stadtarchiv Freistadt, Schachtel
326, a. a. O.
[78] *C. L. Sachs*, a. a. O., S. 84.
[79] *A. Mitterwieser*, a. a. O., S. 12 ff.
[80] *E. Gothein*, Wirtschaftsgeschichte des Schwarzwaldes u. der angrenzenden Landschaften, 1892, S. 504 u. Elsässische Stadtrechte 1.: Schlettstadter
Stadtrecht. Bearb. v. *J. Geny*, 1902, T. 2, S. 776.
[81] *C. L. Sachs*, a. a. O., S. 84.
[82] Ebenda, S. 111.
[83] *R. Klier*, a. a. O., S. 223/224.
[84] *B. Kirchgässner*, a. a. O., S. 119.

„iren leiben, kaufmanschaft, hab und gut unsere furstliche trostung, schirm und sicherheit, darzu unser frei strack sicher ongeverlich geleidt[85]". Das „Feilschen" aber, das für diese Viehmärkte kennzeichnend ist, beweist, daß sich hier Marktpreise bildeten, die zumindest auf den bedeutenden Märkten, wo eine hinreichend große Zahl von Anbietern und Nachfragern zusammentraf, durchaus Wettbewerbspreise darstellten.

Der dritte Weg der Beschaffung von Schlachtvieh war der „Vorkauf" oder „Fürkauf", eine Bezeichnung, die nicht allein auf spekulative Aufkäufe von Schlachtvieh angewandt wurde, sondern auf alle Handelsgeschäfte, die außerhalb des Marktortes, ja sogar außerhalb des Marktplatzes, etwa am Stadttor, zustande kamen[86]. Daß diese Spielart des Viehhandels weit verbreitet war, erfahren wir aus unzähligen Klagen über Lücken in der Versorgung mit Fleisch, die dem Fürkauf zur Last gelegt wurden[87]. Nun war „der Fürkauf" schlechthin bereits zu Beginn des Jahrhunderts vom Reichstag als monopolistische Verhaltensweise gebrandmarkt und in der antimonopolistischen Gesetzgebung des Reiches verboten worden. Den Kollegien des Reichstags hatte indessen bei der Verabschiedung des Gesetzes unter „Fürkauf" die spezielle Form des spekulativen Aufkaufs eines Gutes vorgeschwebt, der, etwa im Gewürz- oder im Metallhandel angewandt, tatsächlich eine Monopolstellung begründen konnte[88]. Im Viehhandel lagen die Verhältnisse aber doch etwas anders. Der Bauer, der Vieh auf seinem Hof verkaufte, und der Händler, der auf dem Marsch Tiere aus seiner Herde veräußerte, besaßen durchaus die Möglichkeit, ihr Vieh im nächstgelegenen Marktort anzubieten. Wenn sie dennoch mit dem „Fürkäufer" oder „Feiltreiber[89]" abschlossen, so geschah das in der Regel deshalb, weil der „illegale Händler" einen höheren Preis oder günstigere Geschäftsbedingungen anbot als der Landmetzger oder die Metzgerzunft in der Stadt. Der Unmut der zünftigen Metzger über die „Fürkäufer" bedarf daher keiner weiteren Erläuterung. Aber auch die Träger der städtischen und der territorialen Wirtschaftspolitik versuchten, diese Form des Zwischenhandels auszuschalten[90]. Wie für alle Lebensmittel erstrebten sie auch für das Fleisch

---

[85] Oberrheinische Stadtrechte 2. Abtlg., Heft 9, 1922, S. 114.
[86] Vgl. H. Crebert, Künstl. Preissteigerung durch Für- u. Aufkauf. Ein Beitrag zur Gesch. des Handelsrechts, 1916, S. 183 ff. u. S. 225 ff., ferner G. Schmoller, Zur Gesch. der nationalökonom. Ansichten in Deutschland während der Reformationsperiode, 1861, S. 85.
[87] Vgl. z. B. E. Gothein, a. a. O., S. 500—502 u. A. Hanauer, a. a. O., S. 175.
[88] F. Blaich, Die Reichsmonopolgesetzgebung im Zeitalter Karls V. Ihre ordnungspolitische Problematik, 1967, S. 35/36.
[89] Der „Fürkaufer" oder „Feiltreiber", der zumeist Zwischenhändler ist, kommt nur zu einem Teil aus dem Metzgerstand. Viele berufsfremde Elemente, Bauern, Wirte u. Kaufleute, drängen sich zu diesem Beruf. F. Elsner, a. a. O., S. 54.
[90] Vgl. H. Crebert, a. a. O.,

die Bildung eines „Punktmarktes[91]", eines räumlich eng umgrenzten, zeitlich genau festgelegten Tausches von Waren und Geld, bei dem das gesamte Angebot und die gesamte Nachfrage einander gegenüberstanden und der — im Gegensatz zu den Handelsgeschäften vor den Toren der Stadt — leicht überwacht werden konnte.

Da die Fleischversorgung Ostdeutschlands nur durch die Einfuhr der ostmitteleuropäischen Rinder sichergestellt wurde, liegt die Frage nahe, ob nicht die Höhe des Betriebskapitals, das für die Durchführung dieser Importe notwendig war, den Zugang zum Viehhandel sperrte und somit den Importeuren zu erheblichen wirtschaftlichen Machtstellungen auf den Viehmärkten verhalf. Nicht allein die Höhe des Kapitals, das für den Viehhandel erforderlich war, war beträchtlich, es verging in der Regel auch erhebliche Zeit, bis der Kapitaleinsatz im Verkaufserlös wieder zurückerstattet wurde. Die Mastochsen wurden am Einkaufsort meist bar bezahlt[92] und gelangten dann in einem langwierigen, an zahlreichen Mautstellen vorbeiführenden Marsch in die oberdeutschen Verbrauchszentren. Die Transportkosten erreichten dabei im Vergleich zum Einkaufspreis eine beachtliche Höhe. 1495 z. B. kostete ein Ochse beim Einkauf in Wien durchschnittlich 7,3 fl., die Kosten des Transports von Wien nach Nürnberg beliefen sich auf 1 fl.[93]. Dabei handelte es sich lediglich um Ausgaben für die Treiber, für Mauten und für die Benutzung von Weiden, denn Transportmittel wurden nicht benötigt[94]. Traf dann nach vielen Tagen die Herde am Bestimmungsort ein, so war noch lange nicht auf einen Ersatz des vorgelegten Kapitals zu hoffen. Die Ochsen waren auf dem Transport so abgemagert, daß sie zunächst gemästet werden mußten[95]. Zu diesem Zweck kauften oder pachteten die Händler und Metzger Weideflächen[96], die oftmals weit vom städtischen Verbrauchszentrum entfernt lagen[97]. Kosten verursachte auch die andere Möglichkeit der Mästung, die „Viehverstellung", bei der die Ochsen gegen Ent-

---

[91] „Auf Punktmärkten herrscht volle Markttransparenz in dem Sinne, daß jeder Anbieter und jeder Nachfrager über das Gesamtangebot und die Gesamtnachfrage zum herrschenden Preis orientiert ist". W. *Krelle*, Preistheorie, 1961, S. 23.
[92] Vgl. *F. Elser*, a. a. O., S. 42.
[93] *R. Klier*, a. a. O., S. 219, Anm. Nr. 115. Die Angabe stammt aus der Ochsenrechnung v. 1495.
[94] Vgl. *H. Wiese*, Die Fleischversorgung der nordwesteurop. Großstädte vom XV. bis XIX. Jh. unter besonderer Berücksichtigung des internationalen Rinderhandels, Jbb. f. Nat. u. Stat. 179, 1966, S. 126.
[95] Vgl. *F. Elser*, a. a. O., S. 50.
[96] Ein Beispiel: 1526 erlaubt Herzog Wilhelm von Bayern den Metzgern der Stadt Augsburg gegen einen Zins v. jährl. 90 fl. in der „Morunger Au" 500 Ochsen zu halten. *P. v. Stetten*, Gesch. der Heil. Röm. Reiches freyen Stadt Augsburg..., 1743, S. 303.
[97] Dieser Sachverhalt galt besonders für Nürnberg. *C. L. Sachs*, a. a. O., S. 89.

gelt auf dem Hofe eines Bauern gemästet wurden[98]. Zweifellos besaß ein einfacher Metzger nicht das erforderliche Kapital, um sich am internationalen Viehhandel zu beteiligen. Dennoch ging dieser Handel nicht in die Hände der großen Handelsgesellschaften und der mächtigen Einzelkaufleute des 16. Jhs. über. Die Umsätze der 16 Ochsenhandelsfirmen, die die Nürnberger Ochsenamtsrechnungen als Anbieter für das Jahr 1570 notierten, schwankten zwischen 869 fl. und 23 677 fl.[99]. Auch der Umfang der Herden oberdeutscher Viehhändler, der in den Zollisten festgehalten wurde, beweist, daß sich Betriebe unterschiedlicher Größe im internationalen Ochsenhandel behaupten konnten. An der Zollstelle Pregarten bewegte sich die Kopfzahl der Ochsenherden oberdeutscher Händler 1569 zwischen 30 und 450 Stück, 1577 zwischen 30 und 400 Stück[100]. Die Konzentration des Angebots am Ochsenmarkt durch wenige kapitalkräftige Unternehmer wurde einmal durch die Bildung von Gesellschaften und Einkaufsgenossenschaften verhindert[101]. Zum anderen unterstützte die städtische Wirtschaftspolitik kleinere Betriebe, indem sie entweder wie das Nürnberger „Ochsenamt", „eine Art kombinierte Kredit-, Vorrats- und Einfuhrstelle[102]", Kredite für Vieheinkäufe vergab[103], oder indem sie wie in Freiburg bei der Beschaffung von Weideplätzen behilflich war[104].

b) Die Fleischmärkte

Während also auf den bedeutenden oberdeutschen Viehmärkten die anbietenden Händler wie auch die nachfragenden Händler und Metzger sowohl im Parallel- wie auch im Austauschprozeß miteinander konkurrierten[105], erschwerte die Struktur der städtischen Fleischmärkte eine Wettbewerbspreisbildung. Der Metzger mußte in der Regel einer Zunft angehören, wenn er seine Ware auf dem Markt anbieten wollte. Die Zunft aber besaß Mittel, um den Zugang zur Angebotsseite des Marktes nach ihren Zielsetzungen zu lenken. Eine Erhöhung des Eintrittsgeldes in die Zunft oder der Nachweis eines bestimmten Betriebskapitals bildete für manchen jungen Meister eine unüberwindliche Schranke[106].

---

[98] G. Adler, Die Fleischteuerungspolitik der deutschen Städte beim Ausgang des Mittelalters, 1893, S. 112.

[99] R. Klier, a. a. O., S. 501.

[100] Oberösterr. Landesarchiv Linz, Stadtarchiv Freistadt, a. a. O.

[101] Vgl. E. Gothein, a. a. O., S. 501 u. A. Werner, Der ungarische Ochsenhandel u. das Augsburger Metzgergewerbe, Der Sammler, Belletristische Beilage zur Augsburger Abendzeitung, Nr. 74, 1911, S. 3.

[102] W. Abel, Gesch. d. deutsch. Landw., S. 171.

[103] C. L. Sachs, a. a. O., S. 123 f.

[104] Vgl. E. Gothein, a. a. O., S. 499 (Freiburg) u. M. Mayer, a. a. O., S. 106 (Schlettstadt).

[105] Zum Wettbewerb der Metzger u. Viehhändler oberdeutscher Städte siehe F. Elser, a. a. O., S. 52—54.

[106] Vgl. K. F. Wernet, Wettbewerbs- u. Absatzverhältnisse des Handwerks in histor. Sicht, Bd. 1, 1967, S. 193 u. G. Adler, O. Gerlach, Art. „Fleischergewerbe".

Überdies war die Zahl der Fleischbänke auf den städtischen Märkten begrenzt[107], die Zahl der Anbieter war mithin nicht nur überschaubar, sie war auch lokal konzentriert und bot deshalb gemeinsam mit der Zunftorganisation einen Anreiz für Absprachen über die Preisforderungen und die Angebotsmengen. Verschiedene Maßnahmen der städtischen Wirtschaftspolitik trugen unbeabsichtigt dazu bei, die Ausschaltung des Wettbewerbs zu fördern. Um das Aufkommen von Großbetrieben zu verhindern und um jedem Metzger gleiche Verkaufschancen einzuräumen, gingen die Städte dazu über, jedem Meister nur eine Fleischbank zuzubilligen und obendrein die Bänke, deren unterschiedliche Lage den Absatz beeinflußten, entweder alljährlich zu verlosen, wie in Nürnberg und in Augsburg[108], oder, wie in Bruchsal, eine Ordnung zu erlassen, nach der kein Metzger „sin metzbanck lenger oder anders haben" solle, „dann das recht meß ist[109]". Als man aber in Nürnberg einigen Metzgermeistern erlaubte, nicht verloste oder wenigstens nicht bezogene Bänke zu mieten, besaßen reichere Metzger schon bald zwei oder drei Bänke und versperrten damit anderen Meistern den Zugang zum Markt[110]. Das Aufkommen des Großbetriebs läßt sich auch in Freiburg und in Augsburg nachweisen[111]. Diese Entwicklung führte nun zu neuen Interventionen der städtischen Wirtschaftspolitik, die das Gleichheitsprinzip der Zünfte verteidigte. Um die ärmeren Meister zu unterstützen, verordnete der Rat in Augsburg 1512, kein Metzger solle in der Woche mehr als drei Ochsen schlachten[112]. Dieser Erlaß beschränkte den Wettbewerb auf dem Fleischmarkt ebenso wie die Bestimmung des Nürnberger Rates, jeder Metzger müsse sich vor der alljährlichen Verlosung der Bänke entscheiden, welche Fleischsorte er anbieten wolle[113]. Diese Differenzierung des Metzgerstandes untersagte es also dem Schweinemetzger, Schaffleisch anzubieten, selbst wenn er eine besonders günstige Bezugsquelle entdeckt hatte und eine vorzügliche Qualität zu einem niederen Preis liefern konnte[114]. Wettbewerbsmindernd wirkte ferner die in einigen Städten ergangene Verordnung, Müller und Bäcker dürften die von ihnen gezüchteten Schweine erst dann am Markt feilbieten, wenn sie diese Tiere zuvor der Metzgerzunft zum Kauf angeboten hätten[115].

Alle diese Beispiele erklären die starke Tendenz zur Bildung von Kollektivmonopolen auf der Angebotsseite der Fleischmärkte, wobei die

---

HdStW 34, S. 343.
[107] *K. F. Wernet*, a. a. O., S. 193 u. *C. L. Sachs*, a. a. O., S. 31.
[108] *C. L. Sachs*, a. a. O., S 2/3 u *P. v. Stetten*, a. a. O., S. 499.
[109] Oberrheinische Stadtrechte 1, 7. 1906, S. 886.
[110] *C. L. Sachs*, a. a. O., S. 2.
[111] *E. Gothein*, a. a. O., S. 501 (Freiburg) u. *A. Werner*, a. a. O., S. 3 (Augsburg).
[112] *A. Werner*, a. a. O., S. 3.
[113] *C. L. Sachs*, a. a. O., S. 39.
[114] Über die genaue Abgrenzung gewerbl. Tätigkeit unter den Zünften vgl. *F. Blaich*, a. a. O., S. 133—135.
[115] *C. L. Sachs*, a. a. O., S. 9 u. S. 44 u. *A. Hanauer*, a. a. O., S. 177.

geringe Preiselastizität der Nachfrage nach Fleisch dem Anbieter erlaubte, seinen „Machtpreis" weit von dem Preis zu entfernen, der sich bei Wettbewerb gebildet hätte[116]. München mußte bis zum ersten Drittel des 16. Jhs. eine solche Monopolstellung der Metzgerzunft dulden[117]. Berüchtigt waren zu Beginn des Jahrhunderts die Metzger zu Kolmar, die kaum genießbares Fleisch zu überhöhten Preisen verkauften. Dieser Verhaltensweise stand die Einwohnerschaft wehrlos gegenüber, denn ein Abkommen der zünftigen Metzger erlaubte Schlachtungen nur dann, wenn alle Zunftgenossen ihre Vorräte verkauft hatten[118]. Selbst in Nürnberg mußte der Rat Bürger und Einwohner öfter gegen monopolistische Bestrebungen der Metzger in Schutz nehmen[119]. Zweifellos hätte die Marktmacht städtischer Metzgerzünfte „zu einem wahren Raubzuge der Metzger gegen die Konsumenten[120]" geführt, wenn die Träger der städtischen und der territorialen Wirtschaftspolitik nicht über zwei wirksame Abwehrwaffen verfügt hätten. Neben der Zulassung von Außenseitern auf den Märkten, mochte es sich nun um „Landmetzger" oder um „Frei- und Winkelmetzger" handeln[121], bildete die Festsetzung von Fleischtaxen die wichtigste Maßnahme gegen willkürliche Preisforderungen der Metzger.

5. Die Eingriffe der Obrigkeit in die Bildung der Preise auf den Fleischmärkten

a) Zielsetzungen der obrigkeitlichen Preispolitik

Aus heutiger Sicht mag es erstaunen, daß zu Beginn der Neuzeit Reichsstädte und Territorialstaaten bei der Bekämpfung monopolistischer Verhaltensweisen der Metzgerzünfte ein prozeßpolitisches Instrument, nämlich den unmittelbaren Eingriff in die Preisbildung am Markt, bevorzugten, während ein ordnungspolitisches Mittel, die Veränderung der Marktform durch die Zulassung von Außenseitern, nur Hilfsfunktionen ausübte. Allzuleicht könnte man in der Vorliebe der städtischen und der territorialen Wirtschaftspolitik für die behördlich gesetzten Preise Ansätze zu einer obrigkeitlichen Lenkung des Wirtschaftsprozesses erblikken. Indessen gab es gewichtige Gründe für den Vorrang behördlicher Preissetzung bei der Dämpfung übermäßiger Marktmacht. Zunächst war die Konkurrenz der Landmetzger als wirtschaftspolitisches Mittel nur beschränkt einsatzfähig. In vielen Städten war der Landmetzger an be-

---

[116] Vgl. *E. Carell*, a. a. O., S. 188.
[117] *F. Elser*, a. a. O., S. 11.
[118] *A. Hanauer*, a. a. O., S. 166 ff.
[119] *C. L. Sachs*, a. a. O., S. 50.
[120] *O. Gerlach, M. Graminger*, a. a. O., S. 216.
[121] *K. F. Wernet*, a. a. O., S. 224/225.

stimmten Markttagen ohnehin bereits zu den Fleischbänken und Schirnen zugelassen. Eine große Stadt wie Nürnberg war unmittelbar vor den
im 16. Jh. nicht gerade seltenen kirchlichen Feiertagen auf das Angebot
auswärtiger Metzger angewiesen[122]. Damit aber blieb dem Magistrat der
Metzgerzunft gegenüber nur noch die Drohung, die Privilegien der Landmetzger zu erweitern[123]. Überdies wurde auf dem Lande meist nur das
entbehrliche heimische Vieh geschlachtet und nicht das aus dem Osten
importierte, qualitätsmäßig bessere „Fleischrind". Damit war das Angebot der Landmetzger nicht nur in seiner Menge begrenzt, sondern es
blieb außerdem in seiner Qualität hinter der Ware der städtischen Metzgerzunft zurück[124]. Nicht zu übersehen war freilich auch die Möglichkeit
eines Übereinkommens zwischen den auswärtigen Fleischern und den
zünftigen Metzgern zur Ausschaltung oder Minderung des gegenseitigen
Wettbewerbs. Auch die Förderung der „Frei- und Winkelmetzger", die
außerhalb der Zunft standen, war als Mittel der Ordnungspolitik nicht
frei von unerwünschten Nebenwirkungen. Erhielten diese Metzger dieselben Rechte wie die zünftigen Meister, so wurde der Zusammenhalt
der Zunftorganisation gefährdet. Die Zunft hatte aber nicht allein markt-
ordnende Funktionen, die mißbräuchlich auch zu Kartellabsprachen führen konnten, vielmehr nahm sie darüber hinaus politische, militärische,
rechtsetzende und rechtsprechende, vor allem aber auch soziale Aufgaben wahr, von der Berufsausbildung bis zur Krankenversicherung[125].

Doch nicht allein diese Überlegungen gaben dem System der Preistaxen den Vorzug vor der Veränderung der realisierten Marktformen.
Ausschlaggebend war die wohlfahrtspolitische Zielsetzung, welche die
Maßnahmen städtischer Wirtschaftspolitik dieses Zeitalters prägte[126]. Der
Stadtrat betrachtete es als seine Pflicht, die Bürger und Einwohner seiner Stadt zu einem „gerechten Preis" ausreichend mit Lebensmitteln zu
versorgen[127], und zwar ganz unabhängig von der Konstellation der Anbieter und der Nachfrager auf den Märkten. Dieses wohlfahrtspolitische
Ziel erklärt auch die Form der Preistaxen, die im 16. Jh. für die Fleischmärkte erlassen wurden. Diese Fleischtaxen stellten keine Fest-, sondern
Höchstpreise dar, mochte es sich nun um städtische oder territoriale Preistaxen handeln[128]. Nur im Gebiet des Rappenmünzbundes scheint die ge-

---

[122] *C. L. Sachs*, a. a. O., S. 50.
[123] Ebenda, S. 56.
[124] Ebenda.
[125] *W. Wernet*, Kurzgefaßte Geschichte des Handwerks in Deutschland, 1959³,
S. 62—66.
[126] Vgl. *F. Elser*, a. a. O., S. 90 u. 102.
[127] Siehe hierzu *F. Lütge*, Deutsche Sozial- u. Wirtschaftsgeschichte, 1966³,
S. 172—174.
[128] Vgl. *G. Adler*, a. a. O., S. 98, *F. Elser*, a. a. O., S. 13 u. 90. *O. Gerlach,
M. Graminger*, a. a. O., S. 215 f., *C. L. Sachs*, a. a. O., S. 56 ff., *A. Reyscher,*

meinsame Fleischtaxe von vornherein als Richtpreis geplant worden zu
sein, da sie kaum Differenzierungen nach den einzelnen Fleischsorten
vornahm[129]. Die „Maximaltaxe" durfte zum Wohle der Konsumenten
jederzeit unterboten werden, sie durfte aber nicht überschritten werden.
Freilich klaffte schon bald ein Unterschied zwischen der rechtlichen Aus-
gestaltung der Fleischtaxen und ihren tatsächlichen Funktionen. Bevor
diese Entwicklung erörtert werden soll, wird zunächst die Errechnung
und die Festsetzung der Preistaxen sowie ihre Anpassung an die Veränderungen der Marktlage behandelt.

h) Maßstäbe für die Bestimmung der Fleischtaxen

Die meisten Fleischtaxen, die im 16. Jh. auf oberdeutschen Märkten
festgesetzt wurden, entstanden aufgrund einer „Schätzung", die zu bestimmten Zeitpunkten vorgenommen wurde. In kleineren Städten wurde
die Festsetzung der Fleischpreise der Gewerbepolizei übertragen, die
ohnehin an jedem Markttag vor Beginn des Marktes das Angebot auf
seine einwandfreie Beschaffenheit überprüfen mußte[130]. In den größeren
Städten begutachtete eine Kommission, die meist paritätisch aus Mitgliedern des Rates und aus Angehörigen der Metzgerzunft zusammengesetzt
war, das auf den Bänken und auf den Schirnen ausgelegte Fleisch und
setzte je nach der Qualität für die einzelnen Fleischsorten einen Preis
fest[131]. Dieser Preis wurde auf einem Preistäfelchen am Verkaufsstand
ausgezeichnet, um den Vorbrauchern die Marktübersicht zu erleichtern[132]. Als Maßstab für eine besondere Qualität galt ein hoher Fettgehalt des Fleisches. Folglich unterschied man bei der Preisfestsetzung
„mageres" und „gemästetes" Fleisch[133], manchmal überprüfte man nur
den Fettgehalt und setzte danach die Höhe der Taxe fest[134].

Das Bestreben der Träger städtischer Wirtschaftspolitik, nicht allein
die Bürger und Einwohner zu einem gerechten Preis mit Fleisch zu versorgen, sondern auch dem Metzgerstand einen angemessenen Verdienst
zufließen zu lassen[135], bewog manchen Magistrat, die Taxe nach den

---

a. a. O., S. 136 (Wbg. Taxordnung v. 1540), S. 136, *F. Lerner,* Fleischergewerbe,
S. 174.

[129] *E. Gothein,* a. a. O., S. 502.
[130] Vgl. Oberrheinische Stadtrechte 2, 2, 1908, S. 208 (Überlingen).
[131] Vgl. *F. Lerner,* Fleischergewerbe, S. 174 u. *M. Mayer,* a. a. O., S. 122. Eine
„Mitbestimmung" bei der Festsetzung der Fleischpreise wurde den Metzgern
in jedem Fall eingeräumt. Vgl. Oberrheinische Stadtrechte 1, 7, S. 885 (Bruchsal) u. *L. Klaiber,* a. a. O., S. 82 (Isny).
[132] Vgl. *F. Lerner,* a. a. O., S. 174, *C. L. Sachs,* a. a. O., S. 9.
[133] *E. Gothein,* a. a. O., S. 502.
[134] *M. Mayer,* a. a. O., S. 122.
[135] *O. Gerlach, M. Graminger,* a. a. O., S. 215 u. *A. Rothe,* Das deutsche
Fleischergewerbe, 1902, S. 26 f.

Kosten des Metzgergewerbes zu kalkulieren. Bei der Ermittlung dieser Kosten scheuten die Stadträte weder Mühe noch Aufwand. In München verlangte der Stadtrat von seinen Metzgern zunächst beglaubigte Belege über die Einkaufs- und Transportkosten ihres Schlachtviehs, über Zölle und Gebühren. Als ihm diese „Politten", welche die Ortsbehörden den Metzgern auf Verlangen ausstellten, nicht mehr genügten, zögerte er nicht, Beauftragte mit der Prüfung der Marktlage an Ort und Stelle zu betrauen. 1598 reiste z. B. ein Ratsmitglied mit einer Gruppe von Metzgern nach Wien, um dort Erkundigungen über die Preise ungarischer Schlachtochsen und über die Transportkosten einzuziehen[136]. Daneben führte der Stadtrat Probeschlachtungen durch, um festzustellen, welche Mengen an Fleisch und an Nebenprodukten dabei gewonnen werden konnten und welcher Erlös sich aus dem Verkauf bei einer bestimmten Höhe der Fleischtaxe ergeben würde[137]. Der Wert der Nebenprodukte war gerade beim Rind beträchtlich. Nach einer Probeschlachtung aus dem Jahre 1551 bezifferte sich der Erlös aus dem Verkauf der Haut, des Unschlitts und der Innereien auf ein Viertel des Gesamterlöses[138]. Mitunter fand die „Ochsenprobe" geheim statt, wenn nämlich der Stadtrat die Ergebnisse seiner Schlachtung der Metzgerzunft nicht vorschnell bekanntgeben wollte[139]. Nach Maßgabe der „Ochsenprobe" und aufgrund der Informationen von den Viehmärkten wurde dann die Fleischtaxe als „Kostenpreis", um eine als angemessen betrachtete Verdienstspanne des Metzgers erhöht, festgesetzt.

Noch größere Umsicht bei der Ermittlung der Höhe der Fleischtaxe zeichnete den Rat der Stadt Nürnberg aus. Auch hier standen am Anfang der Taxkalkulation Nachrichten über die Marktlage in Polen, Böhmen und Ungarn, über die Kosten des Zutriebs und die Wegfütterung, über Zollsätze und Gebühren[140]. Hinzu trat aber eine laufende Beobachtung der obrigkeitlichen Preispolitik in anderen Städten, verbunden mit einem Erfahrungsaustausch, der sich vor allem auf die Reichsstädte Augsburg, Ulm, Donauwörth, Dinkelsbühl, Weißenburg sowie auf die Residenzstädte Bamberg und Würzburg erstreckte. Selbst mit Straßburg und Köln korrespondierte der Rat gelegentlich über Fragen der Preispolitik auf den Fleischmärkten[141]. Im Gegensatz zu München wurden in Nürnberg die Probeschlachtungen stets geheim durchgeführt, und zwar durch auswärtige Metzger und unter ständiger Kontrolle eines Ratsdelegierten. Für den Fall, daß die Probe nicht in seinem Sinne ausfiel, wollte es der Rat vermeiden, dem Metzgerhandwerk Beweismittel für

---

[136] *F. Elser,* a. a. O., S. 88.
[137] Ebenda, S. 89.
[138] *F. Haenert,* Preispolitik im Handwerk vom 16. bis 18. Jh. unter besonderer Berücksichtigung der Münchener Verhältnisse. Diss. München 1956, S. 96.
[139] *F. Elser,* a. a. O., S. 89.
[140] *C. L. Sachs,* a. a. O., S. 60—61.
[141] Ebenda.

verstärkte Preisforderungen zuzuspielen[142]. Informationen über das
mengenmäßige Angebot an Fleisch, und zwar nicht allein über das vorhandene, sondern auch über das mit Sicherheit zu erwartende, sowie die
Ergebnisse der Probeschlachtungen bildeten mithin auch in Nürnberg die
Grundlage für die Taxierung der Fleischsorten.

Die genaue Ermittlung der Kosten des Metzgerhandwerks und die
genaue Beobachtung der Marktlage, die diesen Fleischtaxen zugrunde
lag, begründete die Wertschätzung, der sich diese Preise in den benachbarten Territorien erfreuten. In den Jahren 1528 und 1529 ordneten die
bayrischen Herzöge Wilhelm und Ludwig für ihr ganzes Herzogtum eine
einheitliche Fleischtaxe an, die in ihrer Höhe mit den Fleischpreisen der
Stadt München übereinstimmen sollte. Auch in den folgenden Jahren
befahl die Landesregierung den Bezirksbehörden, den „Fleischsatz" der
Residenzstadt zu übernehmen[143]. In der Schweiz richteten sich die Ur-
kantone nach den behördlichen Fleischpreisen der Stadt Luzern, welche
die „vorzüglich arbeitende und sehr gut orientierte Luzerner Fleisch-
taxationsbehörde[144]" errechnet hatte, während für die kleineren elsässischen Reichsstädte, z. B. für Schlettstadt, die Fleischtaxe der Stadt Straßburg einen willkommenen Anhaltspunkt darstellte[145].

c) Die Anpassung der Fleischtaxen an Veränderungen des Angebots und der Nachfrage

Die Faktoren, die bei der Berechnung der Fleischtaxe berücksichtigt
wurden, deuteten darauf hin, daß hier nicht Preise unabhängig von der
Marktlage festgesetzt wurden. Die amtlichen Fleischtaxen blieben auch
nicht über längere Zeit hinweg starr. Bis zum Ende des 15. Jhs. wurden
z. B. die Preise in München zweimal im Jahr, für das Sommerhalbjahr
und für das Winterhalbjahr, festgesetzt, danach ging man dazu über, je
nach Bedarf Beratungen über die Höhe der Fleischpreise einzuberufen[146].
Auch in den Territorien blieb die Fleischtaxe verhältnismäßig flexibel.
Der Fürstbischof von Würzburg bestimmte z. B. 1584, daß die Festsetzung
des Fleischpreises alle Vierteljahre zu erneuern und öffentlich zu ver-
künden sei[147].

Wenn die Fleischtaxe auch nach den Marktgegebenheiten berechnet
worden war, so bedeutete das jedoch nicht, daß sie jederzeit Schwankungen des Angebots und der Nachfrage widerspiegelte, die im 16. Jh. mit
großer Heftigkeit eintraten. Auf der Nachfrageseite konnte der Stoß-

---

[142] Ebenda, S. 62.
[143] F. Elser, a. a. O., S. 95/96.
[144] A. Marty, a. a. O., S. 74.
[145] Elsässische Stadtrechte, a. a. O., S. 770 (1520).
[146] F. Elser, a. a. O., S. 86.
[147] F. Grüttner, a. a. O., S. 42.

bedarf bei Festlichkeiten der fürstlichen Haushaltungen[148] und vor allem bei der Versorgung der Heere[149] im Kriegsfall die Marktlage überraschend ändern. Noch stärkeren Schwankungen unterlag freilich die Angebotsseite. Eine Viehseuche konnte schnell Fleischmangel hervorrufen[150]. Hinzu kam die Schrumpfung des inländischen Viehstapels durch Kriege, etwa durch die Bauernkriege von 1525, aber auch infolge wirtschaftsendogener Veränderungen, zumal durch die „Depekoration[151]" zugunsten des Getreideanbaus und die Ausbreitung der Zucht des Wollschafes. Besonders empfindlich auf wirtschaftsendogene Einflüsse reagierte allerdings das Angebot an Schlachtvieh aus den östlichen Randländern Mitteleuropas, von dem die Versorgung Oberdeutschlands weitgehend abhing. Ungünstige Witterung konnte bereits erhebliche kurzfristige Zutriebsstörungen auslösen. Die Verheerungen der Türkenkriege und die anschließenden politischen und religiösen Wirren in Ungarn und in den Österreichischen Erblanden[152] ließen zwischen 1549 und 1550 die Viehausfuhr aus diesen Gebieten fast völlig versiegen[153]. Verminderte Einfuhren an Schlachtvieh führten zu einem raschen Ansteigen der Viehpreise[154]. Wäre nun auch auf den Fleischmärkten die Preisbildung frei gewesen, so hätten sich notwendig auch die Fleischpreise erhöhen müssen, und zwar so weit, daß sie den Viehhändlern einen Anreiz geboten hätten, neue Einkaufsquellen für Schlachtvieh zu erschließen und daß sie die Bauern veranlaßt hätten, die Ausbreitung der Getreidekultur einzustellen und die Viehzucht zu intensivieren. Eine Freigabe der Preise auf den Fleischmärkten widersprach indessen den Zielsetzungen städtischer und territorialer Wohlfahrtspolitik, zumal einige Zeit vergangen wäre, bis aufgrund hoher Preise das Angebot so stark vermehrt worden wäre, daß die Fleischpreise wieder gesunken wären. Zwar gibt es Beispiele einer Erhöhung der Preistaxe, die in der Absicht vollzogen wurde, den Anbietern einen Gewinnanreiz zu schaffen und damit die angebotene Menge zu erhöhen. Als z. B. 1537 in Konstanz das Angebot an Schaffleisch zurückging, befahl der Rat den amtlichen Schätzern, die Preis-

---

[148] Beispiele bei *F. Lütge*, Strukturwandlungen, S. 47.

[149] Für die Ernährung des Heeres des Herzogs Alba bei seinem Durchzug in Nürnberg war 1547 eine Herde von 2600 Ochsen notwendig. *C. L. Sachs*, a. a. O., S. 79.

[150] Zu diesen Seuchen siehe *W. Dieckerhoff*, Geschichte der Rinderpest u. ihrer Literatur, 1890, S. 32 f.

[151] *W. Roscher*, Nationalökonomik des Ackerbaues u. der verwandten Urproduktionen, 1912[14], S. 783.

[152] *R. Riedl*, Der Wiener Schlachtviehhandel in seiner geschichtl. Entwicklung, Schmollers Jb. 17, 1893, S. 197.

[153] *H. Wiese*, a. a. O., S. 135/136: „Ungenügende Fleischversorgung von 1550 bis zum Dreißigjährigen Krieg".

[154] Vgl. *C. L. Sachs*, a. a. O., S. 56 u. S. 64 f. u. *G. Schmoller*, Zur Gesch. der nationalökon. Ansichten, S. 85.

taxen zu erhöhen, damit mehr Fleisch angeboten würde[155]. Zweifellos handelte es sich dabei aber nur um eine geringe Preiserhöhung, denn ganz allgemein wurde ein bestimmtes Niveau der Fleischtaxen — natürlich im Rahmen gewisser Korrekturen[156] — verteidigt[157]. Den Fleischmangel, der bei erheblichen Störungen des Zutriebs angesichts der bestehenden Fleischtaxen als Folge eintrat, versuchte man, durch Konsumbeschränkungen und durch Ausfuhrverbote zu lindern[158]. Geringe Angebotsmengen bildeten indessen nicht das einzige Ergebnis starrer Preisregulierungen. Gefährdet wurde durch die gebundenen Preise auch die Rentabilität der Betriebe der Metzger. Die Kostenpreise der Metzger, vor allem die Viehpreise, spiegelten das Verhältnis von mengenmäßigem Angebot und kaufkräftiger Nachfrage wider, während die Erlöspreise, die Fleischtaxen, heftige Schwankungen des Angebots nicht registrierten[159]. Andererseits durften die Metzger ihr Angebot nicht nach den Veränderungen der Marktgegebenheiten einschränken. In den meisten Städten waren sie nämlich verpflichtet, in regelmäßigen Abständen zu schlachten, „damit die Einwohnerschaft nicht Mangel an Fleisch leide[160]". In Schlettstadt erhielt 1527 sogar jeder Metzger eine regelrechte Planauflage, wann und welche Stückzahl an Vieh er zu schlachten hatte, „daß die Gemeind diser stat nit mangel an rindfleisch hab"[161]. Die Folge dieser Bestimmung war, daß die meisten Betriebe in Zeiten geringen Zutriebs an Schlachtvieh schnell in die Verlustzone gerieten und auf Subventionen des Stadtrates angewiesen waren, wollten sie ihren Betrieb weiter aufrechterhalten. München hatte daher jahrelang einen subventionierten Fleischpreis, ehe sich der Rat doch entschloß, die Fleischtaxe zu erhöhen[162]. In Augsburg subventionierte der Rat nicht die Fleischpreise, sondern zahlte den Metzgern Zuschüsse beim Vieheinkauf[163]. Das Ochsenamt der Stadt Nürnberg gewährte vor allem ärmeren Metzgern Kredite zum Einkauf von Schlachtvieh, bisweilen kaufte die Stadt auch

---

[155] O. Feger u. P. Rüster, Das Konstanzer Wirtschafts- u. Gewerberecht zur Zeit der Reformation, Konstanzer Stadtrechtsquellen 11, 1961, Nr. 428, S. 149.

[156] Vgl. E. Gothein, a. a. O., S. 503 u. 504.

[157] Siehe z. B. H. Mauersberg, Wirtschafts- u. Sozialgeschichte zentraleuropäischer Städte in neuerer Zeit, 1960, S. 547 (Basel): „Das Fleisch hatte nach den Taxordnungen von 1528 und 1596 diese Steigerung nicht mitgemacht, obgleich es auch im Durchschnitt um mehr als 10 % in diesen ca. 70 Jahren teurer geworden war".

[158] Siehe hierzu den folgenden Abschnitt!

[159] Vgl. F. Lerner, Fleischergewerbe, S. 156 u. 168.

[160] „... damit gemaine burgerschafft nach notdurfft mit flaisch ider zeit versehen werden möge". B. Schmidt, Frankfurter Zunfturkunden bis zum Jahre 1612, Bd. 1, 1914, S. 366. Die Pflicht zum Schlachten wird in München schon 1365 verfügt. F. Elser, a. a. O., S. 14/15. Vgl. auch Straßburger Zunft- u. Polizeiverordnungen des 14. und 15. Jhs. Hrsg. J. Bruckner, 1889, S. 354/55 (1483).

[161] Elsässische Stadtrechte, a. a. O., S. 774.

[162] F. Elser, a. a. O., S. 35 u. S. 92.

[163] A. Werner, a. a. O., S. 3.

selbst große Viehherden[164]. In Schlettstadt wurde die Fleischtaxe unverändert beibehalten, aber die Qualität des Fleisches, die zu diesem Preis angeboten wurde, wurde jeweils um einige Stufen reduziert[165]. Da der Fleischpreis einen „politischen Preis[166]" darstellte, dessen Erhöhung die Massen der städtischen Bevölkerung leicht erregte, erhoffte man sich von einer Qualitätsverminderung offenbar geringeres Aufsehen, eine Methode, die im 16. Jh. auch auf dem Brotmarkt eingeführt war, wo man steigende Getreidepreise durch eine Verminderung des Gewichtes bei unveränderter Brottaxe auffing[167].

Unter diesen Umständen wurde es immer schwieriger, die Einhaltung der Fleischtaxe zu erzwingen. Bei extremer Knappheit des Schlachtviehs betrachteten die Metzger den obrigkeitlichen Höchstpreis für Fleisch als Mindestpreis, den sie auf keinen Fall unterboten, den sie aber oftmals durch eine Verminderung der Qualität oder durch die Forderung eines Aufgeldes umgingen[168].

6. Maßnahmen zur Unterstützung der obrigkeitlichen Preisregulierungen

Die für die Wirtschaftspolitik verantwortlichen Instanzen erkannten in den Städten wie in den Territorien, daß angesichts eines in der zweiten Hälfte des 16. Jhs. periodisch stark schrumpfenden Angebots an Schlachtvieh die Wirksamkeit ihrer Fleischtaxe nur durch zusätzliche Marktregulierungen gewährleistet werden konnte. Folgerichtig versuchten sie, das Angebot an Fleisch zu vermehren und gleichzeitig die Nachfrage zu drosseln.

Eine Erhöhung des Angebots an Fleisch erhofften sich die Städte durch die Zulassung der „Dorfmetzger" zu den städtischen Schirnen und durch die Einrichtung von Fleischbänken für die „Freimeister[169]". Die Förderung dieser Außenseiter stellte ursprünglich, zumal in Nürnberg, ein Mittel der Wettbewerbspolitik gegen übertriebene Preisforderungen der einheimischen Metzger dar[170]. 1531 aber zwang erstmals die geringe Zufuhr an Schlachtvieh die Stadt, fremden Viehtreibern, -händlern und Metzgern das Schlachten in der Stadt zu erlauben[171]. Um 1572, in einer Zeit großen Fleischmangels, entstand auf dem Nürnberger Markt die Freibank, für die auswärtige Metzger und Viehhändler, aber auch Nürnberger Bürger, die nicht dem Metzgerstand angehörten, die Verkaufs-

---

[164] C. L. Sachs, a. a. O., S. 123 f.
[165] M. Mayer, a. a. O., S. 123.
[166] H. Meinhold, Art. „Preis III, Preispolitik", HdSW 8, S. 499.
[167] Vgl. hierzu ein Beispiel aus Bamberg bei F. Blaich, a. a. O., S. 94.
[168] F. Elser, a. a. O., S. 90 u. C. L. Sachs, a. a. O., S. 52, 58 u. 67 f.
[169] K. F. Wernet, a. a. O., S. 224.
[170] C. L. Sachs, a. a. O., S. 7 u. O. Gerlach, M. Graminger, a. a. O., S. 215.
[171] Ebenda, S. 51.

konzession erhielten[172]. Der Rat der Stadt Frankfurt übernahm die Einrichtung der „Freimeister" ebenfalls in der „Teuerungsperiode zu Beginn der siebziger Jahre", als die zünftigen Meister den Fleischbedarf der seit 1567 beträchtlich angewachsenen Bevölkerung kaum noch befriedigen konnten[173]. Auch kleinere Städte, wie etwa Ravensburg, ließen fremde Metzger zum städtischen Markt zu, weil sie sich dadurch eine Erhöhung des Angebots versprachen[174]. Hinter den Städten standen die Territorialstaaten dabei nicht zurück. Die württembergische Regierung errichtete 1554 wegen des Fleischmangels Freibänke in Stuttgart und Tübingen[175].

Städte wie Territorien verboten außerdem wiederholt den „Fürkauf" und die Ausfuhr des Schlachtviehs[176]. Aber der Viehkauf außerhalb der Marktorte ließ sich ebensowenig unterbinden wie die „Depekoration". Mehrere württembergische Landesordnungen des 16. Jhs. versuchten, die Bauern des Landes zur verstärkten Rinderhaltung und zur Aufgabe der Pferdezucht zu bewegen, mit dem Argument, der Ochse sei nicht allein als Arbeitstier zu gebrauchen, er werfe danach noch als Schlachtvieh hohen Gewinn ab[177]. Unfreiwillig betonte der Gesetzgeber in seiner Verordnung freilich die Vorzüge des Pferdes als Zug- und Arbeitstier. Seine Forderung, „die Weidroß abzuschaffen", sollte nämlich nicht für die Bauern gelten, die der Obrigkeit Fuhr- und Frondienste zu leisten hätten[178]. Auch die im Gesetz enthaltene Aufforderung, die Zucht der Wollschafe zugunsten der Rinderhaltung einzuschränken[179], scheiterte an der Bedeutung der Wollproduktion und -verarbeitung.

Dem Ziel, die Nachfrage nach Fleisch zu drosseln, dienten die Abstinenztage, die auch evangelische Reichsstädte einführten. Die schwäbischen Reichsstädte beschlossen 1543 auf einem Städtetag, den sie eigens wegen der Fleischteuerung nach Ulm einberufen hatte, daß alle Städte „allen ihren wirten unnd gastgebern bey sonderer peen verbieden sollten, hinfüro an kainem Markttag, so in irer statt gehallten, ainicherlay flaisch mer zu speisen oder iren gästen fürzusetzen", ...„besonder allain keß,

---

[172] Ebenda, S. 7/8.
[173] *F. Lerner*, Fleischergewerbe, S. 169.
[174] *K. O. Müller*, a. a. O,. II, S. 83, § 73.
[175] *A. Reyscher*, a. a. O., 1. Fleisch- u. Metzgerordnung v. 6. 4. 1554, S. 259.
[176] Vgl. z. B. die Beschlüsse der schwäb. Reichsstädte auf ihrem Städtetag zu Ulm 1543. STA Ulm, „Reichsstadt", Abschied ettlicher schwäbischer Reichs-Stätt, den übermässigen Uffschlag und Fleisch-Kauff betreffend. 8. April 1543. Ferner: *E. Gothein*, a. a. O., S. 500 f. u. *A. Hanauer*, a. a. O., S. 175. Schon 1506 verbot Kaiser Maximilian I. wegen Fleischmangels die Ausfuhr von Schlachtvieh aus Tirol in best. Jahreszeiten. *H. Wopfner*, a. a. O., S. 28, Anm. 1.
[177] *A. Reyscher*, a. a. O., S. 108 u. S. 263, 334.
[178] 1. Fleisch- u. Metzger-Ordnung v. 6. 4. 1554. *A. Reyscher*, a. a. O., S. 263. Auch den Fuhrleuten werden Pferde zugestanden, sie sollen aber mit ihren „Furrosen" „die gemeinen Weiden meiden, darmit denselbigen dester mehr verschont werden möge". 2. Fleisch- u. Metzgerordnung v. 17. 3. 1567, Ebenda, S. 334.
[179] 5. Landesordnung v. 2. 1. 1552, Ebenda, S. 235.

brot, obs und dergleichen..."[180]. Ähnliche Beschlüsse über die Einfüh
rung „fleischloser Tage" faßten die bayrischen Kreisstände 1533[181], der
Rappenmünzbund 1555[182], die elsässischen Städte 1560[183] und 1573 der
bayrische, fränkische und schwäbische Reichskreis in einer Überein-
kunft[184], während man in Württemberg versuchte, den Fleischverbrauch
bei Hochzeiten und ähnlichen Festlichkeiten einzuschränken[185]. Die
ärmere Bevölkerung bedurfte freilich dieser Fasttage kaum, sie mußte
ihren Fleischkonsum in dem Maße einschränken, in dem der amtliche
Fleischsatz heimlich oder offiziell außer Kraft gesetzt wurde[186].

7. Abschließende Zusammenfassung: Ergebnisse der Untersuchung

Das erste Ergebnis der Untersuchung berührt den Zusammenhang
zwischen der Einführung obrigkeitlicher Preise und der Wirtschaftsverfassung. Die Fleischtaxen des 16. Jhs. wurden nach sorgfältigen, in An-
betracht der damaligen Verkehrs- und Nachrichtenmittel oft muster-
gültigen Beobachtungen der Marktlage festgesetzt und, abgesehen von
heftigen Schwankungen des Angebots und der Nachfrage, in gewissen
Abständen an Änderungen der Marktdaten angepaßt. Ihnen fehlte daher
jede Ähnlichkeit mit den Verrechnungspreisen, die eine moderne Zentralverwaltungswirtschaft benutzt, um die Verwirklichung der güter-
wirtschaftlichen zentralen Planung des Wirtschaftsprozesses mit Hilfe
der Geldrechnung zu erleichtern[187]. Deshalb ist es abwegig, die Preis- und
Marktregulierungen der spätmittelalterlichen und der frühneuzeitlichen
Stadt als Symptome einer „Plan- und Kommandowirtschaft" zu werten.

Das zweite Ergebnis bildet eine Beurteilung der Wirksamkeit des
Systems der Fleischtaxen. In den Zeiten, in denen die Zufuhr von
Schlachtvieh aus dem Osten für das fleischarme Oberdeutschland gesichert
war, erfüllte der amtliche Fleischpreis als „notwendiges Korrelat des
Zunftwesens"[188] den Zweck, die Bevölkerung preiswert und ausreichend
mit Fleisch zu versorgen und dem Metzgerstand die Rentabilität seiner
Betriebe zu gewährleisten. Selbst Berichte über Taxüberschreitungen[189]
können nicht darüber hinwegtäuschen, daß in diesen Zeiten die Fleisch-

---

[180] STA Ulm, „Reichsstadt", Abschied der schwäb. Reichsstädte v. 8. April
1543.
[181] G. *Adler*, Fleisch-Teuerungspolitik, S. 103.
[182] E. *Gothein*, a. a. O., S. 516.
[183] A. *Hanauer*, a. a. O., S. 173/174.
[184] A. *Werner*, a. a. O., S. 3.
[185] A. *Reyscher*, a. a. O., S. 218.
[186] H. *Wiese*, a. a. O., S. 131.
[187] Vgl. K. P. *Hensel*, Einführung in die Theorie der Zentralverwaltungswirtschaft, 1959[2], S. 189 f.
[188] H. *Meinhold*, a. a. O., S. 501.
[189] Siehe z. B. für Nürnberg C. L. *Sachs*, a. a. O., S. 52.

taxe zumindest als „Richtpreis" wirkte, der einen „Machtpreis" der Metzgerzünfte verhinderte und der Preisbildung auf den Teilmärkten der
einzelnen Fleischsorten eine Orientierungshilfe bot[190]. Wurde der Zutrieb
aus dem Osten Mitteleuropas gestört, wie es nach 1550 zunehmend geschah, so mußte das Festhalten an einer nicht mehr marktkonformen
Fleischtaxe den Fleischmangel sogar noch verschärfen, entzog es doch
den Metzgern und Viehhändlern jeden Anreiz, neue Bezugsquellen zu
erschließen. Lückenlos fügen sich in dieses Bild die zeitgenössischen Berichte über den Fleischverbrauch der Bevölkerung ein. Die Nachrichten
aus der ersten Hälfte des 16. Jhs. über einen hohen Konsumstand auch
der ärmeren Bevölkerung verdrängten in der zweiten Hälfte ständige
Klagen über den Fleischmangel[191].

Dieser Sachverhalt führt — als weiteres Ergebnis — zu einer Folgerung für die Geschichtsforschung: Bis etwa 1550 lassen sich die überlieferten Fleischtaxen durchaus als Maßstab für die Entwicklung der Preise
und das Ausmaß der Versorgung der Bevölkerung verwenden[192]. Für die
folgende Periode des Fleischmangels spiegeln die amtlichen Fleischpreise
weder die wahre Knappheit der einzelnen Fleischsorten wider, noch erlauben sie Rückschlüsse auf den Umfang und die Art der Versorgung der
Bevölkerung mit Fleisch.

---

[190] Vgl. *H. v. Stackelberg*, a. a. O., S. 229/230.
[191] *W. Abel*, Wandlungen des Fleischverbrauchs, S. 428 ff.
[192] Vgl. *Durnioks* Urteil über die Brauchbarkeit der Preistaxen für preisgeschichtl. Forschungen: „Trotzdem vermitteln sie eine mit Vorsicht brauchbare Übersicht, da sie doch einigermaßen marktkonform festgesetzt wurden".
P. Durniok, a. a. O., S. 25.

Kapitalbildungsmöglichkeiten der bäuerlichen Bevölkerung in Deutschland am Anfang des 19. Jahrhunderts

Von *Friedrich-Wilhelm Henning*, Köln

Einführung

Eines der wichtigsten Probleme der wirtschaftlichen Entwicklung in Deutschland im 19. Jahrhundert, nämlich die Kapitalversorgung, ist bisher in der wirtschaftshistorischen Literatur nur selten erörtert worden[1]. Übersichtliche Darstellungen der Kapitalbildung und -verwendung fehlen völlig, wenn man von den globalen Angaben bei Hoffmann für die zweite Hälfte des 19. Jahrhunderts absieht[2]. Auch die Kapitalmärkte zwischen den oder innerhalb der Wirtschaftsbereiche sind bislang noch nicht erforscht worden, so daß sich allenfalls an Hand einiger Indizien ein angenähertes Bild von den Richtungen und vom Umfang der Kapitalströme zeichnen läßt. Auch im folgenden soll nur ein Teilbereich eines Wirtschaftssektors untersucht werden. Wie wenig umfangreich und genau wir über die Kapitalbildungsmöglichkeiten in der Landwirtschaft und speziell in den bäuerlichen Betrieben unterrichtet sind, zeigt die Bemerkung von Gleitze, daß „durch die vorausgegangene Kapitalansammlung bei der Landwirtschaft und insbesondere der Landwirtschaft Ostdeutschlands" der industrielle Aufschwung in Deutschland zwischen 1850 und 1870 erst ermöglicht wurde. Als Beweis für diese These führt Gleitze lediglich die verbesserten Gewinnchancen auf Grund der in dieser Zeit zu beobachtenden Entwicklung von Produktion, Kosten und Erlöspreisen an[3]. Es fehlt bei ihm jedoch der Nachweis, daß eine Auf-

---

[1] Skizzenhaft die Kapitalknappheit bzw. den Kapitalüberfluß herausstellend: *Borchardt, K.*: Zur Frage des Kapitalmangels in der ersten Hälfte des 19. Jahrhunderts, in: Jahrb. f. Nat. ök. u. Stat., Bd. 173, Stuttgart 1961, S. 401 bis 421. Diese bei der abschließenden Bearbeitung des Manuskriptes im Winter 1968/69 gemachte Feststellung muß nach der Veröffentlichung des Aufsatzes von *Winkel, H.*: Kapitalquellen und Kapitalverwendung am Vorabend des industriellen Aufschwungs in Deutschland, in: Schmollers Jahrbuch für Wirtschafts- und Sozialwissenschaften, Berlin 1970, S. 275 ff., eingeschränkt werden.

[2] *Hoffmann, W. G.*: Das Wachstum der deutschen Wirtschaft seit der Mitte des 19. Jahrhunderts, Berlin—Heidelberg—New York 1965; für die erste Hälfte des 19. Jahrhunderts liegen nur Zusammenstellungen für Teilbereiche vor. z. B. *Brockhage, B.*: Zur Entwicklung des preußisch-deutschen Kapitalexportes, Leipzig 1910.

[3] *Gleitze, B.*: Die wirtschaftliche Entwicklung Ostdeutschlands im Industriezeitalter, in: Das östliche Deutschland, Ein Handbuch aus dem Göttinger Arbeitskreis, Würzburg 1959, S. 703.

stockung des Produktionsfaktors Kapital im gewerblichen Bereich direkt — im Wege der Fremdfinanzierung, d. h. durch Ausleihungen, oder durch Eigenfinanzierung, vor allem durch die Ausgabe von Aktien — oder indirekt — d. h. in erster Linie durch Kreditinstitute im weitesten Sinne als Kapitalsammelstellen — aus den Gewinnen der Landwirtschaft oder aus Kreditaufnahmen landwirtschaftlicher Besitzer vorgenommen worden ist. Die bisherigen Ergebnisse der betriebs- und firmengeschichtlichen Forschungen lassen einen solchen Kapitalstrom nicht in bemerkenswertem Umfang erkennen, und zwar weder für die Zeit vor der Jahrhundertmitte noch für den eigentlichen take-off.

Auch der Anteil der gewerblichen Produkte, der für die landwirtschaftlichen Nettoinvestitionen von durchschnittlich 258 Mill. Mark nach der Jahrhundertmitte verwendet wurde[4], kann nicht als der entscheidende Nachfrageimpuls, der die Ausdehnung der gewerblichen Wirtschaft in dieser Zeit bewirkt haben könnte, angesehen werden.

Obgleich man das hier zu erörternde Problem von beiden Seiten, nämlich sowohl von den bäuerlichen Höfen als auch von den möglichen Verwendern bäuerlicher Kapitalien aus untersuchen müßte, werden sich die folgenden Ausführungen im wesentlichen auf die Frage nach den Möglichkeiten der Bauern zur Bildung von Kapital beschränken.

Hierzu liegt bisher lediglich eine Untersuchung über die Verhältnisse bei den Bauern in einem württembergischen Dorf vor[5], die man wohl trotz einer entsprechenden Bemerkung des Autors nicht als „für ganz Württemberg generell gültig" ansehen kann. Die Abweichungen zwischen einzelnen Bauerngruppen — unterschieden nach Besitzrecht und damit nach Umfang der Belastung, nach Boden- und Ertragsverhältnissen, Betriebsgrößen und anderen Kriterien — sind so erheblich gewesen, daß eine große Spannweite oder auch Varianz im Agrareinkommen und damit ebenfalls in den Kapitalbildungsmöglichkeiten anzunehmen ist. Einzeluntersuchungen, die sich auf wenige Höfe oder Dörfer beschränken, können nur die große Entwicklungslinie, die sich aus den alle oder fast alle Bauernhöfe betreffenden Veränderungen im Produktions-, Absatz- und Verwendungsbereich ergeben, bestätigen oder Ausnahmesituationen nachweisen.

Selbst wenn man von den bäuerlichen Einkommenschancen die Möglichkeiten der Kapitalbildung ableiten kann, bleibt immer noch offen, was die Bauern in der Mehrzahl mit den ihnen zur Verfügung stehenden Mitteln gemacht haben. Die hier und da in der Literatur zu finden-

---

[4] *Hoffmann, W. G.*, a. a. O,. S. 259, für das Jahrzehnt von 1851 bis 1860 in laufenden Preisen.
[5] *Schremmer, E.*: Agrareinkommen und Kapitalbildung im 19. Jahrhundert in Südwestdeutschland, in: Jahrb. f. Nat. ök. u. Stat., Bd. 176, Stuttgart 1964, S. 239.

den Hinweise auf den luxuriösen Lebensstil einiger reicher Bauern des ausgehenden 18. und des beginnenden 19. Jahrhunderts[6] zeigen, daß der Verbrauch mindestens teilweise dem Sparen und Investieren vorgezogen wurde. Die Frage, ob überhaupt Investitionen außerhalb der Landwirtschaft für die Bauern in der ersten Hälfte des 19. Jahrhunderts in stärkerem Maße, als dies geschehen ist, möglich waren, muß nach den Überlegungen Borchardts wohl verneint werden[7].

Das Fehlen von bäuerlichen Beteiligungen an der zur Jahrhundertmitte stärker wachsenden gewerblichen Wirtschaft und die in der ersten Hälfte des 19. Jahrhunderts zu beobachtende Ausweitung der landwirtschaftlichen Produktion auch im bäuerlichen Bereich[8] deuten darauf hin, daß das in den Bauernfamilien gesparte Kapital in erster Linie der Landwirtschaft zugute kam, ja daß die Landwirtschaft ihre Investitionen zur Ausweitung der Produktion über den Preis zu Lasten der anderen Wirtschaftsbereiche und Bevölkerungsgruppen, kaum aber durch Kapitalzufluß — wenn man von Gutswirtschaften absieht — aus nichtlandwirtschaftlichen Quellen vornahm. Die Verdoppelung der landwirtschaftlichen Produktion in der ersten Hälfte des 19. Jahrhunderts war im tierischen Produktionsbereich durch eine Erhöhung der Viehbestände um etwa die Hälfte bei gleichzeitiger Gewichtsverbesserung je Tier gekennzeichnet, so daß man insgesamt eine Vermehrung des tierischen Kapitalstockes um mehr als 50 v. H. annehmen kann. Auch bei der pflanzlichen Produktion war es in erster Linie eine Ausdehnung des Produktionsfaktors Kapital, der zu einer Erhöhung der Erzeugung geführt hatte. Verbesserungen an individuell genutzten Flächen und die Überleitung der bisherigen gemeinen Hutungen in eine individuelle Nutzung (Gemeinheitsteilungen) wirkten dabei ebenso mit wie die Einführung besserer Anbaumethoden, verbunden mit der Anschaffung neuer Geräte.

Neben die Investitionen in der eigenen Wirtschaft traten im 19. Jahrhundert aber auch die Ablösungsverpflichtungen aus den Agrarreformen.

Im folgenden sollen zunächst die Kapitalbildungsmöglichkeiten erörtert werden und dann soll versucht werden, die wichtigsten tatsächlichen Verwendungszwecke herauszuarbeiten.

---

[6] z. B. *Abel, W.*: Geschichte der deutschen Landwirtschaft vom frühen Mittelalter bis zum 19. Jahrhundert, 2. Aufl., Stuttgart 1967, S. 333.

[7] *Borchardt, K.*, a. a. O., S. 404 ff.

[8] *Henning, F.-W.*: Stadien und Typen der Entwicklung der Landwirtschaft in den heutigen Industrieländern, in: Die Landwirtschaft in der volks- und weltwirtschaftlichen Entwicklung, Schriften der Gesellschaft für Wirtschafts- und Sozialwissenschaften des Landbaues, Bd. 5, München—Basel—Wien 1968, S. 53 ff.

Die Entwicklung der Kapitalbildungsmöglichkeiten
in der ersten Hälfte des 19. Jahrhunderts

a) Die Entwicklung der bäuerlichen Erträge

Die naturalen Erträge

Die naturalen Erträge der deutschen Landwirtschaft stiegen in der ersten Hälfte des 19. Jahrhunderts erheblich an. Die jährlich bebaute Ackerfläche und d. h. die wichtigste Produktionsgrundlage wurde verdoppelt. Dabei lag die Zunahme der Fläche in Ostdeutschland höher als in Westdeutschland. Der Zuwachs kam aus drei Quellen:

1. Die jährliche Bebauung des bisherigen Bracheanteiles wurde nach der Aufhebung der Huteberechtigungen möglich. Wenn auch hier und da in einzelnen Dörfern bereits vorher Teile der Brache besömmert wurden[9], so erbrachte die Beseitigung der Brache im Durchschnitt für ganz Deutschland bei dem Überwiegen der Dreifelderwirtschaft[10] doch einen Anstieg der bebauten Ackerfläche von etwa 20 bis 25 v. H.

2. Der Übergang von der gemeinschaftlichen zur individuellen und von der Weide- zur Ackernutzung bei den bisherigen gemeinen Weideflächen (Allmende, Palwen usw.) vermehrte die Ackerfläche um weitere etwa 20 v. H.[11].

3. Die Einbeziehung bisherigen Ödlandes in die landwirtschaftliche Nutzfläche führte zu einer weiteren Ausdehnung des Ackerlandes um etwa 30 v. H. Die Abgrenzung dieser Flächen von den bisherigen Allmendeflächen war allerdings nur selten eindeutig, da in den meisten Gemarkungen alles, was nicht individuell genutzt wurde, von der gemeinen Herde beweidet wurde. Es mag daher sein, daß weniger Ödland und mehr gemeine Weiden in Acker umgewandelt wurden, als hier zugrunde gelegt wurde.

In welchem Maße die Bauernhöfe an dieser Zunahme der Ackerflächen beteiligt waren, läßt sich nicht genau angeben. Die Ödlandflächen standen meistens im Eigentum der bisherigen herrschaftlichen Berechtigten. Der Zuwachs der bäuerlichen Flächen aus diesem Reservoir war also recht gering, da die Bauern solche Flächen käuflich erwerben mußten. An den gemeinen Weiden waren meistens auch herrschaftliche Berechtigungen vorhanden gewesen, die im Wege der Teilung der Gemeinheiten abgegolten wurden. In Ostdeutschland führte die Ablösung des dominium directum und anderer herrschaftlicher Berechtigungen durch

---

[9] z. B. für das Herzogtum Braunschweig: *Saalfeld, D.*: Bauernwirtschaft und Gutsbetrieb in der vorindustriellen Zeit, Stuttgart 1960, S. 88.

[10] *Abel, W.*, a. a. O., S. 217, Bild 33.

[11] *Henning, F.-W.*, a. a. O., S. 54 f.

die Abgabe von Land zu einem Ausgleich des Flächenzuwachses aus den Gemeinheiten. Trotzdem waren die Bauern hierbei die Verlierenden, denn eigentlich mußten die bisherigen Weidenutzungen auch als ein Teil ihrer Landnutzung angesehen werden. Hier war also dann nur ein Zuwachs der Ackerfläche und eine gleichzeitige Verminderung der landwirtschaftlichen Nutzfläche für die Bauernwirtschaften zu verzeichnen[12].

Anders lagen die Verhältnisse dort, wo wie meistens in Westdeutschland die Herrschaft weder ein Weiderecht — und damit einen Anspruch auf einen Teil der aufzulösenden Gemeinheiten — noch einen größeren Eigenbetrieb, der aufgestockt werden konnte, noch eine stark verdichtete Rechtsstellung gegenüber dem einzelnen Hintersassen besaß. Hier waren die Ablösungen daher nur selten durch die Hingabe von Boden zu leisten, wenn auch einige Beispiele bekannt sind, daß die bisherigen Berechtigten ihre Ablösungsbeträge durch Aufkauf von Bauernländereien anlegten[13], im Ergebnis also den gleichen Weg einschlugen, wie ein nicht geringer Teil der ostdeutschen Berechtigten.

Jedoch sind die Auswirkungen dieser Maßnahmen nicht bereits durchweg in der ersten Hälfte des 19. Jahrhunderts zu spüren gewesen. Wenn auch die Separations- und Gemeinheitsteilungsgesetzgebung zum überwiegenden Teil in dieser Zeit zu finden ist, so wurden nicht wenige Verfahren erst zur Jahrhundertmitte[14] oder in manchen Fällen sogar erst in der zweiten Hälfte des 19. Jahrhunderts[15] durchgeführt. Die Zunahme der landwirtschaftlichen Produktion ist daher für Deutschland in den beiden Jahrzehnten um die Jahrhundertmitte markanter gewesen als in den ersten vier Jahrzehnten des Jahrhunderts[16]. Bis in die vierziger Jahre des 19. Jahrhunderts wird daher eine Steigerung der Produktion auf den bäuerlichen Höfen mehr durch eine Verbesserung der Anbaumethoden als durch eine Ausdehnung der jährlich als Acker genutzten Flächen bewirkt worden sein. Die Aufkäufe von bäuerlichen Höfen oder Flächen, die durch die finanzielle Belastung infolge der Agrarkrise in

---

[12] Bei der Erörterung der in der agrargeschichtlichen Literatur heftig umstrittenen Frage nach der Höhe der bäuerlichen Landverluste durch die Agrarreformen wird u. a. dieser Gesichtspunkt zu wenig berücksichtigt. Vgl. hierzu auch *Saalfeld, D.*: Zur Frage des bäuerlichen Landverlustes im Zusammenhang mit den preußischen Agrarreformen, in: Zeitschrift für Agrargeschichte und Agrarsoziologie, Frankfurt 1963, Heft 2, S. 163 ff.

[13] *Winkel, H.*: Die Ablösungskapitalien aus der Bauernbefreiung in West- und Süddeutschland, Höhe und Verwendung bei Standes- und Grundherren, Stuttgart 1968, passim, bes. S. 152.

[14] *Golkowsky, R.*: Die Gemeinheitsteilungen im nordwestdeutschen Raum vor dem Erlaß der ersten Gemeinheitsteilungsordnungen, Hildesheim 1966, S. 94, mit einer Übersicht der vor und der nach 1832 in Hannover durchgeführten Teilungen.

[15] z. B. für Anhalt: *Frommelt, J.*: Latdorf, Ein Beitrag zur Geschichte des Großbauerntums im Kreise Bernburg, Dresden 1940, S. 114.

[16] *Henning, F.-W.*, a. a. O., S. 46, Abbildung 2.

der dritten Dekade des Jahrhunderts, ferner durch die umfangreichen Ablösungsverpflichtungen oder aus anderen Gründen hervorgerufen wurden, verminderten zwar die Zahl der bäuerlichen Hofstellen und damit auch die Gesamtfläche, die in bäuerlicher Nutzung stand, beeinträchtigten aber nicht die Produktionskapazität der verbleibenden Höfe je Flächeneinheit.

Da auch die Zahl der von den Bauern gehaltenen Tiere ausgedehnt wurde[17], verbesserten sich die naturalen Erträge aus der tierischen Produktion ebenfalls, so daß man insgesamt für den bäuerlichen Bereich einen Anstieg der naturalen Erträge in der ersten Hälfte des 19. Jahrhunderts feststellen kann.

Nicht geklärt werden kann jedoch die im Zusammenhang mit dem Bevölkerungswachstum in dieser Zeit stehende Frage, ob auch die Pro-Kopf-Erträge damit gestiegen sind. Dazu wäre eine genaue Zusammenstellung der Betriebsgrößen am Anfang und am Ende des Untersuchungszeitraumes erforderlich, für die es aber in der agrargeschichtlichen Literatur an einer genügend großen Zahl von Einzelangaben fehlt. Geht man davon aus, daß der Bevölkerungsanstieg in Deutschland von 1800 bis 1850 etwa 40 v. H. betragen hat und daß die bäuerliche Bevölkerung zahlenmäßig in gleicher Weise zugenommen hat, dann lag der Zuwachs der Entwicklung der naturalen Erträge um etwa 15 bis 20 v. H. höher, so daß auch je Bauernfamilie ein größerer naturaler Ertrag zur Verfügung stand.

Die monetären Erträge

Ob gleichzeitig auch eine Verbesserung der monetären Erträge bei den Bauernfamilien zu verzeichnen war, hängt (1) von der Entwicklung der bäuerlichen Marktquote und (2) von den Agrarpreisen ab.

Hinsichtlich des Umfanges der Marktquote müssen zwei Gruppen von Bauernhöfen unterschieden werden. (a) Die klein- und unterbäuerlichen Stätten hatten per Saldo nur eine sehr geringe oder überhaupt keine Marktquote, da wertmäßig fast ebensoviele Nahrungsmittel zugekauft werden mußten — vor allem Getreide — wie verkauft wurden[18]. Für diese Familien wurde eine nichtlandwirtschaftliche Tätigkeit (Spinnen, Weben u. a. m.) erforderlich, damit die für den Erwerb gewerblicher Produkte für Familie und Hof notwendigen Mittel erlangt werden konnten. Darüber hinaus brauchte man Geld für die monetären Abgaben. Pflanzliche Produkte konnten häufig nur aus dem Garten für den Markt abgezweigt werden. Der Verkauf von tierischen Produkten war zur Mitte des 19. Jahrhunderts für diese Familien immer weniger möglich, da die

---

[17] *Henning, F.-W.*, a. a. O., S. 56, Abbildung 3.
[18] *Henning, F.-W.*: Dienste und Abgaben der Bauern im 18. Jahrhundert, Stuttgart 1969, S. 142, Tab. 29.

Gemeinheitsteilungen ihnen die Grundlage für eine gemessen an der individuellen Nutzfläche überproportionalen Viehhaltung entzogen. Selbst unter Einschränkung der Versorgung für die Familie des Stätteninhabers war in der Regel nach den Gemeinheitsteilungen eine tierische Produktion für den Markt bei den klein- und unterbäuerlichen Schichten nicht mehr möglich[19].

(b) Die mittel- und großbäuerlichen Betriebe benötigten den größten Teil der Ernte für die Bauernfamilie und für die Saat des nächsten Jahres, so daß die Marktquote nur selten über 30 bis 40 v. H. lag. Mit zunehmender Ertragssteigerung je Flächeneinheit und je Arbeitskraft erhöhte sich dieser Anteil bis zur Jahrhundertmitte. Außerlandwirtschaftliche Einkommensquellen waren in der Regel für diese Familien nicht mehr erforderlich, wenn sie auch durch Heimarbeit in einigen Gebieten ihre Einkommenslage verbesserten[20].

Die tierische Produktion war in dieser Hofgruppe meistens so ausgedehnt, daß neben einer guten Versorgung der auf dem Hof lebenden Menschen noch eine Marktquote vorhanden war, sofern nicht durch die große Entfernung zu einem Marktplatz eine Produktion für den Verkauf erschwert wurde[21]. Die Marktquote konnte bis zu 50 v. H. der tierischen Produktion umfassen, in Ausnahmefällen, d. h. bei günstigen Produktionsbedingungen (Klima, Boden) auch noch mehr[22].

Die Grenze zwischen den beiden genannten Hofgruppen (a. den klein- und unterbäuerlichen und b. den mittel- und großbäuerlichen Höfen) lag an der Wende zum 19. Jahrhundert je nach Boden und Ertragsverhältnissen zwischen 4 und 8 Hektar individueller Nutzfläche und sank bis zur Mitte des 19. Jahrhunderts durch die Verstärkung des Anteiles der Kartoffeln an der menschlichen Ernährung auf 2 bis 3 Hektar[23]. Damit ist auch die Schwelle für das Vorhandensein einer nennenswerten

---

[19] *Golkowsky, R.,* a. a. O., S. 83.

[20] *Henning, F.-W.:* Bauernwirtschaft und Bauerneinkommen in Ostpreußen im 18. Jahrhundert, Würzburg 1969, S. 231, für die zweite Hälfte des 18. und das beginnende 19. Jahrhundert. Zur Mitte des 19. Jahrhunderts nahmen in Ostpreußen die Einnahmen der Bauern aus der Textilherstellung mehr und mehr ab. Hierfür waren zwei Gründe wirksam: 1. Der fehlende Übergang zu besseren Produktionsmethoden und 2. die 1824 verfügte Einfuhrsperre Rußlands für Polen.

[21] *Henning, F.-W.:* Bauernwirtschaft und Bauerneinkommen in Ostpreußen, S. 59.

[22] *Bölts, J.:* Die Rindviehhaltung im oldenburgisch-ostfriesischen Raum vom Ausgang des 16. Jahrhunderts bis zum Beginn des 19. Jahrhunderts, in: Wiese, H. und Bölts, J.: Rinderhandel und Rinderhaltung im nordwesteuropäischen Küstengebiet vom 15. bis zum 19. Jahrhundert, Stuttgart 1966, passim, insbes. S. 224 f.

[23] *Henning, F.-W.:* Die Betriebsgrößenstruktur der mitteleuropäischen Landwirtschaft im 18. Jahrhundert und ihr Einfluß auf die ländlichen Einkommensverhältnisse, in: Zeitschrift für Agrargeschichte und Agrarsoziologie, Frankfurt 1969, S. 190, Abbildung 2.

Marktquote bestimmt. Da zur Jahrhundertmitte noch etwa 55 v. H. der Bevölkerung in der Landwirtschaft tätig waren oder als nichtarbeitende Familienangehörige zur landwirtschaftlichen Bevölkerung gehörten[24], mag sich die Marktquote im Durchschnitt aller landwirtschaftlichen Produzenten auf etwa 40 v. H. des Rohertrages oder 50 v. H. des sachaufwandfreien Rohertrages belaufen haben. Selbst bei größeren Bauernhöfen werden aber nur selten, nämlich dann, wenn gute Ertragsbedingungen vorherrschten, 60 v. H. und mehr des naturalen Rohertrages als Marktquote verkauft worden sein. Vor den Produktionsausweitungen in der ersten Hälfte des 19. Jahrhunderts wird ein Bauernhof nur ausnahmsweise mehr als 30 v. H. seiner naturalen Erträge auf den Markt gebracht haben[25].

In allen Fällen hatte sich damit die Marktquote des einzelnen Bauernhofes bei gleichbleibender individueller Nutzfläche erhöht. Bei den Höfen zwischen 2 und 8 Hektar waren eine ganze Reihe durch die Produktionsausweitung in der ersten Hälfte des 19. Jahrhunderts überhaupt erst in die Lage versetzt worden, eine Marktquote zu erwirtschaften.

Die Preise, die die Bauern in dieser Zeit für ihre Produkte erzielen konnten, waren recht unterschiedlich. In großen Zügen entwickelten sich die Agrarpreise in der ersten Hälfte des 19. Jahrhunderts etwa folgendermaßen[26]:

1. Im langen Trend stiegen die Preise für Agrarprodukte vom dritten Jahrzehnt des 18. Jahrhunderts bis zur Wende zum 19. Jahrhundert auf mehr als das Doppelte, d. h. von 8 auf etwa 20 Mark je Doppelzentner Weizen (eine Mark = 5,56 g Ag.).

2. In den ersten beiden Jahrzehnten des neuen Jahrhunderts wurde der weitere Preisanstieg bis 1817 auf etwa 27 Mark je dz Weizen nur durch die Preisminderungen am Anfang des Jahrhunderts und während der Kontinentalsperre unterbrochen. Dieser Zeitraum war aber für die Kapitalbildung der Bauern noch nicht von großer Bedeutung, da die Belastung der meisten Bauern noch sehr umfangreich gewesen ist[27] und die Kriegsereignisse die Bauernhöfe sehr in Mitleidenschaft gezogen haben (Vernichtung von lebendem und totem Inventar, teilweise auch der Gebäude).

3. Die guten Ernten der Jahre 1819, 1820 und 1821 führten zu einem Preisrückgang, der erst im Jahre 1825 bei etwa einem Drittel und weniger der Preise von 1817 endete, d. h. bei etwa 8 bis 9 Mark.

---

[24] *Henning, F.-W.:* Stadien und Typen, a. a. O., S. 42, Abbildung 1.

[25] *Müller, H.-H.:* Die Entwicklungstendenzen des Ackerbaues in Brandenburg vor den Reformen des 19. Jahrhunderts, Diss. Berlin 1962, S. 265 ff.

[26] *Abel, W.:* Agrarkrisen und Agrarkonjunktur, Eine Geschichte der Land- und Ernährungswirtschaft Mitteleuropas seit dem hohen Mittelalter, 2. Aufl. Hamburg—Berlin 1966, S. 205 ff.

[27] *Henning, F.-W.:* Dienste und Abgaben, passim.

4. Bis 1858 war dann ein erneuter Preisanstieg zu beobachten, der nur für wenige Jahre in der Zwischenzeit unterbrochen wurde. Nach der Jahrhundertmitte lagen die Preise bei etwa 20 bis 25 Mark je dz Weizen.

Diese Entwicklung der Weizenpreise mag angenähert auch für die anderen wichtigsten marktgängigen Produkte gelten, wenn auch die Struktur der landwirtschaftlichen Produktpreise keineswegs gleich geblieben ist. Insbesondere hat sich das Verhältnis der Preise für tierische und für pflanzliche Produkte verändert.

Da die Produktionsausweitungen zur Jahrhundertmitte immer stärker wurden, kumulierten sie ab 1825 mit den steigenden Agrarpreisen und führten zu einer erheblichen Erhöhung der monetären Erträge. Jedoch darf dieser Anstieg nicht isoliert gesehen werden, da z. T. nur die Einkommensschmälerungen durch den vorhergegangenen Preiseinbruch ausgeglichen wurden. In welchem Maße die Bauern durch die zunehmenden Einnahmen ab 1825 zur Kapitalbildung in die Lage versetzt wurden, hing im wesentlichen davon ab, was sie an Aufwendungen für den Betrieb und für die Abgaben zu erbringen hatten.

b) Die Entwicklung der bäuerlichen Aufwendungen

Die Sachaufwendungen

Der Sachaufwand der bäuerlichen Höfe bestand noch in der ganzen ersten Hälfte des 19. Jahrhunderts zum größten Teil aus dem Saatgetreide. Da die Mengen je besäter Flächeneinheit sich nicht wesentlich änderten, nahmen die Saatmengen etwa in dem Maße zu, wie die jährlich durch Getreide genutzte Fläche ausgedehnt wurde. Zugleich wurden aber die Erträge je Flächeneinheit und damit je ausgesäter Saatmengeneinheit erhöht. Statt bisher 20 bis 35 v. H. wurden zur Jahrhundertmitte nur noch 15 bis 25 v. H. der jeweiligen Ernte für die Saat der nächsten Vegetationsperiode benötigt.

In welchem Maße die Ausgaben für gewerbliche Leistungen anstiegen, läßt sich nur schwer erkennen. Inventarverzeichnisse, die anläßlich Erbauseinandersetzungen aufgestellt wurden, zeigen, daß auch zur Jahrhundertmitte die Geräteausstattung der Bauernhöfe noch nicht so groß war, daß die gewerblichen Leistungen — und dazu sind auch die nach der Jahrhundertmitte stärker einsetzenden Käufe von Handelsdüngemitteln zu rechnen[28] — schneller gestiegen wären als die naturalen Erträge, insbesondere haben sie die betriebseigenen Aufwendungen noch nicht überschritten. Zum überwiegenden Teil blieben die sachlichen Aufwendun-

---

[28] *Henning, F.-W.:* Stadien und Typen, S. 61 f.; Hoffmann, W. G., a. a. O., S. 316, Tab. 59.

gen damit innerbetriebliche naturale Vorgänge und damit unabhängig vom Agrarpreis.

Der Anteil des Sachaufwandes, der aus der gewerblichen Produktion über den Markt erworben werden mußte, führte vor allem in der Zeit von 1817 bis 1835 zu einer übermäßigen Beanspruchung der monetären Mittel der Bauernfamilien. Die gewerblichen Produktpreise hielten sich nach 1817 zunächst auf etwa gleichem Niveau, fielen also nicht parallel zu den Agrarpreisen, und begannen erst etwa 1825 — also zum selben Zeitpunkt, in dem die Agrarpreise ihren Tiefpunkt erreicht hatten — zu sinken. Etwa 1835 erst erreichten sie das Niveau der Agrarpreise, wenn man das Niveau von 1817 als Ausgangsbasis für beide Preisreihen nimmt. Nach 1835 entwickelte sich dann das Verhältnis der Agrarpreise zu den Preisen für gewerbliche Güter günstiger für die Bauern[29]. Da es sich bei den Agrarpreisen von 1817 um ein überhöhtes Niveau gehandelt hat, war die Relation bereits einige Jahre vor 1835 als für die Landwirtschaft normal anzusehen.

Bestanden die gewerblichen Leistungen überwiegend aus Dienstleistungen, dann war die Einengung der bäuerlichen Liquidität sogar noch stärker als bei dem Erwerb gewerblicher Waren. Die Löhne stagnierten zunächst bis zur Mitte des 19. Jahrhunderts und stiegen danach leicht an[30]. Sie lagen daher lange Zeit über dem Agrarpreisniveau und die Bauern mußten daher in der Zeit von 1820 bis 1850 eine größere Menge von Agrarprodukten aufbringen, um die gleiche Menge gewerblicher Dienstleistungen zu erhalten als dies zuvor erforderlich war.

Im Ergebnis schränkte also die Relation zwischen agraren und gewerblichen Produktpreisen die finanzielle Beweglichkeit der Bauern im dritten und vierten Jahrzehnt des 19. Jahrhunderts ein.

Die Lohnaufwendungen

Obgleich sich die gewerblichen Dienstleistungen für die Bauern auf Grund der allgemeinen Lohnentwicklung auf hohem Niveau hielten oder sogar noch erhöhten, war die Entwicklung der landwirtschaftlichen Löhne günstiger. Der größte Teil des bäuerlichen Arbeitsbedarfes wurde aus dem Kreise der Familienangehörigen gedeckt und hier konnte man mit einer Unterbezahlung hohen Lohnkosten ausweichen. Aber auch dort, wo familienfremde Arbeitskräfte herangezogen wurden, handelte es sich in erster Linie um Gesindearbeitskräfte[31], deren Entlohnung zum

---

[29] *Abel*, W.: Agrarkrisen, S. 215 und S. 245.
[30] *Abel*, W.: Agrarkrisen, S. 215 und S. 245.
[31] *Kollmann*, P.: Geschichte und Statistik des Gesindewesens in Deutschland, in: Jahrb. f. Nat. ök. u. Stat., Bd. 10, Jena 1868, S. 292 ff.

größeren Teil natural durch Verpflegung, Wohnung und manchmal auch Kleidung erfolgte. Auch die Tagelöhner wurden, sofern sie nicht nur an wenigen Tagen in Zeiten mit Arbeitsspitzen eingesetzt wurden, als Deputatarbeiter zum überwiegenden Teil natural, d. h. in immer gleichen Äquivalenten landwirtschaftlicher Produkte, entlohnt.

Darüber hinaus kann man einen Teil der Zunahme der Beschäftigtenzahl auf eine Vergrößerung der bäuerlichen Familien zurückführen. Da bis zur Jahrhundertmitte die Einkommensquellen im gewerblichen Bereich nur dürftig flossen[32], bestand nur wenig Anreiz, den väterlichen Hof zu verlassen, so daß auch solche Familienangehörige weiterhin auf dem Bauernhofe arbeiteten, die eigentlich nicht mehr benötigt wurden. Dadurch wurde ein Teil der gestiegenen Arbeitsproduktivität wieder aufgehoben, da es sich hierbei in Wirklichkeit um verdeckte Arbeitslosigkeit gehandelt hat.

Trotzdem wurde das bäuerliche Einkommen durch die Lohnentwicklung und durch die verstärkte Beschäftigung von familieneigenen Arbeitskräften über den Bedarf hinaus nicht völlig um die Vorteile aus der erhöhten Arbeitsproduktivität gebracht. Der Arbeitskräftebesatz je Flächeneinheit vermehrte sich in der ersten Hälfte des 19. Jahrhunderts um etwa 20 v. H., jedenfalls wenn man die gesamte Landwirtschaft Deutschlands in die Betrachtung einbezieht[33]. Dabei kann davon ausgegangen werden, daß die reinen Lohnarbeitsbetriebe, d. h. die größeren Bauernhöfe und die Güter, einen geringeren Anstieg gehabt haben, als die hauptsächlich auf familieneigene Arbeitskräfte gestützten kleineren Bauernhöfe; Lohnarbeiter konnte man eher entlassen oder ihre Einstellung unterlassen als von den Bauern Familienangehörige vom Hof gewiesen werden konnten.

Wenn man davon ausgeht, daß der Arbeitskräftebesatz auf den Bauernhöfen überdurchschnittlich, d. h. um mehr als 20 v. H. zugenommen hat, wird sich dieser Anstieg noch unter dem Anstieg der Produktion je Flächeneinheit gehalten haben, so daß auch hier eine verbesserte Arbeitsproduktivität zu vermuten ist. Allerdings stieg die Bevölkerung auf dem Lande verhältnismäßig kontinuierlich in der ersten Hälfte des 19. Jahrhunderts an, während sich die Zuwachsraten der landwirtschaftlichen Produktion erst zur Mitte des 19. Jahrhunderts stärker erhöhten, so daß der Preisabfall insbesondere in der dritten Dekade nicht durch eine Ausdehnung der produzierten Mengen ausgeglichen werden konnte. Sieht man von solchen kurzfristigen Einengungen der bäuerlichen Ein-

---

[32] *Abel, W.*: Zur Ortsbestimmung des Handwerks vor dem Hintergrund seiner Geschichte, in: Das Handwerk in der modernen Wirtschaft und Gesellschaft, hg. vom Deutschen Handwerksinstitut e. V. München, Bad Wörishofen 1966, S. 48 ff.

[33] *Henning, F.-W.*: Stadien und Typen, S. 45, Abbildung 2.

kommen ab, dann kann man für die gesamte erste Hälfte des Jahrhunderts davon ausgehen, daß die verbesserte Arbeitsproduktivität zum Teil auch die bäuerlichen Einkommen vermehrt hat.

Der Lastenaufwand

Über die Belastung der Bauern und damit über das Ausmaß der Einschränkung der bäuerlichen Einkommen durch Dienste und Abgaben am Anfang des 19. Jahrhunderts vermitteln die bisherigen Veröffentlichungen ein übersichtliches Bild[34]. Für die Entwicklung der bäuerlichen Lasten im 19. Jahrhundert, besonders in der ersten Hälfte des Jahrhunderts gibt es bislang nur wenige Einzeluntersuchungen. Vor allem das Problem der zusätzlichen Belastung durch die Kumulation von Zinsen und Amortisation im Rahmen der Ablösungsregelungen ist lediglich für wenige Bauern oder Bauerngruppen erörtert worden. Der Übergang von den Feudallasten zu einer auf die öffentlich-rechtlichen Leistungen reduzierten Wertübertragung war durch eine vorübergehende zusätzliche Belastung der bäuerlichen Erträge gekennzeichnet, sofern nicht durch Landabgaben sogar eine dauernde Beeinträchtigung der wirtschaftlichen Lage der Bauern eingeleitet wurde[35]. Für Ostpreußen liegen inzwischen zwei Untersuchungen vor, die sowohl den Einfluß der Ablösungsleistungen auf den Haushalt der Berechtigten als auch auf die wirtschaftliche Lage der Bauern in den Mittelpunkt ihrer Betrachtungen stellen[36]. Für alle ostpreußischen Bauern im landesherrlichen Grundherrschaftsbereich — und dazu gehörten etwa 80 v. H. der bäuerlichen Höfe in beiden Departements[37] — erhöhten sich die Leistungen durch die Eigentumsverleihungen um fast 40 v. H., wenn man die Kontribution außer Ansatz läßt, da es sich hierbei um eine öffentlich-rechtliche Abgabe handelte, die als Steuer auch nach dem Abschluß der Ablösungszahlungen verblieb, wenn auch inzwischen in einer anderen Form (als Grundsteuer). Zum Vergleich sei erwähnt, daß die Allodifikation des

---

[34] *Henning, F.-W.:* Dienste und Abgaben der Bauern im 18. Jahrhundert, Stuttgart 1969, passim.

[35] Während die Bauern die Lösung aus den Bindungen der feudalen Gesellschaft mit hohen Ablösungsleistungen in Form von Land oder von Geld entgelten mußten, waren die entsprechenden „Befreiungsvorgänge" im Rahmen der Allodifikationen des adligen Grundbesitzes — vor allem im 18. Jahrhundert — nur mit geringen Einbußen der bisherigen Abhängigen, nämlich des Adels — im Verhältnis zum Territorialherren — verbunden gewesen. Auf dieses Mißverhältnis der Regelungen dieser beiden vergleichbaren Ablösungsvorgänge ist bisher in der wirtschaftsgeschichtlichen Literatur noch nicht hingewiesen worden. Offensichtlich ist es übersehen worden.

[36] *Gropp, V.:* Der Einfluß der Agrarreformen des beginnenden 19. Jahrhunderts in Ostpreußen auf Höhe und Verwendung der preußischen Staatseinkünfte, Berlin 1967; *Brase, K.:* Der Einfluß der Bauernbefreiung auf die Belastung der Scharwerksbauern in Ostpreußen, Diss. Göttingen 1969.

[37] *Henning, F.-W.:* Dienste und Abgaben, S. 42, Tab. 13.

adligen Grundbesitzes im Jahres 1732 in Ostpreußen im Ergebnis ohne zusätzliche Leistung der „Befreiten" erfolgt war[38].

Berücksichtigt man die gesamte Belastung der Bauern, also einschließlich der Kontributionen, dann erhöhten sich die Leistungen der Bauern um etwa 20 v. H. Da die Belastung der Bauern vor der Bauernbefreiung bis an den Rand des Möglichen ausgedehnt war, und zwar vor allem auch im Vergleich zu den sog. besseren Besitzrechten und zum Adel[39], und da die Folgen der napoleonischen Kriege die Bauern für einige Jahre in eine bedrängte wirtschaftliche Lage gebracht hatten, kann man vermuten, daß nur ein extrem hoher Agrarpreis die Bauern in die Lage versetzen konnte, diese Ablösungszahlungen ohne wirtschaftliche Not vornehmen zu können. Tatsächlich konnten die Bauern in den ersten Jahren nach dem Beginn der Regulierungen die erforderlichen Mittel relativ vollständig aufbringen. Erst der nach 1818 absinkende Preis für Agrarprodukte führte zu einem starken Zahlungsverzug der Bauern. In den Jahren 1823 bis 1825 blieben etwa 27 v. H. der bäuerlichen Verpflichtungen offen. Erst nachdem der Tiefpunkt überwunden war und ab etwa 1830 wieder höhere Preise für die verkauften bäuerlichen Produkte erzielt werden konnten, liefen die Zahlungen regelmäßiger ein. Inzwischen waren aber alle eigenen und ebenso die für die Bauern zugänglichen fremden Reserven (Kreditmöglichkeiten) aufgezehrt. „Die Einsassen haben in diesen Jahren ... ihre früheren Ersparungen und ihren Credit benutzt. Beides ist jetzt erschöpft", heißt es dementsprechend in einem Schreiben der ostpreußischen Zentralverwaltung an den Berliner Finanzminister aus dem Jahre 1826[40]. Aber auch noch nach 1830 bis zur Jahrhundertmitte hin mußten immer wieder zahlreiche Ermäßigungen gewährt werden, die auf wirtschaftliche Schwierigkeiten der Bauern hindeuten[41].

Die ostpreußischen Verhältnisse können als typisch für solche Regulierungsverfahren angesehen werden, die in den ersten zehn Jahren nach den napoleonischen Kriegen eingeleitet wurden. Wenn auch die von Gropp und Brase a. a. O. untersuchten Ablösungsverfahren sich aus-

---

[38] *Brünneck, W. v.*: Zur Geschichte des Grundeigentums in Ost- und Westpreußen, Bd. 2, Die Lehngüter, 2. Abteilung, Berlin 1896, S. 92.

[39] Die großen Unterschiede in der Belastung der einzelnen Besitzgruppen werden deutlich aus Abbildung 13 bei *Henning, F.-W.*, a. a. O., S. 31.

[40] Zitiert nach *Gropp, V.*, a. a. O., S. 158. Bezeichnend ist bei diesem Schreiben, daß es im Herbst, also kurz nach der Ernte abgefaßt worden ist. Obgleich die bäuerlichen Zahlungstermine wie auch schon im 18. Jahrhundert gleich nach der Ernte lagen, konnten die Bauern keine Mittel aufbringen. Hierfür gibt es eigentlich nur zwei Gründe: 1. Entweder wollten sie mit dem Verkauf der Ernte noch warten, in der Hoffnung, daß der Getreidepreis vielleicht noch ansteigen würde, 2. oder sie hatten bereits so umfangreiche Kredite aufgenommen, daß auch der Ertrag der neuen Ernte nicht mehr zu ihrer Verfügung stand.

[41] *Gropp, V.*, a. a. O., S. 160 und S. 163.

schließlich auf landesherrliche Bauern beschränkten, so gelten die Ergebnisse doch auch für die Bauern des Adels, sofern die Voraussetzungen (1. Einsetzen der Regulierung bis 1825, 2. Regulierungen durch Geldzahlungen und nicht durch Landabtretungen) die gleichen gewesen sind. Wurden die Eigentumsverleihungen und damit die Ablösung des dominium directum des Grundherren durch Landabtretungen vorgenommen, dann waren die Bauern zwar für einige Jahrzehnte von den zusätzlichen Belastungen befreit, ihre wirtschaftliche Lage besserte sich auf Dauer gesehen jedoch nicht. Die Schmälerung der Nutzfläche wird daher in nicht wenigen Fällen auch die Überschüsse so sehr vermindert haben, daß die Möglichkeiten zu Kapitalbildung selbst in Zeiten mit höheren Agrarpreisen nicht sehr groß waren. Dies gilt vor allem für solche Höfe, die durch die Landabtretungen so klein geworden waren, daß die bäuerliche Familie nicht mehr voll ausgelastet war, wo also eine verdeckte Arbeitslosigkeit eingetreten war.

In nicht wenigen Gebieten Ostdeutschlands, die nicht zu Preußen gehörten, und vor allem in West- und Süddeutschland wurden die Eigentumsverleihungen und die Ablösung der sonstigen herrschaftlichen Rechte erst zur Mitte des 19. Jahrhunderts oder sogar noch später durchgeführt[42]. Hier waren die zusätzlichen Aufwendungen der Bauern also erst in einer Zeit zu leisten, in der gegenüber der Zeit vor 1835 erhebliche Vergünstigungen bestanden: 1. Die Preise für Agrarprodukte lagen nicht so niedrig, daß neben den Aufwendungen Mittel für die Lasten fehlten. 2. Die Anhebung der Produktion je Flächeneinheit in der Mitte des 19. Jahrhunderts versetzte die Bauern eher in die Lage, über eine höhere Marktquote sich das für die Ablösungen erforderliche Geld zu beschaffen.

Während so z. B. die bereits bald nach den napoleonischen Kriegen regulierten Bauernhöfe in Ostpreußen in der dritten Dekade des Jahrhunderts in Schwierigkeiten kamen, sahen die Bauern anderer Gegenden, sofern sie erst später mit den Ablösungszahlungen zu beginnen brauchten, keinen Anlaß, ihre Leistungen in Jahren hoher Agrarpreise und hoher Einkommen vorzeitig abzutragen. Der Landrat von Anger-

---

[42] Für die obersächsische Lausitz ab etwa 1835: *Solta, J.*: Die Bauern der Lausitz, Eine Untersuchung des Differenzierungsprozesses der Bauernschaft im Kapitalismus, Bautzen 1968, S. 159 ff.; *Lütge, F.*: Die Ablösung der grundherrlichen Lasten in Mitteldeutschland, in: Jahrb. für Nat. ök. u. Stat., Bd. 142, Jena 1935, S. 282 ff. und S. 393 ff.; *Honstedt, G. W. v.*: Praktische Untersuchungen über die Ablösung der grund- und gutsherrlichen Lasten im Königreich Hannover in Bezug auf die Verordnung vom 10. Nov. 1831, Hannover 1832; *Hausmann, S.*: Die Grundentlastung in Bayern, Straßburg 1892; *Rheinhard, O.*: Die Grundentlastung in Württemberg, Erg. Heft 36 der Zeitschr. f. d. ges. Staatsw., Tübingen 1920; *Winkel, H.*, a. a. O., u. a.

burg in Ostpreußen berichtete im Jahre 1836: „Von den im hiesigen Kreise mit den Gutsherren auseinandergesetzten Bauern existiert die größere Hälfte nicht mehr", weil die starke Verschuldung der Höfe entweder zum freiwilligen Verkauf an den Gutsherrn oder zu einer Zwangsversteigerung durch den Gutsherrn geführt habe[43]. Aber nicht nur die Gutsherren traten als Käufer solcher verschuldeter Bauernhöfe auf, sondern auch andere Bauern, die in Ausnahmefällen sogar durch den Kauf aller oder fast aller Höfe eines Dorfes in verhältnismäßig kurzer Zeit ein kleines Gut zusammenbrachten[44]. Wenn hierfür auch die größeren Bauernhöfe eher mit Mitteln ausgestattet waren als die kleineren, so ist es doch erstaunlich, daß nicht nur die mit geringen Ablösungsbeträgen versehenen Höfe der besseren Besitzrechtsgruppen, sondern auch Bauern mit hohen Ablösungssummen je Flächeneinheit als solche Aufkäufer auftraten. Wenn auch die Großbauernhöfe für eine solche „kapitalistische" Verhaltensweise eher geeignet waren als die kleineren Höfe[45], so zeigt die geringe Zahl der Fälle doch, daß offensichtlich besondere Umstände zusammentreffen mußten, um die Bauern in die Lage zu versetzen, trotz der Ablösungsleistungen noch Mittel für den Erwerb von Grundstücken oder ganzer Höfe aufzubringen.

Wie wenig die Regulierungen zur Jahrhundertmitte oder später manchmal die Bauern in ihrer finanziellen Lage beeinträchtigten, mag ein Beispiel aus Mitteldeutschland zeigen. Die 9 Ganzspänner, 2 Halbspänner und 20 Kossäten hatten ihre Ablösungen in zwei Stufen zu leisten:

1. Die Belastungen materieller Art (Dienste, Dienstgelder und andere Abgaben) wurden 1850 reguliert. Die Lasten hatten sich auf etwa 3,4 Taler je Hektar bei den Spanndienstpflichtigen und auf 2 Taler je Hektar bei den Kossäten belaufen. Diese Abgaben wurden mit dem zwanzigfachen Betrag kapitalisiert und die Berechtigten erhielten von der Anhaltischen Rentenbank Landrentenbriefe mit einer Verzinsung von 4 %. Statt bisher Leistungen im Werte von 100 Talern erhielten sie nunmehr Rentenbriefe mit einem Nennwert von 2000 Talern und einem Zinsertrag von nur 80 Talern[46]. Dies ist ein Vorgang, der nicht einmalig gewesen ist. Das Problem der Kapitalisierung der bisherigen Lasten und des Zinssatzes für Wertpapiere führte allgemein leicht zu Komplikationen[47]. Die Ablösungen bedeuteten bei einer Konstellation, wie sie für die Bauern des von Frommelt untersuchten anhaltischen Dorfes bestand, keine

---

[43] *Stein, R.:* Die Umwandlung der Agrarverfassung Ostpreußens durch die Reform des 19. Jahrhunderts, Bd. 3, Königsberg 1934, S. 265.

[44] *Stein, R.,* a. a. O., S. 268 ff. mit zahlreichen Beispielen.

[45] *Solta, J.,* a. a. O., S. 39 ff. und passim für die Lausitz. „Nur einer kleinen Schicht gelang es, sich ökonomisch hochzuarbeiten", S. 46.

[46] *Frommelt, J.,* a. a. O., S. 125.

[47] *Gropp, V.,* a. a. O., S. 139 ff.

höhere Belastung. Es ist daher verständlich, daß diese Bauern von der Möglichkeit der vorzeitigen Ablösung keinen Gebrauch machten und daher ihre letzte Rate planmäßig erst im Jahre 1897 geleistet haben.

2. Neben der Ablösung der Belastung mit Diensten und Abgaben stand die Einschränkung des Besitzrechtes. Die dementsprechend erfolgende Umwandlung des erblichen Laßrechtes in volles Eigentum war mit der Zahlung von 5,2 Talern je Hektar verbunden. Die ersten Bauern zahlten diese einmalige Summe 1853 und 1862, die übrigen erst zum Ende des Jahrhunderts[48].

Daß es sich bei dieser für die landesherrlichen Bauern Anhalts allgemein geltenden Regelung um keine Ausnahme in den westelbischen Dörfern gehandelt hat, zeigt das Beispiel des von Schremmer untersuchten Dorfes Ossweil bei Ludwigsburg[49]. In dieser Untersuchung wird die Entwicklung der bäuerlichen Belastung in dem genannten Dorf von 1750 bis 1870 gezeigt. Der Übergang von der feudalen Belastungsperiode zur Ablösungsperiode brachte in der ersten Hälfte des 19. Jahrhunderts nur einen geringfügigen Anstieg der von den Bauern zu leistenden Beträge. Im Jahre 1852 erfolgte dann sogar eine Verminderung um ein Viertel. Die veränderte Richtung der Leistungen, nämlich die Verwendung durch Staat und Gemeinden zum Ausbau der Einrichtungen der Infrastruktur (Straßen, Brunnen, Bewässerungsanlagen, Schulen und Armenhäuser) hatte auf die Leistungsfähigkeit der bäuerlichen Wirtschaft und damit auf deren Kapitalbildungsmöglichkeiten keinen Einfluß. Im ganzen können wir hier keine wesentliche Zunahme der Belastungen erkennen und damit auch keine Einengung der bäuerlichen Liquidität von dieser Seite.

Allerdings wird man dieser Aussage keinen allgemeingültigen Wert beimessen können. Die in die Kassen der Berechtigten fließenden Ablösungen waren kurzfristig wesentlich höher als die bisherigen fortlaufenden Zahlungen. Dies beweist schon das bei den Berechtigten aufkommende Problem der Anlage der plötzlich im Übermaß vorhandenen Mittel[50]. Während in Ostdeutschland aber die Ablösungen zum Teil bereits vor 1835 lagen und damit mit einer Zeit niedriger Agrarpreise zusammenfielen, wurden die Bauern West- und Süddeutschlands zu einem von den Produktionsmöglichkeiten und Agrarpreisen her gesehen günstigeren Zeitraum in Anspruch genommen. Ein zu günstiges Bild erhält man jedoch, wenn man die Entwicklung der Belastung mit der Preisentwicklung vergleicht und dabei ein Jahr mit sehr niedrigen Agrarpreisen als Ausgangsjahr nimmt. Daher ist die Schlußfolgerung Schremmers, der die Jahre 1821 und 1872 gegenüberstellt, und meint, daß die relative Belastung sogar erheblich zurückgegangen sei, nur mit Vor-

---

[48] *Frommelt, J.,* a. a. O., S. 128.
[49] *Schremmer, E.,* a. a. O., S. 221 ff.
[50] *Winkel, H.,* a. a. O., passim.

behalt anzuerkennen[51]. Sicher ist ein Teil der Steigerung des Kataster-
wertes des Bodens auch auf eine Ertragssteigerung zurückzuführen, die
in Ossweil ebenso vorhanden gewesen sein wird wie im übrigen Deutschland. Die niedrigen Agrarpreise des Jahres 1821 können aber nicht als
„Normaljahr" gelten. Die Verdreifachung der Reinerträge von 1821 bis
1870/77 der bäuerlichen Flächen im Oberamt Ludwigsburg hat daher
teilweise nur eine Normalisierung der bäuerlichen Einkommen bewirkt,
nicht aber Mittel für Abgaben oder Kapitalbildung in größerem Umfang
freigemacht.

c) Die Möglichkeiten der Kapitalbildung

Versucht man aus der unterschiedlichen Entwicklung der einzelnen die
Kapitalbildung bei den Bauern beeinflussenden Faktoren eine Grund-
linie herauszuarbeiten, dann kommt man zu folgendem Ergebnis:

1. Während der Zeit der napoleonischen Kriege, d. h. bis 1815, war
eine Kapitalbildung der Bauern nur in Ausnahmefällen möglich, nämlich
nur dort, wo diese Kriege sich nicht durch eine Verminderung der bäuerlichen Kapitalgüter bemerkbar gemacht haben.

2. Die wenigen folgenden Jahre mit hohen Agrarpreisen boten für die
meisten Bauern nur eine kurze Atempause zur Beseitigung der Kriegs-
schäden. Sofern wie in Preußen in dieser Zeit bereits mit der Zahlung
von Ablösungen begonnen wurde, schmälerten diese Leistungen die
Sparmöglichkeiten der Bauern.

3. Die niedrigen Agrarpreise in der dritten Dekade des 19. Jahrhunderts brachten die Bauern in finanzielle Schwierigkeiten, vor allem wenn
sie bereits zur Zahlung von Ablösungsbeträgen verpflichtet waren. Eine
Kapitalbildung in nennenswertem Umfang war aber auch ohne solche
Ablösungen nicht möglich.

4. In den folgenden beiden Jahrzehnten waren nur die Bauern auf
Grund der steigenden Agrarpreise und der je Flächeneinheit steigenden
Produktion zur Kapitalbildung in der Lage, die nicht durch Ablösungsleistungen übermäßig beansprucht wurden, d. h. insbesondere nicht wesentlich über das Ausmaß der bisherigen laufenden Belastungen hinaus.

Man kann also feststellen, daß nur in der zuletzt genannten Zeit eine
auch für die beginnende Industrialisierung und ferner für den am Anfang stehenden Ausbau des Eisenbahnnetzes bedeutende Kapitalversorgung aus dem bäuerlichen Bereich möglich war. Es darf dabei aber nicht
übersehen werden, daß hierfür nur mittel- und großbäuerliche Betriebe
in Betracht kamen, daß die Vielzahl der klein- und unterbäuerlichen

---

[51] *Schremmer, E.*, a. a. O., S. 230.

Stätten jedoch kaum so viel erbrachte, daß die Familien der Stätteninhaber ernährt werden konnten. Wenn auch die je Familie erforderliche Mindestfläche durch den Übergang zum Kartoffelanbau gesunken war, so hatte sogar in Ostdeutschland ein großer Teil der ländlichen Bevölkerung nicht mehr als eine solche Kartoffelnahrung[52]. In West- und Süddeutschland, wo die je Kopf der ländlichen Bevölkerung vorhandene Fläche noch geringer war, zählte sogar die Mehrzahl der ländlichen Bevölkerung in der Mitte des 19. Jahrhunderts zu dieser Gruppe. Insgesamt gesehen dürften daher die Möglichkeiten der bäuerlichen Bevölkerung zur Bildung von Kapital nicht sehr groß gewesen sein.

d) Die tatsächliche Verwendung des auf den Bauernhöfen aufgebrachten Kapitals

Mit der Feststellung, daß der für die Bildung von Kapital aus den bäuerlichen Einkommen abzuzweigende Anteil nicht sehr groß gewesen sein kann, ist noch keine Aussage darüber gemacht worden, in welchem Maße eine Kapitalbildung überhaupt vorhanden gewesen ist und für welche Zwecke dieser Teil des Einkommens dann verwendet wurde. Als die hauptsächlichen Verwendungsarten kamen in Betracht:

1. die Investition im eigenen Betrieb,
2. Zahlungen im Rahmen von Erbauseinandersetzungen und
3. Investitionen im nichtlandwirtschaftlichen Bereich.

1. Die Investitionen im eigenen Betrieb

Zu den Investitionen im bäuerlichen Bereich gehörten zunächst die Zukäufe von Nutzflächen durch einzelne Betriebe. Da diese Zukäufe meistens aus zuvor bereits von Bauern bewirtschafteten Flächen bestanden, wurde hierdurch per Saldo der bäuerliche Produktionsfaktor Boden nicht vermehrt. Diese hauptsächlich auf Verfügungen zwischen Bauern beschränkten Vorgänge können daher außer Betracht bleiben.

Über die Kapitalverwendung in den bäuerlichen Betrieben zur Ausdehnung des Produktionsfaktors Kapital lassen sich keine genauen Angaben machen. Die in der ersten Hälfte des 19. Jahrhunderts zu verzeichnende Erhöhung der Produktion je Flächeneinheit ist aber vor allem dem Zuwachs des Kapitalstockes zu verdanken. Je Hektar mag man den Kapitalbesatz der Landwirtschaft um 1800 auf 360 Mark (eine Mark = 5,56 g Ag) und um 1850 auf 700 Mark schätzen[53], so daß insgesamt eine knappe Verdoppelung des Kapitalstockes zu verzeichnen ist.

---

[52] *Abel, W.*: Der Pauperismus in Deutschland am Vorabend der industriellen Revolution, Heft 14 der Vortragsreihe der Gesellschaft für Westfälische Wirtschaftsgeschichte e. V., Dortmund 1966, S. 17.

[53] *Henning, F.-W.*: Stadien und Typen, a. a. O., S. 45, Abb. 2. Dort zusammengestellt für die Zeit um 1800 aufgrund von Einzelstudien: *Henning, F.-W.*:

In welchem Maße die einzelnen Bereiche der Landwirtschaft an dieser Ausdehnung des Produktionsfaktors Kapital beteiligt waren, läßt sich nicht feststellen. Die Tatsache, daß die Investitionen in erster Linie in einer Aufstockung des Viehbestandes und in Bodenverbesserungen bestanden haben, läßt die Vermutung zu, daß die bäuerlichen Familien mit ihren Investitionen nicht wesentlich unter diesem Durchschnitt gelegen haben werden. Die Investitionen im landtechnischen Bereich setzten erst nach der Jahrhundertmitte stärker ein. Vor 1850 sind im wesentlichen vor allem neue Pflüge von den Bauern gekauft worden. Andere Geräte, insbesondere Hofgeräte wurden aber nur vereinzelt angeschafft. Dies trifft sogar für größere Betriebe — auch für Gutswirtschaften — zu. So wurde in Ostpreußen 1834 die erste Dreschmaschine gekauft. Nach der Jahrhundertmitte fand sie dann in größeren Landwirtschaften eine weitgehende Verbreitung. Aber noch konnte man sagen: „Die Dreschmaschinen dürften in keinem Teil der Monarchie eine so bedeutende Verbreitung wie hier gefunden haben[54]."

Die Verdoppelung des Kapitalstockes von 1800 bis 1850 bedeutete eine jährliche Steigerung von 1,3 v. H., wenn man von gleichen jährlichen Steigerungsraten ausgeht. Eine solche Zunahme dürfte im Bereich des Möglichen gelegen haben, selbst wenn die Einkommensverhältnisse nicht besonders gut gewesen sind. Jedoch ist als Maßstab für die Beurteilung des Umfanges der durchschnittlichen jährlichen Nettoinvestitionen weniger der vorhandene Kapitalstock als vielmehr das bäuerliche Einkommen geeignet.

Die jährliche Steigerung betrug unter der Voraussetzung gleicher Raten um 1800 etwa 4,7 Mark und in der Jahrhundertmitte etwa 9,1 Mark je Hektar. In landwirtschaftlichen Produkten ausgedrückt, machte dies etwa 25 und 50 kg Weizen aus. In Zeiten niedriger Getreidepreise, d. h. im dritten Jahrzehnt, mußte für die Nettoinvestition sogar bis zu 70 kg Weizen-Äquivalent aufgebracht werden.

Geht man von einem Ertrage in Höhe von 6 bis 10 dz je Hektar aus, dann erforderten Investitionen im genannten Umfang unter Berücksichtigung der Brachflächen und der Saatanteile 10 bis 15 v. H. der sachaufwandsfreien Erträge. Diese sehr überschlägige Berechnung bedarf jedoch noch der Korrektur:

1. Ein Teil der Kapitalerhöhung beruhte auf einer Vergrößerung der Tierzahl und auf einer Erhöhung der Gewichte je Tier. Diese Investition

---

Dienste und Abgaben der Bauern im 18. Jahrhundert, Stuttgart 1969; ders.: Bauernwirtschaft und Bauerneinkommen in Ostpreußen im 18. Jahrhundert, Würzburg 1969; ders.: Bauernwirtschaft und Bauerneinkommen im Fürstentum Paderborn im 18. Jahrhundert, Berlin 1970. Für 1850 Hoffmann, W. G., a. a. O., S. 255.
[54] *Stein, R.*, a. a. O., S. 352.

bestand also weniger in einer Aufwendung von Kapital als in einem Verzicht auf die Entnahme eines Teiles des Zuwachses.

2. Die Ausdehnung des Kapitalstockes erfolgte eigentlich in erster Linie in der Zeit von 1830 bis 1850[55]. In dieser Zeit sind die Zuwachsraten des Kapitals sicher größer gewesen, als dies aus der oben vorgenommenen Berechnung sichtbar geworden ist. Die Ausweitung der landwirtschaftlichen Produktion in diesen beiden Jahrzehnten ist eine Frucht der erhöhten Investition in dieser Zeit.

3. Die außerökonomischen Einflüsse der Zeit bis 1815 beanspruchten zusätzliche Investitionen durch die Bauern, da durch Requisition und Vernichtung der bäuerliche Kapitalstock vermindert wurde.

Der hier mit 340 Mark je Hektar geschätzte Umfang der Nettoinvestitionen in 50 Jahren kann daher nur als Anhaltspunkt dienen. Vergleicht man diese Summe mit den etwa 50 bis 220 Mark je Hektar, die im Laufe des 19. Jahrhunderts von dem größten Teil der Bauern für die Ablösungen aufzubringen waren, dann läßt sich leicht erkennen, daß die Investitionen für die Kapitalbilanz der Bauernhöfe eine größere Bedeutung gehabt haben als die Ablösungen. Die Ablösungen wogen jedoch insofern schwerer, weil sie tatsächlich in Geld aufgebracht werden mußten, während die Investitionen teilweise aus dem natürlichen Zuwachs des Viehstapels und auch — in Form der Bodenverbesserungen — aus Arbeitsleistungen der bäuerlichen Familie bestanden. Andererseits wurden die Ablösungen über einen größeren Zeitraum hingezogen.

2. Leistungen im Rahmen von Erbauseinandersetzungen

Für die weichenden Erben hatten die Bauern — jedenfalls in den Gebieten mit geschlossener Hoffolge — im allgemeinen erhebliche Summen aufzubringen. Selten wurde bereits zu Lebzeiten des Erblassers die Abfindung vorgenommen. Meistens blieb es den Hoferben überlassen, zu der Last der beginnenden Bewirtschaftung auch noch die Verpflichtung zur Auszahlung der weichenden Erben zu übernehmen. In Realteilungsgebieten trat dieses Problem zwar nicht auf. Dafür waren hier aber die Bauern gezwungen, die parallel zur Teilung der Nutzflächen vorgenommene Teilung des beweglichen und unbeweglichen Kapitalbesatzes in natura oder in Form von Geld wieder auszugleichen.

Wie sehr die Erbabfindungen die Hoferben belasten konnten, zeigt die Untersuchung von Achilles[56]. Zum Ende des 18. Jahrhunderts lagen die

---

[55] *Henning, F.-W.*: Stadien und Typen, a. a. O., S. 45, Abb. 2.
[56] *Achilles, W.*: Vermögensverhältnisse braunschweigischer Bauernhöfe im 17. und 18. Jahrhundert, Stuttgart 1965, S. 97 ff.

Abfindungen bei bis zu 5 und mehr Mark je Hektar und Jahr, wenn man die Angaben von Achilles umrechnet. Noch ein halbes Jahrhundert zuvor hatten sie kaum ein Drittel hiervon betragen. So hohe Abfindungen gab es auch auf größeren Bauernhöfen anderer Gegenden[57]. Sie sind aber für Deutschland nicht die Regel gewesen. Höfe mit umfangreicher Belastung, die den Besitzern nicht mehr als das Arbeitseinkommen und manchmal auch dieses nicht vollständig beließen, hatten keinen oder nur einen geringen Verkehrswert[58]. Aus diesen Höfen wurden die weichenden Erben nur durch Aufteilung der Gegenstände des Haushalts und des Inventars bedacht, das über das eiserne, vom Grundherrn gestellte, lebende und tote Inventar hinaus vorhanden war[59]. Zu diesen Höfen zählte zum Ende des 18. Jahrhunderts die Mehrzahl der bäuerlichen Stätten in Ostdeutschland[60]. Erst mit der Eigentumsverleihung konnten die Bauern auch über die übrigen Gegenstände ihres Hofes verfügen. Aber erst nach dem Abschluß der Ablösungszahlungen gehörte der Hof nicht nur rechtlich, sondern auch wirtschaftlich den Bauern vollständig. Zuvor war daher nur ein langsames Ansteigen der Erbabfindungen bei dieser Gruppe der Bauern zu beobachten. Nicht selten erhöhten diese Leistungen, zumal da sie in der Regel in wenigen Jahren fällig wurden, bei vielen Bauern die Schulden. Wenn man auch im allgemeinen damit gerechnet haben mag, daß im Laufe der Jahre, insbesondere bis zum nächsten Generationswechsel die Schulden wieder abgetragen sein würden, wurde doch meistens die finanzielle Beweglichkeit durch solche Schulden so sehr eingeengt, daß leicht bei Eintreffen von Unglücksfällen eine Überschuldung eintrat. Bereits im 18. Jahrhundert waren die Erbabfindungen in Westfalen eine wichtige Quelle der Verschuldung[61] und blieben dies auch mit dem beginnenden neuen Jahrhundert[62].

Legt man die in der Magdeburger Börde und den angrenzenden Gebieten in der ersten Hälfte des 19. Jahrhunderts gezahlten Erbauseinandersetzungsgelder einer Berechnung für die Leistungen der Bauernhöfe in diesem Zusammenhang zugrunde, dann kommt man auf einen Betrag, der je Hektar in 50 Jahren bei etwa 250 Mark gelegen hat[63]. Da-

---

[57] *Frommelt, J.,* a. a. O., S. 181 ff.

[58] *Krug, L.:* Abriß der neuesten Statistik des preußischen Staates, 2. Aufl., Halle 1805, S. 87.

[59] *Henning, F.-W.:* Herrschaft und Bauernuntertänigkeit, Würzburg 1964, S. 170.

[60] *Henning, F.-W.:* Dienste und Abgaben, S. 171; vgl. auch *Abel, W.:* Geschichte der deutschen Landwirtschaft, 2. Aufl., Stuttgart 1967, S. 334.

[61] *Henning, F.-W.:* Die Verschuldung westfälischer Bauernhöfe in der zweiten Hälfte des 18. Jahrhunderts, in: Landwirtschaft und ländliche Gesellschaft in Geschichte und Gegenwart, Festschrift Wilhelm Abel, Hannover 1964, S. 24.

[62] *Meyer, A.:* Historischer Bericht über die Quellen des bäuerlichen Schuldenzustandes im Fürstentum Paderborn, Paderborn 1836.

[63] *Frommelt, J.,* a. a. O., S. 181 ff., für Leistungen aus einem Dorf und aus zahlreichen anderen Dörfern in dieses eine Dorf.

mit wird allerdings die obere Grenze für solche Aufbringung gegeben sein. Die untere Grenze lag eigentlich bei 0 Mark für solche Höfe, die auf Grund ihrer hohen Belastung durch herrschaftliche und öffentlich-rechtliche Ansprüche, ferner durch Schulden für Erbabfindungen keine Mittel mehr aufbringen konnten. Vergleicht man die so ermittelte Spannweite mit den vorher genannten Aufwendungen für Investitionen und für Ablösungen, dann kann man die Erbabfindungen mehr in die Nähe der Ablösungen als der Nettoinvestitionen einordnen.

3. Investitionen im nichtlandwirtschaftlichen Bereich

Investitionen aus dem landwirtschaftlichen Bereich erfolgten vor der Jahrhundertmitte in erster Linie im die landwirtschaftlichen Produkte verarbeitende Gewerbe. Von den bis 1850 in Deutschland gegründeten 38 Aktien-Gesellschaften waren 7 als Zuckerfabriken und -raffinerien eingerichtet worden. Von dem gesamten dabei aufgebrachten Kapital in Höhe von 255,05 Mill. Mark entfielen mit 11,78 Mill. Mark aber nur 4,6 v. H. auf diese Zuckerfabriken[64]. Die Zahl der von der Landwirtschaft finanzierten Zuckerfabriken war bis 1850 noch höher gewesen. Allein im Gebiete der damaligen Herzogtümer Anhalt gab es bis einschließlich 1850 15 Zuckerfabriken, von denen allerdings nur 3 vor dem Jahre 1847 gebaut worden waren. Die meisten dieser Fabriken waren nicht als Aktiengesellschaften, sondern von Gutsbesitzern oder Domänenpächtern errichtet worden[65]. Bäuerliches Kapital war nur in Aktiengesellschaften eingebracht worden. So kauften 7 Bauern aus Latdorf sieben der 15 Anteile der Zuckerfabrik Neunfinger für je 9 000 Taler. Je Hektar Bauernland mußten damit etwa 540 Mark aufgebracht werden, also erheblich mehr als die Ablösungen von diesen Bauern forderten.

Für die Zeit vor 1850 sind aber Beteiligungen von Bauern am Kapital der Zuckerfabriken selten gewesen.

Auch die zahlreichen Kartoffelbrennereien — in Ostpreußen gab es z. B. 1834 1 037 solcher Brennbetriebe[66] — wurden fast ausschließlich

---

[64] Sombart, W.: Die deutsche Volkswirtschaft im neunzehnten Jahrhundert, 2. Aufl., Berlin 1909, Anlage 34, S. 552. Bechtel, H.: Wirtschafts- und Sozialgeschichte Deutschlands, München 1967, S. 359, bestätigt die Kapitalanlage von 255 Mill. Mark in Form von Aktien. Nach Hoffmann, W. G., a. a. O., Tab. 220, S. 772 f., war in Deutschland im Jahre 1857 in Aktiengesellschaften ein Kapital von 548 Mill. Mark eingezahlt. Da sich allein von 1852 bis 1857 das in AGs des Bergbaues und der Metallerzeugung eingezahlte Kapital von 17,6 auf 281,2 Mill. Mark erhöht hatte, wird im wesentlichen die Größenordnung des von Sombart und Bechtel, a. a. O., angegebenen Betrages bestätigt. Anderer Ansicht ist offensichtlich B. Gleitze, da er davon ausgeht, daß allein in Preußen von 1826 bis 1850 100 Aktiengesellschaften mit 638 Mill. Mark gegründet worden sind. Vgl. Gleitze, B., a. a. O. S. 701.

[65] Frommelt, J., a. a. O., S. 133 ff.

[66] Stein, R., a. a. O., S. 372.

von Guts- und Domänenwirtschaften errichtet. Die während der Agrarkrise der zwanziger Jahre ausgedehnte Branntweinbrennerei beschränkte
sich ebenfalls auf Gutshöfe und Domänen[67].

Kapitalleistungen aus dem Bereich der bäuerlichen Wirtschaften in
die sich entwickelnden nichtlandwirtschaftlichen Sektoren lassen sich
nicht in nennenswertem Umfang nachweisen. Die firmengeschichtliche
Literatur weist eigentlich nur auf kleinere Beträge hin, die in Form von
Erbabfindungen des Firmengründers oder Teilhabers von einem Bauernhof in ein gewerbliches Unternehmen gewandert sind. Im übrigen deutet
der Kapitalstock von 5,83 Mrd. Mark im gewerblichen Bereich und von
15,9 Mrd. Mark in der Landwirtschaft im Jahre 1850 nicht auf erhebliche
Kapitalströme zwischen den beiden Sektoren in der ersten Hälfte des
19. Jahrhunderts hin[68]. Nach dem Verhältnis der in beiden Bereichen
Beschäftigten war die Kapitalausstattung in der Landwirtschaft je Arbeitskraft größer als im gewerblichen Bereich[69]. Eine Verschiebung der
Relation zwischen beiden Größen zugunsten des gewerblichen Sektors
hat in der Zeit von 1800 bis 1850 jedoch wohl kaum stattgefunden, so daß
bei einer gleichen Steigerungsrate des gewerblichen wie des landwirtschaftlichen Kapitalstockes eine wesentliche Fremdfinanzierung des gewerblichen Sektors kaum anzunehmen ist, wenigstens nicht aus dem
durch niedrige Agrarpreise und Ablösungsverpflichtungen finanziell ein-
geengten bäuerlichen Bereich. Selbst als zur Mitte des 19. Jahrhunderts
die Liquidität der Landwirtschaft verbessert wurde und damit sich eher
Möglichkeiten zur Abzweigung von Mitteln für die Kapitalausstattung
der gewerblichen Wirtschaft ergaben, klagte man in der Landwirtschaft
über den Mangel an Kredit[70].

In welchem Maße die Bauernfamilien bei Banken und Versicherungen
Kapital gebildet haben, läßt sich nur schätzen. Nach Hoffmann hatten
die Kreditgenossenschaften, Hypothekenbanken, Bodenkreditinstitute,
Kreditbanken und Lebensversicherungen bis zur Mitte des 19. Jahrhunderts (1850/1852) etwa bis zu 60 Mill. Mark gesammelt[71]. Der Anteil,
der auf die Landwirtschaft entfiel, läßt sich nicht ausrechnen. Da etwa
25 Mill. Mark auf Lebensversicherungen entfielen und kaum zu vermuten ist, daß die Bauern in großem Maße an diesen Versicherungen

---

[67] *Westphal, H.*: Die Agrarkrisis in Mecklenburg in den zwanziger Jahren
des vorigen Jahrhunderts, Rostock 1925, S. 139 ff., für Mecklenburg.
[68] *Hoffmann, W. G.*, a. a. O., S. 255.
[69] *Hoffmann, W. G.*, a. a. O., S. 204.
[70] Vgl. die Schrift von *Bülow-Cummerow, H. Frhr. v.*: Über die gegenwärtige
allgemeine Creditlosigkeit und über die Mittel sie gründlich zu beseitigen,
Berlin 1848. Selbst wenn sich gegen viele Punkte dieser Schrift Einwendungen
machen lassen, so ist der Inhalt, soweit er hier interessiert, doch ein Indiz für
die „Kreditlosigkeit" und damit für die Geld- und Kapitalknappheit der Landwirtschaft jener Zeit.
[71] *Hoffmann, W. G.*, a. a. O., S. 736 ff.

beteiligt waren, wird man daher höchstens die Hälfte von 60 Mill. Mark, d. h. 30 Mill. Mark als bäuerliche Einzahlungen betrachten können. Diese sehr hohe Schätzung würde zur Mitte des 19. Jahrhunderts eine Kapitalbildung von etwa einer Mark je Hektar landwirtschaftlicher Nutzfläche ausgemacht haben. Vergleicht man diesen Betrag mit den Nettoinvestitionen in den bäuerlichen Wirtschaften und mit den Leistungen für Ablösungen und Erbabfindungen, dann handelte es sich hierbei um einen äußerst geringfügigen Betrag.

Daneben gab es jedoch noch öffentliche Inlandsanleihen und verzinsliche Schatzanweisungen im Werte von zusammen 1,393 Mrd. Mark im Jahre 1849, ferner ausländische Anleihen und private Anleihen und Ausleihungen verschiedener Art. In welchem Maße die Bauern an solchen Kapitalbildungen beteiligt waren, läßt sich nicht mehr feststellen. Ob die Bauern überhaupt bereits das nötige Vertrauen zu derartigen Geldanlagen gehabt haben, muß wohl bis auf Ausnahmen bezweifelt werden.

Im Ergebnis wird man daher feststellen können, daß Investitionen oder Kapitalbildungen der Bauern außerhalb ihrer eigenen Wirtschaften nur ausnahmsweise vorgelegen und insgesamt keine große Bedeutung gehabt haben.

Schluß

Die Untersuchung hat gezeigt, daß die Möglichkeiten der bäuerlichen Familien zur Kapitalbildung außerhalb ihrer eigenen Wirtschaften nicht sehr groß gewesen sind und daß tatsächlich in der ersten Hälfte des 19. Jahrhunderts nur wenige Mittel als Kapitalstrom aus den Bauernhöfen geflossen sind. Der Beitrag der Landwirtschaft — und damit auch der bäuerlichen Wirtschaften — zur Vorbereitung der Industrialisierung lag nicht in der Versorgung des gewerblichen Sektors mit Kapital, sondern in der durch die Produktionsausweitung und die damit verbundene Erhöhung der Arbeitsproduktivität ermöglichten Freisetzung von Arbeitskräften für andere Produktionszweige als für die Herstellung von Nahrungsmitteln. Von wohlhabenden Bauern abgesehen, die durch Betriebsgröße, geringe Belastungen und günstige Ertragsverhältnisse bevorteilt waren, waren die meisten Inhaber von landwirtschaftlichen Höfen in den zwanziger Jahren durch die Agrarkrise so sehr in ihrer Liquidität eingeengt, daß die Ersparnisse, sofern überhaupt welche vorhanden waren, aufgezehrt wurden[72], so daß also eher ein Kapitalverzehr als eine Kapitalbildung zu verzeichnen war. Die meisten Bauern waren aber auch in den folgenden beiden Jahrzehnten auf Grund der geringen Fläche je Familie nicht mit so hohen Erträgen aus ihrer Arbeit ausgestattet, daß

---

[72] Thünen meinte, die Landwirtschaft habe die Agrarkrise nur mit Hilfe der in den Jahren mit hohen Preisen (1816/17) gebildeten Rücklagen überstehen können. Hier zitiert nach: *Westphal, H.*, a. a. O., S. 120.

eine Kapitalbildung möglich war. Man kann daher für den größten Teil der ländlichen Bevölkerung ebenso wie für die meisten städtischen Bewohner, die von Lohneinkommen oder von Einkommen aus selbständiger gewerblicher Tätigkeit lebten, feststellen, daß sie nicht in der Lage waren, den Konsum einzuschränken und zum Sparen überzugehen[73]. Die These Borchardts für die erste Hälfte des 19. Jahrhunderts: „Der Konsum war noch zu vermindern, ohne im Durchschnitt Gesundheit und Leistungsfähigkeit der Arbeitenden zu gefährden[74]", muß daher wohl auch für den bäuerlichen Bereich erheblich relativiert werden.

---

[73] *Abel, W.*: Der Pauperismus in Deutschland, Eine Nachlese zu Literaturberichten, in: Wirtschaft, Geschichte und Wirtschaftsgeschichte, Festschrift zum 65. Geburtstag von Friedrich Lütge, Stuttgart 1966, S. 288 ff. und passim. Desgl. *Abel, W.*: Die Lage in der deutschen Land- und Ernährungswirtschaft um 1800, in: Die wirtschaftliche Situation in Deutschland und Österreich um die Wende vom 18. zum 19. Jahrhundert, hg. von Friedrich Lütge, Stuttgart 1964, S. 252, für die Arbeiter im ausdrücklichen Gegensatz zu dem folgenden Zitat Borchardts.

[74] *Borchardt, K.*, a. a. O., S. 403.

Höhe und Verwendung der im Rahmen der Grundlastenablösung bei Standes- und Grundherren angefallenen Ablösungskapitalien[1]

Von *Harald Winkel*, Aachen

Die Fragen der Kapitalbildung und Investition in Zusammenhang mit der beginnenden Industrialisierung Deutschlands im 19. Jahrhundert stehen seit Jahren im Vordergrund wirtschaftshistorischen Interesses. Auch ohne umfassendes Quellenstudium läßt sich dabei feststellen, daß die Entwicklung in Deutschland keineswegs mit dem wirtschaftlichen Aufstieg des großen Vorbildes England Schritt gehalten hat. Als Ursache dieses nur zögernd einsetzenden Industrialisierungsprozesses wird immer wieder die These vom Kapitalmangel ins Feld geführt[2]. Um sich damit auseinanderzusetzen muß man die einzelnen Kapitalquellen kennen und sie auf ihre Ergiebigkeit hin analysieren[3]. Als Forschungsbereiche kommen dabei folgende Themenkreise in Frage: 1. Das Sparkapital, 2. die Banken als Kapitalsammelbecken, 3. das Handelskapital, 4. die Selbstfinanzierung, 5. die staatliche Kapitalhilfe, 6. das Auslandskapital.

Aus allen diesen Bereichen wissen wir heute oder können zumindest ergänzend schließen, daß Sparkapital bei einer oft an Dürftigkeit grenzenden Lebensführung bis in die letzten Jahrzehnte des 19. Jahrhunderts kaum in größerem Umfang zur Verfügung stand, daß Banken in der ersten Jahrhunderthälfte praktisch nicht für eine Industriefinanzierung in Frage kamen, daß Umfang und Anlagedauer ausländischen Kapitals weit überschätzt wurden, daß die Mehrzahl der Unternehmer auf eigene oft mehr als bescheidene Mittel angewiesen war und Selbstfinanzierung auf Kosten der Lohnhöhe ihrer Arbeiter betreiben mußte, daß staatliche

---

[1] Dieser Vortrag stützt sich auf Archivmaterialien und Ergebnisse der Habilitationsschrift des Verfassers, die unter dem Titel „Die Ablösungskapitalien aus der Bauernbefreiung in West- und Süddeutschland — Höhe und Verwendung bei Standes- und Grundherren" im Gustav-Fischer-Verlag, Stuttgart 1968, erschienen ist. Aus diesem Grunde wird hier auf Quellenangaben weitgehend verzichtet, im einzelnen sei auf die erwähnte Arbeit hingewiesen.

[2] Vgl. dazu *Borchardt, Knut,* Zur Frage des Kapitalmangels in der letzten Hälfte des 19. Jahrhunderts in Deutschland, in: Jahrb. f. Nat. u. Stat., Bd. 173, 1961, S. 401 ff.

[3] Untersuchungen in dieser Richtung werden spätestens seit *Kurt Wiedenfeld,* Die Herkunft der Unternehmer und Kapitalisten im Aufbau der kapitalistischen Zeit, in: Weltwirtschaftliches Archiv, Bd. 72, 1954 I, S. 256 in großer Zahl angestellt.

Hilfe weiter ging als nach den herrschenden liberalistischen Vorstellungen anzunehmen war. Wenngleich auch hier noch manche Lücke in der Forschung zu schließen bleibt, so steht neben diesen Kapitalquellen noch eine weitere, bisher wenig beachtete, über deren Umfang und Ergiebigkeit unser Wissen recht lückenhaft ist: es sind die sog. Ablösungskapitalien, die zahlreichen Berechtigten im Rahmen der Bauernbefreiung als Entschädigungszahlung in den dreißiger, vierziger und fünfziger Jahren des vergangenen Jahrhunderts zugeflossen sind.

Die Fülle der sich über Jahrzehnte erstreckenden gesetzlichen Maßnahmen, die seit G. F. Knapp unter der Bezeichnung „Bauernbefreiung" zusammengefaßt werden, steht als wesentliche Voraussetzung am Beginn der Umwandlung des alten Agrarstaates Deutschland in einen Industriestaat. Wichtiger noch als die lange Zeit im Vordergrund stehenden rein rechtlichen Erwägungen dieses Vorganges (persönliche Freiheit, Mobilität, Gleichberechtigung der Landbevölkerung) sind seine wirtschaftlichen Folgen. Im Rahmen dieser Befreiung von mannigfachen Bindungen und Lasten mußten von den bisher abgabepflichtigen Bauern im nichtpreußischen Bereich[4] erhebliche Kapitalbeträge aufgebracht werden, um Gülten, Fronen, Zehnten und zahlreiche weitere bisher noch als Naturalleistungen erbrachten Abgaben durch eine regelmäßig zu zahlende Geldrente zu ersetzen. In gleichem Maß flossen den berechtigten Grundherren statt Naturalleistungen oder — soweit Abgaben schon in früheren Jahren in Geldzahlungen umgewandelt worden waren — jährlich schwankender Geldbeträge nunmehr feste Jahresrenten zu. Fixierung und Monetisierung der Abgaben war der erste Schritt, dem nun die Ablösung dieser Renten durch die einmalige Zahlung eines nach bestimmten Bewertungsrichtlinien errechneten Kapitalbetrages folgte. Die Möglichkeit einer solchen Ablösung war besonders in den abschließenden Gesetzen des Reformwerkes vorgesehen, nach 1848 in der Regel sogar verbindlich und wurde von staatlicher Seite auf vielfache Weise gefördert, um an die Stelle einer zeitlich unbegrenzten Belastung der Zahlungspflichtigen eine überschaubare, einmalige, in ihrer Höhe genau fixierte und nach bestimmten Richtlinien abzutragende Schuld treten zu lassen.

Da trotz der sich seit 1830 allgemein verbessernden Einkommenslage in der Landwirtschaft kaum erwartet werden konnte, daß die Abgabepflichtigen diese kapitalisierten Ablösungsbeträge kurzfristig in bar würden aufbringen können, wurden von den einzelnen Staaten besondere Zehntablösungs- oder Schuldentilgungskassen — in Preußen 1850 Rentenbanken — eingerichtet, die den Berechtigten staatlich garantierte Schuldscheine, sog. Ablösungsobligationen, aushändigten, von den Zahlungspflichtigen jährlich Abzahlungsraten einzogen, die neben der Schul-

---

[4] In Preußen tritt erst 1850 die Geldentschädigung an die Stelle der bisher üblichen Entschädigung durch Landabtretung.

dentilgung auch die Verzinsung dieser ausgegebenen Obligationen enthielten und nach Maßgabe der auf diese Weise eingegangenen Kapitalsummen die Obligationen zur Auszahlung aufriefen. Das bedeutet, daß die abgabepflichtigen Bauern zunächst kaum eine große Erleichterung verspürten: statt des Grundherrn war jetzt die Ablösungskasse ihr Gläubiger, die sich auf Grund ihres gesetzlich geregelten Bürokratismus gerade in Notjahren, bei Mißernten oder ähnlichen Zahlungsschwierigkeiten des Bauern unnachgiebiger zeigte als der frühere Amtswalter des Grundherrn. Nachlaß oder Stundung konnte gegenüber der Anonymität solcher Behörden wesentlich schwerer durchgesetzt werden als gegenüber dem alten Grundherrn, der an der Existenz der ihn versorgenden Bauern unmittelbares Interesse hatte. Sicher hat der Staat in vielen Fällen den Ablösungsvorgang mit Zuschüssen unterstützt — in Nassau wurden $^2/_{16}$ der Ablösungssumme vom Staat übernommen, in Baden $^1/_5$ — und auch die Tilgungsdauer so bemessen, daß tragbare Jahresbelastungen für die zahlungspflichtigen Bauern zustande kamen, aber eine allgemeine Landwirtschaftsschutzpolitik ist dieser Zeit noch fremd. Die Auswanderung von Bauernfamilien aus wirtschaftlicher Not wird hingenommen, ja in manchen Jahren sogar unterstützt.

Die Organisation der Ablösung bedeutete für die berechtigten Grundherren, daß die fast unübersehbare Fülle sich über das ganze Jahr erstreckender kleiner und kleinster Zahlungen durch die Abgabepflichtigen wegfiel und ihnen stattdessen innerhalb weniger Jahre mehrfach größere Ablösungsbeträge kapitalisierter Renten zukamen. Allerdings wurden diese Ablösungsbeträge nur in Ausnahmefällen in bar geleistet, so z. B. in Baden, wo statt der Zwischenschaltung von Obligationen die Zahlungspflichtigen über besondere Kassen die Ablösungskapitalien zum landesüblichen Zins aufzunehmen, in bar an die Berechtigten zu entrichten und dann bei den Kassen zu tilgen hatten. Abgesehen von Ablösungsbeträgen bis zu 100 fl. oder bei gebrochenen Zahlenwerten war jedoch sonst die Ausgabe von Ablösungsobligationen üblich, die als fest verzinsliches, staatlich garantiertes Wertpapier sich bald einen festen Platz im Wertpapiergeschäft der damaligen Zeit eroberten. Damit war durchaus die Möglichkeit gegeben, daß die Empfänger solcher Ablösungsobligationen durch den Verkauf dieser Papiere sich Bargeld zur freien Verwendung beschaffen konnten. Wenn auch Verkäufe oder Verpfändungen von Zehntrechten bisher schon vorgekommen waren, so wurden doch diese weitgehend unbeweglichen Rechte auf Abgaben und Leistungen erst durch diese Verbriefung mobilisiert und boten nun den Berechtigten in einem bisher unbekannten Ausmaß die Chance, finanzielle Transaktionen durchzuführen.

In der wirtschafts- und besonders agrarhistorischen Literatur werden immer wieder die Probleme behandelt, die sich als Folge der Bauernbefreiung für die Abgabepflichtigen ergaben. Die Durchführung der Gesetze, Vor- und Nachteile für die Bauern, die Höhe ihrer Belastung und die Chancen, diese zu tragen, sind für zahlreiche deutsche Staaten dargestellt worden[5]. Nicht vorgelegt wurde dagegen bisher eine Untersuchung der Auswirkungen bei den Berechtigten, also jenem Personenkreis, der in seiner wirtschaftlichen Existenz vor grundlegend neue Verhältnisse gestellt wurde, dem nahezu alle bisherigen Einnahmequellen genommen und durch einmalig ausgezahlte, teilweise sehr erhebliche Kapitalbeträge ersetzt wurden. Sollte der bisherige Lebensstandard erhalten bleiben, so war es notwendig, diese Kapitalien in einer Art und Weise zu verwenden, die langfristig einen Ersatz der bisherigen Einnahmen aus Zinsen, Gülten und Zehnten garantieren konnte.

Im allgemeinen kann man diese Berechtigten nach folgenden vier Gruppen unterscheiden:

1. Die Staatsfinanzverwaltungen

Sie treten als Empfänger aller Ablösungsbeträge auf, die aus landesherrlichem oder staatlichem Grundbesitz dem Domänen- und Forstärar zugefallen sind. An die Frage, inwieweit der Staat hier Alleinberechtigter oder auch das Privatvermögen des jeweiligen Landesherrn zuständig war, hat sich mancher Domänenstreit angeschlossen[6]. Soweit der Staat dabei obsiegte, wurde dem Landesherrn als Äquivalent die Zivilliste zugestanden. Im Hinblick auf die Höhe der empfangenen Ablösungskapitalien steht die Staatsfinanzverwaltung in wohl allen Ländern des west- und süddeutschen Raumes an der Spitze. So entfielen z. B. von den Zehntablösungskapitalien im Großherzogtum Baden in Höhe von 40,5 Mio. fl. allein 17,3 Mio. fl. auf das Domänen- und Forstärar, von den Zehnt- und Gefällablösungen in Württemberg in Höhe von 78,8 Mio. fl. rd. 29,9 Mio. fl. und im Großherzogtum Nassau waren von 4,0 Mio. fl. Zehntablösungskapitalien bis zum Ende des Jahres 1842 3,2 Mio. fl. an die herzogliche Domäne bzw. die Staatsfinanzverwaltung ausgezahlt worden. Bisher fehlt es leider noch an Untersuchungen, die die Auswirkungen dieser Beträge auf Staatshaushalt und Finanzpolitik analysieren. Eine vergleichende Gegenüberstellung von Haushaltsplänen, die Auswertung von Finanzakten und -protokollen müßte nachweisen, inwieweit diese Kapitalien zur Vermehrung des domanialen Grundbesitzes, zu verschiedenen öffentlichen Investitionen — wie dies z. B. in Baden der Fall war — oder sonstigen Staatsaufgaben eingesetzt wurden. Bevor hier nicht Einzeluntersuchungen vorliegen, lassen sich nur Vermutungen anstellen.

---

[5] Jüngste Untersuchung in dieser Richtung ist die Arbeit von *Schremmer, Eckart,* Die Bauernbefreiung in Hohenlohe, Stuttgart 1963.

[6] Vgl. dazu *Müller, Walter,* Die Geschichte des Domänenstreites im Herzogtum Nassau 1806—1866, phil. Diss., Frankfurt/M. 1929.

2. Die Kirchen, Schulen und Stiftungen

Die Kirchen (Pfarreien, Zentralkirchenfonds u. a.) und Zentral- und Lokalstudienfonds, Schulen, Stiftungen sowie zahlreiche ähnliche Einrichtungen bilden die zweitgrößte Empfängergruppe, über die wir ebenfalls nur lückenhaft unterrichtet sind. Bei der erwähnten badischen Zehntablösung entfielen auf die Kirchen 11,4 Mio. fl., auf Schulen und Stiftungen 1,6 Mio. fl.; für Württemberg belaufen sich die Beträge auf 8,1 Mio. fl. für die Kirchen und 8,0 Mio. fl. für Schulen und Stiftungen. Mit der Ablösung fiel für die Kirche die einzige zuverlässige und bedeutende Einnahmequelle weg, die Besoldung der Pfarrer und Kirchendiener war gefährdet, ja, ohne neue Einnahmen unmöglich geworden. Die gleichzeitig in Angriff genommene Ablösung der Baulasten (Kompetenzlasten) sollte den Kirchen zusätzliche Belastungen für Unterhaltung oder notwendige Neubauten von kirchlichen Einrichtungen bringen. Vielfach sah sich daher der Staat veranlaßt, für eine sichere und zinstragende Wiederanlage der kirchlichen Ablösungskapitalien mit Sorge zu tragen. Da dies nicht immer gelang — so bot z. B. die nassauische Landeskreditkasse 1841 für solche Kapitalien nur 2 % Zinsen an — finden wir gerade bei der Kirche heftige Proteste gegen den gesamten Ablösungsvorgang, der als „ungerechtfertigter Angriff auf das Vermögen der Kirche"[7] den weiteren Bestand der Kirchen überhaupt gefährde. In weit stärkerem Maße als die Staatsfinanzverwaltungen, die sich durch Erweiterung der Besteuerung bald neue Einnahmequellen erschließen sollten, waren die Kirchen darauf angewiesen, einmal erhaltene Ablösungskapitalien so anzulegen, daß ihre Erträge die alten Zehnten, Glockengarben, Rauchhühner und ähnliche Abgaben mehr ersetzten. Da dies nur unvollkommen gelang, lag es nahe, auch für die Kirchen nach einer neuen stetig fließenden Einnahmequelle zu suchen, die dann mit staatlicher Hilfe in den Kirchensteuern gefunden wurde. Noch steht auch hier eine Untersuchung über Höhe und Verwendung der Ablösungskapitalien aus, die die Fragen der Finanzierung und des Vermögensbestandes der Kirchen bis in die Gegenwart berühren würde.

3. Die Standes- und Grundherren

Als dritte große Gruppe der Empfänger von Ablösungskapitalien ist der Adel anzusehen. Dabei ist eine Trennung nach Standesherren, ritterschaftlichem oder landsässigem Adel nicht immer streng durchzuführen. Schon im Hinblick auf den Grundbesitz dieses Personenkreises waren hier hohe Ablösungsbeträge zu erwarten. So entfielen von 68,8 Mio. fl. Zehnt- und Gefällablösungen in Württemberg 13,1 Mio. fl., von 5,7 Mio. fl. für

---

[7] o. V., Zehnten und Gilten und deren Ablösung, in: Historisch-politische Blätter für das katholische Deutschland, 21. Bd., München 1848, S. 579 ff.

Fronen, Beeden und Leibeigenschaftsgefälle gar 2,8 Mio. fl. auf den Adel, in Baden erhielten Grund- und Standesherren rd. 8 Mio. fl. von 40,5 Mio. fl. Zehntablösungskapital. Für den Adel wird damit das Ende des bisherigen traditionsorientierten Feudalstaates erstmals deutlich spürbar. Gleichzeitig wird ihm Gelegenheit gegeben, nun mit eigenen Entscheidungen seinen Weg in die neue Zeit zu bestimmen. Im Gegensatz zur Verwendung der Ablösungskapitalien bei Staat, Kirchen und Stiftungen könnte man zunächst vermuten, daß private Empfänger bei der Anlage von Ablösungskapitalien größere Entscheidungsfreiheit hatten, daß ihnen weniger gesetzliche Bindungen im Wege standen oder sie sich schneller an die Möglichkeiten des anbrechenden Industriezeitalters anpaßten, sich über traditionelle Vorurteile hinwegsetzten. Eine Analyse der sich anbietenden Anlagemöglichkeiten und der schließlichen Entscheidung der Berechtigten muß sich daher zunächst einmal der Stellung des grundbesitzenden Adels in seiner Zeit widmen, muß prüfen, ob die den Standes- und Grundherren zugeflossenen Kapitalien von diesen etwa im Sinne eines kapitalistischen Unternehmertums überhaupt verwendet werden konnten, wie dringlich die Kapitalanlage im Einzelfalle war, welche traditionellen Verwendungsmöglichkeiten nahelagen, welche besonderen Bindungen die bestehenden Fideikomisse enthielten u. a. m. Nur eines dürfte sicher sein: Auch dieser Personenkreis hatte die laufenden Einnahmen, die seine wirtschaftliche Existenz sicherten, für alle Zukunft verloren; er mußte also bedacht sein, mit den erhaltenen Kapitalbeträgen neue Einnahmequellen zu erschließen, die ihm die zukünftige Existenz sicherten. Eine rein konsumtive Verwendung der Ablösungskapitalien kann daher wohl kaum erwartet werden.

4. Sonstige Berechtigte

In allen Ländern treten neben diesen ersten drei Gruppen als Empfänger von Ablösungskapitalien weitere Berechtigte in Erscheinung; so z. B. einzelne Privatpersonen, auch Bürgerliche, die Zehntrechte gekauft oder gepfändet hatten, und Gemeinden. Die hier anfallenden Ablösungskapitalien sind jedoch zu gering, als daß sie die Frage nach der Verwendung von Ablösungskapitalien entscheidend beeinflussen könnten.

Von diesen vier Gruppen bieten die Standes- und Grundherren ein besonders interessantes Untersuchungsfeld. Höhe und Verwendung der Ablösungskapitalien, überhaupt die wirtschaftlichen Auswirkungen der Grundentlastung bei diesem Personenkreis standen daher im Vordergrund der Untersuchungen. Schnell zeigte sich, daß eine Beantwortung der aufgeworfenen Fragen nur durch eine intensive Auswertung der privaten Archivalien dieser Ablösungsberechtigten erreicht werden konnte, nur hier fanden sich Gründe für bestimmte Entscheidungen, Erwägungen, die Einblick in die Haltung des Adels im 19. Jahrhundert geben konnten, und nicht zuletzt auch Zahlenmaterial, das staatliche Archive in dieser Vollständigkeit nicht bieten konnten. Die im folgenden nur kurz skizzierten Ergebnisse dieser Untersuchung wurden in 23 adligen Privatarchiven des west- und südwestdeutschen Raumes gewonnen, die sowohl großräumige Standesherrschaften als auch relativ kleine Grundherrschaften umfassen. Wenn dabei auch nicht absolute Vollständigkeit erzielt werden konnte, ein Ziel, das allein schon deshalb nicht zu erreichen ist, weil teilweise die betreffenden Archivalien verloren gingen oder nicht alle Archive geordnet und zugänglich sind, so dürften doch die gewonnenen Ergebnisse in ihren entscheidenden Aussagen auch durch das Hinzufügen neuer Quellen nicht mehr verändert werden. Trotz eines im Einzelfall unterschiedlichen Vorgehens der Standes- und Grundherren bei der Wiederanlage von Ablösungskapitalien — stark bestimmt von der jeweiligen Einstellung des leitenden Chefs des Hauses — lassen sich gemeinsame Verhaltensweisen erkennen, die in allen untersuchten Grund- und Standesherrschaften immer wieder bestätigt wurden.

Auf die Darstellung der technischen Durchführung des Ablösungsvorganges soll hier nicht weiter eingegangen werden, sie wurde seit dem 19. Jahrhundert in zahlreichen Veröffentlichungen für die verschiedenen deutschen Länder behandelt. Daneben gibt es Übersichten des gesamten Gesetzgebungswerkes[8], dessen Einzelheiten, wie Bewertungsmaßstäbe der Naturalien, Kapitalisierungsfaktoren, Ausfertigung der Obligationen, Abzahlungsmodus usw., in langen Debatten der Ständeversammlungen und Kammern der deutschen Länder diskutiert wurden. Doch schon bei der Frage nach der Höhe der Beträge, die den einzelnen Berechtigten zugeflossen sind, reichen diese Quellen und Darstellungen nicht mehr aus. Zunächst einmal unterlagen die abzulösenden Rechte vieler Standes- und Grundherren der Gesetzgebung verschiedener Staaten, da ihre Besitzungen im Gebiet mehrerer Landesherrschaften verstreut lagen — so z. B. das fürstliche Haus Löwenstein-Wertheim-Rosenberg mit Besitzungen und Rechten unter der Landesherrschaft von Baden, Hessen-Darmstadt, Württemberg und Bayern — oder auch vor Abschluß der Ablösungsgesetzgebung durch Abtretungen oder Tauschverträge unter die Territorialhoheit anderer Staaten gelangten — so z. B. Teile der Herrschaft Solms-Braunfels, die zwischen Nassau und Preußen getauscht wurden. Für fast alle Standes- und Grundherrschaften gelten somit Ablösungsgesetze verschiedener Staaten, die sowohl sachliche Unterschiede aufweisen als auch zeitlich weit auseinanderliegen. So beginnt eine umfassende Ablösungsgesetzgebung in Baden 1820, in Würt-

---

[8] Eine umfassende Übersicht bringt z. B. *Judeich, Albert,* Die Grundentlastung in Deutschland, Leipzig 1863.

temberg 1836, in Nassau 1840/41 und in Hohenzollern-Sigmaringen erst 1860. Durch die oft schleppende Durchführung der Gesetze gerade vor 1848 und zahlreiche damit verbundene Rechtsstreitigkeiten durch unterschiedliche Auffassungen über die Berechnungsgrundlagen, Fixierung und Auszahlung der Ablösungssummen hatten selbst die Verwaltungsbehörden der Berechtigten, die Rentämter und Domanialkanzleien, keinen geschlossenen Überblick. Für einen bestimmten Ablösungsvorgang werden häufig unterschiedliche Summen genannt, je nachdem, ob es sich um eine Berechnung der staatlichen Ablösungsbehörde, der Zehntpflichtigen oder der Berechtigten handelt, ob irgendwelche Lasten (z. B. für die Faselviehhaltung, Dienstleistungen und Baulasten) abgezogen wurden oder nicht. Berücksichtigt man ferner das oft kompliziert miteinander verknüpfte Fonds- und Kassenwesen der herrschaftlichen Verwaltungen, Saldierungen in den Abrechnungen der einzelnen Rentämter u. ä. m. so wundert es nicht, daß in fast allen Zusammenstellungen immer wieder Zahlendifferenzen auftreten. Eine weitere Schwierigkeit entsteht in den mediatisierten Herrschaften dadurch, daß Ablösungsentschädigungen für Zehnten und Gefälle mit solchen Entschädigungen vermengt werden, die bereits auf Grund der Mediatisierung für die dabei an den neuen Landesherrn abgetretenen Gefälle und steuerähnlichen Abgaben zugesagt worden waren. Noch nicht überall waren die Auseinandersetzungen über die bei der Mediatisierung durchgeführte Revenuen- und Lastenabteilung abgeschlossen, als bereits Ablösungen aus der Grundentlastung anfielen. Zwischen dem fürstlichen Haus Oettingen-Wallerstein und Württemberg wurden die finanziellen Auswirkungen der Mediatisierung endgültig erst 1859 geregelt, zwischen dem fürstlichen Hause Leiningen und Baden zog sich der Streit ebenfalls bis 1857 hin. Immer wieder wurden Beträge aufgerechnet und unterschiedlichen Rechtsansprüchen zugerechnet, so daß, zumal die Akten oft Lücken aufweisen, letzte Exaktheit hier nicht zu erreichen ist.

Die Summen, die sich genau bestimmen lassen, sind jedoch bedeutend genug: Es erhielten

das fürstl. Haus Thurn. u. Taxis	6,8 Mio. fl.
das fürstl. Haus Hohenlohe	3 Mio. fl.
das fürstl. Haus Fürstenberg	3 Mio. fl.
das fürstl. Haus Oettingen-Wallerstein	2,7 Mio. fl.
das fürstl. Haus Hohenzollern-Sigmaringen	1,7 Mio. fl.
das fürstl. Haus Oettingen-Spielberg	1,5 Mio. fl.
das fürstl. u. gräfl. Haus Fugger	1,4 Mio. fl.

Bei zahlreichen kleineren Herrschaften, wie z. B. den fürstlichen Häusern Wied, Castell, Leiningen, den gräflichen Häusern von Ingelheim, Neipperg, Schlitz gen. von Görtz, oder den freiherrlichen Häusern von

Berlichingen, von Gemmingen u. a. m., fielen Ablösungssummen jeweils zwischen 200 000 fl. und 1 Mio. fl. an.

Eine Nachprüfung der Verwendung dieser Beträge führt schnell zu einigen Hindernissen, die einer freien Verfügbarkeit im Wege standen. Die abgelösten Einnahmen der Standes- und Grundherren waren in der Regel Bestandteil der Familien-Fideikommisse und unterlagen der Kontrolle herrschaftlicher Hausgesetze. Als einzige statthafte Wiederanlage der Ablösungskapitalien, die jetzt an die Stelle der bisherigen grundherrschaftlichen Einnahmen traten, war danach nur der Erwerb von Grund und Boden zugelassen, um den Bestand des Fideikommisses nicht zu schmälern. Grundbesitz, so wurde dabei argumentiert, sei die einzige dauerhafte Existenzgrundlage des Adels, er allein sichere seinen gesellschaftlichen Rang und seine Rechte. Die Mehrzahl der Berechtigten empfand aus Traditions- und Standesbewußtsein jede andere Investition der Ablösungskapitalien als nicht standesgemäß und sah somit in diesen gesetzlichen Bindungen weniger eine Beschränkung finanzieller Anlagemöglichkeiten, als vielmehr einen Hinweis auf eine seit jeher geübte Selbstverständlichkeit. Der aus kleineren Barablösungen, dem Verkauf sowie der Auslosung und Bezahlung von Ablösungsobligationen anfallende Bargeldbestand führte daher in vielen Herrschaften zu einer ausgedehnten Grunderwerbspolitik. Über die Arrondierung der Eigenwirtschaften hinaus bemühte man sich, zusätzlich Bauernstellen aufzukaufen, wobei dieser Politik gerade in Südwestdeutschland um die Jahrhundertmitte naturbedingte landwirtschaftliche Krisen (Hungerjahr 1846/47) entgegenkamen. Die starke bäuerliche Auswanderung aus Odenwald, Schwarzwald und ähnlichen Gebieten führte dazu, daß zahlreiche Feld- und Waldparzellen und kleine Höfe von den zahlungskräftigen ehemaligen Grundherren übernommen wurden. In den Archivalien der südwestdeutschen Grundherrschaften finden sich aus den Jahren 1840/1860 Kaufverträge genug, in denen dem Verkäufer der Kaufpreis sofort auszuzahlen ist, „da der Betreffende nach Amerika auswandern will", „im Ausland siedeln will" und ähnliche Formulierungen mehr.

Bei den Ankäufen standen Grund- und Standesherren oft in Konkurrenz mit den Kirchen, die ebenfalls im Grunderwerb eine sichere Anlage ihrer Ablösungskapitalien sahen, wie auch mit den staatlichen Domanialverwaltungen, soweit diese ihre Ablösungskapitalien zum Grunderwerb verwendeten. Zahlreiche Beispiele dafür liefert die Grunderwerbspolitik des Staates in Baden[9].

Der Anlagezwang in Grund und Boden läßt größere, geschlossene Güter, die sich nach den jüngsten Erkenntnissen des Landbaues (Drai-

---

[9] Vgl. *Pfefferkorn, Rudolf,* Gelände-Erwerbungen des Großherzoglich Badischen Domänenärars auf dem Hohen Schwarzwald, staatswiss. Diss. München 1900.

nage, Fruchtwechsel, Kunstdüngung) rationell bewirtschaften lassen, das besondere Interesse der Grund- und Standesherren finden. Allerdings war die Gelegenheit, solche Güter zu erwerben, nicht häufig gegeben, zumal die Verkäufer die Zwangslage der Fideikommißinhaber kannten, ihre Güter bei mehreren Interessenten anboten und so die höchstmöglichen Preise erzielten. Auch das Bestreben bürgerlicher Kreise, durch den Erwerb herrschaftlicher Güter eine Aufbesserung des Prestiges zu erreichen — ein Vorgang, der sich keinesfalls nur auf preußische Rittergüter beschränkt —, engte um die Jahrhundertmitte die Möglichkeiten des Grunderwerbs für Grund- und Standesherren weiter ein.

Verschiedene größere standesherrschaftliche Häuser hatten schon lange vor dem Ablösungsprozeß größere Besitzungen im Osten (Österreich-Ungarn, Böhmen, Polen u. a.) erworben. Es war bekannt, daß in diesen Gebieten die Auswahl an geschlossenen Gutsherrschaften größer war, hinzu kam wohl auch das Gefühl größerer Freiheit gegenüber den räumlich relativ engen Besitzungen im südwestdeutschen Raum und die der traditionellen herrschaftlichen Lebensweise noch eher angemessene Einstellung von Personal und Bauern gegenüber der „aufgeklärten" Bevölkerung im Westen. Schließlich erschloß Besitz in preußischem oder österreichischem Hoheitsgebiet auch Verbindungen zu den Höfen in Wien und Berlin, die sich für die Tätigkeit der Mitglieder des jeweiligen standes- oder grundherrlichen Hauses in Heer und Beamtentum jener Staaten als vorteilhaft erweisen konnten. Aus diesen Gründen wandte man sich gerne, wenn Ankäufe in der nächsten Umgebung scheiterten, dem Erwerb von Liegenschaften in diesen östlichen Gebieten zu, wie dies u. a. die fürstlichen Häuser Thurn und Taxis, Hohenzollern-Sigmaringen und Hohenlohe taten. Letztlich waren auch diesen Güterankäufen Grenzen gesetzt, wollte man nicht auf Angebote aus der Moldau oder Walachai, wie sie dem fürstlichen Haus Löwenstein-Wertheim-Rosenberg vorgelegt wurden, eingehen. Mehr und mehr erwies es sich als unmöglich, die großen Ablösungskapitalien innerhalb weniger Jahre ausschließlich wieder in Grund und Boden anzulegen. Nur wenige Herrschaften hatten in weiser Voraussicht der zu erwartenden starken Nachfrage bereits vor Verbriefung oder Auszahlung der Ablösungskapitalien Kredite aufgenommen, um günstige Gelegenheiten wahrnehmen zu können, wie z. B. das gräfliche Haus Schlitz, gen. von Görtz, für den Ankauf mehrerer Güter. Nun blieben nur noch zwei Möglichkeiten, ohne eine Verletzung der Fideikommißvorschriften die Wiederanlage der Ablösungskapitalien in Grund und Boden zu umgehen oder zumindest auf einen günstigeren Zeitpunkt hinauszuschieben: Der erste Weg bestand darin, die auf dem Fideikommißvermögen haftenden Schulden zu tilgen, der zweite in der vorübergehenden rentierlichen Aufbewahrung der Ablösungskapitalien in Wertpapieren, bis eine endgültige Verwendung möglich schien.

Für viele Standes- und Grundherrschaften stand die Abtragung einer erheblichen Schuldenlast überhaupt im Vordergrund und schloß weiteren Grunderwerb aus, so lange die Gläubiger der Verwendung von Ablösungskapitalien zustimmen mußten. Die Kriegswirren der napoleonischen Ära mit zahlreichen Kontributionen, die Agrarkrise der 1820er Jahre, schließlich auch die schleppende Ablösung selbst, bei der zahlreiche Abgabepflichtige die weiteren Leistungen verweigerten, ohne daß den Berechtigten gleichzeitig auch bereits die Entschädigung zuteil wurde, aber auch ein auf der Mediatisierung beruhender allgemeiner Einnahmeausfall bei mindestens gleich gebliebenen Lebensansprüchen hatten in vielen standes- und grundherrlichen Herrschaften eine hohe Schuldenlast anwachsen lassen. Die vornehmlich den Fürstenkredit pflegenden Privatbankhäuser Rothschild, Bethmann, Nic. Schmidt in Frankfurt/M., Hirsch in München und zahlreiche kleinere mehr waren Gläubiger fast aller Standes- und Grundherren, deren Einkünfte aus Zehnten und Grundabgaben in der Regel als Sicherheit für die aufgenommenen Hypotheken verpfändet waren. Nach Aufhebung dieser Abgaben mußten die Ablösungskapitalien als „Surrogat" angesehen werden. Die Gläubiger verlangten daher entweder die Zwangsdeponierung dieser Kapitalien bei den staatlichen Gerichten, um sich an den Zinsen schadlos zu halten, oder zumindest ein Mitbestimmungsrecht bei ihrer sonstigen Verwendung. In einigen Fällen waren die Gläubiger bereit, Ablösungsobligationen, sobald sie an der Börse eingeführt waren, zur Schuldentilgung anzunehmen. Im übrigen kam es ihnen allein darauf an, daß langfristig Tilgung und Verzinsung der gewährten Hypotheken sichergestellt werden konnten, da für eine Wiederausleihung zurückgezahlter Kredite offenbar nur geringe Chancen bestanden: der traditionelle Kundenkreis adeliger Herrschaften war durch die Ablösungskapitalien der ärgsten Kreditnot enthoben und zur Kreditgewährung an Handel und Industrie konnten sich die genannten Privatbankiers kaum entschließen. So blieb ihnen nur das gerade einen starken Aufschwung nehmende Geschäft mit Staatsobligationen, an dem sie, wie wir sehen werden, ihre fürstlichen und gräflichen Kunden bald beteiligten.

Auf den zweiten Weg einer vorübergehenden rentierlichen Anlage der Ablösungskapitalien wurden die Berechtigten außer durch die Unmöglichkeit sofortigen Grunderwerbs, vor allem durch die Form der Ablösungskapitalien selbst gedrängt. Durch die Aushändigung der Ablösungsbeträge in Obligationen kamen viele Herrschaften erstmals in größerem Umfang mit dem Wertpapiergeschäft in Berührung. Nachdem sich für diese Obligationen ein Markt gebildet hatte, man mit den Kursen vertraut und die Hofbankiers sowieso an Wertpapieren stärker interessiert waren als am Grunderwerb, erwies sich diese „Kapitalvorratshaltung" in jederzeit verkäuflichen, vom Staat garantierten Wertpapieren als nächstliegende Möglichkeit, eine spätere endgültige Wiederanlage abzuwarten. Als man feststellen mußte, daß der Zinsertrag der in der Regel 4 %igen Ablösungsobligationen hinter anderen Wertpapieren zurückblieb, begannen zahlreiche herrschaftliche Rentkammern, ihre Bestände gegen höherverzinsliche Werte einzutauschen, was allerdings dort mit Schwierigkeiten verbunden war, wo Pfandgläubiger über die Verwendung der Ablösungsobligationen wachten und diesen andere Wertpapiere nicht als gleichwertige Sicherheit erschienen. Das fürstliche Haus Oettingen-Wallerstein mußte lebhaft darüber Klage führen, daß es ihm auf diese Weise unmöglich gemacht wurde, höherverzinsliche Papiere zu erwerben. Bei diesen Wertpapieren standen Staatsschuldverschreibungen verschiedenster Herkunft eindeutig im Vordergrund, wobei sich die österreichischen „metalliques", die 1845 mit 145 % einen Höchststand erreichten, den im 19. Jahrhundert keine andere Staatsobligation erzielte, besonderer Beliebtheit erfreuten. Die auf Grund langjähriger Darlehensgeschäfte bestehenden Verbindungen zu Frankfurter Bankhäusern, Finanzmaklern und Hoffinanziers wurden durch die Auszahlung der Ablösungskapitalien in Form von Obligationen noch enger, da die Bankhäuser häufig das Inkasso der Zinsen vornahmen, Auslosungstermine wahrnahmen und als Interessenvertreter ihrer herrschaftlichen Kunden fungierten, über deren Finanzverhältnisse sie bestens orientiert waren. Wenn schon Ablösungsobligationen gegen andere Wertpapiere umgetauscht wurden, so war es natürlich, daß auch der Gegenwert ausgeloster Obligationen wieder in Wertpapieren angelegt wurde. Nicht zuletzt hatten die Bankiers ein Interesse daran, frei gewordene Ablösungskapitalien in anderen, ebenfalls von ihnen betreuten Staatspapieren anzulegen. Viele standesherrschaftliche Verwaltungen, wie z. B. die fürstlichen Häuser Thurn und Taxis und Fürstenberg, haben auf diese Weise einen Grundstock für ihren später so beträchtlichen Wertpapierbestand gelegt.

Einmal von der Sicherheit der Staatspapiere überzeugt und voller Vertrauen in die monarchistische Herrschaftsform, die ein Herzogtum Toskana oder das Kaiserreich Brasilien solider und langlebiger erscheinen ließ, als jede andere Anlagemöglichkeit im eigenen Land, war die Mehrzahl der Ablösungsempfänger bereit, Staatsobligationen in jeder Höhe zu kaufen. Durch günstige Angebote der Bankiers wurde das Wertpapierportefeuille immer bunter, wurde schließlich auch die zunächst nur als Provisorium gedachte Anlage zum Dauerzustand. Zunächst wachten Gläubiger oder Fideikommißaufsicht darüber, daß nur inländische Staatspapiere, d. h. von Staaten des deutschen Bundes ausgegebene, erworben wurden. Sobald jedoch die Berechtigten über ihre Ablösungskapitalien frei verfügen konnten, richtete sich ihre Anlage allein nach Rentabilität und Sicherheit, waren Obligationen deutscher Staaten eben nur noch Wertpapiere unter vielen anderen. Über das Bankenzentrum Frankfurt floß ein stetiger Kapitalstrom in fast alle europäischen und viele überseeische Länder. Internationale Verbindungen, insbesondere des Bankhauses Rothschild, ließen standes- und grundherrliche Ablösungskapitalien über den Weg der Anleihe bis nach Asien und Südamerika gelangen. Selbst die Empfänger relativ kleiner Ablösungssummen, wie etwa das freiherrliche Haus von Berlichingen oder das fürstliche Haus Wied, beteiligten sich rege an diesem Geschäft: in einzelnen Depotabrechnungen finden sich für diese Häuser bis zu 40 ausländische Wertpapiere verschiedenster Herkunft, darunter Bons of Georgia, City of Memphis Bons, Bons of Missouri, Ohio, Indiana, Staatsanleihen Brasiliens, der Türkei, Rußlands, des Kirchenstaates und viele andere mehr. Der deutsche Kapitalmarkt versorgt auf diese Weise den Staatsbedarf in weiten Teilen der Welt, ohne daß den privaten Kapitalsuchenden im Inland genügend Kapital zur Verfügung gestellt werden konnte. Standes- und Grundherren als Kapitalbesitzer bevorzugten die Staatsanleihe, der private Bedarf für die beginnende Industrialisierung in Deutschland konnte so von diesem Kreis der Kapitalbesitzer nicht gedeckt werden.

Neben den Staatsobligationen trat gegen die Jahrhundertmitte noch eine weitere Wertpapiergattung in Erscheinung: die Eisenbahnobligationen. In den 1840er Jahren kommt es in Deutschland zum ersten großen Eisenbahnbau-Boom, der durch die nun möglich gewordene schnelle Überbrückung weiter Entfernungen nicht nur große Gewinne verspricht, sondern in bis zu 20 % ansteigenden Dividenden auch bringt. Je mehr die Eisenbahn vordringt, desto mehr gilt es, diesem neuen Verkehrsmittel der modernen, fortschrittlichen Zeit gegenüber aufgeschlossen zu sein. In immer noch landesväterlicher Fürsorge spielte die ideelle und finanzielle Unterstützung des Eisenbahnbaues in der engeren Heimat eine Rolle, wie die Förderung der Schwarzwaldbahn durch das fürstliche Haus Fürstenberg beweist. Die Erfolge der Eisenbahngesellschaften führten dann dazu, in größerem Umfang auch für ausländische Eisenbahnprojekte Kapital zur Verfügung zu stellen. Oft mit staatlichen Zinsgarantien versehen, galten die an der Börse gehandelten verschiedenen Eisenbahnobligationen bald als ein der Staatsobligation durchaus ebenbürtiges Wertpapier. In den Wertpapierbeständen der Standes- und Grundherren finden sich nach 1850 immer mehr Obligationen dieser Art, die von der böhmischen Westbahn, der Rhein-Neckar-Bahn, der Hessischen Ludwigsbahn bis zur Central Pacific Railroad, South Pacific and Union Pacific Railroad in den USA reichen. Wie bei den Staatsobligationen zeigt sich auch hier, daß — sobald ein Wertpapier als sicher gilt — Ländergrenzen kein Hindernis bilden.

Bei keiner der untersuchten Herrschaften ließ sich feststellen, daß die zur Daueranlage gewordenen Wertpapierbestände später wieder zugunsten irgendwelcher Grunderwerbungen veräußert wurden. Nachdem man gelernt hatte, mit solchen Papieren umzugehen, die Börsengewohnheiten kannte und alle notwendigen kaufmännischen Überlegungen beherrschte, die den alten fideikommissarischen Bestimmungen und Hausgesetzen noch fremd waren, zeigte sich, daß diese Form der Vermögensbildung ebenso gut geeignet war, den alten Familienbesitz zu erhalten, wie der Ankauf und die Bewirtschaftung von Grund und Boden. Durch eine kluge, den Kapitalmarkt und die vor allem nach der Gründung des Deutschen Reiches 1871 immer deutlicher sichtbar werdende Industrialisierung richtig einschätzende Politik, die dann auch dazu überging, neben oder anstelle von Staatspapieren Bank- und Industrieaktien zu erwerben — wie dies besonders bei den fürstlichen Häusern Thurn und Taxis sowie Fürstenberg der Fall war —, konnte ein Wertpapierbestand aufgebaut werden, der bis in die Gegenwart tragender Vermögensbestandteil dieser Häuser geblieben ist.

Wenn auch mit der Zeit die Schuldenlast der Grund- und Standesherrschaften verringert, die alle Finanzgeschäfte kontrollierenden Hypothekenpfandgläubiger befriedigt werden konnten und der vielerorts bestehende, ebenfalls einengende Lehensverband aufgelöst wurde, so fielen damit zwar wesentliche Beschränkungen für die Verwendung von Ablösungskapitalien nach und nach weg, jedoch änderte sich zunächst nichts an der Institution des Fideikommiß, die alle schwerwiegenden wirtschaftlichen Entscheidungen von der Zustimmung oft unverständiger oder in verwandschaftlichem Zerwürfnis lebenden Agnaten abhängig machte und somit denkbar ungeeignet war, einen größer gewordenen landwirtschaftlichen Betrieb mit allen Nebenbetrieben (Brennerei, Brauerei, Ölmühlen usw.) kaufmännisch rationell führen zu lassen; erst recht war es unmöglich, risikobehaftete industrielle Unternehmungen oder Beteiligungen, die jederzeit schnelle Entscheidungen erforderten, unter dieser Form zu leiten. Die Archive der fürstlichen und gräflichen Häuser Hohenlohe und Fugger, bei denen jeweils eine Linie industrielle Aktivität entfaltete — Fürst Hugo von Hohenlohe-Öhringen in Oberschlesien, Graf Fidel Ferdinand Fugger-Glött in der oberdeutschen Baumwollindustrie —, liefern Beispiele genug, wie schwer diese „Außenseiter" sich gegenüber den anderen Familienmitgliedern durchzusetzen hatten, wie sehr sie um Genehmigungen, um Freigaben ihrer Ablösungskapitalien und Ersatz des Fideikommißvermögens zu ringen hatten.

Dies mag ein Grund dafür sein, daß die Verwendung von Ablösungskapitalien für die Gründung industrieller Unternehmungen oder die Beteiligung an solchen Einrichtungen auf Ausnahmefälle beschränkt blieb. Hinzu kam weiter die oft betonte, standesbewußte Ablehnung einer Beschäftigung mit „gewerblichen Etablissements", bei denen man weniger über Erfolge als über Zusammenbrüche, Bankerotte oder deren Folgen unterrichtet war. Die Schwierigkeiten mehrerer mit großem Optimismus gegründeter Zuckerfabriken im südwestdeutschen Raum in den 1840er Jahren und die teilweise nicht immer glückliche staatliche Gewerbeförderungspolitik, die sich noch allzu oft an merkantilistischen Maximen ausrichtete[10], ließ vielen eine industrielle Kapitalanlage als „merkantilistische Spekulation" erscheinen, nicht aber als geeignete Maßnahme, den Bestand des Fideikommißvermögens zu erhalten. Auch ein begründetes Mißtrauen gegen fremde Gründer, Erfinder und Geschäftemacher, die nicht selten mit utopischen Plänen, skurrilen und gewagten Vorschlägen eine adelige Finanzquelle erschließen wollten, mahnten zur Vorsicht. Viele fragwürdige „Unternehmer" erschienen immer wieder als Bittsteller bei den grund- und standesherrlichen Verwaltungen, versprach doch die Aussicht, einen hochherrschaftlichen Namen als Subskribenten an die Spitze einer Liste von Geldgebern stellen zu können, zahlreiche Nachfolger.

Aber auch durchaus solide und aussichtsreiche Gründungen von Baumwollspinnereien, Maschinenfabriken und ähnlichen Einrichtungen wurden bei Kapitalersuchen immer wieder abschlägig beschieden, selbst wenn sich die angesprochene fürstliche Verwaltung — so z. B. das Haus Thurn und Taxis — mit nur 3 % Zinsen zufrieden geben mußte und die Unternehmer 5 % auf das investierte Kapital garantierten. Vorgelegte sorgfältige Kalkulationen wurden ohne nähere Prüfung zurückgewiesen. Teilweise waren es die Auflagen und Bedingungen, die einer freien Verwendung der Ablösungskapitalien im Wege standen, welche die betroffenen Standes- und Grundherren kaum daran denken ließen, nach einer günstigen Wiederanlage dieser Kapitalien im Zusammenhang mit der beginnenen Industrialisierung zu suchen, teilweise waren es die gerade durch die Form des Ablösungsvorganges weiter vertieften Geschäftsbeziehungen mit den in erster Linie am Geschäft mit Staatsobligationen interessierten Privatbankhäusern, die keine Verbindung mit den aufstrebenden Industriellen Deutschlands zustande kommen ließen. Die Finanzbeziehungen zu süd- und südwestdeutschen Finanzmaklern und Hofbankiers, die durchweg den Fürstenkredit und das Geldgeschäft mit Staatsregierungen als ihre vornehmste Aufgabe ansahen, waren nicht geeignet, das Interesse für solide industrielle Unternehmungen zu wekken. Das schließt nicht aus, daß bei Frankfurter oder Münchener Bankiers untergebrachte Ablösungskapitalien von diesen nicht auch einmal

---

[10] Beispiele dafür bei *Klein, Ernst,* Die Anfänge der Industrialisierung Württembergs in der ersten Hälfte des 19. Jahrhunderts, in: Raumordnung im 19. Jahrhundert (2. Teil), Bd. XXXIX der Forschungs- und Sitzungsberichte der Akademie für Raumforschung und Landesplanung, Hannover 1967, S. 83 ff., hier S. 110 f.

für andere Zwecke verwandt wurden: Verbindungen zu Staatsbanken
oder anderen Privatbanken waren gegeben, und die württembergische
königliche Hofbank in Stuttgart, das Bankhaus Haber & Söhne in Karls-
ruhe und andere mehr haben sich nachweislich an industriellen Anlagen
beteiligt. Ebenso sicher standen dabei die standesherrlichen Privatbankiers Rothschild, Bethmann, Nic. Schmidt und andere im Hintergrund.
So mag denn über Umwege Ablösungskapital hier doch einen fördernden
Einfluß auf die Industrialisierung ausgeübt haben.

Eine Ausnahme unter den industriellen Anlagemöglichkeiten gegenüber sich ablehnend verhaltenden Ablösungskapitalbesitzern bildeten
nur die Herrschaften, die schon immer in Bergbau und Metallgewinnung
in eigenen Produktionsstätten tätig waren. Hier wurden auch Ablösungskapitalien in größerem Umfang in den eigenen industriellen Anlagen
investiert — etwa im Lahn-Sieg-Gebiet durch das fürstliche Haus Solms-
Braunfels, durch das fürstliche Haus Fürstenberg in seinen zahlreichen
Schwarzwälder Hüttenbetrieben —, jedoch ohne daß es dadurch gelang,
einer über bessere Produktionsbedingungen verfügenden Konkurrenz
mit größeren Standortvorteilen auf die Dauer zu widerstehen. Nach der
Jahrhundertmitte müssen die meisten dieser herrschaftlichen Betriebe
ihre Tätigkeit einstellen, die Standortvorteile, durch die Holzkohle aus
den herrschaftlichen Wäldern und die Nutzung der Wasserläufe geboten,
zählen nicht mehr. Modernisierungsversuche scheitern an den hohen
Kosten, Stillegung oder Verkauf der Anlagen bringen zusätzliche Ver-
luste. Zur Anpassung, zur Aufnahme einer neuen Produktion fehlen
vielfach die technischen Möglichkeiten, wo sie gegeben sind, fehlt es an
kaufmännisch-unternehmerischem Sinn, sie der neuen Zeit gemäß zu
nutzen.

Während gegen Ende des 19. Jahrhunderts, vor allem nach 1871, nicht
wenige Standes- und Grundherren durch den direkten Erwerb von In-
dustrie- und Bankaktien sowie Obligationen der Wirtschaft Kapital zur
Verfügung stellten, blieb die Anlage verfügbarer Finanzmittel um die
Jahrhundertmitte — und nur hier konnte es sich eindeutig um Ablösungskapitalien handeln — im industriellen Bereich die große Ausnahme. Eine solche Ausnahme bildet das bereits erwähnte gräfliche Haus
Fugger-Glött. Hier haben Ablösungskapitalien nachweislich überwiegend für die Finanzierung industrieller Vorhaben Verwendung gefunden, jedoch erst, nachdem der durch die immer eng gewesene Verbindung mit dem Augsburger Wirtschaftsraum geschulte kaufmännische
Sinn des Grafen erkannt hatte, daß ein Erwerb von Grundbesitz gerade
in diesem Augenblick, da alle Ablösungsempfänger dieser Anlage zu-
strebten, wohl eine recht unwirtschaftliche Investition gewesen wäre. Die
alte Kaufmannstradition des Hauses läßt sich nicht verleugnen, wenn hier
statt des Umweges über Staatsobligationen und ähnlich sichere Papiere

sofort die Beteiligung an zukunftweisenden industriellen Unternehmungen gewählt wurde.

Auch die in Oberschlesien ansässige Linie Hohenlohe-Oehringen des fürstlichen Hauses Hohenlohe hat die auf sie entfallenden Ablösungskapitalien aus dem württembergischen Raum in ihren oberschlesischen industriellen Anlagen investiert. Aber die erfolgreiche Entwicklung dieses Gebietes und der industrielle Erfolg, der dem oberschlesischen Adel zu Recht bestätigt wird, bauten auf den großen Bodenschätzen im Bereich der eigenen Grundherrschaft auf, können daher nicht auf die übrigen Grundherrschaften im Westen oder Süden Deutschlands übertragen werden. Insoweit nimmt der oberschlesische Adel als Industrieller und Unternehmer eine Sonderstellung ein und es wäre falsch, von ihm ausgehend auf die Bedeutung des kapitalbesitzenden Adels für die Industrialisierung in Deutschland allgemeine Schlüsse zu ziehen. Zumindest für die Standes- und Grundherren in weiten Teilen West- und Süddeutschlands gilt, daß sie die kommerziellen Chancen einer industriellen Betätigung in ständischer Isolierung nicht nutzten oder überhaupt nicht erkannten. Die Ursache für die Verarmung vieler standes- und grundherrlicher Familien liegt gerade darin, daß man bis weit in das 20. Jahrhundert am unerschütterlichen Glauben an die Bonität von Obligationen oft fragwürdig gewordener Staaten festhielt. Abgesehen von dem landwirtschaftlichen Besitz haben nur jene Häuser bis in die Gegenwart ein größeres Vermögen bewahrt, die nach den ersten Kapitalanlagen in Staatsobligationen diese durch eine geschickte Politik zu einem möglichst breit gestreuten Wertpapierbestand erweitern konnten, in dem Industrie-, Verkehrs- und Bankaktien gleichermaßen vertreten waren.

Wenn überhaupt, dann erreichten die Standes- und Grundherrschaften dieses Ziel erst gegen Ende des 19. Jahrhunderts, d. h., daß man sich erst Jahrzehnte nach dem Anfall der Ablösungskapitalien bereit fand, Kapitalien für einen anderen Zweck als Grunderwerb und Staatsfinanzierung herzugeben.

Die Wirtschaftsstruktur mitteleuropäischer Gebiete an der Wende zum 19. Jahrhundert unter besonderer Berücksichtigung des gewerblichen Bereiches

Von *Friedrich-Wilhelm Henning*, Köln

1. Einleitung

Über die wirtschaftliche Struktur Mitteleuropas an der Wende zum 19. Jahrhundert sind wir bisher wenig unterrichtet. Dies kommt in der Literatur vor allem darin zum Ausdruck, daß meistens — vor allem in Lehrbüchern — nur wenige und ungenaue Angaben hierüber gemacht werden. Zwar sind sich alle Autoren darüber einig, daß die Landwirtschaft, gemessen an der Zahl der Beschäftigten, der ausgedehnteste Sektor gewesen ist; jedoch wird auch dies häufig nicht expressis verbis, sondern lediglich zwischen den Zeilen gesagt[1]. Aber selbst wenn ziffernmäßige Angaben gemacht werden, bleiben diese als Schätzungen recht verschwommen und der Leser kann nicht erkennen, ob der jeweilige Autor dieser Schätzung die Untersuchung konkreten Materials hat vorausgehen lassen[2]. Solche Untersuchungen sind aber erforderlich, da schon für einzelne Gebiete Forschungsergebnisse in der nötigen Breite fehlen[3]. Diese Lücke kann durch einen einzelnen Aufsatz, wie dem hier vorgelegten, nicht ausgefüllt werden. Dazu bedarf es umfangreicher regio-

---

[1] z. B. *Lütge, F.*: Deutsche Sozial- und Wirtschaftsgeschichte, 3. Aufl., Berlin—Heidelberg—New York 1966, S. 420 f.

[2] Dies gilt z. B. für *Kuske, B.*: Grundzüge der Wirtschaftsentwicklung des Niederrheins, in: Annalen des Historischen Vereins für den Niederrhein, Bd. 115, Köln 1929, S. 188, oder für *Klein, E.*: Geschichte der deutschen Landwirtschaft, Stuttgart 1969, S. 72. Beide Autoren gehen von einem Anteil der Landwirtschaft aus, der bei etwa 75 v. H. gelegen haben soll. *Schumpeter, J. A*: Konjunkturzyklen, Bd. 1, Göttingen 1961, S. 278, nimmt ebenso wie *Fourastié, J.*: Le grand espoir du XXᵉ siècle, 3. Aufl., Paris 1952, S. 42, (letzterer allerdings für Frankreich) und wie neuerdings auch *Böhme, H.*: Prolegomena zu einer Sozial- und Wirtschaftsgeschichte Deutschlands im 19. und 20. Jahrhundert, Frankfurt/M. 1968, S. 9, einen Anteil der landwirtschaftlichen Bevölkerung an, der bei etwa 80 v. H. gelegen haben soll.

[3] Ausnahmen bilden z. B. für einen Teil Hessens: *Michel, G. K.*: Die Entwicklung der Bevölkerung und ihrer beruflichen Gliederung im südlichen Starkenburg in den letzten 150 Jahren, Arbeiten der hessischen Anstalt für Landesforschung an der Universität Gießen, Heft 7, Gießen 1930, oder für eine norddeutsche Stadt neuerdings: *Kaufhold, K. H.*: Die Wirtschafts- und Sozialstruktur der Stadt Hildesheim zu Beginn des 19. Jahrhunderts im Spiegel der Personenstandserhebung 1811, in: Alt-Hildesheim, Jahrbuch für Stadt und Stift Hildesheim, Nr. 33, Hildesheim 1968, S. 28 bis 34.

naler Einzeluntersuchungen. Zweck dieser Ausführungen soll daher nur sein, an Hand einiger mitteleuropäischer Gebiete die Vielfalt der Wirtschaftsstrukturen aufzuzeigen, die bereits vor der Industrialisierung vorhanden gewesen ist.

Die Zeit um 1800 ist dabei aus zwei Gründen von besonderem Interesse:

1. Die Wirtschaftsstruktur am Ende der kameralistischen Periode läßt erkennen, daß die Einflüsse der fürstlichen Wirtschaftspolitik nicht überschätzt werden dürfen. Andere Kräfte (Verleger, Bevölkerungswachstum und natürliche Faktoren) sind einflußreicher gewesen.

2. Die Ausgangsbasis für den Übergang in die Industrialisierungsphase ist für einzelne Gebiete recht unterschiedlich gewesen. Die „traditionelle Gesellschaft" im Sinne Rostows[4] ist keineswegs einförmig gewesen.

Diese von der Zeit um 1800 in die Vergangenheit und in die Zukunft weisenden Gedanken sollen jedoch hier nicht erörtert werden. Die Untersuchung wird sich vielmehr auf die Herausarbeitung der Unterschiede in der Wirtschaftsstruktur einzelner Gebiete und auf die Festlegung der möglichen, diese Unterschiede bewirkenden Faktoren beschränken. Dabei soll versucht werden, Grundlinien der Unterschiede zu verdeutlichen, d. h. mit Hilfe einer systematischen Ordnung der Erscheinungen sollen die typischen Wirkungen der einzelnen Faktoren und ihrer Kombinationen transparent gemacht werden.

2. Die Grundzüge der Wirtschaftsstruktur um 1800

dargestellt an einem größeren Gebiet mit unterschiedlichen
Einzelregionen (Preußen)

a) Die Beschäftigtenstruktur Preußens um 1800

Zeitgenössische Statistiken über Teilbereiche der Wirtschaft um 1800 sind nicht selten. Bevölkerungszahlen und Produktionsvolumina, insbesondere die Agrarproduktion und die zu exportierenden Güter gewerblicher Art, wurden als Grundlage des Reichtums eines Gebietes angesehen und daher von der kameralistischen Verwaltung registriert. Für Preußen liegt das zweibändige Werk des Verwaltungsbeamten L. Krug über den „National-Reichthum des preußischen Staates und über den Wohlstand seiner Bewohner" vor[5]. Auch Einzelschriften über Teile der

---

[4] *Rostow, W.W.:* Stadien wirtschaftlichen Wachstums, 2. Aufl., Göttingen 1967, S. 18 ff.

[5] *Krug, L.:* Betrachtungen über den National-Reichthum des preußischen Staates und über den Wohlstand seiner Bewohner, Teil 1, Berlin 1805; Teil 2 Berlin 1805.

preußischen Monarchie geben Auskunft über Wirtschaftsdaten von Provinzen und Bezirken[6]. Versucht man, sich auf Grund der von Krug angegebenen Zahlen ein Bild von der Beschäftigtenstruktur (als einem Indikator für die Wirtschaftsstruktur) des fast 10 Mill. Einwohner umfassenden Königreiches Preußen zu machen, dann erhält man das aus Tabelle 1 ersichtliche Ergebnis[7].

Tabelle 1

**Verteilung der Beschäftigten in Preußen um 1800
auf drei Wirtschaftssektoren**

Sektor	in v. H. der Beschäftigten	in v. H. der Bevölkerung
Primärer Sektor	77	66
Sekundärer Sektor	17	27
Tertiärer Sektor	6	7

Der Anteil der im primären Sektor, d. h. hauptsächlich in der Landwirtschaft, Beschäftigen fügt sich in die in der Literatur geäußerten Schätzungen[8] von 75 bis 80 v. H. ein. Nach dem Anteil der Bevölkerung hatte die Landwirtschaft allerdings ein geringeres Gewicht. Die sich darin ausdrückende größere Beschäftigungsquote in der Landwirtschaft (wie auch im tertiären Sektor) gegenüber dem Gewerbe hatte im wesentlichen zwei Ursachen:

1. In der Landwirtschaft setzte eine Beschäftigung keine oder kaum so ausgeprägte Fachkenntnisse voraus wie im Gewerbe. Die Unterbeschäftigung der ländlichen (und damit auch der landwirtschaftlichen) Bevölkerung war gerade in den Gebieten mit einem starken Anteil der klein- und unterbäuerlichen Gruppen sehr ausgedehnt, ist aber kaum erfaßbar[9].

---

[6] z. B. für Pommern: *Brüggemann, L. W.*: Beschreibung des preußischen Herzogtums Vor- und Hinterpommern, Teil 1, Stettin 1779; Teil 2, Band 1 und 2, Stettin 1784; für die Mark Brandenburg: *Bratring, F. W. A.*: Statistisch-topographische Beschreibung der gesamten Mark Brandenburg, Band 1, Berlin 1804; Band 2, Berlin 1805; Band 3, Berlin 1809; für die Grafschaft Ravensberg: *Weddigen, P. F.*: Historisch-geographisch-statistische Beschreibung der Grafschaft Ravensberg, Band 1 und 2, Leipzig 1790.

[7] Die Sektoreneinteilung hält sich in diesem Aufsatz nur angenähert an die Einteilung J. Fourastiés. Der sekundäre Sektor enthält auch den Bergbau, so daß der primäre Sektor nur Landwirtschaft, Gartenbau und Fischerei erfaßt, der sekundäre Sektor Gewerbe und Bergbau. Der tertiäre Sektor ist unverändert übernommen worden.

[8] Vgl. oben Anmerkung 2.

[9] *Henning, F.-W.*: Die Betriebsgrößenstruktur der mitteleuropäischen Landwirtschaft im 18. Jahrhundert und ihr Einfluß auf die ländlichen Einkommensverhältnisse, in: Zeitschrift für Agrargeschichte und Agrarsoziologie, Heft 2, Frankfurt/M. 1969, S. 188 ff.

2. Krug hat eine ganze Reihe von Spezialgewerben nicht in seine Zusammenstellungen aufgenommen, offensichtlich weil ihm hierüber keine Angaben für eine größere Zahl preußischer Gebiete vorlagen. Daher betrug bei Krug die Beschäftigtenquote in den preußischen Städten nur etwa 37 v. H., während die Untersuchung einzelner Städte meistens eine Quote von etwa 45 v. H. ergibt[10], sofern man voraussetzt, daß die Benennung der Berufe auch die Vollbeschäftigung beinhaltet. Da aber bereits um 1800 auch in den Städten eine erhebliche Unterbeschäftigung vorhanden gewesen ist[11], sind auch diese Angaben nicht als gesichert zu betrachten. Sie geben nur die Größenordnung der einzelnen den Wirtschaftssektoren zuzuordnenden Bevölkerungsanteile wieder.

Die von Krug gemachten Angaben sind für die Berechnung von Tabelle 1 im übrigen bereits teilweise ergänzt worden:

a) Soweit wie möglich wurde das nebenberufliche Gewerbe, vor allem auf dem Lande mitbeachtet. So wurde z. B. das Textilgewerbe durch die Berücksichtigung der Spinnerkräfte als ausgedehnter angenommen als dies bei Krug der Fall ist. Es wurde davon ausgegangen, daß die Garnherstellung für jeden vollbeschäftigten Weber (oder Webstuhl) von 3,5 vollbeschäftigten oder einer äquivalenten Zahl teilbeschäftigter Spinner geleistet wurde[12].

b) Die Zahl der in der Landwirtschaft Beschäftigten wurde durch eine Kontrollrechnung nach dem Arbeitsbesatz je Flächeneinheit ergänzt, da insbesondere in den Städten ein großer Teil der Landnutzung (Acker, Garten) nebenberuflich erfolgte, aber damit doch einen Teil der im sekundären und tertiären Sektor Beschäftigten in Anspruch nahm[13].

---

[10] Vgl. die zahlreichen Quellenangaben zu den Abschnitten 3 und 4.

[11] Vgl. insbesondere für Berlin: *Abel, W.*: Die Lage der deutschen Land- und Ernährungswirtschaft um 1800, in: Jahrbücher für Nationalökonomie und Statistik, Bd. 175, Stuttgart 1963, S. 329.

[12] Für diese Berechnung des Verhältnisses von 3,5 vollbeschäftigten Spinnern je vollbeschäftigtem Weber zur Produktion des Halbfabrikates Garn wurden verschiedene Angaben aus der Literatur herangezogen, die über die Leistungsfähigkeit der Weber und Spinner Auskunft geben, z. B.: *Weddigen, P. F.*: Historisch-geographisch-statistische Beiträge zur näheren Kenntnis Westfalens, Elberfeld 1806, Teil 2, S. 140 ff. für die Weber und S. 149 ff. für die Spinner; u. a.

[13] Es wurden vor allem die Angaben in den beiden Untersuchungen: *Henning, F.-W.*: Bauernwirtschaft und Bauerneinkommen in Ostpreußen im 18. Jahrhundert, Würzburg 1969, S. 149 f., und *Henning, F.-W.*: Bauernwirtschaft und Bauerneinkommen im Fürstentum Paderborn im 18. Jahrhundert, Berlin 1970, ferner bei *Abel, W.*: Geschichte der deutschen Landwirtschaft vom frühen Mittelalter bis zum 19. Jahrhundert, 2. Aufl., Stuttgart 1967, S. 208, Tabelle 24, herangezogen. Dabei wurde davon ausgegangen, daß die nichterwerbliche Nutzung und die Nutzung in kleinen Betriebsgrößen einen überdurchschnittlichen Arbeitskräftebesatz erforderte und tatsächlich aufzuweisen hatte.

Nicht berücksichtigt wurde die Textilherstellung in den ländlichen, aber auch in einem Teil der städtischen Familien für den eigenen Gebrauch. Hier war noch eine Schranke für die Arbeitsteilung vorhanden, denn diese gewerbliche Tätigkeit war noch nicht aus den Haushalten ausgegliedert; begünstigt wurde dies durch die dauernde oder saisonale verdeckte Arbeitslosigkeit.

c) Außerdem wurden bei den Städten 30 000 und auf dem Lande 100 000 Beschäftigte in den häuslichen Diensten in die Berechnung für Tabelle 1 eingesetzt, da gerade in diesem Bereich die Angaben Krugs recht ungenau sind. Eine große Zahl der im häuslichen Dienst Beschäftigten war zwar identisch mit der Gruppe der Knechte und Mägde. Jedoch gab es auch hier landwirtschaftliche Arbeiten. Überhaupt werden die Berechnungen dadurch erschwert, daß nur voll in einem Sektor Tätige erfaßt werden können, daß zur Ergänzung die Arbeiten einzelner Personen zu entmischen sind und als fiktive Einheiten oder Bruchteile solcher Einheiten den einzelnen Sektoren zugeordnet werden müssen. Die Arbeitsteilung war um 1800 noch so wenig fortgeschritten, daß hier ein erheblicher Unsicherheitsfaktor für die Berechnung vorliegt.

Auch wenn man die nebenberuflich betriebene Landwirtschaft nicht berücksichtigen würde, hatte der primäre Sektor im Durchschnitt großer Gebiete eine überragende Stellung, was nicht zuletzt auf der geringen Produktivität beruhte, die diesen Wirtschaftszweig (wie auch die meisten anderen Wirtschaftszweige) auszeichnete. Dies kommt z. B. darin zum Ausdruck, daß der überwiegende Teil der Einkommen der arbeitenden Bevölkerung, d. h. der Bevölkerung, die ohne Einkommen aus Grundrente, Kapitalzins oder Handelsgewinnen lebte, für Nahrungsgüter ausgegeben werden *mußte*[14]. Die Lohnarbeiter hatten hierfür den größten Teil ihres Lohnes aufzuwenden, die Bezieher von Naturaleinkommen, wie die auf dem Lande lebenden Arbeiter, die Kleinbauern und die sonstigen Empfänger von Naturalien, den größten Teil ihres aus Naturalien und Geld bestehenden Einkommens.

In welchem Maße die geringe Produktivität der Landwirtschaft hierfür ursächlich gewesen ist, mag folgende Berechnung zeigen: Bei einer gesamten als Acker und Garten genutzten Fläche von etwa 10 Mill. ha um

---

[14] *Saalfeld, D.*: Die Bedeutung des Getreides für die Haushaltsausgaben städtischer Verbraucher in der zweiten Hälfte des 18. Jahrhunderts, in: Landwirtschaft und ländliche Gesellschaft in Geschichte und Gegenwart, Festschrift Wilhelm Abel, Göttingen 1964, S. 35, Tabelle 5. Danach mußten die Menschen in den Städten mit „geringem", „niedrigem" und „mittlerem" Einkommen 70 bis 80 v. H. ihrer Einkünfte für Nahrungsmittel aufbringen. Entsprechendes gilt für die ländliche Bevölkerung, wenn hier auch die Naturaleinkommen im Vordergrund standen. Lediglich die Bezieher „gehobener" Einkommen, und dazu gehörte nur ein geringer Teil der städtischen (und auch der dörflichen) Bewohner, konnten mehr als 50 v. H. ihres Einkommens für andere Güter als Nahrungsmittel verwenden.

1800 in Preußen[15] waren nach der zu dieser Zeit rechtlich[16] und tatsächlich anwendbaren Produktionstechnik etwa 2 Mill. Arbeitskräfte (20 Arbeitskräfte je 100 ha) erforderlich[17].

Eine ausreichende Ernährung der Einwohner Preußens durch 2 Mill. Arbeitskräfte hätte allerdings optimale Bedingungen für die landwirtschaftliche Produktion vorausgesetzt. Dafür wären Bauernhöfe erforderlich gewesen, die je nach den natürlichen Produktionsbedingungen (Bodengüte, Klima) mindestens 8 bis 15 ha individueller Nutzfläche umfaßt hätten. Die Bodenknappheit und die Beschränkung der Produktionsverhältnisse standen dem aber entgegen, so daß der Zwang zum stärkeren Einsatz von Arbeitskräften je Flächeneinheit (oder die Tendenz zur Unterbeschäftigung in der Landwirtschaft) bestand. Ob damit der Flächenertrag stieg, steht nicht generell fest. Der Ertrag je Arbeitskraft war jedoch niedriger als es eigentlich möglich gewesen wäre. Der Boden und zum Teil auch die Produktionstechnik wurden durch Arbeit substituiert, d. h. der im Vergleich mit der späteren Entwicklung[18] schon geringe Einsatz von Technik wurde ergänzt durch einen Zwang zum umfangreichen Einsatz der reichlich vorhandenen Arbeitskraft, und zwar mit sinkender Rate der Grenzproduktivität und damit sinkender Gesamtproduktivität.

Man könnte diese Situation mit der der heutigen Landwirtschaft vergleichen. Der wesentliche Unterschied besteht in zwei Punkten:

a) Das Produktionsniveau und damit die Grenzmarken sind unterschiedlich. Insbesondere liegt der Punkt, von dem an eine Vermehrung der Aggregate (Kapital- oder Bodeneinheiten) keine Reduzierung der

---

[15] Berechnet nach *Krug, L.*: Abriß der neuesten Statistik des preußischen Staates, Halle 1805, S. 9. Danach umfaßte Preußen 5600 Quadratmeilen (= 315 000 qkm). Nach *Bittermann, E.*: Die landwirtschaftliche Produktion 1800—1950, Halle 1956, S. 21, und Saalfeld, D.: Die Produktion und Intensität der Landwirtschaft in Deutschland und angrenzenden Gebieten um 1800, in: Zeitschrift für Agrargeschichte und Agrarsoziologie, Heft 2, Frankfurt/M. 1967, S. 141 ff., umfaßte der Acker etwa ein Drittel der Gesamtfläche, hatte nach *Saalfeld, D.*, a. a. O., Schaubild 1, S. 142, in den östlichen Teilen Preußens mit Ausnahme Schlesiens aber einen geringeren Anteil. 10 Mill. ha umfaßten einen Anteil von etwa 32 v. H. der Gesamtfläche. Rechnet man noch die Gärten hinzu, den Durchschnitt ganz Preußens wegen der geringeren Anteile des Ackers in den östlichen Provinzen aber im gleichen Umfang niedriger als 32 v. H., dann mag eine Fläche von 10 Mill. ha unter dem Pflug oder Spaten als grobe Schätzung angenommen werden können.

[16] „Rechtlich", d. h. unter Berücksichtigung der rechtlichen Schranken: Flurzwang, Beeinträchtigung durch Weiderechte u. a. m.

[17] Für die Berechnung der erforderlichen Arbeitskräfte, vgl. *Henning, F.-W.*: Dienste und Abgaben der Bauern im 18. Jahrhundert, Stuttgart 1969, S. 127 ff., und die dort angegebenen Quellen.

[18] Vgl. hierzu und insbesondere zu der im Laufe des 19. Jahrhunderts bewirkten Steigerung der Arbeitsproduktivität Henning, F.-W.: Stadien und Typen in der Entwicklung der Landwirtschaft in den heutigen Industrieländern, in: Die Landwirtschaft in der volks- und weltwirtschaftlichen Entwicklung, hg. von H.-G. Schlotter, München—Basel—Wien 1968, S. 53 ff.

Arbeitskräfte mehr bewirkt, heute höher als um 1800. Da zu beiden Zeitpunkten diese Grenzmarken nicht erreicht worden sind, ist dieser Unterschied nicht ausschlaggebend.

b) Um 1800 war die Produktionstechnik im gewerblichen Sektor wenig entwickelt und auf Grund der allgemein niedrigen Einkommen[19] die Nachfrage nach gewerblichen Produkten so gering, daß eine Ausdehnung der nichtlandwirtschaftlichen Produktion nur sehr langsam oder gar nicht möglich war[20]. Demgegenüber wird heute die Abwanderung aus der Landwirtschaft durch die Nachfrage des sekundären und des tertiären Sektors nach Arbeitskräften begünstigt.

b) Kritik, Berichtigung und Ergänzung der Krugschen Zahlen

Im vorhergehenden Abschnitt wurde auf die relative Aussage der nach Angaben bei Krug zusammengestellten Tabelle 1 hingewiesen. Will man sich eine einigermaßen sichere Übersicht über die Wirtschaftsstruktur Preußens verschaffen, muß man versuchen, die Fehlerquellen Krugs zu erkennen, um durch Berichtigungen und Ergänzungen der Wirklichkeit nahezukommen.

Bei der Aufzählung der Handwerker und einiger anderer Berufe hat Krug meistens nur Angaben für ein bis zwei Drittel des gesamten preußischen Gebietes herangezogen[21]. Für die fehlenden Bezirke wurde nach dem Anteil der Bevölkerung, also einen gleichen Besatz für die einzelnen Berufe auch in diesen Teilen voraussetzend, der vermutliche Bestand der ganzen Monarchie an solchen Berufszugehörigen errechnet. Da aber in der Regel in den Aufstellungen die östlichen Provinzen in stärkerem Maße fehlen, ist die Ausdehnung vom Teil aufs Ganze in dieser Weise nicht gerechtfertigt. Denn dort mit dem überwiegenden Getreideexport (es handelt sich vor allem um die durch die polnischen Teilungen erworbenen Gebiete jenseits der Ostgrenzen von Pommern und Schlesien!) hatte die gewerbliche Produktion ein anderes Gewicht innerhalb der gesamten Wirtschaft als in den westlichen Provinzen, die zum Teil sehr stark auf einen Gewerbezweig spezialisiert waren und damit eine andere Nachfragestruktur nach gewerblichen Produkten im Binnenmarkt hatten.

Man kann diesen Fehler Krugs jedoch bei einer Heranziehung der preußischen Zahlen unter dem Gesichtspunkt der Repräsentanz für Mit-

---

[19] Vgl. *Abel, W.*: Agrarkrisen und Agrarkonjunktur, 2. Aufl., Hamburg-Berlin 1966, S. 188.

[20] *Harnisch, H.*: Die Herrschaft Boitzenburg, Weimar 1968, S. 255 ff., insbes. S. 232, weist auf die Auswirkungen dieser fehlenden Ausweichmöglichkeit der überschüssigen Bevölkerung aus der Landwirtschaft (und aus den ländlichen Gegenden) hin.

[21] *Krug, L.*: National-Reichtum, a. a. O., Teil 2, S. 173 ff.

teleuropa positiv bewerten. Das Überwiegen der Angaben aus den Gebieten von Kleve bis Schievelbein macht die Zahlen eher geeignet für
eine Wiedergabe der Verhältnisse in ganz Mitteleuropa als in Preußen
allein. Die nicht aus den polnischen Teilungen stammenden Gebiete Preußens enthielten wie das gesamte Mitteleuropa[22] sowohl hauptsächlich
agrarisch orientierte (z. B. Niederschlesien, Pommern, Ostpreußen u. a.)
als auch solche Landstriche, die in starkem Maße mit einer Produktion
im sekundären und tertiären Bereich durchsetzt waren (Teile Bran-
denburgs, Westfalens, des Rheinlandes u. a.).

Weitere Bedenken gegen eine kritiklose Übernahme der Zahlen Krugs
ergeben sich daraus, daß seine Angaben nicht immer mit anderen, regional begrenzten Statistiken übereinstimmen. Als Beispiel soll hier das
Herzogtum Kleve genannt werden. Die Abweichungen sind teilweise
erheblich, vgl. Tabelle 2.

Tabelle 2

**Handwerker auf dem Lande im Herzogtum Kleve nach zwei
verschiedenen Quellen vom Ende des 18. Jahrhunderts**

Handwerker	1784	1802	1784 in v. H. 1802
Böttcher	74	35	222
Bäcker	18	12	150
Drechsler	14	7	200
Färber	4	5	80
Leinweber	126	63	200
Müller	38	28	136
Maurer	16	26	62
Rademacher	24	14	172
Schneider	238	144	166
Schmiede	159	81	197
Schuster	213	123	174
Zimmermann	215	232	93

Quelle: 1784: *Weddigen, P. F.:* Statistische Übersicht von Westfalen, Berlin 1791, Tabellen 8, 9 und 10.
1802: *Krug, L.:* Betrachtungen über den National-Reichthum des preußischen Staates
und über den Wohlstand seiner Bewohner, Teil 2, Berlin 1805, S. 173 ff.

Die Zunahme der Bauhandwerker- (Maurer und Zimmerleute) und
der Färberzahl ließe sich als Zuwachs dieser Berufe in Parallele zum
Bevölkerungswachstum in etwa 18 Jahren erklären. Die auch dann noch
überdurchschnittliche Ausdehnung des Maurerhandwerks könnte mit

---

[22] Unter Mitteleuropa soll hier in etwa das Gebiet von Paris bis Minsk und
von Florenz bis Kopenhagen verstanden werden. Es handelt sich dabei um
eine rein geographische Abgrenzung, die nur eine umständliche Einzelauf-
zählung der hierin liegenden Länder und Staaten vermeiden will, da es allein
auf den wirtschaftlichen Aspekt ankommt.

einem verstärkten Übergang zu Steinhäusern in Verbindung gebracht werden. Hierbei kann es sich jedoch nur um einen Erklärungsversuch handeln.

Abweichungen zwischen beiden Quellen sind ferner beim nicht in Tabelle 2 aufgenommenen Tischlerhandwerk zu finden. Nach Krug gab es 1802 sieben Tischler, nach Weddigen nur einen im Kreis Wesel, während die beiden anderen Kreise auf dem Lande keine Tischler hatten. Ebenso führt Krug fünf Riemer, Sattler und Täschner auf, während bei Weddigen diese Gewerbe für die ländlichen Teile des Herzogtumes nicht verzeichnet sind. Vielleicht haben sich hier bisher auf die Städte beschränkte Handwerke angesiedelt, so daß 1784 tatsächlich Sattler, Riemer und Täschner noch nicht in den Dörfern zu finden waren.

Eine aus Tabelle 2 ebenfalls nicht ersichtliche Abweichung bestand weiterhin für das Schlosserhandwerk. Weddigen registriert für 1784 einen Schlosser in den Dörfern, und zwar in der Herrschaft Sonsfeld im Kreis Emmerich, Krug keinen.

Die bisher genannten, zum Teil recht kleinen Abweichungen lassen sich mit der auch kurzfristig immer vorhandenen Fluktuation erklären. Für die neun in Tabelle 2 aufgenommenen Handwerke, bei denen die Zahlen Krugs von denen Weddigens übertroffen werden, beträgt die Abweichung 179 zu 100, d. h. die zeitlich früher liegende Quelle gibt 79 v. H. mehr Selbständige in diesen neun Gewerbezweigen an als die spätere. Würde man davon ausgehen, daß beide Angaben richtig sind, müßten diese Gewerbe trotz der steigenden Bevölkerungszahl geschrumpft sein, was aber nicht anzunehmen ist. Worauf die Unterschiede zwischen den Angaben beider Autoren beruhen, läßt sich nicht ohne weiteres feststellen. Der zeitliche Abstand ist nicht so groß, daß inzwischen eine so erhebliche Änderung eingetreten sein kann. Im übrigen ist auch im Vergleich zu anderen Gebieten eher mit der steigenden Bevölkerungszahl eine Zunahme der Handwerkerzahl und nicht ein Rückgang um 44 v. H. zu vermuten. Da Weddigen für jeden der 72 kleinen ländlichen Verwaltungsbezirke genaue Angaben macht, Krugs Zahlen aber nur pauschal das „platte Land" erfassen, spricht viel für die Richtigkeit der genaueren, d. h. der Angaben Weddigens.

Die Angaben Krugs und Weddigens beweisen die Unsicherheit der Zahlen Krugs für einen ländlichen Bereich — sie dürfen wohl nur bei entsprechender Beweisführung auch für andere ländliche Teile Preußens verallgemeinert werden[23], zwingen jedoch unbedingt zur Vorsicht —. Aber auch die Zahlenangaben für Gewerbetreibende in den Städten haben ihre Lücken.

---

[23] In andern nachprüfbaren Fällen sind die Abweichungen nicht so groß wie gerade für Kleve.

Dies soll an Hand der Städte der Mark Brandenburg gezeigt werden. Hier wurden vor allem gewerbliche und andere nichtlandwirtschaftliche Tätigkeiten von Krug unberücksichtigt gelassen. Krug stützt sich auf die Aufzeichnungen in Bratrings dreibändigem Werk[24]. Die Zahl der ländlichen Gewerbetreibenden stimmt bei beiden Autoren überein. Bei den städtischen Berufen hat Krug aber nur eine Auswahl getroffen. Bei einem Vergleich beider Aufstellungen kann man sehen, in welchem Maße die von Krug registrierten 49 Gewerbezweige und sonstigen nichtlandwirtschaftlichen Tätigkeiten im sekundären und tertiären Sektor tatsächlich ergänzt werden müßten. Im Bereich der Holz- und Nahrungshandwerker waren die Zahlen Krugs noch relativ vollständig, wie die Gegenüberstellung beider Angaben in Tabelle 3 zeigt. Hier betrug die Zahl der

Tabelle 3

Zahl der um 1800 in den Städten der Kurmark Brandenburg registrierten Meister (oder Herren) und Gehilfen

Sektor	Zweig	Meister oder Herren		Gehilfen, Gesellen, Lehrlinge (nach Bratring)	Insgesamt (nach Bratring)
		nach Bratring	nach Krug		
Sekundärer	Nahrung	2 397	2 219	1 943	4 340
	Metall	2 575	1 697	2 093	4 668
	Textil	26 174	6 922	11 140	37 314
	Holz	2 724	2 524	4 087	6 811
	Sonstige	14 650	8 945	8 912	23 562
	Zusammen	48 520	22 307	28 175	76 695
Tertiärer	Beamte	7 770	—	0	7 770
	Kirche und Schule	1 761	—	0	1 761
	Gesundheitswesen	645	373	573	1 218
	Handel, Transport	5 716	1 685	1 647	7 363
	Sonstige	4 404	786	348	4 752
	Zusammen	20 296	2 844	2 568	22 864
Sekundärer und tertiärer Sektor		68 816	25 151	30 743	99 559

[24] *Bratring, F. W. A.*: Statistisch-topographische Beschreibung der gesamten Mark Brandenburg, Bd. 1, Berlin 1804, S. 64 ff., mit einer Zusammenfassung der Berufe der Mark Brandenburg.

von Krug nicht berücksichtigten Gewerbetreibenden weniger als 10 v. H. Am stärksten waren die Abweichungen zwischen beiden Autoren bei den Textil-, Metall- und anderen Gewerben, ferner im tertiären Sektor[25]. Da die unterschiedlichen Angaben Krugs jedoch nur darauf beruhen, daß er zahlreiche Spezialgewerbe, wahrscheinlich diejenigen, für die er nicht genügend Zahlen aus einer größeren Reihe von Gebietsteilen Preußens vorliegen hatte, unberücksichtigt gelassen hatte, ist in diesen Abweichungen kein Fehler Krugs zu sehen, zumal da er ausdrücklich auf das Fragmentarische seiner Zusammenstellung hinweist. Die Gegenüberstellung der beiden Reihen in Tabelle 3 zeigt, in welchem Maße die Krugsche Reihe nur ein „Fragment" ist.

Allerding ist der Unterschied zwischen beiden Reihen wohl zu hoch, da Bratring auch „Ouvriers" in seinen Zusammenstellungen mit erfaßt hat, während Krug an anderer Stelle die in „Fabriken" Beschäftigten gesondert aufführt[26]. Dabei sind Überschneidungen z. B. bei den Hut- und Tuchmachern der Mark Brandenburg nachzuweisen, die sich jedoch nicht genau beziffern lassen[27]. Bei Bratring sind insgesamt 6145 zu den Meistern gezählte Personen als Ouvriers bezeichnet. Selbst wenn man diese Gruppe von der Gesamtheit der Meister in Abzug bringt, da Krug sie zum Teil nicht mitzählt, bleibt zwischen beiden Angaben mit 42 375 (die reduzierte Zahl Bratrings) und 22 307 (Krug) ein erheblicher Unterschied. Die Differenz wird in erster Linie durch von Krug nicht berücksichtigte Spezialgewerbe gebildet, da bei den anderen Gruppen beide Angaben weitgehend übereinstimmen[28].

Auch bei den Gehilfen weichen die Angaben beider Autoren voneinander ab. Während Bratring 28 175 Gehilfen, Gesellen und Lehrlinge registriert hat, gab es nach Krug in allen kurmärkischen Städten 17 047 Handwerksgesellen[29]. Dieser Unterschied läßt sich vielleicht damit erklä-

---

[25] *Bratring, F. W. A.*, a. a. O., Bd 1, S. 64 ff., mit Angaben für Meister und Herren, Gehilfen, Gesellen und Lehrlinge. Die Spalte „Insgesamt" in Tabelle 3 enthält die Summe von Bratrings Angaben. In der drittletzten Spalte sind die Zahlen von Krug, L.: National-Reichtum, Teil 2, S. 173 ff. aufgenommen.

[26] Krug, L., a. a. O., S. 220 ff.

[27] Das gilt z. B. auch für die Schmiede in der Grafschaft Mark. Soweit sie Metallwaren herstellten, wurden sie sowohl in der Gruppe der Schmiede (vgl. *Krug, L.*, a. a. O,. S. 195) als auch bei den Arbeitern der Metallwarenproduktion aufgeführt (vgl. *Krug, L.*, a. a. O., S. 341 ff.). Im ersten Fall sind sie mit den Schmieden des täglichen Bedarfes, im zweiten Fall mit den Arbeitern der Metallwarenfabrikation zusammengefaßt.

[28] Ob die von Krug nicht aufgenommenen Gewerbetreibenden sämtlich als Spezialhandwerker oder -gewerbetreibende zu bezeichnen sind, hängt von der Definition des Begriffes Spezialgewerbe ab. Es gehören dazu mehr als 200 Berufe, die hier aus Platzgründen nicht sämtlich genannt werden können. Einige Beispiele mögen aber deutlich machen, wer in dieser Gruppe hier zusammengefaßt ist: Conditoren, Confitüries, Grützmacher, Pfefferküchler, Feilenhauer, Goldscheider, Nadler, Petschierstecher.

[29] *Krug, L.*, a. a. O., Teil 2, S. 205.

ren, daß in den Angaben Bratrings neben 1136 „Ouvriers" (als Gehilfen) noch die Lehrlinge enthalten sind, so daß im Ergebnis beide Zahlen auf eine vergleichbare Ebene gebracht angenähert übereinstimmen können, zumal da Krug hier pauschal alle Handwerksgesellen, also auch diejenigen, deren Meister in der Einzelaufstellung nicht enthalten sind, berücksichtigt hat.

Im übrigen sind die Angaben Bratrings möglicherweise noch zu niedrig. Er bezeichnet als Ouvriers nur 7281 (6145 aus der Gruppe der Meister und 1136 aus der Gruppe der Gehilfen), während es nach einer anderen Quelle am Anfang des 19. Jahrhunderts in der gesamten Kurmark (Stadt und Land) 32 801 „Fabrik- und Handwerksarbeiter" gegeben haben soll[30]. Diese Zahl wäre nur dann mit der von Bratring vereinbar, wenn auf dem Lande fast 26 000 „Fabrik- und Handwerksarbeiter" nachweisbar sind. Das ist aber nicht der Fall. Es ist daher zu vermuten, daß Bassewitz auch von Bratring nicht als Ouvriers bezeichnete Gewerbetreibende als Arbeiter registriert hat. Nach Krug arbeiteten z. B. in den Wollfabriken der Kurmark 11 841 Arbeiter[31]. Daneben werden von ihm 2092 Tuchmachermeister genannt[32]. Addiert man zum Vergleich sämtliche bei Bratring im Wollgewerbe Tätigen, dann erhält man 11 503 Personen[33], einschließlich der 2092 Meister und 1148 Gehilfen im Tuchmacherhandwerk. Es kann also sein, daß diese angenäherte Größenordnung der Angaben von Krug und Bratring in diesem Bereich deshalb besteht, weil beide Autoren jeweils dieselben Gruppen mit unterschiedlichen Bezeichnungen versehen haben.

Es gibt aber auch völlig abweichende Zahlen für andere Gewerbezweige. Als Beispiel seien hier die Tabakarbeiter genannt: Nach Bassewitz arbeiteten in den kurmärkischen Tabakfabriken um 1800 1156 Arbeiter, nach Krug 1125, d. h. fast ebensoviele. Bratring hat 576 Arbeiter in Tabakfabriken und Tabakspinner registriert. Da Bratring nicht nur die Gesamtzahl angibt, sondern verstreut in seinem Werk die einzelnen Standorte dieses Gewerbes nennt, spricht mehr für die Richtigkeit seiner Angaben als für die pauschalen Zahlen Krugs oder Bassewitz'. Die Gegenüberstellung im wollverarbeitenden Gewerbe hat gezeigt, daß die Spezialisierung wesentlich weiter fortgeschritten war, als dies aus Krugs

---

[30] *Bassewitz, M. F. v.*: Die Kurmark Brandenburg, ihr Zustand und ihre Verwaltung unmittelbar vor dem Ausbruch des französischen Krieges im Oktober 1806, Leipzig 1847, S. 465.

[31] *Krug, L.*, a. a. O., Teil 2, S. 287.

[32] *Krug, L.*, a. a. O., Teil 2, S. 200.

[33] Im einzelnen sind dies: Tuchmacher: 2092 Meister und 1148 Gehilfen, Zeugmacher: 2067 und 81, Strumpfstricker: 38 und 13, Strumpfweber: 259 und 538, Hutmacher: 232 und 277, Woll-Zeugfabrikanten: 181 und 48, Raschmacher: 526 und 704, Wollstrumpffabrikanten: 468, Tuchbereiter: 31 und 38, Tuchscherer: 91 und 72, Bandmacher: 1051 Ouvriers, Mützenmacher: 74 Meister, Wollkämmer: 351 und 14, Wollsortierer: 36 Meister, Wollstreicher: 11, Wollspinner: 1062, Wollkratzer: 80.

Zusammenstellung hervorgeht. Während Krug nur 40 einzelne Zweige des Gewerbes im sekundären Sektor nennt, sind es bei Bratring 145, d. h. 263 v. H. mehr. Im Ergebnis kann man also feststellen, daß die Spezialisierung sowohl quantitativ (Zahl der Beschäftigten in Spezialhandwerken) als auch qualitativ (Auffächerung des sekundären Sektors) wesentlich weiter fortgeschritten war.

Eine weitere Unsicherheit bei der Zuordnung der einzelnen Beschäftigtengruppen zu einem Sektor ergibt sich aus der Mischung der Tätigkeiten in einer Person. Handwerker und sonstige Gewerbetreibende werden neben ihrer auf ihren Beruf ausgerichteten Tätigkeit auch noch andere Arbeiten verrichtet haben, vor allem bei der Nutzung der Gärten und kleinen Äcker. Was Bratring für die ländlichen Handwerker der Mark Brandenburg sagt, wird auch für die Mehrzahl der in kleinen Städten wohnenden Gewerbetreibenden gelten: „In Absicht der Landhandwerker muß ich ein für alle Mal bemerken, daß es sehr schwierig ist, ihre Anzahl von der der Bauern, besonders der Kossäten und Büdner zu scheiden; denn gewöhnlich werden diese, da sie zweierlei Gewerbe betreiben, auch in jeder Rubrik, also zwei Mal, aufgeführt[34]." Neben der Doppelzählung ist also auch die in einer Person gemischte Tätigkeit ein Unsicherheitsfaktor bei der ziffernmäßigen Bestimmung des Anteiles der einzelnen Sektoren an der gesamten Wirtschaft. So meint z. B. Michel für das hessische Gebiet Südstarkenburg, daß dort der von ihm berechnete Anteil von 26,2 v. H. für das Gewerbe wohl zu hoch angesetzt werde, da z. B. die Tuchmacherei in einem Ort als „Hauptnebenverdienst" bezeichnet wurde[35], also die Bodennutzung auf den kleinen Flächen in erster Linie den Lebensunterhalt (Ernährung) für die Familien lieferte.

Umgekehrt ist aber auch zu bedenken, daß die landwirtschaftliche Bevölkerung gewerbliche Tätigkeiten übernahm, ohne daß dies in den Statistiken zum Ausdruck kommt.

Wenn man alle hier genannten Unsicherheitsfaktoren und Fehlerquellen berücksichtigt, dann muß man die Zusammenstellung in Tabelle 1 berichtigen. Im Ergebnis bedeutet dies, daß der sekundäre und der tertiäre Sektor ein größeres Gewicht besaßen, als es in der Tabelle auf Grund der Angaben bei Krug zum Ausdruck kommt.

Neben diesen erheblichen Abweichungen von der Wirklichkeit ist die Auswirkung der fehlerhaften Übertragung einiger Zahlen Bratrings durch Krug in einzelnen Zweigen fast belanglos: Unter den Gelb- und Rotgießern nennt Krug mit 58 nur die Zahl, die Bratring allein für die Gelbgießer registriert hat. Die außerdem bei Bratring angeführten 9 Rot-

---

[34] *Bratring, F. W. A.*, a. a. O., Bd. 1, S. 74, Anmerkung.
[35] *Michel, G. K.*, a. a. O., S. 41. Michel bezeichnet die gewerblichen Tätigkeiten als „Industrie", meint damit aber auch nichtindustrielle Tätigkeiten wie die hier genannten Tuchmacher.

und Glockengießer wurden von Krug nicht aufgenommen. Bei den Barbieren nennt Bratring 249, Krug aber 259. Hier könnte ein Übertragungsfehler vorliegen. Bei den Riemern, Sattlern und Täschnern führt Krug 347 auf, während Bratring 117 Riemer, 230 Sattler und 2 Täschner, zusammen also 349 Handwerker dieser Gruppe zählt. Neben einem Rechenfehler käme vielleicht in Betracht, daß Krug die beiden Täschner nicht beachtet hat. Bei den Schmieden werden von Krug 801 Meister registriert. Bratring führt nur spezielle Schmiede an, und zwar insgesamt 825. Die Kombination von 801 ist aus den Zweigen des Schmiedehandwerks in verschiedener Weise möglich, so daß nicht gesagt werden kann, welche speziellen Schmiede Krug nicht berücksichtigt hat.

Damit sind beispielhaft die wichtigsten Abweichungen zwischen Krugs Zahlen und den Angaben in Spezialzusammenstellungen für Kleve und Brandenburg genannt. Auch für andere Gebiete lassen sich Unterschiede nachweisen, die hier aber aus Platzgründen nicht dargestellt werden können.

Kritik an den Krugschen Angaben ist ferner daraus abzuleiten, daß er wie die meisten Autoren seiner Zeit eine Berufsgruppe völlig verschwiegen hat, nämlich die häuslichen Dienste, die bei den Berechnungen zu Tabelle 1 mit insgesamt 130 000 Personen angenommen wurden. Meistens wurden Knechte, Diener, Jungen, Mägde, aber auch „Söhne" und „Töchter" pauschal aufgeführt, ohne daß eine Zuordnung zu einzelnen Berufsgruppen gemacht wurde. In dieser Gruppe sind eigentliche häusliche Dienste enthalten, ferner neben- und hauptberufliche Tätigkeiten im primären und sekundären Sektor. Bei der Aufgliederung dieser Personen auf die einzelnen Sektoren konnte nur von Schätzungen ausgegangen werden, die vor allem folgende Punkte berücksichtigten:

1. Die Zahl der „gehobenen" Haushalte, die sich nach ihrem Einkommen Dienstpersonal halten konnten oder nach ihrer sozialen Stellung halten mußten[36].

2. Die gewerbliche Produktion eines Gebietes im Verhältnis zu der Zahl derjenigen, die als hauptberuflich im Gewerbe Tätige bezeichnet wurden.

3. Die landwirtschaftliche Nutzfläche im Verhältnis zu den hauptberuflichen landwirtschaftlichen Arbeitskräften.

Unter diesen Gesichtspunkten ist vermutlich die Zahl von 130 000 Personen im häuslichen Dienst zu gering geschätzt. Immerhin sollen am Anfang des 19. Jahrhunderts in Hildesheim 24,5 v. H. aller Beschäftigten zu

---

[36] Vgl. *Abel*, W.: Geschichte der deutschen Landwirtschaft, a. a. O., S. 338, mit dem Beispiel einer Beamtenfrau, die sich aufgrund des geringen Einkommens ihres Mannes zwar selbst an den Waschzuber stellen mußte, während aus Gründen der sozialen Stellung in den Haushalt ein Diener mit Livree aufgenommen und bezahlt wurde.

den häuslichen Diensten gerechnet worden sein[37]. Nun werden in kleineren Städten und auf dem Lande die Familien mit Dienstpersonal nur oder fast nur zu häuslichen Arbeiten nicht so stark vertreten gewesen sein wie in Hildesheim mit seinen etwa 10 000 Einwohnern, seinen kirchlichen und weltlichen zentralen Aufgaben. Aber trotzdem dürfte auch dann noch ein Anteil von 8 bis 10 v. H. aller Beschäftigten in ganz Preußen angenommen werden können, d. h. 350 000 bis 450 000 Personen. Damit sind die wichtigsten Gesichtspunkte genannt, die bei einer Ergänzung und Berichtigung der Krugschen Zahlen für Preußen zu beachten sind. Zugleich ist aber auch deutlich gemacht worden, in welchem Maße das im folgenden Abschnitt gebrachte Ergebnis hinsichtlich seiner Genauigkeit zu beurteilen ist.

c) Das Ergebnis

Berichtigt man unter den genannten Aspekten die Tabelle 1, dann erhält man folgenden Anteil der einzelnen Sektoren:

Primärer Sektor	65 v. H.,
sekundärer Sektor	20 v. H. und
tertiärer Sektor	15 v. H.

Nicht berücksichtigt worden ist dabei das Militär, das mit mehr als 200 000 Mann wohl etwa 5 v. H. aller Beschäftigten Preußens umfaßte[38]. Jedoch ist die Zuordnung der Soldaten zu einem Sektor nicht ganz unproblematisch. Ein Teil der Soldaten diente lediglich im Herbst und ging sonst in dem betreffenden (Rekrutierungs-)Kanton einer anderen Beschäftigung nach. Der größte Teil der übrigen Soldaten hatte ebenfalls eine Nebenbeschäftigung. Bekannt ist vor allem das Spinnen und Weben. Nur wenige Soldaten waren kaserniert. Der größte Teil lebte in Bürgerhäusern wie Einliegerfamilien mit den Familienangehörigen zusammen.

Unter Eingliederung auch der Militärpersonen nach diesen Gesichtspunkten in die Zusammenstellung würde man daher etwa folgendes Bild erhalten:

Primärer Sektor	62 v. H.,
sekundärer Sektor	21 v. H. und
tertiärer Sektor	17 v. H.

Diese Werte unterscheiden sich von den in der Einleitung genannten im wesentlichen dadurch, daß der primäre Sektor nicht mehr das Gewicht hatte, wie es in der Literatur mit 75 bis 80 v. H. bisher noch angenommen wurde. Vereinzelt gab es aber auch schon Schätzungen, die ungefähr von

---

[37] *Kaufhold, K.-H.*, a. a. O., S. 30, Tabelle 2.
[38] 237 089 Mann nach *Höck, J. D. A.*: Statistische Übersicht der deutschen Staaten in Ansehung ihrer Größe, Bevölkerung, Producte, Industrie und Finanzverfassung, Basel 1800, Tabelle 4 der königlich preußischen Staaten.

den gleichen Größenordnungen ausgingen, d. h. die den Anteil der Landwirtschaft bei etwa zwei Drittel der Bevölkerung oder der Beschäftigten einordneten[39].

Würde man auch die umfangreichen in den einzelnen Haushalten und in den landwirtschaftlichen Betrieben vorgenommenen gewerblichen Arbeiten mit berücksichtigen, dann würde die Bedeutung des landwirtschaftlichen Sektors noch geringer einzuschätzen sein. Fraglich ist aber, ob z. B. Reparaturarbeiten oder Transportleistungen so eng mit der Landwirtschaft verbunden waren, daß eine Aufschlüsselung nicht gerechtfertigt ist. Das gilt auch für den häuslichen Bereich mit der Anfertigung von Textilien oder auch von einfachen Geräten[40].

Die so für ganz Preußen errechneten Durchschnitte lassen nicht mehr erkennen, daß sie sich aus zahlreichen unterschiedlich strukturierten Gebieten zusammensetzen. Im folgenden sollen nunmehr diese Unterschiede an Hand einiger mitteleuropäischer Gebiete herausgearbeitet werden, und zwar in zweierlei Hinsicht:

1. Regionale Unterschiede zeigten die grundsätzlich verschiedene Strukturierung ganzer Gebiete.

2. Innerhalb der einzelnen Gebiete gab es erhebliche Abweichungen in der Wirtschaftsstruktur zwischen den Städten und dem „platten Land", aber auch zwischen einzelnen Städten und Stadtgruppen.

3. Die regionalen Unterschiede

a) Der Export an gewerblichen Produkten als Differenzierungskriterium

Da die Wirtschaftsstruktur der einzelnen Gebiete danach beurteilt werden soll, in welchem Maße sich die Beschäftigten auf die drei Sektoren Landwirtschaft, Gewerbe und Dienstleistungen verteilten, würde es sich anbieten, eben diese Verteilung als das Kriterium für eine systematische

---

[39] Hierzu gehören: *Kulischer, J.*: Allgemeine Wirtschaftsgeschichte des Mittelalters und der Neuzeit, Bd. 2, Die Neuzeit, 3. Aufl., München–Wien 1965, S. 422; um 1800 sollen danach in Preußen zwei Drittel der Bevölkerung zur Landwirtschaft gezählt haben. Desgl. *Sombart, W.*: Die deutsche Volkswirtschaft im 19. Jahrhundert, 2. Aufl., Berlin 1909, S. 36, mit derselben Angabe für ganz Deutschland. Desgl. *Henning, F.-W.*: Die Landwirtschaft in der volks- und weltwirtschaftlichen Entwicklung, in: Schriften der Gesellschaft für Wirtschafts- und Sozialwissenschaften des Landbaues, Bd. 5, München—Basel—Wien 1968, S. 42, wo bereits ohne umfangreiche Untersuchungen gesagt wurde, daß „zwei Drittel und mehr" der gesamten Bevölkerung um 1800 zum landwirtschaftlichen Sektor zu zählen waren.

[40] So meint Benekendorf: „An den Orten, wo das Spinnen auf der Spille gewöhnlich ist, sind die dazu erforderlichen Geräthschaften dergestalt einfach, daß sie ein jeder Bauer selber verfertigen kann, außer daß er etwa dem Drechsler vor ein halb Dutzend Spillen jährlich ein paar Groschen zu lösen

Ordnung der unterschiedlichen Strukturen zu benutzen. So wichtig und richtig eine solche Betrachtungsweise auch ist, so zeigen sich die Abweichungen in den einzelnen Gebieten doch vor allem darin, in welchem Maße das einheimische Gewerbe[41] für den intraregionalen Markt oder für die Ausfuhr in andere Länder produzierte.

Zunächst gab es Gebiete, in denen die Landwirtschaft nur durch Produktionen des sekundären und des tertiären Sektors für den örtlichen Markt ergänzt wurde: Ostpreußen, Westpreußen, Pommern, Mecklenburg, die nördlichen Teile der Neumark und der Kurmark Brandenburg, insbesondere die Altmark, die Prignitz, die Uckermark und die sogenannten Hinterkreise der Neumark, ferner die durch die polnischen Teilungen einverleibten polnischen Gebiete. Die Wirtschaftsstruktur dieser Gebiete war nahe verwandt mit den Stadtwirtschaften Büchers. Sie unterschieden sich allerdings in einem wichtigen Punkt: Es bestanden Außenbeziehungen durch den Export landwirtschaftlicher und den Import gewerblicher Produkte. Die Mittel, die durch die Ausfuhr landwirtschaftlicher Produkte gewonnen wurden, kamen in erster Linie den Beziehern der Handelsgewinne und der Grundrenten zugute, so daß die Einfuhr von gewerblichen Produkten vor allem Waren des gehobenen Bedarfes umschlossen. Daneben standen auch einige Grundgüter, die von einer breiten Schicht nachgefragt wurden. Hier ist vor allem das Salz zu nennen, das zur Erhaltung der menschlichen Produktionskraft erforderlich war[42].

In diesen Gebieten konnte sich nur an wenigen Orten ein Gewerbe entwickeln, das mehr produzierte als die regionale Bevölkerung nachfragte. Diese wenigen Abweichungen vom Gesamtbild machen deutlich, in welchem Maße ein solcher Idealtyp nur als Hilfsmittel für eine Systematisierung und für eine Analyse des Phänomens der differenzierten Wirtschaftsstruktur dienen kann.

Zu diesen Abweichungen gehörten etwa die Tuche produzierenden Städte, die in einem westlichen und südlichen Halbkreis in einer Entfernung von 50 bis 90 km um Posen lagen: Rawitsch (327 Tuchmacher), Boja-

---

geben muß". Gerade die auf den Export ausgerichteten Textilgewerbe Schlesiens haben nach Benekendorf das Spille-Garn gegenüber dem Spinnrad-Garn bevorzugt, da es weicher und „weit loser als das auf dem Rade gesponnene (ist). Das erstere giebet daher eine weit gleichere Leinwand, indem man in derselben weder Knoten noch sonst etwa höckerichtes antrifft", vgl. *Benekendorf, C. F. v.*: Oeconomia forensis, Bd. 6, Berlin 1780, S. 122 ff. Diese Leinwand war dann allerdings nicht so strapazierfähig wie die aus Spinnrad-Garn.
[41] Unter Gewerbe werden in dieser Untersuchung alle zum sekundären Sektor zählenden Tätigkeiten verstanden (Handwerk, Manufakturen, Verlag, Bergbau).
[42] Vgl. zum Salzbedarf der Ostseeländer im 16. Jahrhundert: *Henning, F.-W.*: Spanien in der Weltwirtschaft des 16. Jahrhunderts, in SCRIPTA MERCATURAE, München 1969, S. 18. Dieser Bedarf hatte sich bis in die Zeit um 1800 mit der zunehmenden Menschenzahl erhöht.

nowe (248), Fraustadt (200), Lissa (138), Meseritz (130), Birnbaum (100), Zaborowo (96), Zduny (110) und Obersizke (90). Diese insgesamt 1439 Tuchmacher konnten die einheimische Wolle der um 1800 preußischen Provinz Südpreußen jedoch nicht völlig verarbeiten, so daß sowohl Tuche als auch Wolle exportiert wurden[43].

Auch die anderen östlichen Landstriche mit vor allem landwirtschaftlicher Produktion von überregionaler Bedeutung hatten zum Teil eine gewerbliche Produktion für den Export, die jedoch für die gesamte Wirtschaft des Landes und damit für die Wirtschaftsstruktur ohne Bedeutung war. Eine Untersuchung der Exporte an gewerblichen Gütern pro Kopf der Bevölkerung verdeutlicht dies. So wurden z. B. aus Westpreußen nur gewerbliche Waren im Werte von etwa 0,11 Talern pro Kopf der Bevölkerung im Jahr ausgeführt[44], aus Ostpreußen[45] und aus Pommern 0,2 Taler[46], aus Mecklenburg-Schwerin offensichtlich sogar noch weniger, da hier allenfalls die vier Glashütten in nennenswertem Umfang für den Export produzieren konnten[47]. Für die Altmark[48], die Prignitz[49] und die Uckermark mit jeweils weniger als einem Taler pro Kopf der Bevölkerung liegen die Werte kaum höher. Zwar lassen sich gegen die Genauigkeit der Angaben erhebliche Einwände machen, wie das Beispiel Ost-

---

[43] *Höck, J. D. A.*, a. a. O., Tabelle 1 der königlich preußischen Staaten.

[44] Berechnet nach *Höck, J. D. A.*, a. a. O., Tabelle 1 der königlich preußischen Staaten.

[45] *Krug, L.*: Ostpreußen im Jahre 1820, in: Annalen der preußischen Staatswirtschaft und Statistik, Bd. 1, Heft 3, Halle-Leipzig 1804, S. 87 und S. 101. Nach einer anderen Quelle aus dem Jahre 1790 wurde aus dem ostpreußischen Departement die dreifache Menge an Fabrik- und Manufakturwaren ausgeführt als nach den Angaben Krugs, vgl. N. N.: Tabelle von denen in den sämtlichen Städten und Kreisen des ostpreußischen Kammerdepartements befindlich gewesenen Fabriken und Manufakturen im Jahr 1790, in: Annalen des Königreiches Preußen, Bd. 1, erstes Quartal, Königsberg—Berlin 1792, S. 135 f.

[46] Nach *Eggert, O.*: Die Maßnahmen der Regierung zur Bauernbefreiung in Pommern, Heft 9 der Veröffentlichungen der Historischen Kommission für Pommern, Reihe V: Forschungen zur Pommerschen Geschichte, Köln-Graz 1965, S. 17 und passim mit Bevölkerungszahlen; desgl. *Braun, J. Frhr. v.*: Die ostdeutsche Wirtschaft in ihrer vorindustriellen Entwicklung, in: Das östliche Deutschland, Ein Handbuch aus dem Göttinger Arbeitskreis, Würzburg 1959, S. 625, Anmerkung 82; über Ausfuhren aus Pommern: *Höck, J. D. A.*, a. a. O., Tabelle 1 der königlich preußischen Staaten; desgl. *Brüggemann, L. W.*: Beschreibung des preußischen Herzogtums Vor- und Hinterpommern, Teil 1 und 2, Stettin 1779 und 1784; ders.: Beiträge zu der ausführlichen Beschreibung des Königlich-preußischen Herzogtums Vor- und Hinterpommern, Bd. 1 und 2, Stettin 1800 und 1806.

[47] *Höck, J. D. A.*, a. a. O., Tabelle 6 der alten Fürstentümer.

[48] *Augustin, Ch. F. B.*: Statistische Übersicht des Königreiches Westphalen, Heft 1, Halle 1808, S. 22: „Der Handel ... schränkt sich fast bloß auf die Produkte des Landes ein, worunter der altmärkische Weizen das vorzüglichste ist". *Bratring, F. W. A.*, a. a. O., Bd. 1, S. 238, spricht von „Mangel an Fabriken und Manufakturen" in der Altmark.

[49] *Bratring, F. W. A.*, a. a. O., Bd. 1, S. 404.

preußen mit stark abweichenden Quellen gezeigt hat[50]. Jedoch wird die Grundtendenz des Exports an gewerblichen Produkten sichtbar, so daß man daraus Schlüsse auf die Art der intraregionalen Wirtschaftsstruktur ziehen kann.

Das Gewicht des gewerblichen Exports bei diesen hauptsächlich auf die landwirtschaftliche Produktion ausgerichteten Gebieten wird noch deutlicher, wenn man diesen Export dem durchschnittlichen Pro-Kopf-Einkommen gegenüberstellt. Dieses lag für die Mehrzahl der Bevölkerung zwischen 12 und 15 Talern[51], so daß im Durchschnitt eines ganzen Gebietes allenfalls — bei einem Taler Ausfuhr gewerblicher Produkte und einem Einkommen von nur 12 Talern pro Kopf — bis zu 8,3 v. H. dieses Einkommens aus solcher Ausfuhr stammte. In den meisten Regionen war der Anteil jedoch niedriger, da die Einkommen über 12 Taler und der Export gewerblicher Produkte unter einem Taler pro Kopf der Bevölkerung lagen. Damit wird die starke landwirtschaftliche Orientierung dieser Gebiete deutlich. Der sekundäre und der tertiäre Sektor waren nur für den örtlichen Bedarf als Ergänzung wichtig. Die Produktion außerhalb der Landwirtschaft wurde lediglich durch die inländische Nachfrage bestimmt.

In den westlichen und südlichen Teilen Mitteleuropas gab es keine so großen, relativ geschlossenen Gebiete mit einer nur oder fast nur auf den örtlichen Bedarf ausgerichteten gewerblichen Produktion. Hier ist die Mischung der Strukturen bei vergleichbar großen Landstrichen stärker gewesen. Eine der wenigen nachweisbaren Ausnahmen bildete das Herzogtum Bayern. Dort gab es zwar um 1800 bereits eine ganze Reihe von Fabriken und Manufakturen. Ihre Bedeutung für die gesamte Wirtschaft des Landes war aber nicht sehr groß[52]. Weder die Textilproduktion mit mehr als 6000 hauptberuflichen Leinewebern[53] noch ein anderer Zweig der vielfach auf den Bodenschätzen aufbauenden Gewerbe konnte eine so große Bedeutung erlangen, daß mehr als ein Taler pro Kopf der Gesamtbevölkerung aus der nichtlandwirtschaftlichen Produktion ausgeführt wurde[54]. Nach Schremmer lag der Wert der exportierten Gewerbeprodukte Bayerns im Jahre 1792 bei etwa 356 000 fl., d. h. pro Kopf der Bevölkerung bei ungefähr 0,25 Talern. Der Anteil gewerblicher Produkte am gesamten Export des Landes war mit 6,5 v. H. sehr niedrig. Selbst

---

[50] Vgl. Anmerkung 45.
[51] Die Unterschiede ergeben sich in erster Linie aus folgenden Einflüssen: Entwicklung der Produktionsverhältnisse, Preis- und Lohnniveau, Ertragsverhältnisse in der Landwirtschaft.
[52] *Slawinger, G.*: Die Manufaktur in Kurbayern, Stuttgart 1966, S. 63 u. 67.
[53] *Höck, J. D. A.*, a. a. O., Tabelle 1 der alten Fürstentümer.
[54] *Schremmer, E.*: Bemerkungen zur Zahlungsbilanz Bayerns in der zweiten Hälfte des 18. Jahrhunderts, in: Wirtschaft, Geschichte und Wirtschaftsgeschichte, Festschrift zum 65. Geburtstag von Friedrich Lütge, Stuttgart 1966, S. 245.

wenn man den Salzexport als die Ausfuhr eines nichtlandwirtschaftlichen Gutes in die Betrachtung mit einbezieht, wird erst der Wert von angenähert einem Taler pro Kopf erreicht. Dabei wird ein Teil des exportierten Salzes aus der nichtbayerischen Produktion, nämlich aus Salzburg, gestammt haben oder bayerisches Salz wurde in Bayern durch Salzburger Salz substituiert und damit für den Export frei. Nach Höck mußte Salzburg Salz zu Vorzugspreisen nach Bayern liefern[55].

Nun könnte man allerdings der Meinung sein, daß mit den selbständigen Gebieten von Regensburg und Augsburg (Reichsstädte und fürstbischöfliche Gebiete) wesentliche, der gewerblichen Produktion zugängliche Landstriche den eigentlichen bayerischen Bereich beeinflußt haben, so daß in Bayern eine solche Produktion nicht erforderlich war oder wenigstens für den Export aus Konkurrenzgründen nicht aufkommen konnte. Nimmt man zunächst die geistlichen Flächenstaaten in Augenschein, dann kann man auch dort wie für Bayern nur wenig Gewerbe von überörtlicher Bedeutung — oder wie Höck es sogar ausdrückt „keine Spur von Industrie"[56] — entdecken. Die gewerbliche Produktion der beiden Reichsstädte war jedoch ausgedehnt. Der Umfang des Handels in Augsburg zeigt zudem, daß diese Stadt eine erhebliche überörtliche Bedeutung besaß und relativ eng mit anderen, weit entfernt liegenden Wirtschaftsgebieten verknüpft war. Damit hatte sie für die angrenzenden bayerischen Gegenden — und in geringerem Maße kann man das ebenfalls von Regensburg sagen — eine die Wirtschaftsstruktur ergänzende Wirkung. Man kann damit aber nicht die relativ geringe Ausstattung Bayerns mit überörtlicher gewerblicher Produktion erklären.

Die Aufzählung der nicht mit gewerblicher Produktion für den Export ausgestatteten Gebiete in Mitteleuropa kann hier fortgesetzt werden. In Ungarn wie in Illyrien, in Oberitalien wie im östlichen Frankreich, in Dänemark wie in Südschweden gab es größere geschlossene Gebiete dieser Art.

Das gewerbereiche Kurfürstentum Sachsen[57] soll für etwa drei Taler gewerbliche Güter je Einwohner ausgeführt haben[58]. In welchem Umfang

---

[55] *Höck, J. D. A.*, a. a. O., Tabelle 2 der geistlichen Staaten. Über den bayerischen Handel mit Salzburger Salz im 19. Jahrhundert vgl. auch Schremmer, E.: Die Wirtschaft Bayerns, München 1970, S. 296 ff.

[56] *Höck, J. D. A.*, a. a. O., Tabelle 2 der geistlichen Wahlstaaten.

[57] Aus den Angaben Blaschkes kann man einen Anteil der landwirtschaftlichen Bevölkerung an der Gesamtbevölkerung von weniger als 50 v. H. um die Wende zum 19. Jahrhundert schätzen. Vgl. *Blaschke, K.*: Bevölkerungsgeschichte Sachsens vor der industriellen Revolution, Weimar 1967, S. 190, mit Bevölkerungszahlen für 1750 und 1843. Die Zahlen für 1800 wurden als Mittelwerte der beiden Angaben von 1750 und 1843 geschätzt. Zur landwirtschaftlichen Bevölkerung sind neben den 250 000 Menschen in den Bauernfamilien etwa die Hälfte der sonstigen Dorfbewohner, d. h. etwa 340 000 Menschen, und etwa 15 v. H. der städtischen Bewohner zu zählen

die nördlichen, weniger auf Gewerbe ausgerichteten Gebiete Sachsens für diesen niedrigen Durchschnitt gesorgt haben, läßt sich nicht nachweisen. Ein entsprechender Einfluß ist aber zu vermuten. Im übrigen sind vielleicht auch die Angaben Höcks über den sächsischen Export unvollständig. Mit umfangreichem Export gewerblicher Güter waren außerdem folgende Länder ausgestattet: Böhmen 2 Taler pro Kopf der Bevölkerung[59], Grafschaft Ravensberg fast 10 Taler[60], Herzogtum Berg mehr als 11 Taler[61].

Umgekehrt war häufig in Gebieten mit einem niedrigen oder fehlenden Export an gewerblichen Produkten ein erheblicher landwirtschaftlicher Überschuß vorhanden. Aus dem Kammerdepartement Litauen wurde jährlich für 1,9 Taler Getreide pro Kopf der Bevölkerung ausgeführt[62], aus der Altmark allein für 4 Taler Weizen[63]. Andere Gebiete — wie etwa die Prignitz[64] — hatten kaum Außenbeziehungen. Für eine so geringe Intensität konnten zwei Umstände ursächlich sein:

1. Von einer gewissen Größe des Gebietes an konnten sich gewerbereiche und gewerbearme Zonen ergänzen, so daß kein großer Bedarf für Außenbeziehungen vorhanden war.

2. Die Wirtschaft eines Gebietes war allgemein so unterentwickelt, daß noch keine großen Möglichkeiten für den Absatz gewerblicher Produkte im Inland bestanden. Dies war in erster Linie dort der Fall, wo wie in der Prignitz eine vergleichsweise mit der Altmark recht niedrige Entwicklungsstufe der Produktionsverhältnisse in der Landwirtschaft zu beobachten war, wo daher nur in geringem Maße landwirtschaftliche Produkte an die intraregionale nichtlandwirtschaftliche Bevölkerung oder an andere Gebiete abgegeben werden und dementsprechend nur in geringem Maße gewerbliche Produkte erworben werden konnten.

Aus diesem Beispiel ergibt sich zugleich für den landwirtschaftlichen Bereich die Begrenzung der Aussagekraft des hier angewandten Kriteriums (Umfang des Exports an gewerblichen Produkten pro Kopf der

---

(= 65 000 Einwohner). Insgesamt gehörten nach dieser Schätzung also etwa 650 000 Personen von insgesamt etwa 1 400 000 Einwohnern Sachsens zur Landwirtschaft, d. h. etwa 47 v. H.

[58] Ermittelt nach *Höck, J. D. A.*, a. a. O., Tabellen 1 und 2 der kurfürstlich sächsischen Staaten. Berechnet für 1,4 Mill. Einwohner. Nach Höck, J. D. A., a. a. O., lebten im Kurfürstentum Sachsen 1792 jedoch 2,1 Mill. Einwohner, so daß der nichtlandwirtschaftliche Export pro Kopf der Bevölkerung bei 2 Talern lag.

[59] Vgl. *Purs, J.*: Struktur und Dynamik der industriellen Entwicklung in Böhmen im letzten Viertel des 18. Jahrhunderts, in: Jahrbuch für Wirtschaftsgeschichte, Berlin 1965, Anhang, Tabelle 41.

[60] *Weddigen, P. F.*: Statistische Übersicht von Westfalen, Berlin 1791, Tabelle 18, mit Zahlenangaben für 1787/88.

[61] *Höck, J. D. A.*, a. a. O., Tabelle 2 der kurpfalzbayerischen Staaten.

[62] *Krug, L.*: Ostpreußen im Jahre 1802, a. a. O., S. 98.

[63] *Bratring, F. W. A.*, a. a. O., Bd. 1, S. 238.

[64] *Bratring, F. W. A.*, a. a. O., Bd. 1, S. 404 f.

Bevölkerung). Solche Unterschiede in der Entwicklung der Produktionsverhältnisse sind aber sicher nicht nur in der Landwirtschaft vorhanden gewesen, wenn quantitative Angaben zu diesem Problem für das Gewerbe und den Handel auch nicht in einem für sichere Aussagen erforderlichen Maße vorhanden sind. Die Auslastung der Arbeitskräfte und die Effektivität des Faktoreinsatzes waren sehr unterschiedlich. Läßt man diesen Gesichtspunkt, der hier nur erwähnt wurde, damit die davon ausgehenden Einflüsse deutlich werden, außer acht, dann kann man das Problem der Zusammenhänge zwischen der Exportstruktur und der Wirtschaftsstruktur schematisch so darstellen, wie es hier in Abbildung 1 geschehen ist.

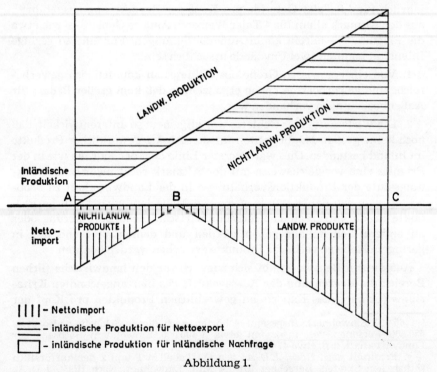

Abbildung 1.

Nettoexport und Nettoimport an Produkten
des (1) primären Sektors und der (2) sekundären und tertiären Sektoren.

Am linken Rand dieser Abbildung (A) sind rein landwirtschaftliche Gebiete einzuordnen, die es aber um 1800 nicht mehr gab, am rechten Rand eine Region ohne landwirtschaftliche Produktion, also z. B. eine Agglomeration wie Berlin (C). Eine solche extrem auf die Produktion nichtlandwirtschaftlicher Güter ausgerichtete Region konnte nur existieren, wenn sie durch zwei rein landwirtschaftliche Regionen (A) ergänzt wurde oder wenn eine Vielzahl von Gebieten mit einer Wirtschaftsstruktur zwischen A und B für den Warenaustausch zur Verfügung stand, Ursache dieser notwendigen Ergänzung war die relativ geringe Produktivität in der Landwirtschaft, die um 1800 noch dazu zwang, daß unter den gegebenen rechtlichen und faktischen Produktionsverhältnissen zwei Drittel der arbeitenden Menschen in der Nahrungsmittelerzeugung tätig sein mußten.

Abbildung 1 zeigt zugleich die Entwicklung der auf dem interregionalen Markt umgesetzten Warenmengen bei abnehmender Landwirtschaft und zunehmender nichtlandwirtschaftlicher Tätigkeit. Es sind zwar nur die Nettoexporte (waagerechte Schraffur) und die Nettoimporte (senkrechte Schraffur) aufgenommen worden. In Wirklichkeit war der Güteraustausch stärker, da z. B. unter dem Nettoexport nichtlandwirtschaftlicher Güter die Summe aller exportierten nichtlandwirtschaftlichen Güter vermindert um die importierten nichtlandwirtschaftlichen Güter verstanden wird. Die Nettowerte zeigen aber den Kern des interregionalen Austauschbedarfes. Dies wird vor allem deutlich bei einer Verteilung der Produktion, bei der zwei Drittel aus der Landwirtschaft und ein Drittel aus den nichtlandwirtschaftlichen Betätigungen stammen. Hier ist (Punkt B in Abbildung 1) in den beiden Produktionsbereichen volumenmäßig Autarkie der Region eingetreten, nicht aber in der Produktionsstruktur innerhalb des einen oder des anderen Bereiches.

Wenn auch kurzfristig eine Entwicklung der Wirtschaftsstruktur auf einer Teilstrecke von A bis C denkbar ist, so ist die modellhafte Darstellung in Abbildung 1 nicht als ein Entwicklungsschema gedacht. Vielmehr soll die Vielfalt der Strukturen in den einzelnen Gebieten zu *einem* Zeitpunkt dargestellt werden, das Nebeneinander von gewerbereichen und hauptsächlich auf die landwirtschaftliche Produktion ausgerichteten Regionen. Einer Betrachtung unter dem Gesichtspunkt einer langfristigen Entwicklung steht vor allem die Prämisse gleicher Produktionsverhältnisse entgegen. Ein Vergleich mit heutigen Entwicklungsländern ist daher allenfalls hinsichtlich der Substitution des Importes von gewerblichen Produkten mit zunehmender Annäherung von A an B möglich. Jedoch ist die Palette der nichtlandwirtschaftlichen Produkte im Jahre 1800 nicht so breit gewesen, um z. B. eine Einteilung in einfache Konsum- und Investitionsgüter, in langlebige Konsumgüter und komplizierte Investitionsgüter sinnvoll durchzuführen[65]. Um 1800 konnte man lediglich zwischen einfachen Konsumgütern und Luxusgütern unterscheiden. Die Investitionsgüterproduktion für einen interregionalen Bedarf war noch relativ unbedeutend. Da aber ein sich entwickelndes Gewerbe zunächst

---

[65] *Hesse, H.*: Die Industrialisierung der Entwicklungsländer in ihren Auswirkungen auf den internationalen Handel, in: Gestaltungsprobleme der Weltwirtschaft, Festschrift A. Predöhl, Göttingen 1964, S. 336 ff.

den Grundbedarf einer Region produzierte, gab es im Ablauf der gewerblichen Entwicklung immer eine Einfuhr von Luxusgütern, die sich in ihrem Umfang nach dem Vorhandensein einer einkommensstarken Schicht ausrichtete. Grundrenten und Handelsgewinne waren in der vorindustriellen Zeit die wichtigsten Quellen solcher hohen Einkommen. Mit der Entwicklung des sekundären Sektors stieg die durchschnittliche Produktivität je Arbeitskraft und damit das durchschnittliche Einkommen pro Kopf der Bevölkerung aber gar nicht oder kaum, so daß die Substitution der bisher importierten Warenarten durch eine inländische Produktion nicht von dem Entstehen einer zusätzlichen Nachfrage nach anderen nichtlandwirtschaftlichen Gütern aus dem Ausland (oder aus einer anderen Region) begleitet wurden.

b) Die Differenzierung der gewerblichen Wirtschaft innerhalb eines größeren Gebietes (Böhmen)

Würde man die zu betrachtenden Gebiete noch kleiner wählen, als das bisher geschehen ist, dann würde man auch in solchen Regionen, die bereits in der vorindustriellen Zeit gewerbestark gewesen sind, mehr oder weniger große Inseln mit lediglich auf den örtlichen Absatz ausgerichtetem Gewerbe finden. Hierzu sind z. B. die nördlichen Teile des Kurfürstentums Sachsen, Teile Böhmens und Mährens ebenso zu zählen wie Waldeck, Hohenlohe[66], das Fürstentum Worms und anscheinend auch die verstreuten Gebiete des Deutschmeisters in Mergentheim, für die Höck als Exportgüter lediglich Getreide, Vieh und Wein angibt[67]. In welchem Maße eine solche Differenzierung innerhalb eines größeren Gebietes in Erscheinung trat, soll an den Verhältnissen in Böhmen gezeigt werden. Hier konzentrierte sich das Gewerbe von überregionaler Bedeutung vor allem auf die nördlichen Randgebiete vom Elbogener bis zum Königgrätzer Kreis. Diese sechs der insgesamt 16 böhmischen Kreise umfaßten 43 v. H. der Einwohner des Landes, aber etwa 65 v. H. der Fabrikbeschäftigten, d. h. der Fabrikarbeiterbesatz lag dort bei mehr als dem Doppelten der übrigen Kreise[68]. Eine Zusammenstellung der Fabrikarbeiter- und der Bevölkerungszahlen mag diese einseitige Bevorzugung zeigen, vgl. Tabelle 4.

---

[66] Bei etwa 70 000 Einwohnern in Waldeck ist nur eine Wolltuch- und Zeugfabrik von Bedeutung gewesen, vgl. *Höck, J. D. A.*, a. a. O., Tabelle 3 der neuen Fürstentümer und Grafschaften.
Bei etwa 80 000 Einwohnern in Hohenlohe sind nur eine Tuchmanufaktur in Neuenstein, eine Schmelzhütte und ein Eisenhammer zu Ernspach, ferner einige Papierfabriken von Höck genannt worden. Die Ausfuhr von Vieh nach Frankreich, von Wein und Holz in andere Gebiete beherrschte den Außenhandel, vgl. *Höck, J. D. A.*, a. a. O., Tabelle 3 der neuen Fürstentümer und Grafschaften.
[67] Vgl. *Höck, J. D. A.*, a. a. O., Tabelle 5 der geistlichen Wahlstaaten.
[68] *Purs, J.*, a. a. O., Anhang Tabelle 33.

Tabelle 4

Verteilung der Fabrikarbeiter und der Bevölkerung
auf die einzelnen Kreise Böhmens um 1800

Gebiete (Kreise und Stadt Prag)	Fabrik-arbeiter	Be-völkerungs-zahl	Fabrik-arbeiter in v. H. der Bevölkerung
Elbogen (Loket)	19 845	154 836	12,8
Königgrätz (Hradec Králové)	20 737	239 221	8,7
Leitmeritz (Litoměrice)	23 172	275 597	8,4
Saaz (Zatec)	6 967	109 011	6,4
Bunzlau (Boleslav)	15 954	277 897	5,7
Bydschow (Bydzow)	9 513	176 123	5,4
Zwischensumme	96 188	1 232 685	7,8
Stadt Prag (Praha)	3 716	74 273	5,0
Tabor (Tábor)	7 079	149 438	4,7
Klattau (Klatovy)	5 406	124 116	4,3
Chrudim (Chrudim)	9 005	217 538	4,1
Budweis (Budejovice)	6 416	168 368	3,8
Czaslau (Cáslav)	6 071	161 763	3,8
Prachin (Práchen)	6 336	194 511	3,3
Pilsen (Plzen)	3 731	162 001	2,3
Beraun (Beroun)	2 536	120 922	2,1
Kaurzim (Kaurim)	1 511	128 348	1,2
Rakoniz (Rakovnik)	976	118 500	0,8
Zwischensumme	52 700	1 610 778	3,3
Insgesamt	148 971	2 852 463	5,2

Quelle: Zusammengestellt und errechnet aus den Angaben bei *Purs, J.*: Struktur und Dynamik der industriellen Entwicklung in Böhmen im letzten Viertel des 18. Jahrhunderts, in: Jahrbuch für Wirtschaftsgeschichte, Berlin 1965, Anhang, Tabellen 31 und 34 a.

Die Gesamtsumme der Bevölkerung wird für Böhmen in der Literatur sehr unterschiedlich angegeben. Zudem ist Purs in seiner Zusammenstellung in Tabelle 34 a offensichtlich ein Rechenfehler unterlaufen. Die in diesen Mängeln liegende Unsicherheit kann aber die grundsätzliche Tendenz der Verteilung der Fabrikarbeiter auf die einzelnen Kreise nicht in Frage stellen. Die Spannweite zwischen dem am stärksten und dem am schwächsten mit Fabrikarbeitern ausgestatteten Kreis zeigt das Ausmaß der Differenzierung. Der Gesamtdurchschnitt von 5,2 v. H., den lediglich die sechs nördlichen Kreise übertrafen, dürfte bereits weit über dem mitteleuropäischen Durchschnitt gelegen haben. Sogar die Hauptstadt Prag hatte einen geringeren Besatz.

Neben diesen Fabrikarbeitern gab es noch eine große Zahl von hier nicht aufgenommenen Spinnern, die die Garne für die Textilherstellung lieferten. Purs gibt deren Zahl mit 404 237 Personen an[69]. Dies würde bedeuten, daß bei einer Beschäftigungsquote von etwa 45 v. H. mehr als 30 v. H. aller Arbeitenden als Spinner tätig waren. Zusammen mit 11,6 v. H. Fabrikarbeitern und etwa 10 v. H. im Gewerbe für den örtlichen Bedarf Beschäftigten gehörten demnach etwas mehr als die Hälfte aller Tätigen zum sekundären Sektor. Nimmt man den tertiären Sektor in Anlehnung an die für ganz Preußen als Durchschnitt errechneten Werte mit ungefähr 15 v. H. an, dann blieben für den primären Sektor, d. h. in erster Linie für die Landwirtschaft, nur noch 35 v. H. und weniger der Beschäftigten übrig. Dieses Ergebnis könnte nur dann mit der Wirklichkeit übereinstimmen, wenn Böhmen einen umfangreichen Import an Nahrungsmitteln für etwa ein Drittel der Bevölkerung gehabt hätte (etwa 200 000 t) oder wenn die Produktionsverhältnisse in der böhmischen Landwirtschaft weit über dem Durchschnitt ganz Europas gelegen hätten. Beides war aber nicht der Fall.

Eine Kontrollrechnung über die Produktion an Textilien ergibt ebenfalls, daß die Zahl von 404 000 Spinnern zu hoch gegriffen ist. Die Ausfuhr von Garn im Werte von 108 129 fl.[70] wird nur etwa 2000 Vollarbeitskräfte mit Einkommen versehen haben[71]. Das meiste Garn wird also im Inland verarbeitet worden sein. Geht man davon aus, daß die etwa 60 000 Webstühle[72] des Landes voll ausgenutzt wurden, dann wurden für die Herstellung von Garnen etwa 200 000 voll arbeitende Spinner benötigt[73]. Wie unterschiedlich in den einzelnen Zweigen der Textilherstellung das Verhältnis von Webstühlen zu Spinnern gewesen ist, zeigt Tabelle 5. Das zu verarbeitende Material allein rechtfertigt so große Abweichungen im

Tabelle 5

Webstühle und Spinner in den einzelnen Zweigen der böhmischen Textilindustrie um 1800

	Leinen	Wolle	Baumwolle	Insgesamt
Zahl der Webstühle	40 017	10 874	5 830	56 721
Zahl der Spinner	321 720	50 614	31 903	404 237
Spinner je Webstuhl	8,0	4,7	5,5	7,1

Quelle: Errechnet und zusammengestellt nach den Angaben bei *Purs, J.:* a. a. O., Teil 2, S. 108 ff.

---

[69] Für 1798, vgl. *Purs, J.,* a. a. O., Anhang, Tabelle 34 b.
[70] *Purs, J.,* a. a. O., Anhang, Tabelle 41.
[71] Es wurde dabei von einem Ertrag je Spinner in Höhe von real 10 dz Roggen ausgegangen. Von diesem Einkommen mußte aber auch noch der Rohstoff zur Garnherstellung beschafft werden (durch Kauf oder durch Anbau auf eigenem Land).
[72] *Purs, J.,* a. a. O., Teil 2, S. 108 ff.
[73] Vgl. Anmerkung 12.

Verhältnis der Webstühle und Spinner nicht. Purs hat offensichtlich die
in den Quellen vorhandenen Angaben zu unkritisch übernommen, indem
er einen entscheidenden Punkt außer acht gelassen hat: die tatsächliche
Ausnutzung der vorhandenen Kapazität. Gerade der Unterschied im
Verhältnis von Webstühlen und Spinnern zeigt, daß die Spinner nur zum
geringen Teil als volle Arbeitskräfte anzusehen sind. Da man für andere
Gebiete ein Verhältnis von 1 zu 3,5 bei Vollbeschäftigung errechnen kann,
wird man bei den geringen Unterschieden in der Produktionstechnik um
1800 auch für Böhmen eine solche Relation annehmen können. Am nächsten kommen diesem Wert die Relationen bei der Verarbeitung von Wolle
und Baumwolle. Dies ist durchaus verständlich, denn bei der Flachspro-
duktion war die Verbindung zwischen dem Flachserzeuger (die zahlreichen kleinen Landbesitzer)[74] und den Familien mit freier Arbeitskraft
für die Herstellung der Garne gegeben, so daß die Herstellung der Lei-
nengarne wohl hauptsächlich nebenberuflich erfolgte[75]. Demgegenüber
war die Wollproduktion mehr konzentriert, nämlich bei den mit umfangreichen Weiderechten ausgestatteten Grundherren. Auch die Baumwolle
war als Einfuhrgut schon in großen Mengen zusammengefaßt. Hier wurden von den Wollaufkäufern, teilweise auch bereits von den Gutsherren
im Rahmen der Frondienste und von den Importeuren der Baumwolle
eher hauptberufliche, pro Arbeitskraft größere Mengen verarbeitende
Beschäftigte in die Garnherstellung eingespannt[76]. Im Ergebnis wird man
also die Angaben von Purs dahingehend interpretieren müssen, daß
404 000 nicht vollbeschäftigte Spinner vorhanden gewesen sind. Bei einer
Umrechnung auf Vollbeschäftigte und Entmischung der Tätigkeiten der
einzelnen Personen kommt man auf die Zahl von etwa 200 000. Da die
Personen mit gemischter Tätigkeit in der Landwirtschaft als volle
Arbeitskräfte arbeiten konnten und nur die Zeiten mit geringerer Beanspruchung durch die Landwirtschaft für das Spinnen zu benutzen brauchten, wird man daher von einem Anteil der in der Landwirtschaft Beschäftigten von mehr als 50 v. H. ausgehen können, so daß im Ergebnis
folgende Anteile der einzelnen Zweige an der arbeitenden Bevölkerung
Böhmens geschätzt werden können:

---

[74] Vgl. *Henning, F.-W.*: Die Betriebsgrößenstruktur der mitteleuropäischen
Landwirtschaft, a. a. O., S. 179.
[75] Diese Tendenz zum nebenberuflichen Erzeugen von Leinengeweben zeigen zwei Zahlen für die deutschen Verhältnisse vor der Mitte des 19. Jahrhunderts (1846). Damals sollen 86,1 v. H. der Leinenwebstühle, aber nur 12,6
v. H. der Wollwebstühle nebenberuflich — vor allem auf dem Lande — betrieben worden sein, vgl. *Sombart, W.*: Die deutsche Volkswirtschaft im 19. Jahrhundert, 2. Aufl., Berlin 1909, S. 32. Die Webstühle auf dem Lande standen in
enger Verbindung mit der Leinengarnherstellung und wurden ebenfalls im
Nebenberuf durch die Familien der Flachsanbauer betrieben.
[76] Auf die Unsicherheit der Angaben von *Purs, J.*, sei ausdrücklich hingewiesen. So gab es danach 1780 in Böhmen 133 214 Flachsspinner und 25 864
Flachsstühle, nach *Höck, J. D. A.*, a. a. O., aber 1782 249 540 Flachsspinner und

Landwirtschaft	55 v. H.
Fabrikarbeiter	12 v. H.
Spinner (z. T. nebenberuflich)	10 v. H.
Sonstiges Gewerbe (Handwerk)	10 v. H.
Dienstleistungen	13 v. H.
Insgesamt	100 v. H.

Die hier vorgeführten Unterschiede in der Ausstattung der einzelnen Kreise Böhmens mit Fabrikarbeitern zeigen die Differenzierung der Wirtschaftsstruktur innerhalb eines größeren Gebietes. „Eine natürliche Arbeitsteilung zwischen der Landwirtschaft fruchtbarer Gebiete und der Industrieproduktion der dichtbevölkerten Gebirgsgegenden mit schlechteren landwirtschaftlichen Produktionsbedingungen" hatte sich im Laufe der Zeit bis zum Ende des 18. Jahrhunderts entwickelt[77]. Welches die Ursachen dieser Differenzierungen gewesen sind, läßt sich den Bemerkungen Purs' nicht entnehmen. Er gibt nur für die Entwicklung der letzten Jahrzehnte des 18. Jahrhunderts als Gründe an: natürliche Bedingungen, Bevölkerungsdichte, Produktionstradition, Bedingungen der landwirtschaftlichen Produktion und „andere sozialökonomische Momente"[78].

Da der größte Teil der „Industrieproduktion", nämlich mehr als 70 v. H., aus Textilien bestand, sind den natürlichen Bedingungen wohl keine großen Wirkungen beizumessen. Die Leinenherstellung benötigte gute Böden und für die Verarbeitung bereite und fähige Menschen. Mit guten Böden waren andere Gegenden als die Gebirgszonen mit dem ausgedehnten Leinanbau besser ausgestattet. Die Bevölkerungsdichte war nicht die Voraussetzung der gewerblichen Produktion, sondern diese erst verbesserte die Einkommensmöglichkeit in den Gebirgszonen und führte wechselseitig zu einer Verdichtung der Siedlungen. Im ganzen wird man daher sagen können, daß eine regere Bereitschaft zur Übernahme anderer als landwirtschaftlicher Tätigkeiten ein wesentlicher Faktor gewesen ist, wobei in den Gebirgsgegenden vielleicht die Gutsherrschaften nicht

---

38 811 Flachsstühle. Bei der Baumwollherstellung ist der Unterschied zwischen beiden Quellen sogar noch stärker, obwohl beide Autoren sich auf die gleichen Quellen stützen: *Rieger, J. A. v.,* und *Schreyer, J. A.* Teilweise hat Purs zur Ergänzung noch eigene Archivuntersuchungen (Fabriktabellen) vorgenommen. Leider unterläßt er es aber, seine bessere Materialkenntnis dahingehend auszunutzen, daß er sich mit den unterschiedlichen Angaben in der Literatur auseinandersetzt. So ist z. B. der Anstieg der Zahl der Webstühle für Flachsgarn bei einem Vergleich der Zahlen von Höck und Purs in den letzten zwei Jahrzehnten des 18. Jahrhunderts mit etwa 3 v. H. (Höck) oder mit 54 v. H. (Purs) anzusetzen, in dem ersten Fall also ein Stagnieren, im zweiten Fall ein kräftiger Anstieg zu verzeichnen.

[77] *Purs, J.,* a. a. O., Teil 2, S. 121.
[78] *Purs, J.,* a. a. O., Teil 2, S. 117.

so ausgeprägt waren und dadurch die gewerbliche Nebentätigkeit nicht so leicht behindert wurde.

c) Die Unterschiede in der Wirtschaftsstruktur einzelner mitteleuropäischer Gebiete

Da das Beispiel Böhmens gezeigt hat, daß bei der Betrachtung größerer Gegenden noch Unterschiede innerhalb dieser Gebiete vorhanden gewesen sein können, die bei einer Gesamtbetrachtung nicht mehr genügend zum Ausdruck kommen, sollen im folgenden einige nicht so umfassende, relativ geschlossene und mit jeweils gleichen Voraussetzungen versehene Gebiete betrachtet werden. Die Ordnung dieser Regionen in eine Reihe in Tabelle 6 ist nach der Ausdehnung des sekundären Sektors erfolgt.

Tabelle 6

Wirtschaftsstruktur in einigen Gebieten Mitteleuropas um 1800, gegliedert nach der Zahl der Beschäftigten in den einzelnen Sektoren (in v. H. aller Beschäftigten)

Gebiet	Anteil der Sektoren		
	Primärer	Sekundärer	Tertiärer
Litauen	87,1	8,8	4,1
Schievelbein-Dramburg	75,2	16,3	7,5
Würzburg	69,0	17,6	13,4
Uckermark	67,5	19,2	13,3
Kleve	66,2	20,3	13,5
Magdeburg	61,0	25,0	14,0
Südstarkenburg (1777)	61,6	26,2	12,2
Böhmen	55,0	32,0	13,0
Minden	49,4	41,5	9,1
Berg	25,3	59,5	15,2

Aus Tabelle 6 wird deutlich, daß für die Ausdehnung des primären und des sekundären Sektors der Anteil des tertiären wichtig ist. Die Schwankungsbreite in diesem Bereich von 4,1 v. H. im ostpreußischen Kammerdepartement Litauen bis 15,2 v. H. im Herzogtum Berg wird durch unterschiedliche Faktoren bewirkt:

1. Die Zahl der mit überdurchschnittlichem Einkommen versehenen Haushalte oder die Haushalte, die sich aus Gründen des sozialen Status Hauspersonal halten mußten, war eine wichtige Quelle der Unterschiede. Dieser Anteil lag in Litauen besonders niedrig.

2. Der Umfang des Beamtenapparates eines Gebietes veränderte die Zahl der im Dienstleistungssektor Tätigen unmittelbar und über die häuslichen Dienste auch indirekt.

3. Die Standorte für den Handel und das Transportwesen waren über-durchschnittlich mit im tertiären Sektor Beschäftigten ausgestattet (z. B. das Herzogtum Berg mit dem in Düsseldorf konzentrierten Handel).

4. Das Vorhandensein einer größeren Stadt hatte nicht nur die Ausdehnung der überörtlichen Aufgaben durch eine Erhöhung der Beamtenzahl zur Folge, sondern auch andere Beschäftigungsarten profitierten hiervon. Als Beispiel sollen hier die Barbiere, Chirurgen und Feldscherer, d. h. die Heilberufe, genannt werden.

Bei der Ausdehnung des sekundären Sektors kam es in nicht unerheblichem Maße darauf an, ob dieser Sektor für den Export arbeitete. Eine Schlüsselstellung hatte dabei die Textilherstellung. In Minden mit einem weit überdurchschnittlichen Anteil des sekundären Sektors bestand der Export an Landesprodukten fast ausschließlich aus Textilien (Leinen)[79]. Für Böhmen sind die Angaben nicht ganz so einseitig. Es überwiegt zwar ebenfalls der Textilsektor mit 74 v. H. Daneben traten aber auch andere Fabrikate: Glaswaren = 18 v. H. (Glas, Spiegel, Schmelzperl und Komposition); andere gewerbliche Produkte = 5 v. H.; Rohstoffe = 3 v. H. (Wolle, Lein und Häute)[80]. Auch das am stärksten mit Beschäftigten im sekundären Sektor ausgestattete Herzogtum Berg hatte zunächst vor allem Textilprodukte auszuführen. Barmen und Elberfeld, aber auch kleinere Städte zwischen dem Tal der Wupper und Düsseldorf waren an dieser Produktion beteiligt[81]. Daneben bestand ein intensives metallerzeugendes und -verarbeitendes Gewerbe. Das Land hatte zwar nur ein Zehntel der Bevölkerung Böhmens, jedoch eine Eisenproduktion, die etwa die Hälfte der Böhmens erreichte. Die ausgedehnten Textilgewerbe und die metall verarbeitenden Gewerbe sorgten dafür, daß die Wirtschaft des Landes nicht zu einseitig ausgerichtet war, und daß mit etwa 85 Einwohnern je qkm eine relativ hohe Bevölkerungsdichte erreicht werden konnte. Die beiden wichtigsten Gewerbezweige für eine überörtliche Produktion waren hier vorhanden.

Einseitig ausgerichtet war dagegen die Wirtschaft der Grafschaft Ravensberg und die des Fürstentums Minden mit vorzüglich Textilerzeugung. Eisenerzeugende und -verarbeitende Gebiete hatten nicht immer wie Berg eine Ergänzung durch Textilgewerbe aufzuweisen. Hier sind z. B. die innerösterreichischen Länder Steiermark und Kärnten zu

---

[79] *Weddigen, P. F.*: Historisch-geographisch-statistische Beiträge zur näheren Kenntnis Westfalens, a. a. O., Teil 1, S. 133 ff. Neben die Ausfuhr fertigen Leinens trat auch in größerem Maße die Ausfuhr von Garn, sog. Moltgarn, nach Elberfeld und nach anderen Städten des Rheinlandes.

[80] *Purs, J.*, a. a. O., Tabelle 41.

[81] Als äußeres Zeichen der Spitzenstellung der Textilproduktion mag die Einrichtung der ersten mechanischen (Baumwoll-)Spinnerei in Deutschland 1784 in Ratingen bei Düsseldorf durch einen Elberfelder angesehen werden, vgl. *Ratingen,* in: Rheinisches Städtebuch, hg. von E. Keyser, Stuttgart 1956.

nennen, die jeweils umfangreiche Stätten der Eisenerzeugung und -verarbeitung besaßen, die aber in nicht so starkem Maße durch andere Exportgewerbe ergänzt wurden. Dort bestimmte daher das Metallgewerbe die gewerbliche Produktion, obgleich es pro Einwohner ein geringeres Gewicht besaß als in Berg[82]. In den genannten Alpenländern wurde daher der gewerbliche Export auch noch durch landwirtschaftliche Produkte ergänzt. Die Steiermark lieferte jährlich ungefähr 6000 Ochsen nach Wien und nach anderen nördlichen Teilen Österreichs und 2000 Stück nach Kärnten. Kärnten lieferte neben den im Vergleich zur Steiermark nicht so umfangreichen gewerblichen Gütern Ochsen und andere landwirtschaftlichen Produkte nach Tirol und vor allem nach Italien[83]. Die Unterschiede beruhten also in erster Linie auf dem gewerblichen Sektor. Die Landwirtschaft war ursprünglich vorhanden und ernährte absolut gesehen die gleiche Menschenzahl wie vor der Entwicklung eines exportorientierten Gewerbes. Deutlich wird dieser Unterschied zwischen einem Gebiet wie Ostpreußen (die beiden Kammerdepartements Ostpreußen und Litauen umfassend), das immerhin bereits 6000 Manufaktur- und Fabrikarbeiter hatte, und daneben noch 37 000 Handwerksmeister, -gesellen und -lehrlinge besaß, und gewerbereichen Gebieten wie Berg, Böhmen oder Sachsen, mit jeweils mehr als 30 v. H. im sekundären Sektor Beschäftigten. In Ostpreußen waren von der gesamten Bevölkerung 3,8 v. H. im Handwerk und 0,6 in den Manufakturen und Fabriken tätig oder insgesamt etwa 9,8 v. H. aller Beschäftigten im gewerblichen Sektor. Dazu kamen etwa 3700 Vollarbeitskraftäquivalente für die nebenberufliche Textilherstellung in Stadt und Land.

In den ebenfalls nicht sehr stark mit gewerblicher Produktion für den überörtlichen Markt ausgestatteten Gebieten wie in den Hinterkreisen der Neumark (Dramburg-Schievelbein), der Uckermark und der Altmark bestanden keine wesentlich anderen Strukturen des sekundären Sektors[84]. Der wichtigste Unterschied lag nur in einer besseren Ausstattung mit Gewerbetreibenden pro 1000 Einwohner, d. h. in einem dichteren Besatz als in Ostpreußen. Der Export an gewerblichen Produkten war aber auch hier nicht bedeutend. In den Kreisen Dramburg-Schievelbein arbeiteten z. B. nur 65 Tuchmacher und 11 in Glashütten Beschäf-

---

[82] In Berg wurden bei etwa 260 000 Einwohnern jährlich mehr als 50 000 t Eisen erzeugt und verarbeitet, in der Steiermark bei etwa 850 000 Einwohnern 10 000 t. Pro Kopf der Bevölkerung kamen in Berg also 19 kg, in der Steiermark aber nur 12 kg. Böhmen lag mit 4 kg weit unter diesen Landesdurchschnitten. Berechnet nach den Angaben bei *Höck, J. D. A.,* a. a. O.; *Weddigen, P. F.,* a. a. O.; *Purs, J.,* a. a. O; und anderen.

[83] *Höck, J. D. A.,* a. a. O,. Tafel 2 der kaiserlich-königlichen Erbstaaten.

[84] Auch die bayerischen Werte lagen anscheinend kaum höher oder niedriger als in Würzburg, der Altmark usw., vgl. *Schremmer, E.:* Die Wirtschaft Bayerns, München 1970, S. 384 ff.

tigte für die Ausfuhr. Der sekundäre Sektor dieses Gebietes teilte sich
also in 15,6 v. H. Produzenten für den inländischen Markt und 0,7 v. H.
für den Export. Der größere Besatz für den inländischen Markt produzie-
render Gewerbetreibender machte sich meistens auch in einer weiter entwickelten Arbeitsteilung, d. h. in einer größeren Auffächerung der Hand-
werkerberufe geltend.

Unter Berücksichtigung nur der noch vorwiegend auf landwirtschaftliche Produktion ausgerichteten Gebiete wird man daher für den mini-
malen Grundbedarf einen Besatz wie in Litauen von 8 bis 9 v. H. der
Beschäftigten und bei einer Beschäftigungsquote von etwa 45 v. H.[85] etwa
4 im Gewerbe Tätige je 100 Einwohner annehmen können. Die tatsächliche Ausdehnung des sekundären Sektors in weiter westlich liegenden,
noch überwiegend auf den örtlichen Markt in der gewerblichen Produktion ausgerichteten Gebieten auf 15 bis 19 v. H. der Beschäftigten (= 7 bis
8 je 100 Einwohner) zeigt aber, daß in den meisten Teilen Mitteleuropas
der sekundäre Sektor bereits um 1800 auf fast das Doppelte des mini-
malen Grundbedarfes angewachsen war. Das konnte verschiedene
Gründe haben:

1. In den Gebieten mit nur 4 im Gewerbe Beschäftigten je 100 Einwohner wurde ein Teil der inländischen Nachfrage durch Einfuhren befriedigt.

2. In den stärker mit Gewerbebeschäftigten ausgestatteten Gebieten
bestand eine größere Nachfrage auf Grund besserer Einkommensmöglichkeiten der landwirtschaftlichen Bevölkerung, etwa weil die geringere
Entfernung zu den Nachfragezentren landwirtschaftlicher Produkte günstigere Preise gewährte (also eine Lagerente)[86].

3. Die Gewerbetreibenden der stärker mit Gewerbebeschäftigten versehenen Gebiete konnten eine geringere Ausnutzung ihrer Kapazitäten
(versteckte Arbeitslosigkeit) haben.

Vermutlich werden alle drei Ursachen einen Einfluß ausgeübt haben.
Jedoch wird wohl dem dritten Punkt keine zu große Bedeutung bei einer
langfristigen Betrachtung bis zum Ende des 18. Jahrhunderts beizumes-
sen sein, wie sich daraus ergibt, daß alle in stärkerem Maße mit im
Gewerbe Beschäftigten ausgestatteten Gebiete (d. h. mehr als 20 v. H. der
Beschäftigten) gewerbliche Produkte exportierten. Eine versteckte
Arbeitslosigkeit bei einem Besatz von 10 bis 20 v. H. der Beschäftigten

---

[85] Wenn hier ein Durchschnitt für die Beschäftigtenquote von 45 v. H. angenommen wurde, so ist dabei zu berücksichtigen, daß gerade stark landwirt-
schaftlich ausgerichtete Gebiete meistens eine höhere Beschäftigtenquote aufzuweisen gehabt haben, vgl. oben den Abschnitt über die Beschäftigtenstruktur Preußens um 1800.

[86] Vgl. zu dem Preisgefälle für Agrarprodukte von West nach Ost, Abel, W.:
Agrarkrisen und Agrarkonjunktur, 2. Aufl., Hamburg-Berlin 1966, S. 257 f.

hätte vermutlich bereits eine Produktion für den überregionalen Absatz stimuliert[87]. Es soll dabei aber nicht übersehen werden, daß für eine gewisse Übergangszeit, also kurzfristig, durchaus auch eine versteckte Arbeitslosigkeit größeren Ausmaßes vorhanden gewesen sein könnte, die nicht unbedingt bei der Produktion von Exportgütern beseitigt wurde.

Da nach den heutigen wirtschaftswissenschaftlichen Ansichten ein Gebiet mit ausgedehntem sekundären Sektor im Vergleich zu einem Gebiet mit größerem primären Sektor als weiter entwickelt angesprochen wird, muß hier noch auf ein besonderes Problem hingewiesen werden. In vorindustrieller Zeit ist keineswegs eine Ausdehnung des sekundären Sektors als eine Weiterentwicklung, d. h. als ein Wachstum im Sinne einer Zunahme des Pro-Kopf-Einkommens anzusehen. Dazu war der technische Fortschritt noch zu wenig mit den Produktionsmethoden verbunden. Außerdem war die Aufnahmefähigkeit für Produkte des sekundären Sektors noch zu gering[88], so daß die Wertschöpfung pro Arbeitskraft im allgemeinen im primären Sektor noch überlegen war (größere Arbeitsproduktivität bei günstigeren Preisentwicklungen für Agrarprodukte in der zweiten Hälfte des 18. Jahrhunderts). Das Grenzprodukt wird daher in der Landwirtschaft höher gelegen haben als im Gewerbe.

d) Das Ergebnis

Versucht man die regionalen Unterschiede in der Wirtschaftsstruktur (gemessen am Anteil der Beschäftigten in den einzelnen Sektoren) in einem Schaubild deutlich zu machen, dann geschieht dies am besten mit Hilfe eines Diagramms, das aber nicht den zeitlichen Ablauf einer Entwicklung von links nach rechts enthalten soll, vgl. Abbildung 2.

In dieses Schema läßt sich fast jede mitteleuropäische Region einordnen. Abweichungen im Verhältnis der drei Sektoren von dem für Abbildung 2 zugrunde gelegten Muster sind vorgekommen. Wenn sich Abbildung 2 auch an der Wirklichkeit orientiert, so stellt sie doch nur eine schematisierende Idealisierung dar. Die Vielfalt der wirklichen Erscheinungen läßt sich an einigen Idealtypen, die zugleich Grenzsituationen wiedergeben, messen:

a) Die Landwirtschaft ist nur durch auf den örtlichen Bedarf ausgerichtete Gewerbe und Dienstleistungen ergänzt. Diesem Typ kommen

---

[87] Zum Ende des 18. Jahrhunderts werden allerdings die Ausdehnungsmöglichkeiten für die gewerbliche Produktion der traditionellen Art erschöpft gewesen sein, vgl. *Henning, F.-W.*: Die Einführung der Gewerbefreiheit und ihre Auswirkungen auf das Handwerk in Deutschland, in: Abel, W.: Handwerksgeschichte in neuer Sicht, Göttingen 1970, S. 165.
[88] Über die Umsätze der Gewerbetreibenden um 1800 in Bayern und die darin zum Ausdruck kommende versteckte Arbeitslosigkeit, vgl. Schremmer, E.: Die Wirtschaft Bayerns, a. a. O., S. 424 ff.

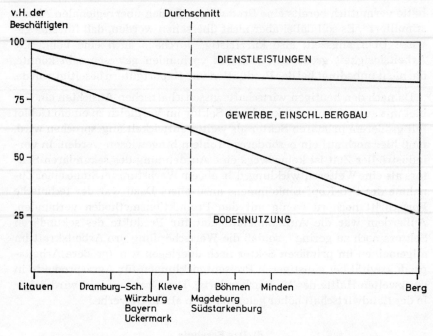

Abbildung 2.

Die Wirtschaftsstruktur einzelner mitteleuropäischer Gebiete um 1800
(gegliedert nach der Zahl der Beschäftigten in einzelnen Sektoren).

nahe: Ostpreußen, Pommern, Mecklenburg, Bayern, Würzburg, Hohenlohe.

Kennzeichen: Export landwirtschaftlicher Produkte für die Versorgung anderer Gebiete mit Nahrungsmitteln und gewerblichen Rohstoffen.

Import gewerblicher Produkte, insbesondere des gehobenen Bedarfes für die Bezieher der Grundrenten und der Handelsgewinne.

b) Der gewerbliche Sektor ist über den örtlichen Bedarf hinaus ausgedehnt. Neben die Gewerbe des Grundbedarfes treten Exportgewerbe.

Grundbedarf: Kleidung: Schneider, Schuhmacher.

Nahrung: Müller, Bäcker, Fleischer.

Gebäude: Zimmermann, Maurer, Tischler (Wohnungen und Betriebsgebäude).

Betriebsmittel: Schmiede, Rademacher, Drechsler, Sattler.

Kennzeichen: Export gewerblicher Produkte.

Import von Nahrungsmitteln und teilweise auch von gewerblichen Rohstoffen (Flachs, Wolle, Baumwolle, Metalle) oder Halbfabrikaten (Garne).

Bei diesem vom Gewerbe geprägten Typ ist eine weitere Unterteilung unter dem Aspekt des Ansatzpunktes für die gewerbliche Produktion möglich:

11. Rohstofforientierte Gewerbe: Erzeugnisse des Bergbaues, Metallverarbeitung (Berg, Mark, Steiermark, Kärnten). In der Wirklichkeit ist dieser Typ meistens mit a) oder mit b) 22. gemischt.

22. Arbeitsorientierte Gewerbe: vor allem Textilgewerbe:

   aa) Einfuhr von Rohstoffen (Niederlande) oder von Halbfabrikaten (z. B. Barmen, überhaupt viele Städte im Verhältnis zu ihrem Umland).

   bb) Erzeugung von Rohstoffen im Inland aus der Landwirtschaft (Flachsanbau, Schafzucht) z. B. Minden, Ravensberg, Teile Sachsens, Schlesiens und Böhmens. Minden und Ravensberg kamen diesem Idealtyp sehr nahe, da neben den Textilgewerben kaum noch andere Bereiche des sekundären Sektors mit dem Export verbunden waren. Die übrigen Gebiete stellen Mischgebiete dar, da hier neben den Textilgewerben auch nennenswerte andere nichtlandwirtschaftliche Produktionszweige für den Export arbeiteten.

33. Absatzorientierte Gewerbe lassen sich in die beiden oben genannten Typen mit einordnen (22., aa) und bb). Denn die Absatzorientierung für den Export (oder für Einrichtungen mit überörtlicher Bedeutung, wie z. B. für einen fürstlichen Hof) setzt auch das Vorhandensein von genügend Arbeitskräften voraus, ohne daß hier der Verarbeitungsgegenstand (Rohstoff) entscheidender Ansatzpunkt werden kann, auch wenn er vorhanden ist und nicht herbeigeschafft zu werden braucht.

4. Die Unterschiede zwischen Stadt und Land

Da die Städte und auch das sog. „platte Land" unterschiedliche Wirtschaftsstrukturen aufzuweisen hatten, sollen zunächst diese Unterschiede dadurch deutlich gemacht werden, daß die dörfliche und die städtische Struktur gesondert dargestellt werden. Dies hat zugleich den Vorteil, daß das Besondere und das Allgemeine im städtischen und im dörflichen Bereich deutlich gemacht werden können.

a) Die grundsätzlichen Gemeinsamkeiten der dörflichen Wirtschaftsstruktur und die Unterschiede zwischen ländlichen Gebieten

Die dörfliche Wirtschaftsstruktur einiger Gebiete

Stellt man die Wirtschaftsstrukturen verschiedener ländlicher Gebiete gegenüber, dann ergeben sich wie schon bei der Betrachtung der Gesamtstruktur derselben Gebiete erhebliche Abweichungen, vgl. Tabelle 7.

Tabelle 7

Verteilung der Beschäftigten auf die drei Sektoren in verschiedenen Dorfgruppen um 1800 (in v. H. aller Beschäftigten)

Bereich der Dörfer	Sektoren		
	Primärer	Sekundärer	Tertiärer
Litauen	93,4	2,9	3,7
Dramburg-Schievelbein	90,8	3,3	5,9
Uckermark (ohne Flecken)	89,7	4,8	6,5
Uckermark (mit Flecken)	86,9	5,5	7,6
Kleve	79,4	13,1	7,5
Minden	53,5	40,2	6,3
Berg	36,9	57,1	6,0

Entscheidend für die Wirtschaftsstruktur der Dörfer waren zwei Momente:

1. Der Umfang der Befriedigung der örtlichen Nachfrage nach gewerblichen Produkten durch ländliche Gewerbetreibende war von der Ausdehnung des dörflichen Gewerbes abhängig. Ein Teil der Nachfrage konnte aus den nahen Städten befriedigt werden, ein weiterer Teil aus den Einfuhren aus anderen gewerbereichen Gebieten. Das Beispiel Ostpreußen macht beide Aspekte deutlich: Im Kammerbezirk Litauen (Gumbinnen) lag die Handwerkerdichte je 1000 Einwohner der Dörfer nur bei etwa 60 v. H. der Handwerkerdichte in den Dörfern des Kammerbezirks Ostpreußen (Königsberg). Dagegen war die Handwerkerdichte mit 204 je 1000 Einwohner in den litauischen Städten größer als die in den ostpreußischen Städten mit 150.

Die kleinen Landstädte Litauens hatten offensichtlich einen Teil der Funktion des dörflichen Handwerks — im Vergleich zum Kammerbezirk Ostpreußen — mitübernommen[89]. Die rechtlichen Bedingungen für das Betreiben eines Handwerksbetriebes waren in beiden Kammerbezirken

---

[89] Vgl. hierzu *Henning, F.-W.*: Die Einführung der Gewerbefreiheit, a. a. O., S. 167, Tabelle 3.

die gleichen. Vielleicht hat die Besiedlung Litauens in der ersten Hälfte des 18. Jahrhunderts diese Unterschiede mit bewirkt[90].

Man bevorzugte offensichtlich zunächst die Handwerkeransiedlungen in den kleinen Landstädten und weniger in den Dörfern. Die Anreize, die von der Bevölkerungsdichte ausgehen konnten, waren in beiden Kammerbezirken kaum unterschiedlich. Ostpreußen hatte mit 24,5 Einwohnern je qkm kaum mehr als Litauen mit 24,3. Berücksichtigt man nur die Dorfbewohner in der Annahme, daß in beiden Bezirken eine etwa gleich große Fläche zu den Städten gehörte, dann war auf dem sog. platten Land in Ostpreußen eine Dichte von 18,3 und in Litauen von 21,3 Einwohnern je qkm zu verzeichnen. Die Stadt Königsberg mit mehr als 50 000 Einwohnern senkte den Anteil der dörflichen Bevölkerung an der gesamten Bevölkerung im Kammerbezirk Ostpreußen. Da je 1000 ha Acker in Litauen aber mit 420 Landbewohnern gegenüber nur 277 in Ostpreußen erheblich mehr Menschen vorhanden waren, hätte eigentlich für die litauischen Dörfer ein größerer Anreiz für die nebenberufliche oder hauptberufliche gewerbliche Tätigkeit bestehen müssen. Der Vergleich der je 1000 Einwohner vorhandenen Handwerker zeigt die gegenteilige Tendenz. In welchem Maße daneben noch nebenberufliche Heim-Industrie vorhanden war, läßt sich nicht quantitativ nachweisen. Die Dorfbewohner beider Kammerbezirke waren jedenfalls mit Spinnen und Weben beschäftigt[91].

2. Der Vergleich sämtlicher Gebiete in Tabelle 7 mit den dort aufgeführten Landesteilen Minden und Berg zeigt den zweiten entscheidenden Faktor: Die Existenz von Exportgewerbe auf dem platten Lande. Von der Gesamtzahl der Beschäftigten gehörten in Minden nur 1400 zu den dörflichen Handwerkern der örtlichen Versorgung, d. h. nur 5 v. H. aller Beschäftigten. Daneben gab es etwa 100 Bergleute, 1637 Leineweber und etwa 9000 Spinner[92]. Die Ausstattung mit Gewerbe für die Produktion von im Inland nachgefragten Gütern war damit nicht geringer

---

[90] Über diese Wiederbesiedlung nach den großen Bevölkerungsverlusten *Skalweit, A.*: Die ostpreußische Domänenverwaltung unter Friedrich Wilhelm I. und das Retablissement Litauens, in: Schmollers Staats- und Sozialwissenschaftliche Forschungen, Bd. 25, Leipzig 1906.

[91] Zahlenangaben für die beiden Kammerbezirke Ostpreußen und Litauen nach *Krug, L.*: Ostpreußen im Jahre 1802, a. a. O., passim. Über das Spinnen und Weben in ostpreußischen Dörfern: *Henning, F.-W.*: Die Betriebsgrößenstruktur der mitteleuropäischen Landwirtschaft, a. a. O., S. 192.

[92] Die Zahl der Spinner wurde hier berechnet nach dem Bedarf an Garn der einheimischen Weber (etwa 5000 Spinner) und dem Export von Moltgarn für ungefähr 200 000 Taler (etwa 4000 Spinner). In Wirklichkeit ist die Zahl der Spinnräder und der in der Produktion von Garnen Tätigen sogar noch größer gewesen, da diese Arbeit meistens nur nebenberuflich ausgeführt wurde. Hier wurde aber wie bereits oben für Böhmen zum besseren Vergleich die Tätigkeit auf volle Arbeitskraftäquivalente umgerechnet. „Im Winter, wenn der Bauer außer dem Hause wenig Geschäfte hat, sondern sich in seiner Stube mit dem

und nicht umfangreicher als in Gebieten ohne gewerblichen Export aus den Dörfern, also als z. B. in der Uckermark[93].

Wenn hier auch nur die Verhältnisse im Fürstentum Minden dargelegt wurden, so lassen sich die Möglichkeiten eines ausgedehnten Gewerbes in den Dörfern noch differenzieren:

aa) Einmal konnte eine scharfe Trennung zwischen der gewerblichen und der landwirtschaftlichen Tätigkeit bestanden haben. So konnten die Gewerbetreibenden:

1. selbständig gewesen sein, d. h. auf eigene Rechnung in eigener Werkstatt gearbeitet haben. Diese Form der für den Export arbeitenden Gewerbetreibenden war allerdings nur eine Ausnahme.

2. Mehr verbreitet war eine Tätigkeit im Rahmen eines Verlagswesens, seltener gab es Fabriken auf dem Lande.

bb) In den meisten Fällen waren aber landwirtschaftliche und gewerbliche Produktionen gemischt. Die Leinenproduktion in Minden und Ravensberg war hierfür typisch und diese Form der Produktion wiederholte sich in kleineren Ausmaßen in anderen Gebieten. Nur selten war eine besondere Form dieses ländlichen Gewerbes in der Weise zu finden, wie es aus dem bayerischen Söldenwesen bekannt ist[94]. Im allgemeinen wurden diese Arbeiten von allen ländlichen Bewohnern als eine wertvolle Ergänzung ihrer Einkommen angesehen. Beim Söldenwesen wie auch für andere Gebiete bei den klein- und unterbäuerlichen Schichten war der Hauptgrund für die Übernahme einer solchen zusätzlichen Tätigkeit die geringe Ausdehnung der bewirtschafteten Flächen. Selbst dort, wo die eigenen Flächen zur Ernährung der auf den Höfen wohnenden Menschen ausreichten, bot die nebenberufliche gewerbliche Produktion eine wertvolle Ergänzung der Einkommen, weil diese Tätigkeit Bargeld einbrachte. Bei vielen ländlichen Familien, die nur einen Garten oder nur kleine Ackerstücke bewirtschafteten, wurde die nebenberufliche gewerbliche Tätigkeit sogar zur Haupteinkommensquelle[95].

Spinnrade und Weberstuhle beschäftigt, ist seine enge Stube von Menschen, Vieh und Hausrat voll gepfropft", heißt es bei Weddigen, P. F.: Historisch-geographisch-statistische Beiträge, a. a. O., S. 62. Alle Familienmitglieder wurden in diese Arbeiten eingespannt: „Kinder, die kaum das 6te Jahr erreicht haben, sitzen mit Greisen in engen Stuben und wetteifern unter sich in der Arbeit", *Weddigen, P. F.*, a. a. O., S. 71. Zahlenangaben für die Weber und die Ausfuhr von Moltgarn bei Augustin, Ch. F. B., a. a. O., S. 229.

[93] Gemessen an der Zahl der Handwerker je 1000 Dorfbewohner.

[94] *Schremmer, E.* Die Wirtschaft Bayerns, a. a. O., S. 358 ff.

[95] Über das Ausmaß des dahinter stehenden Problems vgl. *Henning, F.-W.*: Die Betriebsgrößenstruktur der mitteleuropäischen Landwirtschaft, a. a. O., S. 171 ff.

Das ländliche Gewerbe des Grundbedarfes

Welche Gewerbezweige in den Dörfern in erster Linie vorhanden und
auf den örtlichen Bedarf ausgerichtet waren, läßt sich am günstigsten für
solche Gebiete nachweisen, die keinen gewerblichen Export aus ländlichen Gebieten hatten. Aber auch gewerbereiche Dörfer lassen meistens
schnell erkennen, welche nichtlandwirtschaftlichen Beschäftigten für den
örtlichen und welche für den überörtlichen Absatz arbeiteten. Klei-
dungs-, Nahrungs-, Bau- und Betriebsmittelhandwerke sind hier als ausgesprochene Dorfgewerbetreibende in erster Linie zu nennen. Die Differenzierung in der Ausstattung der Dörfer mit diesen Produzenten soll
zunächst an Hand eines Beispiels aus dem Nahrungshandwerk deutlich
gemacht werden.

Da die ländliche Bevölkerung in den eigenen Haushalten die Zuberei-
tung der meistens auch im eigenen Betrieb gewonnenen Nahrungsmittel
vornahm, war in den Dörfern lediglich das Mühlengewerbe allgemein
verbreitet. Die Mühlen konnten nicht nur die Verarbeitung des Getreides
zu Mehl, Graupen, Grütze, Kleie und Schrot billiger vornehmen, sie verbesserten auch das Produkt im Verhältnis zu einer Zerkleinerung des
Getreides mit mörserähnlichen Handgeräten.

Die Zahl der Müller war in den einzelnen Gegenden sehr unterschiedlich, obgleich man auf Grund der noch verbreiteten Vorrangigkeit des
Getreides als Nahrungsmittel einen gleichmäßigen Bedarf aller Bewohner hätte annehmen können. Vielleicht hatte man aber an einigen Stellen bereits Getreideprodukte in starkerem Maße durch Blattfrüchte substituiert. Die unterschiedliche Auslastung der einzelnen Mühlen dürfte
aber mehr im Vordergrund gestanden haben. Viele Müller hatten nebenbei einen landwirtschaftlichen Betrieb. In den meisten Fällen wurden aus
den Mühlenabfällen noch Schweine gemästet, was auch in den Pachtver-
trägen vermerkt wurde und bei der Festsetzung des Pachtpreises berücksichtigt wurde. Die Nebentätigkeiten der Müller waren demnach
nicht unerheblich. Nach Krug gab es in ganz Preußen je 1000 Einwohner
in Stadt und Land 2,65 Müller[96]. Die Differenzierung zwischen Stadt und
Land und zwischen einzelnen Gegenden läßt sich aus folgender Tabelle
ablesen.

Die hier aufgeführten Gebiete weichen in ihren Ergebnissen sehr stark
von dem preußischen Durchschnitt von 2,65 Müllern je 1000 Einwohner
ab. Nur die Müllerdichte im Herzogtum Magdeburg kommt dem Durch-
schnittswert nahe, übersteigt ihn aber auch nicht. Über dem Gesamtwert
liegen die nicht in Tabelle 8 aufgenommenen Gebiete Südpreußen mit

---

[96] Errechnet nach *Krug, L.*: Betrachtungen über den National-Reichthum,
a. a. O., Teil 2, S. 204.

Tabelle 8

**Mühlendichte in den Dörfern, Städten und insgesamt
in verschiedenen Gebieten Mitteleuropas um 1800**

Gebiet	Müller je 1000 Einwohner		
	Dörfer	Städte	Insgesamt
Litauen	0,64	—	—
Ostpreußen	0,95	—	—
Dramburg-Schievelbein	2,34	0,16	1,82
Uckermark	1,58	1,38	1,51
Magdeburg	2,58	2,07	2,43
Paderborn	1,76	2,18	1,88
Kleve	0,66	0,95	0,82
Grafschaft Mark	1,14	0,66	0,98

2,82, Schlesien mit 3,20 und Ostfriesland mit 3,27 Müllern je 1000 Einwohner. Da Südpreußen und Schlesien etwa ein Drittel der preußischen Bevölkerung um 1800 ausmachten, wird allein dadurch der durchschnittliche Wert des ganzen Landes stark angehoben. Hinzu kommt noch, daß Krug bei seinen Berechnungen jeweils nur einen Teil der preußischen Gebiete herangezogen und dann von diesem Teil auf das Ganze geschlossen hat. Südpreußen und Schlesien machen aber bereits 57 v. H. des berücksichtigten preußischen Gebietes aus. Im Ergebnis kann man davon ausgehen, daß zwischen 0,8 und 3,3 Müllern je 1000 Einwohner vorhanden waren — eine erhebliche Streubreite. Da sich in den Gebieten mit niedrigem Mühlenbesatz keine wesentlich anderen Verzehrgewohnheiten nachweisen lassen als in den dichter mit Mühlen besetzten Gebieten, kann angenommen werden, daß bei einem Besatz, der über 0,8 bis 1 je 1000 Einwohner lag, die Mühlenkapazitäten nicht voll ausgenutzt wurden. Interessant ist sicher, daß gerade in dem am dichtesten je 1000 Einwohner ausgestatteten Gebiet, nämlich in Ostfriesland, eine starke Spezialisierung des Mühlengewerbes vorhanden war, vgl. Tabelle 9.

Die Getreideverarbeitung zu Mehl war dort offensichtlich nicht die Hauptbeschäftigung des Mühlengewerbes. Graupen und Grütze bildeten die wichtigsten Nahrungsformen, zumal da die Kartoffel um 1800 in Ostfriesland noch keine große Bedeutung hatte[97]. Da aber anzunehmen ist, daß bei geringerer Mühlenzahl je 1000 Einwohner in anderen Gebieten

---

[97] Bei einer Ernte von 14 223 Wispel Kartoffeln im Jahr blieben nach Abzug der Saat etwa 0,8 dz pro Einwohner zum Verzehr. Das bedeutete eine durchschnittliche Versorgung mit 185 Kalorien pro Kopf und Tag. Errechnet nach *Krug, L.*: Ostfriesland, in: Annalen der preußischen Staatswirtschaft und Statistik, Bd. 1, Halle—Leipzig 1804, Heft 2, S. 28 ff. und Heft 3, S. 1 ff. Dort sind auch die anderen Angaben über Ostfriesland zu finden, die hier herangezogen wurden.

Tabelle 9

**Mühlenbesatz und Spezialisierung der Mühlen
in Ostfriesland um 1800**

	Dörfer	Städte und Flecken	Insgesamt
Anzahl: Mehlmüller	53	15	68
Graupenmüller	26	11	37
Grützmüller	274	20	294
Müller	353	46	399
Je 1000 Einwohner: Mehlmüller	0,61	0,51	0,59
Graupenmüller	0,30	0,38	0,32
Grützmüller	3,15	0,68	2,52
Müller	4,06	1,57	3,43

ebenfalls neben Mehl Graupen und Grütze produziert wurden, wird auch unter Einbeziehung dieser Getreideverarbeitungsarten ein niedrigerer Besatz an Mühlen ausgereicht haben.

Nun kann gerade bei dem Besatz mit Mühlen ein Faktor, nämlich die Entfernung zu den Verbrauchern, von großem Einfluß gewesen sein. Dann müßte das aber bedeuten, daß in dünnbesiedelten Gebieten je 1000 Einwohner eine größere Zahl von Mühlen vorhanden gewesen ist als in dichter besiedelten Gebieten. Die Verteilung der Wertepaare in einem Koordinatensystem zeigt eindeutig, daß hier keine Zusammenhänge bestanden haben, vgl. Abbildung 3.

In welchem Maße sich ländliche und städtische Mühlen ergänzt haben, läßt sich schwer feststellen, da man dazu die einzelnen Einzugsgebiete der zu untersuchenden Mühlen abgrenzen müßte. Zwar waren die Zwangsmahlgäste meistens in Amtsregistern festgehalten. Jedoch stand hierbei die rechtliche Kategorie im Vordergrund und nicht der günstigere Standort. Ein Vergleich der in den beiden Tabellen 8 und 9 aufgeführten Zahlen zeigt, daß mindestens dort, wo in den Dörfern oder in den Städten ein Besatz von weniger als 0,8 Mühlen je 1000 Einwohner vorhanden war, ein Ausgleich durch andere Mühlen geschaffen werden mußte. Das trifft z. B. zu für die Städte in den Kreisen Dramburg und Schievelbein, die mit lediglich 0,16 Mühlen je 1000 Einwohner sehr stark unterbesetzt waren. Die Dörfer dieser Kreise hatten von allen in Tabelle 8 aufgenommenen Gebieten mit 2,34 Mühlen je 1000 Einwohner die zweithöchsten Werte aufzuweisen, werden also von der Kapazität her gesehen auch in der Lage gewesen sein, die städtische Bevölkerung ergänzend mit Mühlenprodukten zu versorgen. In Kleve mag die Ergänzung umgekehrt ge-

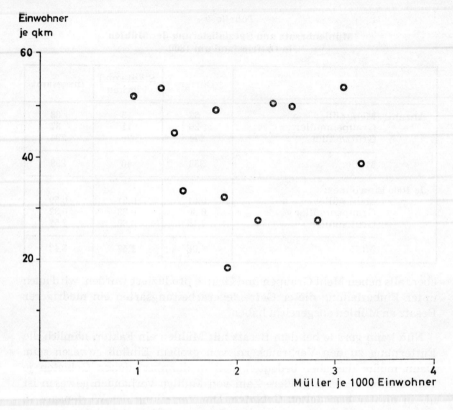

Abbildung 3.

Bevölkerungsdichte und Müller je 1000 Einwohner in einigen mitteleuropäischen Gebieten um 1800 (Südpreußen, Pommern, Neumark, Schlesien, Kurmark, Magdeburg, Paderborn, Minden-Ravensberg, Grafschaft Mark, Kleve, Lingen-Tecklenburg, Ostfriesland, Neufchâtel)

wesen sein, da dort der Mühlenbesatz in den Dörfern sehr gering war, allerdings mit 0,66 Mühlen je 1000 Einwohner nicht so weit von der unteren hier als ausreichend angesehenen Schwelle von etwa 0,8 Mühlen entfernt lag, daß eine Ergänzung in großem Umfang erforderlich war.

Die Zahlen für die Spezialmühlen in Ostfriesland zeigen für die Mehl- und für die Graupenmüller relativ ausgeglichene Werte. Nur bei den Grützmüllern, zu denen immerhin fast 75 v. H. aller Müller im Landesdurchschnitt zählten, bestand ein starker Unterschied zwischen dem Besatz auf dem Lande (3,15) und dem in den Städten und Flecken (0,68). Dieser starke Unterschied könnte durchaus mit einem Ausgleich durch die Nachfrage der städtischen Bevölkerung nach Produkten der ländlichen Grützmühlen verbunden gewesen sein.

Neben den Müllern gab es in den Dörfern aus dem Bereich des Nahrungsmittelhandwerks noch Bäcker und — allerdings seltener — Fleischer[98]. Auch bei den übrigen Handwerken des Grundbedarfes standen wenige Handwerkszweige im Vordergrund. Zum Bauhandwerk zählten die Zimmerleute und die Maurer. Nur selten wurden diese Gruppen durch Spezialhandwerke wie Schieferdecker ergänzt. Solche Spezialhandwerke waren eben nicht für den Bedarf der meisten Landbewohner erforderlich. Bei den Kleidungshandwerkern waren vor allem Schneider in den Dörfern zu finden, in geringerem Maße Schuhmacher. Daneben gab es Spinner und Weber, die nur „für Lohn", d. h. für den örtlichen Bedarf arbeiteten, was sich aber nur wenige ländliche Familien leisten konnten. Der größte Teil der Kleidung wurde von den Familien ohne Zuhilfenahme eines hauptberuflichen Handwerkers angefertigt. Gerade die Dorfhandwerker betrieben nebenbei noch etwas Ackerbau oder bewirtschafteten jedenfalls einen Garten.

Schmiede und Rademacher waren für die Herstellung und Reparatur der landwirtschaftlichen Produktionsmittel unentbehrlich, wenn auch viele Teile von den Bauern selbst hergestellt oder ausgebessert worden sein mögen. In einzelnen Gebieten konnten andere hier nicht genannte Handwerkszweige zusätzlich stärker vertreten sein, wie das schon genannte Beispiel aus den Dörfern des Herzogtums Kleve gezeigt hat[99]. Dort waren die Böttcher neben den Grundhandwerkern mit mehr Meistern vertreten als z. B. die Maurer. Die Herstellung von Transportgefäßen war in diesen ländlichen Gegenden offensichtlich stark verbreitet.

Die Unterschiede zwischen den einzelnen ländlichen Gebieten lassen sich am besten aus einer Übersicht ablesen, vgl. Tabelle 10. Die in die letzte Spalte aufgenommenen Zahlen für ganz Preußen sind nach den Angaben Krugs berechnet. Ein Vergleich mit den anderen speziellen Angaben zeigt, wie sehr die Krugschen Zahlen durch wenige hier nicht berücksichtigte Gebiete (Schlesien und Südpreußen) beeinflußt wurden, wie wenig also Krugs Zahlen kritiklos übernommen werden dürfen.

Die Spannweite der einzelnen Werte ist sehr groß. Eine überdurchschnittliche Ausstattung eines Gebietes mit einem der in Tabelle 10 angeführten Grundhandwerke konnte verschiedene Ursachen haben:

1. Diese Gewerbezweige dienten zwar ausschließlich der örtlichen Versorgung, sie waren aber in ihrer Produktionskapazität nicht voll ausgelastet. Zum Teil mag dies damit zusammenhängen, daß die dünne Besiedlung zu einer größeren Dichte je 1000 Einwohner geführt hat, da z. B.

---

[98] Vgl. *Krug, L.*: Betrachtungen über den National-Reichthum, a. a. O., Teil 2, S. 180, Wohl mit zu den Fleischern zu rechnen sind die Hausschlachter, die in den Dörfern verbreitet waren.
[99] Vgl. Tabelle 2.

Tabelle 10

Ländliche Handwerker je 1000 Einwohner um 1800 in verschiedenen Gebieten Mitteleuropas

Handwerker	Gebiete										
	Litauen	Ostpreußen	Dramburg-Schievelbein	Uckermark	Magdeburg	Minden	Mark	Kleve	Paderborn	Ostfriesland	Preußen, Stadt u. Land
Landw. Produktionsmittel											
1. Schmiede	2,28	3,11	7,00	3,43	2,12	1,78	11,13	3,03	4,45	2,50	2,77
2. Rademacher	0,44	1,00	2,30	0,80	1,08	1,98	1,01	0,46	2,69	0,44	0,97
	2,72	4,11	9,30	4,23	3,20	3,76	12,14	3,49	7,14	2,94	3,74
Nahrungshandwerk											
1. Müller	0,63	0,95	4,32	1,67	2,58	2,09	1,13	0,72	1,76	0,61	2,65
2. Bäcker	0,04	0,05	0,00	0,25	1,12	0,44	1,22	0,34	1,66	2,83	1,60
	0,67	1,00	4,32	1,92	3,70	2,53	2,35	1,06	3,42	3,44	4,25
Bauhandwerk											
1. Zimmerleute	0,20	0,71	1,56	1,39	1,82	3,25	5,59	4,10	2,09	5,21	1,16
2. Maurer	0,08	0,33	0,12	0,63	1,67	0,81	1,22	0,31	1,51	1,06	0,63
	0,28	1,04	1,38	2,02	3,49	4,06	6,81	4,41	3,60	6,27	1,79

Handwerker	Litauen	Ostpreußen	Dramburg-Schievelbein	Uckermark	Magdeburg	Minden	Mark	Kleve	Paderborn	Ostfriesland	Preußen, Stadt u. Land
Kleidungshandwerk											
1. Schneider	0,70	1,58	1,39	2,19	3,46	5,09	5,44	4,54	7,07	5,30	4,13
2. Schuhmacher	0,38	0,64	0,31	0,89	1,98	2,60	6,11	4,06	5,09	5,64	4,86
	1,08	2,22	1,70	3,08	5,44	7,69	11,55	8,60	12,16	10,94	8,99
Grundbedarfshandwerk	4,75	8,37	17,20	11,25	15,83	18,04	32,85	17,56	26,32	23,59	18,7
Sonstige Handwerker											
1. Böttcher	0,07	0,33	0,21	0,28	0,62	0,16	0,73	1,41	0,80	1,12	0,76
2. Drechsler	0,02	0,02	0,00	0,03	0,03	1,57	0,42	0,27	0,39	0,47	0,28
3. Tischler	0,16	0,51	0,21	0,49	0,61	2,02	1,04	0,02	1,94	0,13	1,18
	0,25	0,86	0,42	0,80	1,26	3,75	2,19	1,70	3,13	1,72	2,22
Textilherstellung											
1. Leineweber	0,34	0,12	0,52	6,23	7,71	10,24	6,92	2,40	6,23	7,40	3,25
2. Färber	0,01	0,01	0,00	0,02	0,01	—	0,11	0,08	—	0,38	0,16
	0,35	0,13	0,52	6,25	7,72	10,24	7,03	2,48	6,23	7,78	3,41
Feldschere, Bader, Barbiere	0,03	0,06	0,00	0,12	0,38	0,18	0,14	0,04	0,09	0,29	—

Gebiete

der Einzugsbereich der Schmiede und Rademacher durch die Notwendig-
keit einer schnellen Erreichbarkeit begrenzt gehalten werden mußte. Die
Dichtezahlen in Tabelle 10 zeigen aber, daß nicht jedes Dorf einen Rademacher oder Schmied hatte. Zieht man die Bevölkerungsdichte für einzelne Handwerke mit heran, erhält man kein wesentlich von dem Ergebnis für die Müller (vgl. Abbildung 3) abweichendes Bild. Offensichtlich
müssen andere Gründe einen Ausbau der Kapazitäten über den Bedarf
hinaus bewirkt haben. Gerade der ziemlich dichte Besatz mit Schmieden
und Rademachern in den Kreisen Dramburg und Schievelbein, aber auch
im Fürstentum Paderborn ist nicht durch einen stärkeren Bedarf an Pro-
duktionsleistungen aus diesen Handwerkszweigen zu erklären. Ein Vergleich mit Nachbargebieten, die auch angenähert die gleichen rechtlichen
Voraussetzungen zeigen, weist darauf hin, daß hier ohne ersichtlichen
Grund eine Überkapazität entstanden war.

2. Neben der Schaffung einer nicht erforderlichen (Über-)Kapazität
kann aber auch noch eine andere Form der Ausdehnung von Handwerkszweigen des Grundbedarfs beobachtet werden. In der Grafschaft Mark
waren die Dörfer mit 11,13 Schmieden je 1000 Einwohner ausgestattet,
bei einem preußischen Durchschnitt von 2,77. Hier waren aber offensichtlich auch solche Schmiede in diese Gruppe einbezogen worden, die allein
für einen überörtlichen Markt arbeiteten. Das eisenverarbeitende Gewerbe war in der Grafschaft Mark wie auch in dem benachbarten Herzogtum Berg in den Dörfern stark verbreitet[100]. Hier war also keine Trennung in für den örtlichen Bereich und für den überörtlichen Absatz arbeitende Grundhandwerker zu finden. Ein Vergleich mit anderen Gebieten
zeigt aber, daß nur 2,7 bis 4,5 Rademacher- und Schmiedemeister je 1000
Einwohner zur Versorgung der Bevölkerung und der Wirtschaft erforderlich waren. Die darüber hinausgehende Zahl arbeitete entweder für
den Export (Mark, Berg) oder zeigte eine Unterbeschäftigung an, die
allerdings dann nur scheinbar war, wenn die Handwerker andere Er-
werbstätigkeiten verrichten konnten (Landwirtschaft, Textilexport-
gewerbe).

Bei den Nahrungshandwerkern waren die Bäcker nicht immer neben
den Müllern in den Dörfern vertreten. Hier wird man von einer unterschiedlichen Ausweitung der Arbeitsteilung ausgehen können. Neben solchen Gebieten, die zum größten Teil noch die Brotherstellung in den einzelnen Haushalten kannten und bei denen daher der Besatz mit Bäckern
sehr gering war (Ostpreußen, Pommern, Neumark), gab es Landstriche

---

[100] z. B. hatte der Ort Heiligenhaus neben der Weberei „Arbeiter in ‚Metall
und Eisen', sowie Bergleute und Hüttenarbeiter seit etwa 1680", obgleich die
Einwohnerzahl des Dorfes noch unter 400 Personen lag und erst nach der Mitte
des 19. Jahrhunderts die Zahl von 1000 überschritt, vgl. Rheinisches Städtebuch, hg. von E. Keyser, Stuttgart 1956. Das gleiche gilt für Dörfer wie
Wülfrath u. a.

mit einer sehr großen Bäckerdichte (Magdeburg, Ostfriesland). Die Ursache für die große Ausdehnung des Bäckergewerbes in diesen beiden Gebieten ist in verschiedenen Faktoren zu sehen. (1) Einmal könnte ein größerer Wohlstand in den Dörfern hierfür verantwortlich gewesen sein. Das könnte aber allenfalls für die Magdeburger Gegend mit den reichen Bördeböden zutreffen. Jedoch war in beiden Gebieten die unterbäuerliche Schicht wie in anderen Gegenden Mitteleuropas stark ausgeweitet, so daß sich nur eine kleine Gruppe von Menschen die Ausgliederung der Backleistungen aus den Haushalten leisten konnte. (2) Ein anderer Grund mag ein größeres Gewicht gehabt haben: Sowohl die Magdeburger Börde als auch Ostfriesland waren arm an Wald und hatten daher Schwierigkeiten bei der Versorgung mit Brennmaterial für Backöfen. Durch die Konzentration der Backtätigkeit für eine ganze Reihe von Familien bei einem Bäcker wurde je Gewichtseinheit Backware eine geringere Menge an Brennmaterial verbraucht. In welchem Umfang dieser Grund wirklich ausschlaggebend gewesen ist, läßt sich allerdings nicht beweisen.

Die wichtigsten Bauhandwerker waren die Zimmerleute und die Maurer. In fast allen Gebieten hatten die Zimmerleute gegenüber den Maurern noch bei weitem das Übergewicht. Dies zeigt, daß das Holz bei den Bauarbeiten noch im Vordergrund stand. Lediglich im Herzogtum Magdeburg war die Zahl der in beiden Berufen tätigen Meister kaum unterschiedlich. Das kann vielleicht ebenfalls auf die Holzarmut dieses Gebietes zurückgeführt werden, so daß hier der Stein schon in stärkerem Maße als Baumaterial benutzt wurde. Betrachtet man im übrigen die Gebiete der ersten sieben Spalten in Tabelle 10, dann ist eine Zunahme des Bauhandwerks von Ost nach West festzustellen. In Wirklichkeit war hier aber nicht die geographische Lage entscheidend, sondern der Grad der Durchsetzung mit Gewerbe[101]. Kleve und Paderborn (Spalten 8 und 9 von Tabelle 10) hätten zwar eine erheblich bessere Ausstattung mit Bauhandwerkern aufweisen müssen, wenn man sie in das West-Ost-Gefälle einordnen wollte. Für Paderborn hätte mit etwa 4 Bauhandwerkern je 1000 Einwohner dieser Besatz aber nur um etwa 10 v. H. höher liegen müssen, für Kleve jedoch mit über 6 bereits um etwa 50 v. H. Vielleicht stellt die Grafschaft Mark mit dem höheren Wert als Kleve einen Sonderfall dar, da gerade die Eisenerzeugung (Hochöfen) und -verarbeitung (Hammerwerke, Schmieden) mehr Investitionen in Gebäuden erforderten als das Textilgewerbe oder ein anderes Handwerk, das im Wohnhause betrieben werden konnte. Die Investitionen in Bauten sind jedoch nicht

---

[101] Der Grund dieser stärkeren Durchsetzung ist zum Teil wohl mit der geringeren Bedeutung der Landwirtschaft zu erklären und der damit verbundenen stärkeren Arbeitsteilung. Teilweise wird sich aber auch das Ausweichen in eine Produktion dahinter verbergen, die zwar Unterbeschäftigung, aber eben doch zeitweise Beschäftigung und damit Einkommenschancen bot.

entscheidend für die Ausdehnung des Bauhandwerks gewesen. Bei abnehmendem Anteil der landwirtschaftlichen Bevölkerung an der gesamten Bevölkerung von Osten nach Westen fiel im allgemeinen das Bauvolumen pro Einwohner, da die rein landwirtschaftlichen Gebäude bei den Nebenerwerbslandwirten und bei den unterbäuerlichen Schichten ein geringeres Volumen hatten als bei Vollbauernstellen und Gutshöfen. Die diesen tatsächlichen Verhältnissen entgegengesetzt verlaufende Ausstattung der ländlichen Bevölkerung mit Bauhandwerkern kann zwei Ursachen gehabt haben:

1. Entweder leisteten die Bauern einen Teil der Bauarbeiten selbst — dafür spricht zum Beispiel der Vergleich der Gebiete Litauen, Ostpreußen, Dramburg-Schievelbein und Uckermark in Tabelle 10 — wenn die gewerbliche Produktion allgemein, also nicht nur im Bausektor, geringer gewesen ist,

2. oder die größere Gewerbedichte war eine Folge der engeren Relationen zwischen Menschenzahl und Flächeneinheiten, d. h. der Bodenknappheit, so daß wie bei allen anderen Gewerben auch im Bauhandwerk eine Überbesetzung zu beobachten war.

Beide Gründe können isoliert vorhanden gewesen sein, sie können sich aber auch in ihrer Wirkung kumulativ ergänzt haben. Eine dritte Ursache ist die mehr oder weniger starke Versorgung der dörflichen Bauvorhaben durch handwerkliche Leistungen aus den nächsten Städten. Darüber können Zahlen aus dem städtischen Bereich Auskunft geben. Da auch bei den Städten wie bei den ländlichen Gebieten ein West-Ost-Gefälle in der Ausstattung je 1000 Einwohner nachzuweisen ist, ist dieser mögliche Grund eines unterschiedlichen Besatzes mit Bauhandwerkern als nicht gegeben anzusehen, mögen auch in Einzelfällen die städtischen Bauhandwerker in den in der Nähe liegenden Dörfern die meisten Bauarbeiten durchgeführt haben.

Die letzte Gruppe an Grundhandwerken waren die Schuhmacher und Schneider, d. h. das Bekleidungsgewerbe. Wie Tabelle 10 zeigt, waren aus dieser Gruppe die Schneider am stärksten vertreten, wenn man von einigen der dort aufgeführten Regionen absieht. Aber auch der von Krug a. a. O. berechnete Gesamtdurchschnitt weist eine größere Zahl von Schuhmachern je 1000 Einwohner auf. Dieser hohe Durchschnitt beruht in erster Line auf einer wohl zu niedrigen Angabe der Schneider in den Departements Kalisch und Warschau, zum geringeren Teil auch auf den relativ hohen Zahlen an Schuhmachern für Ostfriesland und die Grafschaft Mark. Die Vielzahl der einzelnen Gebiete in Tabelle 10 zeigt aber, daß im allgemeinen mehr Schneider vorhanden waren.

Bei einer Betrachtung der in Tabelle 10 aufgenommenen Gebiete zeigt sich wieder ein West-Ost-Gefälle dieser auf den örtlichen Bedarf ausgerichteten Handwerke, das bei den Schuhmachern stärker ausgeprägt war als bei den Schneidern

Mit diesen Grundhandwerkern sind die wichtigsten gewerblichen Betätigungen für den örtlichen Bedarf in den Dörfern genannt. Die übrigen Gewerbe waren meistens nur zufällig oder bei Vorliegen einer Produktion für den Export vorhanden. Da die Leinenherstellung hierbei eine große Bedeutung hatte, wurde die Zahl der hauptberuflichen Leineweber mit in Tabelle 10 aufgenommen. Diese Zahlen können aber die wahre Bedeutung des dörflichen Leinengewerbes für den Export nur andeutungsweise wiedergeben. Der Unterschied zwischen dem Besatz an Leinewebern zwischen Minden und der Uckermark ist relativ gering, wenn man bedenkt, welche Bedeutung der Leinenexport für Minden gehabt hat. Die nebenberufliche Leinenherstellung war viel weiter verbreitet und war als Mittel der Einkommensbeschaffung auch quantitativ gewichtiger als die hauptberufliche Leinenherstellung[102].

Bezieht man in die Betrachtung nur die Grundhandwerke ein und nicht die auf den Export ausgerichteten Gewerbe, dann kann man also feststellen, daß für den örtlichen Bedarf aus gewerblicher Produktion ein Besatz von 5 bis 25 Handwerkern je 1000 Einwohner vorhanden gewesen war. Bei der geringeren Ausstattung mit Gewerben des Grundbedarfes wird jedoch eine Ergänzung aus der städtischen Produktion üblich gewesen sein[103]. Neben diesen Gewerben des Grundbedarfes waren noch in fast allen Gegenden Mitteleuropas in Dörfern vorhanden: Böttcher, Drechsler und Tischler, Leineweber und Färber, Feldschere, Bader und Barbiere, letztere allerdings wegen der nur auf den örtlichen Bedarf ausgerichteten Tätigkeit mit einer geringen Dichte. Seltener waren andere Spezialhandwerke zu finden, sie waren vor allem nicht im Durchschnitt großer Gebiete die Regel.

b) Die Struktur der städtischen Wirtschaft

Die Grundzüge der städtischen Wirtschaftsstruktur

Zwei Aufgabenkreise bestimmten die wirtschaftliche Aktivität in den Städten:

1. Die Befriedigung der Nachfrage aus der Stadt und aus dem Umland (lokaler Markt).

2. Die Produktion für andere Gebiete.

Eine Zusammenstellung der Beschäftigtenanteile in den Städten einzelner Gebiete mag einen ersten Überblick über die Verteilung der einzelnen Sektoren geben, vgl. Tabelle 11.

---

[102] Vgl. Anmerkung 92.
[103] Vgl. Tabelle 3 bei *Henning, F.-W.*: Die Einführung der Gewerbefreiheit, a. a. O., S. 167.

Tabelle 11

**Anteil der einzelnen Wirtschaftssektoren an der Beschäftigtenzahl
in den Städten einzelner Gebiete Mitteleuropas um 1800**

Städte in Gebieten	Ø Einwohner je Stadt	Sektoren		
		Primärer	Sekundärer	Tertiärer
Litauen	2500	42,8	50,0	7,2
Dramburg-Sch.	1570	29,5	57,7	12,8
Uckermark	2750	32,9	39,8	27,3
Minden	2050	30,4	47,6	22,0
Kleve	1618	27,8	54,0	18,2
Berg	3100	8,6	64,6	26,8

Im Durchschnitt der in Tabelle 11 aufgenommenen Gebiete handelte es
sich um kleine Städte, also um die typischen kleinen Landstädte des 18.
Jahrhunderts. Nur wenige größere Städte sind in diesen Zusammenstel-
lungen enthalten: z. B. Gumbinnen im Departement Litauen mit 5284
Einwohnern[104], Prenzlau mit 7626 Einwohnern[105], Düsseldorf mit 18 000
und Elberfeld mit 14 000 Einwohnern[106]. Der hohe Durchschnitt für das
Herzogtum Berg ist durch das Vorhandensein von zwei weit größeren
Städten (Düsseldorf und Elberfeld) hervorgerufen.

Die im allgemeinen auch im städtischen Bereich noch enge Verknüpfung mit der Landwirtschaft wird aus Tabelle 11 deutlich. Da auch für
die Aufstellung dieser Tabelle die Tätigkeiten entmischt worden sind,
waren in Wirklichkeit noch mehr als die hier dem primären Sektor zu
gerechneten vollen Arbeitskräfte teilweise mit der landwirtschaftlichen
Produktion verbunden. Ein Beispiel aus Ostpreußen mag dies zeigen:
In Domnau, einer Stadt mit insgesamt 919 Einwohnern, gab es 37 „Groß-
bürger" (mit Bierbraurecht und Branntweinbrennrecht), 115 „Kleinbürger" und 33 Tagelöhner. Da zugleich 108 Gewerbetreibende, d. h. Handwerker, Barbiere und Apotheker vorhanden waren, gehörten 71 v. H. der
Groß- und Kleinbürger zu dieser Berufsgruppe. Weiterhin mögen einige
Händler zu den Bürgern gezählt haben. Außer den Büdnern hatte „jedes
Haus" etwa „drei Morgen radical" an Ackerbau. Der Ackerbau wurde
dementsprechend auch als „ein Hauptnahrungszweig" der Stadt bezeichnet[107].

Vergleicht man die Angaben für die Dörfer (Tabelle 7) und für die
Städte (Tabelle 11) einiger norddeutscher Gebiete, dann zeigen sich folgende grundsätzlichen Unterschiede zwischen Stadt und Land:

1. Der *primäre* Sektor hatte in den Dörfern das doppelte bis dreifache
Gewicht wie in den Städten. Die Abnahme des Anteiles des primären

---

[104] Für 1801: Deutsches Städtebuch, Ostpreußen, hg. von E. Keyser, Stutt-
gart-Berlin 1941.

Sektors in einem Gebiet war also mit parallelen Entwicklungen in Stadt und Land verbunden. Der Grund für diese parallele Entwicklung lag darin, daß die Zunahme des sekundären Sektors vor allem durch eine Zunahme des Exportsektors gekennzeichnet war, sofern die Schwelle von 15 bis 20 v. H. der Beschäftigten überschritten war. Exportorientiertes Gewerbe fand aber für seine Entwicklung gute Ansatzpunkte auf dem Lande, da hier saisonal freie Arbeitskraft (billig) zur Verfügung stand — vor allem für die noch bis zur Mitte des 19. Jahrhunderts das Exportgewerbe beherrschende Textilproduktion — und außerdem eine kleinflächige Agrarstruktur einen Anreiz für den Zuerwerb aus gewerblicher Arbeit bot. Dabei wurde der größte Teil der Ernährung aus dem Ertrage der selbstbewirtschafteten Fläche bestritten, während die gewerbliche Tätigkeit Bargeld einbrachte, das zur Befriedigung der über die Ernährung hinausgehenden Bedürfnisse benutzt werden konnte, wenn auch ein Teil dieses Bargeldes zur Ergänzung der unzureichenden, schmalen Nahrungsbasis dienen mußte.

2. Der Anteil des *tertiären* Sektors lag in einigen Gebieten in den Städten etwa dreimal so hoch wie in den Dörfern. In einigen Städten, in denen ein starker Handels- und Verkehrssektor ausgebaut war, war der Unterschied im tertiären Sektor zwischen Stadt und Land sogar noch größer.

3. Der *sekundäre* Sektor bestimmte bei allen Städten im allgemeinen das Bild der Wirtschaft, wenn auch bei einer überdurchschnittlichen Ausdehnung des primären oder des tertiären Sektors weniger als die Hälfte der Beschäftigten im sekundären Sektor tätig waren (z. B. Uckermark, Minden). Demgegenüber wurde die dörfliche Wirtschaft nur ausnahmsweise in einem ganzen Gebiet durch einen über 50 v. H. der Beschäftigtenzahl hinausgewachsenen sekundären Sektor geprägt, vgl. Tabelle 7.

Versuch einer systematischen Ordnung der Unterschiede
in der städtischen Wirtschaftsstruktur

Die Unterschiede zwischen den Wirtschaftsstrukturen der einzelnen Städte wurden in erster Linie durch folgende zwei Faktoren bewirkt:

1. Die Einwohnerzahl der einzelnen Stadt.

2. Die Richtung der wirtschaftlichen Aktivität der einzelnen Stadt:
   aa) gerichtet auf die Stadt und das unmittelbare Umland oder
   bb) zusätzlich auf andere Gebiete.

---

[105] *Bratring, F. W. A.,* a. a. O., Bd. 2, S. 86 für 1800.
[106] *Höck, J. D. A.,* a. a. O., zweite Tabelle der Kurpfalzbayerischen Staaten.
[107] N. N.: Geschichte und Topographie von Domnau, in: Annalen des Königreiches Preußen, Bd. 1, zweites Quartal, Königsberg—Berlin 1792, S. 65 ff.

Eine systematische Betrachtung läßt sich am günstigsten unter dem ersten dieser beiden Gesichtspunkte durchführen. Durch den zweiten Faktor hervorgerufene Abweichungen lassen sich als Ausnahmesituation mitberücksichtigen. Die Einteilung nach der Einwohnerzahl soll dabei folgendermaßen durchgeführt werden:

1. Kleinstädte: 800 bis 2500 Einwohner.

2. Mittelstädte: 5000 bis 15 000 Einwohner.

3. Großstädte: 25 000 bis 60 000 Einwohner.

4. Großstaat-Hauptstädte: mehr als 100 000 Einwohner.

Es wurde bei dieser Einteilung bewußt nicht auf bereits bestehende Gliederungen zurückgegriffen[108]. Die Lücken zwischen den einzelnen Gruppen (in der Einwohnerzahl) sollen zwei Aspekte hervorheben:

a) Bei dieser Gliederung handelt es sich um einen sehr grobmaschigen Raster.

b) Der Übergang zwischen den einzelnen Typen ist auf Grund einer sehr ausgeprägten Funktionselastizität und sehr umfangreicher Abwei-

Tabelle 12

Gewerbezweige in den Dörfern und in Kleinstädten um 1800

Dörfer	Kleinstädte (zusätzlich zu den in den Dörfern vertretenen Gewerben)
Schmiede Rademacher Müller Bäcker Schneider Schuhmacher Zimmerleute Maurer	Glaser Kürschner, Loh- und Weißgerber Handschuh-, Hut-, Rasch-, Knopf- und Tuchmacher Nadler, Nagelschmiede, Kleinschmiede, Schlosser, Scherenschleifer, Kupferschmiede Seiler, Buchbinder, Schornsteinfeger, Perücken- macher, Apotheker, Barbiere
Daneben gab es sowohl in den Dörfern als auch in den Kleinstädten andere Gewerbetreibende, die allerdings nicht so regelmäßig vorhanden waren: Böttcher, Drechsler, Tischler, Garnweber usw.	

---

[108] Man könnte hier vor allem an *Christaller, W:* Die zentralen Orte in Süddeutschland, Jena 1933, S. 150 ff. denken, der auf die Zusammenhänge zwischen den Funktionen einer Stadt und der Einwohnerzahl hinweist. Eine so weitgehende Schematisierung, insbesondere auch unter Berücksichtigung der Entfernungen zwischen den Städten, soll hier nicht versucht werden, da sich aus dem zur Verfügung stehenden Material nur die Tendenz der Unterschiede, nicht aber ein so präzises Schema herausarbeiten läßt. Es müssen zahlreiche nicht mehr oder überhaupt nicht erfaßbare Faktoren außerhalb der Betrachtung bleiben, obgleich sie die Entfaltung der Funktionen der einzelnen Städte erheblich, vielleicht manchmal sogar entscheidend beeinflußt haben.

chungen nicht immer genau festzulegen, jedenfalls nicht für die Mehrzahl der Städte in den Grenzbereichen zwischen den einzelnen Typen.

Die Kleinstadt

Die Kleinstädte produzierten den Grundbedarf an gewerblichen Gütern und Dienstleistungen für die eigene Bevölkerung, ferner für einige Dörfer des Umlandes. Die Abgrenzung zu dem gewerblichen Sektor des Umlandes, d. h. zu dem dörflichen Gewerbe, zeigt Tabelle 12.

Außer für das Grundgewerbe war in den Dörfern und manchmal auch in den kleinen Städten die Nachfrage nicht dicht genug, um Spezialhandwerker und Spezialgewerbetreibende mit ausreichendem Einkommen zu versehen. Die rechtlichen Begrenzungen (Zunftgesetzgebung!) und die faktischen Einengungen (lokale Absatzmöglichkeiten!) verliefen hier also parallel. Jedoch gab es auch Ausnahmen, wie das schon genannte Beispiel der Schmiede in der Grafschaft Mark gezeigt hat. Auf den Fernabsatz orientiertes textilerzeugendes und metallverarbeitendes Kleingewerbe, d. h. Exportgewerbe, konnte die Einwohnerzahl im Einzugsbereich einer kleinen Stadt und damit auch die örtlichen Absatzchancen für Spezialgewerbe erhöhen.

Bisher sind als besondere Produzenten der Kleinstädte nur solche aus dem sekundären Bereich genannt. Auch der tertiäre Sektor hatte in den Kleinstädten bereits im Vergleich zu den Dörfern eine besondere Ausprägung erfahren. Neben Händlern, auch Spezialhändlern, sind hier die bereits in Tabelle 12 aufgezählten Barbiere zu nennen, während die Apotheker wohl auf Grund der umfangreichen Eigenproduktion an Heilmitteln eher zum sekundären Sektor zu zählen sind. Krüger, Verwaltungsbeamte und Lehrer vervollständigen dieses Bild. Nicht selten waren diese kleinen Städte Amtssitze (z. B. das kleine Blankenberg im Herzogtum Berg), d. h. Standorte der untersten beamteten Verwaltung, oder sie lagen solchen Amtssitzen unmittelbar benachbart wie der Domänenamtssitz in Berge bei Nauen für das Amt Nauen.

Diese kleinen Landstädte versorgten ein Hinterland, zu dem eine ganze Reihe von Dörfern gehörte. Das Verhältnis der Einwohnerzahl zwischen der Kleinstadt und den Dörfern des Hinterlandes lag bei etwa 1 zu 4 bis 10, so daß diese Umlandeinheit insgesamt 10 000 bis 15 000 Einwohner hatte. Nicht selten war aber die nichtlandwirtschaftliche Tätigkeit der städtischen Bewohner kaum über den dörflichen Charakter hinausgewachsen[109]. Wie schon Tabelle 11 mit den durchschnittlichen Einwoh-

---

[109] *Heitz, G.*: Zur Rolle der kleinen mecklenburgischen Landstädte in der Periode des Übergangs vom Feudalismus zum Kapitalismus, in: Hansische Studien, Festschrift H. Sproemberg, Berlin 1961, S. 108 ff. für die mecklenburgischen Kleinstädte.

nerzahlen gezeigt hat, hatte die Mehrzahl aller Städte eine so geringe Menschenzahl, daß sie in die Gruppe der Kleinstädte gehörte. 75 v. H. und mehr aller Städte Mitteleuropas hatten weniger als 2500 Einwohner. Dieser Anteil der Kleinstädte erhöhte sich noch auf fast 85 v. H., wenn man die nächstgrößeren Städte, die noch nicht zum nächsten Typ der Mittelstädte mit 5000 bis 15 000 Einwohnern gehören, hinzuzählt und die Trennungslinie im Übergangsbereich von 2500 bis 5000 bei 3000 Einwohnern zieht[110]. Nur selten war eine menschliche Siedlung zur Kleinstadt angewachsen, ohne ein entsprechendes Umland der hier angedeuteten Art zu haben.

Die Mittelstadt

Die Mittelstädte produzierten den gehobenen Grundbedarf, vereinzelt auch bereits Luxusgüter. Für eine solche Stadt war daher ein Einzugsgebiet erforderlich, das eine ganze Reihe von Nachfragern nach diesen Gütern hatte. Hierzu gehörten vor allem Personen mit überdurchschnittlichem Einkommen aus Grundrenten — u. U. in der Form der Feudalrente — oder aus Handelsgewinnen. Die Größe dieser Städte lag bei 5000 bis 15 000 Einwohnern. Jedoch war nicht allein die Auffächerung der gewerblichen Produktion ursächlich für die im Vergleich zu den kleinen Landstädten größere Bevölkerungszahl, sondern die stärkere Ergänzung des sekundären Sektors durch Dienstleistungen (Handel, Transport, Verwaltung).

Am unteren Rande dieser Skala lagen Orte wie Paderborn (1759 Einwohner), Stendal (5230 Einwohner), Gumbinnen (5284 Einwohner) oder Neuburg (5300 Einwohner). Als weitere Beispiele können hier genannt werden: Wolfenbüttel (6000 E.), Ingolstadt (7000 E.), Straubing (7531 E.), Freiburg (7857 E.), Landshut (8085 E.), Bayreuth (9400 E.), Klagenfurth (10 000 E.), Posen (10 000 E.), Innsbruck (10 223 E.), Hildesheim (11 000 E.), Frankfurt/Oder (11 000 E.) und Salzburg (15 000 E.). Andere Städte mit einer entsprechenden Einwohnerzahl gehörten eigentlich von den Funktionen für das Umland her gesehen noch nicht in diese Gruppe. Ein umfangreiches Exportgewerbe hatte jedoch die Einwohnerzahl wie bei Mittelstädten mit einem größeren Hinterland anschwellen lassen. Hier sind z. B. zu nennen: Hanau, Mühlhausen, Nordhausen, Chemnitz, Freiberg, Zwickau, Annaberg, Suhl und Fürth. Städte wie Brandenburg (12 500 E.), Stuttgart (18 000 E.), Hannover (15 500 E.) und Kassel (18 500 E.) hatten einen Teil ihrer Einwohnerzahl wohl überörtlichen Aufgaben zu verdanken.

---

[110] Zahlen nach *Heitz*, G., a. a. O., S. 106, für die Städte Mecklenburgs, Niedersachsens, Westfalens, Hessens, Thüringens und Sachsens; nach Bratring, F. W. A., a. a. O., Bd. 1 bis 3, passim für die brandenburgischen Städte.

Tabelle 13

**Anteil einer Mittelstadt (Paderborn) und von 22 Kleinstädten
(im Fürstentum Paderborn)
an den Beschäftigten verschiedener Berufe um 1800**

Berufe usw.	Paderborn	22 Kleinstädte
Stadtbewohner	17 v. H.	83 v. H.
Buchdrucker	100 v. H.	0 v. H.
Maler	100 v. H.	0 v. H.
Perückenmacher	100 v. H.	0 v. H.
Stärkemacher	75 v. H.	25 v. H.
Büchsenmacher	67 v. H.	33 v. H.
Goldschmiede	60 v. H.	40 v. H.
Kupferschmiede	50 v. H.	50 v. H.
Zinngießer	50 v. H.	50 v. H.
Sattler	42 v. H.	58 v. H.
Fleischer	36 v. H.	64 v. H.
Hutmacher	36 v. H.	64 v. H.
Knopfmacher	36 v. H.	64 v. H.
Buchbinder	33 v. H.	67 v. H.
Wollspinner	33 v. H.	67 v. H.
Uhrmacher	31 v. H.	69 v. H.
Färber	30 v. H.	70 v. H.
Apotheker	27 v. H.	73 v. H.
Essigbrauer	24 v. H.	76 v. H.
Tabakspinner	23 v. H.	77 v. H.
Seiler	21 v. H.	79 v. H.
Fischer	20 v. H.	80 v. H.
Musikanten	19 v. H.	81 v. H.
Bäcker	17 v. H.	83 v. H.
Drechsler	16 v. H.	84 v. H.
Kleinschmiede	16 v. H.	84 v. H.
Weißgerber	16 v. H.	84 v. H.
Tischler	15 v. H.	85 v. H.
Schneider	15 v. H.	85 v. H.
Wagenmacher	14 v. H.	86 v. H.
Glaser	14 v. H.	86 v. H.
Barbiere	14 v. H.	86 v. H.
Schuhmacher	13 v. H.	87 v. H.
Lohgerber	12 v. H.	88 v. H.
Brauer	12 v. H.	88 v. H.
Böttcher	8 v. H.	92 v. H.
Leineweber (hauptberuflich)	8 v. H.	92 v. H.
Stellmacher	7 v. H.	93 v. H.
Grobschmiede	5 v. H.	95 v. H.
Branntweinbrenner	4 v. H.	96 v. H.

Welche Berufe gegenüber den Dörfern und den Kleinstädten in den Mittelstädten vorhanden waren, zeigt folgende Zusammenstellung für Brandenburg:

1 Bildhauer, 4 Caffetiers, 30 Fuhrleute, 4 Goldschmiede, 1 Kamm-Macher, 1 Musikinstrumentenmacher, 18 Pantoffelmacher, 2 Scharfrichter, 35 Weinschenker, 62 Weinmeister, 6 Wundärzte, 28 Accisebeamte, 11 Magistratspersonen, 17 Schullehrer, 4 Ratsmänner, 2 Referendare, 3 Registratoren, 4 Polizeibediente, 6 Waagebediente, 5 Zollbediente, 1 Bauinspektor, 1 Fabrikeninspektor, 6 Justitiarien, 2 Justizkommissarien, 1 Postmeister, 3 Postschreiber, 4 Postillions.

Der Unterschied zwischen den Kleinstädten und den Mittelstädten wird noch deutlicher bei einem Vergleich der auf eine Mittelstadt und auf 22 Kleinstädte eines Gebietes entfallenden Anteile der Bevölkerung und der Beschäftigten, vgl. Tabelle 13.

Bei einem Anteil von 12 bis 20 v. H. der städtischen Gewerbetreibenden für Paderborn kann man annehmen, daß ein durchschnittlicher Besatz gegeben ist, da kleinere Schwankungen immer vorgekommen sein werden. Bei allen Gewerbetreibenden, von denen mehr als 20 v. H. in Paderborn wohnten, obgleich dort der Anteil der städtischen Bevölkerung nur bei 17 v. H. lag, kann man davon ausgehen, daß die Mittelstadt mit ihren Funktionen für einen mehrere kleine Landstädte umfassenden Einzugsbereich diese überdurchschnittliche Ausdehnung der einzelnen Gewerbezweige bewirkt hat. Bei den Anteilen mit weniger als 12 v. H. für Paderborn wird man die größere Nähe zum ländlichen Raum in den Kleinstädten als die eigentliche Ursache für die Abweichungen ansehen können. Stellmacher und Grobschmiede fügen sich gut in die bereits oben für die Dörfer gemachte Feststellung ein. Die Kleinstadt war mehr als die Mittelstadt mit der Landwirtschaft verbunden[111].

Auch im Handel war eine starke Konzentration bestimmter Handelszweige auf die Mittelstadt Paderborn zu beobachten (vgl. Tabelle 14), wenn diese auch nicht so ausgeprägt war wie im gewerblichen Sektor. Ergänzend sei noch darauf hingewiesen, daß Paderborn sich mit 12. v. H. der hauptberuflichen Gärtner auch hinsichtlich des landwirtschaftlichen Sektors gut in die Erwartungen einfügt.

Wenn man auch gegen eine solche Zusammenstellung, wie sie hier in Tabelle 13 und 14 vorgenommen wurde, manches einwenden kann, so läßt sich daraus doch die grundsätzlich andere Wirtschaftsstruktur einer Mittelstadt gegenüber den in ihrem Bereich liegenden Kleinstädten erkennen.

---

[111] Berechnet und zusammengestellt nach N. N.: Das Fürstentum Paderborn im Jahre 1802, in: Annalen der Preußischen Staatswirtschaft und Statistik, Bd. 1, Heft 4, Halle-Leipzig 1804, S. 15 ff.

Tabelle 14

**Anteil einer Mittelstadt (Paderborn) und von 22 Kleinstädten
(im Fürstentum Paderborn)
an den städtischen selbständig Handeltreibenden um 1800**

Berufe usw.	Paderborn	22 Kleinstädte
Stadtbewohner	17 v. H.	83 v. H.
Buchhändler	100 v. H.	0 v. H.
Weinhändler	42 v. H.	58 v. H.
Krämer	39 v. H.	61 v. H.
Viehhändler	30 v. H.	70 v. H.
Ellenhändler	25 v. H.	75 v. H.
Holzhändler	25 v. H.	75 v. H.
Topfhändler	21 v. H.	79 v. H.
Klippkrämer	14 v. H.	86 v. H.
Viktualienhändler	11 v. H.	89 v. H.
Eisenhändler	4 v. H.	96 v. H.

Auf eine Besonderheit für die Wirtschaftsstruktur der Mittelstädte soll hier noch hingewiesen werden. Gerade die Mittelstädte konnten dann, wenn sie mit Residenz- oder anderen Zentralfunktionen ausgestattet waren, ihre Einwohnerzahl über das sonst übliche Maß ausdehnen. Zwei Beispiele mit zentraler Residenzfunktion (Potsdam) und zentraler Handels- und Transportfunktion (Emden) zeigen dies.

Die Stadt Potsdam hatte mit 26 785 Einwohnern eine Bewohnerzahl, die sie bereits in die Gruppe der hier sogenannten Großstädte hob. Gliedert man die Tätigkeitsbereiche in dieser Stadt auf, dann läßt sich feststellen:

a) Mit 8 847 Militärpersonen (einschließlich der Familienangehörigen) zählten allein 34 v. H. aller Menschen dieser Stadt zu einer Gruppe, die normalerweise unbedeutend war und auch in ganz Preußen nur etwa 3 v. H. ausmachte. Lediglich die Artillerie und die Einheiten der Garde du Corps waren kaserniert. Alle anderen Militärpersonen wohnten in der Stadt wie auch andere Bürger.

b) Der Königliche Hof und der Hof des Prinzen von Preußen hatten zusammen nur etwa 830 Bedienstete, so daß die Ansicht Büschings, „dadurch (sei) die Nahrung der Stadt beträchtlich vermehrt"[112] worden, nicht unmittelbar zutrifft. Neben dem Militär war es die Anwesenheit weiterer Hofhaltungen von Prinzen des Königshauses, von Adligen und hohen Beamten die in ihrer Summierung eine Zusammenfassung einer

---

[112] *Büsching, A. F.:* Beschreibung seiner Reise von Berlin über Potsdam nach Rekahn unweit Brandenburg, Leipzig 1775, S. 161.

erheblichen auf superiore Güter ausgerichteten Nachfrage bedeuteten. „Der Hofstaat, das zahlreiche Militär, Fabriken, Manufakturen, der Groß- und Kleinhandel, wozu der Ort sehr bequem liegt, Brauerei, Branntweinbrennerei, Gartenfrüchte und Fischerei sind die Hauptnahrungszweige der Stadt" nach Bratring gewesen[113]. Das Zusammentreffen vieler Faktoren war also für Potsdam sehr wichtig.

Die Bedeutung der spezialisierten Nachfrage nach Gütern des gehobenen Bedarfes und des Militärbedarfes zeigt sich an folgenden wirtschaftlichen Betätigungen: In Potsdam gab es 38 Gewehrfabrikanten mit 77 Gesellen und 41 Lehrlingen, 4 Elfenbeinfabrikanten, 26 Köche, 4 Musikinstrumentenmacher, 66 Seidenwirker mit 106 Gesellen und 51 Lehrlingen, 3 Seidenstrumpfwirker, 28 Schlosser, 3 Stukkaturarbeiter, 4 Tanzmeister, 8 Vergolder, 6 Bleistiftmacher, aber auch 65 Viehmäster und 32 Waisenhausbedienstete. Der Hof, die zusätzliche überörtliche Verwaltung, das Militär und die vom Hof angelockten Gruppen der Bevölkerung setzten alles in allem wohl zwei Drittel der städtischen Bevölkerung in Nahrung, hoben die Stadt Potsdam damit aus dem Bereich einer Mittelstadt weit hinaus.

Emden war ebenfalls, wenn auch in einer anderen Richtung, durch einen zusätzlichen Ansatzpunkt der Wirtschaft in besonderer Weise entwickelt. Der Handel und die Schiffahrt standen hier als überörtliche wirtschaftliche Aktivität weit im Vordergrund. Die Stadt hatte um 1800 10 417 Zivil- und 228 Militäreinwohner. Die geringe Bedeutung des Militärs zeigt den Unterschied zu dem gerade in dieser Richtung überdimensionierten Potsdam. In Emden nahm der Handel nach der Schiffahrt die wichtigste Stellung ein. Insgesamt zählten hier zum Handel:

98	„Grossisten und Spediteurs"
1	Buchhändler
7	Eisenhändler
4	Galanteriehändler
9	Mehlhändler
8	Holzhändler
32	Krämer
40	Manufaktur- und Tuchhändler
1	Materialhändler
5	Porzellan- und Glashändler
187	Viktualienhändler und Höker
18	Weinhändler
1	Geldhändler (Geldwechsler)
2	Lumpenhändler.

---

[113] *Bratring, F. W. A.*, a. a. O., Bd. 2, S. 79. Auf die Ausdehnung auch der gewerblichen Wirtschaft in den Residenzstädten aufgrund „dirigistischer" Maßnahmen weist allgemein hin Mauersberg, H.: Wirtschafts- und Sozialgeschichte zentraleuropäischer Städte in neuerer Zeit, Göttingen 1960, S. 217.

Zusammen mit den dazugehörigen etwa 100 Gehilfen dürften diese 413 Händler bei einer Beschäftigtenquote von 45 v. H. 12 v. H. davon ausgemacht haben. Es ist aber anzunehmen, daß die Grossisten und Spediteure mehr als einen Gehilfen je Selbständigem gehabt haben werden, so daß die Gehilfenzahl noch höher lag.

Unmittelbar an der See- und Binnenschiffahrt waren beteiligt:

> 174 Schiffer
> 488 Schiffsknechte
> 136 Steuermänner
> _____
> 798 Personen.

Die Schiffahrt umfaßte etwa 18 v. H. aller Beschäftigten, so daß im Ergebnis etwa 30 v. H. im Handel und Transportwesen tätig waren. Bei einer unter 45 v. H. liegenden Beschäftigtenquote sogar ein noch höherer Anteil. Geht man davon aus, daß die Grossisten mit einer gleichen Anzahl Gehilfen (98) und der größte Teil der Schiffahrt den Fernhandel, d. h. über den örtlichen ostfriesischen Bereich hinausgehende Wirtschaftsbeziehungen, betrieben, dann waren etwa 20 v. H. der Beschäftigten direkt mit diesen zusätzlichen Funktionen der Stadt Emden verbunden. In Wirklichkeit ist dieser Anteil jedoch noch höher gewesen. Die kaum mit überregionalem Transportwesen oder Handel ausgestattete Stadt Hildesheim war ungefähr gleich groß wie Emden, hatte jedoch nur 54 v. H. der Zahl der Geschäftsinhaber im Handel wie Emden. Demnach dürfte sogar etwa die Hälfte des Emdener Handels auf überregionale Aufgaben zurückzuführen sein. Im Transportwesen hatte Hildesheim sogar nur 5 v. H. der im See- und Landtransport Tätigen Emdens[114].

Dieser kurze Nachweis von Besonderheiten in der Wirtschaftsstruktur einiger Städte mag genügen, um zu zeigen, daß Abweichungen von der grundsätzlichen Ausstattung der Mittelstädte durchaus vorhanden waren und in welche Richtung die Wirtschaft einer Stadt sich unter besonderen Einflüssen entwickeln konnte.

Die Großstadt

Als Großstädte sollen hier Städte mit 25 000 bis 60 000 Einwohnern verstanden werden. Das Gewerbe dieser Städte bot die Mehrzahl der Luxusgüter, die von den einkommensstarken Bevölkerungsschichten nachgefragt wurden. Nur wenige spezielle Güter, insbesonders Markenartikel mit Statussymbol mußten noch aus anderen Gebieten eingeführt

---

[114] Zahlen für Hildesheim nach *Kaufhold, K. H.*: Die Wirtschafts- und Sozialstruktur der Stadt Hildesheim, a. a. O., S. 30 und ff.; für Emden *Krug, L.*: Ostfriesland, in: Annalen der Preußischen Staatswirtschaft und Statistik, Bd. 1, Heft 2, Halle-Leipzig 1804, S. 36 ff.

werden. Die wichtigsten Funktionen dieser Städte waren:

1. Die gewerbliche Produktion für die überörtliche Nachfrage, insbesondere für die Nachfrage von Luxusgütern innerhalb eines weiteren Umlandes.

2. Handelsfunktionen für ein größeres Gebiet.

3. Verwaltungsfunktionen, bei selbständigen Staaten Ort der Hofhaltung.

Hier sind zunächst die Hauptstädte relativ großer und von außen wenig beeinflußter Provinzen oder entsprechender unselbständiger Teile von Großreichen zu nennen: Breslau (57 500 E.), Königsberg (53 000 E.), Prag (75 000 E.), Graz (30 000 E.).

Städte mit Hofhaltung eines mittleren Staates waren: Berlin bis zur Mitte des 18. Jahrhunderts, Dresden (50 000 E.) und München (50 000 E.) um 1800.

Die Handelsfunktionen dieser Städte konnten teilweise durch verkehrsgünstig gelegene Städte oder durch Städte mit anderen Präferenzen vermindert sein. Hier sind Leipzig (33 000 E.) neben Dresden oder Augsburg (36 300 E.), Regensburg (21 000 E.) und Nürnberg (30 000 E.) neben München zu nennen. Zugleich zeigen diese speziell auf den Handel ausgerichteten Städte, daß auch eine Überdimensionierung der überörtlichen Handelsfunktionen zu einer Vergrößerung der Städte geführt hatte, so daß die Städte einer Gruppe (den Großstädten) angehörten, obgleich sie von ihren übrigen Funktionen her gesehen eigentlich noch zu den Mittelstädten zu zählen waren, vor allem weil sie kein großes Umland hatten.

Die Entwicklung einer Mittelstadt zu einer Großstadt mag an Hand Braunschweigs verdeutlicht werden, da diese Stadt in ihren Funktionen einige Änderungen im 17. und 18. Jahrhundert erfahren hatte. Die Stadt hatte 1671 bei ihrer Eingliederung in das Herzogtum Wolfenbüttel eine Einwohnerzahl von etwa 15 000[115]. Ihre Bedeutung lag bis zu diesem Zeitpunkt vor allem beim überregionalen Handel (Messestadt!), z. T. bei dem damit im Zusammenhang stehenden städtischen Gewerbe. Mit der Eingliederung in das Herzogtum verbesserten sich die wirtschaftlichen Voraussetzungen durch einen engeren Kontakt zum Umland. Weiter verbessert wurde die wirtschaftliche Situation noch im Jahre 1753, als die Residenz von Wolfenbüttel nach Braunschweig verlegt wurde und damit auch ein Teil der bisher auf Wolfenbüttel ausgerichteten zentralen Funktionen. Die Stadt hatte bis zur Mitte des 18. Jahrhunderts ihre Ein-

---

[115] Die größte nachweisbare Bevölkerungszahl soll in der Zeit vor 1671 für das Jahr 1550 mit 16 192 Einwohnern kaum mehr betragen haben, vgl. *Saalfeld, D.*: Bauernwirtschaft und Gutsbetrieb in der vorindustriellen Zeit, Stuttgart 1960, S. 7.

wohnerzahl auf knapp 20 000 erhöhen können, was in erster Linie auf die Einbeziehung in die Wirtschaft des Herzogtums zurückzuführen ist, und wuchs bis zum Ende des 18. Jahrhunderts als Residenzstadt auf fast 30 000 Einwohner an[116]. Außer durch die beiden Ereignisse der Jahre 1671 und 1753 wurde die Zunahme der Bevölkerungszahl auch noch durch das allgemeine Bevölkerungswachstum des 18. Jahrhunderts bewirkt. Die Nahrungsmöglichkeiten wurden aber sicher durch die erstgenannten Faktoren erheblich verbessert. Braunschweig ist daher als eine Stadt mit überregionaler Handels- und Gewerbefunktion zu betrachten, die später in ihren Wachstumschancen durch die Verwaltungs- und Hoffunktion begünstigt wurde.

Die Großstaat-Hauptstadt

In die hier bisher vorgenommene Einteilung lassen sich fast alle Städte Mitteleuropas einordnen. Es bleiben nur noch die Städte Wien (221 775 E.) und Berlin (172 000 E.)[117]. Die Funktionen dieser Städte lassen sich wie folgt skizzieren:

1. Gewerbliche Produktion für den örtlichen und für den überörtlichen Bedarf.

2. Handelsleistungen für den örtlichen und für den überörtlichen Bedarf.

3. Verwaltung und Hofhaltung für den örtlichen und für den überörtlichen Bedarf.

Der überörtliche Bedarf griff dabei weit über das Maß der Großstädte und Mittelstädte hinaus. Die für Potsdam bereits dargestellte Spezifizierung des Gewerbes war in noch stärkerem Maße in Berlin zu finden. Die Haupteinnahmequelle der städtischen Bürger war jedoch die zentrale Funktion dieser Großstaat-Hauptstädte als Verwaltungs- und Residenzzentren. Diese großen Städte brauchten den Zufluß an Staatsgeldern und Grundrenten, die aus dem gesamten Staatsgebiet zusammenkamen[118]. Welche Bedeutung die Kosten der Hofhaltung haben konnten,

---

[116] Niedersächsisches Städtebuch, hg. von E. Keyser, Stuttgart 1952.

[117] Zahlen nach *Höck, J. D. A.*, passim, für die hier und auch für die oben genannten Städte, soweit nicht eine andere Quelle angegeben wurde. Berlin hatte neben 147 000 Zivileinwohnern um 1800 noch etwa 25 000 Militäreinwohner (Soldaten und Familienangehörige). Mehr als 60 000 Einwohner hatten neben den Städten Wien und Berlin z. B. noch das schon genannte Prag mit 75 000 und Hamburg mit knapp 100 000 Einwohnern. Beide waren in der sehr weiten Übergangszone zwischen den Großstädten und den Großstaat-Städten zu finden, Prag aufgrund seiner zentralen Bedeutung für ein relativ großes Gebiet (Böhmen und Mähren) und Hamburg aufgrund seiner überregionalen Bedeutung als Handelsstadt an der Elbmündung.

[118] Ein indirekter Hinweis auf die Größenordnung der staatlichen und privaten Mittel, die aus diesem Grunde nach Berlin flossen, mag der Berechnung des kurmärkischen Handels entnommen werden, vgl. *Bratring, F. W. A.*,

zeigen die Haushalte einzelner deutscher Staaten. Bei kleinen Ländern lagen diese Beträge bei 50 v. H. und mehr der gesamten Staatseinnahmen[119]. In Preußen beliefen sich diese Ausgaben auf etwa 2,5 Mill. Taler und beanspruchten damit etwa 10 v. H. der Staatseinnahmen[120]. Stellt man den Hofausgaben die Einwohnerzahl der Hauptstädte von drei unterschiedlich großen Gebieten gegenüber, dann erhält man folgendes Bild, vgl. Tabelle 15.

Tabelle 15

Einwohnerzahl der Hauptstädte, Hofausgaben insgesamt und je Einwohner der Hauptstädte in Preußen, Bayern und Baden um 1800

Hauptstadt	Einwohner	Hofausgaben in Taler	Hofausgaben je Einwohner
Berlin	172 000	2 500 000	14,5 Taler
München	50 000	930 000	18,6 Taler
Karlsruhe	7 900	252 000	31,8 Taler

Quelle: wie Anmerkung 118 und 119.

Wenn diese Beträge für Hofhaltungen auch nicht vollständig in den Hauptstädten ausgegeben wurden, sondern für zweite Residenzen, Reisen der Hofhaltung oder auch des Herrschers allein verwendet wurden, so wurden sie doch ergänzt durch Militärausgaben und durch die Personalausgaben der Verwaltung. In Berlin waren z. B. 25 221 Militärpersonen und fast 5000 Beamte zum überwiegenden Teil aus Staatsmitteln versorgt worden[121]. Gemessen am Durchschnitt für ganz Preußen lagen die Ausgaben des Staates für jeden Soldaten bei etwa 63 Talern pro Jahr[122], so daß in Berlin bei durchschnittlichen Verhältnissen etwa 920 000 Taler

a. a. O., Bd. 1, S. 166 ff. Dort heißt es, daß aus der Kurmark in andere preußische Provinzen und ins Ausland im Jahre 1799 Waren im Werte von 5,27 Mill. Talern geliefert wurden, während die Einfuhr aus den genannten Gebieten 10,87 Mill. Taler betragen haben soll. Die Differenz von 5,6 Mill. Talern konnte — sofern es sich um eine langfristige Differenz handelte, und das war der Fall — nur durch den Zustrom von Geld (Transferleistungen öffentlicher und privater Art aus den preußischen Provinzen) beseitigt werden.

[119] *Borchard, K.*: Staatsverbrauch und öffentliche Investitionen in Deutschland 1780—1850, Diss. rer. pol. Göttingen 1968, S. 136, Tab. 14, für Baden = 49,7 v. H. der Staatseinnahmen; S. 112, Tab. 12, für Bayern = 17,5 v. H.

[120] Errechnet nach *Riedel, A. F.*: Der brandenburgisch-preußische Staatshaushalt in den beiden letzten Jahrhunderten, Berlin 1866, S. 235 ff. und Beilage 18; ferner *Borchard, K.*, a. a. O., S. 158, Tabelle 16.

[121] Für 1803 gibt *Bratring, F. W. A.*, a. a. O., Bd. 2, S. 158, 25 221 Militärpersonen an. Davon waren 606 Offiziere, 1982 Unteroffiziere, 408 Spielleute, 230 Kompanie-Chirurgen, 10 433 Gemeine, insgesamt also 13 659 Soldaten. Etwa 40 v. H. der Militärpersonen waren zivile Angehörige der Soldaten, was auch mit den Angaben für andere Standorte Preußens übereinstimmt. Die Zahl von 4 784 staatlichen und städtischen Bediensteten ergibt sich aus der Zusammenstellung bei Bratring, F. W. A., a. a. O., S. 160 ff.

[122] Berechnet nach *Riedel, A. F.*, a. a. O., Beilage 20. Ausgaben Preußens im Jahr für das Militär: 15,1 Mill. Taler für etwa 240 000 Soldaten.

im militärischen Bereich ausgegeben wurden. Dieses Geld floß über- wiegend allerdings aus Berlin heraus, da es für Verpflegung verwendet wurde[123]. Damit ist aber bereits ein erheblicher Teil des Einfuhrüber- schusses der Kurmark und d. h. vor allem Berlins erklärt[124]. Ohne diese Geldzuflüsse aus dem ganzen Land hätte eine solche Agglomeration von Menschen nur mit Hilfe eines umfangreichen Exportgewerbes ernährt werden können. Eine zusätzliche Exportproduktion im Werte von etwa 5 Mill. Taler hätte aber nur schwer auf dem europäischen Markt abge- setzt werden können.

c) Das Ergebnis

Faßt man die hier z. T. dargelegten Ergebnisse der Untersuchung zu- sammen, dann erhält man unter Berücksichtigung allein der unterschied-

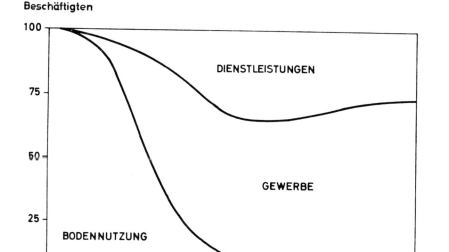

Abbildung 4.

Anteile der einzelnen Wirtschaftssektoren an der Gesamtzahl der Beschäftigten bei unterschiedlichen Ortsgrößen in Mitteleuropa um 1800.

---

[123] Im Jahre 1775/76 wurden 87 v. H. der etwa 40 Taler je Soldat ausgegebe- nen Staatsmittel als „Verpflegung der Armee" bezeichnet, vgl. N. N.: General- Domänen-Etat 1775/76, in: Annalen der Preußischen Staatswirtschaft und Statistik, Bd. 2, Halle-Leipzig 1805, S. 39, mit den Ausgaben der Kriegskasse vom 1. Juni 1775 bis zum 31. Mai 1776.

[124] Vgl. Anmerkung 117.

lichen Einwohnerzahl der einzelnen Siedlungen (Dörfer und Städte) ein Bild wie es in Abbildung 4 zum Ausdruck kommt.

Da die zahlreichen Einzelangaben für die Herstellung der Abbildung 4 schematisiert wurden, bleiben zwei Aspekte außerhalb der Betrachtung:

1. Der Einfluß der unterschiedlichen formellen Bedingungen für die Niederlassung Gewerbetreibender in Städten und Dörfern.

2. Die Produktion gewerblicher Güter oder von Dienstleistungen (Handel und Transportwesen) für die Ausfuhr.

Der erste Punkt ist bei Abbildung 4 nicht mit berücksichtigt worden, weil die Ortsgrößen sich beim Übergang von den Dörfern zu den Städten überschneiden. Aus dem untersuchten Material läßt sich der Einfluß des rechtlichen Faktors aber angenähert ablesen, wenn man den Anteil des Gewerbes in Dörfern und Kleinstädten unterschiedlicher Einwohnerzahl gegenüberstellt. Auch das soll zur besseren Verdeutlichung in einer Abbildung geschehen, vgl. Abbildung 5.

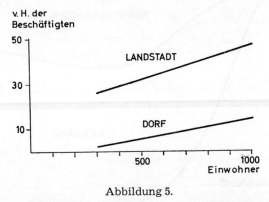

Abbildung 5.

Der Anteil des sekundären Sektors an der Beschäftigtenzahl insgesamt in Dörfern und Städten zwischen 300 und 1000 Einwohnern.

Die Differenz zwischen beiden Kurven in Abbildung 5 deutet zwar in erster Linie die Folgen der unterschiedlichen Rechtsstellung von Stadt und Land an. Sie enthält aber auch einen Unterschied der durch die tatsächlichen Verhältnisse bewirkt wurde. Die Niederlassungsbegünstigung für gewerbliche Produzenten in den Städten — Begünstigung im Vergleich zu den Dörfern — führte nicht etwa zu einer Unterversorgung der Dörfer mit gewerblichen Produkten. Der Bedarf der Dorfbewohner wurde vielmehr von den Kleinstädten mitproduziert, ja machte in diesen Landstädten u. U. sogar den Hauptteil der Produktion aus, wenn man von dem Zahlenverhältnis der im Einzugsgebiet einer solchen Stadt Woh-

nenden zu denen der betreffenden Stadt ausgeht. Ein Wegfall der rechtlichen Beschränkungen für die Eröffnung eines Gewerbebetriebes in den
Dörfern hätte beide Kurven wohl langfristig angeglichen. Auf Grund des
Übergewichtes der dörflichen Bevölkerung hätte dieser Durchschnitt sich
wohl mehr der dörflichen als der kleinstädtischen Kurve in Abbildung 5
angenähert. Da in Abbildung 4 die einzelnen Orte unabhängig von ihrer
rechtlichen Qualität berücksichtigt worden sind, ist dort bereits im Übergangsbereich von den Dörfern zu den kleinen Landstädten dieser Durchschnitt zugrunde gelegt worden.

Der zweite Aspekt, nämlich die Exportorientierung der städtischen
Wirtschaft erweiterte im Grunde das zu versorgende Hinterland, auch
wenn es sich hierbei nicht um ein unmittelbares, sondern um ein u. U.
weit entfernt liegendes Hinterland (das Gebiet des Absatzes) handelte.
Eine solche Ausdehnung des sekundären und manchmal auch des tertiären (Handel und Transportwesen) Sektors konnte vor allem die Relation, wie sie sich aus Abbildung 4 zwischen diesen beiden Sektoren ergibt, verschieben.

5. Die Bestimmungsgründe der unterschiedlichen Entwicklung zu den am Ende des 18. Jahrhunderts stark differenzierten Wirtschaftsstrukturen

Den größten Einfluß auf die Entwicklung der Wirtschaftsstruktur in
Mitteleuropa hat bis zum Ende des 18. Jahrhunderts die geringe landwirtschaftliche Produktivität gehabt. Allerdings wirkte sie nicht diffe-
renzierend, sondern gerade entgegengesetzt. Die im Verhältnis zur Entwicklung im 19. und 20. Jahrhundert geringe Arbeitsproduktivität der
Landwirtschaft führte dazu, daß der überwiegende Teil der Beschäftigten noch für die Produktion der Nahrungsmittel und der aus der Landwirtschaft stammenden gewerblichen Rohstoffe arbeiten mußte. Zwar
hätte sich bei Ausnutzung aller fortschrittlichen, um 1800 bekannten
Produktionsmethoden dieser Anteil auf etwa 40 v. H. senken lassen, jedoch hätte dies nicht nur eine Beseitigung der rechtlichen, der psycho-
logischen und der faktischen Hindernisse, sondern auch einen optimalen
Einsatz aller Faktoren vorausgesetzt, was in dieser Form auch heute nur
theoretisch möglich ist. Der tatsächliche Anteil der in der Landwirtschaft
Beschäftigten lag bei etwas mehr als 60 v. H., wenn man auch die teil-
weisen Tätigkeiten auf volle Arbeitskräfte umrechnet[125].

---

[125] Wenn *Böhme, H.*, a. a. O., S. 9, meint, daß Deutschland um 1800 „eine
fast rein agrarische Wirtschaftsstruktur" gehabt habe, so wird damit doch der
Entwicklungsstand der Landwirtschaft und damit eine wichtige Voraussetzung
zum Übergang zu nichtlandwirtschaftlichen Aktivitäten unterschätzt.

Eine unterschiedliche Entwicklung der Wirtschaftsstruktur konnte daher nur in der Bevölkerungsgruppe eintreten, die über die Bearbeitung des Bodens hinaus zur Verfügung stand. Der sekundäre und in geringerem Maße auch der tertiäre Sektor waren hier also von Bedeutung. Die Ausdehnung der nichtlandwirtschaftlichen Produktion setzte im allgemeinen voraus:

1. Es mußten über die Erzeugung von landwirtschaftlichen Gütern und solchen des sekundären und des tertiären Sektors für den örtlichen Bedarf hinaus *Arbeitskräfte* zur Verfügung stehen. Ihre Zahl konnte aber nicht beliebig vermehrt werden. Ein natürliches Bevölkerungswachstum hing, wie auch die Einwanderung, von Einkommensmöglichkeiten ab.

2. Neben den Arbeitskräften waren *Rohstoffe* oder Halbfabrikate wichtig. Diese konnten entweder durch eine inländische Produktion beschafft werden (Woll- oder Flachserzeugung für Textilgewerbe; Metallerzeugung für Metallverarbeitung) oder sie mußten eingeführt werden.

3. Da der inländische Markt nicht unbegrenzt aufnahmefähig war, mußten *Absatzmöglichkeiten* im Ausland, d. h. in anderen Regionen gesichert sein. Dies geschah meistens durch *Unternehmer* des Erzeugergebietes oder auch durch Händler anderer Gebiete.

Der im Zeitalter der Industrialisierung wichtige Produktionsfaktor Kapital war für die vorindustrielle Zeit noch nicht von solcher Bedeutung, daß er nicht in der erforderlichen (geringen) Menge hätte beschafft werden können. Die Herstellung oder Anschaffung eines Spinnrades, eines Webstuhles oder der für die Erzeugung von Metallwaren erforderlichen Werkzeuge stellte daher kein Hindernis für die Ausdehnung der nichtlandwirtschaftlichen Produktion dar[126].

Die Abhängigkeit der drei verbleibenden Voraussetzungen für die Ausdehnung der gewerblichen Produktion zeigt sich an Folgendem: Da die inländische Landwirtschaft ihre Erzeugung meistens nicht mehr erheblich ausdehnen konnte oder ausdehnte, wenn man von dem Intensivierungseffekt durch eine geringere Fläche je landbebauender Familie absieht, mußte die gewerbliche Produktion über den Export die Mittel verschaffen, um genügend Nahrungsmittel einführen zu können. Ohne eine solche Einfuhr stieg der Getreidepreis (und auch die übrigen Agrarpreise), so daß die Vermehrung der Bevölkerung durch ein Versiegen der Einwanderung oder durch eine Verminderung der Eheschließungen

---

[126] Über die Kapitalausstattung und den bei einer Ausdehnung der Produktion im Textilbereich erforderlichen Kapitalbedarf bei Anwendung vorindustrieller Produktionsmethoden vgl. *Borchardt, K.*: Zur Frage des Kapitalmangels in der ersten Hälfte des 19. Jahrhunderts, in: Jahrbücher für Nationalökonomie und Statistik, Stuttgart 1961, S. 143 f.

stagnierte[127]. Im Prinzip ist damit die Differenzierung auf eine Ursache zurückgeführt. Die Bevölkerungsbewegung ist von den Einkommensmöglichkeiten abhängig und die Einkommensmöglichkeiten sind vom Aufbau eines Exportgewerbes abhängig[128]. Sind die Voraussetzungen für die Entwicklung eines solchen Exportgewerbes gegeben (Rohstoffbeschaffung und Realisierung von Absatzmöglichkeiten außerhalb der betreffenden Region), dann wuchs die Bevölkerung langfristig mit und die Wirtschaftsstruktur änderte sich durch Addition von sekundären und in geringerem Maße auch von tertiären Bereichen. Zugleich stiegen damit die Einkommen im Inland und auch das auf den örtlichen Bedarf ausgerichtete Gewerbe nahm zu. Wurde dadurch die Arbeitslosigkeit im Inland vermindert, dann stieg das durchschnittliche Pro-Kopf-Einkommen der gesamten Region. Für ein wirtschaftliches Wachstum über diesen Effekt hinaus wäre es erforderlich gewesen, den technischen Fortschritt einzuführen, d. h. mit Hilfe kapitalintensiverer Produktion die durchschnittliche und die Grenzproduktivität des Faktors Arbeit und damit über ein steigendes Einkommen (oder sinkende Preise) auch die Nachfrage zu erhöhen[129]. Das geschah im wichtigsten am Ende des 18. Jahrhunderts vorhandenen gewerblichen Bereich, nämlich der Textilproduktion[130], nachhaltig erst nach der Mitte des 19. Jahrhunderts.

---

[127] Dieser an das „eherne Lohngesetz" erinnernde Gedanke kommt zum Ausdruck in der Abhängigkeit der Eheschließungen von den Roggenpreisen in Göttingen im letzten Drittel des 18. Jahrhunderts vgl. *Abel, W.*: Neue Wege der handwerksgeschichtlichen Forschung, in Abel, W. und Mitarbeiter, Handwerksgeschichte in neuer Sicht, Göttinger handwerksgeschichtliche Studien, Bd. 16, Göttingen 1970, S. 17, Schaubild 1.

[128] Die am Ende des 18. Jahrhunderts vorhandene verdeckte Arbeitslosigkeit (vgl. *Abel, W.*, a. a. O., Die Lage der deutschen Land- und Ernährungswirtschaft um 1800, a. a. O., S. 329) zeigt, daß die zur Verfügung stehende Arbeitskraft nicht der Minimumfaktor für den weiteren Ausbau der nichtlandwirtschaftlichen Produktion gewesen ist.

[129] Vgl. hierzu auch *Schremmer, E.*, a. a. O., S. 689, mit dem Hinweis auf den „Zirkel der Armut".

[130] Vgl. Tabelle 3 für Brandenburg.

Das preußische Handwerk in der Zeit der Frühindustrialisierung

Eine Untersuchung nach den Preußischen Gewerbetabellen 1815—1858[*]

Von *Karl Heinrich Kaufhold*, Göttingen

I.

Das hier zu behandelnde Thema gehört in einen in der letzten Zeit viel diskutierten Fragenkreis, den der Geschichte der sog. Frühindustrialisierung, und betrifft doch ein Gebiet, das nahezu vollkommen im „Windschatten" der Forschung liegt: die Entwicklung des Handwerks in der Zeit der Frühindustrialisierung. Mit ihr haben sich in den letzten Jahren, ja Jahrzehnten nur wenige Wirtschaftshistoriker befaßt — eine der Ausnahmen, die diese Regel bestätigt, ist Wolfram Fischer, dem wir mehrere wichtige Beiträge verdanken[1]. Sonst finden sich immer wieder Rückgriffe auf die letzten großen Arbeiten, die das Thema in historisch-statistischer Methode behandelt haben: Gustav Schmollers „Zur Geschichte der deutschen Kleingewerbe im 19. Jahrhundert[2]" und Otto Thissens „Beiträge zur Geschichte des Handwerks in Preußen[3]".

Über die Gründe dieser weitgehenden Abstinenz der jüngeren Forschung zu handeln, ist hier nicht der Ort, obwohl sich daran einige interessante Bemerkungen anknüpfen ließen. Hier soll vielmehr versucht werden, erneut einen Zugang zum Thema zu finden, der zwei Anforderungen erfüllt:

---

[*] Überarbeitete Fassung eines am 14. 4. 1970 vor dem Wirtschaftshistorischen Ausschuß vorgetragenen Referates. (Die wesentlichste Änderung gegenüber der vorgetragenen Fassung besteht darin, daß als Schlußjahr 1858 statt 1861 angesetzt wurde. Diese Änderung schien angezeigt, weil eine nochmalige Überprüfung des Materials ergab, daß die (vom Zollverein vorgenommene) Erhebung des Jahres 1861 gegenüber den (noch vom Kgl. Preuß. Statistischen Bureau erhobenen) Zahlen von 1858 in einigen Berufen Differenzen aufweist, die wahrscheinlich nicht entwicklungs-, sondern erhebungsbedingt sind).
Den Teilnehmern an der Diskussion danke ich für wertvolle Hinweise, die nach Möglichkeit berücksichtigt wurden.
[1] Es seien hier nur genannt: Das deutsche Handwerk in den Frühphasen der Industrialisierung. In: Zeitschrift f. d. ges. Staatswiss. 120, 1964, S. 686—712 und: Die Rolle des Kleingewerbes im wirtschaftlichen Wachstumsprozeß in Deutschland 1850—1914. In: Wirtsch. u. soz. Probleme der gewerb. Entwicklung im 15.—16. u. 19. Jahrhundert. (Forsch. zur Sozial- und Wirtschaftsgesch. 10), Stuttgart 1968, S. 131—142.
[2] Halle 1870.
[3] Tübingen 1901.

einmal die Entwicklung des Handwerks in der Zeit der frühen Industrialisierung Deutschlands zu schildern und zu analysieren,

zum anderen einige Beziehungen zwischen Entwicklungslinien im Handwerk und in der Gesamtwirtschaft aufzuzeigen.

Das ist ein anspruchsvolles Programm, dessen volle Erfüllung den hier zur Verfügung stehenden Rahmen weit überschreiten würde. Entsprechend soll nur ein — aber, wie mir scheint, nicht unwesentlicher — Teilaspekt vorgeführt werden: die Entwicklung des Handwerks in Preußen zwischen 1816 und 1858 und einige seiner Beziehungen zur Entfaltung des preußischen Wirtschaftslebens in diesem Zeitraum.

Grundlage der Ausführungen werden dabei die zwischen 1816 und 1858 alle drei Jahre vom Königl. Preußischen Statistischen Bureau aufgenommenen, aber nur in sehr unterschiedlichem Umfange publizierten preußischen Gewerbetabellen sein. (Über die benutzten Veröffentlichungen vgl. die Anlage.)

Damit setzt sich diese Arbeit einer ernst zu nehmenden Kritik aus. Denn es sind gewichtige Bedenken nicht nur unter methodischen Aspekten an den aus den Tabellen zu gewinnenden Informationen, sondern auch unter quellenkritischen Gesichtspunkten an den Tabellen selbst anzumelden. Selbst wenn man von der schon erwähnten ungleichmäßigen Edition absieht, bieten der wechselnde Kreis der in die Erhebungen einbezogenen Gewerbe, deren z. T. willkürlich wirkende Aufteilung in eine Handwerker- und eine Fabrikentabelle (ab 1846), die bis 1855 beibehaltene Zusammenfassung von Lehrlingen und Gesellen in einer Gruppe, die Aufnahme der Angaben durch z. T. wenig sachkundige Lokalbehörden und anderes mehr Anlaß zur Kritik. Und die erreichbaren Informationen, wie Zahl der Meister und der Beschäftigten[4], ihre regionale und branchenmäßige Gliederung, Verhältnis des Handwerks zur Bevölkerung, durchschnittliche Betriebsgrößen[4], um nur die wichtigsten zu nennen, lassen viele Fragen unbeantwortet.

Doch trotz solcher Bedenken können die Tabellen zumindest einige nicht unwesentliche Hinweise geben. Zudem sind sie m. W. die einzige Quelle, welche die Größenverhältnisse des Handwerkes (und eines beachtlichen Teils der sonstigen gewerblichen Produktion) im hier angesprochenen Zeitraum erkennen läßt. Außerdem verlieren manche Bedenken, die sich gegenüber Einzelangaben erheben lassen, an Gewicht, wenn man die Größen hinreichend aggregiert. Bei einem solchen Vorgehen verliert zwar das Bild an Differenzierung, doch steigt die Wahrscheinlichkeit, daß zumindest die Tendenz richtig herauskommt. Ein solches Ergebnis genügt für viele Zwecke, so auch für die hier beabsichtigte Analyse, besonders dann, wenn man die Ergebnisse vorsichtig interpretiert.

So kann und will diese Arbeit nicht mehr als einen ersten — zugegeben in vielem grob und unvollkommen erscheinenden — Überblick über den Problembereich geben. In dieser Beschränkung liegt freilich auch eine Gefahr, besonders für den Referenten: nämlich die, beiden Adressaten

---

[4] Angaben über die Zahl der Betriebe fehlen. Sie wird daher im folgenden gleich der Zahl der Meister und für eigene Rechnung arbeitenden Personen gesetzt. Das ist nicht ganz korrekt, doch dürfte aller Wahrscheinlichkeit nach der sich ergebende Fehler nur unbedeutend sein.

seiner Ausführungen, dem Historiker wie dem Nationalökonomen, nicht das „Richtige" zu bieten. Jenem könnten die Quellengrundlagen zu schmal, die Details der Entwicklung zu sehr vernachlässigt sein, dieser sich an der Begrenzung der Aussagen in sachlicher und zeitlicher Hinsicht, an der Betonung nur einiger Interdependenzen stören. Vielleicht aber bietet der Referent mit seinem Versuch auch beiden Anregung, das Handwerk bei der Beschäftigung mit den Problemen der Frühindustrialisierung nicht zu übersehen. Die folgenden Ausführungen mögen erweisen, ob diese Hoffnung allzu optimistisch ist.

II.

Bei der Darstellung und Analyse der Entwicklung des Handwerks empfiehlt es sich, zwei große Gruppen zu unterscheiden:

a) Das Bauhandwerk, das wegen der Eigenart seiner Produktion und der Besonderheiten seiner Betriebsorganisation sich aus dem sonstigen Handwerk heraushebt und daher eine gesonderte Behandlung verlangt.

b) Das übrige Handwerk, das sich (in Anlehnung an die auch für das 19. Jahrhundert brauchbare Systematik der Handwerksstatistik des Statistischen Bundesamtes) in folgende Berufsgruppen gliedern läßt:
Metallverarbeitendes Handwerk

Holzverarbeitendes Handwerk

Bekleidungs-, Textil- und lederverarbeitendes Handwerk

Nahrungsmittelhandwerk

Sonstiges Handwerk.

Der Entwicklung beider Gruppen soll im folgenden nachgegangen werden, und zwar, um die Darstellung nicht zu überlasten, lediglich anhand einiger Kennziffern für einige Jahre[5]. Dabei wurden — abgesehen von den festliegenden Anfangs- und Endpunkten — solche Jahre ausgewählt, die für bestimmte Entwicklungsabschnitte innerhalb der Berichtszeit charakteristisch erscheinende Werte aufweisen: 1831, 1846 und 1849.

Bauhandwerk

Für den gesamten Zeitraum (1816—1858) stehen Angaben für alle wichtigen Berufe: Maurer, Zimmerleute, Dachdecker, Steinmetzen und Maler (diese ohne Hilfskräfte) zur Verfügung, so daß eine hinreichende Repräsentanz gegeben ist.

---

[5] Es ist vorgesehen, das gesamte Material zu einem späteren Zeitpunkt zu veröffentlichen.

Tabelle 1

**Kennziffern zur Entwicklung des Bauhandwerks in Preußen
1816—1858**

Jahr	Zahl d. Meister[a] 1816 = 100	Zahl der Hilfskräfte[b] 1816 = 100	Durchschn. Handwerkerdichte[c]	Durchschn. Betriebsgröße[d]	Handwerkeranteil an Bevölkerung[e]
1816	100	100	1,8	2,7	0,5
1831	119	156	1,7	3,3	0,5
1846	152	341	1,8	5,2	0,8
1849	154	337	1,8	5,0	0,8
1858	139	483	1,5	7,9	0,9

Anmerkungen:
a) und für eigene Rechnung arbeitende Personen
b) Hilfskräfte = Gehilfen und Lehrlinge.
c) Zahl der Meister und für eigene Rechnung arbeitende Personen in v. T. der Bevölkerung.
d) Beschäftigte (Meister und Hilfskräfte) je Meister.
e) Zahl der im Handwerk Beschäftigten in v. H. der Bevölkerung.

Zwei Tendenzen zeichnen sich klar ab: die Meisterzahl, bis zur Jahrhundertmitte annähernd im Gleichtakt mit der Bevölkerung gewachsen (vgl. die Handwerkerdichte), sank danach auch in Relation zum Bevölkerungszuwachs ab, während die Zahl der Hilfskräfte stark zunahm (fast auf das Fünffache), was auch zu einem erheblichen Anwachsen der durchschnittlichen Betriebsgröße führte — sie stieg annähernd auf das Dreifache. Als Resultat beider Tendenzen verdoppelte sich der Anteil der im Handwerk Beschäftigten an der Bevölkerung fast.

Weiter wird bei näherem Zusehen deutlich, daß sich diese Entwicklung in Phasen vollzog. Um das noch stärker herauszuarbeiten, mögen ergänzend zu Tab. 1 die durchschnittlichen jährlichen Zuwachsraten der Meister- und der Hilfskräftezahlen in den einzelnen Phasen nachgetragen werden:

Phase	Durchschnittliche jährliche Veränderung der Zahl der	
	Meister	Hilfskräfte
1816—31	244	1106
1831—46	408	3634
1846—49	134	— 432
1849—58	— 313	4780

Grob lassen sich diese Abschnitte wie folgt charakterisieren: 1816—31 ist eine Zeit allmählichen Wachstums. Die Meisterzahl nimmt entsprechend der Bevölkerungsvermehrung zu, und die Betriebsgröße wächst, aber im Vergleich zu später nicht beachtlich. 1831—46 sind dagegen anderthalb Jahrzehnte rascher Zunahme: zwar bleibt die Handwerkerdichte auch hier annähernd unverändert, doch wachsen die Betriebsgröße und der Anteil des Handwerks an der Bevölkerung an. Diese Aufwärtsbewegung erleidet 1846—49 einen Rückschlag. Die Zahl der Hilfskräfte geht absolut zurück, wenn auch nicht stark, und entsprechend vermindert sich die Betriebsgröße. Höchst beachtlich schließlich die Entwicklung in der letzten Phase (1849—58), in der einer starken Verminderung der Meisterzahl eine kräftige Vermehrung der Hilfskräfte gegenübersteht mit der Folge eines fast sprunghaften Anstiegs der Betriebsgröße: also eine Konzentration im Bauhandwerk von einer für diese Zeit erstaunlichen Intensität.

Mit einiger Vorsicht lassen sich aus diesen Angaben Schlüsse auf die wirtschaftliche Entwicklung des Bauhandwerks ziehen. Unzweifelhaft war es ein wachsendes Handwerk. Auf die ganze Zeit gesehen, verdoppelte sich der Anteil seiner Beschäftigten an der Bevölkerung, während sich die durchschnittliche Betriebsgröße sogar mehr als verdreifachte. Darin schlug sich die Konzentrationstendenz nieder: Die Zahl der Hilfskräfte stieg merklich rascher als die der selbständigen Meister, die ab 1849 sogar rückläufig wurde.

Alle diese Fakten deuten auf eine nicht ungünstige wirtschaftliche Lage. Berufe, die langfristig einer steigenden Zahl von Hilfskräften Arbeit geben können, müssen zumindest eine befriedigende Auftrags-, wahrscheinlich aber auch eine zufriedenstellende Gewinnlage haben. Dafür spricht ebenfalls, daß die Meister bei einer Verschlechterung ihrer Situation sehr rasch reagieren konnten: die rückläufige Zahl der Hilfskräfte in der Krisenzeit 1846—49 macht das eindringlich deutlich. Wenn sie also ihre Betriebe ausdehnten, muß die ökonomische Grundlage dafür vorhanden gewesen sein.

Die Abnahme der Meisterzahl nach 1849 spricht nicht gegen diese Folgerung. Sie scheint vielmehr dadurch hervorgerufen zu sein, daß Kleinmeister mit nur wenigen Beschäftigten infolge der zunehmenden Ansprüche der Nachfrager an die Bauausführung und der wachsenden Konkurrenz der leistungsfähigeren größeren Betriebe ausschieden. Dafür spricht, daß sich der Rückgang der Meisterzahl ausschließlich auf dem platten Lande vollzog, wo solche Existenzen eine bedeutende Rolle spielten. Setzt man die Meisterzahl 1849 = 100, so betrug sie 1858 auf dem platten Lande 78, in den Städten 111, in Berlin sogar 130. Es vollzog sich also in den fünfziger Jahren eine Konzentration des Bauhandwerks in den Städten, besonders in den größeren. Daß es vorzugsweise die Kleinbetriebe auf dem Lande waren, die dieser Konzentration zum Opfer fielen, erhellt auch aus dem Umstand, daß die Zahl der Hilfskräfte auf dem platten Lande und in den Städten in annähernd gleichem Maße stieg (bei 1849 = 100 1858 auf dem platten Lande 146, in den Städten 139).

So wird man die wirtschaftliche Entwicklung des Bauhandwerks überwiegend positiv bewerten können. Dieses im ganzen freundliche Bild deckt sich mit dem Eindruck, den man bei einer Betrachtung der Bautätigkeit in Preußen gewinnt. Die Gesamtzahl der dort vorhandenen öffentlichen und privaten Gebäude[6] stieg, setzt man 1816 = 100, bis 1834 auf 122 und bis 1858 auf 154. Aussagekräftiger wären freilich die Gebäudewerte, doch fehlen darüber die Angaben.

Diese Entwicklung der Bautätigkeit erklärt allerdings nur den positiven Trend der Bauwirtschaft über den ganzen Zeitraum, nicht die einzelnen Phasen ihrer Entfaltung. Zu deren Deutung muß ein Blick auf den Wachstumsprozeß der Gesamtwirtschaft geworfen werden, in den die Entwicklung des Bauhandwerks wie auch des übrigen Handwerks verwoben war. Um Wiederholungen zu vermeiden, soll das im folgenden Punkt, bei der Behandlung des übrigen Handwerks, geschehen.

Übriges Handwerk

A. Zunächst ein Überblick über die Gesamtentwicklung.

Dazu eine methodische Vorbemerkung: Die Gewerbetabellen der Jahre 1816—1843 enthalten einen zwar ständig erweiterten, nicht aber das gesamte Handwerk erfassenden Kreis von Berufen (wobei zu einem Teil auch Angaben über Hilfskräfte fehlen); erst ab 1846 ist das Handwerk in ihnen annähernd vollständig erfaßt. Um die Vergleichbarkeit zu sichern, wurden in die folgende Übersicht nur die 21 Berufe aufgenommen, über die von 1816 bis 1858 durchlaufend Notizen über die Zahl der Meister und der Hilfskräfte vorliegen. Es sind folgende:

1. Metallverarbeitendes Handwerk: Grobschmiede / Schlosser / Kupferschmiede / Rot-, Gelb-, Glockengießer / Zinngießer / Klempner / Uhrmacher / Gold- und Silberarbeiter

2. Holzverarbeitendes Handwerk: Tischler / Stellmacher / Böttcher

3. Bekleidungs- usw. Handwerk: Gerber / Schuhmacher / Handschuhmacher / Riemer und Sattler / Seiler / Schneider / Hutmacher

4. Nahrungsmittelhandwerk: Bäcker / Schlachter

5. Sonstiges Handwerk: Töpfer.

Die Masse des Handwerks ist damit erfaßt. Eine Kontrollrechnung für die Zeit 1849—58 ergab, daß die Entwicklung der ausgewählten Berufe und des gesamten Handwerks übereinstimmend verlief; die Repräsentanz der Auswahl ist also zweifelsfrei.

---

[6] Nach der Gebäudestatistik des preußischen Staats, hier berechnet nach den Angaben im Jahrbuch für die amtliche Statistik des Preußischen Staats, hg. vom Kgl. Stat. Bureau. 1. Jg. Berlin 1863, S. 134 f. und 150 f.

Tabelle 2

**Kennziffern zur Entwicklung des Handwerks (ohne Bauhandwerk)
in Preußen 1816—1858**

Jahr	Zahl d. Meister[a) 1816 = 100	Zahl der Hilfskräfte[b) 1816 = 100	Durchschn. Handwerker-dichte[c)	Durchschn. Betriebs-größe[d)	Hand-werker-anteil an Bevölke-rung[e)
1816	100	100	21,4	1,5	3,2
1831	127	120	21,6	1,5	3,2
1846	164	202	22,6	1,6	3,7
1849	167	194	22,6	1,6	3,6
1858	174	241	21,8	1,7	3,7

a) und für eigene Rechnung arbeitende Personen.
b) Hilfskräfte = Gehilfen und Lehrlinge.
c) Zahl der Meister und für eigene Rechnung arbeitende Personen in v. T. der Bevölkerung
d) Beschäftigte (Meister und Hilfskräfte) je Meister.
e) Zahl der im Handwerk Beschäftigten in v. H. der Bevölkerung.

Auch hier seien zur Ergänzung die durchschnittlichen jährlichen Wachstumsraten der Meister- und Hilfskräftezahlen angegeben:

Phase	Durchschnittliche jährliche Veränderung der Zahl der	
	Meister	Hilfskräfte
1816—31	4041	1456
1831—46	5414	6158
1846—49	3037	3122
1849—58	1718	5911

Diese Zahlen lassen einige generelle Schlüsse zu.

a) Zunächst ist eine anhaltende, wenn auch unterschiedlich intensive Zunahme der *Meister* festzustellen. Sie erreichte ihren Höhepunkt im Abschnitt 1831—46. Dann sank sie ab. Besonders 1849—58 war sie merklich geringer, ohne jedoch wie im Bauhandwerk negative Werte anzunehmen.

Der Anteil der Handwerksmeister an der Gesamtbevölkerung (Handwerkerdichte) änderte sich dagegen im gesamten Zeitraum nur unerheblich. Er stieg bis 1846 gering an (von 21,4 auf 22,6) und fiel dann bis 1858 mit 21,8 nahezu auf den Ausgangswert zurück.

Wenn man auch die Aussagekraft dieser Zahlen nicht überschätzen sollte, so erscheint doch in ihrem Lichte die oft anzutreffende Vorstellung von einem überstarken Zudrang zum Handwerk mit der Folge heilloser Überfüllung wenig begründet: die Meisterzahlen sind von 1816 bis 1858 im wesentlichen im Gleichtakt mit der Bevölkerung gewachsen. Zwar fehlt bei dieser Überlegung eine Aussage über die effektive Pro-Kopf-

Nachfrage nach handwerklichen Produkten, doch dürfte sich diese kaum während des ganzen Zeitraumes negativ entwickelt haben.

b) Die Zahl der *Hilfskräfte* (Gehilfen und Lehrlinge) stieg auf fast das Zweieinhalbfache ihres Ausgangswertes und damit erheblich stärker als die Meisterzahl. Die Betriebsgröße nahm daher, wenn auch nicht stark, zu. Auch hier sind, ausgeprägter noch als bei den Meistern, Phasen unterschiedlicher Entwicklungsintensität und (von 1846—49) sogar -richtung zu beobachten. Zwei in ihrer Intensität fast gleiche „Entwicklungssprünge" zeichnen sich deutlich ab: die Perioden 1831—46 und 1849 bis 1858, in denen folgerichtig auch die Betriebsgröße jeweils zunahm.

Diese Entwicklung unterstreicht das bei der Betrachtung der Meisterzahlen Gesagte. Zunehmende Betriebsgrößen deuten, wie schon oben bemerkt, mit erheblicher Sicherheit auf eine nicht ungünstige Auftrags-, wahrscheinlich sogar Gewinnlage, denn während der ganzen Zeit boten kurze Kündigungsfristen der Gehilfen die Möglichkeit, den Beschäftigungsstand rasch einer sich ändernden Nachfrage anzupassen. Daß davon auch entschieden Gebrauch gemacht wurde, zeigt der starke Rückgang der beschäftigten Hilfskräfte in der Krisenzeit 1846—49.

Ein vom Material her nicht sicher zu entkräftendes Gegenargument ist möglich: der Anstieg der Hilfskräfte sei im wesentlichen einer Zunahme der Lehrlinge, der viel berufenen „Lehrlingszüchterei" zu danken. Doch wies die Zählung von 1858, die einzige, die Gehilfen und Lehrlinge trennte, in den hier untersuchten Berufen ein Verhältnis von 2 : 1 zugunsten der Gehilfen auf. Danach erscheint es unwahrscheinlich, daß die Bewegung der Betriebsgröße entscheidend von den Lehrlingen beeinflußt wurde.

c) Es wurde schon angedeutet, daß die Entwicklung in *Phasen* verlief. Diese umfaßten die gleichen Zeiträume wie im Bauhandwerk, doch wichen ihre Kennzeichen z. T. voneinander ab.

Die Zeit von 1816—31 wies eine relativ langsame Entwicklung auf, besonders, wenn man die Zahl der Hilfskräfte betrachtet: sie wuchs — wenn auch nicht erheblich — weniger als die der Meister. Entsprechend stagnierte die Betriebsgröße. Auch der Handwerkeranteil an der Bevölkerung blieb gleich.

Dagegen brachte die nächste Phase (1831—46) einen deutlichen Aufschwung. Die Zahl der Meister nahm noch stärker zu als in der Vorperiode, doch wurde ihr Anwachsen von der Zunahme der Hilfskräfte übertroffen, deren durchschnittlicher jährlicher Zuwachs sich gegenüber dem vorangehenden Zeitabschnitt mehr als vervierfachte mit der Folge, daß auch die durchschnittliche Betriebsgröße anstieg. Zugleich fiel in diesen Zeitraum ein kräftiges Anwachsen des Handwerkeranteils an der Bevölkerung.

Das Triennium 1846/49 brachte auch hier einen sichtbaren Rückschlag. Zwar stieg die Meisterzahl weiter, wenn auch wesentlich weniger intensiv, doch die Zahl der Hilfskräfte ging absolut und relativ zurück.

Die Jahre 1849—58 schließlich waren gekennzeichnet durch einen zweiten Aufschwung, aber unter anderen Vorzeichen als der erste 1831 bis 1846. Die Meister vermehrten sich nur relativ geringfügig, wesentlich weniger als nach 1831. Dafür wuchs die Zahl der Hilfskräfte in annähernd gleichem Maße wie im ersten Aufschwung mit der Folge einer abermaligen Zunahme der Betriebsgröße. Auch im übrigen Handwerk zeigte sich also wie im Bauhandwerk, wenn auch nicht so ausgeprägt, ein Konzentrationsprozeß (steigende Betriebsgröße, sinkende Handwerkerdichte), der sich nach Thissen[7] bis zum Ende des Jahrhunderts fortsetzte (und der, das darf gleich hinzugefügt werden, nach der laufenden Handwerksstatistik noch immer anhält).

Die fünfziger Jahre des vorigen Jahrhunderts waren danach, wie es scheint, der Beginn einer Umstrukturierung im Handwerk in Richtung auf ein langsameres Wachsen der Zahl der Meister, aber eine verstärkte Zunahme der Größe seiner Betriebsstätten.

Allerdings schlug sich die geringere Vermehrung der Meister im Anteil der Handwerker an der Bevölkerung nieder. Anders als im Bauhandwerk, wo sie von der stark anschwellenden Zahl der Hilfskräfte überkompensiert wurde, ließ sie hier nur eine schwache Erhöhung dieses Anteils (von 3,6 auf 3,7 v. H.) zu.

B. Bisher wurde das preußische Handwerk als Ganzes gesehen. Es erscheint aber notwendig, auch seine berufliche und örtliche Differenzierung wenigstens im Umriß zu skizzieren und nach ihrer Entwicklung zu fragen. Auch dabei muß sich aus den genannten Gründen die Darstellung auf die Handwerke beschränken, die in Abschnitt A behandelt wurden. Auch hier ist aber nach Prüfung die Repräsentanz gewährleistet.

1. Zunächst zur *beruflichen Gliederung*, die anhand der o. g. vier großen Berufsgruppen (die Gruppe des „Sonstigen Handwerks" ist nicht ausreichend repräsentiert) aufgezeigt werden soll.

Da diese Arbeit eine auf Einzelzüge verzichtende Darstellung ist, wurde davon abgesehen, die Entwicklung in den einzelnen Berufen zu verfolgen, eine Entscheidung, für die auch Raumgründe sprachen. Allerdings wird bei der Besprechung der einzelnen Berufsgruppen auf die Entwicklung einzelner Berufe, soweit erforderlich, hingewiesen werden.

Um einen Überblick über die Größenverhältnisse zu gewinnen, wird zunächst die Gliederung der insgesamt im Handwerk Beschäftigten 1816 und 1858 einander gegenübergestellt.

---

[7] a. a. O., S. 49 ff.

Tabelle 3

**Die Beschäftigten[a) im preußischen Handwerk (ohne Bauhandwerk)
nach Berufsgruppen 1816 und 1858**

Berufsgruppe	Anteil in v. H.	
	1816	1858
Metallverarb. Handwerk	19,9	20,8
Holzverarb. Handwerk	14,9	20,7
Bekleidungs-, Textil- und lederverarb. Handwerk	50,0	45,1
Nahrungsmittelhandwerk	13,0	11,8
Sonstiges Handwerk	2,2	1,6

Anmerkung: a) Meister und Hilfskräfte.

Die Strukturen weisen ungeachtet aller Differenzen im einzelnen insgesamt doch keine wirklich bedeutsame, das Gewicht der einzelnen Gruppen untereinander und zum Ganzen grundlegend verändernde Verschiedenheit auf. Dieser Umstand erscheint für eine Zeit, für die gern von Strukturänderungen im Handwerk gesprochen wird, zunächst erstaunlich, doch lassen zwei Momente ihn weniger auffällig erscheinen. Einmal sind die Berufsgruppen relativ umfangreiche Aggregate, in denen sich viele Verschiebungen zwischen einzelnen Berufen gegenseitig aufheben, zum anderen wird ihre Erscheinung weithin durch die großen „Massenhandwerke" wie Schuhmacher, Schneider, Bäcker, Schlachter, Tischler geprägt. Und in deren Struktur schlagen sich deutlich die Grundbedürfnisse der Nahrung, Kleidung, Wohnung nieder und teilen ihre relative Konstanz ihr mit.

Dessenungeachtet bedürfen aber die vorhandenen Verschiebungen der Analyse, die zugleich dazu dienen wird, die Entwicklung der einzelnen Berufsgruppen aufzuzeigen.

Tab. 4 (S. 179) gibt im Vergleich der Kennziffern der Berufsgruppen untereinander und mit den Werten für das gesamte Handwerk einen instruktiven Einblick in diese Verschiedenheiten. Dazu im folgenden noch einige Anmerkungen.

a) Im *metallverarbeitenden Handwerk* ist die Meisterzahl im Vergleich zum gesamten Handwerk leicht unterproportional gewachsen, die der Hilfskräfte bis 1849 annähernd proportional, danach stärker. Entsprechend schwankte die durchschnittliche Betriebsgröße relativ stark, wobei der kräftige Anstieg in den Aufschwungperioden (1831—46 von 1,5 auf 1,8, 1849—58 von 1,7 auf 1,9) bemerkenswert erscheint. Der Anteil an der Bevölkerung stieg in diesen Phasen ebenfalls um je einen Punkt.

Auf eine Besonderheit, die das Bild dieser Gruppe im Vergleich von 1831 und 1846 möglicherweise, wenn auch nicht entscheidend, beeinflussen kann, sei in diesem Zusammenhang hingewiesen: In der Gewerbetabelle 1846 ist

Tabelle 4

Kennziffern zur Entwicklung einzelner Berufsgruppen des Handwerks (ohne Bauhandwerk) in Preußen 1816—1858

Jahr	Metallverarb. Handwerk				Holzverarb. Handwerk				Bekleidungs-, Textil- u. lederverarb. Handwerk				Nahrungsmittel- handwerk				Gesamtes Handwerk (Zum Vergleich)			
	a	b	c	d	a	b	c	d	a	b	c	d	a	b	c	d	a	b	c	d
1816	100	100	1,6	0,6	100	100	1,4	0,5	100	100	1,5	1,6	100	100	1,4	0,4	100	100	1,5	3,3
1831	124	118	1,5	0,7	145	154	1,5	0,6	127	112	1,5	1,6	116	113	1,4	0,4	127	120	1,5	3,2
1846	153	209	1,8	0,7	211	297	1,6	0,8	162	176	1,6	1,8	140	195	1,5	0,4	164	202	1,6	3,7
1849	157	195	1,7	0,6	220	269	1,5	0,8	165	171	1,6	1,7	136	208	1,6	0,4	167	194	1,6	3,6
1858	168	270	1,9	0,8	233	361	1,7	0,8	168	195	1,6	1,7	147	260	1,7	0,4	174	241	1,7	3,7

Zeichenerklärung:
a = Meister und für eigene Rechnung arbeitende Personen; 1816 = 100.
b = Hilfskräfte (Gehilfen und Lehrlinge); 1816 = 100.
c = Durchschnittliche Betriebsgröße = Beschäftigte (Meister und Hilfskräfte) je Meister.
d = Handwerkeranteil an Bevölkerung = Zahl der im Handwerk Beschäftigten in v. H. der Bevölkerung.

die Zahl der Schlosser in den Provinzen Westfalen und Rhein, und zwar nur in diesen, geringer als 1843 angesetzt. Da Gründe für einen tatsächlichen Rückgang nicht zu erkennen sind, wurden wahrscheinlich die im bergischen und märkischen Lande im Verlag für Eisenwarenfabrikanten arbeitenden Schlosser in die 1846 neu eingerichtete „Fabrikentabelle" übernommen.

Insgesamt jedoch bot die Entwicklung des metallverarbeitenden Handwerks keine herausragende Besonderheit. Das ist eigentlich erstaunlich, denn angesichts der in der Literatur immer wieder betonten engen Beziehungen zur metallerzeugenden und (besonders) metallverarbeitenden Industrie, die sich in dieser Zeit beachtlich entfaltete, hätte man stärkere Reaktionen vermutet.

b) Das *holzverarbeitende Handwerk* hatte bei den Meistern und bei den Hilfskräften die mit Abstand stärksten Zuwachsraten zu verzeichnen. Die Betriebsgröße stieg zwischen 1816 und 1858 von 1,4 auf 1,7, der Anteil an der Bevölkerung von 0,5 auf 0,8 v. H. Bereits 1816—31 zeigte eine starke Vermehrung, wobei abweichend von den anderen Zweigen die Zahl der Hilfskräfte rascher zunahm als die der Meister.

1831—46 und 1849—58 waren ausgeprägte Aufschwungperioden, wobei in der zweiten Phase die Differenz zwischen den Zuwachsraten der Meister und der Hilfskräfte außerordentlich hoch war, mit anderen Worten die Konzentration besonders rasch voranschritt. Die Zeit 1846—49 zeigte eine anhaltende, nicht erheblich verlangsamte Zunahme der Meister, während die Hilfskräftezahl sehr kräftig zurückging.

Ursächlich für diese Bewegung war der mit Abstand größte holzverarbeitende Beruf, die Tischler. Während die übrigen Holzarbeiter wie Stellmacher und Böttcher nur allmähliche Veränderungen zeigten, waren die Zuwachsraten dort ungewöhnlich hoch. Das hatte verschiedene Gründe. An erster Stelle wird wohl der Einfluß der regen Bautätigkeit zu nennen sein, der den Wachstumsverlauf der Tischler dem des Bauhandwerks anglich.

c) Das *Bekleidungs-, Textil- und lederverarbeitende Handwerk* folgte als mit weitem Abstand größte Berufsgruppe (vgl. Tab. 3) annähernd dem Verlaufe des Gesamthandwerks. Indes zeigen sich bei näherem Hinsehen doch einige — mir charakteristisch erscheinende — Abweichungen. So blieb die Zunahme der Meisterzahl 1849—58 deutlich hinter der des gesamten Handwerks zurück (übrigens sank auch die Handwerkerdichte) und war überhaupt die niedrigste aller Berufsgruppen in dieser Periode. Noch auffälliger hinkten in (mit Ausnahme des „Krisenjahres" 1849) immer größer werdendem Abstand die Zuwachsraten der Hilfskräfte der allgemeinen Entwicklung nach, so daß die durchschnittliche Betriebsgröße lediglich zwischen 1831 und 1846 von 1,5 auf 1,6 stieg und dann stagnierte. Der Handwerkeranteil veränderte sich sinngemäß: Anstieg von 1831—46 von 1,6 auf 1,8 v. H., Abfall bis 1849 auf 1,7 v. H. und dann Stagnation auf diesem Niveau.

Hier vollzog sich also eine (wenn auch nur relative) negative Entwicklung. Die Frage nach ihren Gründen führt im Rahmen des vorliegenden Materials zu einer Analyse der Entwicklung in den Hauptberufen der Gruppe und damit zu den Massenberufen der Schuhmacher und der Schneider, in denen fast 90 v. H. der hier erfaßten Angehörigen der Berufsgruppe vereinigt waren. (Beide waren übrigens — in der Reihenfolge Schuhmacher/Schneider — die mit Abstand größten Handwerksberufe in Preußen.) Die Kennziffern dieser Berufe lauten:

Tabelle 5

Kennziffern zur Entwicklung des Schuhmacher- und des Schneiderhandwerks in Preußen 1816—1858

Jahr	Schuhmacher				Schneider			
	a	b	c	d	a	b	c	d
1816	100	100	1,6	0,8	100	100	1,4	0,6
1831	131	117	1,5	0,8	126	111	1,4	0,6
1846	172	173	1,6	0,8	161	197	1,5	0,7
1849	175	173	1,6	0,8	164	187	1,5	0,7
1858	180	195	1,6	0,8	165	215	1,6	0,6

Zeichenerklärung:
a = Meister und für eigene Rechnung arbeitende Personen; 1816 = 100.
b = Hilfskräfte (Gehilfen und Lehrlinge); 1816 = 100.
c = Durchschnittliche Betriebsgröße = Beschäftigte (Meister und Hilfskräfte) je Meister.
d = Handwerkeranteil an Bevölkerung = Zahl der im Handwerk Beschäftigten in v. H. der Bevölkerung.

Bei allen Unterschiedlichkeiten im einzelnen, die hier nicht näher diskutiert werden können, war beiden Berufen ein nur langsames und verzögertes Wachstum eigen. Besonders auffällig zeigte sich dies bei dem größten Beruf, den Schuhmachern, wo Betriebsgröße und Anteil der Beschäftigten an der Bevölkerung während des ganzen Zeitraumes praktisch gleich blieben. Bei den Schneidern stieg die Betriebsgröße zwischen 1831 und 1846 und 1849 und 1858, wenn auch jeweils nur gering, an. Der Anteil an der Bevölkerung dagegen, zwischen 1816 und 1831 um einen Punkt gestiegen, ging von 1849 bis 1858 sogar wieder auf den Ausgangswert zurück.

Die beiden großen Berufe der Schuhmacher und Schneider vermochten dem Bekleidungshandwerk also keine Impulse zu einem stärkeren Wachstum zu geben. Ursache war die wirtschaftliche Schwäche der meisten Angehörigen dieser Berufe, in denen kleine und kleinste Existenzen überwogen[8]. Bei den Schuhmachern deutet die im Vergleich zum gesamten Handwerk (und auch zur Bevölkerungsentwicklung) überdurchschnittlich hohe Zunahme der Meister verbunden mit der unterdurchschnittlichen Vermehrung der Hilfskräfte auf eine Tendenz zur Überfüllung, also einer im Vergleich zur Nachfrage zu hohen Meisterzahl mit ihren nachteiligen wirtschaftlichen Folgen.

d) Einen besonders interessanten Verlauf nahm die Entwicklung im *Nahrungsmittelhandwerk.* Die Meisterzahlen wuchsen im Vergleich zum Gesamthandwerk stark unterproportional und hatten überhaupt von allen Berufsgruppen die niedrigste Wachstumsrate. Die Zahl der Hilfskräfte nahm bis 1846 annähernd proportional zum gesamten Handwerk zu, danach stieg sie überdurchschnittlich, so daß sich auch die Betriebsgröße von 1846 bis 1858 anhaltend erhöhte.

In dieser Entwicklung spiegelte sich die Eigenart der beiden hier erfaßten Berufe, der Bäcker und der Schlachter. Zumindest zweierlei ist bei ihnen zu berücksichtigen: einmal die Besonderheit der Nachfrage nach ihren Produkten, die in deren geringer Einkommens- und Preiselastizität ihren Ausdruck fand, zum andern der auch im 19. Jahrhundert noch immer recht hohe Grad der Selbstversorgung, vor allem auf dem Lande. Dieser ist wahrscheinlich für das unterproportionale Anwachsen der Meisterzahl verantwortlich zu machen, indem neue Existenzen auf dem Lande (wo sich das sonstige Handwerk besonders rasch entwickelte) schwerer einen Start fanden als Meister anderer Berufe; jene erklärt besonders die erstaunliche Entwicklung 1846/49: Das Nahrungsmittelhandwerk war die einzige Gruppe, bei der Zahl der Hilfskräfte und Betriebsgröße auch in dieser Periode stiegen. Ganz offensichtlich profitierten seine Meister von den durch die Mißernten dieser Jahre ausgelösten Preissteigerungen und waren wegen der geringen Nachfrageelastizität dem Nachfragerückgang nicht so stark ausgesetzt wie andere Handwerker. Dahin deutet es auch, daß die Hilfskräfte bei den Bäckern stärker zunahmen als bei den nachfrageelastischere Güter anbietenden Schlachtern (bei 1846 = 100, 1849 Bäcker 109, Schlachter 103).

Insgesamt hat die Betrachtung der vier großen handwerklichen Berufsgruppen das Bild der handwerklichen Entwicklung 1816—1858 zwar z. T. erheblich differenziert, in seinen Grundzügen aber nicht wesentlich geändert. Das gilt auch für die oben vorgenommene Einteilung in Entwicklungsphasen, da (mit Ausnahme des Nahrungsmittelhandwerks 1846—49) in allen Gruppen die für die einzelnen Phasen charakteristische Entwicklungsrichtung, wenn auch in unterschiedlicher Intensität, zu beobachten war.

---

[8] Vgl. dazu und zum folgenden Schmoller a. a. O., S. 622 ff. (Schuhmacher) und 642 ff. (Schneider).

2. Die *regionale Gliederung* des Handwerks und ihre Entwicklung kann hier nur ganz knapp behandelt werden, indem die durchschnittliche Betriebsgröße und der Anteil des Handwerks an der Bevölkerung für die größeren Landesteile Preußens in den Jahren 1822 (für 1816 gestattet das veröffentlichte Material eine regionale Gliederung nicht) und 1858 einander gegenübergestellt werden.

Tabelle 6

Durchschnittliche Betriebsgrößen des Handwerks und Handwerkeranteil an der Bevölkerung (ohne Bauhandwerk) in Preußen 1822 und 1858 nach Landesteilen

Landesteil	Durchschn. Betriebsgröße[a]		Handwerkeranteil an der Bevölkerung in v. H.	
	1822	1858	1822	1858
Östliche Provinzen[b]	1,4	1,7	2,7	2,9
Mittlere Provinzen[c]	1,6	1,8	3,7	4,3
Provinz Schlesien	1,4	1,7	2,9	3,5
Westliche Provinzen[d]	1,5	1,6	3,4	4,3
Ganz Preußen (zum Vergleich)	1,5	1,7	3,2	3,7

Anmerkungen:
a) Beschäftigte (Meister und Hilfskräfte) je Meister.
b) Preußen (Ost- und Westpreußen), Posen, Pommern.
c) Brandenburg einschl. Berlin, Sachsen.
d) Westfalen, Rhein.

Die Tabelle läßt zwei Tendenzen hervortreten: bei der Betriebsgröße im Osten und in Schlesien eine kräftigere Zunahme als in der Mitte und im Westen, beim Handwerkeranteil dagegen eine von Ost nach West stärker werdende Erhöhung. Zwischen beiden Tendenzen besteht ein, in der unterschiedlichen Struktur des Handwerks in den preußischen Landesteilen begründeter Zusammenhang. Betrachtet man die Zahlen für 1822, so heben sich sowohl bei der Betriebsgröße als auch beim Handwerkeranteil vor allem die mittleren, daneben aber auch die westlichen Provinzen durch höhere Werte heraus. Das ist ein Niederschlag der wirtschaftlichen Entwicklung dieser Gebiete. Die westlichen Provinzen, besonders der Raum beiderseits des Niederrheins, das bergische und märkische Land waren seit je ein stark verdichtetes Gewerbegebiet mit ausgeprägtem Handwerk. In den Spitzenwerten der mittleren Provinzen machte sich nicht nur der Einfluß des gewerblichen Zentrums Berlin bemerkbar, sondern auch die hier besonders ausgeprägte merkantilistische Förderung des Gewerbes im 17. und 18. Jahrhundert, die das Handwerk freilich auf die Städte zu konzentrieren versuchte. Schlesien, vor allem aber die östlichen Provinzen hatten ein weniger stark entwickeltes Handwerk, das ebenfalls besonders in den Städten angesiedelt war[9].

Diese unterschiedliche Struktur prägte sich nun innerhalb der Berichtszeit noch deutlicher aus, und 1858 ist die bereits 1822 erkennbare Polarisierung zwischen Ost und West ganz klar zu sehen. Besonders offensichtlich wird das beim Handwerkeranteil, der im Osten nur von 2,7 auf 2,9, im Westen dagegen von 3,4 auf 4,3 v. H. stieg und bei dem das Handwerk der westlichen den Wert der mittleren Provinzen erreichte. In der Entwicklung der Betriebsgröße machte sich dagegen der relativ hohe Anteil des Landhandwerks (mit seinem geringeren Betriebsumfang) am Handwerk der westlichen Provinzen[10] bemerkbar und führte dazu, daß sie im Osten kräftiger als im Westen stieg.

C. Die bisherige Betrachtung des preußischen Handwerks hat, obwohl sie nur auf einige Gesichtspunkte beschränkt wurde, doch eine Reihe von Entwicklungstendenzen hervortreten lassen. Es mag daher nützlich sein, die wichtigsten Ergebnisse noch einmal kurz zusammenzufassen.

1. Die Zeit 1816 bis 1858 war für das preußische Handwerk (auch ohne Berücksichtigung des Bauhandwerks) eine Zeit des Wachstums. Der Anteil seiner Beschäftigten an der Bevölkerung stieg von 3,2 v. H. 1816/1831 auf 3,7 v. H. 1846 und blieb, abgesehen von einem kurzen Rückgang auf 3,6 v. H. 1849, auf diesem Wert stehen. Die Betriebsgröße erhöhte sich von 1,5 1816/1831 bis 1846 auf 1,6 und von 1846/1849 bis 1858 noch einmal auf 1,7.

2. Diese Entwicklung vollzog sich in Phasen:
   1816—1831. Das Handwerk wächst im Gleichtakt mit der Bevölkerung, und die Zahl der Meister und der Hilfskräfte nimmt annähernd in gleichem Maße zu. Also auch Gleichbleiben des Handwerkeranteils und der Betriebsgröße in einer Phase der Stagnation.

   1831—1846. Das Handwerk nimmt stärker als die Bevölkerung zu. Zugleich steigt die Zahl der Hilfskräfte rascher als die der Meister. Also Wachstum der Betriebsgröße und des Handwerkeranteils in einer Phase ausgeprägter Expansion.

   1846—1849. Schwache Zunahme bei den Meistern und rückläufige Beschäftigung von Hilfskräften führen zu einem Stagnieren der Betriebsgröße und einem leichten Rückgang des Anteils an der Bevölkerung in einer Phase des (vorübergehenden) Rückgangs.

---

[9] Zur regionalen Verteilung des Handwerks um 1800 vgl. *Kaufhold, Karl Heinrich*: Umfang und Gliederung des deutschen Handwerks um 1800. In: Abel, Wilhelm und Mitarbeiter: Handwerksgeschichte in neuer Sicht (Göttinger Handwerkswirtschaftliche Studien. 16). Göttingen 1970, S. 44 ff.

[10] S. dazu *Kaufhold*, a. a. O., S. 52 und 59.

1849—1858. Das Handwerk nimmt, aber nur ein wenig, stärker als die Bevölkerung zu, wobei der Anteil der Meister an der Bevölkerung (Handwerkerdichte) deutlich rückläufig ist. Die Zahl der Hilfskräfte steigt wesentlich rascher als die der Meister mit der Folge eines ausgeprägten Sprungs der Betriebsgröße. Insgesamt also eine Phase der Konzentration.

3. Obwohl der Anteil der Berufsgruppen am Gesamthandwerk sich von 1822 bis 1858 nicht grundlegend änderte, verlief die Entwicklung in den Gruppen doch in charakteristischer Verschiedenheit:

Das holzverarbeitende Handwerk wuchs mit Betriebsgröße und Handwerkeranteil am stärksten, getragen von der Expansion der Tischler,

dann folgte das metallverarbeitende Handwerk, in der Betriebsgröße im gleichem Maße wie das holzverarbeitende Handwerk, im Anteil an der Bevölkerung dagegen geringer zunehmend,

als drittes das Nahrungsmittelhandwerk, in der Entwicklung der Betriebsgröße gleichauf, aber mit konstantem Anteil an der Bevölkerung wegen des relativen Gleichbleibens der Meisterzahlen,

am Schluß das Bekleidungshandwerk, das unter dem Einfluß der im ganzen nicht günstig gestellten Schuhmacher und Schneider nur wenig wuchs.

4. Regional waren beim Handwerkeranteil die westlichen Provinzen führend und die östlichen am wachstumsschwächsten; bei der Betriebsgröße zeigten dagegen unter dem Einfluß der stärkeren Konzentration des Handwerks in den Städten der Osten und Schlesien den stärksten Fortschritt.

Es ist erstaunlich, wie gut sich diese Entwicklungszüge des Handwerks in die allgemeine wirtschaftliche Entwicklung Preußens in dieser Zeit einpassen. Es mag genügen, das an dem — m. E. entscheidenden — Beispiel der Entwicklungsphasen deutlich zu machen. So entspricht die Phase der Stagnation im Handwerk 1816—1831 einer auch gesamtwirtschaftlich nicht günstig zu beurteilenden Zeit. Die Folgen der Napoleonischen Kriege, die sich ihnen anschließende Zeit der Deflation, besonders aber die große Agrarkrise der zwanziger Jahre mit ihrem Höhepunkt 1825[11] hemmten einen raschen Aufschwung. Wie sehr sich vor allem die Agrarkrise auf das Handwerk auswirkte, mag folgender Vergleich zeigen: Von 1822 bis 1834[12] stieg, setzt man 1822 = 100, die Zahl der hand-

---

[11] *Abel, Wilhelm:* Agrarkrisen und Agrarkonjunktur. Eine Geschichte der Land- und Ernährungswirtschaft Mitteleuropas seit dem hohen Mittelalter. 2. Aufl. Hamburg und Berlin 1966, S. 210 ff.
[12] Für 1816 und 1831 stehen keine regional aufgegliederten Zahlen zur Verfügung.

werklichen Hilfskräfte in der rein agrarisch bestimmten Provinz Posen auf 119, im stärker gewerblich geprägten Westfalen auf 138. Bedenkt man, daß der Osten im allgemeinen zu höheren Betriebsgrößen und damit zu einer relativ stärkeren Beschäftigung von Hilfskräften tendierte (s. oben), wird ganz klar, welchen Einbruch die Agrarkrise auch im Handwerk auslöste.

Dagegen fällt die Phase der Expansion 1831—1846 in eine Zeit gesamtwirtschaftlichen Aufstiegs, wie heute wohl unbestritten ist. Es mag genügen, dafür einige Belege anzuführen. So sagt Spiethoff[13]: „... ein allgemeiner Aufschwung ist unverkennbar", Mottek[14] bemerkt: „Im ganzen machten sich in den Jahren unmittelbar nach der Bildung des Zollvereins bereits Elemente einer ersten deutschen Investitionswelle stark bemerkbar", und Kuczynski[15] führt in seinem, von ihm als rohe Schätzung bezeichneten Index der deutschen Industrieproduktion (bei 1860 =100) als Werte auf für 1821/30: 12, 1831/40: 23, also fast eine Verdoppelung.

Ganz auffällig ist die Verknüpfung der Rückgangsphase 1846—49 mit der gleichzeitigen großen Hungerkrise der Jahre 1845 und danach (mit dem Höhepunkt 1847) und den sich anschließenden politischen Unruhen 1848/49. Es mag genügen, noch einmal Spiethoff[16] zu zitieren, nach dem ein „schwerer Druck auf dem unmittelbaren Verbrauch nicht nur der Nahrungsmittel, sondern auch der gewerblichen Gebrauchsgüter" lag. Das Handwerk als entschieden verbrauchsorientierter Wirtschaftszweig wurde von einer solchen Entwicklung unmittelbar und besonders stark betroffen.

Und schließlich fällt die Phase der Konzentration 1849—58 wohl nicht zufällig zusammen mit dem ersten starken Aufschwung der deutschen Industrie in den fünfziger Jahren. Man nennt diese Zeit gern die des eigentlichen Durchbruchs der Industrialisierung in Deutschland und setzt in ihr (so jedenfalls die überwiegende Meinung) den sog. „take-off" an. Es ist auffällig, daß sich auch im Handwerk in dieser Periode mit der Konzentration eine Tendenz anbahnt, die für seine Entwicklung im Industriezeitalter bis heute bestimmend geblieben ist.

---

[13] *Spiethoff, Arthur:* Die wirtschaftlichen Wechsellagen. Aufschwung, Krise, Stockung. I. Erklärende Beschreibung. Tübingen-Zürich 1955, S. 113.
[14] *Mottek, Hans:* Wirtschaftsgeschichte Deutschlands. Bd. II. Von der Zeit der Französischen Revolution bis zur Zeit der Bismarckschen Reichsgründung. 2. Aufl. Berlin 1969, S. 132.
[15] *Kuczynski, Jürgen:* Darstellung der Lage der Arbeiter in Deutschland von 1789 bis 1849. (J. K., Die Geschichte der Lage der Arbeiter unter dem Kapitalismus. Teil I, Bd. 1). Berlin 1961, S. 93.
[16] a. a. O., S. 115.

III.

Abschließend soll noch — ohne Anspruch auf Vollständigkeit — auf einige Gesichtspunkte eingegangen werden, die zur Erklärung der Entwicklung beitragen können.

Diese wurde, wie mir scheint, in diesen Jahrzehnten des Wandels und des Übergangs zu neuen Formen in Wirtschaft und Gesellschaft im starken Maße von zwei Grundkräften beherrscht:

1. von der Kontinuität, d. h. von einem Fortwirken vorindustrieller Strukturen und Prozesse,

2. vom Wandel im Sinne von Anpassung.

Beide Kräfte wirkten, das sei zur Vermeidung von Mißverständnissen bemerkt, nicht nur im Handwerk, sondern in allen der vorindustriellen Zeit entstammenden Erscheinungsformen wirtschaftlichen und sozialen Lebens, doch lassen sie sich an seinem Beispiel m. E. besonders deutlich herausarbeiten.

Zu 1. Eine Reihe wichtiger, für das vorindustrielle Handwerk charakteristischer Erscheinungen ist auch, jedenfalls bei der Masse des Handwerks, im Berichtszeitraum anzutreffen. Dafür einige Beispiele:

Die Gliederung nach Berufsgruppen verschob sich, wie oben gezeigt wurde, nicht wesentlich. Produktionsorganisation und -technik veränderten sich kaum, ebenso nicht die Eigenarten handwerklicher Berufsausbildung und handwerklichen Werdegangs (Lehrling—Geselle—Meister). Auch beim Absatz gab es keinen grundlegenden Wandel. Nach wie vor stand der Lokalabsatz (am Produktionsort oder in dessen näherer Umgebung) im Vordergrund, und die Produktion auf Bestellung (Lohnwerk) blieb wichtig.

So war das Handwerk der frühindustriellen Zeit noch weithin vorindustriell geprägt (auch in seinem Denken und seinen Anschauungen); ein Umstand, dessen Gewicht für die handwerkliche Entwicklung nicht gering zu veranschlagen ist. Freilich verlor schon im Laufe der hier behandelten Zeit diese Prägung mehr und mehr an Kraft.

Zu 2. Das deutet schon auf den zweiten Gesichtspunkt des Wandels, der sich in verschiedenen Bereichen handwerklicher Wirtschaft und Gesellschaft vollzog, und zwar teils auf einzelne Berufe oder gar Betriebe beschränkt, teils die Mehrheit der Handwerker erfassend. So realisierten sich, wenn auch zumeist erst in einzelnen Betrieben, Ansätze neuer Produktions- und Absatzmethoden nach dem Vorbild der Fabrik. Diese Betriebe entwuchsen dann allerdings oft dem Rahmen des Handwerks und wurden selbst zu Fabriken. Ein gutes Beispiel dafür bot das Maschinenbauerhandwerk[17].

Bedeutender als diese, auf das Ganze gesehen doch noch am Rande stehenden Erscheinungen waren die oben herausgearbeiteten Tendenzen zur Konzentration und zur Betriebsvergrößerung, die in engem Zusammenhang standen. Hier, in der (teils nur relativen, teils auch absoluten) Verminderung der Zahl selbständiger Meister bei gleichzeitiger Vermehrung der Hilfskräfte je Betrieb, zeigte sich eine neue Entwicklungslinie, die zu einer Änderung des überkommenen Charakters des Handwerks führen konnte. Denn (rechtliche, zumeist aber auch tatsächliche) Begrenzung der Gehilfenzahl (und damit Begrenzung der Produktion) war eine der Grundlagen gewesen, auf denen sich das vorindustrielle Handwerk entwickelt hatte, und von ihr waren mannigfache Folgen ausgegangen: nicht zuletzt fand hier die Berufsteilung als die typisch handwerkliche Form der Arbeitsteilung eine ihrer wichtigsten Ursachen. Wuchsen nun die Betriebe, so wuchs auch die Wahrscheinlichkeit, daß es — in Verbindung mit anderen, zu einem Wandel in der Funktion des Handwerks drängenden Kräften — zu Änderungen in der handwerklichen Organisation und Produktion kam, die dann in der Folge auch eingetreten sind. Doch gehört das weitgehend[18] einer späteren Zeit an.

Kontinuität und Wandel als in der Entwicklung des Handwerks sich ausprägende Kräfte sind allerdings noch nicht die endgültige Antwort auf die Frage nach den Erscheinungen, die seiner Entwicklung die Richtung gaben. Die herkömmliche, scheinbar alles erklärende Lösung dieser Frage lautet: die Industrialisierung bestimmte den weiteren Werdegang des Handwerks. Doch schon Gustav Schmoller hat vor einer solchen Übervereinfachung gewarnt und festgestellt, „daß die landläufige Phrase, die Großindustrie habe das Handwerk verdrängt, die Sache nicht erschöpft"[19]. Und in der Tat wird eine solche, nur auf das Verhältnis von Industrie und Handwerk beschränkte Erklärung der vielschichtigen historischen Realität nicht gerecht[20].

Eben diese Vielschichtigkeit verbietet es auch, hier auf begrenztem Raum eine vollständige Antwort auf das Problem zu geben. Es sei daher nur auf zwei Faktoren hingewiesen, die meiner Ansicht nach von Ge-

---

[17] *Schröter, Alfred* und *Becker, Walter:* Die deutsche Maschinenbauindustrie in der industriellen Revolution. (Veröff. d. Inst. f. Wirtschaftsgesch. an der Hochschule f. Ökonomie Berlin-Karlshorst. 2). Berlin 1962, S. 48 ff.

[18] Der Wandel des Gesellen vom — wenn auch minderberechtigten — Zunftgenossen des Meisters zum „freien" Lohnarbeiter ist ein Beispiel für Änderungen, die schon in der Berichtszeit zu beobachten waren.

[19] a. a. O., S. 166.

[20] Damit soll nicht bestritten werden, daß die Industrie einen gewichtigen Einfluß auf die Handwerksentwicklung hatte. Doch erscheint der *alleinige* Hinweis auf die Industrialisierung als causa movens gerade für die Zeit der Frühindustrialisierung nicht ausreichend.

wicht sind, die aber bei einer isolierten Betrachtung von Handwerk und Industrie leicht übersehen werden: die Bevölkerungsbewegung und die Entwicklung in der Landwirtschaft.

Was damit gemeint ist, wird am besten bei einer knappen, auf ihre Grundzüge reduzierten Analyse des Zusammenspiels dieser Faktoren deutlich.

Grundlegendes Faktum war die etwa 1750 beginnende, den Berichtszeitraum über anhaltende Bevölkerungsvermehrung, besonders auf dem Lande, die auch in Preußen zu beobachten war. Sie stellte die zwar erstaunlich elastische, im Grunde aber doch statisch geprägte vorindustrielle Wirtschaft vor das Problem der Eingliederung des Zuwachses an Menschen in den Produktionsprozeß. Der weitaus größte Wirtschaftssektor, die Landwirtschaft, wurde mit wachsendem Zustrom immer weniger aufnahmefähig, zumal seine „Beschäftigungselastizität" durch die feudalen Bindungen beeinträchtigt war. Aber auch als diese zum Teil fielen, nach der sog. Bauernbefreiung, den Gemeinheitsteilungen usw., wuchs seine Aufnahmefähigkeit nicht entscheidend, sondern blieb durch Besitzstruktur, Betriebsorganisation, Arbeitsbedingungen, bis 1830 auch durch die anhaltende Agrarkrise begrenzt. Beleg dafür ist das vielfach, auch und besonders von den Zeitgenossen bezeugte rasche Anwachsen der „unterbäuerlichen Schicht" auf dem Lande, deren Angehörige kein dauerndes Unterkommen in der Landwirtschaft fanden und es anderweit suchen mußten.

Sie wandten sich (soweit sie nicht auswanderten) vor allem dem Gewerbe zu, und so kam es im 18. und im frühen 19. Jahrhundert trotz aller dagegen gerichteten Maßnahmen zu einer schnellen und starken Zunahme des Landhandwerks (besonders des im Verlag arbeitenden textilerzeugenden Handwerks — Spinnerei und Weberei), aber auch zu einem Druck auf das Gewerbe in den Städten. Dieses suchte sich ihm durch Einsatz der Zunftorganisation zu entziehen, doch gelang das nur unvollkommen: das un- und außerzünftige Handwerk nahm zu, und die Möglichkeiten der Zünfte, den Zugang zum Handwerk zu erschweren, wurden durch die wenig zunftfreundliche und zunehmend liberalere Gewerbepolitik des Staates immer geringer. Die Gewerbefreiheit setzte hier nur den Schlußstein einer Entwicklung, die den Exklusivitätsanspruch der Zunftmeister schon vielerorts erschüttert hatte.

In der Zeit von 1816—1846 war der Zustrom zum Handwerk denn auch in vollem Gange; seine Meister- und Gesellenzahlen stiegen ab 1831 sogar rascher als die Bevölkerung — es sei an die o. g. Werte noch einmal erinnert. Und doch waren diesem Zustrom Grenzen gesetzt. Denn Gewerbefreiheit hieß ja in der Realität nicht, daß jedem jedes Gewerbe auch tatsächlich offenstand.

Der Investitionsaufwand in vielen Berufen, das notwendige Betriebs-
kapital, die erforderlichen Kenntnisse und Fähigkeiten, ohne die ein
Scheitern im Wettbewerb meist schnell kam, bildeten Hürden, die nicht
jeder überspringen konnte. So wandten sich viele nicht dem selbständigen Handwerk zu, sondern suchten in der zumeist im Verlag arbeitenden
Textilherstellung Arbeit und Brot. Leider fehlen hier weitgehend Zahlenangaben; nur die „gehenden" (im Betrieb befindlichen) Webstühle
wurden erfaßt und geben einen, wenn auch unvollkommenen Einblick
(in allen Fällen 1816 = 100):

Jahr	Gehende Webstühle [21]		Zum Vergleich	
	insges.	dav. neben- beruflich	Handwerk[22]	Bevölkerung
1831	125	135	127	126
1846	181	177	188	156

Die Zahl der Webstühle stieg also annähernd in gleichem Maße wie
die Zahl der in den hier erfaßten Handwerksberufen Tätigen. Damit
wird deutlich, daß auch das textilproduzierende Gewerbe wuchs und
einen zunehmenden Teil des Bevölkerungsanstiegs aufnahm.

Daß all dies nicht ausreichte, um den Bevölkerungsdruck aufzufangen,
ist bekannt. Nicht umsonst sind gerade die hier besprochenen Jahrzehnte
zwischen den Napoleonischen Kriegen und der Revolution 1848/49 als
Zeit des „Pauperismus" in die Geschichte eingegangen[23], und Pauperismus heißt, auf seinen ökonomischen Kern reduziert, auch und vor allem
fehlende oder unzureichende Erwerbsmöglichkeiten. Warum aber gelang
es dem Gewerbe nicht, den „außeragrarischen" Bevölkerungszuwachs
voll und zu ausreichenden Bedingungen aufzunehmen?

Der Versuch, eine halbwegs befriedigende Antwort auf diese Frage zu
finden, würde den Rahmen dieser Arbeit sprengen. Es sei daher hier
lediglich auf den Einfluß hingewiesen, den die Landwirtschaft oder genauer: die Ernteergebnisse auf die gesamtwirtschaftliche Nachfrageentwicklung ausübten[24]. Er läßt sich in gröbster Vereinfachung so definieren,
daß Mißernten (entsprechend der Krisentheorie von Labrousse) zu einem
Rückgang der gesamtwirtschaftlichen Nachfrage und damit zu einer

---

[21] Ohne Bandstühle.
[22] Ausgewählte Berufe (s. oben im Text) einschl. Bauhandwerk; Meister
und Hilfskräfte.
[23] Vgl. dazu neuerdings *Abel, Wilhelm:* Der Pauperismus in Deutschland am
Vorabend der industriellen Revolution. Hannover 1970, passim.
[24] Zu diesem und dem folgenden vgl. Abel Agrarkrisen, a. a. O., insbesondere
die grundsätzlichen Ausführungen S. 22 ff.

Krise führten, daß aber auch eine Agrardepression, ausgelöst durch Preisverfall wegen mehrerer überreicher Ernten, aufgrund der Minderung der Kaufkraft der Landwirtschaft als größtem Sektor der Gesamtwirtschaft in den übrigen Sektoren nicht ohne nachteilige Folgen blieb. Das Handwerk als primär verbrauchsorientierter Wirtschaftszweig wurde in jedem Falle von einem Nachfragerückgang besonders stark in Mitleidenschaft gezogen. Beleg dafür bieten die obigen Ausführungen über den Einfluß der großen Agrarkrise der zwanziger Jahre auf das Handwerk, aber auch über den scharfen Rückgang der Beschäftigung aufgrund der Hungerkrise 1845 ff. (von dem bezeichnenderweise das Nahrungsmittelhandwerk als einziges verschont blieb).

Solange also die gesamtwirtschaftliche Nachfrage in so starkem Maße von den Zufallsschwankungen der Ernteergebnisse abhing, waren der Ausdehnung des Handwerks allein schon aus diesem Grund (es sei noch einmal betont, daß er nicht als einziger angesehen wird) Grenzen gesetzt. Aber nicht nur das Handwerk, auch die anderen gewerblichen Betriebsformen waren davon betroffen. Das galt wegen ihrer geringeren Elastizität besonders für kapitalintensive Formen und hier vor allem für die junge Industrie, deren Risiken aus dem Zusammentreffen von relativ hoher und langfristiger Kapitalbindung mit höchst unsicheren Absatzerwartungen groß waren. Die vielen, aus der Firmengeschichte bekannten Absatzschwierigkeiten und die zahlreichen Konkurse dieser Jahre sprechen hier eine beredte Sprache. Insgesamt erscheint es zweifelhaft, ob bei anhaltender Unsicherheit der gesamtwirtschaftlichen Nachfrage dem Gewerbe überhaupt jene Ausdehnung möglich gewesen wäre, die erforderlich war, um den Bevölkerungsdruck aufzufangen.

Glücklicherweise waren am Ende des 18. und in der ersten Hälfte des 19. Jahrhunderts Kräfte am Werk, den Einfluß der Ernteschwankungen auf die Gesamtwirtschaft abzuschwächen. Ohne Anspruch auf Vollständigkeit und Systematik seien hier nur in Schlagworten genannt:

Grundlegende Verbesserung des Verkehrs- und Nachrichtenwesens (Chaussee- und Eisenbahnbau, Post, Telegraph)

Zunehmender Abbau von Zoll- und Handelsschranken (freihändlerische Tendenzen, Beseitigung von Bindungen aus merkantilistischer Zeit, Zollverein)

Rasche Entfaltung des Außen-, insbesondere des Überseehandels

Allmähliche Verstetigung des landwirtschaftlichen Angebots durch wachsende Minderung der Naturabhängigkeit der Landwirtschaft (technische und organisatorische Fortschritte in der Landwirtschaft, Verbesserung von Saatgut und Düngung).

Diese (und andere) Faktoren wirkten nach 1850 immer stärker. Sie führten u. a. zu einer Vergrößerung der Märkte und zu ihrer intensiveren Verbindung untereinander mit dem Effekt stärkeren Marktausgleichs und damit besserer und gleichmäßigerer Versorgung[25], zu einer Erhöhung der wirtschaftlichen Interdependenz im Raum (Integration)[26] mit wachstums- und wohlstandsfördernden Wirkungen, zu einer Verstetigung der Versorgung mit Nahrungsmitteln, für die gewerblichen Anbieter in summa zu einer besseren Berechenbarkeit ihrer Markt- und Absatzchancen und damit zum Beginn der Lösung ihrer weitgehenden Abhängigkeit von der Entwicklung der Landwirtschaft.

So kam es in enger Verbindung mit dem technisch-organisatorischen Fortschritt und anderen fördernden Umständen seit etwa 1850 zu einer verstärkten Ausdehnung der Gewerbe und hier vor allem der Industrie. Besonders die Metallfabrikation erlebte im Gefolge des Eisenbahnbaus und des Aufschwungs des Berg- und Hüttenwesens einen Aufstieg, aber auch die Mechanisierung der Produktion im Textil- und Nahrungsmittelgewerbe (mechanische Spinnereien und Webereien, Dampfmühlen) nahm zu. Ausdehnung der Gewerbe bedeutete aber neue Arbeitsplätze und damit eine Möglichkeit, den Bevölkerungsdruck aufzufangen. In die gleiche Richtung wirkte der zügige Ausbau des Verkehrswesens, besonders der Eisenbahnen, die vor allem beim Bau, aber auch im Betrieb, vielen Händen Arbeit gaben.

Alles in allem also setzte in den Jahren nach 1850 jener langsame, von Rückschlägen aufgehaltene, doch nie ganz unterbrochene Übergang von der vorindustriellen zur industriell bestimmten Wirtschaft und Gesellschaft ein, der deren Erscheinungsbild so nachhaltig veränderte. Auch das Handwerk wurde, wie gezeigt, von Anbeginn davon betroffen, indem in den fünfziger Jahren die für seine Entwicklung im industriellen Zeitalter charakteristische Tendenz zur Konzentration zwar langsam, aber doch deutlich erkennbar begann.

Anlage

Benutzte Veröffentlichungen der Preußischen Gewerbetabellen

Bis einschließlich 1846 liegen im eigentlichen Sinne amtliche Veröffentlichungen der Gewerbetabellen nicht vor. Ihre Angaben wurden

---

[25] Vgl. dazu *Kuczynski, Jürgen:* Zwei Studien über Handels- und Marktprobleme. II. Der nationale Markt. In: Jahrbuch f. Wirtschaftsgesch. 1960, Teil II, S. 124—141, bes. S. 131—135, wonach sich seit ca. 1850/60 in Deutschland ein nationaler Markt herauszubilden begann.

[26] Vgl. dazu die grundlegenden Ausführungen von *Knut Borchardt* in seinem Travemünder Vortrag vor dem Verein f. Socialpolitik „Integration in wirtschaftshistorischer Perspektive", erschienen unter diesem Titel in: Weltwirtschaftliche Probleme der Gegenwart... (Schriften d. Vereins f. Socialpolitik. NF. 35). Berlin 1965, S. 388—410.

vielmehr in der staatswissenschaftlichen Literatur der Zeit, insbesondere in den Arbeiten der Direktoren des Königlich Preußischen Statistischen Bureaus, Hoffmann und Dieterici, in unterschiedlicher Auswahl mitgeteilt.

Die Tabellen von 1849—1858 sind vom Königlich Preußischen Statistischen Bureau amtlich publiziert worden, freilich in unterschiedlich tiefer regionaler Gliederung.

Hier wurden, besonders für die Berechnung der in den Tabellen enthaltenen Angaben, benutzt:

Für *1816* und *1831* Dieterici, Carl Friedrich Wilhelm: Der Volkswohlstand im preußischen Staate. In Vergleichungen aus den Jahren vor 1806 und von 1828 bis 1832, sowie aus der neuesten Zeit, nach statistischen Ermittlungen und dem Gange der Gesetzgebung aus amtlichen Quellen dargestellt. Berlin usw. 1846, S. 187.

Für *1846* Statistische Vergleichungen der Anzahl der Handwerker und mechanischen Künstler im Preußischen Staate aus früherer Zeit gegen die jetzige. In: Mittheilungen des statistischen Bureau's in Berlin 1, 1848, S. 213—291.

Für *1849* Tabellen und amtliche Nachrichten über den Preußischen Staat für das Jahr 1849. Hg. v. d. Statist. Bureau zu Berlin.

Bd. V. Die Gewerbetabelle, enthaltend: Die mechanischen Künstler und Handwerker ... für 1849 und 1852. Berlin 1854.

Bd. VI, Abt. A. Die Tabelle der Fabrikations-Anstalten und Fabrik-Unternehmungen aller Art für das Jahr 1849 ... Berlin 1855.

Für *1858* Tabellen und amtliche Nachrichten über den preußischen Staat für das Jahr 1858. Hg. v. d. Statistischen Bureau zu Berlin. Berlin 1860, S. 241—320.

Frühindustrielles Gewerbe in der Rechtsform der AG

Von *Paul C. Martin*, Hamburg

I

Die Beschäftigung mit der frühindustriellen Aktiengesellschaft (AG) bringt zwei Vorteile. Zum einen kann anhand der Entwicklung dieser Gesellschaftsform die Entstehung des Aktiengesetzes (AGes), eines der wichtigsten Rahmengesetze für die Industrialisierung, verfolgt werden. Zum anderen besteht die Möglichkeit, die Entwicklung in einem bestimmten Sektor der frühindustriellen gewerblichen Wirtschaft fast vollständig zu erfassen.

Bisher galt in der Rechtswissenschaft die Auffassung, die Schumacher 1937 in seiner Monographie über die innere Struktur der AGen niedergelegt hatte. Danach war das preußische AGes von 1843 — das erste Spezialgesetz für juristische Personen in Deutschland — nur aufgrund der realwirtschaftlichen Entwicklungen auf dem Versicherungs-, Infrastruktur- und Dienstleistungssektor zustande gekommen: „Auf die übrigen Aktiengesellschaften, die bis zum Jahr 1843 errichtet wurden, braucht nicht näher eingegangen zu werden. Sie waren alle verhältnismäßig klein und hatten auf die Entwicklung des Aktienrechts kaum einen Einfluß[1]." Diese Auffassung hat sich inzwischen als falsch herausgestellt[2]. Schumacher war dem Augenschein erlegen, wonach die aktienrechtliche Szene vor 1843 von den großen Gesellschaften des nichtgewerblichen Sektors beherrscht wurde. Zu erinnern ist hier an die ersten preußischen Handelskompanien, an die Königliche Bank und die Seehandlung, die als AGen konzipiert waren und andere[3].

---

[1] *Herm. Schumacher*, Die Entwicklung der inneren Organisation der Aktiengesellschaft im deutschen Recht bis zum Allgemeinen Deutschen Handelsgesetzbuch, Stuttgart 1937, S. 21.

[2] *P. C. Martin*, Die Entstehung des preußischen Aktiengesetzes von 1843, VSWG 56 (1969), S. 499—542.

[3] *Schumacher* (21 f.): "Beachtung fanden z. Zt. der Schaffung des Gesetzes über Aktiengesellschaften nur die großen Versicherungs- und Eisenbahnaktiengesellschaften und damit die Gründerpersönlichkeiten Hansemann, Camphausen und Mevissen". In diesen Zusammenhang gehören auch die großen Versicherungsgesellschaften, die Ende des 18. und Anfang des 19. Jhs. in Hamburg entstanden waren, der Hamburger Vorschußverein von 1829 und die Kasseler Leih- und Commerzbank von 1773.

Das AGes von 1843 läßt sich jetzt eindeutig als Antwort auf die Pro
bleme interpretieren, die bei der Konzessionserteilung für die Gesellschaften des gewerblichen Sektors entstanden waren. Als wichtigste
Stationen bei der Konzipierung des preußischen Gesetzes sind in retro-
spektivischer Sicht zu nennen: Die Auseinandersetzung um die Konzessionierung der Neuen Stettiner Zuckersiederei (ab 1835), die Konzessionserteilung an die erste Stettiner Zuckersiederei (1819), die
Konzessionserteilung an die Berliner Zuckersiederei (1789), schließlich
die Konzessionserteilung an die Breslauer Raffinerie von 1770. Die
Breslauer und die Berliner Zuckersiederei waren entstanden, weil das
von Friedrich II. an das Splitgerbersche Haus verliehene Zuckermonopol
für Preußen mit dem wachsenden Bedürfnis des Landes offenbar nicht
Schritt zu halten vermochte. Die ersten AGen sind also entstanden, um
Privilegien zu verhindern oder ihre Auswirkungen abzumildern.

Im Laufe der Zeit gerieten die neuen AGen infolge einer Unsicherheit
bei der Auslegung des Begriffes der „moralischen Person"[4] ins Zwielicht
einer eigenen, freilich ungewollten, Privilegierung. Das ganze Aktien-
rechtsproblem mußte sich in dem Augenblicke lösen, als eine zweite Gesellschaft der nämlichen Branche am nämlichen Orte ihre Geschäfte aufnahm, wo bereits eine erste AG bestand. So geschah es 1835 in Preußen,
als neben die Pommersche Provinzialzuckersiederei in Stettin eine zweite
Zucker-AG trat[5].

Neben den rechtshistorischen Vorteil tritt der zweite, daß die vorhandenen AGen fast lückenlos erfaßt werden können. Grundsätzlich ist im
Deutschen Zentralarchiv in Merseburg von jeder AG bis 1843 ein besonderer Vorgang erhalten[6]. Denn jedesmal mußte eine landesherrliche Aus-
nahmeregelung erlangt werden, um in den Genuß korporativer Rechte zu
gelangen. Dadurch besteht die Möglichkeit, einen Teil der gewerblichen
Wirtschaft der Frühindustrialisierung nicht nur repräsentativ — wie dies
aufgrund schmaler Quellenbasis häufig geschehen muß —, sondern in
seiner Gänze zu erfassen. Die wenigen Ausnahmen, wo keine Unterlagen
vorhanden sind, fallen kaum ins Gewicht (vgl. Tabelle).

Dagegen steht freilich der Nachteil, daß in den Unterlagen grundsätzlich nur die Statuten vorhanden sind. Genauere Aufschlüsse über Ge-
schäftspraktiken, Umsätze, Investitionen usw. der frühindustriellen
AGen lassen sich nur dann erhalten, wenn sie etwa in Form eines An-
trages auf Änderung der Statuten aktenkundig geworden sind. Oft teilt

---

[4] Gleichbedeutend mit dem heutigen Begriff der „juristischen Person", vgl.
a. *Martin*, a. a. O., S. 510—513.
[5] Die Vorgänge über die Einführung des Aktienrechts in Preußen waren im
Deutschen Zentralarchiv (DZA), Merseburg/Saale, Historische Abteilung II in
den Faszikeln „Aktiengesellschaften der Zuckerfabrikation" verborgen. (Rep.
120 A XII, 7.).
[6] In Rep. 120 A XII.

Industrielle Aktiengesellschaften in Preußen bis 1835

Gewerbezweig	Name	Gründungsjahr
Zuckerindustrie	Privilegirte Breslauer Zucker-Raffinerie	1770[a]
	Königsberger Octroirte Ostpreussische und Litthauische Zucker-Raffinerie-Societät zu Königsberg i. Pr.	1782[b]
	Exclusive koncedirte Zucker-Raffinerie des schlesischen Gebirges	1787[a]
	Berlinische Zuckersiederei	1789
	Pommersche Provinzialzuckersiederei in Stettin	1819
	Neue Stettiner Zuckersiederei	1835
Mehl- und Malz-fabrikation	Octroirte Gesellschaft der Actionäre der Mittelmühle zu Königsberg i. Pr.	1809
	Gesellschaft der Actionäre der Malzmühle in Königsberg	1812
	Gesellschaft der Herkulesmühle in Bromberg	1826
Metallindustrie	Königshulder Stahl- und Eisenwaren-Fabrik in Breslau	1790[a]
	Dillinger Hüttenwerke	1809
	Drahtfabrik-Compagnie in Aachen	1822
	Actien-Verein des Neusalzer Eisenhütten- und Emailirwerks	1831
Bergbau	Deutsch-Amerikanischer Bergwerks-Verein	1824
	Ather Bergbau, Aachen	1832
	Eschweiler Bergwerksverein	1835
Chemie und Verwandtes	Königsberger Seiffenfabrik	1809
	Patent-Papier-Fabrik in Berlin	1819[c]
Textilindustrie	Baumwollspinnerei Unter Sachsenhausen (Köln)	1824
Bauindustrie	Elberfelder Baugesellschaft	1825[a]

a) Keine Unterlagen überliefert.
b) Die Statuten dieser Gesellschaft ähneln den der Königsberger Seiffenfabrik von 1809.
c) Unterlagen in den Akten der Seehandlung.

auch der im Zusammenhang mit der gewünschten Konzessionierung geführte Schriftwechsel Näheres mit.

Zu den in der Tabelle aufgeführten preußischen AGen des gewerblichen Sektors kommen aus anderen deutschen Staaten kaum weitere

Gesellschaften in Frage, wenn man sich auf den Zeitraum bis 1835 beschränkt[7]. Die Zeitraumabgrenzung wurde aus einer Reihe von Gründen
gewählt. Die angeführten Gesellschaften liegen nicht nur vor dem Beginn
des Eisenbahnzeitalters, sondern auch vor der großen Investitionswelle,
die um 1835 in vielen deutschen Staaten einsetzt. Ein Anstoß für diese
Gründerwelle war sicherlich die in der Mitte der 1830er Jahren eingetretene Zinssenkung. Zwischen 1835 und 1843 fallen in Preußen 36 Gründungen von AGen an, deren Kapital mit über 33 Millionen Taler mehr als
doppelt soviel beträgt, wie in dem gesamten Zeitraum davor. In Sachsen
entstehen zwischen 1836 und 1838 sechs AGen. In Bayern wird neben der
Hypotheken- und Wechselbank von 1835 die Mechanische Baumwollspinnerei und -weberei in Augsburg gegründet (1837). In Hamburg
schließen sich 1835 mehrere Zuckersiedereien zu einer AG zusammen.

II

In der Periode bis 1835 galt im Empfinden der Zeitgenossen die Rechtsform der AG den Bereichen vorbehalten, zu deren Realisierung große
Kapitalbeträge notwendig waren[8]. Adam Smith hatte den Bereich der
Wirtschaft, der sich zur Bildung von AGen eignen würde, auf Banken,
Assekuranzgesellschaften, Handels- und Infrastrukturunternehmen beschränkt[9]. Sein Hamburger Adept Johann Georg Büsch hatte diese Gedanken weiterverfolgt. Da Büsch zur Formulierung des preußischen Allgemeinen Landrechts herangezogen worden war, hatte dieses modernste
deutsche Zivilrecht des 19. Jahrhunderts keine eigene Vorstellung vom
Wesen der AG entwickelt[10]. Einzig im Wesen der preußischen Monarchie
war durch den Code de Commerce ein Einfallstor für die Erlaubnis zur
Gründung anonymer Gesellschaften gegeben. Eine der bedeutendsten
und langlebigsten AGen, die Dillinger Hüttenwerke, waren 1809 unter

---

[7] Außer Versuchen des 18. Jhs., so der Nürnberger Kattundruckerei
(1782—88) und der AG der Höchster Porzellanmanufaktur (1745—96), gab es
beispielsweise noch 1826—41 eine Aktientuchmanufaktur in Memmingen
(Hinweis W. Zorn). In Kassel bildete sich 1832 eine Hessisch-Waldeckische
Compagnie zur Gewinnung des Goldes aus dem Ederflusse mit 400 000 Taler
projektiertem Kapital, die jedoch nicht lange bestanden hat (HStA Marburg,
Hess. Fin. Min (41), VII, 28, Nr. 1). Anfang 1767 errichtete die Ökonomische
Sozietät zu Leipzig in Dresden eine Bleiweißfabrik auf Grundlage einer AG
(Festschrift zum 150jährigen Bestehen der Ökon. Soz. zu Leipzig u. d. Ökon.
Ges. im Königreiche Sachsen zu Dresden, Leipzig 1914, S. 11).

[8] Rechtslexikon für Juristen aller teutschen Staaten, enthaltend die gesamte Rechtswissenschaft, Bd. 5, Leipzig 1844, S. 88—95.

[9] A. Smith, Inquiry into the Nature and Causes of the Wealth of Nations, V,
Kap. 1, III.

[10] K. Rauch, Die Aktienvereine in der geschichtlichen Entwicklung des
Aktienrechts, Zs. d. Savigny-Stiftung f. Rechtsgeschichte, Germanist. Abteilung 69 (1952), S. 272.

französischer Herrschaft mit einem Kapital von einer Million Francs gegründet worden[11].

Die Erlaubnis zur Gründung einer AG bedeutete einen für heutige Verhältnisse kaum vorstellbaren Eingriff in die Unternehmensordnung der Frühindustrialisierung. Seit Jahrhunderten hatte ausnahmslos der Grundsatz bestanden, daß ein Schuldner mit seinem gesamten Vermögen zu haften habe. Geschäftsverbindungen kamen daher im allgemeinen erst zustande, wenn der gute Ruf des präsumtiven Partners durch die Empfehlung eines bereits bekannten Geschäftsfreundes befestigt worden war[12]. Der gute Ruf setzte die erkennbare Solvabilität der einzelnen Handel- und Gewerbetreibenden voraus, die daher oft unter gemeinsamer Firma auftraten. Dies galt vornehmlich bei großen Unternehmen, zu deren Ungunsten häufig große Beträge auf die Konten zu nehmen waren[13].

Die Fundamente dieses wechselseitig verflochtenen Systems der Zahlungsgewohnheiten und des dazu notwendigen Treu und Glaubens waren die zahlreichen Wechselordnungen, die sich aus kaufmännischen Usancen

---

[11] Die Dillinger Hüttenwerke sind die älteste der heute noch bestehenden AGen. Die sich als „älteste deutsche Aktiengesellschaft" bezeichnende Berlinische Feuerversicherungsanstalt mit Sitz in München wurde erst 1811 gegründet.

[12] Das für die Zeit von Juni 1823 bis April 1824 erhaltene Briefbuch des heute zur Thyssen-Gruppe gehörenden Dlsenwerks Rasselstein bei Neuwied bringt dafür einige Beispiele. So richtet Rasselstein im Juli 1823 an die Mainzer Firma G. C. Gretzinger die Anfrage, ob der Mainzer J. Lambert bis zu einer Summe von 500 fl. bei 3 Monaten Ziel kreditwürdig sei. An das Haus Al. Ruegenberg Sohn in Köln schreibt Rasselstein kurz darauf: „Da wir... nicht die Ehre haben, Sie zu kennen, so würden wir dieselbe an ein dortiges Haus abrichten, wo Sie dieselbe gegen Zahlung in Empfang nehmen könnten." Im August 1823 wird das Koblenzer Bankhaus Kehrmann, zu dem Rasselstein in besonders engen Verbindungen stand, um Auskunft über einen dortigen R. Schmitt gebeten. Anfang 1824 wird die Darmstädter Firma Zoeppritz ersucht, einen von der dortigen Firma Rössler (dem späteren Gründer der Frankfurter Scheideanstalt und heutigen Degussa) akzeptierten Wechsel für Rasselstein einzulösen. (Das Briefbuch befindet sich im Besitz der Direktion des Rasselsteiner Werkes, der an dieser Stelle für die Benutzung gedankt sei).

[13] Die Seehandlung schuldete beispielsweise im Zusammenhang mit der englischen Anleihe 1821: an J. R. Bourcard, London, 256 821 Tlr., an J. C. Dürfeldt, Hamburg 250 994 Tlr., an Levin Hertz, Hamburg, 258 412 Tlr., an C. W. Poppe & Smith, Hamburg 308 075 Tlr. Auf ihrer Habenseite sind u. a. vermerkt: 1832 J. H. & G. F. Baur in Altona 189 090 Tlr., Stieglitz & Co. in St. Petersburg 1842 152 982 Tlr. Das Bankhaus A. Schaaffhausen war beim Abschluß von 1846, also kurz vor seinem Falliment, bei der Seehandlung mit 400 228 Tlr. verschuldet. N. M. Rothschild, London, war zwischen 1838 und 1844 mit Beträgen zwischen 1,4 und 2,6 Mio. Tlr. belastet. Sal. Heine in Hamburg erhielt 1840/41 von der Seehandlung zur Anlage auf dem Hamburger Geldmarkt Beträge in Höhe von 1,2 und 1,3 Mio. Tlr. lt. Bilanz zugewiesen. (Jahresberichte der Seehandlung, DZA, Rep. 80 V, II).

im Laute der Jahrhunderte entwickelt hatten. Die Kenntnis dieser verschiedenen Ordnungen, vor allem der Regelungen der Verfall-, Respekt- und Zahlungstage machte einen Großteil der kaufmännischen Kenntnisse überhaupt aus[14]. Die zentrale Stelle in den Wechselordnungen betraf die sofortige Vollstreckungsmöglichkeit in Vermögen und Person eines insolventen Schuldners, wahlweise des letzten Indossanten usw.

Diese Rechtsordnung wurde durch die Einführung eines Gesellschaftstypus, der die Haftung von Personen ausschloß, in Frage gestellt. Die Entstehung von haftendem „Kapital", bei dem die Investoren anonym blieben, bedeutete daher einen tiefen Einschnitt in die Wirtschaftsverfassung der Frühindustrialisierung. Die Betonung, die die preußischen Behörden gerade auf den Punkt der Haftung legten, ist verständlich. Freilich ist kein Fall eines Konkurses einer frühindustriellen AG aktenkundig geworden. Die Gesellschaften lösten sich meist schrittweise vorher freiwillig auf[15]. Ohne daß es die Behörden verhindern konnten, nahmen einzelne Gesellschaften noch vor einer endgültigen Regelung der Haftungsfrage mit großen Summen an Wechselgeschäften teil[16].

Lange Zeit blieb die Verwaltung bei ihrer durch das Allgemeine Landrecht präjudizierten Sicht der Dinge. Danach durfte nur fortwährend gemeinnützigen Gesellschaften das Privileg einer moralischen Person zuerkannt werden, was Haftungsbegrenzungen sowie Erwerb von Eigentum und Kontrahierung von Schulden auf den Namen des Gesellschaftsvermögens einschloß. Den Grundsatz faßte die preußische Verwaltung im Mai 1838 zusammen:

„Die Errichtung von Aktiengesellschaften in dem Sinne, daß die einzelnen Teilnehmer nur mit dem eingelegten Kapital haften und von der persönlichen Verbindlichkeit befreit bleiben, (kann) für bloße gewerbliche Unternehmungen nur ausnahmsweise zugelassen werden, sofern es sich nämlich um einen In-

---

[14] Das gebräuchlichste Handbuch für den Kaufmann war *J. C. Nelkenbrecher*, Allgemeines Taschenbuch der Münz-, Maß- und Gewichtskunde, 12. Aufl. Berlin 1820, 13. Aufl. 1821, 14. Aufl. 1828, 15. Aufl. 1832. Vgl. auch Über Wechsel, Wechselreiterey, und über Handelsrevolutionen. Ein Handbuch für Leute, welche Wechsel ausstellen wollen, und für solche, welche Wechsel von Andern zu empfangen haben, um, in beyden Fällen, die Gefahr, und die Sicherheitsmaasregeln kennen zu lernen, Leipzig 1820.

[15] So bei dem allmählichen Ende des Deutsch-Amerikanischen Bergwerksvereins, das sich von 1831 bis 1839 hinzog (DZA, Rep. 95, No. 55, Bd. 2,3). Ähnliche Auflösungen sind auch in Sachsen zu beobachten. So löst sich im Januar 1841 die 1837 gegründete Zucker-Raffinerie-Gesellschaft zu Pirna durch einstimmigen Beschluß der 23 Aktionäre auf (StA Dresden, Min. d. Innern, Nr. 6729).

[16] Zwischen Mai 1832 und Februar 1833 tätigte die AG der Berliner Zuckersiederei Wechselgeschäfte mit London in Höhe von 11 021 Pfund Sterling, mit Hamburg in Höhe von 130 954 Mark Banco und diskontierte Berliner Wechsel in Höhe von 466 502 Talern (Schreiben der Direktion v. 5. 2. 1833, DZA, Rep. 120 A XII, 7, Nr. 152, Bd. 1).

dustriczweig handelt, der durch Unternehmungen einzelner noch nicht zu der Ausbildung gediehen ist, deren er fähig erscheint."[17]

Nach diesen Vorstellungen war die AG ein Gesellschaftstyp, der sich durch seine Existenz auf die Dauer überflüssig machen sollte: Sobald ein Gewerbezweig mit Hilfe der Bildung von AGen im Lande eingeführt gewesen wäre, hätte man die weitere Genehmigung von zusätzlichen AGen storniert. Die Konzessionierung von AGen zählt daher zu den Gewerbeförderungsmaßnahmen der Frühindustrialisierung, bei denen ebenfalls Erst- oder Pionierinvestitionen staatlicherseits unterstützt wurden.

Das Schicksal der jungen Gesellschaftsform wäre besiegelt gewesen, wenn sich nicht durch den Fall der zweiten Stettiner Zuckersiederei auf Aktien ein Ausweg eröffnet hätte. Dieser Ausweg bestand darin, allen Gesellschaften, die darum nachkamen, das vermeintliche Privileg der Haftungsbeschränkung zuzuerkennen. Der wirtschaftliche Liberalismus, der zunächst in der Konzessionierung von AGen einen vorübergehenden, nichtliberalen Staatseingriff gesehen hatte, stellte sich jetzt auf den Standpunkt, daß ein einmal erfolgter Staatseingriff allen gegenüber anzuwenden ist, die es beantragen, um im System den zeitlich später gekommenen Konkurrenten nicht schlechter zu stellen[18].

III

Bösselmann, der das preußische Aktienwesen in der ersten Hälfte des 19. Jahrhunderts sehr ausführlich untersucht hat, faßt seine Beobachtungen zusammen: „Bei den Industrieunternehmen handelt es sich im wesentlichen um die Einführung neuer Verfahren, deren Nutzung die Festlegung größerer Kapitalien erforderte[19]." Damit ist die These aufgestellt, daß die neue Rechtsform im Zusammenhang mit Innovationen derselben Periode entwickelt wurde. Dieser These kann jedoch aufgrund genauen Quellenstudiums nur bedingt zugestimmt werden.

Bei den zwischen 1770 und 1819 konzessionierten *Zuckersiedereien* läßt sich noch keine Gründung aufgrund technischer Innovationen feststellen. Der Berlinischen Zuckersiederei von 1793/98 ist es verboten, die „Fabrikation ... weiter auszudehnen ..., als das Schicklersche Haus es tun

---

[17] Pommer-Esche im Mai 1838, DZA, Rep. 120 A XII, Nr. 7, 54, Bd. 1.
[18] Den Ausweg zeigte Savigny dem Staatsrat, als er folgerte, daß das Recht der beschränkten Haftung aus der Anerkennung einer Gesellschaft als juristischer Person erfolge und kein eigens zu verleihendes Vorrecht darstelle. Gegen die Anerkennung als juristischer Person war nichts einzuwenden, nachdem dieser Rechtstypus in verschiedenen Formen, etwa im Stiftungsrecht, seit langem gang und gäbe war (vgl. a. *Schumacher*, 48 ff.).
[19] *Bösselmann*, 94. Bösselmann erwähnt ausdrücklich (die erst später kommenden) Gasanstalten, Zuckerfabriken, Papierfabriken und Textilunternehmen.

werde"[20]. Sollte Schickler seine Pfannenzahl vermindern, müsse man freilich nicht folgen. Insgesamt ist die Rede von 14 Zuckerpfannen, die vermutlich eine bestimmte Größe hatten, so daß ohne weiteres auch keine Kapazitätsveränderungen der einzelnen Aggregate möglich gewesen sein dürften[21]. Ein Vergleich des Aktienkapitals der Berlinischen mit der Pommerschen Siederei von 1819 läßt vermuten, daß in der letzteren neben reiner Kapazitätserweiterung auch technisch verbesserte Geräte eingesetzt wurden: Das Kapital war in einem Fall 60 000 Taler, im anderen 200 000 Taler, von denen freilich zunächst erst 100 000 Taler begeben wurden. Das Geld wurde jeweils ausschließlich zum Bau des Unternehmens verwendet[22]. Verarbeitet wurde westindischer Rohrzucker. Im übrigen erfolgte bei den Zuckersiedereien die Bestätigung als AG vor allem, weil, wie Hardenberg argumentierte, „der Geschäftsbetrieb durch die Form (einer AG, PCM) beträchtlich erweitert wird (und) die bisher in den älteren Provinzen errichteten Zuckersiedereien sämtlich auf vom Staate ausdrücklich genehmigten Gesellschaften von Aktionärs beruhen . . ."[23].

Bei den Unternehmen der *Mehl- und Malzfabrikation* ist die Gründung der Königsberger Gesellschaften auf die Tatsache zurückzuführen, daß der preußische Fiskus vor dem Ruin stand und daher gezwungen war, staatliche Mühlen zu veräußern. Insofern wurden nur bereits bestehende Unternehmen fortgeführt[24]. Die große, 1826 gegründete AG der Herkulesmühle in Bromberg ist der glatte Gegenbeweis zu der Bösselmannschen These, wenn auch nur für diesen frühen Zeitraum. Die Gesellschaft wird in Bromberg gegründet, weil in der Nähe der Stadt die Brahe zu einer wasserfallähnlichen Stromschnelle gestaut war und sich dort bestehende Mahlwerke in der traditionellen Form mit Wasserantrieb erweitern ließen. Der Unternehmensplan lautete: „Einen neuen Handelsartikel in der Fabrikation von Mehl in gleicher Vollkommenheit, wie es von den Amerikanern geliefert wird, zur Ausfuhr zu bringen[25]." Im April 1826 schreiben die Gründer ausdrücklich: „Diese bedeutende Wasserkraft kann mit wenigen Kosten zu allen Maschinenwerken angewandt werden und *leistet die nämlichen Dienste, zu welchen man in deren Mangel die kost-*

---

[20] Allerhöchste Kabinettsorder v. 25. 3. 1798, DZA, Rep. 120 A XII, Nr. 7, 152, Bd. 1. Im folgenden werden die Fundstellen für die einzelnen Gesellschaften grundsätzlich nur einmal zitiert.

[21] Im Berliner Zuckermuseum ist eine preußische Zuckersiederei aus den 1780er Jahren aufgebaut, die einen Einblick in den Betriebsablauf vermittelt.

[22] Bei der Stettiner Kompanie ist die Rede davon, daß die Firma im „Haus Louisenstr. 731" arbeiten würde (Einleitung zu den Statuten, DZA, Rep. 120 A XII, a. a. O.). Daraus kann geschlossen werden, daß das Kapital nicht auch zum Bau des Hauses verwendet werden mußte.

[23] Schreiben v. 6. 6. 1818 an Bülow, Rep. 120 A XII, 7, 152, Bd. 1.

[24] Vgl. Rep. 120 A XII, 7, Nr. 54, Bd. 1.

[25] Antrag der Gründer Berlin/Stettin 26./30. 8. 1825, a. a. O.

baren Dampfmaschinen gebrauchen muß[26]." Die Herkulesmühlen-AG wurde mit einem Kapital in Höhe von 100 000 Taler gegründet, und die Gründer resümierten stolz: „Diese Mühlenwerke finden an Umfang und Grundlagen schwerlich ähnliche im Staate[27]."

Die nächste große Mehlfabrik auf Aktiengrundlage, die Berliner Wassermühlen-AG von 1838, wurde ebenfalls noch auf traditioneller Fertigungsgrundlage entwickelt. Die Basis für diese Gründung lag ebenfalls in einem Standortvorteil: Man konnte das Mehl besser und billiger an die Märkte der Hauptstadt schaffen. Das Kapital lag bei 191 500 Talern. Im Gegensatz dazu wird 1837 eine der vielen, bei Potsdam gelegenen Windmühlen in eine Dampfmühle umgewandelt. Allerdings sollte ausdrücklich die Zahl der Mahlgänge nicht vermehrt werden[28]. Diese Investition ist nur mittels Bildung einer AG möglich. Im April 1838 gründet ein Stettiner Kaufmann eine Gesellschaft zur Mehlfabrikation auf einer, auch das Mahlwerk betreffenden neuen technischen Grundlage: die Stettiner Walzmühle. Neu ist vor allem das Walzverfahren: Nicht mehr zwischen Mühlsteinen, sondern zwischen Metallwalzen, wie es von Escher-Wyß zum erstenmal in Frauenfeld in der Schweiz angewendet worden war. Das Kapital lag bei 100 000 Talern, davon 10 000 Taler Kapital für die Gründer. Der Unternehmenszweck war die Konkurrenz gegen die Anbieter von amerikanischem Mehl auf den südamerikanischen Märkten[29]. Im Jahr 1837 war auch der Versuch eines Danziger Kaufmanns gescheitert, die Mehlqualität, wie sie „die Amerikaner" herstellten und die offenbar konkurrenzlos war, zu imitieren. Der Direktexport an England vorbei nach Südamerika war geplant. Kolonialprodukte, für die man sich neue Absatzmärkte versprach, sollten die Rückfracht bilden. Als neues Verfahren war die „Anwendung von Dampfkraft" vorgesehen. Das vorgesehene Kapital in Höhe von 500 000 Taler deutet freilich auf eine gewisse irreale Übersteigerung hin, die neben der Ablehnung durch die Verwaltung das Projekt scheitern ließ[30]. Neue Verfahren in der Mehlfabrikation kamen also erst nach unserem Zeitraum in Anwendung.

Wie war es in der *Metallindustrie?* Von der 1790 gegründeten Königshulder Stahl- und Eisenwarenfabrik in Breslau wissen wir nichts, dafür um so mehr von den drei folgenden AGen. Die Dillinger Hüttenwerke waren 1818 die Fortsetzung einer 1809 erfolgten Gründung unter fran-

---

[26] Schreiben wie Fußnote 25, Kursivsatz von mir.
[27] Schreiben der Gründer, Stettin/Berlin 30. 3./30. 4. 1826, a. a. O.
[28] Allerhöchste Kabinettsorder v. 7. 6. 1837, a. a. O.
[29] Schreiben der Aktionäre v. 31. 1. 1841, a. a. O.
[30] Schreiben der Gründer v. 11. 11. 1837, Antwort der preußischen Verwaltung vom 17. 11. 1837, a. a. O. Das Projekt fand vor allem nicht die behördliche Billigung, weil die Gründer auf einer Konkurrenzschutzklausel beharrten, wobei sie auf den Konkurrenzausschluß bei Eisenbahngesellschaften verwiesen.

zösischem Recht. Der Unternehmenszweck wurde angegeben mit „Schmelzen und Walzen von Metallen, Kupfer, Messing, Blei, Zink usw. und Verfertigung von Schwarz- und Weißblech"[31]. In den 1820er Jahren werden erhebliche Investitionen vorgenommen, auch wird ein Walzwerk mit einer 40 PS starken Dampfmaschine zu 50 000 Talern gebaut. 1829 kommt es zu einer Neufassung der Statuten, die die vorgenommenen Investitionen und den 1828 erfolgten Kauf der ehemaligen Königlichen Hüttenwerke Geislautern berücksichtigen sollen. Die Umstände dieser Statuten-Neufassung sind insofern interessant, als es sich hier um die erste nachweisliche Kapitalerhöhung in einer deutschen AG handelt. Sie wurde dergestalt vorgenommen, daß man den umlaufenden Aktien einfach einen höheren Nennwert verlieh. Insofern haben also Innovationen zu einer weitergeführten Gründung oder einer Fortschreibung des Unternehmens geführt[32].

Die am 9. 1. 1822 im „italienischen Kaffeehaus" zu Aachen gegründete Drahtfabrik-Compagnie ist das erste Unternehmen, das ausdrücklich für die Übernahme bisher in Deutschland nicht gebräuchlicher Fertigungsverfahren eingerichtet wurde. In einem der Verwaltung eingereichten Exposé heißt es: „Kaufleute, Kapitalisten, Beamte, Eigentümer bedeutender Bergwerke, Messing- und Nadelfabriken von Aachen, Stolberg, Eschweiler und umliegender Gegend haben den Entschluß gefaßt, in hiesiger Gegend eine Eisen- und Stahldrahtfabrik nach neuer verbesserter englischer Art im Tal zwischen Stolberg und Eschweiler am Indefluß anzulegen[33]." Geplant waren dabei nicht nur eine Eisen- und Stahldrahtzieherei, sondern auch ein Stahl- und Gußstahlwerk, um die Abhängigkeit vom englischen Stahl zu brechen. Bemerkenswert ist in diesem Zusammenhang, daß die Gründung (Kapital: 40 000 Taler) nicht deswegen rentabel erschien, weil man mit ihr den Engländern auf dem deutschen Markt Konkurrenz machen wollte. Die Fabrik wurde vielmehr ausdrücklich errichtet, um den Aachener Nadelfabrikanten, also Abnehmern in unmittelbarer Nähe, besseres und billigeres Material zur Verfügung stellen zu können.

Die Aachener Nadeln waren ohnehin viel billiger als die englischen, und die Gründer hofften, die englischen sogar ganz zu verdrängen, „weil

---

[31] DZA, Rep. 120 A XII, 7, Nr. 56.

[32] 1830 wird ein neues Puddel- und Blechwalzwerk angelegt, vgl. Schreiben Oberbergamt Bonn v. 30. 6. 1830, a. a. O. Das Puddeln war allerdings schon 1784 erfunden worden. Auch in den nachfolgenden Jahren wird stark investiert, so daß das Kapital 1835 von 400 000 auf 500 000 Tlr. erhöht wird „unter Bezugnahme auf die seit Errichtung der Gesellschaft stattgefundenen Verbesserungen und mit Hinsicht auf die noch erforderlichen großen Auslagen" (Reg. Trier v. 28. 1. 1835). Die Investitionen lagen in Geislautern bei 35 631, in Dillingen bei 45 847 Tlr. Mit diesen Investitionen konnte der Output verdoppelt werden (Schreiben Dillingen v. 20. 5. 1835).

[33] Im Schreiben der Gründer v. 18. 1. 1822, DZA, Rep. 120 A XII, 7, Nr. 57.

bei der Verfertigung der Nadeln keine Maschinen mit Vorteil anzuwenden sind und die Engländer durch den hohen Arbeitslohn in England ihre Nähnadeln nur zu sehr hohen Preisen geben können". Auch in der Wahl der Unternehmensform fühlte man sich von England angesprochen: „Zur Errichtung dieses Etablissements hat man vorzugsweise das Aktiensystem gewählt, weil man leicht fühlte, daß auf diesem Wege, worauf England alles Große in der Industrie zustande gebracht ist, solche Unternehmungen nur gelingen können[34]."

Der Aktienverein des 1827 gegründeten und 1831 konzessionierten Neusalzer Hüttenwerks ist ebenfalls eine Gründung auf der grünen Wiese. Von einem neuartigen Verfahren in der Eisenhütten- oder Emaillierverfertigung ist jedoch nicht die Rede[35]. Das Werk geht in erster Linie auf die dynamische Gründerpersönlichkeit eines Hüttenfachmanns zurück, der Berliner Kapitalisten zur Zeichnung der Aktien aufgefordert hatte und Investitionen für Gebäude und Maschinen von über 18 200 Talern innerhalb weniger Monate auf die Beine stellte. Das Kapital betrug 25 000 Taler[36]. Im übrigen lagen in der Nähe des Standorts — wie schon bei den Dillinger Werken die Kupfergruben von Düppenweiler — kleinere Eisenbergwerke bei Eisenstein.

Kurz erwähnt sei hier noch eine weitere Gründung einer Kupferhammer-Betriebsgesellschaft in Halberstadt vom Jahre 1838 mit 100 000 Talern Kapital. In einem Brief des Direktoriums vom 12. 9. 1838 heißt es: „Durch das Emporblühen großer Brauereien, Brennereien, Zuckersiedereien und chemischer Fabriken ist der Bedarf von Kupferblech und Kupferböden so außerordentlich vermehrt worden, daß die *gewöhnlichen* Kupferhämmer nicht mehr imstande sind, die an sie angehenden Bestellungen, sowohl in Hinsicht der Menge, als der jetzt verlangt werdenden Größe und Beschaffenheit der Bleche auszuführen, sondern nur durch die Anlage von Walzwerken bei den Hämmern dem Bedürfnisse abgeholfen werden kann[37]." Die AG kam nicht zustande.

Entscheidend war natürlich die Standortfrage bei den *Bergwerksgesellschaften*, vor allem im Aachener Revier, wo neben dem Ather Bergbau und dem EBV in der Folgezeit noch die Vereinigungsgesellschaft und der Pannesheider Bergwerksverein, die erste deutsche Konzerngesell-

---

[34] Schreiben der Gründer, a. a. O. Die Regierung Aachen empfahl das Unternehmen am 19. 2. 1822, weil es „die vaterländische Industrie in einem Zweige beleben (würde), den man bisher nur in einem fremden Lande blühen sah...".

[35] Notiz des Aktienrechts-Fachmanns Skalley in Berlin auf dem Antrag v. 11. 8. 1829: „In vorliegendem Falle aber ist lediglich von dem Betriebe eines gewöhnlichen Hüttenwerkes... die Rede", DZA, Rep. 120 A XII, Nr. 55 d.

[36] Für Betriebsmittel waren 2050 Tlr. und als Barbestand in der Kasse 1500 Tlr. gedacht.

[37] Schreiben v. 12. 9 .1838 in DZA, Rep. 120 A XII, 7, Nr. 55 d, kursiv von mir.

schaft, entstehen sollten[38]. Eine Ausnahme bildete der in Elberfeld beheimatete Deutsch-Amerikanische Bergwerksverein von 1824. Hier veranlaßte der Standort des Kapitals die Gründung. Die Einstellung des Bergwerksbetriebes bedeutete für die Elberfelder und Barmer Kapitalisten einen finanziellen Aderlaß in Höhe von fast zwei Millionen Talern — neben den in gleicher Höhe angefallenen Verlusten der Rheinisch-Westindischen Kompanie sicher keine Kleinigkeit. Daher mußte die Stadt Elberfeld, von deren Gründungen nur die Vaterländische Feuerversicherungs-AG überleben sollte, ihre Rolle als führender Emissionsort der Frühindustrialisierung bald abgeben. Überhaupt kann man bestimmte örtliche Schwerpunkte bei der Gründung von AGen feststellen: Bis 1815 dominieren Königsberg und Schlesien, auch ein wenig Berlin, das nach 1815 stärker kommt, begleitet von Elberfeld, dem stark nachdrängenden Stettin und schließlich Aachen.

Auf dem *Chemiesektor* ist die Königsberger Seifenfabrik keine Neugründung. Sie entsteht als AG auf einem Grundstück, auf dem bereits das Privileg zur Schwarzseifensiederei lag (die Gewerbefreiheit kam erst gut zwei Jahre nach der Gründung der AG)[39]. Die Berliner Patent-Papier-Fabrik ist eine echte Neugründung aufgrund eines neuen Verfahrens, der Herstellung von nichtnachahmbarem Papier. Minister Schuckmann empfiehlt das Projekt gegenüber dem König am 14. 5. 1831: „Die hiesige Patent-Papierfabrik-Gesellschaft hat gleichfalls einen im staatswirtschaftlichen Interesse wurzelnden gemeinnützigen Zweck, nämlich die Fabrikation von Papier mittelst der sogenannten Kahm-Papier-Maschine, wofür der Kaufmann J. Corty im April 1818 ein ausschließliches Patent auf 15 Jahre erhalten und solches der Gesellschaft abgetreten hat...[40]." Die Papierherstellung nach dem neuen Verfahren war für den preußischen Staat, der aus dieser Fabrik den Rohstoff für sein Papiergeld bezog, von so großer Wichtigkeit, daß er die in Schwierigkeiten geratene Fabrik Anfang der 1820er Jahre durch die Seehandlung übernehmen ließ[41].

Von der *Textilindustrie* war die Baumwollspinnerei in Untersachsenhausen in Köln ebenfalls keine Gründung infolge Innovation, sondern eine Übernahme einer offenbar notleidend gewordenen Firma durch

---

[38] Vgl. *Martin*, a. a. O., 521 ff.
[39] Statut vom 8. 6. 1808 (DZA, Rep. 120 A XII, 7, Nr. 4): „... die Gründe (i. e. die Grundstücke, PCM) mit dem Privilegio, Gerätschaften, Warenbestände, Aktiv- und Passivschulden" wurden „gemeinschaftlich gekauft".
[40] Rep. 120 A XII, 7, Nr. 55 d. Der Kahm ist ein Pilz, der auf jungen Säften ein Häutchen hinterläßt.
[41] Dies ist verständlich, wenn man sich die Demütigungen vergegenwärtigt, denen Preußen wegen der Mangelhaftigkeit seines Papiergeldes bei der Einführung der Tresorscheine 1806 ausgesetzt war (*A. Pick*, Papiergeld, Braunschweig 1967, 145).

Geschäftsfreunde und einen Bankier. Das Unternehmen war bereits 1816 gegründet worden, beschäftigte 100 bis 130 Arbeiter und arbeitete 1820 mit 68 200 Francs Kapital. Die AG war in ihrer Dauer auf zehn Jahre festgelegt worden. Zu der Umgründung war es gekommen, weil sich der bisherige Eigentümer durch „1820 großenteils neuaufgekaufte" Gebäude finanziell übernommen hatte[42]. Daß es sich bei der Baumwollspinnerei um eine nur vorübergehende Notgründung gehandelt haben muß, wird auch dadurch erhärtet, daß in den Statuten sehr nachdrücklich von der Auflösung der Gesellschaft nach dem Zehnjahreszeitraum die Rede ist.

IV.

Der nächste Teil der Untersuchung soll den Fragen gewidmet sein: Woher kam das Kapital? Wer hat es aufgebracht?

Die meisten Gesellschaften waren vom Kreis ihrer Aktionäre her auf den Ort der Betriebsstätte des Unternehmens beschränkt. Ausnahmen waren freilich auch hier schon zu beobachten. Das Aktionärsverzeichnis des Neusalzer Eisenhüttenwerkes weist 1829 46 Aktien von Berliner Aktionären aus, 26 Aktien verteilen sich auf einen Kaufmann in Hamburg und einen Justizrat in Glogau, zehn Aktien hält der mit dem Aufbau des Werkes beauftragte Hütteninspektor Krückeberg in Neusalz. Weitere Aktionäre sind ein Kaufmann aus Bromberg und ein Privatier aus Neusalz. Das Gründungsverzeichnis des Werkes hatte 19 Unterschriften aufgewiesen.

Bei der Gesellschaft der Herkulesmühle in Bromberg stammen die Aktionäre aus Berlin (eine Person) und aus Stettin (drei Personen). Eine noch weitergehende räumliche Verteilung ist bei den Dillinger Hüttenwerken zu beobachten. Bedingt durch die Gründungsgeschichte des Werkes waren auch noch nach der Übernahme der Gesellschaft durch Ferdinand, Christian und Friedrich Philipp Stumm Franzosen als Aktionäre beteiligt: Henry Weyer, Zahlmeister der 3. Militärdivision in Metz, und die Franzosen Desnoyer und Defrance. Bei der Gründung in Dillingen (1809) waren die meisten Aktionäre aus Metz gekommen, daneben auch aus dem Department du Nord und aus der Provinz Calvados. Bei der Stettiner Walzmühle von 1838 war es zu einer Kapitalbeteiligung aus der Schweiz durch Mitglieder der Familie (Escher-)Wyß gekommen.

Meist kamen die Kapitalgeber aus dem engsten Umkreis des gegründeten Werkes. Beim EBV waren es ausschließlich Familienmitglieder, die Witwe Englerth und ihre zehn volljährigen Kinder. Beim Ather Bergbau waren die Gründer ein Ehepaar, das seine Aktien jedoch bald veräußert haben muß, da laut Gründungsvertrag des EBV die Familie Englerth und

---

[42] DZA, Rep. 120 A XII, 7, Nr. 38.

Cockerill an der Ather Grube beteiligt sind[43]. Sehr eng war der Kreis der Aktionäre auch bei den Königsberger Gründungen gehalten. Bei der Mittelmühle waren Aktionäre auf die Zunftmitglieder der Branntweinbrenner und Malzbrauer beschränkt. Das Aktionärsverzeichnis von 1808 führt unter 140 Aktionären 17 Witwen, 4 wiederverheiratete Frauen und 3 männliche Erben auf. Bei der Baumwollspinnerei in Köln erscheinen nur vier Aktionäre: Neben dem Firmengründer seine drei Hauptgläubiger.

Bezogen auf die soziale Herkunft der Aktionäre ist ebenfalls eine breite Vielfalt zu beobachten. *Bankiers* und *Bankhäuser* sind an folgenden Gesellschaften beteiligt: Bromberger Herkulesmühle (Gebr. Schickler), Deutsch-Amerikanischer Bergwerksverein (v. d. Heydt Kersten und Söhne, J. Wichelhaus P. Sohn), Kölner Baumwollspinnerei (Bankier Schlösser). Nach unserem Zeitraum beteiligten sich an gewerblichen AGen der Berliner Bankier von Halle an der 1838 gegründeten Berliner Wasser-Mühlen-AG und im gleichen Jahr das Kölner Bankhaus Oppenheim an der — gescheiterten — Kölner Zuckersiederei-AG.

Militärpersonen sind an metallindustriellen Gesellschaften beteiligt, die sicherlich auch für nichtzivilen Bedarf gearbeitet haben: bei den Dillinger Werken der Metzer Divisionszahlmeister, beim Neusalzer Hüttenwerk General Rühle von Lilienstern, der Chef des großen Generalstabes, Berlin, und ein Leutnant. *Kaufleute* tragen in erster Linie die Lebensmittelindustrien: Der Berliner Joh. Aug. Bürger, Gildeältester der Materialwarenhandlung und ehemaliger Geschäftsträger der Emdener Heringsfischerei[44] ist der bedeutendste der 15 Aktionäre der Berliner Zuckersiederei. Die Ratiborer Kaufleute Scotti und Albrecht versuchen 1836 die Oberschlesische Zucker-Raffinerie in Ratibor zu gründen. Das Projekt scheitert jedoch[45]. Im Herbst 1808 hat die Königsberger Seifenfabrik AG — gegründet durch die Kaufleute Hagedorn und Schrater — 36 Aktionäre, davon 18 Kaufleute und einen Kaufmannschaftsvorsteher. Bei der zweiten Stettiner Zuckersiederei von 1835 ist die Handelsfirma Eduard Theel & Co. Großaktionär mit 15 000 Talern Kapital.

Fabrikanten aus dem Aachen-Stolberg-Eschweiler Raum dominieren bei der Gründung der Aachener Drahtfabrik, die als Vorlieferant für die Aachener Nadelfabriken dienen soll: So die Nadelfabrikanten G. C. Springsfeld, L. Startz, Heinrich Nütten, die Messingfabrikanten Richard Lynen, L. M. Schleicher und E. Peltzer, der Tuchfabrikant J. W. Springsfeld und der Spinnmaschinen-Direktor W. A. Seeberger. Weiter treten

---

[43] DZA, Rep. 120 A XII, 7, Nr. 111.
[44] *H. Rachel, P. Wallich,* Berliner Großkaufleute und Kapitalisten, III, Neuausgabe Berlin 1967, 198.
[45] DZA, Rep. 120 A XII, 7, Nr. 152, Bd. 1. Vorgesehen waren 2600 Aktien à 200 Tlr., die Gründer sollten je 25 Freiaktien erhalten.

auf: Friedr. Englerth vom EBV, G. G. A. von Reimann, der Chefpräsident der Regierung Aachen[46], der Kgl. Forstmeister Wilhelm Steffens, Franz und Ludwig Beisel von der Aachener Handelsfirma Stephan Beisel sel. Witwe & Söhne, Heinr. Fischer von Guaita & Fischer und der Eschweiler Notar C. F. Vossen.

Honoratioren finden sich auch in anderen AGen. Beim Deutsch-Amerikanischen Bergwerksverein ist der Oberpräsident der Provinz Westfalen, von Vincke, beteiligt, daneben angesehene Elberfelder Bürger, wie J. A. und H. W. von Carnap, Joh. Peter vom Rath, H. Kamp und Gebr. Brüning. Bei der Berliner Zuckersiederei ist der preußische Konsul Le Coq engagiert, bei der Königsberger Seifenfabrik sind es zwei Kommerzienräte, ein Assessor, ein Stadtrat. Beim Neusalzer Hüttenwerk erscheinen ein Rentner, ein Regierungsrat, ein Kriminalkommissar, ein Justizkommissionsrat, ein Buchhändler und zwei Maler.

Die Anzahl der Gründungspersonen weicht nicht unerheblich voneinander ab. In Dillingen ist es die Familie Stumm neben drei Franzosen, beim EBV ist es nur eine Familie. Vier Personen treten bei der Kölner Baumwollspinnerei und bei der Bromberger Mühlen-AG auf. Das Gründungskomitee der Pommerschen Provinzialzuckersiederei umfaßt acht Personen, das der Berlinischen Zuckersiederei 15, bei der Stettiner Neuen Zuckersiederei sind es im Aktionärsverzeichnis von 1835 schon 72 Personen[47]. In der Königsberger Seifenfabrik erscheinen 1808 36 Aktionäre als Gründer. 46 Aktionäre sind es in Neusalz. Bei der Königsberger Mittelmühle sind 140 Zunftmitglieder Aktionäre, wodurch diese Zahl etwas aus dem Rahmen fällt. Eine ähnlich große Zahl erreicht nur noch die vom Unternehmenszweck und vom eingesetzten Kapital her größte gewerbliche AG der Frühindustrialisierung, der Deutsch-Amerikanische Bergwerksverein: Auf der 10. Hauptversammlung der Gesellschaft am 11. 2. 1829 sind 153 Aktionäre anwesend.

V.

Besondere Merkmale zeichnen einzelne Satzungen aus, die jetzt noch untersucht werden sollen. Die Gründungen vor der Einführung der Gewerbefreiheit gingen noch vom Prinzip des „Closed Shop" aus. So konnte bei der Mittelmühle AG in Königsberg nur ein Mitglied der Malzbrauer- oder der Branntweinbrenner-Zunft im Verhältnis $^2/_3$ zu $^1/_3$ Aktionär werden. In ein Kapital von knapp 30 000 Talern teilten sich daher 140 Aktionäre, da jedes Zunftmitglied bedacht sein mußte. Große Probleme erga-

---

[46] Vgl. zum Problem der Beamten in den frühindustriellen AGen *Martin*, a. a. O., 517.

[47] Ein Aktionär hatte Aktien für 15 000 Tlr., ein weiterer für 10 000, elf für 5000 Tlr. Die Verteilung geht herunter bis sechs Aktionäre, die je eine Aktie zu 250 Tlr. besaßen (DZA, Rep. 120 A XII, 7, Nr. 152, Bd. 1 vom Februar 1836).

ben sich beim Erbfall, beim Verkauf der Aktien oder beim Austritt aus der Zunft, die alle in der Satzung haarklein geregelt wurden. Diese korporativen Gründungen finden sich auch in Breslau bei der von der Kaufmannschaft ins Leben gerufenen Zuckersiederei sowie bei der Berliner Insel-AG, einem Lagerhaus-Unternehmen, das von der Berliner Kaufmannschaft gegründet worden war[48]. Das Prinzip des „Closed Shop" findet sich auch in anderer Form, indem etwa Juden vom Aktienerwerb ausgeschlossen blieben, wie wir es in den Statuten der Königsberger Seifenfabrik und des Neusalzer Hüttenwerkes finden. Diese AGen nahmen demnach eine Tradition auf, die von der Königsberger Zucker-AG im 18. Jahrhundert begründet worden war.

Als die Gewerbefreiheit eingeführt worden war, teilte in Königsberg die Polizeiverwaltung ausdrücklich mit, daß jetzt ein breiterer Personenkreis zum Aktienerwerb zuzulassen sei. Viele AGen, auch in der Folgezeit, haben noch das Prinzip der Genehmigung der Aktienweitergabe an Dritte durch die Gesellschaft, oft in Form eines Vorkaufsrechtes der AG. Daneben treten häufig auch Namensaktien auf. Die einzige Gesellschaft, die in dieser Beziehung voll das Prädikat der Modernität verdient, ist der Deutsch-Amerikanische Bergwerksverein, der nur Inhaberaktien ohne Übertragungsklauseln kennt.

Grundsätzlich kommt es bei allen Gesellschaften nur zur Ausgabe von Aktien mit einem bestimmten Nennwert. Die einzige Ausnahme ist der Eschweiler Bergwerks-Verein, der 200 Stückaktien ausgibt, nach der Maßgabe, daß jeder Aktieninhaber zu einem Zweihundertstel an dem Gesellschaftsvermögen beteiligt sei.

Am Statut der Königsberger Mühle interessiert besonders die schon innerhalb der Gesellschaft zu beobachtende Arbeitsteilung, die bereits zur klaren Ausformung von Gesellschaftsorganen führt. Es gibt eine Direktion von 4 Mitgliedern neben einer Administration von 14 Mitgliedern. Alle drei Jahre wird ein Drittel ersetzt, wobei jeder Aktionär zur Annahme eines Amtes innerhalb der Gesellschaftsorgane verpflichtet ist. Der Geschäftskreis der Direktion ist auch schon klar abgegrenzt: Er umfaßt die Leitung des Mahlwerks, die Aufsicht über die Angestellten und Arbeiter (die Angestellten werden hier noch als „Offizianten", in anderen Satzungen jedoch schon als „Angestellte" bezeichnet). Einstellung und Entlassung der Angestellten und der Meister muß von der Administration genehmigt werden, während die Direktion bei den Arbeitern freie Hand hat. Die Direktion hat die Kassenaufsicht, die Rechnungsführung und die Korrespondenz unter sich. Außerdem ist sie voll zeichnungsberechtigt. Vermutlich hat sie auch Wechsel unterschrieben.

---

[48] Vgl. *Rachel-Wallich*, a. a. O., 291 f.

Ein gewisser restriktiver Charakter dieser frühen AG ist aus der Passage der Statuten zu entnehmen, wonach Reparaturen nur vorgenommen werden dürfen, wenn sie die Substanz der Gesellschaft nicht verändern. Dies gleicht den Bestimmungen über die 14 Pfannen der Berliner Zucker-AG. Ähnliches gilt auch für die Königsberger Seifenfabrik, die in ihrer Satzung der Mehlfabrik sehr ähnelt. Beide Statuten führen sich auf die — nicht erhaltene — Satzung der Königsberger Zucker-AG von 1782 zurück. Offenbar haben sich von Anfang an bestimmte Merkmale in den Statuten durchgesetzt, weil sie sich als praktikabel erwiesen haben. Insofern fixierte das AGes von 1843 nur einen längst geübten Zustand in hoheitlicher Form.

Die Direktion der Seifenfabrik darf ausdrücklich jede Art von Wechselgeschäften tätigen, muß beim Verkauf ihrer Waren jedoch eine Klassifikation ihrer Abnehmer vornehmen — offenbar, um sich vor überraschenden Zahlungsverweigerungen zu schützen. Daraus ist wohl auch zu schließen, daß weniger die AGen als ihre Geschäftspartner Kreditwürdigkeitsprobleme hatten.

Vor der Bestätigung der Statuten der Seifenfabrik lädt der Königsberger Magistrat die Interessenten zu einer Aussprache — also einem frühindustriellen „Hearing" —, dessen Kurzprotokoll erhalten ist. Dabei tritt der freizügige Charakter der Gesellschaft zutage, der auch auf die Liberalen in der Königsberger Regierung einen Eindruck gemacht hat, was der Genehmigung der Gesellschaft als AG förderlich war. Einzig die Einschränkung des Verkaufs der Aktie an einen „Fähigen" will man seitens der Gründungsmitglieder gesichert wissen, weil „keine Gesellschaft ohne diese Einschränkung existieren (kann)". Daraus geht auch klar hervor, daß es noch keinen anonymen Kapitalmarkt gegeben haben kann, selbst nicht an einem so umgrenzten Standort wie einer Stadt, von einer allgemeinen Fungibilität der Aktien oder ihrem Handel an einer Börse ganz zu schweigen. Die Aktionäre der Aachener Drahtfabrik konnten schon etwas weiter verstreut sitzen, jedoch nur in Preußen und an Orten mit einer Poststation. Immerhin wird in Königsberg schon ausdrücklich die „Lebhaftigkeit des Verkehrs" in Aktien angestrebt[49].

Sehr modern nehmen sich auch die Statuten der Berliner Zuckersiederei — Firmenbeginn 1793, AG seit 1798 — aus. Die Organisation der Gesellschaft ist klar strukturiert und in eine Hauptversammlung, einen Aufsichtsrat („Comité") und den Vorstand („Direction") gegliedert. 5 Prozent Verzinsung werden garantiert. Der Überschuß soll für Investitionen verwendet werden. Ein entsprechender Passus für „Investitionen"

---

[49] Schreiben der Gesellschaft v. 15.2.1809. Bei der ähnlich konstruierten Königsberger Zucker-AG konnten freilich ausdrücklich auch „Personen, die keine Kaufleute sind, Zuckeraktien besitzen" (Schreiben Hoffmann v. 15.2. 1809, DZA, Rep. 120 A XII, 7, Nr. 4).

oder „Abschreibungen" taucht auch bei anderen Gesellschaften auf. Darüber hinaus schütten spätere Gesellschaften noch eine „Dividende" aus.

Der Charakter der Aktie als eines reinen Risikopapiers hat sich in der Frühindustrialisierung freilich nie durchgesetzt. Stets bleiben Reste des festverzinslichen Papiers übrig, etwa beim Beispiel der Neusalzer Werke. Dort erscheint neben einer fünfprozentigen Verzinsung noch eine Garantiedividende von 20 Prozent.

Das Aktienkapital wird zumeist nur in Teilen eingezahlt, über die Interimsscheine ausgestellt werden, so bei der Aachener Drahtfabrik erst ein Zehntel, dann — je nach Abruf der Direktion — weitere Zehntel. Oft wurden auch nur Teile des bei der Gründung genehmigten Aktienkapitals begeben, wie bei der Pommerschen Zuckersiederei von 800 Aktien à 250 Taler zunächst nur die Hälfte.

Bei der Berliner Zucker-AG finden wir auch die ersten sozialpolitischen Ansätze innerhalb eines Unternehmens-Statutes. Bei ungehörigem Benehmen während der Hauptversammlung sollen Strafgelder erhoben und „zum Besten der erkrankten und verarmten Arbeitsleute der Siederei verwandt . . . werden".

Die Hauptversammlung ist bei allen Unternehmen einmal im Jahr, beim Neusalzer Werk schon jedes halbe Jahr. Die Stimmenregelung ist besonders interessant. Grundsätzlich besteht einmal ein Aktien-, später ein Stimmenplafond bei allen gewerblichen AGen der Frühindustrialisierung. Bei der Königsberger Siederei von 1782 darf man maximal 40 von 396 Aktien besitzen. Später hat man bei der Berliner Zucker ab sechs Aktien nur noch Stimmrecht für fünf Aktien. Bei der Aachener Drahtfabrik hat man maximal drei Stimmen, ebenso bei der ersten Stettiner Zuckersiederei[50].

Bei der Berliner Zucker-AG erhält der Aufsichtsrat besondere Rechte. Er darf sich selbst ergänzen und unterliegt somit nicht mehr der Kontrolle durch die HV. Grundsätzlich arbeiten die Aufsichtsräte noch ohne Tantiemen, in späteren Fällen werden Vergütungen in Aussicht gestellt. In Neusalz erhält der AR-Vorsitzende 300 Taler im Jahr. Der Erste Direktor erhält dort 400 Taler und eine Umsatzprovision von 3 Prozent. In Berlin erhält der Erste Direktor 500 Taler, sein Stellvertreter 200 Taler.

In der Berliner Zucker-AG kommt zum erstenmal auch die Trennung zwischen Eigentümer und Manager zum Durchbruch. So kann einer der Direktoren, das für die Technik verantwortliche Vorstandsmitglied, auch ein Nichtaktionär sein. Dasselbe gilt für den Sekretär der Gesellschaft, der mit 250 Talern Jahresgehalt honoriert ist. Damit ist zum erstenmal

---

[50] Vgl. a. *Martin*, 523 f.

dokumentiert, daß man das Prinzip des „Closed Shop", in dem nur Insider und Eigentums-Interessenten etwas zu suchen hatten, durchbrochen ist. Am Beispiel der ersten Stettiner Zuckersiederei von 1819 ist das Organisationsschema, wie es für viele Gesellschaften der Frühindustrialisierung typisch war, noch einmal graphisch dargestellt.

**Organisationsschema der Pommerschen Provinzial-Zuckersiederei in Stettin
(1819)**

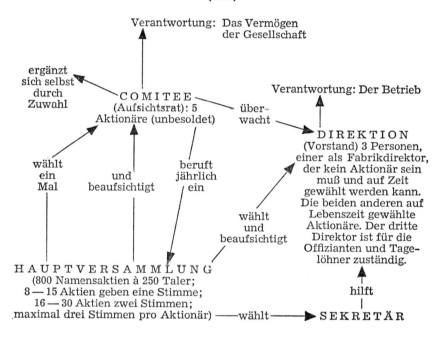

Soweit die Gründungen keine Not- oder Erhaltungsgründungen waren, ist in einzelnen Fällen bereits die Vorab-Bildung einer Gesellschaft des bürgerlichen Rechtes zu erkennen, die auch in der heutigen Aktienrechts-Regelung den Gründungsvorgang abzuwickeln hat. Diese Gesellschaft sucht um die Konzessionserteilung nach und hat für die Unterbringung der Aktien zu sorgen. Das beste Beispiel hierfür ist das Neusalzer Werk.

In einzelnen Statuten ist schließlich auch der Liquidation gedacht. So sollen bei der auf zehn Jahre befristeten Kölner Baumwollspinnerei das Gebäude und die Maschinen meistbietend unter den Aktionären versteigert werden. Die Waren sollen auf dem üblichen Wege veräußert werden, die Forderungen haben die Geschäftsführer zu realisieren, die auch hier keine Aktionäre mehr sind, sondern mit den notwendigen Vollmachten ausgestattete Fachleute. Hier erscheint also noch eine weitere Variante

der frühindustriellen AGen: Statt der Fungibilität des Kapitals, das durch
Kauf und Verkauf von Aktien alternative Anlagemöglichkeiten sucht,
kommt die Fungibilität der Unternehmung. Die Lebensdauer der Firma
wird absichtlich begrenzt, um den Aktionären die Möglichkeit offen zu
lassen, in andere Investitionsmöglichkeiten umsteigen zu können. Das
Kapital soll freilich auf jeden Fall „auf seinen anfänglichen Betrag zu-
rückgekehrt" sein.

Eine gewisse Fungibilität der Kapitalanlage ist vielleicht bei der
Baumwollspinnerei schon dadurch gegeben, daß Hauptversammlung und
Dividende in der Kölnischen Zeitung bekanntgegeben werden müssen.
Am ehesten kann jedoch von einer Fungibilität im Falle des Elberfelder
Bergwerksvereins die Rede sein: Bekanntmachungen der Unternehmens-
leitung mußten in zwei Elberfelder Zeitungen, der preußischen Staats-
zeitung, der Hamburger, Kölner, Augsburger und Frankfurter Zeitung
erscheinen — erste Ansätze zur Bildung eines gesamtdeutschen Kapital-
marktes in den 1820er Jahren.

Die Betriebsform im Eisenhüttenwesen zur Zeit der frühen Industrialisierung in Ungarn

Von *Ákoš Paulinyi*, Marburg

Das Programm der Tagung — an der ich dank der freundlichen Einladung der Veranstalter teilnehmen darf — bewegte mich zuerst, eine allgemeine Schilderung der frühen Industrialisierung in Ungarn als Beitrag zu liefern. Nach gründlicher Überlegung entschloß ich mich jedoch für ein viel engeres Thema, für das Problem der Betriebsform im Eisenhüttenwesen. Ich tat so in der Überzeugung, daß die Behandlung dieses, sicherlich sehr speziellen Problems vielleicht doch einen Beitrag von allgemeinerer Bedeutung beisteuern könnte. Es handelt sich nämlich um ein Problem, das in den meisten Arbeiten über die frühe Industrialisierung bzw. über die Manufakturen ausgeklammert wurde.

Bevor ich zu meinem Thema komme, sei es mir erlaubt, einige einleitende Bemerkungen über die frühe Industrialisierung in Ungarn voranzusenden[1]. Die Epoche der frühen Industrialisierung in Ungarn, verstanden als das Zeitalter des Erscheinens und des Vorherrschens des arbeitsteiligen, manufakturmäßigen Großbetriebes in der gewerblichen

---

[1] Gesamtdarstellungen der industriellen Entwicklung Ungarns im 18. und 19. Jahrhundert sind in den letzten 25 Jahren nur von ungarischen Historikern verfaßt worden. Der erste Versuch stammt von *Futó, Mihály*, A magyar gyáripar története, I. kötet, A gyáripar kialakulása az elsö állami iparfejlesztési törvényig (1881), (Die Geschichte der ungarischen Industrie, I. Bd., Die Entwicklung bis zum ersten Gesetz über die staatliche Industrieförderung [1881]), Budapest 1944, 468 S. Die Fortsetzung ist nicht erschienen. Von den nach 1945 erschienen Arbeiten sind hier anzuführen: *Mérei, Gyula*, Magyar iparfejlödés 1790—1848, (Die Entwicklung der ungarischen Industrie 1790 bis 1848), Budapest 1951, 428 S. (Im folgenden nur als *Mérei* — I. zitiert). Eine deutsche Kurzfassung: Ders., Über einige Fragen der Anfänge der kapitalistischen Gewerbeentwicklung in Ungarn, in: Etudes historiques, Bd. I, Budapest 1960, S. 723—775. (Im folgenden nur als *Mérei* — II. zitiert). Da dem Gebiet des ehem. Oberungarns, der heutigen Slowakei eine bedeutende Rolle in der gewerblichen Entwicklung zufiel, sind die Darstellungen der Industrie in diesem Raum auch für die gesamtungarische Entwicklung von Bedeutung. So z. B.: *Špiesz, Anton*, Manufaktúrne obdobie na Slovensku 1725—1825 (Die Manufakturperiode in der Slowakei 1725—1825), Bratislava 1961, 372 S.; *Novotný, Jan*, Vývoj priemyselnej výroby na Slovensku v prvej polovici XIX. storočia (Die Entwicklung der industriellen Produktion in der Slowakei in der ersten Hälfte des XIX. Jahrhunderts), Bratislava 1961, 278 S. (im folgenden nur als *Novotný* — I zitiert). Eine deutschsprachige Kurzfassung: Ders., Zur Problematik des Beginns der industriellen Revolution in der Slowakei, in: Historica IV, Praha 1962, S. 129—189 (im folgenden nur als *Novotný* — II. zitiert).

Produktion, umfaßt etwa die siebzig Jahre von 1780 bis 1850[2]. Kennzeichnend für diese 7 Jahrzehnte ist die steigende Anzahl außerzünftiger
gewerblicher Unternehmungen[3], wobei sich ganz deutlich drei Perioden
abzeichnen. Die erste erstreckt sich bis etwa 1815 und ist durch einen allgemeinen, die meisten Sparten umfassenden Aufstieg der gewerblichen
Produktion gekennzeichnet. Die Hochkonjunktur zur Zeit der napoleonischen Kriege in Europa wirkte sich damals besonders günstig aus. In
der zweiten Periode von etwa 1815 bis in die Mitte der dreißiger Jahre
des 19. Jahrhunderts ist zwar auch ein weiterer Aufstieg der gewerblichen Produktion zu verzeichnen, dennoch waren diese Jahre durch den
Rückfall einiger und die Stagnation der meisten Sparten des Gewerbes
geprägt. Von der 2. Hälfte der dreißiger Jahre bis 1850 steigt dann die
gewerbliche Produktion wieder in schnellerem Tempo, wobei in dieser

---

[2] Bei der Periodisierung des Zeitalters der frühen Industrialisierung, überwiegend nur als Manufakturperiode bezeichnet, bleibt meistens der Ausgangspunkt umstritten. Alleinstehend ist die Meinung von *A. Špiesz*, dernach in
der Slowakei die Manufakturperiode schon 1725 einsetzt. *A. Špiesz* wollte am
Ende des 18. Jahrhunderts sogar schon die Anfänge der industriellen Revolution erkennen, dazu: Ders., K problematike počiatku priemyselnej revolúcie
na Slovensku (Zur Problematik der Anfänge der industriellen Revolution in
der Slowakei), in: Historický časopis, Jg. 2 (Bratislava 1954) S. 539 ff. Diese
Ansicht widerlegte zuerst *Purš, Jaroslav*, K problematice prumyslové revoluce
v českých zemích a na Slovensku (Zur Problematik der industriellen Revolution in den böhmischen Ländern und in der Slowakei), in: Historický
časopis, Jg. 3 (Bratislava 1955), S. 553 ff., Jg. 4 (Bratislava 1956), S. 50 ff., dann
Novotný — I., bes. 238 ff., *Novotný* — II., bes. 129 f. — In der ungarischen
Geschichtsschreibung obwaltet die Ansicht, daß die Manufakturperiode erst
mit den 90er Jahren des 18. Jahrhunderts einsetzte, so z. B. *Mérei* — II.,
S 757i „... In Ungarn stellte sich am Ende des XVIII. Jahrhunderts die Manufakturperiode der industriellen Produktion ein." Andere ungarische Historiker, wie z. B. *G. Heckenast, Gy. Szabad* neigen zur Ansicht, daß mit den 60er
Jahren des 18. Jahrhunderts eine neue Periode der allgemeinen politischen
und wirtschaftlichen Entwicklung und auch die Manufakturperiode begonnen
hat. Dazu: Vita a feudális kori magyar történelem periodizációjáról (Diskussion
über die Periodisierung der ungarischen Geschichte im Zeitalter des Feudalismus) Budapest 1968, bes. die Beiträge von *Heckenast, Gusztáv*, S. 23, *Szabad,
György*, S. 122, *Varga, János*, S. 135. Mérei beharrte auch hier auf seinem oben
angeführten Standpunkt, vergl. S. 138. Das Argument, daß zwar schon früher
Manufakturen bestanden, aber nur vereinzelt und sehr kurzfristig, oder nur
in einem ganz kleinen Raum, im Nordwesten Ungarns, ist jedoch durch die
seit 1960 veröffentlichten Forschungsergebnisse weitgehend widerlegt worden.
Deshalb vertrete ich die Ansicht, daß spätestens seit den 80er Jahren des
18. Jahrhunderts auch in Ungarn die Manufaktur die typische Betriebsform
der gewerblichen Großproduktion gewesen ist und zu dieser Zeit sowohl ihre
Zahl, wie auch ihre räumliche Verbreitung dazu berechtigt über die Manu-
fakturperiode zu sprechen. — Vgl. dazu *Špiesz A.*, Manufaktúrne obdobie...,
Bratislava 1961, bes. die Kapitel II und III; *Eckhart, Ferenc*, A bécsi udvar
gazdaságpolitikája Magyarországon 1780—1815 (Die Wirtschaftspolitik des
Wiener Hofes in Ungarn 1780—1815), Budapest 1958, bes. S. 117—146; *Nagy,
István*, A manufaktura ipar kialakulása Pest-Budán (Die Entstehung der
Manufakturindustrie in Pest-Ofen) in: Tanulmányok Budapest Multjából XIV
(Budapest 1961), S. 285—340. Die Bemerkungen H. Hassingers über den Stand
der Manufakturen in Ungarn am Ende des 18. Jahrhunderts beruhen eben-
falls auf schon damals veralteten Darstellungen — *Hassinger, Herbert*, Der

Phase die Keime der künftigen führenden Sparten der ungarländischen Industrie schon ganz deutlich zu erkennen sind[4].

Wenn wir die Grundzüge der frühen Industrialisierung kurz festhalten wollen ist es nötig, an erster Stelle die Rolle der staatlichen, d. h. der gesamtösterreichischen Wirtschaftspolitik klarzustellen. Ohne auf diese Frage näher eingehen zu wollen, muß im vorhinein unterstrichen werden, daß sich die Wirtschaftspolitik des Wiener Hofes auf die gesamte wirtschaftliche Entwicklung und in erster Linie auf die Gestaltung der gewerblichen Produktion in Ungarn ausgesprochen negativ ausgewirkt hat. Die gesamte Handels- und Zollpolitik seit der 2. Hälfte des 18. Jahrhunderts, wie auch die Gewerbepolitik des Wiener Hofes lief darauf hinaus, Ungarn in der Position des Rohstofflieferanten und des Absatzmarktes festzuhalten. Die Phase der frühen Industrialisierung in Ungarn verlief also ohne jene, wesentlich fördernde staatliche Unterstützungsmaßnahmen, welche den Erbländern zugute gekommen sind. Für die Keime der ungarländischen Industrie gab es also kein Treibhaus der staatlichen Gewerbeförderung, vielmehr mußten sich diese Keime gegen die Konkurrenz der weit überlegenen erbländischen Industrie, gegen die, nur diese fördernden staatlichen Maßnahmen durchzusetzen versuchen.

Stand der Manufakturen in den deutschen Erbländern der Habsburgermonarchie am Ende des 18. Jahrhunderts, in: Die wirtschaftliche Situation in Deutschland und Österreich an der Wende vom 18. zum 19. Jahrhundert, Stuttgart 1964, S. 114.

[3] Anhand der sehr mangelhaften zeitgenössischen statistischen Bestandsaufnahmen des ausgehenden 18. und der 1. Hälfte des 19. Jahrhunderts ist die zahlenmäßige Feststellung der Industriebetriebe in Ungarn nur in sehr groben „Kennziffern" möglich. Nach den auf diesen Statistiken und sehr vielen eigenen Archivforschungen fußenden Berechnungen von Gy. Mérei gab es zu den Zeitpunkten 1785 — 1815 — 1840 — 1846 in Ungarn 66 — 175 — 251 und 547 außerzünftliche gewerbliche Unternehmungen. *Mérei* — II, S. 738. Diese Zahlen sind für den Trend kennzeichnend. Was allerdings die Zeitpunkte betrifft, hat diese Mérei seiner Periodisierung angepaßt. Die Quellen, aufgrund deren Mérei die Zahl der gewerblichen Unternehmungen berechnet hat, beziehen sich nämlich, nach seinen eigenen Quellenangaben nicht auf die Jahre 1815 und 1840, sondern auf den Zeitraum von etwa 1808 bis 1818, bzw. auf die 30er Jahre des 19. Jahrhunderts — vgl. *Mérei* — II., S. 738, bes. die Fußnoten 26—29.

[4] Die in der ungarischen Geschichtswissenschaft läufige Periodisierung der industriellen Entwicklung stammt von Gy. Mérei. Wie schon erwähnt, läßt er die Manufakturperiode erst mit 1790 einsetzen und begrenzt die einzelnen Etappen zuerst (1951) mit den Jahren 1790—1825, 1825—1840 und 1840—1848 und später (1960) mit den Jahren 1790—1815, 1815—1840 und 1840—1848, s. *Mérei* — II., 753. Über die Fragwürdigkeit des Anfanges mit dem Jahr 1790 s. Anm. 2. Was die Periode 1815—1840 betrifft, ist die nach 1815 eingetretene Stagnation nicht erst 1840, sondern schon spätestens in der Mitte der 30er Jahre des 19. Jahrhunderts einem Aufschwung gewichen. Darüber zeugen viele Angaben über neue Gründungen von industriellen Unternehmungen in den 30er Jahren, die auch selbst Gy. Mérei anführt, aber, wie gesagt, erst für das Jahr 1840 „verbucht" (vgl. Anm. 3), die Ziffern über die Produktion im Eisenhüttenwesen, über den Warenumsatz zwischen Österreich und Ungarn usw. Über die Neugründungen in den 30er Jahren vgl. *Mérei* — I., bes. 174 f.

Die Tatsache, daß sich die Wiener Wirtschaftspolitik auch deshalb so gestalten konnte, weil die ungarische herrschende Klasse der adeligen Großgrundbesitzer die Interessen der Industrialisierung bis in die 40er Jahre des 19. Jahrhunderts selbst nicht wahrgenommen hat und sich in ihrer Politik vorerst nur auf die Überrettung ihrer adeligen Vorrechte (und insbesondere der Steuerfreiheit), dann aber auf dem Felde der Wirtschaftspolitik im besten Falle auf die Verteidigung der Interessen des ungarländischen Agrarexportes beschränkte, ändert allerdings an den für Ungarn objektiv negativen Auswirkungen der Wirtschaftspolitik des Wiener Hofes überhaupt nichts[5].

Unter diesen Bedingungen konnte die ungarländische Industrie den Vorsprung der erbländischen keineswegs aufholen und mußte insbesondere in jener Sparte unterliegen, in der das erbländische Gewerbe am kräftigsten gefördert worden ist und der schon vorher bestehende Vorsprung noch größer wurde — in der Textilindustrie.

Die manufakturmäßigen Großbetriebe in den verschiedenen Sparten des Textilgewerbes erscheinen in Ungarn vereinzelt schon seit den 30er Jahren und zahlreicher dann in dem letzten Viertel des 18. Jahrhunderts. Vorerst konzentrierten sie sich überwiegend im Nordwesten des Landes, auf dem Gebiet der heutigen Slowakei[6], um dann, zwischen 1780 und 1815 — hier abgesehen von den Manufakturen in Rjeka — auch im künftigen industriellen Mittelpunkt des Landes, in Pest und Ofen Fuß zu

---

195 ff., über die steigende Eisenproduktion· Paulinyi, Ákoš, K niektorým otázkam vývinu železiařstva na Slovensku v prvej polovici 19. storocia (Über einige Fragen der Entwicklung des Eisenhüttenwesens in der Slowakei in der ersten Hälfte des 19. Jahrhunderts), in: Sbornik Filozofickej fakulty Univerzity Komenského, Historica, Jg. XI (Bratislava 1960), bes. S. 87, 99 ff. und Beilage I. Zu dem Warenumsatz vgl. — außer den einschlägigen Jahrgängen der Tafeln zur Statistik der österreichischen Monarchie — *Gyömrei, Sándor,* A kereskedelmi töke kialakulása és szerepe Pest-Budán 1849-ig (Die Entstehung und die Rolle des Handelskapitals in Pest-Ofen bis 1849), in: Tanulmányok Budapest Multjából XII (Budapest 1957) S. 197—278, bes. S. 243 ff.

[5] Die beste Zusammenfassung des Standpunktes der ungarischen Geschichtswissenschaft zu der Wirtschaftspolitik des Wiener Hofes bietet *Mérei* — II., S. 735 ff., wo auch auf den Wandel der Ansichten zwischen 1950 und 1960 verwiesen wird. Die schärfste (und einseitigste) Stellungnahme gegen die Wirtschaftspolitik, hpts. Josephs II. bei *Eckhart, Ferenc,* a. a. O.; einen, die theresianische und josephinische Wirtschaftspolitik und bes. Gewerbepolitik auch für Ungarn befürwortenden Standpunkt vertritt *Špiesz, Anton,* Manufaktúrne obdobie..., Bratislava 1961, bes. 68 ff., 117 ff. derselbe; Die Wirtschaftspolitik des Wiener Hofes gegenüber Ungarn im 18. Jahrhundert und im Vormärz, in: Ungarn Jahrbuch, München 1969, S. 60 ff.

[6] Dazu *Špiesz, Anton,* Manufaktúrne obdobie..., Bratislava 1961.

[7] Außer *Nagy, István,* a. a. O., in: Tanulmányok Budapest Multjából XIV (Budapest 1961), S. 285 ff., ist noch die ältere Abhandlung von *Kósa, János,* A budapesti selyemipar kialakulása (Die Anfänge der Seidenindustrie in Budapest), in: Jahrbuch des Graf Klebelsberg Kuno Instituts für ungarische Geschichtsforschung in Wien, Jg. IX (Budapest 1939) S. 125—178 sehr aufschlußreich.

fassen[7]. Diese, teils von adeligen Großgrundbesitzern, teils von Handels-kapitalisten, aber auch von Handwerkern gegründeten Woll-, Baumwoll- und Seidenmanufakturen sind allerdings unter dem Druck der äußerst benachteiligenden Zollsatzungen und der Konkurrenz erbländischer Fabrikate nach 1815 zum größten Teil eingegangen. Das Wenige, was an Manufakturen in dieser Sparte übriggeblieben ist, war im Gesamtgefüge der großbetrieblichen Industrie belanglos und gewann auch in den 40er Jahren des 19. Jahrhunderts kaum an Bedeutung[8].

Neben den Textilmanufakturen und der noch immer wichtigen, traditionellen Edel- und Farbmetallproduktion gewann im Ungarn des ausgehenden 18. Jahrhunderts hauptsächlich die Eisenerzeugung an Bedeutung. Der Schwerpunkt des Eisenhüttenwesens war im Norden des Landes, im Slowakischen Erzgebirge, wo am Ende des 18. und am Anfang des 19. Jahrhunderts eine ganze Reihe von neuen, mit Hochöfen ausgestatteten Eisenhüttenwerken entstanden ist. Es handelte sich fast ausschließlich um Unternehmungen adeliger Großgrundbesitzer (Koháry, später Coburg, Andrássy, Csáky), bzw. des Staates[9]. Zwar blieb nach 1815 das Eisenhüttenwesen Ungarns von den Folgen einer allgemeinen Stagnation ebenfalls nicht verschont, es erholte sich aber bedeutend schneller und war in den 20er—40er Jahren des 19. Jahrhunderts vielleicht die einzige Sparte der ungarländischen Industrie, deren Wachstumsrate — gemessen allerdings nur an der Produktion von Roheisen — jene der ganzen Monarchie überflügelte[10]. Obwohl viele, hauptsächlich kleinere Unternehmer nur auf die Produktion von Roheisen eingestellt waren, ist für die erste Hälfte des 19. Jahrhunderts auch ein bedeutender Aufstieg der Roheisen-

---

[8] In den 40er Jahren des 19. Jahrhunderts bemühte sich um die Belebung der Textilindustrie insbesondere der 1844/45 entstandene Schutzverein (Védegylet). Dazu s. *Mérei* — I., bes. S. 265 ff., *Mérei* — II., S. 766 f.; *Tolnai, György,* A paraszti fonószövö ipar és a textilmanufaktúra Magyarországon (Die bäuerliche Spinnerei und Weberei und die Textilmanufakturen in Ungarn) 1840—1849, Budapest 1964, bes. S. 197 ff., weiter *Futó, Mihály,* a. a. O., Budapest 1944, bes. 203 ff.

[9] Für die Entwicklung des Eisenhüttenwesens in diesem Raum: *Hapák, Pavel,* Dejiny železiarskeho priemyslu na Slovensku od konca 18. storočia do roku 1867 (Geschichte der Eisenindustrie in der Slowakei vom Ende des 18. Jahrhunderts bis zum Jahre 1867), Bratislava 1962, 315 S.; *Paulinyi Ákoš,* a. a. O.; Ders. Železiarstvo na Pohroni v 18. a v 1. polovici 19. storočia (Príspevok k problémom manufaktúrneho obdobia) (Das Eisenhüttenwesen im Grantal im 18. und in der 1. Hälfte des 19. Jahrhunderts [Beitrag zu den Problemen der Manufakturperiode]), Bratislava 1966, 209 S.

[10] Die Roheisenproduktion in der Monarchie stieg zwischen 1823 und 1847 im Verhältnis wie 100 : 264, jene Ungarns wie 100 : 369, der Anteil Ungarns an der Gesamtproduktion der Monarchie erhöhte sich von 14,5 auf 20,3 %, s. *Paulinyi, Ákoš,* K niektorym otázkam . . . in: Sbornik Filozofickj fakulty Univerzity Komenského, Historica, Jg. IX (Bratislava 1960), S. 87 und Beilage I. Die bei *Mérei* — II., S. 764 angeführten Zahlen über die Roheisenproduktion sind falsch, sie beziehen sich nur auf die Gußeisenerzeugung.

verarbeitung zu vermerken[11]. Dieses Eisenhüttenwesen war keineswegs ein Bahnbrecher der modernen Industrie, es fußte auf Holzkohle und Wasserantrieb, und da es im besagten Gebiet an verkokbarer Mineralkohle fehlte, mußte es sich, angesichts der „Jungfräulichkeit der Transportmittel", wie F. List noch 1845 bemerkte, mit dieser rückständigen und nicht mehr entwicklungsfähigen technischen Basis vorläufig abfinden[12].

Was nun andere Sparten der gewerblichen Produktion betrifft, finden wir in Ungarn zwischen 1780 und 1815 auch bescheidene Ansätze des Großbetriebes in der sogenannten Genuß- und Lebensmittelindustrie (Spiritusbrennerei, Likör- und Zuckererzeugung), im Kleidungsgewerbe und in der Steinguterzeugung. Aber erst in den 30er und 40er Jahren des 19. Jahrhunderts entstanden festere Grundlagen der großbetrieblichen Lebensmittelindustrie in Ungarn. Neben einer größeren Anzahl, meist grundherrschaftlicher Spiritusbrennereien fiel vorerst die führende Rolle den Rübenzucker-Raffinerien zu[13]. Im Hinblick auf die künftige Entwicklung war dann die Gründung der „Pester Joseph-Walzmühlengesellschaft" in dem Jahre 1838 von besonderer Bedeutung. Die Pester „Joseph-Dampfmühle", seit 1841 in Betrieb, war der eigentliche Grundstein für jene Großmühlenindustrie, welche in der 2. Hälfte des 19. Jahrhunderts zum führenden Sektor der ungarländischen Industrie geworden ist[14].

Die Gründung mehrerer Industriebetriebe in Pest einerseits und der Ausbau der Donau-Dampfschiffahrt andererseits, sowie die zunehmende Intensivierung der Landwirtschaft schufen günstige Bedingungen auch für die Entstehung des Maschinenbaus. Zwar kann man zu dieser Zeit, außer den seit 1836 in Betrieb stehenden Schiffswerften in Óbuda und

---

[11] Die Ausfuhr des Roheisens stieg besonders in den 40er Jahren, nachdem seit dem 1. Dezember 1842 die Ausfuhr in die Erbländer vom Zoll befreit wurde. Im Jahre 1847 betrug die Ausfuhr etwa 9900 t, d. h. 25 % der Gesamtproduktion, über 50 % dieser Ausfuhr waren für die mährische und schlesische Eisenwerke bestimmt — vgl. Ausweise über den Handel von Oesterreich im Verkehr mit dem Auslande, Jg. 8 und 9, Wien 1850.

[12] Die moderne Eisenindustrie verlagerte sich dann, hauptsächlich seit den 50er Jahren des 19. Jahrhunderts in die Umgebung von Reschitza (Reşiţa im Banat, heute Rumänien), wo Eisenerz und Mineralkohle zusammen vorhanden waren, bzw. im Stammgebiet des slowakischen Erzgebirges beschränkte man sich weitgehend auf die Roheisenproduktion. Das Roheisen wurde immer mehr in den neuen Hüttenanlagen und Walzwerken im Raume der Braunkohlenlagerstätten bei Ózd, bzw. Salgótarján (Komitat Borsod, bzw. Nógrád, heute Ungarn) verarbeitet.

[13] Vgl. Mérei — I., S. 174 ff.; Mérei — II., S. 762, 767; Novotný — II., S. 167. In den 30er Jahren wurden auch mehrere Papierfabriken gegründet — Novotný — II., S. 164. Eine Gesamtdarstellung der Papiererzeugung in Ungarn: Bogdán, István, A magyarországi papíripar története 1530—1900 (Geschichte der ungarländischen Papierindustrie), Budapest 1963.

[14] Sándor, Vilmos, A budapesti nagymalomipar kialakulása (1839—1880), (Die Entwicklung der Mühlenindustrie Budapests [1839—1880]), in: Tanulmányok Budapest multjából XIII (Budapest 1959), bes. S. 315 ff.

einigen mechanischen Werkstätten bei großen Eisenwerken in der Provinz, nur von den Keimen der in der Zukunft so bedeutenden Maschinenbauindustrie Budapests sprechen, aber die in den 40er Jahren entstandenen Betriebe von A. Ganz, St. Vidats, I. Schlick und Röck haben alsbald den Rahmen kleinerer Handwerksbetriebe gesprengt[15].

Was also die Struktur der Industrie im Verlauf der frühen Industrialisierung Ungarns betrifft, können wir zusammenfassend folgendes feststellen: Der manufakturmäßige Großbetrieb erscheint, wenn wir jetzt das Eisenhüttenwesen ausklammern, zuerst im Textilgewerbe. Nach 1815 hat aber die Textilindustrie ihre Bedeutung fast völlig eingebüßt und in die führende Position rücken allmählich verschiedene Zweige der Lebensmittelindustrie. Zwar überwiegen in den 40er Jahren zahlenmäßig noch die Spiritusbrennereien und Zuckerraffinerien, aber die moderne Großmühlenindustrie hat auch schon festen Fuß gefaßt. Aus der Sicht des Standortes zeichnet sich schon zu dieser Zeit, trotz des völlig unterentwickelten Verkehrswesens, die künftige Konzentration der Industrie im Raume von Ofen und Pest ab.

Zu dem Problem der Kapitalgeber, bzw. der Unternehmer liegen vorläufig nur sehr wenige Untersuchungen vor. Angesichts der Tatsache, daß die Zoll- und Handelspolitik des Wiener Hofes im 18. Jahrhundert die Kapitalakkumulation aus dem Handelsverkehr in Ungarn selbst in beträchtlichem Maße eingeschränkt hat, bzw. den Handelsgewinn ins Ausland leitete und das überwiegend nur für den Lokalbedarf produzierende Handwerk ebenfalls geringe Möglichkeiten einer Akkumulation bot, überrascht es kaum, daß wir es in der ersten Phase der frühen Industrialisierung überwiegend mit Industriegründungen entweder ausländischer, hauptsächlich österreichischer Unternehmer oder einheimischer adliger Großgrundbesitzer zu tun haben[16]. Die führende Rolle dieser beiden Gruppen von Kapitalgebern, bzw. Unternehmern blieb eigentlich im ganzen Zeitalter der frühen Industrialisierung erhalten. Für die 30er und 40er Jahre des 19. Jahrhunderts ist jedoch der zunehmende Anteil des ungarländischen Handelskapitals an Industriegründungen kennzeichnend. Ungarländische Großhändler, wie z. B. Ullmann und Wodianer, die im Exportgeschäft mit Getreide, Wolle und Tabak schon jahrzehntelang eine führende Rolle gespielt haben, waren an den wichtigsten Grün-

---

[15] *Mérei* — I., S. 309 ff; *Mérei* — II., S. 765. Über die Anfänge einer der bedeutendsten Maschinenbaufabriken Ungarns s. *Berlász, Jenö,* A Ganz Gyár elsö félszázada 1845—1895 (Die ersten fünfzig Jahre der Ganz-Fabrik 1845 bis 1895), in: Tanulmányok Budapest multjából XII (Budapest 1957), bes. S. 351 ff.

[16] Untersuchungen aus der Sicht der Unternehmer-Geschichte liegen nicht vor. Soziale Herkunft, aber auch die Tätigkeit der Unternehmer, bzw. die Herkunft des Kapitals werden aber öfters eingehend behandelt — s. *Mérei* — I., passim; *Špiesz, Anton,* Manufaktúrne obdobie..., Bratislava 1961, passim, *Hapák, Pavel,* a. a. O., bes. S. 25 f., 28 f., 45 f., 47 ff.

dungen in der Lebensmittelindustrie und im Verkehrswesen schon maßgebend beteiligt[17]. So wurde das auf der Basis des Agrarexportes entstandene Bündnis der ungarländischen Handelsbourgeoisie und des adligen Großgrundbesitzes durch gemeinsame Interessen in der Industrialisierung gestärkt, und diese, nicht widerspruchslose Interessengemeinschaft, erwies sich für den weiteren Verlauf der wirtschaftlichen Entwicklung Ungarns als ausschlaggebend.

Mit den 50er Jahren des 19. Jahrhunderts setzt dann in Ungarn die industrielle Revolution ein[18]. Es muß wohl nicht besonders hervorgehoben werden, daß trotz der erzielten Fortschritte die ungarländische Industrie wesentlich hinter jener der Erbländer zurückgeblieben ist. Der Gesamtwert der Produkte der sogenannten „Fabrikindustrie" in Ungarn betrug 1841 etwa 60 Millionen Gulden, d. h. etwa 7,5 % jener der Gesamtmonarchie. Während in Ungarn pro Kopf der Bevölkerung Industrieprodukte im Werte von etwa 5 Gulden zufielen, belief sich der entsprechende Wert in den Erbländern auf mehr als 23 Gulden[19]. An dem Agrarcharakter Ungarns hat sich so gut wie nichts verändert, und wenn es auch durchaus berechtigt ist, im besagten Zeitraum von 1780—1850 über Fortschritte der Industrialisierung in Ungarn zu sprechen, darf man nicht vergessen, den ungarischen Maßstab zu gebrauchen[20].

Und nun zu dem Problem der Betriebsform in dem Eisenhüttenwesen zur Zeit der frühen Industrialisierung, d. h. vor seinem Übergang zum fabrikmäßigen Großbetrieb. Unter Eisenhüttenwesen verstehe ich die

---

[17] Über die Unternehmungen Ullmanns und Wodianers s. *Mérei* — I., S. 170 ff., über den steigenden Anteil des Handelskapitals: ebenda, S. 174 ff.; *Gyömrei, Sándor*, a. a. O., in: Tanulmányok Budapest Multjából XII (Budapest 1957) S. 249 ff. Gyömrei betont anderseits die Tatsache, daß viele große Handelshäuser lieber das Geschäft mit Wertpapieren bevorzugt haben — ebenda, S. 254 ff.
[18] Für die weitere Entwicklung der Industrie in Ungarn: *Sándor, Vilmos*, Die Hauptmerkmale der industriellen Entwicklung in Ungarn zur Zeit des Absolutismus 1848—1867, Studia Historica Academiae Scientiarum Hungaricae, 28., Budapest 1960, dasselbe in: Etudes Historiques, Bd. II., Budapest 1960; derselbe, La rivoluzione industriale in Ungheria, in: Studi storici, Jg. II. Roma 1961, 768 ff., *Lederer, Emma*, Az ipari kapitalizmus kezdetei Magyarországon (Die Anfänge des industriellen Kapitalismus in Ungarn) Budapest 1952.
[19] *Mérei* — I., S. 261; *Mérei* — II., S. 741, *Futó, Mihály*, a. a. O., 178 f. Die Berechnungen fußen auf den Angaben der Tafeln zur Statistik der Österreichischen Monarchie für das Jahr 1842, Wien 1846, Teil: Industrie im Jahre 1841, I. Zahl und Einteilung der Fabriken; XIX. Übersicht.
[20] Die erste, sehr grobe Schätzung der Struktur des Nationaleinkommens in Ungarn für die Zeit um 1867 berechnet den Anteil der gewerblichen Produktion mit etwa 15 % (davon 7 % aus der Fabrikindustrie, 6 % aus dem Kleingewerbe und 2 % aus dem Bergbau und Hüttenwesen. — S. *Berend, T. Iván* — *Ránki, György*, Nemzeti jövedelem és tőkefelhalmozás Magyarországon 1867 bis 1914 (Nationaleinkommen und Kapitalakkumulation in Ungarn 1867—1914) in: Történelmi Szemle, Jg. IX (Budapest 1966), S. 189, jetzt auch deutsch in: Social-Economic Researches on the History of East-Central Europe, Studia Historica Academiae Scientiarum Hungaricae, No 62, Budapest 1970.

Verhüttung der Erze und die Weiterverarbeitung des erschmolzenen Eisens zu Halb- und Fertigprodukten des Hüttengewerbes, d. h. zu verschiedenen Sorten von Streckeisen — wie man es damals nannte — oder Profileisen, Profilstahl wie es später bezeichnet wurde. Meine Ausführungen beruhen überwiegend auf eigenen technik- und wirtschaftsgeschichtlichen Forschungen über die Entwicklung des Eisenhüttenwesens im Zeitraum etwa von 1680—1870 im Eisenhüttenzentrum des damaligen Ungarn, d. h. in der heutigen Mittelslowakei. Dieses, räumlich sicher sehr beschränkte Forschungsfeld hat, bei der Gefahr des viel zu engen Horizontes, doch einen wesentlichen Vorteil geboten: Die Möglichkeit der gründlichen Analyse einer fast 200jährigen Entwicklung auf Grund sehr ausführlicher Archivquellen[21].

Obwohl ich auf das Problem der Betriebsform eben nur im Zusammenhang mit der Untersuchung des Eisenhüttenwesens im besagten Raum gestoßen bin, liegt nun der Anlaß zur Erörterung dieser Frage nicht so sehr in der Einschätzung meiner Forschungsergebnisse, sondern vielmehr in der Tatsache, daß die meisten mir bekannten Untersuchungen über die frühe Industrialisierung und insbesondere jene über das Problem der Manufaktur die Rolle des Eisenhüttenwesens weitgehend außer Acht lassen. Betrachten wir die einschlägigen Darstellungen für österreichische und deutsche Gebiete, ergibt sich etwa folgendes Bild. In den Darstellungen der allgemeinen wirtschaftlichen Entwicklung, bzw. der frühen Industrialisierung zwischen ca. 1750 und 1850 findet sich für das Hüttenwesen, je nach seinem Stellenwert im gegebenen Raum, immerhin eine Beschreibung und Würdigung. Anders sieht die Lage allerdings aus, wenn wir versuchen, uns über die Entwicklung z. B. des Eisenhüttenwesens vor der industriellen Revolution aufgrund derjenigen Forschungsergebnisse ins Bild zu setzen, welche sich schon dem Titel nach mit der Bestandaufnahme oder Entwicklung der Manufakturen beschäftigen. In diesen, in den letzten 15 Jahren nicht unzahlreichen Studien und Monographien ist, ziemlich einheitlich und ohne Rücksicht darauf, ob sich die Verfasser zu dem Marx'schen oder zu einem anderen Manufakturbegriff bekannten, die Erörterung des Eisenhüttenwesens in seiner, meistens er- und anerkannten Form des vorindustriellen Großbetriebes ausgeklammert worden. Dieser Vorgang führt, ohne Rücksicht auf die Gründe der Ausklammerung, notgedrungen dazu, daß: 1. die Existenz des manufakturmäßigen Großbetriebes im Hüttenwesen ent-

---

[21] Die diesbezüglichen Ergebnisse sind dargelegt in: *Paulinyi, Ákoš*, Železiarstvo na Pohroní..., Bratislava 1966; Eine deutsche Kurzfassung einiger Probleme: Ders., Zum Problem der Manufaktur und des sozial-ökonomischen Charakters der Produktionsverhältnisse im Eisenhüttenwesen der Slowakei, in: Sborník Filozofickej fakulty Univerzity Komenského, Jg. XVI, Historica (Bratislava 1965), S. 31—44. Soweit nicht anders angeführt, fußen meine Ausführungen auf den dort angeführten Quellen.

weder überhaupt in Frage gestellt wird oder aber, falls er anerkannt
wird, seine Existenz nicht bewiesen, sondern nur behauptet wird und
2. bei der Feststellung des Stellenwertes der Manufaktur im Gesamtgefüge der gewerblichen Produktion angesichts der Ausklammerung
mehrerer Industriesparten ein mehr oder weniger verzerrtes Bild entsteht.

Das Ausklammern des Hüttenwesens versuchten die Verfasser ver-
schiedentlich zu begründen oder wenigstens zu rechtfertigen[22]. Auf welche
Schwierigkeiten die logische Begründung der Ausklammerung stößt, ist
am Besten in dem Falle zu sehen, wo sich die Verfasser die Mühe gegeben haben, den Begriff der Manufaktur klarzustellen.

Als Beispiel nehme ich G. Slawingers Ausführungen. Seiner Auffassung nach konstituieren den Begriff Manufaktur zwei Elemente: „die
innerbetriebliche Arbeitsteilung und das Vorherrschen der Handarbeit"[23]. Und Slawinger setzt fort:

„Nach dieser Definition umfaßt die Manufaktur auch jene Betriebe, die im
Gegensatz zum Handwerk aus technischen Gründen seit jeher eine ausgeprägte Arbeitsteilung aufwiesen. Zu diesen primären Großbetrieben gehören vor allem die Betriebe des Bergbaus, die Salinen, die Hütten- und
Hammerwerke, die Münzstätten und vielfach die Glashütten und die kerami-
schen Manufakturen sowie teilweise die Papiermühlen, die Getreidemühlen
und die Druckereien. Das Charakteristische für die großgewerbliche Entwicklung des 17. und 18. Jahrhunderts — und in Kurbayern noch am Anfang des
19. Jahrhunderts — bestand aber gerade darin, daß sich neben diesen primären
Formen des Großbetriebes sekundäre Formen vorindustrieller großbetrieb-
licher Produktion in allen und neu entstehenden Produktionszweigen entwickelten.

Soll der Betrieb der Manufaktur den typischen Erscheinungen Rechnung
tragen, muß er den sekundären Formen des vorindustriellen Großbetriebes
vorbehalten bleiben. Daher wurden in diese Untersuchung die primären Formen nicht aufgenommen, mit Ausnahme der Glashütten und der feinkerami-
schen Manufakturen[24]."

---

[22] Nicht selten wird es für selbstverständlich gehalten, daß das Eisenhüttenwesen nicht in den Bereich der Manufakturen gehört. Zum Beispiel H. Hassinger begründet das Ausklammern der Eisenwerke überhaupt nicht, sondern
behauptet bloß: „In der Metallverarbeitung sind auch hier Manufakturen
selten, denn Hütten und Hämmer scheiden grundsätzlich aus...", *Hassinger,
Herbert,* Der Stand der Manufakturen..., in: Die wirtschaftliche Situation in
Deutschland und Österreich um die Wende vom 18. zum 19. Jahrhundert,
Stuttgart 1964, S. 125. H. Hausherr begnügt sich mit der Behauptung: „Unter
den Begriff der Manufaktur fallen nicht diejenigen Zweige des Gewerbes, bei
denen doch der Kleinbetrieb die Ausnahme und der Großbetrieb die Regel
war, nämlich das Bergwerks- und Hüttenwesen". *Hausherr, Hans,* Wirtschaftsgeschichte der Neuzeit, Weimar 1955, S. 170.
[23] *Slawinger, Gerhard,* Die Manufaktur in Kurbayern, Stuttgart 1966,
S. XVII.
[24] Ebenda.

Demnach bezweifelt also G. Slawinger den Manufakturcharakter, u. a. der Hütten- und Hammerwerke nicht, läßt sie aber aus seiner Untersuchung der Manufakturen nur deshalb ausscheiden, weil sie im sog. primären Bereich schon früher erschienen sind als im sog. sekundären. Mit diesem Maßstab ist allerdings eine Klarstellung des Manufakturbegriffes aufgrund des Grades der Arbeitsteilung bei dem Vorherrschen der Handarbeit nicht zu vereinbaren. Die Fragwürdigkeit einer solchen Begründung beweist dann die Tatsache, daß Slawinger die Glashütten und feinkeramische Manufakturen doch in seine Untersuchung aufnimmt, diesmal mit der Begründung: „Ihnen kam damals besondere Bedeutung zu und ihre wichtigsten Produktionsprozesse beruhten bis über die Mitte des 19. Jahrhunderts hinaus auf der handwerklichen Geschicklichkeit der Arbeiter[25]." Aus der Betonung der handwerklichen Geschicklichkeit in diesen Zweigen könnte man vermuten — expressis verbis sagt das Slawinger nicht —, daß Slawinger andere sog. primäre Großbetriebe auch deshalb ausscheiden ließ, weil er in diesen der handwerklichen Geschicklichkeit der Arbeiter im Verfertigungsverfahren keine so große Bedeutung zumißt.

In anderen Monographien zum Problem der Manufaktur ist dem Eisenhüttenwesen ebenfalls sehr wenig Aufmerksamkeit gewidmet worden. So z. B. zählt H. Krüger die Eisenhüttenwerke offensichtlich zu den Manufakturen, betont öfter ihre Bedeutung, geht aber weder auf die Schilderung ihrer Entwicklung, noch auf die Beweisung des Manufakturcharakters dieser Betriebe ein[26]. R. Forberger, in seinem Werk über die Manufaktur in Sachsen, erwähnt die Schmelzhütten- und Hammerwerke in der Gruppe der sogenannten Bergfabriken, unterläßt aber ihre Aufnahme in seine Darstellung[27]. In diesem Werk bezeichnete Forberger die Gruppe der Bergfabriken entweder als arbeitsteilige Kooperationen, Manufakturen oder aber als Mischform zwischen Manufaktur

---

[25] Ebenda. Bei *Reuter, Ortulf,* Die Manufaktur im Fränkischen Raum, Stuttgart 1961, S. 4 wird ebenfalls empfohlen, die Bezeichnung Manufaktur „als Oberbegriff für weiterverarbeitende vorindustrielle Großbetriebe — unter Ausklammerung des Bergbaus, der Hütten- und Hammerwerke, Mühlen und chemischen Betriebe — zu verwenden". Die Hütten- und Hammerwerke behandelt er zwar nicht, allerdings nicht aus diesem Grunde, sondern deshalb, weil die Vermutung „hier vorindustrielle Großbetriebe zu finden, wurde nicht bestätigt", ebenda, S. 54.
[26] *Krüger, Horst,* Zur Geschichte der Manufakturen und der Manufakturarbeiter in Preußen, Berlin 1958; bes. S. 43 ff., 165, 209, 234. In anderen, überwiegend marxistischen Darstellungen der Manufakturen oder der allgemeinen wirtschaftlichen Entwicklung werden Eisenhütten- und Hammerwerke ebenfalls selbstverständlich als Manufakturen hingestellt, z. B. *Klima, Arnost,* Die Textilmanufaktur im Böhmen des 18. Jahrhunderts, in: Historica XV, Praha 1967, S. 124; *Mottek, Hans,* Wirtschaftsgeschichte Deutschlands, Bd. I, Berlin 1957, S. 216 f., 311.
[27] *Forberger, Rudolf,* Die Manufaktur in Sachsen, Berlin, S. 178.

und Fabrik[28] — wobei er beide diese Begriffe im exakt wissenschaftlichen Sinne verwendet. Später hat dann Forberger die verschiedenen, im Sprachgebrauch der Kameralisten als Bergfabriken bezeichnete Werkstätten (also ohne den Bergbau) nurmehr als Mischform zwischen Manufaktur und Fabrik eingereiht. R. Forberger bringt für seine Behauptung auch eine sehr exakte und seriöse Beweisführung, die ich — quasi als Ausgangspunkt zu meinen Ausführungen — lieber wortgetreu bringe:

„Wenn auch nicht wie in der reinen Manufaktur ausschließlich, so lief doch auch bei den ... als ,Bergfabriken' bezeichneten Werkstätten der überwiegende Teil der Fertigungsprozesse in der Form von arbeitsteiliger Handarbeit ab. Einige Teilverrichtungen jedoch bedurften, wenn sie überhaupt ausführbar sein sollten, von Anfang an des Einsatzes thermo- und chemotechnischer Verfahren wie auch der Mechanisierung und Motorisierung, so daß bei den Bergfabriken auch schon menschliche Arbeitskraft und vor allem menschliche Antriebskraft ersetzt wurde. Dadurch erhielten die Bergfabriken ihren Charakter als Mischform zwischen Manufaktur und Fabrik, bei denen ganz im Gegensatz zum Textilgewerbe der Prozeß zunehmender Mechanisierung und verstärkter Anwendung der vorgenannten Verfahrensarten nicht selten kurz nach ihrer Gründung einsetzte, um sich mit steigender Intensität über mehrere Jahrhunderte zu erstrecken, bis die weitere Zunahme ihrer Ertragsfähigkeit die Zuordnung zur reinen Fabrik auch wissenschaftlich ohne weiteres rechtfertigte. Infolge seines langsamen Verlaufs entbehrte der Mechanisierungsprozeß bei den Bergfabriken aber aller konzentriert revolutionären Begleiterscheinungen (wie bei der Baumwolle) ... Insbesondere fehlten ihm die sprungartige und massenhafte Erhöhung der Arbeitsproduktivität ... Dies galt insbesondere auch für den Teil der Bergfabriken, den wir heute als Schwerindustrie bezeichnen[29]."

Bevor ich versuche mich mit dieser sehr genauen und unzweideutigen Definition und Begründung anhand der Schlußfolgerungen aus der konkreten Entwicklung des Eisenhüttenwesens in der Slowakei auseinanderzusetzen, möchte ich unzweideutig festhalten, daß ich die Forberger'sche These der Bergfabrik als Zwischenform keineswegs deshalb als Ausgangspunkt gewählt habe, weil ich diese vielleicht für die schlechteste halte, sondern eben umgekehrt: es ist nämlich meines Wissens die einzige, argumentierende Beweisführung zu diesem Problem. Und mit und gegen konkrete Argumente ist es zwar nicht leichter, sicher aber erfreulicher und sinnvoller zu diskutieren, als gegen Gemeinplätze. Außerdem geht es mir nicht um die Beurteilung dessen, ob diese Forberger'sche These auf Sachsen bezogen stichhaltig ist. Vielmehr geht es mir um den Versuch, einen Beweis zu bringen daß: *Erstens* der Begriff der Manufaktur als „arbeitsteiliger, geschlossener Großbetrieb ohne oder ohne wesent-

---

[28] Ebenda.
[29] *Forberger, Rudolf,* Zur Auseinandersetzung über das Problem des Übergangs von der Manufaktur zur Fabrik, in: Beiträge zur deutschen Wirtschafts- und Sozialgeschichte des 18. und 19. Jahrhunderts, Berlin 1962, S. 184.

liche Maschinerie"[30] oder als „arbeitsteilige, auf Handarbeit beruhende gewerbliche Kooperation"[31] auch für ein, verhältnismäßig sehr langes Stadium der Entwicklung des Eisenhüttenwesens angewendet werden kann und auch anzuwenden ist, und *zweitens*, daß auch im Eisenhüttenwesen insbesondere aus der Sicht der Produktionstechnik eine sehr klare, meistens allerdings eher nur „ideal-typische" Trennungslinie zwischen Manufaktur und Fabrik festzustellen ist.

Wie schon erwähnt, verstehe ich unter Eisenhüttenwesen den Produktionsprozeß vom Erzschmelzen bis zum Profileisen, bzw. zum Endprodukt der Gießerei. Im Grunde genommen ist diese Produktion eine Kombination von thermochemischen und mechanischen (technischen) Prozessen. Die ersteren überwiegen bei der Verhüttung des Erzes, die zweitgenannten bei der Weiterverarbeitung des Schmelzgutes. Diese technologische Grundlage der Eisenerzeugung stellt selbstverständlich auch gewisse Ansprüche an die Einrichtung der Produktionsstätten (Herd oder Ofen, Blasbalg, Amboss, Hammer usw.), deren Anschaffungskosten meist höher lagen, als in anderen Bereichen. Andererseits wirkt sich die technologische Grundlage weitgehend auf die Art der Arbeitsteilung aus.

Wollen wir nun im Bezug auf das Problem der Manufaktur die Fragen der Betriebseinrichtung und Arbeitsteilung im Produktionsprozeß untersuchen, so genügt es die Schilderung mit dem Zeitpunkt anzusetzen, zu welchem im Zusammenhang mit der Eisenerzeugung das Wasserrad, die Mühle („molendinum ferri vulgo hamor dictum") auftaucht. Im Bereich des ehemaligen Ungarns war dies schon in den 40er Jahren des 14. Jahr-

---

[30] *Fischer, Wolfram,* Der Staat und die Anfänge der Industrialisierung in Baden 1800—1850, I. Bd., Berlin 1962, S. 31 definiert den Begriff im Unterschied zur Fabrik: „Wenn wir heute in der Arbeitsteilung, der Mechanisierung und Motorisierung die entscheidenden Kriterien der Fabrik sehen, so können wir sie von der Manufaktur theoretisch sehr sauber unterscheiden, indem wir der Manufaktur nur die Arbeitsteilung zubilligen und sie als (meist zunftfreien) geschlossenen Großbetrieb ohne oder ohne wesentliche Maschinerie definieren. In der Praxis der Wirtschaftsgeschichte läßt sich eine Unterscheidung zwischen beiden jedoch nicht immer so sauber durchführen, denn es ist durchaus nicht in jedem Gewerbezweig gleich sicher, wo die Mechanisierung, wo die Motorisierung beginnt." — In diesem Zusammenhang möchte ich betonen, daß ich es für einen Schritt zurück finde, wenn wir nun wieder anstatt des Begriffs „Manufaktur" andere herausfinden wollen, wie dies zuletzt H. Freudenberger, aus mehr oder weniger ethymologischen Gründen, in seinem sonst sehr anregenden Aufsatz, mit dem Begriff „protofactory" versuchte. *Freudenberger, Herman — Redlich, Fritz,* The Industrial Development of Europe: Reality, Symbols, Images, in: Kyklos, Jg. 17 (1964), 372 ff., weiter *Freudenberger, Herman,* Die Struktur der frühindustriellen Fabrik im Umriß (mit besonderer Berücksichtigung Böhmens), in: Wirtschafts- und Sozialgeschichtliche Probleme der frühen Industrialisierung (Herausgegeben von W. Fischer), Berlin 1968, bes. 413 ff.
[31] *Forberger, Rudolf,* Zur Auseinandersetzung..., in: Beiträge zur deutschen Wirtschafts- und Sozialgeschichte des 18. und 19. Jahrhunderts, Berlin 1962, 174.

hunderts[32]. Die Anwendung der Wasserkraft ist ein Zeichen dessen, daß an die Stelle des Erzschmelzens in Gruben oder Herden das Schmelzen in mehr oder weniger hohen Schachtöfen (sog. Blau- oder Stückofen, Plahöfen, sehr oft auch Blaufeueröfen), getreten war. Um dem Schmelzprozeß regelmäßig genügende Luft zuzuführen und das nun viel größere Schmelzprodukt (die schmiedbare Eisenluppe, Massel, Roh- oder Rauchmassel) entsprechend bearbeiten zu können, mußte man sich für den Antrieb der größeren oder mehrerer Blasbälge und der schwereren Hämmer der Wasserkraft bedienen. Seitdem diese Stufe in der technischen Entwicklung erreicht wurde, unterschied sich die Werkstatt des Hüttenmeisters oder des Hammerschmiedes schon wesentlich von jener des Dorf- oder Kunstschmiedes. Die Errichtung der Betriebsanlagen und die laufenden Betriebskosten (Ankauf der Rohstoffe, Transportkosten, Lohnkosten) haben die Möglichkeiten des einzelnen Handwerkers überschritten, und er mußte sich entweder mit anderen zu Genossenschaften zusammenschließen oder aber die Rolle des Unternehmers (oder nur des Bauherrn) anderen, kapitalkräftigeren Personen überlassen. Auf diese Frage werde ich noch zurückkommen, nun aber möchte ich auf den Einfluß des erwähnten technischen Wandels auf die Entwicklung der Arbeitsteilung hinweisen.

Die Steigerung der Produktion erforderte größere Mengen an Rohstoffen, also an Erz und an Holzkohle, die Entfernung zwischen den Betriebsanlagen (Hütten- und Hammerwerke) und der Rohstoffbasis wurde größer, da die Anwendung der Wasserkraft die Verlagerung der Produktionsstätten zum Wasserfluß erzwungen hat. Beide diese Tatsachen verursachten, daß die bis in das 17. Jahrhundert auch in der Slowakei nachgewiesene, abwechselnde Ausübung der Tätigkeit des Bergmanns, des Köhlers und dann des Hüttenmanns durch ein- und dieselben Arbeitskräfte in verschiedener Reihenfolge nicht mehr ergiebig war[33]. Mit der steigenden Produktion trennten sich allmählich die Berufe der Bergleute,

---

[32] Dazu s. *Heckenast, Gusztáv*, Die Verbreitung des Wasserradantriebes im Eisenhüttenwesen in Ungarn, in: Nouvelles Etudes Historiques, Bd. I, Budapest 1965, S. 159—179, bes. S. 172, 174 f., über die Verbreitung des Wasserantriebes in anderen Bereichen Europas s. *Sprandel, Rolf*, Das Eisengewerbe im Mittelalter, Stuttgart 1968, S. 221 ff.

[33] Vgl. dazu *Schmitt, Robert*, Geschichte der Rheinböllerhütte, Schriften zur rheinisch-westfälischen Wirtschaftsgeschichte, Bd. 6, Köln 1961, S. 14 f. Er betont, daß im Unterschied zu den Hütten in der Eifel, wo die Hüttenarbeiter im 17. Jahrhundert „stets dieselbe Arbeit verrichteten — herrschte im Hunsrück das System der ‚Hüttenreise‘ vor. Die eigentliche Hüttenbetriebskampagne war hier bis in den Anfang des vorigen Jahrhunderts hinein gewöhnlich auf fünf bis acht Monate im Jahre beschränkt, während die übrige Zeit mit Erzgrabungs-, Holzfällungs- und Holzverkohlungskampagnen ausgefüllt war. Je nach der Jahreszeit und Bedarf wurde dann die Masse der Arbeiter unterschiedslos an der jeweils erforderlichen Stelle eingesetzt und notwendigenfalls verstärkt".

der Köhler und der Hüttenleute. Für die Beurteilung der Betriebsform ist es aber, meiner Meinung nach, viel wichtiger, die Arbeitsteilung direkt im Produktionsprozeß, vom Erz zum Eisen, festzuhalten. Während bei der Verhüttung des Erzes in Gruben oder Herden ein- und dieselben Leute zuerst das Erz schmolzen und dann das Schmelzprodukt zu verschiedenen Eisensorten mit dem Handhammer ausschmiedeten, teilten sich die Hüttenarbeiter beim Schachtofenbetrieb und Hammerwerk mit Wasserantrieb in zwei Professionen: in jene der Schmelzer und jene der Hammerschmiede. Die Schmelzer befaßten sich ausschließlich mit der Aufbereitung der Erze, dem Schmelzen und dem ersten Ausschmieden des Eisenklumpens zur Luppe und die Hammerschmiede, mit dem Ausschmieden der zerkleinerten Luppe zu der läufigen Handelsware. In beiden dieser Gruppen finden wir schon mehrere Kategorien von Arbeitern vor, die sich untereinander nicht nur durch die Stufe der Fachkenntnisse, sondern auch durch ihr Arbeitsfeld unterschieden. Bei der, im Prinzip gleichbleibenden technischen Grundlage, entfaltet sich die Arbeitsteilung mit der steigenden Produktion nur in der 2. Gruppe, in jener der Hammerschmiede. Ist infolge der Nachfrage die Produktion ständig gestiegen, so spezialisierten sich die Hammerwerke auf die Erzeugung von nur bestimmten Sorten des Streckeisens, wobei die technische Einrichtung, hauptsächlich der Hammer dem Fertigungsverfahren angepaßt wurde (Grobhammer, Streckhammer, Zainhammer). Die Schmelzanlagen wurden vorerst nur vermehrt, aber man war auch bemüht, die Produktion eines Ofens zu erhöhen.

Mit diesem Bestreben hangt dann auch der weitere Werdegang, an der technischen Entwicklung, wie auch der Arbeitsteilung zusammen. Indem man den Ofen erhöhte und die Windzufuhr verstärkte, veränderten sich ganz ungewollt die Temperaturverhältnisse und das ganze Reduktionsverfahren im Ofen. Das Endprodukt des Schmelzprozesses war keine schmiedbare Luppe mehr, sondern flüssiges Roheisen. Um dieses Roheisen schmiedbar zu machen, mußte es entkohlt werden, was in einer neuen Produktionsphase, bei dem sog. Eisenfrischen durchgeführt wurde. Ohne auf technische Details eingehen zu wollen, muß man jedoch unterstreichen, daß die Weiterentwicklung der Arbeitsteilung beim Hochofenbetrieb in der völligen zeitlichen und räumlichen Trennung der Roheisenerzeugung von der weiteren Verarbeitung des Roheisens bestand. Im Unterschied zu dem Betrieb in Stücköfen war hier allerdings diese Arbeitsteilung unumgänglich. Die erste Phase der Verarbeitung des Schmelzproduktes (wenn wir hier die Gießerei ausklammern), das Eisenfrischen in sog. Frischhütten (abgesehen von der Bauart des Herdes war ihre technische Einrichtung dieselbe wie bei den Hammerwerken) wurde zu einem der schwersten und auf Erfahrung und Handgriffe anspruchsvollsten Berufen im Hüttenwesen, der Frischer zu dem hoch-

spezialisierten Facharbeiter. Die Grundlagen der Verarbeitung des
Frischeisens blieben auch weiterhin dieselben, eine Spezialisierung unter
den Streckern war auch weiterhin, dem Ausmaß der Produktion nach
möglich, aber nicht unbedingt notwendig.

Zusammenfassend kann man über das Problem der Arbeitsteilung aus
dem Gesagten folgende Schlüsse ziehen: Seit der Einführung des Wasserantriebes vollzieht sich die Arbeitsteilung — abgesehen von der Trennung der Erzförderung und Brennstofferzeugung — bei der Eisenproduktion selbst in kleinerem Ausmaß beim Schmelzprozeß (Erzröster, Möller,
Schmelzer und Hilfsarbeiter, wie z. B. der Schlackenläufer) und im breiteren Ausmaß beim Verarbeiten des Schmelzgutes (Hammermeister,
Strecker, Ausheizer, Wassergeber und andere Hilfsarbeiter, und even-
tuell auch eine weitere Spezialisierung der Strecker). Durch die Roheisenerzeugung im Hochofen vertieft sich bei gleichbleibender tech-
nologischer Basis (Holzkohle als Brennstoff und Wasserantrieb der
mechanischen Einrichtungen) hauptsächlich die Arbeitsteilung im Ver-
arbeitungsverfahren des Roheisens, wo (außer der Gießerei) vor dem
Formgeben das Roheisenfrischen in sog. Frischwerken oder Frischhäm-
mern eingefügt werden mußte. In den Frischwerken finden wir ebenfalls
eine Arbeitsteilung vor (Frischmeister, Ausheizer, Wassergeber, Hilfsarbeiter). Der Verarbeitungsprozeß in den Hammerwerken ändert sich
nicht. Es ist noch zu betonen, daß im Unterschied zu der Eisenerzeugung
in Stücköfen, wo das Schmelzgut schmiedbar war, die angeführte Arbeitsteilung beim Hochofenbetrieb unumgänglich ist. Den Meistern fällt in
jeder Produktionsphase außer der Ausübung der Arbeit auch eine Auf-
sichtsfunktion zu. Was den Charakter des Arbeitsvorganges betrifft, und
dies bezieht sich teilweise auch auf das Frischen, ist das Schmelzen ein
thermochemischer Prozeß, bei dem die Handarbeit zwar nur den Charakter einer Hilfsarbeit hat, die durch langjährige Erfahrung erworbenen
Fachkenntnisse jedoch eine ausschlaggebende Rolle für das Resultat der
Produktion hatten.

Die Verarbeitung des Schmelzproduktes bzw. des Frischeisens in den
Hammerwerken wird mit Hilfe einer durch Wasserantrieb bewegten
Einrichtung, mit Hilfe der Hämmer durch abwechselndes Ausheizen und
Schmieden durchgeführt. Trotz dieser, den Aufwand menschlicher phy-
sischer Kraft teilweise ersetzenden Rolle des Hammers mit Wasserantrieb bleibt aber die Arbeit des Hammerschmiedes, des Streckers eine
Handarbeit, der Wasserhammer ein Werkzeug und keine Arbeitsmaschine. Bei diesem Produktionsverfahren hängt nämlich das Ergebnis
der Arbeit, die Form und Qualität des Produktes überwiegend von der
handwerksmäßigen Geschicklichkeit der Facharbeiter, der Strecker ab
und was bei dieser Produktionsweise ohne Beeinträchtigung des End-
produktes (nicht aber ohne negativen Einfluß auf die Produktivität und

Rentabilität) hätte ersetzt werden können, war der mechanische Hammer (durch den Handhammer) keineswegs aber die Handarbeit, die handwerksmäßige Geschicklichkeit des Streckmeisters. Ist also auch im Sinne der Forbergerschen Definition[34] das wassergetriebene Hammerwerk ein Werkzeug, oder um es genauer zu definieren ein mechanisiertes Werkzeug, da es die manuelle Arbeit nur unterstützt und erleichtert, nicht aber im wesentlichen ersetzt, wie es von der Maschine verlangt wird.

Soviel zum Problem der Arbeitsteilung und der Handarbeit im Eisenhüttenwesen. Darf ich jetzt noch kurz etwas über die Frage des steigenden Kapitalaufwandes bei den erwähnten Veränderungen der Produktionstechnik sagen. Über die Baukosten einer primitiven Eisenhütte mit Schmelzgrube oder Schmelzherd verfüge ich über keine konkreten Angaben, man kann aber annehmen, daß sich diese nicht viel höher beliefen, als die Einrichtung einer Dorfschmiede. Beim Hüttenwerk mit Schachtofen, Ausheizfeuer und Hammerwerk mit Amboß, und den nötigen Wasseranlagen und Antriebssystem, beliefen sich die Baukosten im Laufe des 18. Jahrhunderts, nach Angaben aus den mittelslowakischen Eisenhüttengebieten, auf etwa 4000 Fl. Demnach dürfte eine Schmiede (also nur der Herd, Blasbalg, Amboß und Handhammer) nicht mehr als $^1/_5$, d. h. etwa 800 Fl. gekostet haben. Die Betriebskosten (Ausgaben für Lohn, Rohstoffe, Transport, Verwaltung) beliefen sich bei nur etwa 10 ständigen Arbeitern in der Hütte und einem 35wöchentlichen Betriebsjahr auf etwa 4800 Fl. Die Produktion betrug in diesen Hüttenbetrieben jährlich etwa 600—900 dz. Bei den Hochofenbetrieben, diese erscheinen im besagten Raum zwar schon an der Wende vom 17. zum 18. Jahrhundert, kamen aber im breiteren Ausmaß erst in den letzten Jahrzehnten des 18. Jahrhunderts zur Geltung, steigen die Baukosten und die Betriebskosten selbstverständlich viel höher. So z. B. beliefen sich die Baukosten eines Hüttenbetriebes (mit 2 Hochöfen, 2 Frischhammern und Kohlenschuppen) in Rohnitz (Hronec/ČSSR) im Jahre 1739 auf 20 000 Fl., die Betriebskosten für ein 32-Wochen-Jahr auf 11 800 Fl. Die Zahl der Arbeiter nur direkt bei der Eisenproduktion von etwa 2 500 dz betrug bei einem Hochofen, einem Stückofen mit Hammer und insgesamt 4 Frisch- und Streckkammern etwa 35 Mann, mit den Bergleuten und Köhlern, dem Hilfspersonal und den Beamten insgesamt 97. Die Mindestzahl der Arbeiter in einem Hochofenwerk mit Frisch- und Streckhammer kann man mit 25 Arbeitern ansetzen (bei einem Hochofen minimal 10, davon 6—8 Facharbeiter). In Verhältniszahlen ausgedrückt verhielten

---

[34] „Werkzeug ist jedes Produktionsinstrument, das die manuelle Arbeit erleichtert und die Maschine dasjenige, das sie ersetzt" — *Forberger, Rudolf*, Zur Auseinandersetzung..., in: Beiträge zur deutschen Wirtschafts- und Sozialgeschichte des 18. und 19. Jahrhunderts, Berlin 1962, S. 175; derselbe, Zur Rolle und Bedeutung der Bergfabriken in Sachsen, in: Freiberger Forschungshefte (im weiteren nur FFH), D 48, Leipzig 1965, S. 64.

sich die Baukosten einer primitiven Schmelzhütte ohne Wasserantrieb
zu denen einer Hütte mit Stückofen und Hammerwerk mit Wasserantrieb etwa wie 1 : 5, und die Baukosten dieser zu einem Hochofenwerk mit
Frisch- und Streckhammer mindestens wie 1:4, bei dem Bau der Anlage
in ganz neuem Gelände, wo also die ganze Wasserführung neu angelegt
werden mußte, sogar wie 1:6 bis 1:8[35].

Die als Betriebskosten bezeichneten laufenden Ausgaben für Rohstoffe, Löhne, Transport und Verwaltung zeigen eine steigende Tendenz,
die selbstverständlich vor allem von dem Bestreben nach Erhöhung der
Produktion abhängig war. Im Unterschied von der Produktion in Stücköfen, wo bei schrumpfendem Absatz die Produktion ohne größere Ver-
luste zu jeder Zeit unterbrochen werden konnte, war bei dem Hochofenbetrieb diese Lösung schon aus technischen Gründen nicht möglich.
Hier war die Grundbedingung eines einigermaßen rentablen Betriebes
eben die kontinuierliche Erzeugung, in Tag- und Nachtschichten und
langen „Ofenreisen", das Ausblasen des Hochofens — aus welchen Gründen auch immer — eine höchst unerwünschte und sehr kostspielige Sache.
Deshalb war man auch bemüht, mit dem Übergang zum Hochofenbetrieb,
die hauptsächlich technisch, durch den Wassermangel, aber nicht selten
auch durch den zu engen Absatzmarkt bedingte etwa 30—35 wöchentliche
Jahresbetriebszeit über das ganze Jahr hinweg auszudehnen. Dies setzte
selbstverständlich, außer einem mehr oder weniger gesicherten Absatzmarkt, beim Unternehmer viel größere Mittel für die Deckung der Produktionskosten voraus. Genügte es dem Unternehmer mit einem Stückofen und Hammerwerk oder nur mit einem Hochofen mit Frischwerk,
also ohne Stabeisenproduktion, für die Löhne nur im Hüttenbetrieb
wöchentlich etwa 20 Fl. aufzubringen, so stiegen diese Kosten in einem
Hüttenwerk mit 6 Hochöfen und etwa 10 Frisch- und Streckwerken auf
wöchentlich 720 Fl. Die erstere Summe entsprach etwa dem Verkaufspreis einer Tagesproduktion, d. h. etwa 3 dz Stabeisen, die letztere dem
Verkaufspreis von zwar nur ^{2}/₃ einer Tagesproduktion, was immerhin
etwa 40 dz Streckeisen entsprach.

Aufgrund dieser Analyse der wichtigsten Merkmale des Produktions-
prozesses im Eisenhüttenwesen, der Arbeitsteilung, des Charakters der
Arbeit und der technischen Basis sowie des Problems des Kapitalaufwandes können wir folgendes feststellen:

---

[35] Es ist deshalb kein Zufall, daß das Erscheinen der Hochöfen nicht selten
auch mit dem Verdrängen der alten Unternehmer verbunden war. In dem besagten Gebiet des slowakischen Erzgebirges wurden die kapitalarmen Pächter
grundherrlicher Eisenhämmer seit der 2. Hälfte des 18. Jahrhunderts meistens
durch die adligen Grundherrn selbst verdrängt, da nur diese die erheblichen
Bau- und Betriebskosten tragen konnten. Vgl. dazu *Hapák, Pavel,* a. a. O.,
Bratislava 1962, bes. S. 13 ff.

1. Seit dem Übergang zum Wasserantrieb für die Blasbälge und Hammer und des Schmelzens in Schachtöfen setzt sich in der Eisenproduktion allmählich eine Arbeitsteilung durch. Die Vertiefung der Arbeitsteilung ist seit dieser Zeit nicht so sehr von technischen Erfindungen, sondern vielmehr von dem Ausmaß der Produktion abhängig gewesen und vollzog sich einerseits zwischen dem Schmelzen und Verarbeiten des Schmelzproduktes und andererseits binnen dieser beiden Gruppen.

2. Zu den charakteristischen Merkmalen der technischen und energetischen Basis der Eisenproduktion zählten auf dieser Stufe der Entwicklung: Das Schmelzen der Erze in Schachtöfen (Stücköfen bzw. Hochöfen) mit Holzkohle, d. h. mit vegetabilem Brennstoff; die Weiterverarbeitung des Schmelzgutes durch das Frischen in Herden und die anschließende Formgebung ebenfalls mit vegetabilem Brennstoff und durch den Hammer, sowie die Anwendung der Wasserkraft zum Antrieb aller wichtigeren mechanischen Einrichtungen (Blasbalg, Hammer, Pochwerk). Formelmäßig könnte man die technische Basis mit dem Schlagwort Holzkohle-Wasserantrieb-Hammer kennzeichnen.

3. Was den Charakter der Arbeit betrifft, ist hauptsächlich der Verarbeitungsprozeß des Schmelzproduktes zu beachten. Wie schon erwähnt, betrachte ich die Weiterverarbeitung beim Herdfrischen und beim Strecken unter dem Hammer als Handarbeit und die wichtigste mechanische Einrichtung bei diesem Prozeß, den Hammer mit Wasserantrieb nur als mechanisiertes Werkzeug, welches die Handarbeit erleichtert. Entscheidend für die Qualität des Produktes bleibt auch hier die handwerkmäßige Geschicklichkeit des Arbeiters, das Handhaben aller anderen Werkzeuge beim Schmieden.

4. Trotz der gegebenenfalls geringen Arbeiterzahl im Verfertigungsverfahren selbst, der Betrieb eines Hüttenwerkes mit Stückofen und Hammer ist schon mit 8 Arbeitern möglich, überschreitet der Hüttenbetrieb angesichts der hohen Baukosten, aber auch des Aufwandes für laufende Betriebskosten die Möglichkeiten des handwerkmäßigen Kleinbetriebes.

Dies sind die Beweggründe, aus welchen ich die Eisenhüttenwerke auf dieser Stufe zu den gewerblichen Großbetrieben zähle und sie als Manufaktur bezeichne.

Selbstverständlich bin ich mir dessen bewußt, daß die Manufaktur in dieser Sparte, wie allerdings auch in anderen, gewisse Eigentümlichkeiten aufweist und deshalb die Schlußfolgerungen aus der Entwicklung in einem begrenzten Raum nur sehr vorsichtig auf andere Gebiete zu

übertragen sind. Was mir problematisch erscheint, ist erstens die untere
Grenze, d. h. wo fängt die Manufaktur an. Es war ja möglich und war
auch sehr oft der Fall, daß man ein Hüttenwerk des Grundherrn nur
pachtete oder sich die Hüttenleute zu Genossenschaften zusammenschlos-
sen, oder einfach vom Kaufmann verlegt wurden. Die untere Grenze,
der Ausgangspunkt der Manufaktur, ist aber nicht nur im Hüttenwesen
problematisch und die Lösung dieser Frage bietet sich immer nur durch
konkrete Analyse des Produktionsverfahrens und der innerbetrieblichen
Verhältnisse. Meines Erachtens kann man auch in dem Falle, wo mehrere kleinere Betriebseinheiten, also Hammer und Hütten (auch ohne
Hochöfen) durch den Unternehmer zu einer zentral verwalteten Betriebs-
einheit zusammengefaßt wurden, mit vollem Recht den Begriff der Manufaktur anwenden. Die Zahl der Hütten- und Hammerwerke, die schon
unzweifelhaft eine Manufaktur darstellen, ist schwer vorzuschreiben,
sehr oft war es schon eine Hütte mit Hochofenbetrieb und Gießerei, oder
nur mehrere Hütten und Hammerwerke. Die in der Quelle vorkommende
Bezeichnung des Werkes als Hütte, Hammer usw. kann hier ebensowenig
eine Antwort geben, wie die zeitgenössische Bezeichnung Manufaktur
oder Fabrik in anderen Bereichen.

In diesem Zusammenhang möchte ich aber eine Eigentümlichkeit des
manufakturmäßigen Großbetriebes im Hüttenwesen unterstreichen. Wie
schon vermerkt, ist die Steigerung der Produktion bei praktisch gleichbleibender technischer Basis und einem sehr kleinen Spielraum für die
Steigerung der Produktivität eigentlich nur durch das Multiplizieren der
Produktionseinrichtungen möglich. Auf einer gewissen Stufe führte das
zu einer Verlagerung, zu einer Dezentralisierung der einzelnen Produktionsstätten. Diese Verlagerung war nicht nur, aber überwiegend —
hauptsächlich im Falle der räumlichen Trennung der einzelnen Phasen
der Verarbeitung des Schmelzproduktes — durch die nicht ausreichende
Wasserkraft, also durch die Unmöglichkeit einer beliebigen Vermehrung
der Energiequelle verursacht. Deshalb finden wir die Hochöfen, Frisch-
werke, Streckhammer und Zainhammer eines Großbetriebes, der im Besitz eines Unternehmers oder einer Gewerkschaft ist, mit einer einheit-
lichen Betriebsrechnung und mit zentraler Verwaltung je nach der Zahl
der Produktionsstätten oft in einem Raum von 25 oder auch mehr km²
zerstreut. Das sich diese Tatsache keineswegs günstig auf die Gestaltung
der Produktionskosten auswirkte, daß diese durch die hohen Transportkosten, aber auch durch den erhöhten Brennstoffverbrauch nicht selten
bis an die Grenze der Rentabilität gestiegen sind, steht ebenfalls fest.
Diese, hauptsächlich durch die technische Unvollkommenheit, aber nicht
selten auch durch die Besitztumsverhältnisse bedingte Dezentralisierung
der einzelnen Produktionsphasen berechtigt aber, meiner Meinung nach,
keineswegs dazu, einen solchen Betrieb nicht als einen, eine Einheit

bildenden Großbetrieb zu betrachten. Es ist wohl angebracht, bei der Beurteilung dieser Sachverhältnisse einen anderen Maßstab, einen von anderen Produktionszweigen, wie etwa des Textilgewerbes, differenzierten Zugang zu wählen.

Am Ende möchte ich noch auf die eingangs erwähnte Darstellung Forbergers, der unter anderen Bergfabriken die Hütten- und Hammerwerke als Zwischenform zwischen Manufaktur und Fabrik betrachtet, zurückkommen. Vorerst möchte ich unterstreichen, daß man bei Untersuchungen der Betriebsform kaum zum Ziele kommt, wenn man so verschiedene Produktionsverfahren, wie sie der Begriff der Bergfabriken, auch in seiner Einschränkung auf Werkstätten zur Weiterverarbeitung von Bergbauprodukten zusammenfaßt[36] versucht als Einheit zu untersuchen und einzureihen.

Soweit es nun um die Eisenhütten und Hammerwerke geht, fußt die Forbergersche Einordnung hauptsächlich der Hammerwerke zu den Mischformen auf der Fehleinschätzung des wassergetriebenen Hammerwerkes und der Rolle der Handarbeit. Forberger meint nämlich, das Hammerwerk ersetze die Handarbeit bei der Verarbeitung des Eisens, sei also folglich eine Maschine, was meiner Meinung nach aufgrund der Analyse dieses Verarbeitungsverfahrens den Tatsachen keineswegs entspricht. Dieser Fehleinschätzung des Hammerwerkes mit Wasserantrieb im Verarbeitungsprozeß des Eisens entspricht dann auch die technologische Gleichstellung des Walzwerkes mit dem Hammerwerk und die viel zu wenig differenzierte Einschätzung des Dampfantriebes einerseits und des Wasserantriebes andererseits. Bei dem sonst sehr konsequent logischen Vorgang Forbergers ist es dann selbstverständlich, daß unter diesen Voraussetzungen eine evidente Trennungslinie zwischen Manufaktur und Fabrik in der Eisenverarbeitung auch verschwinden mußte, daß es hier, wie Forberger meint, keine „prinzipielle qualitative Sprünge", sondern „lediglich *quantitative, graduelle* — wenn auch sehr bedeutende — *Fortschritte*" gegeben hat[37]. Diese Fehleinschätzung ist

---

[36] „Mit Manufaktur jedoch wird schlechthin das Moment der *Weiterverarbeitung* verbunden: *Manufakturen sind mithin Werkstätten zur Weiterverarbeitung von in der Land- und Forstwirtschaft sowie beim Fischfang gewonnenen Erstprodukten und Bergfabriken solche zur Weiterverarbeitung von Bergbauprodukten.*" — s. Forberger, Rudolf, Zur Rolle und Bedeutung der Bergfabriken in Sachsen, in: FFH D 48, Leipzig 1965, S. 70. — Diese Definition ist hauptsächilch darauf bedacht, aus dem Begriff der Bergfabriken die Bergwerke als Urproduktion auszuscheiden. Wörtlich genommen müßte man dann aber im Eisenhüttenwesen als Bergfabriken nur die Schmelzwerke bezeichnen, weil ja nur diese Bergbauprodukte verarbeiten, während Hammerwerke, nach der Einführung des Hochofens unbedingt, schon Produkte der Eisenhütten verarbeiten.

[37] Für Forberger sind das Hammerwerk mit Wasserantrieb und das Walzwerk nur zwei Etappen eines Mechanisierungsprozesses und dementsprechend

wahrscheinlich auf den indirekten Einfluß jener Aussage von J. Kuczynski zurückzuführen, welche behauptete: „Keine Werkzeugmaschinen
von Bedeutung wurden in der Schwerindustrie eingestellt[38]." Ohne dieses
Problem hier in ganzer Breite aufrollen zu wollen, möchte ich darauf hinweisen, daß in einem Teil der Schwerindustrie, und zwar bei der Verarbeitung des Frischeisens, diese Arbeitsmaschine nicht zu übersehen ist. Es
ist eben das Walzwerk. Dies ist die Maschine, welche beim Formgeben, bei
der Gestaltung des Eisens von der schmiedbaren Luppe oder vom Fluß-
stahl zum Profileisen, Eisenrohr, Blech oder Draht die Handarbeit ersetzt
hat[39]. Im Unterschied zum Hammerwerk war das Ergebnis des Produk-
tionsprozesses hier nicht mehr primär und überwiegend von der handwerklichen Geschicklichkeit des Arbeiters, sondern vielmehr von der
Konstruktion und genauen Einstellung der Walzen abhängig. Das Walzwerk bringt auch eine wesentliche Steigerung der Produktivität, öffnet
den Weg zur Vervielfachung der Kapazität einer Betriebseinrichtung
und bei der Anwendung des Dampfantriebes auch die Möglichkeit der,
von Jahreszeiten und Witterung unabhängigen Steigerung der Produktion, sowie ihre Zentralisierung an einer Stelle im kontinuierlichen
Verlauf vom Schmelzen bis zum Profileisen oder Blech, kurz zum Fertig-
produkt der Hüttenindustrie. Zu diesem Problem liegen noch sehr wenige
Arbeiten vor, hier möchte ich nur darauf hinweisen, daß z. B. bei einem
technisch noch sehr mangelhaften und nur mit Wasserantrieb bewegten
Walzwerk die Produktivität im Vergleich mit dem höchsten Stadium
der hammerwerklichen Technik mindestens um etwa 70 % höher lag
Wollen wir die technische Basis der Entstehung des fabrikmäßigen
maschinellen Betriebes in dem Eisenhüttenwesen wieder formelmäßig
in Schlagwörtern ausdrücken, so stünde der für die Manufaktur typischen Formel: Holzkohle—Wasserantrieb—Hammer für die Fabrik die

---

gab es für ihn auch keine „große Stufe" in der Steigerung der Arbeitsproduktivität, sondern nur zwei „kleinere Stufen, s. *Forberger Rudolf*, a. a. O., FFH
D 48, Leipzig 1965, S. 68 f., 70 f.

[38] *Kuczynski Jürgen*, Zum Problem der industriellen Revolution, in: Zeitschrift für Geschichtswissenschaft, Jg. IV, Berlin 1956, S. 504.

[39] G. Jahn bestreitet zwar die Existenz der Manufaktur überhaupt, im
Eisenhüttenwesen spricht er nur vom arbeitsteiligen Hüttenbetrieb, verweist
aber sehr nachdrücklich darauf, daß „der Ersatz des mechanischen Schmiedens
durch das Walzen" den entscheidenden Fortschritt zur „Industrie" bildete.
S. *Jahn, Georg*, Die Entstehung der Fabrik, in: Schmollers Jahrbuch für Gesetzgebung, Verwaltung und Volkswirtschaft, Jg. 69 (1949), 97. Darf ich noch bemerken, daß ich es nicht für nötig gehalten habe, eine eingehende Beschreibung des Fertigungsprozesses beim Eisenschmieden in Hammerwerken zu
bringen. Hauptsächlich die Beschreibung des Schmiedens und Streckens würde
viel Platz erfordern, ich verweise hier auf zeitgenössische „Eisenhüttenkun-
den" der 1. Hälfte des 19. Jahrhunderts, in welchen die altherkömmlichen
wie auch die modernen Produktionsmethoden ausführlich beschrieben sind,
so z. B. *Saint-Ange, Walter de*, Practische Eisenhüttenkunde, oder systematische Beschreibung des Verfahrens bei der Roheisenerzeugung und der Stab-
eisenfabrication, II. Teil, Weimar 1839, bes. S. 46 ff., 67 f., 85.

Formel: Mineralkohle—Dampfkraft—Walzwerk gegenüber. In traditionellen, altherkömmlichen Eisenhüttengebieten wie z. B. auch im slowakischen Erzgebirge, aber auch in vielen anderen finden wir diesen Idealtyp selten vor, und zwar einfach deshalb nicht, weil es in diesen Gebieten meistens keine Mineralkohle gab und der Ausbau einer modernen
Eisenindustrie mit allen drei neuen Komponenten notgedrungen mit
einer Standortverlagerung verbunden war. In traditionellen alten Eisenhüttengebieten kommt es in der Zeit der frühen Industrialisierung,
hauptsächlich vor dem Ausbau des Eisenbahnnetzes, nur zu der Mo-
dernisierung einer der Produktionsphasen, wie z. B. zu der Einführung des Walzverfahrens mit Dampf- oder nur Wasserantrieb bei Auf-
rechterhaltung des vegetabilen Brennstoffes. Oder aber entstand eine
Arbeitsteilung zwischen verschiedenen Gebieten, indem man sich im
traditionellen Gebiet angesichts der rapid schwindenden Holzvorräte nur
auf die Verhüttung der Erze spezialisierte und das Roheisen entweder
verkaufte, oder in eigenen, aber anderswo, hauptsächlich bei Braunkohlenlagerstätten situierten Puddel- und Walzwerken, verarbeitete.
Diese, sicher nicht formelhaft einfache konkrete Erscheinungsform darf
aber den Unterschied zwischen der Manufaktur und der Fabrik im
Eisenhüttenwesen nicht verschwinden lassen.

Industrial Development and Foreign Trade in the Nordic Countries 1870—1914

By *Lennart Jörberg*, Lund

I.

At the middle of the nineteenth century, the Scandinavian countries were predominantly agrarian in structure, and industry played little role for the population. Of the Nordic countries, only Sweden had established an industrial sector: iron and steel. During the eighteenth century, Sweden and Russia dominated the European iron market. Sweden, however, had become considerably less important as the European iron source. The Swedish iron industry, despite considerable raw material assets in the form of iron ore, found that lack of resources of coal and the production costs of charcoal pig iron made it impossible to compete with the cheaper coke pig iron.

In Norway, the timber industry was the leading sector in the industrial sphere, its export of timber providing the primary source of income in foreign exchange. The Finnish timber export was insignificant, and Denmark lacked industrial raw material resources that could be exported.

However, the Scandinavian countries were on different income levels. Denmark and Norway had a national income *per capita* that was perhaps one-third higher than that of Sweden, and Sweden's was higher than that of Finland. Before the First World War, Sweden had achieved about the same level as Denmark and Norway, whereas Finland's income level had scarcely changed in relation to that of the other countries.

Between 1870 and 1913, the total annual product (in constant prices) increased by 3.7 % in Denmark, 2.4 % in Norway, and 3.4 % in Sweden. Because Sweden had a considerably lower population increase than Denmark and somewhat lower than Norway (1.1, 0.8, and 0.7 % per annum for Denmark, Norway, and Sweden, respectively) the product *per capita* per annum rose quickest in Sweden (about 2,5%) whereas in Denmark it was 2.3 % and in Norway 1.4 % (Kuznets 1966, Table 6.6). No national income calculations exist for Finland, but a rough approximation by a Finnish author sets the annual increase at 2.3 % per capita. This means that because the annual increase in population was almost 1.2 % (Björkvist 1958, p. 21) the total product rose more rapidly in Finland than in any of the other countries.

Table 1

Percentage increase in population national product and product per capita 1866—1910

	Population			National Product						Product / capital					
				current prices			constant prices			current prices			constant prices		
	D	N	S	D	N	S	D	N	S	D	N	S	D	N	S
1866/70				(20.3)	33.7	40.0		13.7	29.4	(15.7)	29.6	36.2		10.6	25.3
71/75	4.6	3.0	2.6	2.9	5.6	9.4	7.7	9.4	10.0	−2.3	−0.3	4.2	2.2	3.2	5.2
76/80	5.3	5.9	4.1	11.5	−1.1	3.1	19.9	3.2	8.5	6.2	−3.8	0.7	14.3	0.5	5.9
81/85	4.9	2.8	3.5	3.7	−1.6	−1.2	12.4	8.5	9.5	−1.7	−4.0	−4.0	6.9	5.7	6.4
86/90	5.4	2.6	3.0	19.5	13.2	16.5	18.6	11.6	13.9	14.8	9.4	14.2	13.8	8.1	11.8
91/95	4.2	3.3	1.9	16.8	22.4	26.5	21.7	12.4	22.7	9.8	15.4	21.3	14.5	5.6	17.7
96/00	6.2	6.3	4.1	22.3	9.8	19.1	17.3	7.9	13.8	15.1	4.1	15.0	10.4	2.6	9.8
01/05	6.2	5.2	3.6	18.4	19.2	30.7	14.1	12.7	21.0	11.8	15.9	26.1	7.6	9.6	16.7
06/10	6.0	2.8	3.7												
1866/70—1896/00	34.8	26.3	20.8	101.7	90.4	129.8	74.7	74.7	136.6	49.7	50.6	90.0	38.3		95.5
1866/70—1906/10	51.8	36.6	29.8	192.2	149.0	257.7	112.3	112.3	225.7	92.7	81.9	175.7	55.4		150.6

Sources:

Denmark: NDP, Sweden and Norway: GDP

Denmark: Population: Statistik Aarbog 1920. NDP 1866/70: Cohn E. 1953, p. 109. NDP 1871—1910: Bjerke — Ussing 1958, Table II.

Norway: Population: Statistiske oversikter 1948, Table 14. GDP: Bjerke 1966, pp. 97, 130, 151.

Sweden: Johansson 1967, Tables 55, 58, 59.

The calculations in fixed prices are not uniformly made in the countries. Bjerke—Ussing have converted 1913 data into 1929 prices via a cost of living index. Thereafter, the prices were adjusted for 1870—1913 to the relation they had between 1913 and 1929, i.e. data for 1870—1913 still reflect all the price fluctuations during this period (Bjerke—Ussing, *op. cit.*, p. 126 f.). Further, the national income up to 1920 is based on income tax returns, adjusted for tax exempt incomes. The Swedish series are based on production statistics and are deflated with different indices for the various sectors, which makes them more reliable, although a better price material could change the relations somewhat. Because statistics for agriculture are most unreliable and overestimate the upward trend after 1870, a revision will lead to some reduction in the growth.

The Norwegian material is based on „index numbers calculated with the aid of prices for a specific year" (Bjerke 1966, p. 22). Different weighing methods with weights for 1865, 75, 85, and 1900 show no great variation in the growth. The annual information, however, is based on interpolation between a number of interjacent years when production statistics are found.

This indicates that the total product in current prices had increased 200 % in Denmark, by 150 % in Norway, and by 250 % in Sweden during the four decades prior to the First World War. From an international standpoint, this means that of the industrially developed countries at the beginning of the twentieth century, the Scandinavian countries ranked among those with the most rapid growth.

The question is how the development depended on the same factors in all countries, or whether the different degree of development of the countries around 1870 affected their expansion.

Some mutual features are easily discernible. All countries had considerable foreign trade in relation to their national income, and this increased during the period. They all depended on a few products for export: Denmark, primarliy agricultural; Norway, timber and shipping services; Sweden, timber and iron. In all countries, agricultural productivity increased: most in Denmark, least in Norway.

On the other hand, industry played a smaller role as a driving force for the economic development in Denmark and Norway than it did in Sweden; Finland's industrial development was concentrated to the sawmill industry. In Denmark, the consumer goods industry dominated, whereas in Sweden, the capital goods industry led the development.

For Norway and Sweden, emigration played a significant role for the extensive growth, whereas emigration from Denmark was small. Emigration absorbed approximately half of the natural increase in Norway's population. Norway, Sweden, and Finland had considerably less increase in population than the relation between birth rate and death rate would lead one to expect.

The growth rate was irregular; growth periods and stagnation periods did not conform until the 1890s, when all countries showed as big an increase in total products as in investment activity.

In conclusion, it can be established that the rapid growth in the Scandinavian countries was largely due to exogenous factors, i.e. the increased demand abroad for the products of the Nordic countries, although these products were completely different: in Denmark, agriculture prevailed; in Norway, the service industries, i.e. shipping; in Sweden, mainly industry; in Finland, chiefly timber and butter. This development was none the less in total rather uniform and led to a large industrial expansion. It came into being from various starting points and with various sectors in industry dominating.

II.

In all countries, a rise in income took place outside the industrial sector before or at the same time as the industrial expansion. In Denmark, the exports of agricultural products dominated the economic development largely during the entire period. These exports contributed considerably to the rise in income that helped the industrial expansion. In Norway, the exports of fish and of services were the primary sources of income; in Sweden, agricultural exports constituted an important part of the total export incomes up to the 1890s. In Finland, too, the exports of agricultural products, mainly butter, were an important source of income. In all countries except Denmark, the timber exports were a contributory reason for the industrial conversion.

During all the upswing periods, agricultural exports from Denmark were strongly correlated with the rise in income; in Finland, timber exports were dominant in all the upswing periods; Norway's upswing in the 1850s was dominated by timber exports and increased proceeds from shipping, and the same conditions prevailed in the 1870s, whereas the 1890s saw the growth also in the paper pulp exports and beginning exports from the electro-chemical industry. In Sweden the agricultural and timber exports dominated the 1850s. These sectors were also predominant in the 1870s. On the other hand, the 1890s showed a relatively stagnant timber export, which was compensated by an increased pulp export and by the export of engineering products and iron ore.

The Nordic countries, thus depended to a considerable extent on their export incomes. This led to the industrial expansion taking place during periods of increased international demand. Thus, the 1850s, 1870s, and 1890s are the decades when industry expanded strongly in all countries.

In Denmark, Finland, and Sweden, the commodity exports were thus decisive, whereas in Norway, a large part of the export incomes came

Table 2

The percentage share of commodity exports and imports of the gross domenstic product

	Denmark		Norway		Sweden	
	Exports	Imports	Exports	Imports	Exports	Imports
1865—69	..	..	14	19	15	15
1875—79	23	31	14	22	18	19
1885—89	20	32	16	22	21	22
1895—99	23	34	16	28	21	22
1905—09	28	37	17	28	18	23

Sources: Denmark: Bjerke—Ussing 1958, p. 92.

Norway: Exports: Statistik Oversikt 1948, Table 112. Imports: Statistik Oversikt 1948, Table 110. GDP: Bjerke 1966, p. 97; Stoltz 1954, p. 58.

Sweden: Johansson 1967, Table 49, 51, 55.

from shipping: averaging 40 % of the total exports of commodities and services.

There is thus no doubt that the economic development of the Nordic countries depended to a large extent on the general European expansion and primarily on England's industrial expansion.

The introduction of free trade in England in the 1840s, and later in more and more European countries, created an important market for the exports from the Nordic countries. The progressing growth in population increased the market for agricultural products, and the rising incomes in western Europe led to increased demand for raw materials for industry and housing construction. The income elasticity for imports of commodities for these purposes, from the Nordic countries, was relatively high, the demand was quite elastic, whereas the supply elasticity in the Nordic countries was also relatively high, which combined meant an improvement in the terms of trade for the Nordic countries. This facilitated their imports and at the same time increased their income level.

At the industrial breakthrough, the Nordic countries already had relatively modern sectors with international contacts. There were entrepreneurs—in Denmark, primarily in trade, and in Norway and Sweden, in iron industry and trade—who to a varying extent had an international outlook. In Norway, the merchants in the coastal towns were clearly conscious of the requirements in the international market, as were the iron exporters and commercial houses in Sweden. Denmark's international contacts were facilitated by the proximity of Hamburg and the English market, and the merchants were also capable of appraising the increased possibilites for exports of domestic products. Before the communication networks had expanded in the Nordic countries, it was also often easier to find a foreign market than to try to find a demand in the often strongly regionalized markets in the home country. This concerns mainly Finland, Norway, and Sweden.

The agricultural reforms in Denmark and Sweden, during the latter half of the eighteenth century and later, facilitated the commercialization of agriculture; moreover, the improved terms of trade for agricultural commodities, which occurred before the 1870, contributed to the rises in income. The rise in income, primarily in Denmark, was a contributory cause of the industrial expansion which had a pronounced home-market orientation. In Sweden, the agricultural upswing indicated that the necessary investments in agriculture were made before industrialization began; therefore the competition for the relatively scarce capital was less pronounced than if the modernization of the agricultural sector had taken place at the same time with the accompanying investment requirements of industry.

In Norway, agriculture remained of little importance for the rise in income, whereas fishing and proceeds from shipping created a basis for an economic development outside industry. However, fishing had relatively weak linkage effects on other sectors before the modernization of the fishing fleets began around 1900; the effects were also weaker because of the strong regionalization of the economic system.

Denmark and Sweden could more easily finance their infrastructure by the increased incomes from agriculture. In Denmark, the financing could depend on domestic savings up to the mid-1870s. This also meant that the Danish banks, primarily *Privatbanken* (The Private Bank) could take an active part in enterprise foundings in the communication sector and also in industry. In Norway, the proceeds from shipping played the same role, whereas Finland's position was less satisfactory, partly because of industrial relations with Russia with its slowly growing market and partly because the economic level in Finland was even more backward than in the other Nordic countries. But in Finland, too, shipping played a role for the rise in income up to the 1870s, when falling freight rates and the change-over to steamships, for which the purchase costs were too high for Finnish ship-owners, contributed to the regression of the shipping industry.

Table 3

The size of the merchant navies (1000 net tons)

	Denmark		Finland		Norway		Sweden	
	Steam-ships	Total	Steam-ships	Total	Steam-ships	Total	Steam-ships	Total
1852	2	103	..	..	—	320	..	204
1870	10	178	4	209	13	974	27	346
1889	94	271	6	257	168	1611	135	504
1900	247	394	54	340	505	1508	325	614
1914	434	520	86	478	1214	1784	750	901

Sources: Denmark: Warming 1913, p. 400;　Nielsen 1933, p. 548.

Finland: Översikt 1890, p. 98.　Statistik Årsbok För Finland 1920, p. 170.

Norway: Statistiske Oversikter 1948, Table 126.

Sweden: Statistik Översikt 1919, p. 72.

The industrial financing during the breakthrough period seems to have occurred with little foreign capital. The reasons for this were, *inter alia,* the realtively small amount of capital needed to start, for instance, a sawmill; the high profits that the enterprises made chiefly during the boom period in the 1870s, which in turn were reinvested in the enterprises; the possibilites for obtaining short-term loans from the foreign importers; a distorted income distribution, which also facilitated the accumulation of capital; the rise in income in agriculture, which made it increasingly independent of the domestic capital market; a moderate growth in population, which demanded relatively limited investments in the infrastructure and for housing construction; and a powerful economic expansion. In addition, the wages in both the import countries and the Nordic countries not being stable led to the profits not being pressed specially hard in periods of business contraction; this also meant that the import countries did not need to compensate themselves at the expence of the Nordic enterprises. The taxes, moreover, were low, which facilitated the growth of private capital.

It seems quite clear that the rapid expansion of the economy in the Nordic countries was generated via the export sector. During the latter half of the nineteenth century, the demand for export goods from the Nordic countries was big, i.e. the exports expanded quickly. The countries had a sufficiently high adaptation capacity to utilize the good opportunities. The income elasticity was high for most Scandinavian commodities, for instance, in England. The larger the export share became in the Nordic countries, with retained or increased income elasticity for import goods in, for instance, England, the better became the terms of trade in Scandinavia and the more rapid was the growth of national income. How rapid, depended on the supply and demand elasticity. The rapid economic development of the European countries led to greater expansion possibilities in the Nordic countries. Moreover, there were hardly any monopoly enterprises in England, and monopoly in the export enterprises in Scandinavia was out of the question because of the many and small enterprise units and their very restricted share of the market, which means that the demand expanded more rapidly than it would have done had a monopoly situation existed. The growth of demand for import goods on the continent of Europe and in England was a function of the rising incomes in these countries. Because the incomes rose relatively quickly and marginal propensity to import was relatively high, this resulted in the new industries in the Nordic countries being able to maintain a high growth rate, *inter alia*, because of this, but also because the demand elasticity was high enough to allow the Nordic countries to increase their export volume by reducing prices.

The technical innovations in the export sector can lead to a deterioration of terms of trade. But at this time, the technical innovations occurred relatively slowly. The enterprises had time to readjust their production. The technical progress naturally lowered the costs at a stable production and increased the profits at an increased production because no monopoly situation existed. This also meant that the Nordic countries had a comparative advantage at every given time point: first, concerning timber and grain; later, concerning pulp and animal and dairy products.

Because the development was, moreover, sufficiently slow for the need of the import countries for raw material to remain stable over a long period, the situation had prolonged comparative advantages. These advantages were not, as nowadays, predominantly based on a superior technology, which rapidly changes these comparative advantages. The relatively slow change in technology that occurred gave the Nordic countries time to absorb the new techniques and to take advantage of them. Those sectors of industry in the Nordic countries that were exposed to international competition —either this competition took place in the export sector or via the imports—were compelled to adjust their prices to the world market. This led to the productivity development in these sectors being stronger than in other sectors. It is obvious that the strong position of handicrafts in Denmark, for instance, is partly explained by industry being home-market oriented and therefore to some extent protected from foreign competition. Thus, the productivity development was less marked than in the other Nordic countries, owing to the fact that export enterprises led in wage development.

In Finland, the home-market industry showed less resistance to imports than in other Nordic countries. During the upswing periods, the country had increased incomes which were to some extent used for increased consumption. The consumer goods industry, however, could not satisfy this demand and imports rose strongly, which led to the consumer goods industry stagnating before the export cycle reached its peak. The productivity in the consumer goods industry did not follow the development. The export industry in Finland—distinct from that in Sweden—was an enclave in the economy which had less influence on the economic development as a whole. This was partly due to the relative low economic level in the country that largely owned its origin to a big reserve of labour caused by the low productivity of Finnish agriculture with hidden unemployment. The competition between the export sector and the consumer goods sector did not result in the wage development becoming uniform in the two sectors, as was the case in the other Nordic countries. The export of agricultural products was not large enough for the income increase in the agricultural sector to lead to the consumer goods industry having a stabilized influence on the economic situation. In Norway, Sweden, and Denmark, the consumer goods industry was usually later in its upswing during the business cycle; however, its resistance to depressive tendencies was more obvious than in the export sector, because the competition between the sectors forced the consumer goods industry into productivity improvements; thus, imports could be substituted to a considerable extent.

The price development on the world market and the productivity development in the export enterprises therefore gave increased scope for rises in income, which was divided between wages and profits. Before 1914, however, the enterprises had stronger bargaining power than labour had, and a bigger proportion of the income increases went to the enterprises. This led to ploughing back the profit and to capital accumulation.

During the 1890s, with its rapid technical innovations, a change occurred to the advantage of capital. The capital that represented the best-used techniques got an "economic rent" in relation to the worst-used techniques, and because an increasing number of workers in the industrial sectors used modern techniques, the labour share was reduced in the community. At the same time, the price level was rising. The expanding demand also affected the possibilities of the enterprises carrying through competition limiting measures, and in Sweden during the 1890s, a number of cartel and price agreements were introduced into the home-market industry. However, this led to a number of enterprises with relatively ineffective production methods being able to run without loss.

A close relation exists between productivity development and the pressure of demand in the community. If the demand is low, it can lead to a delayed productivity improvement, which means that the rise in income is less, thus leading to a reduced improvement of productivity. As already pointed out, the pressure of demand was relatively strong in the Nordic countries, with one certain exception in Finland, which had the opposite effect.

During the 1890s, mainly in Sweden but to some extent also in the other Nordic countries, technical progress was made in those sectors of industry that competed with foreign imports. This limited the possibilities of the enterprises for taking high profits. The innovations that were made in the export sector increased both the marginal productivity of the workers and the demand for manpower. These factors led to increased incomes for the employees, which caused a rise in the demand for commodities and services, i.e. increased the national income.

III.

Of the Nordic countries, Denmark depended most on foreign trade if the foreign trade share of GDP is taken into account. (No GDP calculations exists for Finland; it is probable, however, that the foreign trade share was lower.) Denmark's export share rose from slightly more than 20 % during the 1870s to 28 % during the first decade of the twentieth century. Also in the other countries, an increase in the export share occurred, although in Sweden, the increase stopped and changed into a decrease in the dependence on exports during the first decade of the 20th century, owing to, *inter alia*, the fact that industry became more competitive and could substitute the imports. The very big discrepancy between Norwegian imports and exports is explained by the services occupying a large part of the exports. Without the proceeds from shipping, the expansion of the Norwegian economy would have been considerably obstructed.

Table 4

The export development 1870—1909 (m. kr.)

	Denmark	Finland	Norway		Sweden
			Commodities	C+services	
1870/79	149[a]	60	102	202	181
1880/89	157	68	114	217	251
1890/99	202	99	130	258	329
1900/09	369	167	205	354	443

a) 1874/79.

Sources: Denmark: Bjerke—Ussing 1958, p. 154.

Finland: Statistisk Årsbok för Finland 1920, Table 103. Converted into kronor with the aid of the exchange rate in Björkqvist 1953, Table 3.

Norway: Statistik Oversikt 1948, Table 109.

Sweden: Fridlizius 1963, Appendix A.

Table 5

Export volume changes 1865—1910 (m. kr.) and index (1910 = 100)

	Denmark		Norway		Sweden	
	1912/13 prices	index	1910 prices	index	1912 prices	index
1865	..	..	133	28	139	22
1870	..	..	157	33	200	31
1875	157	30	175	37	199	31
1880	219	42	210	45	278	44
1885	182	35	216	46	326	51
1890	204	39	274	58	374	58
1895	329	62	268	57	438	69
1900	353	67	297	63	470	74
1905	465	88	371	79	557	87
1910	527	100	470	100	637	100

Sources: Denmark: Henrikson—Ølgaard 1960, p. 40, divided by the export price index in Ølgaard 1966, p. 242.

Norway: Bjerke 1966, p. 130.

Sweden: Fridlizius 1963, Appendix A.

In all Scandinavian countries the export volume was trebled during the period 1870—1910. There was, however, a stagnation in the development in Denmark in the 1880s and a slight increase in Norway in the 1890s. In Sweden, the growth of the export volume was relatively smooth during the period 1870—1909, whereas an acceleration occurred

Table 6

Commodity terms of trade 1865—1910 (1880/84 = 100)

	Denmark	Norway	Sweden
1865	..	66	61
1870	..	76	85
1875	92	85	113
1880	96	87	103
1885	101	103	106
1890	93	97	97
1895	103	115	104
1900	100	115	110
1905	115	..	110
1910	119	127	122

Sources: Denmark: Ølgaard 1966, p. 242.

Norway: Bjerke 1966, p. 142 f.

Sweden: Fridlizius 1963, Appendix A.

in Denmark in the 1890s and in Norway during the first decade of the twentieth century. A considerable improvement in commodity terms of trade took place in all the countries, which explains, to some extent, the differences in volume and the then current prices.

The export development of timber goods shows clearly the change that took place in the industrial structure of Norway and Sweden at the end of the nineteenth century. The Norwegian and Swedish industry changed in structure when the competition from Finland and Russia became strong. These countries had large, unused forest resources, whereas in the 1870s, Norway was already experiencing a stagnation. This occurred in Sweden at the end of the 1890s.

Table 7

Exports of timber goods 1870—1910 (1000 standards)

	Finland	Norway	Sweden	Russia
1870	85	447	435	(30)
1890	230	397	875	330
1910	585	267	930	1300

Sources: Norway: Statistiske Oversikter 1948, Table 121, 122. One standard has been calculated at 4. 7. cu. m.

Others: Jörberg 1961, p. 82.

Instead, Norway and Sweden compensated themselves by increasingly transferring to paper pulp production; in Sweden, the change-over was most extensive by the Swedish pulp industry concentrating on chemical wood pulp, which required both greater capital and commanded consider-

Lennart Jörberg

Table 8

Exports of paper pulp 1880—1910 (1000 tons dry weight)

	Finland		Norway		Sweden	
	Mechanical wood pulp	Chemical wood pulp	Mechanical wood pulp	Chemical wood pulp	Mechanical wood pulp	Chemical wood pulp
1880	6		13		10	
1890	13	—	91	21	38[a]	35[a]
1900	20	5	154	84	67	138
1910	38	50	242	165	141	510

a) 1892.
Where mechanical wood pulp is given in wet weight, this weight has been reduced to half (cf. Statistisk Översikt 1919, p. 209).

Sources: Finland: Halme 1955, pp. 96, 111, 128 f.

Norway: Statistiske Oversikter 1948, Table 121, 122.

Sweden: Den svenska cellulosaindustrins nationalekonomiska betydelse 1918, p. 77.

ably higher prices on the world market. The large demand for pulp meant that, despite the prices for mechanical wood pulp falling from approximately 400 kronor per ton in the 1870s to between 50 and 60 kronor per ton in the 1890s (the chemical wood pulp commanded approximately twice the price), the export volume could increase so much that the export incomes rose from approximately 1.5-m. kr. in the 1870s to more than 60-m. kr. during the first decade of the twentieth century. However, some market problems arose, and the Swedish pulp industry tried to solve them by integrating the paper manufacturing in the production in order to process further the wood products and obtain higher prices. In Norway, the exports were dominated by mechanical wood pulp up to the First World War, whereas in Sweden, exports of chemical wood pulp were three times as large as that of mechanical wood pulp. In Finland, the pulp industry did not play the same role, partly because of lack of capital resources and partly because the supply of sawn timber was greater than in Norway and Sweden, and the comparative advantages for a change-over to pulp manufacture were obviously not so pronounced.

A similar change in the production, which the change-over from timber exports to pulp exports created, is found in Denmark, where butter exports played an increasingly larger role. The grain exports gradually lessened; Denmark even became a net importer of grain at the mid-1880s. The reason was the changed terms of trade in agriculture. Grain prices fell, whereas the prices for animal and dairy products were fairly well maintained. This concerns especially the butter prices which rose from the mid-1880s to the end of the period. Butter exports were 47 % of the total exports of agricultural commodities during 1901/05 (Henriksen — Ølgaard 1960, p. 47). This reorganization resulted in considerably increased incomes for Danish agriculture.

Even the exports of butter from Finland and Sweden increased significantly. From the standpoint of income, this primarily meant less to Finland because the prices Finland obtained were considerably lower than those the Danish farmers could get: Finnish butter was poorer as well as uneven in quality.

The Danish co-operative dairies, which developed during the 1880s, were able to standardize their products. This was not the case in Finland, where butter was produced by the farmers themselves.

A large Finnish export, however, went to Denmark, where it was partly used for domestic consumption and partly repacked and re-exported to England (however, the main part of the Finnish butter was exported to Russia). With the development of the margarine industry in Denmark during the 1890s, the Finnish butter exports to Denmark ceased, and by the upswing of the dairy industry in Finland, the Finns could now export directly to the English market with a considerable profit for Finnish agriculture as a result.

Table 9

Butter exports 1870—1910 (1000 tons and m. kr.)

	Denmark		Finland		Sweden	
	Ton	kr.	Ton	kr.	Ton	kr.
1870	15[a]	36	4	6	2	5
1880	12	26	6	8	5	11
1890	43	74	7	10	15	26
1895	52	93	12	18	24	43
1900	61	120	10	16	19	37
1905	80	156	16	27	18	36
1910	89	182	12[b]	21	22	44

a) 1874. b) 1909.

Sources: Denmark: Henriksen—Ølgaard 1960, p. 58.

Finland: Mannelin 1912, p. 31. Finnish marks converted to kronor according to the rate of exchange.

Sweden: Statistisk Översikt 1919, p. 105 f.

If the growth of the export volume is compared with the increase rate of gross domestic capital formation, obvious discrepancies are found. In Denmark, GDCF increased similar to the export volume, i.e. approximately threefold during the period 1870—1910. In Norway and Sweden, on the other hand, GDCF increased about fourfold compared with threefold for the export volume. The export volume grew relatively evenly, whereas the increase in GDCF was concentrated to two or three distinct periods with slow increase or stagnation intervening, i.e. primarily in the first half of the 1870s and in the latter half of the 1890s. Denmark was an exception in that it had a strong increase in GDCF during the period 1878—1882. The reason for this was possibly the reorganization of the Danish agriculture, which occurred during this period. From the 1890s, the development of GDCF was unusually harmonious in Denmark and Sweden, whereas the investments in Norway remained on a lower level and accelerated after 1905 with the big investments in the hydro-electric industry whose results for the exports, however, did not make themselves felt to any great extent before 1914.

Table 10

Gross domestic capital formation 1870—1913. Constant prices 1900 = 100

	Denmark	Norway	Sweden
1870	34	40	36
1880	37	57	50
1890	49	74	63
1900	100	100	100
1913	113	171	153

Sources: Denmark: Bjerke—Ussing 1958, p. 150.

Norway: Bjerke 1966, pp. 130, 150.

Sweden: Johansson 1967, p. 136 f.

Table 11

Gross domestic capital formation as a percentage of GDP

	Denmark	Norway	Sweden
1866/70	..	12.7	11.0
1871/75	12.2	14.7	14.2
1876/80	10.3	15.0	13.2
1881/85	12.1	14.9	11.7
1886/90	7.8	15.0	9.9
1891/95	8.4	16.2	10.1
1896/00	13.8	18.0	12.7
1901/05	14.5	16.2	13.0
1906/10	11.5	17.6	12.0

Sources: calculated from the same sources as Table 10.

The relation between the changes in the export volume and the rate of investments is thus not straightforward. In Sweden, the agricultural exports constituted a countercyclical element from the 1870s to the end of the 1890s, whereafter there occurred an increasingly stronger syn-

chronization between total exports and the export of industrial commodities.

The variations of the exports naturally affected the economic situation
in the Nordic countries and partly explain the differences in GDCF, as
has already been pointed out. Improved export prospects resulted in a
greater impulse to buy, not only in the industrial sectors immediately
affected, but also in other sectors of the economy. Increased prices were
understood as indications of improvements in business conditions. It is
possible already on account of the scope of the variations in the exports
to detect a considerable influence on incomes, employment, and industrial
activity. Replacements of machinery and transports, as well as the en-
largement of factories and plants, depended equally on the changes in the
export volume. When the capacity limit of various plants was reached,
extensions were necessary. On the other hand, a cessation of the volume
increase had the opposite effect. Even a slowing down of the increased
rate resulted in a fall in the investment rate. The price prospects also
played an important role. The fall of prices in the 1880s suggested the
likelihood of a continued fall and lower costs for the future. This caused
a postponement of the investments. The need for investments accu-
mulated, and the price increase and export volume increase in the 1890s
resulted in a considerably stronger investment increase.

However, profits, production volume, and price are interwoven; therefore it is difficult, if not impossible, to appraise their influence on the
fluctuations of investments. Because many of the industrial branches of
the Nordic countries had a high export quota, it is obvious that a close
relation existed between exports and investments.

Against this predominantly common background to the economic development in the Nordic countries, the differences that can be distinguished
are less prominent.

Finland's position was unique. It was politically associated with Russia
and also economically dependent on it for, e.g., the exports of textiles,
iron, and paper. Because of the absence of trade barriers to 1885, large
parts of the Finnish exports were directed to Russia. This gave rise to
a specialized Finnish industry, which exported low quality commodities, whereas the country's own need was in part satified by imports.
The slow growth of the Russian market before 1890, however, prev-
ented rapid Finnish expansion and delayed the reorganization to more
modern production, which had to be carried out to enable Finnish
industry to compete on the world market. The Finnish iron industry
failed to accomplish this conversion, as did the Norwegian earlier. The
textile industry, on the other hand, became home-market oriented, and
by import substitution, it met a large part of the market demand. The

reason was, *inter alia*, that the textile enterprises were few, relatively large, and technically quite advanced.

Finland's lower economic level, probably considerably lower than that that of the other Nordic countries, was naturally also a contributory cause of the structure of the Finnish industry being changed comparatively slowly. The timber industry increased its importance in Finland, whereas its role gradually ceased in Norway and Sweden because of, *inter alia*, the introduction of the pulp industry. The industrial financing, moreover, took place without help from a developed banking system. The fluctuations of Finnish currency before the introduction of the gold standard in 1878 also contributed to the difficulties of the export enterprises, just as the exporters to Russia often had to give relatively long credit, which tied capital that could otherwise have been invested.

The Danish orientation on predominantly agricultural exports, with varying contents—at first grain, later animal and dairy products—contributed to the industrial development in Denmark being given another character than in the other Nordic countries. The foodstuff industry had a considerably stronger position in Denmark, with more than a fifth of the number of workers in this sector. The clay and stone industry too was given a more dominant position, based on the supply of domestic raw materials such as limestone, which led to a rapid expansion of the cement industry. The third more important sector was the engineering industry, which supplied the Danish agriculture with machinery.

The position of the engineering industry was relatively similar in the Nordic countries, if the number of employed are considered in relation to the total number employed in industry. The Swedish engineering industry, however, was more export oriented from the 1890s and had obviously a more advanced production than its counterparts had in Finland, Norway, and Denmark, where they supplied the home market with relatively uncomplicated products from slightly specialized enterprises, the technically more advanced products being imported. The Norwegian expansion in the hydro-electric industry around the turn of the century could not be utilized by the Norwegian engineering industry, and the main part of the electrical equipment had to be imported from, for instance, Sweden. In the Nordic countries, important innovation enterprises in the engineering industry hardly existed outside Sweden, except for the development of a marine-engine industry in Denmark.

The reason for this was that each of the markets in the Nordic countries was by itself too small to be profitable for an enterprise to introduce a radical innovation. Not until the 1890s was the market sufficiently large in Sweden for an enterprise in the engineering sector to market specialized products. Despite this, the profits of many Swedish enterprises were low, and the risks of faulty investments were obvious. By aiming at exports or by creating subsidiary enterprises that used the machines in their production, the problems of imbalance in the development could be solved. Certain combinations of development and of technical progress were required for the expansion to be able to start; thus, the enterprises often had difficulties during an introductory period. The development went slowly as long as a technical link was missing, but when the development block was completed, a cumulative expansion was possible. In Sweden, these conditions were created more quickly than in the other countries. The result was a rapid expansion of the engineering industry during the 1890s. This cumulative process also explains to some extent the differences in GDCF and in the export volume.

Table 12

The industrial structure in 1900
Percentage distribution of workers in different sectors

	Denmark[a]	Finland	Norway	Sweden
Food, beverage &c.	22.5	11.8	12.5	10.1[f]
Textiles, clothing	18.5[b]	12.2[d]	13.2	12.7
Wood	..	27.1	21.3	18.9
Pulp, paper	2.7	7.4	8.6	5.2
Printing &c.	4.9	2.6	2.9	2.3
Chemicals &c.	6.0	2.4	2.2	6.1
Stone, clay, glass, &c.	15.1	8.0	8.2	12.4
Leather, shoe, rubber	1.2	3.7	3.2	2.6
Metal engineering	23,0	19.1[e]	21.2	24.6
Mining	—	..	3.7	3.9
Others	6.1[c]	5.6	3.0	1.2
Total number of workers	73,200	95,100	79,300	293,500

a) 1897.
b) includes shoe industries.
c) includes wood and building industries.
d) excludes clothing.
e) includes mining.
f) excludes dairies.

By regroupings of the industrial statistics of the countries, the series are made as homogeneous as possible. For Finland, Norway, and Sweden, the agreement is good, although incomplete. The Danish statistics have an arrangement that makes it difficult to compare them with the statistics of the other three countries: for instance, parts of the building industry—which is excluded from the statistics of the other countries—are included. The percentage figures for „other sectors" in the Danish statistics should, if the comparison is to be reasonably accurate, be reduced and the parts of the earlier sectors be increased correspondingly.

Sources: Denmark: Willerslev 1954, p. 255.

Finland: Översikt 1904, p. 135.

Norway: Statistiske Oversikter 1948, Table 89, 92.

Sweden: Jörberg 1961, Appendix II.

Another condition for the development of innovation enterprises was the presence of risk-bearing capital. A considerable import of capital took place in Norway and the hydro-electric industry was financed largely by foreign capital. In Denmark, the banks were highly developed and throughout the entire period took an active part in enterprise formation. Their main interest, however, was to bring about profitable fusions of existing enterprises. In Sweden, too, the banks were active, but not until the 1890s had they reached such a position that they could support the change in the structure demanded by the competition in the world market. The pulp factories had some difficulties with a too-large production in relation to demand, but the problems were solved by an attempt to integrate with paper-mills, and the engineering industry was actively supported by the banks when new inventions were to be exploited. In Finland, on the other hand, scarcity of capital was one of the reasons for the structure slowly changing during the industrialization. The timber industry continued to dominate employment and exports. No import of capital of any importance occurred. A further reason for the continued dominance of the timber industry can have been that its productivity continued to rise during the 1890s when the Swedish timber industry stagnated. The prices for timber goods were rising, but falling for paper and pulp. Because both these branches competed for mutual production factors at the same time as the productivity of the Swedish timber industry stagnated, this led to similar factorial terms of trade. This competition between the branches was less in Finnland, where the forests were not utilized to the same extent and the techniques not so advanced up to the 1890s. Productivity improvements were thus possible with relatively small capital investment, whereas a change-over to pulp manufacturing required larger amounts of capital.

A common feature in the development in Denmark, Norway, and Sweden was finally that both the streams of commodities and of gold flowed in the same direction, i.e. there was a continouos deficit in the balance of payments and a gold import. According to the rules for the gold standard, the countries should have pursued a deflationary policy and exported gold. The opposite occurred. An expansive policy could be pursued without being disturbed by the problems in the balance of payments, and the extensive capital movements that characterized the period before 1914 could be relied upon.

As is known, there is no mono causal explanation of economic development. It is just as well known that causal explanations in the social sciences are difficult to produce, because the variables that are studied are interrelated and changes in these lead to complicated reactions.

However, it seems obvious that from the latter half of the nineteenth century up to the First World War the economic variables were combined in a manner favourable to the Nordic countries, but that this was largely due to factors outside their control. Put simply: It is easier for small countries to make progress if all others do so too. But it is necessary for a small country to have a large foreign trade during a time when world trade functions in the particular way it did during the nineteenth century and up to the First World War.

Literaturverzeichnis

Adamson, O. J. (ed.): 1952, Industries of Norway, Oslo.

Bagge, G., Lundberg, E., Svennilsson, I.: 1935, Wages of Sweden 1860—1930, Stockholm.

Bjerke, J.: 1966, Langtidslinjer i norsk økonomi 1865—1960 (Trends in Norwegian Economy 1865—1960), Samfunnsøkonomiske studier, 16., Oslo.

Bjerke, K., Ussing, N.: 1958, Studier over Danmarks nationalprodukt 1870 — 1950, Copenhagen.

Björkqvist, H.; 1958, Prisrörelser och penningvärde i Finland under guldmyntfotperioden 1878—1913, Helsingfors.

Boserup, E.: 1965, The Condition of Agricultural Growth, London.

Bosse, E.: 1916, Norwegens Volkswirtschaft vom Ausgang der Hansaperiode bis zur Gegenwart, Probleme der Weltwirtschaft, 22. Jena.

Cohn, E.: 1953, „Håndvaerk og industri vid midten af det 19. Årh.", Nationaløkonomisk Tidskrift, 91, Copenhagen.
    1957, Privatbanken i Kjøbenhavn gennem hundrede aar. Copenhagen.
    1967, Økonomi og politik i Danmark 1849—1875, Copenhagen.

Den svenska cellulosaindustrins utveckling och nationalekonomiska betydelse, 1918, Stockholm.

Derry, T. K.: 1960, A Short History of Norway, London.

Fleetwood, E. E.: 1947, Sweden's Capital Imports and Exports, Geneva.

Flinn, M.: 1954, "Scandinavian iron ore mining and the British steel industry", The Scandinavian Economic History Review, vol. II, No. 1.

Fridlizius, G.: 1963, „Sweden's Exports 1850—1960", Economy and History, vol. IV.

Gårdlund, T., 1942, Industrialismens samhälle, Stockholm.

Gasslander, O.: 1955, History of Stockholm's Enskilda Bank to 1914, Stockholm.

Grotenfelt, G.: 1896, Landtbruket i Finland, Helsingfors.

Halme, V.: 1955, Vienti suomen suhdannetekijänä vousina 1870—1913, Helsinki.

Hansen, K.: 1932, Det danske lantbrugs historie, vol. III, Copenhagen.

Heckscher, E.: 1954, An Economic History of Sweden, Stockholm.

Henriksen, O. B., Ølgaard, A., 1960, Danmarks udenrigshandel 1874—1958, Studier fra Københavns Universitets Økonomiske Institut, No. 2, Copenhagen.

Historisk Statistik för Sverige (Historical Statistics of Sweden) I—III, 1955 — 1960, Stockholm.

Johansen, H. R.: 1962, Den økonomiske og sociale udvikling i Danmark 1864 — 1901, Copenhagen.

Holt, W., Strömme Svendson, A., Wusberg, G.: 1963, „Industrins gjennombrudd", Dette er Norge 1814—1964, Vol. II, Oslo.

Jensen, E.: 1937, Danish Agriculture, Its Economic Development, Copenhagen.

Johansson, Ö.: 1967, The Gross Domestic Product of Sweden and its Composition 1861—1955, Stockholm Economic Studies, New Series, VIII. Stockholm.

Johnson, O.: 1939, Norwegische Wirtschaftsgeschichte, Jena.

Jörberg, L.: 1961, Growth and Fluctuations of Swedish Industry 1869—1912, Lund.
  1965, „Structural change and economic growth: Sweden in the 19th century", Economy and History, vol. VIII.

Korpelainen, L.: 1957, "Trends and cyclical movements in industrial employment in Finland 1885—1952", The Scandinavian Economic History Review, vol. V, no. 1.

Kuznets, S.: 1966, Modern Economic Growth, New Haven and London.

Lindahl, E., Dahlgren, E., Kock, K.: 1937, The National Income of Sweden 1861—1930, Stockholm.

Lyle, A.: 1939, Die Industrialisierung Norwegens, Probleme der Weltwirtschaft, 65. Jena.

Maddison, A.: 1964, Economic Growth in the West, New York.

Mannelin, K.: 1912, Finlands smörexport, Helsingfors.

Montgomery, A.: 1939, The Rise of Modern Industry in Sweden, Stockholm.

Munch, P.: 1942, „Det danske folks livsvilkaar 1864—1914", Schultz Danmarkshistorie, vol. V. Copenhagen.

Nasjonalregnskap 1900—1929, 1953, Central Bureau of Statistics, Oslo.

Nielsen, A.: 1933, Dänische Wirtschaftsgeschichte, Jena.

Nilsson, C. A.: 1959, „Business incorporation in Sweden 1849—1896", Economy and History, vol. II.

Ølgaard, A.; 1966, Growth, Productivity and Relative Prices, Studier fra Københavns Universitets Økonomiske Institut, No. 10, Copenhagen.

Olsen, E.: 1962, Danmarks Økonomiske historie siden 1750, Copenhagen.

Olsen, K. A.: 1955, Norsk Hydro, Oslo.

Översikt av Finlands ekonomiska tillstånd: Bidrag till Finlands officiella statistik, II. Helsingfors 1879, 1884, 1890, 1894, 1899 and 1904.

Pihkala, E.: 1964, „Finnish iron and the Russian market 1880—1913" The Scandinavian Economic History Review, vol. XII, no. 2.

Rinne, H. A.: 1952, Trävaruproduktion och trävaruhandel i Björneborgs distrikt 1856—1900, Vammala.

Samsøe, J.: 1928, Die Industrialisierung Dänemarks, Probleme der Weltwirtschaft, 44. Jena.

Skrubbeltrang, F., Hansen, K.: 1945, Det danske lantbrugs historie, Copenhagen.

Skrubbeltrang, F.: 1953, „Agricultural development and rural reform in Denmark", Agricultural Studies, No. 22, (FAO), Rome.

Söderlund, E.: 1951, Svensk trävaruexport under hundra år. (Swedish Timber Exports 1850—1950, Stockholm 1952), Stockholm.

Statistisk Aarbog (Statistical Yearbook), Denmark.

Statistisk Årsbok för Finland (Statistical Yearbook).

Statistisk Aarbok (Statistical Yearbook), Norway.

Statistisk Årsbok (Statistical Yearbook), Sweden.

Statistisk översikt av det svenska näringslivets utveckling åren 1870—1915. (Statistiska Meddelanden, Serie A, Vol. III, No. 1, Stockholm 1919.)

Statistiske Oversikter: 1948 (Statistical Survey), Central Bureau of Statistics, Oslo.

Stoltz, G.: 1955, Økonomisk utsyn 1800—1950 (Economic survey 1900—1950), Samfunnsøkonomiske Studier, 3. Oslo.

Stonehill, A.: 1965, Foreign ownership in Norwegian enterprices, Samfunns- økonomiske studier, 14. Oslo.

Sundbärg, G.: 1908, Aperçus statistique internationaux, Stockholm.

Thomsen, B. N., Oldam, J. W., Brinley Thomas: 1966, Dansk-engelsk samhandel 1661—1963, Erhvervshistorisk Årbog 1965, Aarhus.

Warming, J.: 1913, Haandboog i Danmarks statistik, Copenhagen.

Viita, P.: 1965, Maataloustuotanto Suomessa 1860—1960. Helsinki.

Willerslev, R.: 1952, Studier i dansk industrihistorie 1850—1880, Copenhagen. 1954, „Træk af den industrielle udvikling 1850—1914", Nationaløkonomisk Tidskrift, 92. Copenhagen.

Die Entwicklung der regionalen Einkommensdifferenzen im Wachstumsprozeß der deutschen Wirtschaft vor 1913[*]

Von *Helmut Hesse,* Göttingen

1. Das Anliegen der Arbeit

1. Bei der Beschäftigung mit der Regionaltheorie und -politik stößt man häufig auf zwei zusammenhängende Fragen:

a) Vergrößern oder verkleinern sich im Zuge der wirtschaftlichen Entwicklung cines Landes die regionalen Einkommensdifferenzen[1]?

b) Welches sind die Bestimmungsfaktoren für eine Veränderung der regionalen Einkommensunterschiede?

2. Diese Fragen werden nicht allein in der Absicht gestellt, den Entwicklungsprozeß eines Landes auch in dieser Weise darlegen und erklären zu können. Sie haben in gleicher Weise normative Aspekte, denn sie entspringen der Überzeugung, daß eine sinnvolle Entwicklungspolitik oder eine auf die Beseitigung ökonomischer Ungleichheiten ausgerichtete Wirtschaftspolitik zugleich Regionalpolitik sein muß[2]. Um diese Regionalpolitik vernünftig konzipieren zu können, bedarf es einer Beantwortung der beiden gestellten Fragen.

---

[*] Text eines Referates, das der Verfasser auf einer Sitzung des Wirtschaftshistorischen Ausschusses des Vereins für Socialpolitik gehalten hat.
Die Anregung zur Beschäftigung mit diesem Thema verdankt der Verfasser einem Aufsatz von Borchardt. *Knut Borchardt,* Regionale Wachstumsdifferenzen in Deutschland im 19. Jahrhundert unter besonderer Berücksichtigung des West-Ost-Gefälles. In: Wirtschaft, Geschichte und Wirtschaftsgeschichte, Festschrift zum 65. Geburtstag von Friedrich Lütge. Herausgegeben von W. Abel, K. Borchardt, H. Kellenbenz, W. Zorn, Stuttgart 1966, S. 325—339.

[1] In der Regel wird diese Frage so formuliert, wie es beispielsweise Easterlin getan hat: „Was the average tendency towards convergence or divergence of per capita income levels?" *Richard A. Easterlin,* Interregional Differences in Per Capita Income, Population, and Total Income, 1840—1950. In: Trends in the American Economy in the Nineteenth Century. Studies in Income and Wealth. Volume Twenty-Four By the Conference on Research in Income and Wealth. A Report of the National Bureau of Economic Research, New York, Princeton University Press, Princeton, 1960, S. 93.

[2] So versucht Ritter in einer noch nicht veröffentlichten Arbeit nachzuweisen, daß der Erfolg einer Entwicklungspolitik zu einem nicht unbeträchtlichen Teil davon abhängt, ob sie zugleich Siedlungsstrukturpolitik ist. *Ulrich-Peter Ritter,* Siedlungsstruktur und wirtschaftliche Entwicklung. Ein Beitrag zum Problem der innervolkswirtschaftlichen Integration in Entwicklungsländern. Göttinger Habilitationsschrift 1969.

3. Es ist nicht das Ziel der folgenden Ausführungen, diese Antwort zu finden. Es sollen lediglich einige Überlegungen in der Absicht vorgetragen werden, die beiden Fragen spezifizierter als bisher stellen zu können und den Wirtschaftshistorikern für ihre Arbeit, die allein zu einer überzeugenden und auf die deutschen Verhältnisse vor 1913 zutreffenden, endgültigen Antwort führen wird, Anregungen zu liefern.

Ein solches Vorgehen ist zwar in der Wissenschaft nicht gerade ungewöhnlich, bedarf hier jedoch besonderer Rechtfertigung. Diese läßt sich mit zwei Hinweisen geben. Einmal gehört es zum Charakter der Ausschußsitzungen des Vereins für Socialpolitik, nicht endgültige wissenschaftliche Ergebnisse den Kollegen zur Kenntnis zu bringen, sondern offene Probleme zur Diskussion zu stellen und gemeinsam nach Antworten zu suchen. Zum anderen kann von einem historisch interessierten Wirtschaftstheoretiker, der als Gast von Wirtschaftshistorikern geladen wird, nicht erwartet werden, daß er eine wirtschaftshistorisch interessante Frage, die er aufgreift, zugleich voll und wirtschaftshistorisch sauber behandelt.

2. Die Antworten der regionalwirtschaftlichen Literatur

2.1. Die Export-Basis-Theorie

4. Als erster Weg zur Spezifizierung der beiden aufgeworfenen Fragen soll hier derjenige der Befragung der regionaltheoretischen Literatur beschritten werden. Dieser theoretische Start erscheint deshalb angemessen, weil auf solche Weise die wesentlichen Zusammenhänge, die es später im einzelnen nachzuweisen gilt, herausgearbeitet werden können. Zudem scheint ein solcher Beginn der Arbeitsweise der modernen Wirtschaftshistoriker zu entsprechen[3].

5. Im Mittelpunkt der Diskussion, die zu den beiden aufgeworfenen Fragen in der regionalwissenschaftlichen Literatur[4] geführt wird, stehen

---

[3] Siehe hierzu *Douglass C. North,* A New Economic History for Europe. In: H. Giersch und H. Sauermann (Hrsg.), Quantitative Aspekte der Wirtschaftsgeschichte. Walter G. Hoffmann zum 65. Geburtstag. Gleichzeitig als 124. Band, 1. Heft, der Zeitschrift für die gesamte Staatswissenschaft erschienen; Tübingen 1968, S. 139 ff. Dieser Hinweis auf North bedeutet keineswegs, daß ich hier seine Kritik an den europäischen Wirtschaftshistorikern übernehme, von denen er sagt „... economic historians are trained as historians and not as economists. ... It is little wonder that throughout Europe economists and economic historians appear to have almost no intellectual intercourse. Ebenda, S. 140.

[4] Siehe hierzu beispielsweise das grundlegende Buch von *Harvey S. Perloff, Edgar S. Dunn, Jr., Eric E. Lampard, Richard F. Muth,* Regions, Resources, and Economic Growth, Baltimore, Second Printing 1961. Hier werden im Einführungskapitel „A Framework for Analysis" sofort die „Theories of regional economic growth" dargestellt. Das entsprechende Kapitel beginnt mit den Worten (S. 57): „These major theories have been advanced in recent years to explain subnational growth phenomena... These are the „export-base" concept and the „sector concept".

zwei gegensätzliche Thesen, die Export-Basis-These und die Sektor-These. Die Export-Basis-These geht auf North[5] zurück, nach dem das wirtschaftliche Wachstum einzelner Regionen und damit deren Pro-Kopf-Einkommen von den Exporten, d. h. von den Verkäufen an andere Regionen abhängen. „... the export base plays a vital role in determining the level of absolute and per capita income of a region[6]." „Since the growth of a region is tied to the success of its export base, we must examine in more detail the reasons for the growth, decline, and change in the export base[7]."

6. Die Entwicklung der Exportbasen wird zunächst von örtlichen Faktoren bestimmt: von der geographischen Lage, von vorhandenen Bodenschätzen und von der Ausstattung mit Produktionsfaktoren. Damit wird bereits früh eine unterschiedlich schnelle Entwicklung der einzelnen Regionen eingeleitet[8]. Ein historisch bedeutsamer Anlaß für das Entstehen oder schnelle Wachstum von Exportbasen sind auch der Ausbau eines Straßen-, Schienen- oder Wassernetzes und die damit häufig verbundene Senkung der Transportkosten. Exportbasen mit schnell wachsender Produktion verzeichnen meist einen Zustrom von auswärtigem Kapital und fremder Arbeitskraft[9]. Da sich die tertiären Bereiche zugleich mit ausdehnen und die Infrastruktur ausgebaut wird, werden Agglomerationsvorteile geschaffen, die nicht nur den bestehenden Produzenten zugute kommen, sondern neue anlocken. Damit wird die Produktion ausgeweitet und die Exportbasis verbreitert.

7. Zu den wichtigsten Gründen für den Rückgang der Exporte einer Region gehören Nachfrageänderungen außerhalb der Region, die Erschöpfung der vorhandenen Ressourcen, der Anstieg der Preise der Produktionsfaktoren Arbeit und Boden mit sich ausdehnender Produktion relativ zu den entsprechenden Preisen konkurrierender Gebiete, technologische Änderungen und später auch auftretende Agglomerationsnachteile.

---

[5] *Douglass C. North,* Location Theory and Regional Economic Growth. „The Journal of Political Economy", Bd. 63 (1955), S. 243—258.

[6] Ebenda S. 250.

[7] Ebenda S. 254.

[8] Die gleiche These vertritt Hicks: „... particular places within a country where wealth can grow most easily are marked out by geographical advantages, proximity to minerals or sources of power, or to areas particularly suitable for specialized crops; alternatively they may have naturally good communication, so that though their sources of supply are at a distance, they can be supplied from many sources rather easily". *J. R. Hicks,* Essays in World Economics, Oxford/At the Clarendon Press, 1959, S. 163.

[9] Im einzelnen ist dieser Prozeß für die kanadische Wirtschaft von Meier aufgezeigt worden. *G. M. Meier,* Economic Development and the Transfer Mechanism. „The Canadian Journal of Economics and Political Science", Vol. XIX (1953), S. 1—19.

8. Als Verdienst der Export-Basis-These muß anerkannt werden, daß sie die Abhängigkeit einer Region von den anderen Regionen eines Landes oder von anderen Ländern zum Ausdruck bringt und den Wirtschaftshistoriker zur Beachtung der Entwicklung der Exportbasen nötigt. Man darf auch vermuten, daß „the growth of regions has tended to be uneven"[10], weitere Hilfen im Hinblick auf die beiden gestellten Fragen liefert sie nicht. Das hat seinen Grund vornehmlich darin, daß die Exportnachfrage als vorgegeben betrachtet und die Außenwelt einer Region als Ganzes gesehen wird, so daß die vielfältigen Beziehungen zwischen den einzelnen Regionen nicht beachtet werden können.

2.2. Die Stufentheorie oder Sektor-These

9. Die Sektor-These, häufig spricht man auch von Stufentheorie, geht auf Colin Clark[11] und Allan G. B. Fisher[12] zurück. Sie basiert auf der Beobachtung, daß der Anstieg des Pro-Kopf-Einkommens im Zuge der wirtschaftlichen Entwicklung in der Regel mit einem Rückgang des Beschäftigungsanteils der Landwirtschaft und einem Anstieg zunächst des Teils der im sekundären Sektor Beschäftigten an der Gesamtbeschäftigung, dann auch des auf den tertiären Sektor entfallenden Teils einhergeht. Regionale Einkommensdifferenzen werden auf der Grundlage dieser Beobachtung mit Unterschieden landwirtschaftlichen Anteils an der Gesamtbeschäftigung einzelner Regionen erklärt[13]. Eine Divergenz der Einkommen wird sich ergeben, wenn die zunächst gleichen Agraranteile einzelner Regionen allein oder überproportional zurückgehen, eine Konvergenz, wenn der Anteil der in der Landwirtschaft tätigen Erwerbspersonen in zurückgebliebenen Teilen des Landes relativ stark fällt[14]. Da beobachtet werden kann, daß die Industrialisierung häufig nur oder relativ stark in *einzelnen* Regionen einer Volkswirtschaft einsetzt und in späten Phasen der Industrialisierung in diesen Zonen kein großer Spielraum mehr für eine Reduktion des Anteilwertes vorhanden ist, wird von einigen Autoren gefolgert, daß die regionalen Einkommensdifferenzen im Zuge des Entwicklungsprozesses zunächst zu-, dann abnehmen.

---

[10] *Douglass C. North*, Location Theory, a. a. O., S. 258.

[11] *Colin Clark*, The Conditions of Economic Progress, London 1940.

[12] *Allan G. B. Fisher*, Production, Primary, Secondary and Tertiary. „Economic Record", Vol. 15 (1939), S. 24—38.

[13] Vgl. dazu die Ausführungen von *R. A. Easterlin*, a. a. O., S. 80.

[14] So gelangen *Perloff, Dunn, Lampard und Muth*, a. a. O., S. 98 f. aufgrund empirischer Untersuchungen über die Vereinigten Staaten von Amerika zu dem Ergebnis: "For both periods (1880—1920 and 1920—1950) there were significant and rather large correlations between differential changes in per capita income (welfare) and the changes in the relative importance of agricultural and manufacturing employment by states". Und auf S. 518 f. heißt es: „... the strongest force for reduction in inter-state income differentials as between 1920 and 1950 was differential change among the states in the proportion of the labor force employed in agriculture".

10. Bei oberflächlicher Betrachtung liefert die Sektor-These Antworten auf die anfangs gestellten Fragen. Tatsächlich ist ihre Hilfe, die sie zur Lösung des aufgeworfenen Problems beisteuert, gering. Einmal bleibt verborgen, *warum* sich die Beschäftigungsanteile in den einzelnen Regionen in bestimmter Weise entwickeln. Zum anderen bleiben die ökonomischen Verflechtungen der Gebiete unberücksichtigt: die regionalen Faktorwanderungen, die Austauschbeziehungen und ausstrahlenden Wachstumsimpulse. Weiter werden die Differenzen im Pro-Kopf-Einkommen vornehmlich mit unterschiedlichen Gewichten für die relativ niedrigen Agrareinkommen erklärt, nicht auch mit regionalen Unterschieden in der Entlohnung von Produktionsfaktoren vergleichbarer Qualität in ein und derselben Branche. Schließlich beruht die These offenbar auf der Unterstellung, daß der Übergang von landwirtschaftlicher zu industrieller Produktion conditio sine qua non für ein rasches Wachstum der Region ist. Diese Annahme ist generell jedoch nicht haltbar[15].

11. Damit erweisen sich die beiden wichtigsten in der regionalwirtschaftlichen Literatur vorgetragenen „Theorien" über das Wachstum einzelner Regionen eines Landes als wenig ergiebig für die Lösung des aufgeworfenen Problems. Das bedeutet allerdings nicht, daß man ohne Unterstützung der Theorie auskommen muß. Denn teilweise auf der Grundlage der beiden genannten „Theorien" basieren zwei Thesen zur Entwicklung regionaler Einkommensdifferenzen, die unmittelbar weiterhelfen.

2.3. Die Myrdal-These

12. Die erste von ihnen ist die Myrdal-These[16]. Danach besteht „normalerweise eine Tendenz in Richtung auf eine automatische Stabilisierung in einem sozialen System... nicht"[17]; „das freie Spiel der Kräfte (führt) gewöhnlich eher zu einer Vergrößerung als zu einer Verkleinerung der Ungleichheiten zwischen verschiedenen Regionen"[18]. „Grob gesagt läßt sich die Anziehungskraft eines bestehenden Wirtschaftszentrums meist auf den historischen Zufall zurückführen, daß man hier und nicht an verschiedenen anderen Orten, wo man ebenso gut hätte anfangen können, seinen Aufbau begann und daß dieser erfolgreich war. Nachdem der erfolgreiche Anfang einmal gemacht war, trugen direkte und

---

[15] So schreibt beispielsweise *D. C. North*, Location Theory and Regional Economic Growth, a. a. O., S. 257: „There is nothing to prevent population and per capita income from growing in a region whose export base is agricultural".

[16] *Gunnar Myrdal*, Ökonomische Theorie und unterentwickelte Regionen. Stuttgart 1959, S. 21 ff.

[17] Ebenda S. 11.

[18] Ebenda S. 24.

indirekte wirtschaftliche Vorteile, wie z. B. eine qualifizierte Arbeiterschaft, gutes Verkehrs- und Fernmeldewesen und der psychologische Effekt des Aufbaus und Unternehmungsgeistes, zum weiteren Wachstum dieses Zentrums auf Kosten anderer Gebiete bei, die in relativer Stagnation verharrten oder sich gar rückläufig entwickelten[19]."

13. Dieser Prozeß der Verstärkung regionaler Ungleichheiten wird vornehmlich mit den im folgenden kurz skizzierten fünf Argumenten begründet, deren „historische Gültigkeit" im einzelnen nachzuprüfen sein wird.

a) Wenn sich aus irgendwelchen Gründen Industrien in einer Region ansiedeln und damit hier der Entwicklungsprozeß einsetzt, werden häufig auf Grund von external economies, der Nähe zu den meisten oder wichtigsten Abnehmern und anderen Agglomerationsvorteilen weitere Investitionen in diesem Gebiet lohnender als in anderen[20]. Das bewirkt eine relativ starke Investitionstätigkeit in diesem Gebiet, die über die mit ihr verbundene multiplikative Wirkung ein relativ starkes Einkommenswachstum bewirkt und neue Investitionschancen schafft. Auf solche Weise vergrößern sich die Differenzen in den regionalen Wachstumsraten der Einkommen.

b) Wegen der vergleichsweise guten Investitionschancen in den Wachstumsgebieten werden Unternehmen, und häufig die dynamischsten, aus den Rückstandszonen abwandern, so daß deren Entwicklungschancen geschmälert werden und sich die Kluft zwischen Armen und Reichen vergrößert. Gleichzeitig setzt eine Kapitalbewegung ein, die zu einer Erleichterung der Investitionsfinanzierung in den Fortschrittsregionen und zu einer Erschwerung in den Stagnationsräumen führt.

c) Bessere Berufschancen und höhere Pro-Kopf-Einkommen in den Wachstumsgebieten führen zu Wanderungen. Da die Migration meist selektiv in dem Sinne ist, daß vornehmlich die jüngeren und besser ausgebildeten Arbeitskräfte ihren Berufsort wechseln, werden die regionalen Ungleichheiten auch hierdurch verstärkt[21].

---

[19] Ebenda S. 25.

[20] Siehe dazu beispielsweise *Werner Baer,* Industrialization and Economic Development in Brazil. A Publication of The Economic Growth Center Yale University. Homewood, Illinois, S. 164; und *J. R. Hicks,* a. a. O., S. 163.

[21] Siehe zu diesem Gesichtspunkt u. a. *A. O. Hirschman,* Die Strategie der wirtschaftlichen Entwicklung. Vom Verfasser autorisierte Übersetzung der revidierten, dritten amerikanischen Ausgabe von H. Körner und Ch. Uhlig. Ökonomische Studien, Band 13, Stuttgart 1967, S. 176 f.
Siehe auch dazu *Bernhard Okun and Richard W. Richardson,* Regional Income Inequality and Internal Population Migration. „Economic Development and Cultural Change", Vol. IX, Jan. 1961.

d) Da die Sparquote erfahrungsgemäß mit wachsenden Pro-Kopf-Einkommen ansteigt, werden die reicheren Regionen vergleichsweise viel sparen und damit das Vermögen und das Besitzeinkommen relativ stark steigern[22].

e) Relativ zunehmende Einkommen in den Wachstumszentren führen hier zu relativ steigenden Steuereinnahmen. Solange diese nicht bei Zentralregierungen anfallen, die eine regionale Redistributionspolitik betreiben, ist eine relativ gute Versorgung der sich vergleichsweise rasch entwickelnden Regionen die Folge, insbesondere ein entsprechender Ausbau der Infrastruktur. Wegen der großen Bedeutung des „social overhead capital" für die Entwicklung einzelner Regionen[23] bedeutet das eine abermalige Verstärkung der Ungleichheiten.

14. Diesen zentripetalen „Konter- oder Polarisationseffekten" (backwash-effects) wirken die zentrifugalen „Ausbreitungseffekte" (spread-effects) entgegen, die sich von den Wachstumsregionen zu anderen Gebieten hin ausbreiten. „Natürlich muß eine Region um ein Kerngebiet der Expansion herum von den Vorteilen, die wachsende Märkte für die landwirtschaftliche Produktion bringen, zu technischem Fortschritt und Verbesserungen auf der ganzen Linie stimuliert werden. Es gibt auch eine weitere Art der zentrifugalen Ausbreitungseffekte zu weiter entfernten Gebieten hin, in denen günstige Bedingungen für die Produktion von Rohmaterialen für die wachsenden Industrien der Zentren bestehen[24]." Die oben zitierte Myrdal-These impliziert, daß diese Ausbreitungseffekte die Kontereffekte nicht übersteigen. So behauptet Myrdal auch, daß sich lediglich im Grenzfall beide Effekte ausgleichen[25].

15. Diese Feststellung wird offenbar durch die Realität widerlegt, denn in einigen Ländern hat sich gezeigt, daß die regionalen Pro-Kopf-Einkommen in bestimmten Perioden, meist den Spätphasen der Industrialisierung, konvergieren. Myrdal versucht diesen für ihn nur scheinbaren Widerspruch dadurch aufzuheben, daß er die Wirtschaftspolitik der Staaten in die Diskussion einführt: „In diesen Ländern hat man begonnen, eine Politik zu treiben, die auf größere regionale Gleichheit zielt. Die

---

[22] Kuznets diskutiert die praktische Relevanz dieses Argumentes für die Zunahme der Ungleichheit der Einkommensverteilung. Allerdings behandelt er nicht die regionale, sondern die personelle Einkommensverteilung. *Simon Kuznets*, „Economic Review", Vol. XLV, March 1955, S. 7.

[23] „The stock of social overhead capital available to a region is regarded in current development literature as one of the most important determinants of the growth potentials of a region". *Richard S. Eckaus*, The North-South Differential in Italian Economic Development. „The Journal of Economic History", Vol. XX, Sept. 1961, No. 3, S. 288.

[24] *G. Myrdal*, a. a. O., S. 29 f.

[25] Ebenda, S. 30.

Kräfte des freien Marktes, die Konter-Effekte bewirken, wurden ein-
gedämmt, während jene, die Ausbreitungseffekte zur Folge haben, nach
Möglichkeit verstärkt wurden[26]."

16. Damit ist die Myrdal-These kurz beschrieben. Aus ihr sind im
Hinblick auf das Thema drei Fragen an die Wirtschaftshistoriker abzuleiten und als Spezifizierung der beiden zu Anfang formulierten Haupt-
fragen anzusehen:

a) Ist es richtig, daß der Industrialisierungsprozeß auf Grund eines
„historischen Zufalls" nur in einzelnen Regionen beginnt und damit
regionale Ungleichheiten schafft? Für Deutschland ist diese Frage
deshalb etwas anders zu stellen, weil Borchardt nachgewiesen hat,
„daß im Königreich Preußen das West-Ost-Gefälle bereits vor der
industriellen Revolution bestanden hat"[27]. Sie lautet dann: Hat der
Industrialisierungsprozeß vornehmlich in den Regionen eingesetzt, die
bereits relativ reich waren, und zwar, weil sie relativ reich waren,
bzw. wegen der Faktoren, die ihr vergleichsweise hohes Einkommens-
niveau bedingten?

b) Haben im Entwicklungsprozeß die Kräfte des freien Marktes zu einer
Verstärkung der regionalen Ungleichheiten geführt? Und weiter:
Welche Faktoren waren dafür im einzelnen verantwortlich? Ist Bor-
chardt zuzustimmen, der sehr vorsichtig formuliert und *vermutet*, daß
sich das Gefälle vergrößert hat[28], und der als „Grundkonzept der
Erklärung" eine „Verschmelzung... der Exporthypothese und der
Strukturhypothese"[29] anbietet?

c) Sollte sich herausstellen, daß einer anfänglichen Divergenz der Pro-
Kopf-Einkommen eine spätere Konvergenz folgt, muß die weitergehende Frage beantwortet werden, ob dafür ausschließlich oder vornehmlich die staatliche Wirtschaftspolitik verantwortlich ist. Dabei
wäre u. a. zu prüfen, ob das Ost-West-Gefälle durch eine entsprechende Eisenbahnbaupolitik der öffentlichen Hand, die Sozialgesetz-
gebung oder eine Zollpolitik (Kornzölle) hat gemildert werden
können.

2.4. Die Williamson-These

17. Der Myrdal-These entgegengesetzt werden kann die Williamson-
These[30]. Sie besagt, „that the early stages of national development

---

[26] *G. Myrdal*, a. a. O., S. 38.
[27] *K. Borchardt*, a. a. O., S. 336. Im Original z. T. gesperrt gedruckt.
[28] Ebenda, S. 326 und 338.
[29] *K. Borchardt*, a. a. O., S. 338.
[30] *Jeffrey G. Williamson*, Regional Inequality and the Process of National
Development: A Description of the Patterns. „Economic Development and
Cultural Change", Vol. XIII, Number 4, Part II, July 1965, S. 1—84; das
Zitat S. 9 f.

generate increasingly large North-South income differential. Somewhere during the course of development, some or all of the disequilibrating tendencies diminish, causing a reversal in the pattern of interregional inequality. Instead of divergence in interregional levels of development, convergence becomes the rule, with the backward regions closing the development gap between themselves and the already industrialized areas. The expected result is that a statistic describing regional inequality will trace out an inverted ‚U' over the national growth path".

18. Die anfängliche Divergenz wird mit den gleichen Argumenten begründet wie die Myrdal-These. So bleibt die Erklärung des Umschlags in die Konvergenz nachzutragen, wie sie sich bei Williamson und anderen Autoren findet.

a) Erstens wird behauptet, daß neue Industrien in den relativ fortgeschrittenen Regionen kaum noch externe Netto-Ersparnisse haben und die Agglomerationsvorteile die -nachteile immer weniger übersteigen[31]. Gleichzeitig strahlt die Wachstumszone, wenn sie nicht Selbstversorger ist, über Einkäufe in anderen Gebieten und die Weitergabe des erworbenen technischen Wissens Wachstumsimpulse aus, die in anderen Regionen gewinnbringende Investitionschancen eröffnen[32]. Unternehmerwanderungen und Kapitalbewegungen werden geringer. Mit der einsetzenden Entwicklung in anderen Gebieten werden in diesen externe Effekte auftreten und andere Agglomerationsvorteile geschaffen, die zur Verstärkung der Investitionstätigkeit führen und ein „self-sustained growth" ermöglichen.

Mit Rückgang der Agglomerationsvorteile und mit Absinken der Transportkosten im Zuge des Ausbaus des Verkehrsnetzes und des technischen Fortschritts des Transportwesens wird die Wahrscheinlichkeit größer, daß sich einige Unternehmer in den Gebieten mit relativ niedrigen Faktorpreisen niederlassen. Denn dann werden die wegen niedriger Faktorentgelte erzielten „Ersparnisse" die entgangenen Vorteile und höheren Transportkosten eher übersteigen können. Wird auf solche Weise die Produktion in den ärmeren Gebieten erweitert, ist eine Verringerung regionaler Ungleichheiten möglich.

b) Es wird zweitens argumentiert[33], daß die Migration weniger selektiv wird. Dadurch nämlich, daß bereits eine gewisse Einkommensanhebung in den Rückstandsgebieten stattgefunden hat und die wirtschaftliche Entwicklung sich auch in einem verbesserten Verkehrssystem und niedrigen Translokationskosten zeigt, sind die mit der Wanderung verbundenen Kosten für die breite Masse nicht mehr prohibitiv,

---

[31] Ebenda, S. 9.
[32] W. *Baer*, a. a. O., S. 165.
[33] s. z. B. *J. G. Williamson*, a. a. O., S. 8.

so daß auch Hilfsarbeiter auswandern können. Zudem finden auch die besser ausgebildeten Erwerbspersonen eine größere Chance, ihrer Fähigkeit entsprechend in den ärmeren Gebieten eingesetzt zu werden.

c) Drittens wird auf die Konkurrenzwirkungen der Faktorbewegungen hingewiesen. Diese führen zu einer Reduktion des Faktorangebots mit preissteigernder Tendenz in den relativ armen Regionen und einer Angebotserhöhung und damit einem Preisdruck in den Wachstumszonen, Wenn die Produktionsfaktoren stets zum Ort der höchsten Entlohnung ziehen, wird der Konkurrenzmechanismus auf eine Angleichung der Einkommen hinwirken. Je mehr die Mobilität der Produktionsfaktoren durch den Ausbau des Verkehrsnetzes und der Infrastruktur gesteigert wird, desto wahrscheinlicher wird dieser Ausgleichungseffekt angesehen[34]. Dieses Argument bedarf jedoch einer Modifizierung. Wegen der geringen Einkommenselastizität der Nachfrage nach Agrargütern[35] und der einigermaßen raschen Erhöhung der Arbeitsproduktivität in der Landwirtschaft[36] muß der Anteil der in der Landwirtschaft Beschäftigten an der Gesamtbeschäftigung sinken. Da außerdem in der Regel die Geburtsrate in Agrarregionen größer als in Industriegebieten ist, ist eine bestimmte Abwanderung aus Agrarräumen allein schon zur Verhinderung einer Vergrößerung der regionalen Einkommensdifferenzen notwendig.

---

[34] *Perloff, Dunn, Lampard und Muth,* a. a. O., betonen die Bedeutung der Migration für den Faktorpreisausgleich: „To the extent that workers migrate over time from low wage areas to higher-wage areas, wage levels in the different regions will tend to converge" (S. 101). Die Autoren stellen aufgrund ihrer empirischen Untersuchung für die USA in der Periode 1910—1950 fest: „The gradual decline of regional interest and wage differentials during the present century reflects this greater effective mobility of capital and labor" (S. 263).
Ein ähnliches Ergebnis ist auch für andere Länder gefunden worden. So kommt Tachi für Japan zu dem Schluß „... the mechanism of population migration is a movement to balance the distribution of population against the regional distribution of income". *Minoru Tachi,* Regional Income Disparity and Internal Migration of Population in Japan. „Economic Development and Cultural Change", Vol. XII, No. 2, Jan. 1964, S. 194.
[35] So stieg die Wertschöpfung der Landwirtschaft Deutschlands in Preisen von 1913 in den Jahren 1850—1913 nur mit einer mittleren jährlichen Zuwachsrate von 1,6 % gegenüber einem Wert von 2,6 % für das gesamte Nettoinlandsprodukt. In der Periode 1950—1959 waren die entsprechenden Werte 2,6 % und 6,6 %.
W. G. Hoffmann unter Mitarbeit von *F. Grumbach* und *H. Hesse,* Das Wachstum der deutschen Wirtschaft seit der Mitte des 19. Jahrhunderts, Berlin, Heidelberg, New York 1965, S. 20 und S. 37.
[36] So betrug beispielsweise die mittlere jährliche Zuwachsrate der Arbeitsproduktivität in der Zeit von 1850—1913 für die gesamte Wirtschaft 1,5 % und für die Landwirtschaft 1,2 % und in der Periode 1950—1959 4,0 % (Gesamtwirtschaft) und 5,6 %. *W. G. Hoffmann* unter Mitarbeit von *F. Grumbach* und *H. Hesse,* a. a. O., S. 20 und S. 37.

19. Williamson hat zur Überprüfung seiner These das vorhandene statistische Material einer großen Reihe von Ländern ausgewertet und ist dabei zu dem Resultat gelangt. „... rising regional income disparities and increasing North-South dualism is typical of early development stages, while regional convergence and a disappearance of severe North-South problems is typical of the more mature stages of national growth and development[37]."

Auf der Grundlage dieser These und dieses Resultates können die anfangs formulierten Fragen auch wie folgt gestellt werden:

a) Zeigt sich auch in Deutschland im Zuge des Entwicklungsprozesses eine anfängliche Vergrößerung und spätere Verringerung regionaler Einkommensdifferenzen?

b) Wenn ja, wann geht die Divergenz in eine Konvergenz über?

c) Wird die Konvergenz durch den Marktmechanismus bewirkt und nicht, wie es der Myrdal-Position entspricht, durch die Wirtschaftspolitik des Zentralstaates?

d) Welches sind im einzelnen die eine Konvergenz bewirkenden Kräfte? Hat insbesondere die Binnenwanderung zur Angleichung der Löhne geführt? Bei der Beantwortung dieser Frage darf man sich beispielsweise nicht mit Hinweisen darauf begnügen, daß im Jahre 1880 jeder 16. der bis dahin in Ostdeutschland (Ostpreußen, Westpreußen, Posen, Schlesien, Pommern, Mecklenburg) Geborene und noch in Deutschland Lebende in andere Gebiete des Deutschen Reiches ausgewandert (1890 jeder Zehnte, 1900 jeder Siebte, 1906 jeder Sechste) und daß im gleichen Jahr jeder 24. in Westdeutschland (Hessen-Nassau, Waldeck, Westfalen, Rheinland) Lebende aus anderen Regionen zugewandert war (1890 jeder 16., 1900 jeder Zehnte, 1907 jeder Zehnte). Man hat auch zu berücksichtigen, daß in Ostdeutschland im Jahr 1880 jeder 62. dort lebende Bürger zugezogen war (1890 jeder 48., 1900 jeder 36. und 1907 jeder 33.) und daß von den in Westdeutschland bis 1880 Geborenen jeder 31. in anderen Ländern Deutschlands wohnte (1890 jeder 24., 1900 jeder 22., 1907 jeder 21.)[38]. Man hat weiter zu fragen, welche berufliche Qualifikation die Zu- und Abgewanderten aufwiesen und welches Alter sie beim Wohnungswechsel hatten. Schließlich ist statistisch nachzuweisen, ob die Ost-West-Wanderung wirklich zu einer Verringerung des West-Ost-Einkommensgefälles führte.

---

[37] *J. G .Williamson*, a. a. O., S. 44.
[38] Alle Zahlenangaben berechnet nach *Hoffmann, Grumbach, Hesse*, a. a. O., S. 179 f.

3. Statistische Berechnungen

20. Nachdem die theoretische Literatur auf mögliche Antworten hin befragt worden ist und die anfangs gestellten Fragen mit Hilfe der verschiedenen Hypothesen spezifiziert worden sind, sollen im folgenden die in der Literatur zu dem aufgeworfenen Problem vorgetragenen statistischen Ergebnisse für Deutschland referiert und einige eigene Berechnungen vorgeführt werden.

3 1. Literaturübersicht

21. Für Deutschland steht ausreichendes statistisches Material nicht zur Verfügung[39]. So gibt es nur drei Versuche, regionale Einkommensdifferenzen festzustellen.

a) Borchardt wertet die Einzelschrift Nr. 24 zur Statistik des Deutschen Reiches aus und berechnet als Hilfsmaß die Arztdichte, die „eine erstaunlich hohe Korrelation"[40] zur Höhe des Volkseinkommens je Kopf in den Provinzen des preußischen Staates hat. Mit Hilfe dieses Materials gelangt er zu dem Schluß, daß *vermutet* werden darf, daß sich das Einkommensgefälle nicht verringert hat.

b) Williamson zieht für seine Arbeit nur die Einzelschrift Nr. 24 heran und stellt für 1900 bis 1913 wachsende regionale Einkommensdifferenzen fest. Dieses Ergebnis hält er jedoch für ungesichert und wenig plausibel[41].

c) Orsagh[42] versucht wie Borchardt mit Hilfsgrößen auf die regionalen Einkommensunterschiede zu schließen. Er geht von der Sektorthese aus. Für das Jahr 1913 stellt er fest, daß die gesamten Einkommen einzelner Regionen statistisch relativ gut durch die im primären, sekundären und tertiären Sektor Beschäftigten erklärt werden können. Mit Hilfe der gefundenen Regressionsgleichung[43] und den für

---

[39] Es gibt nur zwei Quellen, die ausgewertet worden sind: a) Das deutsche Volkseinkommen vor und nach dem Kriege. Einzelschriften zur Statistik des Deutschen Reiches Nr. 24, Berlin 1932, mit regionalen Einkommensgrößen für die Jahre 1900, 1907 und 1913. b) *W. G. Hoffmann* und *J. H. Müller*, Das deutsche Volkseinkommen 1951—1957, Tübingen 1959. Einige weitere Angaben sind enthalten in *N. S. Procopovitch*, The Distribution of National Income. „The Economic Journal", Vol. XXXVI, March 1926, S. 69—82.

[40] *K. Borchardt*, a. a. O., S. 333.

[41] *J. G. Williamson*, a. a. O., S. 30.

[42] *Thomas J. Orsagh*, The Probable Geographical Distribution of German Income, 1882—1963. „Zeitschrift für die gesamte Staatswissenschaft", 124. Band (1968), S. 280—311.

[43] Die gefundene Regressionsgleichung lautet (ebenda S. 282)

$$Y = 0,160 - 19,0 \, A + 64,3 \, M + 102,6 \, S$$
$$ (9,7) \qquad (15,2) \qquad (29,2)$$
$$R^2 = 0,962 \, , \, \sigma = 0,33$$

Dabei bedeuten Y das „aggregate income in billion of marks in 1913", und A (Agriculture), M (Manufacturing) und S (Services) die Beschäftigten.

1882, 1895 und 1907 vorliegenden Zensusdaten zur Beschäftigung ermittelt, er nun relative Unterschiede in den Gesamt- und Pro-Kopf-Einkommen der einzelnen Regionen und gelangt zu folgenden Resultaten: „there was operative here a general tendency toward equalization of factor earnings...[44]." Und: „... it seems reasonable to assert that regional per capita incomes did indeed converge between 1882 and 1913, and that Germany, like the United States, was probably past the disequilibrating phase of economic development by the early eighties[45]."

22. Diese in der Literatur vorliegenden Berechnungen reichen nicht aus, um eine endgültige Antwort auf die erste anfangs gestellte Frage und eine Stellungnahme zu den Thesen von Myrdal und Williamson zu geben. So sollen einige weitere statistische Versuche unternommen werden.

3.2. Eigene Berechnungen

23. Diese Versuche bestehen darin, mit Hilfsgrößen und den Einkommen einzelner Berufsgruppen auf die Entwicklung der regionalen Differenzen zu schließen. Das regionale Gefälle soll dabei mit Hilfe einer einzigen Größe erfaßt werden. Zu diesem Zweck wird aus den für die einzelnen Regionen angegebenen Werten das ungewogene arithmetische Mittel gebildet und der Variationskoeffizient errechnet. Hohe Werte des Variationskoeffizienten zeigen starke Unterschiede in den zugrunde liegenden Werten der einzelnen Regionen und in der Regel ein großes West-Ost-Gefälle an, sehr niedrige Werte dagegen geben Zeichen von einer weitgehenden regionalen Gleichheit.

24. Die Wahl eines ungewogenen Streuungsmaßes stößt in der Literatur auf Kritik, läßt sich hier jedoch mit zwei Hinweisen rechtfertigen. Einmal ist die Zahl der Beschäftigten für einige Berufe, deren regionale Einkommensdifferenzen untersucht werden sollen, nicht bekannt. So fehlen die Gewichte, und es bleibt gar nichts anderes übrig, als ein ungewichtetes Maß zu wählen. Zum anderen scheint für den vorliegenden Zweck der ungewogene Variationskoeffizient durchaus geeignet, weil seine Veränderung ausschließlich durch die Entwicklung der Pro-Kopf-Einkommen bzw. der hierzu gewählten Hilfsmaße bestimmt wird, nicht aber auch durch Wandlungen in der Gewichtsstruktur. Das Argument kann an einem sehr vereinfachten Beispiel verdeutlicht werden, in dem zwei Regionen betrachtet werden. In der einen möge das durchschnittliche Pro-Kopf-Einkommen 100 Mark betragen, in der anderen 200 Mark. Diese Einkommensverhältnisse mögen für zwei Perioden die gleichen

---

[44] *Thomas J. Orsagh,* a. a. O., S. 291.
[45] Ebenda, S. 293.

sein. Die beiden Perioden sollen sich dagegen durch die Bevölkerungsanteile der Regionen unterscheiden. Im ersten Jahr lebt in jeder Region je eine Hälfte der Bevölkerung, im zweiten Jahr beträgt der Bevölkerungsanteil des ärmeren Teils des Landes ein Drittel, des reicheren zwei Drittel. Der ungewogene Variationskoeffizient[46] beträgt in beiden Jahren $V_1 = 0,33$ und zeigt exakt an, daß sich die regionalen Einkommensunterschiede nicht verändert haben. Es bleibt verdeckt, daß im reicheren Gebiet mehr Menschen leben, hier ein höheres Einkommen erzielen und deshalb das nationale Pro-Kopf-Einkommen gewachsen ist. Der gewogene Variationskoeffizient[47] ändert sich. Von 0,33 im ersten sinkt er auf 0,28 im zweiten Jahr ab, und zwar ausschließlich wegen der veränderten Gewichte; die regionalen Pro-Kopf-Einkommen haben sich nicht geändert. Er vermittelt insofern im Hinblick auf den mit ihm beabsichtigten Zweck ein falsches Bild.

25. Im Anschluß an die von Borchardt[48] durchgeführten Überlegungen können die relativen regionalen Unterschiede in der Arztdichte als Indikator für die relativen Einkommensdifferenzen angesehen werden. Für die preußischen Provinzen[49] läßt sich für die Zeit von 1825 bis 1913 die Arztdichte bestimmen. Wie Tabelle 1 zeigt, nimmt der Variationskoeffizient ständig ab, wenn man von dem für 1876 errechneten Wert absieht. Wenn die Zahlen als aussagekräftig angesehen werden können, dann bedeuten sie eine fortwährende Verringerung regionaler Wachstumsdifferenzen.

26. Einen Hinweis auf die Veränderung in den relativen Einkommensunterschieden können die in den preußischen Provinzen gezahlten Einkommensteuerbeträge je Kopf der Bevölkerung geben, die sich für die Zeit von 1876 bis 1914 ermitteln lassen. Die zugehörigen Variationskoeffizienten (Tabelle 2) nehmen ohne Unterbrechung ab und bestärken damit die im Anschluß an Tabelle 1 ausgesprochene Vermutung einer Konvergenz der Pro-Kopf-Einkommen in der zweiten Hälfte des 19. Jahrhunderts.

---

[46]
$$V_1 = \frac{\sqrt{\dfrac{\sum_i (Y_i - \overline{Y})^2}{n}}}{\overline{Y}} \quad \text{mit} \quad$$

Y_i = Pro-Kopf-Einkommen der Region i

$\overline{Y}$ = nationales Pro-Kopf-Einkommen

n = Zahl der Regionen

[47]
$$V_2 = \frac{\sqrt{\sum_i (Y_i - \overline{Y}) \dfrac{B_i}{B}}}{\overline{Y}} \quad \text{mit} \quad$$

B_i = Bevölkerung der Region i

B = Gesamtbevölkerung

[48] K. Borchardt, a. a. O., S. 333.
[49] Ostpreußen, Westpreußen, Stadtkreis Berlin, Brandenburg, Pommern, Posen, Schlesien, Sachsen, Schleswig-Holstein, Hannover, Westfalen, Hessen-Nassau, Rheinland, Hohenzollern.

Tabelle 1

Bevölkerung pro Arzt (Arztdichte) in der preußischen Provinzen (Variationskoeffizient) von 1825—1913

Jahr	1825	1849	1852	1861	1867	1876	1882	1887	1898	1903	1913
	0,437[a]	0,404[a]	0,378[a]	0,339[a]	0,369	0,374	0,345	0,315	0,285	0,273	0,264
			0,402[b]	0,369[b]	0,336[a]						

a) ohne Schleswig-Holstein, Hannover, Hessen-Nassau und Hohenzollern.
b) wie a) aber mit Hohenzollern.

Quellen:
a) Statistisches Handbuch für den Preußischen Staat, Bd. III (1898), Bd. IV (1903),
b) Jahrbuch für die amtliche Statistik des Preußischen Staates 5. Jahrg., Berlin 1883.
c) Statistisches Jahrbuch für den Preußischen Staat, 2. Jahrg. 1904 (Berlin 1905; 12. Jahrg. 1914 (Berlin 1915).

Berechnung: Für 1825, 1849, 1852, 1861, 1867 und 1913 konnten die Anzahl der Ärzte sowie die Bevölkerungszahlen unmittelbar den angegebenen Quellen entnommen werden.
Für 1882, 1898 und 1903 lagen Werte für die Anzahl der Ärzte vor, während die zugehörigen Bevölkerungszahlen durch lineare Interpolation zwischen 1880 und 1885 bzw. 1895 und 1900 bzw. 1900 und 1905 gewonnen wurden.
Für 1876 und 1887 waren Zahlen für die Arztdichte bereits vorhanden (1876 und 1887 nach Provinzen).

Tabelle 2

**Betrag der Einkommensteuer pro Kopf in den Preußischen Provinzen
(Variationskoeffizient) von 1876—1914**

Jahr	1876	1885/6	1900	1905	1910	1914
V	0,754	0,708	0,707	0,620	0,546	0,495

Quellen:

a) Statistisches Handbuch für den Preußischen Staat. Band I, 1888, S. 532 ff.; Band IV, 1903, S. 592.

b) Statistisches Jahrbuch für den Preußischen Staat. 1905, Berlin 1906, S. 283; 1910, Berlin 1911, S. 299; 1914, Berlin 1915, S. 8 und S. 542.

27. In den vorangegangenen theoretischen Überlegungen war gezeigt worden, daß regionale Einkommensunterschiede nicht allein mit strukturellen Gegebenheiten erklärt werden können. Es darf somit nicht angenommen werden, daß arme Regionen nur deshalb ein niedriges Pro-Kopf-Einkommen aufweisen, weil in ihnen vornehmlich Tätigkeiten mit relativ geringer Produktivität ausgeübt werden. Hinzu kommt, daß innerhalb gleicher Berufsgruppen regionale Entlohnungsunterschiede bestehen. Zur Williamson-These gehörte, daß im Zuge des Entwicklungsprozesses, insbesondere unter dem Einfluß der Binnenwanderung, diese Unterschiede von einer gewissen Zeit an abnehmen. Dieser Behauptung kann mit Hilfe von regionalen Lohn- bzw. Gehaltsangaben nachgegangen werden.

28. Die folgende Tabelle 3 enthält Variationskoeffizienten als Maßstab für die regionale Streuung der Pro-Kopf-Einkommen der vollbeschäftigten Lehrer und Lehrerinnen der Volksschulen in den preußischen Provinzen. Die Berechnungen sind einmal einschließlich, zum anderen ausschließlich Berlin durchgeführt. Auch für die Stadt- und Landgemeinden sind getrennte Werte ermittelt. Im langfristigen Trend zeigt sich eine Konvergenz der Pro-Kopf-Einkommen. Dieser Trend wird allerdings 1886/91 zum Teil unterbrochen.

29. Für die Landdrostei-Bezirke und Regierungsbezirke Preußens liegen die Tagelohnsätze der bei der Staatsforstverwaltung Beschäftigten vor. Daraus lassen sich Werte für die Provinzen ermitteln. Wertet man diese Angaben in der geschilderten Weise aus, gelangt man zu Variationskoeffizienten (Tabelle 4), die sich von 1820/29 bis 1875/79 erhöht haben und später wieder gesunken sind. Hierauf darf man somit eine anfängliche Divergenz und spätere (leichte) Konvergenz der Entlohnungssätze vermuten.

Tabelle 3

Die regionale Streuung der Einkommen je Kopf der vollbeschäftigten Lehrkräfte der Volksschulen in den preußischen Provinzen (Variationskoeffizient) 1821—1911

	1821	1861	1871		1874		1878	1886		1891		1896		1901		1906		1911
	a	a	a°)	a	a	b	a	a	b	a	c	a	b	a	b	a	b	a
Stadt und Land mit Berlin		0,303	0,294	0,276	0,177	0,20-	0,245	0,188	0,248	0,231	0,234	0,205	0,266	0,153	0,201	0,151	0,201	0,066
ohne Berlin	0,187	0,137	0,113	0,157	0,128	0,135	0,102	0,104	0,114	0,117	0,110	0,102	0,123	0,089	0,112	0,098	0,120	0,040
Nur Städte mit Berlin	0,284	0,172	0,184	0,177	0,135	0,143	0,161	0,139	0,180	0,179	0,171	0,151	0,188	0,109	0,142	0,099	0,049	0,067
ohne Berlin		0,087	0,127	0,141	0,123	0,131	0,101	0,100	0,119	0,120	0,112	0,103	0,119	0,086	0,100	0,080	0,093	0,035
Nur Land-gemeinden	0,235	0,155	0,131	0,167	0,134	0,144	0,098	0,098	0,101	0,109	0,095	0,089	0,106	0,085	0,102	0,101	0,105	0,050

Für 1821: A. Petersilie, Preußens öffentliche Volksschulen. „Zeitschrift des Königlich Preußischen Statistischen Bureaus. 23. Jg. (1883), S. 78.
Für 1861: Centralblatt für die Unterrichtsverwaltung, 1864, Heft 8.
Für 1871: Jahrbuch für die amtliche Statistik des preußischen Staates, Jg. IV, 2.
Für 1874: Centralblatt für die gesamte Unterrichtsverwaltung in Preußen. Jg. 1875, S. 115 ff.
Für 1878: X. Ergänzungsheft zur Zeitschrift des Königlich preußischen statistischen Bureau's.
Für 1886: Preußische Statistik. Band 101. Das gesamte Volksschulwesen im preußischen Staate im Jahre 1886. Berlin 1889.
Für 1891: Preußische Statistik. Band 120. Das gesamte Volksschulwesen im preußischen Staate im Jahre 1891. Berlin 1892, II. Teil.
Für 1896: Preußische Statistik. Band 151. Das gesamte niedere Schulwesen im preußischen Staate im Jahre 1896. I. Teil, Berlin 1896. I. Teil, Berlin 1898. I. Teil und Berlin 1893, I. Teil.
Für 1901: Preußische Statistik. Band 176. Das gesamte niedere Schulwesen im preußischen Staate im Jahre 1901. II. Teil, Berlin 1903; und I. Teil, Berlin 1905.
Für 1906: Preußische Statistik. Band 209. Das gesamte niedere Schulwesen im preußischen Staate im Jahre 1906. I. Teil, Berlin 1908; und II. Teil, Berlin 1908.
Für 1911: Preußische Statistik. Band 231. Das niedere Schulwesen in Preußen, 1911. I. Teil, Berlin 1913; II. Teil, Berlin 1912.
a) Vollbeschäftigte Lehrkräfte insgesamt
b) Nur männliche Lehrkräfte
c) alter Gebietsumfang

Tabelle 4

**Tagelohnsätze bei der Staatsforstverwaltung in den preußischen
Provinzen (Variationskoeffizient) von 1820/29 bis 1910**

Jahr	1820/29	1830/39	1840/49	1850/59	1860/69	1870/74	1875/79	1910
V	0,093	0,115	0,158	0,149	0,175	0,201	0,271	0,163

Quellen:
Werte bis 1879: *K. Eggert,* Die Bewegung der Holzpreise und Tagelohnsätze in den
preußischen Staatsforsten von 1800—1879. „Zeitschrift des Königlich Preußischen Statistischen Bureaus", Jg. 23, Berlin 1883, S. 7 ff.

30. Zu einem ähnlichen, allerdings für andere Regionen[50] geltenden
Ergebnis gelangt man bei der Betrachtung der vorliegenden durchschnittlichen Maurerstundenlöhne. Hier ergibt sich von 1885—1905 im Trend
keine Verringerung der regionalen Differenzen (Tabelle 5).

Tabelle 5

**Die regionale Streuung der durchschnittlichen Maurerstundenlöhne
in Deutschland (Variationskoeffizient) 1885—1905**

Jahr	1885	1890	1895	1900	1905
V	0,162	0,188	0,179	0,161	0,170

Quellen: Für 1885—1900: *F. Paeplow* u. *T. Bömelburg,* Das Maurergewerbe in der Statistik, Hamburg 1902, S. 38.
Für 1905: *Gerhard Bry,* Wages in Germany 1871—1945, Princeton 1960, S. 71.

31. Es lassen sich für weitere Berufsgruppen Rechnungen dieser Art
durchführen. Dabei sind allerdings statistische Schwierigkeiten zu über-
winden, da die Zahl der Regionen entweder für eine Durchschnittsbil-
dung zu klein ist oder aber die Zahl der Regionen, für die Angaben vorliegen, dauernd schwankt, so daß die Variationskoeffizienten der einzelnen Jahre nicht miteinander vergleichbar sind. Auf Grund solcher
„defekten" statistischen Analysen kann man immerhin vermuten, daß
sich die relativen regionalen Einkommensdifferenzen der Druckereiarbeiter in Deutschland zwischen 1830 und 1870 erhöhen, zwischen 1876
und 1900 dagegen sinken[51] und daß die entsprechenden Unterschiede der

---

[50] 1) Posen, Ost- und Westpreußen, 2) Schlesien, 3) Pommern, 4) Mecklenburg, 5) Brandenburg, 6) Königreich Sachsen, 7) Sachsen und Anhalt, 8) Hessen-Nassau und Hessen, 9) Thüringen, 10) Bayern ohne Pfalz, 11) Württemberg, 12) Baden, Elsaß-Lothringen und Pfalz, 13) Rheinland, 14) Westfalen,
Lippe, 15) Schleswig-Holstein, Hamburg, Lübeck, 16) Hannover, Oldenburg,
Bremen, Braunschweig.
[51] Zu dieser Vermutung führt die Auswertung der Angaben über die Löhne
der Druckereiarbeiter bei Kuczynski.
Jürgen Kuczynski, Darstellung der Lage der Arbeiter in Deutschland von
1789 bis 1849, Band 1, Berlin 1961, S. 376; derselbe, Darstellung der Lage der
Arbeiter in Deutschland von 1849 bis 1870, Berlin 1962, S. 225;
derselbe, Darstellung der Lage der Arbeiter in Deutschland von 1871 bis 1900,
Berlin 1962, S. 423.

Schichtlohnsätze im Bergbau zwischen 1889 und 1913 zurückgehen[52].

32. Obwohl die statistischen Angaben unzureichend sind und vervollständigt werden müssen, lassen sie einige Mutmaßungen über die regionale Einkommensentwicklung in Deutschland zu und geben Anlaß zu folgenden Fragen, die hier zur Diskussion gestellt werden:

a) Ist es richtig zu behaupten, daß die These Myrdals von einer wachsenden regionalen Divergenz der Pro-Kopf-Einkommen für Deutschland in der Zeit von 1850 bis 1913 nicht akzeptiert werden kann?

b) Ist vielmehr wenigstens für die Zeit ab 1880/90 eine Konvergenz als sehr wahrscheinlich anzunehmen?

c) Muß die Williamson-These, daß sich die regionalen Einkommensdifferenzen im Zuge des Industrialisierungsprozesses Deutschlands zunächst erhöhen und dann reduzieren, als nicht verifizierbar, vielleicht sogar als nicht akzeptierbar betrachtet werden? Wenn diese Frage verneint werden sollte: Ist die Zeit, in der eine Divergenz in eine Konvergenz umschlägt, um 1880 anzusetzen?

d) Haben die Konkurrenz auf den Faktormärkten, erleichtert durch den Ausbau des Verkehrsnetzes und eine relativ günstige Siedlungsstruktur, und Ausbreitungseffekte der Wachstumszonen die Konvergenz der regionalen Pro-Kopf-Einkommen (nach 1880 etwa) bewirkt?

---

[52] Ausgewertet wurden die Angaben bei *Gerhard Bry*, Wages in Germany 1871—1945, Princeton 1960, Table A—7, S. 344;
Statistisches Handbuch für den Preußischen Staat, Band III, Berlin 1898, S. 292 f.

Schriften des Vereins für Socialpolitik
Gesellschaft für Wirtschafts- und Sozialwissenschaften

1 **Volkswirtschaftliche Probleme des deutschen Außenhandels.** — Bericht über die erste Mitgliederversammlung des Vereins für Socialpolitik. Hrsg. von Prof. Dr. G. Albrecht und Prof. Dr. H. Arndt. 136 S. 1949. DM 14,—

2 **Untersuchungen zur sozialen Gestaltung der Wirtschaftsordnung.** Hrsg. von Prof. Dr. W. Weddigen. VII, 418 S. 1950. DM 24,80

3 **Die Problematik der Vollbeschäftigung.** Verhandlungen auf der Tagung in Bad Pyrmont 1950. Hrsg. von Prof. Dr. G. Albrecht. 220 S. 1951. 2. Aufl. in Vorb.

4 **Die Berliner Wirtschaft zwischen Ost und West.** — **Die Reform der Sozialpolitik durch einen deutschen Sozialplan.** Verhandlungen auf der Tagung in Berlin 1952. Hrsg. von Prof. Dr. G. Albrecht. 90 S. 1952. vergr.

5 **Kapitalbildung und Kapitalverwendung.** Verhandlungen auf der Tagung in Salzburg 1952. Hrsg. von Prof. Dr. G. Albrecht und Prof. Dr. H. Arndt. 272 S. 1953. DM 26,60

6 **Untersuchungen zum deutschen Vertriebenen- und Flüchtlingsproblem.** Hrsg. von Prof. Dr. B. Pfister.

Erste Abteilung: Grundfragen

I: Die volkswirtschaftliche Eingliederung eines Bevölkerungsstromes. Wirtschaftstheoretische Einführung in das Vertriebenen- und Flüchtlingsproblem. Von Prof. Dr. H. Arndt. 134 S. 1954. DM 11,60

II: Finanzierungsprobleme im Zusammenhang mit der wirtschaftlichen Eingliederung der Heimatvertriebenen. Von Prof. Dr. G. Schmölders. Unter Mitarbeit von H. Müller und H. Friedrichs. 168 S. 1955. DM 13,80

III: Die Heimatvertriebenen im Spiegel der Statistik. Von Dr. G. Reichling. 462 S. 1958. DM 56,—

7 **Zweite Abteilung: Einzeldarstellungen**

I: Die Heimatvertriebenen in der Sowjetzone. Von Prof. Dr. P. H. Seraphim. 202 S. und 23 mehrfarbige Karten. 1954. DM 18,60

II: Die wirtschaftliche Eingliederung der Heimatvertriebenen in Hessen. Von Prof. Dr. G. Albrecht. Unter Mitarbeit von H.-W. Behnke und R. Burchard. 184 S. und 1 mehrfarbiges Schaubild. 1954. DM 16,—

III: Die Heimatvertriebenen und Flüchtlinge aus der Sowjetzone in Westberlin. Von Dr. H. J. v. Koerber. Unter Mitwirkung von Prof. Dr. K. C. Thalheim. 156 S. 1954. DM 13,60

IV: Die Eingliederung der Flüchtlinge in die Stadtstaaten Bremen und Hamburg. Von Prof. Dr. I. Esenwein-Rothe. 140 S. 1965. DM 12,80

V: Die wirtschaftliche Eingliederung der Vertriebenen und Flüchtlinge in Schleswig-Holstein. Von F. Edding. 132 S. 1955. DM 12,60

VI: Untersuchungen zum bayerischen Flüchtlingsproblem. Von Dr. B. K. Spiethoff. 124 S. 1955. DM 12,60

VII: Die Heimatvertriebenen und Sowjetzonenflüchtlinge in Rheinland-Pfalz. Von Dipl.-Vw. H. Wagner. 182 S. 1956. DM 16,80

VIII: Die Vertriebenen in Nordrhein-Westfalen. Von Dipl.-Vw. Dr. G. Stahlberg. 156 S. 1959. DM 18,80

IX: Die Eingliederung der Vertriebenen und Zuwanderer in Niedersachsen. Von Dipl.-Vw. Dr. H. R. Kollai. 160 S. 1959. DM 24,—

X: Die Heimatvertriebenen in Baden-Württemberg. Von Dipl.-Vw. E. Müller. 185 S. 1962. DM 33,60

26 **Wandlungen der Wirtschaftsstruktur in der Bundesrepublik Deutschland.** Hrsg. von Prof. Dr. H. König. VIII, 620 S. 1962. Ln. DM 76,80

27 **Optimales Wachstum und optimale Standortverteilung** Von Prof. Dr. R. Henn, Prof. Dr. G. Bombach und Dr. E. v. Böventer. Hrsg. von Prof. Dr. E. Schneider. 133 S. 1962. DM 22,60

28 **Entwicklungsbedingungen und Entwicklungschancen der Republik Sudan.** Hrsg. von Prof. Dr. R. Stucken. 265 S. 1963. DM 36,60

29 **Probleme der normativen Ökonomik und der wirtschaftspolitischen Beratung.** Verhandlungen auf der Arbeitstagung in Bad Homburg 1962. Hrsg. von Prof. Dr. E. v. Beckerath und Prof. Dr. H. Giersch in Verbindung mit Prof. Dr. H. Lampert. XV, 614 S. 1963. Ln. DM 78,60

30 **Strukturwandlungen einer wachsenden Wirtschaft.** Verhandlungen auf der Tagung in Luzern 1962. Hrsg. von Prof. Dr. F. Neumark. Erster Halbbd.: VIII, S. 1—526. 1964. Ln. DM 69,80. Zweiter Halbbd.: VI, S. 527—1118. 1964. Ln. DM 88,60

31 **Probleme des öffentlichen Budgets.** Hrsg. von Prof. Dr. H. Jecht. 101 S. 1964. DM 12,80

32 **Kommunale Finanzen und Finanzausgleich.** Hrsg. von Prof. Dr. H. Timm und Prof. Dr. H. Jecht. 300 S. 1964. DM 46,80

33 **Das Verhältnis der Wirtschaftswissenschaft zur Rechtswissenschaft, Soziologie und Statistik.** Verhandlungen auf der Arbeitstagung in Würzburg 1963. Hrsg. von Prof. Dr. L. Raiser, Prof. Dr. H. Sauermann und Prof. Dr. E. Schneider. XII, 434 S. 1964. Ln. DM 56,80

34 **Theorien des einzelwirtschaftlichen und des gesamtwirtschaftlichen Wachstums.** Von Prof. Dr. H. Albach, Prof. Dr. M. Beckmann, Prof. Dr. K. Borchardt und Prof. Dr. W. Krelle. Hrsg. von Prof. Dr. W. Krelle. 148 S. 1965. DM 26,60

35 **Weltwirtschaftliche Probleme der Gegenwart.** Verhandlungen auf der Tagung in Travemünde 1964. Hrsg. von Prof. Dr. E. Schneider. VII, 680 S. 1965. Ln. DM 78,60

36 **Entstehung, Struktur und Funktion der Verbände.** Von Prof. Dr. H. S. Seidenfus. In Vorbereitung.

37 **Die Wirtschaftsverbände von 1933 bis 1945.** Von Prof. Dr. I. Esenwein-Rothe. XVI, 209 S. 1965. Ln. DM 36,60

38 **Das Selbstbild der Verbände.** Wissenschaftliche Leitung Prof. Dr. G. Schmölders. XII, 377 S. 1965. Ln. DM 59,60

39 **Verbände und Wirtschaftspolitik in Österreich.** Wissenschaftliche Leitung Prof. Dr. Th. Pütz. XVIII, 713 S. 1966. DM 93,—

40 **Zur Problematik der Sozialinvestitionen.** Hrsg. von Prof. Dr. H. Sanmann. 144 S. 1971. DM 33,60

41 **Beiträge zur Regionalpolitik.** Hrsg. von Prof. Dr. H. K. Schneider. VIII, 181 S. 1968. DM 28,60

42 **Multiplikator, Gleichgewicht, optimale Wachstumsrate und Standortverteilung.** Von Prof. Dr. H. Gülicher, Prof. Dr. E. Scheele, Prof. Dr. W. Vogt und J.-H. Vosgerau. Hrsg. von Prof. Dr. W. Krelle. 137 S. 1965. DM 26,—

43 **Die Stellung von Landwirtschaft und Industrie im Wachstumsprozeß der Entwicklungsländer.** Von Prof. Dr. O. Schiller, Dr. Ch. Hofmann, Dr. W. Hankel und Prof. Dr. A. Kruse-Rodenacker. Hrsg. von Dr. W. Guth. 69 S. 1965. DM 11,60

44 Beiträge zur Produktions- und Wachstumstheorie. Von Prof. Dr. H. Reichardt, Prof. Dr. H. König, Prof. Dr. C. Ch. von Weizsäcker. Hrsg. von Prof. Dr. W. Krelle. 64 S. 1966. DM 18,60

45 Rationale Wirtschaftspolitik und Planung in der Wirtschaft von heute. Verhandlungen auf der Tagung in Hannover 1966. Hrsg. von Prof. Dr. E. Schneider. VI, 567 S. 1967. Ln. DM 76,80

46 Probleme der Wirtschaftspolitik in Entwicklungsländern. Beiträge zu Fragen der Entwicklungsplanung und regionalen Integration. Von Prof. Dr. E. Egner, Dr. B. Knall, Dr. A. Konrad, Dr. W. Marquardt, Prof. Dr. H. Priebe und Dr. W. Rau. Hrsg. von Dr. W. Guth. 173 S. 1967. DM 26,60

47 Beiträge zur Theorie der öffentlichen Ausgaben. Hrsg. von Prof. Dr. H. Timm und Prof. Dr. H. Haller. 011 S. mit 90 Abb. und 7 Tab. 1967. DM 48,60

48 Grundlagen der Wettbewerbspolitik. Von Prof. Dr. C.-A. Andreae, Prof. Dr. E. Heuß, Prof. Dr. E. Hoppmann, Prof. Dr. H. Möller und Prof. Dr. W. Weber. Hrsg. von Prof. Dr. H. K. Schneider. 136 S. 1968. DM 22,60

49 Grundsatzprobleme wirtschaftspolitischer Beratung. Das Beispiel der Stabilisierungspolitik, Verhandlungen auf der Tagung für Socialpolitik, Gesellschaft für Wirtschafts- und Sozialwissenschaften in Baden-Baden 1967. Hrsg. von Prof. Dr. H. K. Schneider. VIII, 173 S. 1968. Ln. DM 69,60

50 Wachstumsprobleme in den osteuropäischen Volkswirtschaften. Hrsg. von Prof. Dr. K. C. Thalheim. 1. Bd.: XII, 228 S. 1968. DM 39,80; 2. Bd.: X, 376 S. 1970. DM 59,80

51 Lohnpolitik und Einkommensverteilung. Verhandlungen auf der Tagung in Berlin 1968. Hrsg. von Professor Dr. H. Arndt. IV, 852 S. 1969. Ln. DM 98,60

52 Probleme der Haushalts- und Finanzplanung. Hrsg. von Prof. Dr. H. Haller. 174 S. 1969. DM 28,60

53 Wachstum, Einkommensverteilung und wirtschaftliches Gleichgewicht. Hrsg. von Prof. Dr. G. Bombach. 72 S. 1969. DM 18,60

54 Theorie und Praxis der Infrastrukturpolitik. Hrsg. von Prof. Dr. R. Jochimsen und Dr. U. E. Simonis. XVI, 846 S. u. 22 S. Abb. 1970. Brosch. DM 79,80; Ln. DM 89,80

55 Beiträge zur Wachstumspolitik. Hrsg. von Prof. Dr. H. K. Schneider. VII, 264 S. 1970. DM 48,60

56 Beiträge zur Theorie der Außenwirtschaft. Hrsg. von Prof. Dr. G. Bombach. 89 S. 1970. DM 22,60

57 Beiträge zum Vergleich der Wirtschaftssysteme. Hrsg. von Prof. Dr. E. Boettcher. 320 S. 1970. DM 49,80

58 Grundfragen der Infrastrukturplanung für wachsende Wirtschaften. Verhandlungen auf der Tagung des Vereins für Socialpolitik, Gesellschaft für Wirtschafts- und Sozialwissenschaften in Innsbruck 1970. Hrsg. von Prof. Dr. H. Arndt und D. Swatek. XII, 738 S. 1971. Ln. DM 88,60

59 Voraussetzungen einer globalen Entwicklungspolitik und Beiträge zur Kosten- und Nutzenanalyse. Hrsg. von Prof. Dr. R. Meimberg. 211 S. 1971. DM 36,60

60 Investitions- und Industrialisierungsprobleme in Entwicklungsländern. Von Prof. Dr. B. Pfister. VIII, 172 S. 1971. DM 29,60

61 Probleme der Staatsverschuldung. Hrsg. von Prof. Dr. W. Albers. 214 S. 1971. DM 48,60

62 Rationalisierung durch Kartelle? Hrsg. von Prof. Dr. E. Hoppmann unter Mitarbeit von Dr. H. Schlögl. 460 S. 1971. DM 59,80

D U N C K E R & H U M B L O T / B E R L I N

Praise for the First Edition

"...Holds the potential of becoming one of the decade's most significant books....a force for good in changing lives and conserving public resources."

– Joyce Lain Kennedy, syndicated careers columnist

"The book is essential for correctional facility libraries and correctional counselors but will also be useful in public libraries."

– Library Journal

"Great book! And great website....a marvelous guide for those who have served time in prison and are now coming back into society....I heartily recommend this book to job counselors, employment services centers, and anyone who is, who knows, or who works with former felons."

– Margaret Riley Dikel, author and owner of <u>www.rileyguide.com</u>

"...Provides, without pulling any punches, a thorough, detailed primer on job hunting that emphasizes re-entering the workforce after incarceration....With many examples, exercises, and what-if scenarios, the book goes far beyond the I-need-a-job-any-job mindset."

– ForeWord

"As a convicted felon who has spent the past 19 years in prison, I can tell you from personal experience that this book has the potential to change lives...I've spent countless hours wondering. And with seemingly no place to turn to for help. Until now! I know of no other single book currently in use in any Pre-Release Program that has the potential to impact the incarcerated like this one....(The authors) have definitely done their homework, otherwise they wouldn't be so in-tune with the issues convicted felons face. This book should be required reading...They truly are on the right track. This resource gives us the job search tools we so desperately need, yet not without addressing core issues of thought and attitude. Convicted felons, for whatever reason, need a road map and this book gives us one."

– Inmate (Beaumont, Texas)

Selected Books by Author

99 Days to Re-Entry Success Journal
201 Dynamite Job Search Letters
America's Top 100 Jobs for People Without a Four-Year Degree
America's Top Internet Job Sites
America's Top Jobs for People Re-Entering the Workforce
The Anger Management Pocket Guide
Best Jobs for Ex-Offenders
Best Jobs for the 21st Century
Best Resumes and Letters for Ex-Offenders
Blue-Collar Resume and Job Hunting Guide
Change Your Job, Change Your Life
The Complete Guide to International Jobs and Careers
The Complete Guide to Public Employment
Discover the Best Jobs for You
Dynamite Cover Letters
Dynamite Resumes
The Educator's Guide to Alternative Jobs and Careers
The Ex-Offender's 30/30 Job Solution
The Ex-Offender's Job Interview Guide
The Ex-Offender's Quick Job Hunting Guide
The Ex-Offender's Re-Entry Success Guide
Get a Raise in 7 Days
Give Me More Money!
High Impact Resumes and Letters
I Can't Believe They Asked Me That!
I Want to Do Something Else, But I'm Not Sure What It Is
Interview for Success
Job Hunting Tips for People With Hot and Not-So-Hot Backgrounds
Job Interview Tips for People With Not-So-Hot Backgrounds
Jobs for Travel Lovers
Military-to-Civilian Resumes and Letters
The Military-to-Civilian Transition Pocket Guide
Military Transition to Civilian Success
Moving Out of Education
Nail the Cover Letter!
Nail the Resume!
No One Will Hire Me!
Overcoming Barriers to Employment
Quick Job Finding Pocket Guide
The Re-Entry Employment and Life Skills Pocket Guide
The Re-Entry Personal Finance Pocket Guide
The Re-Entry Start-Up Pocket Guide
Savvy Interviewing
Savvy Networker
Savvy Resume Writer
You Should Hire Me!

The Ex-Offender's
NEW Job Finding
& Survival Guide

10 Steps for Successfully Re-Entering the Work World

Ronald L. Krannich, Ph.D.
Foreword by Joyce Lain Kennedy

IMPACT PUBLICATIONS
Manassas Park, VA

ISBNs: 978-1-57023-362-3 (paper version) and 978-1-57023-370-8 (ebook version)

Library of Congress: 2015943214

Publisher: For information on Impact Publications, including current and forthcoming publications, authors, press kits, online bookstore, and submission requirements, visit the left navigation bar on the front page of the company's main website: www. impactpublications.com.

Quantity Discounts: We offer quantity discounts (20-60%) on bulk purchases. For details, visit www.impactpublications.com or contact the Special Sales Department: Tel. 703-361-7300 or query@impactpublications.com.

Publicity/Rights: For information on publicity, author interviews, and subsidiary rights, contact the Media Relations Department: Tel. 703-361-7300, Fax 703-335-9486, or email: query@impactpublications.com.

Sales/Distribution: All bookstore sales are handled through Impact's trade distributor: National Book Network, 15200 NBN Way, Blue Ridge Summit, PA 17214, Tel. 1-800-462-6420. All special sales and distribution inquiries should be directed to the publisher: Sales Department, IMPACT PUBLICATIONS, 9104 Manassas Drive, Suite N, Manassas Park, VA 20111-5211, Tel. 703-361-7300, Fax 703-335-9486, or email: query@impactpublications.com.

Contents

Foreword

Joyce Lain Kennedy

Now that your lockup time is over, sunshine can be around your corner if you make a serious effort to absorb the career guidance you find in this terrific book.

That's because, unless you inherit for a living, you'll need a job to pay your bills. Most of us do need a paycheck. Luckily, the details of getting hired are found in *The Ex-Offender's New Job Finding & Survival Guide: 10 Steps for Successfully Re-Entering the Work World.* This evidence-based job search guide is authored by a recognized and prolific ace on employment, Ron Krannich.

Look Out for a Sharp Technology Curve Ahead

As Ron points out in these pages, there's no use sugar-coating what's in the air for all of today's employment seekers – *the future is going to demand more of you.*

Stunning changes have occurred in the world of work since this book was originally published 10 years ago. The changes have chiefly been caused by an explosion of new electronic pathways that connect people and jobs.

Read Chapter 14 for details, but make no mistake:

Technology is calling the job shots today.

(Red-faced admission: When I need techno help, I look for a smart teenager who literally grew up knowing how to show smartphones and all their robot-cousins who's boss.)

But Human Factors Still Count at the Finish Line

Even if you understandably need catch-up time to master digital technology, focus right now on why a clear understanding of how timeless human factors can come to your rescue, both in finding work and succeeding once you land the job.

Ron does a superlative job of explaining such winning human factors as a can-do attitude, sense of humor, general likability, upbeat personality and good manners. (See chapters 2, 3, and 11.)

Good Answers to Big Important Questions

You already know that ex-offenders must rock-climb far higher cliffs to reach the rewards of good employment than do job seekers who are free of criminal records. Moreover, most ex-offenders start out clueless about how to find decent jobs that give them good reasons to stay on the outside, supporting themselves, paying taxes, raising families, and contributing to the economy.

I speak from personal knowledge about ex-inmates being babes in the job woods. During the 40+ years I've been writing a national career advice column, I've had questions from countless ex-offenders, as well as their mothers, wives and other loved ones:

How can I (or my loved one) start a new life with a good job with a future? How do I find people who will consider hiring me? How do I explain my background? Do I have to admit I've been in prison? What do I say about my background on Facebook? Can you recommend groups that help ex-offenders – that can make my future happen? Can you recommend books about the job search?

Ronald L. Krannich, Ph.D, solved my quest to identify the best resource to recommend to those soulful questioners. While other fine and knowledgeable authors have done admirable work on the same topic, most focus on the need for ex-felons to clean up their bad attitudes and only incidentally explain the infrastructure and finer points of a savvy job search.

Far from being merely another job search manual, *The Ex-Offender's New Job Finding & Survival Guide: 10 Steps for Successfully Re-Entering the Work World* is the genre's pacesetter for changing lives and conserving public resources.

In this must-have guide, Dr. Krannich tells you how to stretch your potential and improve your prospects for getting what you want during the rest of your life. When you're determined to go for your sunshine, I recommend you read and re-read this book.

Joyce Lain Kennedy is a syndicated careers columnist whose work appears in news outlets across the United States.

1

Getting a New and Improved Life

"This, too, shall pass!"
–Anonymous saying for handling setbacks

DOING CAGE TIME CHANGES many things, especially your mind, relationships, and self-esteem. So what's your "story" for the past several months or years? If it involved being locked in a cage and told not to think outside the box, chances are you just completed a mind-numbing experience primarily focused on physical and mental survival. You're not the same. Your new-found freedom may be filled with unexpected challenges since you are now expected to "make it on your own" – initiate smart re-entry decisions simultaneously about housing, transportation, employment, health, and finance with hardly a nickel to your name. Wow! and Whoa!

Welcome to the free world where you're labeled an "ex-offender" or "ex-con." As you'll quickly discover, few things are ever free in this costly roller coaster world. Everything more or less has a price. While you may try to hide your past, you'll have to address it many times as you move ahead. But at least you can shape and control your future. In fact, you are well advised to focus on your **future** rather than remain stuck in your past with all its negativities. The **past** is history; the **present** should be your **prologue** to a new and exciting **future**. If you need a prayer of hope, it should be this: *May you always live in better times.*

Justice and the Arrested Society

We literally live in an **arrested society** that creates a great deal of costly collateral damage in the name of justice. Popularly dubbed a system of "mass incarceration" run largely by unaccountable police, lawyers, prosecutors, judges, and jailers who make life-altering decisions. The criminal justice system in America reveals some unsettling numbers that should challenge its long history of practices in the name of "law and order":

> One in three adults in the United States has an arrest or conviction record,
> which translates into 70 million people with red flags in their background.

1

At the same time, the United States has the world's highest and most costly incarceration and recidivism rates:

- 25 percent of the world's inmates are locked up in the United States, which has only 5 percent of the world's population.
- 707 out of 100,000 adults are locked up; by comparison, Japan has 51 per 100,000; Germany, 87 per 100,000; China, 172 per 100,000; and Cuba, 510 per 100,000.
- 2.3 million people are locked up in federal and state prisons. Nearly 12 million people circulate in and out of prisons, jails, and detention centers each year!
- Offenders are managed by nearly 500,000 correctional officials who suffer from PTSD at a rate that's twice as high as the military (34% vs. 14%) and who have the highest suicide rates of any profession (twice as high as police officers).
- It costs $208,000 per year to jail someone in New York City and $210,000 per year to house a juvenile offender in California.
- 5 million+ individuals are on parole or probation.
- Over 70 percent of prisoners are serving time for nonviolent offenses.
- 1 out of 3 women prisoners in the world are locked up in the United States.
- Nearly 70 percent of U.S. prisoners are locked up for drug offenses, often minor.
- Nearly 70 percent of ex-offenders fail at re-entry – they become recidivism statistics as they return to prisons and jails within three years of release.

This ostensibly failed system also has shocking racial, ethnic, and economic overtones – those arrested and jailed are disproportionately poor and black. Often living on the edge and unable to afford costly jail time (making bail or bond), many detained individuals immediately fall into a legal no-man's land (arrested and caged but not convicted nor sentenced) that effectively pushes them over the edge as their free world quickly collapses around them. Indeed, incarceration for the poor often means the loss of jobs, housing, family, and friends as well as increased indebtedness, anger, and rage.

There's also growing evidence of law enforcement biases – police harassment of suspicious-looking and disrespectful minorities: Blacks are five times more likely to be incarcerated than whites, and hispanics are twice as likely to be locked up than whites. According to 2015 U.S. Census Bureau data, the racial and ethnic breakdown is as follows:

Race/Ethnicity	% of US population	% of US incarcerated population	National incarceration rate (per 100,000)
White	64%	39%	450 per 100,000
Hispanic	16%	19%	831 per 100,000
Black	13%	40%	2,306 per 100,000

What are the individual and community costs of such a system? Numerous studies document the devastating effects such mass incarceration has on black communities, families, parenting practices, socialization, education, employment, and economic advancement. In fact, the United States incarcerates a higher percentage of its black population today than South Africa did at the height of apartheid! From an embarrassing historical perspective, America also has more blacks in prison today than it had as slaves in 1850. In other words, criminal justice done the U.S. way helps perpetuate a well-worn historical cycle of poverty, hopelessness, and dysfunctional relationships that often characterizes black communities that are well justified in calling this what it apparently is – institutionalized criminal and judicial racism.

Many of these "arrested" individuals experience difficulty in getting jobs, housing, and credit because of an over-reaching criminal justice system that literally destroys lives in the name of justice. It's a costly system that is creaking at the seams. It will not long endure in its present state. However, in the meantime, you and millions of others must cope with this system as part of your re-entry challenge. To a certain degree, it requires you to "suck it up" and move on to what will hopefully be better days ahead.

Since we're not going to change the world here, the remainder of this book is literally about how you can best "suck it up" with purpose and sanity in the months ahead. Maybe someday you can change this disturbing world of mass incarceration. Let's hope so as we get on with the immediate task at hand – **your successful re-entry**.

You've Had a Major Time-Out

So you've paid your debt to society. Now it's time to focus on your **future** and move ahead with your life. But, first, let's not forget your **rap sheet**. What's on it? Is it accurate? If you don't know, check it out by requesting a copy of your rap sheet through your state repository agency, which can be found through this website: www.hirenetwork.org. Take a good look at your public snapshot. Do you appear scary and untrustworthy to strangers? Just how forgiving is society of your background? How well will family members, friends, and strangers accept you? Are you mentally prepared for what may come next, especially **rejections** from prospective employers because of your not-so-hot background? Will your criminal record accompany you throughout your life? Who will you initially hang out with? Will they help or hinder your re-entry? Are you essentially on your own, or will you seek assistance from individuals and community groups that are familiar with the challenges facing someone with your background? Will you become a story of successful re-entry, or will you return to prison within the coming months and add more negatives to your rap sheet?

What's Next?

What comes next as you re-enter the free world and start to shape the next stage of your life? How do you plan to "make it" on the outside? Have you had an attitude, motivation, and self-esteem check-up recently? Do you have goals and dreams? Is there a purpose to your life? Do you have a bucket list? How realistic are you about your future? Do you know what you do well and enjoy doing? Can you locate employers who need your skills and share your goals? Will you be truthful when asked if you've ever been convicted of a crime? If asked, how will you explain your criminal record? How well do you handle multiple rejections? Whom will you approach for assistance? How will you go about landing a decent job? Will you keep that new job and turn it into a long-term and rewarding career that could well change your life and the lives of those around you?

One final question for the weeks and months ahead: Do you have the necessary attitudes, skills, abilities, and values to land a good job that could turn your life around?

There's No Place to Hide These Days

These and many other questions are central to the following pages. As you will quickly discover, ex-offenders and others with red flags in their backgrounds have no place to hide these days. Indeed, in today's increasingly high-tech, digital, and litigious society, more and more employers conduct thorough background checks, contact references, and administer a variety of revealing aptitude, psychological, and polygraph tests. If you have a felony conviction, you are most likely marked for life. That conviction will follow you everywhere, from looking for a job, renting an apartment, and establishing credit to getting a visa to enter other countries.

> *You'll also discover a very forgiving world for those who demonstrate sincere efforts to change their lives for the better.*

However, in some cases, especially for misdemeanors, simple drug possession (followed by diversion program participation), and juvenile offenses, you may be able to have your criminal record expunged or sealed (check with each state on their **expungement** processes – see www.papillonfoundation.org/criminal record-resources). It can be costly to do so. You may have to lawyer-up to see if your criminal record can be "cleaned up" by contacting such law firms as Higbee & Associates (www.recordgone.com).

Most convictions won't disappear, even if you die. They are forever. Therefore, it's best that you be prepared to explain your conviction in the most positive, yet honest, way possible. That involves dealing with potential objections to your background and demonstrating that you are a person of value to others. Do you have a compelling two-minute story to tell of your rehabilitation efforts? To do otherwise is to engage in wishful thinking – that you can escape your background by creating a whole new you.

An Often Unforgiving World

Re-entry is all about picking yourself up and running in the right direction. Despite sincere efforts to change their lives, ex-offenders are often confronted by an unforgiving world. Let's face it: even though we like to feel good talking about living in a Second

Chance society, ex-offenders are not welcome in many places. If you've done the crime and feel you've completed your time, think again. You are viewed by many people as a risky person to do business with. Depending on your crime, many people may not want you as a neighbor, employee, or customer. Sex offenders, for example, are often viewed as the lowest of criminals. Just start filling out a job application when you encounter this red flag question on the first page that causes you to pause and contemplate whether or not to disclose the full truth and thus be "screened out" of consideration for a job interview:

Have you ever been convicted of a crime? If yes, give details.

How will you answer that potentially job-stopper question? Will you tell the truth, the whole truth, or let this incriminating question pass you by with a lie? Minor vehicular, drug, and petty larceny convictions, for example, are more acceptable to the community, and ostensibly more rehabilitative, than violent assault, homicide, and sex offenses. Indeed, many past offenders continue to pay for their earlier indiscretions, as individuals and institutions discriminate against them in the housing, financial, and job markets. You may, for example, have difficulty renting an apartment or getting a loan to purchase a home, establishing credit, opening a checking account, applying for a credit card, and finding a good paying and secure job. In addition, depending on your crime, you may be restricted from entering certain professions, traveling outside the United States, and voting in elections.

The good news is that more and more states and local jurisdictions have "banned the box" – prohibit employers from including this initial discriminatory question on an application form. As of 2015, 16 states have adopted such legislation: California, Colorado, Connecticut, Delaware, Georgia, Hawaii, Illinois, Maryland, Massachusetts, Minnesota, Nebraska, New Jersey, New Mexico, Rhode Island, Vermont, and Virginia. Such legal changes create a level playing field for ex-offenders at the application stage of the job search. They may be asked the same question during the job interview, and a background check later in the hiring process will most likely uncover any convictions.

At the same time, you may also discover a very forgiving world for those who demonstrate sincere efforts to change their lives for the better. You'll want to get to know these people better as you re-enter and progress in the free world. Many of these people have positive experiences in working with ex-offenders, and some may be empathetic ex-offenders who have started their own businesses or otherwise advanced in the workplace.

Psychological Challenges and Freedom

The psychological adjustments of post-release can be especially challenging. Few people really understand what you've gone through and the problems you now face. Nor should you expect them to empathize and lend you a helping hand. Your future lies in your own hands, assisted by a set of supportive relationships you develop in the coming weeks and months. Indeed, over the last several months or years you've been in a controlled environment where survival and acceptance meant following the rules and taking orders rather than expressing your independence and initiative. You lost your independence, and many of your friends and family may have abandoned you. Worst of all, you may have lost one of your most valuable inner assets – your self-esteem. Experiencing failure, feeling abandoned, and lacking meaningful work, you may become angry, confused, and negative. You find it difficult to get motivated, keep focused, and remain positive about your future and your relationships.

Focus on Your Future

But that's the past, and it will soon be in the distance as you move ahead in your life. It's now time to seriously focus on your future as you prepare for the many psychological challenges as well as the practical day-to-day aspects of living a new and more productive life. While you will always carry some baggage (your past conviction and incarceration) that can at times weigh you down, you **must** focus on the future with renewed optimism and a "can do" attitude that reflects independence, initiative, and entrepreneurship. Most important of all, you will need to build a new set of relationships and skills that will result in job and career success.

Experience Job Search Success

One of the best ways to deal with the challenges of post-release is to **experience success**. You can do this by becoming a successful job seeker who lands a good job that will give you a renewed sense of self-esteem and help you rebuild your life financially and socially. Finding such a job may not be easy, but the rewards of doing so are immeasurable. In fact, you should focus laser-like on finding a good job. Like many other job seekers, you'll experience many rejections. But if you persist with a positive attitude, supportive relationships, and a resume and/or application that commands attention, you should be able to land job interviews that lead to a decent job you both do well and enjoy doing. But without the proper job search skills and information for navigating today's job market, you may become too disheartened and disillusioned with your failure to find a good job as you encounter many rejections.

That's my mission throughout this book – to help you land a decent job that can well change your life for the better. Without such a job, you may quickly become another "recidivism statistic" – nearly 70 percent of ex-offenders return to jails and prisons within three years of release. Failing to find rewarding employment, they tend to revert to old relationships and predictable patterns of behavior that lead them back to the same controlling institutions. That's not a life – that's a sentence. You should be free to succeed in an increasingly forgiving, accepting, and entrepreneurial world that rewards individuals who demonstrate talent, hard work, drive, and perseverance.

10 Steps to a New Life in the Work World

This is not a book about the whole re-entry process. Rather, the following pages focus on proven strategies for finding a job. But not for just finding any job. My goal is to help you connect with the **right job** – one that you do well and enjoy doing. Such a job should relate to your unique talents, values, and goals. Discovering what those are in your case will be a major focus of the remaining chapters. Two of my pocket guides – *The Re-Entry Employment and Life Skills Pocket Guide* and *The Re-Entry Start-Up Pocket Guide* (see inside cover and page 225) – focus on many other aspects of the re-entry process. They should be used in conjunction with this book. Indeed, they will serve you well as street-level action guides for making re-entry quickly happen during your first 90 days out.

While your first job out may not pay well, it should give you an opportunity to prove yourself and thus establish a good employment record of performance. It should lead to other jobs that pay better and have a brighter future. The important thing is to land that first job out from which you can launch a satisfying career. If you closely follow my 10 steps to job search success, you should be successful in finding a good job and starting a new and productive worklife. Since this book includes strategies that you can use over and over again as you change jobs and careers, you'll want to keep it for future reference after you land your first job.

The figure on page 8 illustrates my 10 steps to job search success. The first step, **Examine and Change Your Attitudes,** is found in Chapter 3. The final step, **Negotiate Salary and Benefits Like a Pro,** is detailed in Chapter 12. Chapter 2 sets the stage for the 10 steps by examining 20 key myths and realities as well as 22 key principles for success. Chapter 13, **Starting Right, Surviving, and Advancing Your Career**, puts the whole job search within the context of the actual job – what you need to do to be successful on the job as well as to advance your career.

I wish you well as you embark on this next phase in your life. Like many other people in transition, you face a new world with dreams and a renewed sense of purpose. If you follow my advice, I'm confident you'll eventually achieve your dreams as well as avoid many disappointments along the way. As I note throughout this book, **you have within you the power to change your life**. With the help of this book and your network of supporters, you can unleash that power in today's job market. Just be sure you take the necessary **actions** to make your dreams come true!

So let's get started. We have a great deal of exciting work to do for successfully strategizing your re-entry into the Free World!

10 Steps to Job Search Success

10. Negotiate Salary and Benefits Like a Pro (Chapter 12)

9. Develop Winning Job Interview Skills (Chapter 11)

8. Network for Information, Advice, and Referrals (Chapter 10)

7. Write Effective Resumes and Letters (Chapter 9)

6. Conduct Research on Jobs, Employers, and Communities (Chapter 8)

5. State a Powerful Objective (Chapter 7)

4. Assess Your Skills and Identify Your MAS (Chapter 6)

3. Select Appropriate Job Search Approaches (Chapter 5)

2. Seek Assistance and Become Proactive (Chapter 4)

1. Examine and Change Your Attitudes (Chapter 3)

2

Be Truthful, Realistic, and Focused on Shaping Your Future

BEFORE YOU TAKE YOUR FIRST STEP on the road to re-entry and recovery, you must be truthful, realistic, and focused on shaping your future. The road is all about taking **responsibility** for your past, present, and future. The **truth** is that you have a **rap sheet** (page 3), an official summary of your criminal record. The **reality** is that your record will most likely affect you throughout your worklife. However, this truth and reality should not become major impediments to your future if you follow my 10 step approach to job search success. While employers will be concerned about your past record, they are more concerned about your future truthfulness, character, and value in **their workplace**! Therefore, you are well advised to do two things: (1) deal truthfully with your record, and (2) focus on a positive future. The most self-destructive thing you can do is to dwell on your record and believe you are a victim rather than do something about developing a positive future.

Employers Want to Hire Your Future

Ex-offenders are often their own worst enemies. Many live in the past by replaying their troubled lives, harboring anger, blaming others, finding excuses, conning themselves and others, lacking goals, being unwilling to follow a schedule, and fearing employers won't hire an ex-con. Other ex-offenders are psychologically troubled by the whole incarceration experience and thus may require some form of therapy. Indeed, they may have low self-esteem; lack motivation; show signs of fear, anxiety, and PTSD; exhibit learning disabilities; lack good information; have difficulty making decisions on their own; make poor choices; are delusional; and often have unrealistic expectations about themselves, others, and the job market.

Forget about your criminal record for a moment and think of yourself as being like any other job seeker. In many respects, you are similar to other candidates employers encounter – someone with the potential to do the job. Employers want to hire your future rather than your past. Focusing on your attitudes and behavior, they look at your past as an indication of your future potential to be productive in their company. They look for **patterns of behavior**, especially your strengths or achievements – those things that are right rather than wrong about you – that will transfer to their workplace. While they look for weaknesses, possible red flag behaviors (see my extensive discussion of red flags in *Job Interview Tips for People With Not-So-Hot Backgrounds*), and evidence that you have changed your attitudes and behaviors, they primarily want to know what you do well and enjoy doing. Above all, they are looking for competent individuals who are enthusiastic and energetic. How you present your past in relation to your future with the employer will largely determine how successful you will be in landing a job.

Take Responsibility and Make Changes

Let's examine several myths and realities as well as numerous success principles for better understanding how this first step affects the remaining nine steps of a successful job search for ex-offenders. As we do this, we place the whole job search within the larger context of special re-entry and transition issues affecting ex-offenders. Taking responsibility for yourself and making the necessary changes that will create new outcomes for you and those around you is essential. If you do nothing differently than you have done in the past, don't expect things will change for you. You'll merely repeat the same patterns that will produce similar results. The truth is that nothing positive is going to happen unless you **make** it happen by **changing** your attitudes and patterns of behaviors. You have within you the **power** to shape your future. But first you need to learn how to harness that power by following several proven principles of success.

> *Nothing positive is going to happen unless you make it happen by changing your attitudes and patterns of behaviors. You have within you the power to shape your future.*

20 Myths and Realities to Build Effectiveness

You should be able to relate to most of the following myths and realities. The myths can stall your effective re-entry into the workplace as well as prevent you from making smart decisions and taking effective action. The realities clarify what you should and can do to become more effective in today's job market.

Your Background and Employers

MYTH #1: **Employers don't want to hire people with a criminal background.**

REALITY: It depends on the particular employer, the ex-offender, and the position. Let's deal with some hard facts. While employers ostensibly cannot discriminate against individuals solely on the basis of their criminal record (implicit in Title VII of the Civil Rights Act and protected by the Equal Employment Opportunity Commission, www.eeoc.gov), they can refuse to hire if they can show that your background will negatively affect their workplace and business. Also, several federal laws specify certain occupations that are off limits or restricted for individuals with various types of criminal convictions, and certain jobs require mandatory criminal background checks for public safety purposes:

- Financial institutions insured by the Federal Deposit Insurance Corporation (if your conviction involved dishonesty, breach of trust, or money laundering).

- Insurance industry (for certain classes of felons).

- High-level positions in unions and companies managing employee benefit plans (barred for 13 years).

- Health care services that receive Medicare and Medicaid payments and the pharmaceutical industry (for certain types of crimes).

- Child care services (requires criminal history background checks for positions involving child care).

- Prisoner transportation services (requires criminal history background checks).

- Aviation (since 2001 many positions with airlines and airports require background checks to further ensure public safety).

- Law enforcement and other criminal justice positions (prohibited from entering most such jobs).

State and local governments may include additional restrictions on certain occupations, especially any positions that deal with public safety and welfare, such as driving a bus or taxi. Most states also prohibit ex-offenders from acquiring certain professional licenses and vocational certifications. You need to inquire about these restrictions before looking for a job or acquiring training and certification in particular fields. For example, some ex-offenders have completed nursing programs only to discover they are prohibited from practicing in that field because of a prior conviction. You need this information on restrictions before being disappointed. Many government agencies have unwritten rules not to hire ex-offenders, even though they are not supposed to discriminate against ex-offenders.

If you challenge an employer for discriminating against you because of your criminal record, they can successfully argue that your background will have an adverse effect on their workplace and business – you are untrustworthy and a potential risk to other employees and the public. Surveys show that many employers simply don't want to take the risk of hiring ex-offenders, especially those convicted of sex or violent crimes. The reluctance to hire ex-offenders in part may be due to the fear of legal liabilities if such a hire posed a danger to co-workers or the public. Indeed, studies show that employers have lost 72 percent of negligent hiring cases involving ex-offenders, which on average cost them $1.6 million to settle per case (Mary Connerly, Richard Arvey, and Charles Bernardy, "Criminal Background Checks for Prospective and Current Employees, *Public Personnel Management*, 2001, page 20). Also, over 95 percent of employers conduct background checks as part of their routine screening process. Understandably, given the potential for expensive lawsuits and judgments against employers, ex-offenders are viewed by many employers as more trouble than they are worth, rather than more worth than they are trouble.

On the other hand, many employers who hire individuals for unskilled, low-wage, entry-level, temporary, and high-turnover positions ask few background questions. Often **hard labor positions**, many are physically demanding dead-end jobs with no future. These are the types of positions ex-offenders quickly find and involve minimal disclosure of their backgrounds. Finding a job becomes more problematic as ex-offenders move toward more skilled and higher-wage positions and those involving greater responsibilities. Such positions usually require background checks and disclosure of a criminal record.

Employers differ in how they view and hire ex-offenders. Many employers are open to hiring low-level drug offenders who seem to pose few workplace problems. Other employers have no problem hiring ex-offenders who appear to have changed their lives as well as demonstrate the right attitudes and skills for doing the job. In fact, many employers in the construction, manufacturing, and hospitality trades regularly hire ex-offenders for low-wage and blue-collar jobs. Other employers attend job fairs organized for hiring ex-offenders. Several temporary employment agencies, such as Labor Finders, regularly work with ex-offenders in placing them in similar types of temporary and permanent jobs. Employers in the retail and service sectors, especially with jobs that require a great deal of customer contact, are least likely to hire ex-offenders.

Not surprisingly, you are well advised to seek out jobs, employers, and temporary employment agencies that are especially receptive to individuals with criminal backgrounds. According to employers, ex-offenders are often very loyal and dedicated workers who are extremely grateful for second-chance opportunities. While these employers may not offer the best jobs, at least they give you an opportunity to acquire **experience** and thus start building a new employment record. This is especially important for young ex-offenders who never established a stable and coherent work history prior to their incarceration. In the long run, experience does count in the job market. It will help you move to other jobs that pay more and involve greater responsibilities.

> *You are well advised to seek out jobs, employers, and temporary employment agencies that are especially receptive to individuals with criminal backgrounds.*

At the same time, you need to change certain aspects of your background that are within your power to change. Hopefully, you are among the 50 percent who took part in educational and vocational training programs while you were incarcerated. If, for example, you lack a high school diploma or equivalent (GED), don't expect to attract many employers regardless of your criminal history. In fact, 95 percent of all low-skilled jobs today require a high school diploma or some work experience. Unfortunately, nearly 40 percent of ex-offenders lack a high school diploma and relevant work experience. If you fall into this disadvantaged group, it's time you did something about it. Get smart by seeing your probation or parole officer (P.O.) as well as various community groups that can assist ex-offenders with education, training, apprenticeships, and job placement. Low-skilled jobs that pay well, which in the past were primarily found in manufacturing and through unions, are quickly disappearing and moving overseas where they become low-paying jobs.

It's safe to assume that most employers want to hire individuals who can best do the job regardless of their backgrounds. Be concerned about your past, but focus on your future by being prepared to communicate the things you have changed in your life and what it is you can do for the employer. You can do this most effectively by following my advice in Chapters 6 and 7 on assessing skills and setting goals.

MYTH #2:   **I'll have to lie about my background in order to get a good job.**

REALITY: The **truth** will set you free and help you shape a positive and productive future. When you feel down, remember this important principle of life: **This, too, shall pass.** Give yourself time and your best effort. Your past will quickly pass if you are truthful. Commit yourself to the truth – no lies, cover-ups, or excuses to yourself or to others. If you can't tell the truth, then don't expect to get a job or keep a job for very long. This is especially true for jobs, employers, and companies with a future – those offering higher wages and greater responsibilities that lead to a long-term career. Keep in mind this fact of employment life: More and more employers are suspicious of job seekers who **lie** about their backgrounds. As a result, they increasingly conduct background and reference checks, administer a variety of revealing tests (drug, aptitude, psychological, polygraph), and subject candidates to multiple interviews to determine the truthfulness and appropriate fit of candidates.

If you think you can hide your record from employers, think again. You're a person with both a paper and electronic trail. Once you get your documents – birth certificate, driver's license, Social Security number, or state ID – you're real easy to find in systems employers regularly access when doing background checks. In today's increasingly high-tech, database-driven, and security-conscious society, there's no place to hide. Employers can easily and inexpensively access your employment, criminal, and credit records through a variety of electronic databases they consult when doing background checks. And if by chance you fool an employer about your background, chances are your criminal record will eventually catch up with you on the job. Your P.O. may check on you by calling your employer, an old prison buddy may unexpectedly show up, or someone you secretly told about your record may talk too much. Word gets around. When you come up for a promotion or make a job change involving a background check, your criminal record will probably surface. When it does, your lie will be exposed and you'll be fired or passed over. Everything you worked for now changes for the worse because of your **failure to disclose**.

Rather than try to live a lie, **tell the truth in a positive way** – that you were incarcerated but changed your life by participating in educational, vocational, substance abuse, or anger control programs. Much of our society forgives those who make sincere efforts to change their lives and tell the truth. When you tell the truth, you're not expected to go into all the details, but at least tell the truth that matters most to employers – that you're not a risky hire.

We all at times stumble and fall. It's how we pick ourselves up and move on with our lives that really counts. Americans especially admire people who overcome adversity. We strongly believe in comebacks, fresh starts, and second acts – that you can be anything you want to be if only you will work hard at being the person you want to be.

MYTH #3:	**I'll be able to quickly find a job and start a new life.**
REALITY:	This is easier said than done. Chances are your transition to the free world will not be quick and easy or trouble-free. Expect to encounter many land mines – mainly rejections – along the way that may discourage you as well as tempt you to make some bad choices.

In today's job market, the average job seeker takes from three to six months to find a job and experiences many psychological ups and downs as he or she encounters numerous **rejections** on the road to finding a job. You, too, will experience many rejections, which may or may not have anything to do with your criminal record. To assume you can't find a job because of your criminal record is to misunderstand the nature of the job search process. Even under the best of circumstances, finding a job is hard work and it involves many rejections. Welcome to the job hunting world!

In fact, studies consistently show that ex-offenders have great difficulty in finding employment. Those who quickly (within 30 days of release) find a job are usually hired by former employers or received help from family and friends with their job search. Few ex-offenders find full-time employment on their own. As a result, many remain unemployed or move into "casual" jobs or illegal activities. These studies also confirm what we know about job-finding approaches of the general population – the most effective approach involves networking with family, friends, and former employers. Without a **support network**, finding a job may take a long time. I'll address this critical issue in Chapter 4 on support groups and in Chapter 10 on networking.

Whatever you do, don't confuse your experiences with those of people without your background. Indeed, **rejections** are part of the job hunting process for people with or without a criminal record. How you handle those rejections may determine how long you continue job hunting.

If you are like many other job seekers who take rejections personally, your enthusiasm and motivation to continue looking for a job will be negatively affected. As a result, you may prematurely stop looking for a job because of your fear of getting more rejections.

At the same time, the job hunting situation of many ex-offenders is very different from that of the average job seeker:

- Ex-offenders may re-enter communities with limited resources for becoming successful – little money, few possessions, no housing or transportation, and often heavily indebted because of child support, victim restitution, and court claims.

- Ex-offenders face several decisions, challenges, and psychological adjustments relating to community, family, friends, housing, transportation, clothing, health, and finances that affect their attitude toward conducting an effective job search.

- Ex-offenders usually return to the same dysfunctional communities and circles of associates that were in part responsible for their incarceration. These communities often have high rates of unemployment and crime. Unsuccessful in finding meaningful employment in these communities, many ex-offenders soon repeat their same patterns of behavior and become another crime statistic, joining nearly 70 percent of ex-offenders who re-enter the criminal justice system within three years.

One of the major reasons most ex-offenders have difficulty finding employment is because they are in the wrong place at the wrong time. Since most ex-offenders relocate into communities with limited employment opportunities, high crime rates, and poverty – places with lots of illegal temptations for the unemployed – they often feel they have nowhere to go but back into the criminal life.

Here's one of the best tips for re-entry: Change your life by first changing your community; relocate to a place of hope rather than to one of despair; and associate with winners rather than losers. Find individuals in your community who will **lift you up** rather than drag you down. If you do this, you'll be well on your way to winning the re-entry game. Chapter 8 includes tips on choosing **communities of hope**.

The irony is that you need to find a job faster than the average job seeker. But your background will make it more difficult for you to find a job quickly. Accordingly, this whole process may be challenging and it will take time. The good news, as I outline in Chapter 4, is that several government programs, churches, unions, and community-based nonprofit organizations provide much needed assistance to ex-offenders in dealing with the important re-entry issues, such as housing, health, education, and employment. Your P.O. also can provide assistance. These support groups and individuals offer many helping hands to those who are serious about changing their lives for the better. Reach out to them for help as early as possible in your transition. Above all, heed the wise words of ex-offender and author/trainer Ned Rollo in *Man, I Need a Job* (Open, Inc., page 10):

> *Change your life by first changing your community. Find individuals in your community who will lift you up rather than drag you down.*

> No matter how crazy things may get, don't do anything stupid that would place you in danger of losing your freedom or chances for a rewarding future. And above all, don't give up!

With some help from well-meaning groups and a positive attitude and a great deal of persistence on your part, you should be able to make a successful transition. You will find a job that will help you rebuild your life.

Attitude and Responsibility

MYTH #4: It's not my fault that I'm in this situation – I've had lots of bad luck and lousy relationships, including an incompetent lawyer.

REALITY: The first step to changing your life is to admit responsibility for your own situation. Life doesn't just happen or fall out of the sky as good/bad luck. You make **choices** that have **consequences**. Some people make lots of bad choices that result in difficult situations. Let's look at some of your choices and their consequences. What five bad and five good choices have you made during the past 10 years?

Bad choices	Consequences
_____	_____
_____	_____
_____	_____
_____	_____
_____	_____

Good choices	**Consequences**
_____	_____
_____	_____
_____	_____
_____	_____
_____	_____

Who was responsible for each of the bad and good choices?

_____

_____

Once you take responsibility for your choices, you can begin discarding the baggage that continues to weigh you down. Since you have the power within you to change your life, you need to become better acquainted with your ability to create your future. It won't be easy, but nothing worthwhile is ever easy. You have to work at it day after day until your new attitudes and actions become positive and productive behaviors.

Maybe you've had bad luck, but so have many other successful people, and you're not dead yet! Start by asking yourself these questions:

- Do you have dreams that motivate you to do your very best?
- Do you run with winners or hang around losers?
- What have you done to change your luck?
- Do you have goals and a detailed plan of action for taking charge of your life?
- How many people have you truthfully told your story to and asked for their advice on how you can change your life?
- When tomorrow comes, what five things do you have on a "To Do" list that will help you get ahead?
- Will you develop a new relationship with a person who can assist you?
- Will you take advantage of education and training opportunities?
- Will you visit your local library or One-Stop Career Center to learn something new about jobs and employers?
- Have you used to your best ability both pre- and post-release re-entry resources, from educational programs to your P.O.?

The point here is very simple: If you do nothing to get ahead, you'll get nothing in return. Indeed, people who don't take responsibility for themselves most likely become a victim of circumstances, i.e., a victim of their own benign neglect! You need to develop a positive and proactive attitude that constantly puts you in new places and with new people who can assist you with your re-entry.

In real estate, the three most important words are location, location, location. For ex-offenders, the three most important words are **relationships, relationships, relationships**. Your most **important resources** will be the new relationships you develop with successful people in the days, weeks, and months ahead. As we will later see in my discussion of networking in Chapter 10, one of the keys to your future success will be your ability to build, maintain, and expand your network of personal and professional relationships. As ex-offenders eventually admit, many of their past problems directly relate to the many dysfunctional relationships they developed with family members, friends, and acquaintances. It's time to take responsibility for your fate by being proactive. Abandon those negative relationships as you move into the next phase of your life.

> *The three most important words for ex-offenders are relationships, relationships, relationships. Your most important resources will be the new relationships you develop with successful people.*

MYTH #5: **Since I don't have money, a car, a job, or permanent housing, I can't do much to get ahead.**

REALITY: You'll never get ahead with such a self-defeating attitude and by making excuses or by playing victim. In fact, **you** may be the source of your problems. It's time you had a major **attitude adjustment**. Yes, life is unfair, but you also live in a land of seemingly unlimited opportunities for those who take initiative and are driven to succeed. Start thinking like the immigrant who arrives in America with nothing but the shirt on his back and a few dollars, but dreams of a better future. They are in a sink-or-swim situation. Many pick themselves up, overcome obstacles and rejections, and figure out what it takes to succeed. **Figuring it out without a roadmap** will be your challenge in the weeks and months ahead.

Indeed, many immigrants come here with horrendous stories of bad luck, war, and family deaths. Many have questionable backgrounds, and most go through very difficult times. Many don't speak English the day they arrive, but they learn quickly. Our typical immigrant has nothing to lose and everything to gain through a positive attitude, hard work, drive, and persistence. *"No"* and *"can't do"* are not in his vocabulary. His attitude and approach to life is one of *"Yes,"* *"I'll try,"* or *"I can do this."* He takes jobs no one wants but eventually ends up in a job he loves or he owns the company. Against what initially appears to be all odds, he succeeds beyond most people's dreams. Within a few years he has a great job or owns a thriving business, lives in a nice community, has a large and supportive network or relationships, and has a wonderful family with well-educated children who excel in many ways. He becomes the model of the American dream. And guess what? He did it on his own and through the many relationships he built and nurtured. If he and his family can "figure it out," so can you.

In fact, there are thousands of such success stories in America today among both old and new first-generation immigrants who went through major transitions involving relocation to the free world – Jews, Vietnamese, Korean, Chinese, Indian, Mexican, Cuban, Russian, Iranian, Syrian, Ghanian, Ethiopian, Nigerian, Jamaican, Italian, Irish, Japanese, and German immigrants. The most successful immigrant groups have networks of their own countrymen who provide support and strong family relationships. Ex-offenders in American actually have an advantage over most of those immigrants – a network of groups and numerous free resources aimed at helping ex-offenders make a positive transition. Ex-offenders' major disadvantage is **dysfunctional attitudes** that center around negative thinking, anger, and excuses.

The next time you make excuses for not being successful, think of the thousands of new immigrants today who will soon become very successful as they transition to the same free world you are re-entering into. If you think and behave like an immigrant – positive, proactive, hungry, and driven – you may succeed beyond your wildest dreams!

Jobs and Employers

MYTH #6:   **No one will hire me!**

REALITY: The truth is that lots of people may hire you. But you have to do things differently in order to connect with the right people who will hire you. You first need to understand the job market, employers, and the most effective methods for landing a job. Unfortunately, many job seekers quit looking for a job after a few frustrating weeks of receiving no responses or encountering rejections. Making numerous mistakes in their job search, they conclude that the job market is bad and thus employers aren't hiring people with their experience and skills. This is really an excuse for not taking the necessary action to land a job. The **mistakes** most job seekers make relate to **knowledge** as well as a variety of **attitudes and skills**:

- Abandon dreams and lack goals
- Harbor self-defeating and bad attitudes
- Fail to do first things first
- Hang around the wrong crowds and networks
- Disregard or overlook skills and accomplishments
- Write and distribute awful resumes and letters
- Mess up the critical job interview
- Fail to develop an attractive pattern of work behavior
- Appear honest but stupid, or dishonest but smart
- Project an image of need or greed
- Conduct an outdated job search or over-rely on technology
- Be unwilling to take risks and handle rejections
- Fail to implement and follow through
- Avoid professional advice and seeking help
- Resist changing behavior and acquiring new habits of success
- Fail to open oneself to that wonderful experience of **serendipity** – an experience that can change your luck as well as your life for the better!

I examine each of these mistakes most job seekers make – regardless of their backgrounds – and show how they can go on to win the job in *No One Will Hire Me! Avoid 15 Mistakes and Win the Job* (Impact Publications).

MYTH #7: **There are no jobs in my community.**

REALITY: That may be true, but you also have the power to change your community or neighborhood and thus your environment for employability. Many ex-offenders return to the same dysfunctional neighborhoods they came from. Indeed, a study by the Urban Institute (*From Prison to Work*, Washington, DC) confirms what many correctional personnel already suspect:

> Communities that receive large concentrations of released prisoners are already struggling with high rates of unemployment and poverty and a dearth of available jobs.

Other studies have found that ex-offenders disproportionately relocate to the most dysfunctional neighborhoods within metropolitan areas – those that are extremely poor and have the highest unemployment and crime rates. For example, each year over 9,000 ex-offenders relocate to the city of Baltimore. Within the city, nearly 80 percent of these ex-offenders move to the very worst neighborhoods in terms of unemployment, poverty, and crime. Many of these places might be best called "neighborhoods of despair" rather than "neighborhoods of hope." Understandably, when ex-offenders have no place to go upon release, they tend to return to their old communities where they have family, friends, and acquaintances who may be able to assist them with their initial needs – food and housing. While these individuals may become an important support network, they may not be very helpful for finding a job if they are located in communities with few if any job opportunities.

The simple fact of employment life is this: **You have to go where the jobs are** – in another neighborhood, suburb, city, or town. Finding a job outside your community involves conducting a long-distance job search as well as dealing with important issues, such as transportation, housing, family, terms of release, and your P.O. If your re-entry thrusts you into a community with high unemployment and limited job opportunities, you need to seriously consider relocating to a community that has more opportunities for someone with your interests, skills, and abilities. In other words, it's time to "get out of Dodge!" This may initially appear difficult to do, but each week thousands of people successfully make such employment relocation decisions. Using a network of community-based organizations that provide assistance to ex-offenders (see Chapter 4), you eventually should be able to make such a move. Consider breaking out of this vicious circle by moving to a "community of hope" – growing communities with low unemployment and crime rates. These communities are often found outside major cities. For a list of the best places to live and work in America, visit these informative websites:

- **Sperling's Best Places**   www.bestplaces.net
- **City Rating**   www.cityrating.com
- **Livability**   www.livability.com/best-places
- **Areavibes**   www.areavibes.com/best-places/america
- **Money**   time.com/money/collection/best-places-to-live
- **Moneycrashers**   www.moneycrashers.com/best-cities-live-us

MYTH #8: **I don't have skills employers want in today's job market.**

REALITY: You may have more skills than you think you possess. Indeed, as we'll see in Chapter 6 on self-assessment, most people have over 300 skills but they may not be aware of these skills, nor are they prepared to talk about three or four skills they regularly use. You first need to take an inventory of your skills in order to best present yourself to employers. The most sought-after skills in today's workplace include:

- Communication
- Analytical
- Research
- Technical competence
- Organization
- Interpersonal
- Problem-solving

Employers want more than just technical skills related to performing a job. Most employers want to recruit individuals who are intelligent, communicate well, take initiative, and are trainable and honest. They especially look for candidates who have **strong communication skills**, which include written, oral, interpersonal, and nonverbal communication. At the same time, many employers provide on-the-job training. Depending on the position, especially in the case of entry-level jobs, employers often look for individuals who are enthusiastic, energetic, and trainable. **Your ability and willingness to learn new skills** may be more important to an employer than your current stock of ready-to-work skills. If you took advantage of educational and vocational programs while you were incarcerated, you can provide evidence of your learning skills.

The Job Search

MYTH #9: **The best way to find a job is to respond to job listings, use employment agencies, and submit applications to personnel offices.**

REALITY: Except for certain types of organizations, such as government, these formal application procedures are not the most effective ways of finding jobs. Such approaches assume the presence of an organized, coherent, and centralized job market – but no such thing exists. The job market is highly decentralized, fragmented, and chaotic. Job postings, employment agencies, and personnel offices tend to list low-paying yet highly competitive jobs or high-paying, highly skilled positions that are hard to fill. Most jobs are neither listed nor advertised; they are most likely discovered through word-of-mouth contacts. Your most fruitful strategy will be to conduct research and informational interviews on what career counselors call the "hidden job market." At the same time, many ex-offenders who attend job fairs find this method to be especially effective in landing a job. I address these and other effective methods in Chapter 5.

MYTH #10: **I can't use the Internet in my job search, because I don't have a computer and can't afford a monthly Internet subscription fee.**

REALITY: This is another excuse that indicates a potential attitude or knowledge problem. If you don't know how to use a computer or the Internet, you can easily learn the basics within an hour or two. You also don't need to own a computer or pay for Internet access to use the Internet. Your local public library most likely has computers with Internet connections that are free of charge to use. Library personnel may even give you some basic instruction on how to use the Internet. Your local One-Stop Career Center, which is operated by the government, also may have computers and Internet connections you can use free of charge. Be sure to contact the One-Step Career Center nearest you, which can be found through your municipal or county government office or through this website:

www.careeronestop.org

Many nonprofit and church groups that work with ex-offenders also may permit you to use their computers. In only a few minutes you can learn how to use the Internet and email. You also can set up free email accounts through Google, Yahoo, Hotmail, and other websites. Many employment websites also offer free email accounts for managing your online job search. You'll also find many free Wi-Fi areas.

MYTH #11: **Employers are in the driver's seat; they have the upper hand with applicants.**

REALITY: Most often no one is in the driver's seat since both the employer and the job seeker have a problem to solve. Not knowing what they want, many employers make poor hiring decisions. They frequently let applicants define their hiring needs. If you can define employers' needs as your skills, you might end up in the driver's seat!

MYTH #12: **Employers hire the best qualified candidates. Without a great deal of experience and qualifications, I don't have a chance.**

REALITY: Employers hire people for all kinds of reasons. Most rank experience and qualifications third or fourth in their pecking order of hiring criteria. Employers seldom hire the best qualified candidate, because "qualifications" are difficult to define and measure. Employers normally seek people with the following characteristics: competent, intelligent, honest, enthusiastic, and likable. "Likability" tends to be an overall concern of employers – will you "fit in" and get along well with your superiors, co-workers, customers, or clients? Employers want **value** for their money. Therefore, you must communicate to employers that you are such a person. You must overcome employers' objections to any lack of experience or qualifications. But **never** volunteer your weaknesses. The best qualified person is the one who knows how to get the job – convinces employers that he is the **most** desirable person for the job.

MYTH #13: **It's best to use an employment firm to find a job.**

REALITY: It depends on the firm and the nature of employment you are seeking. Employment firms that specialize in your skill area may be well worth contacting. For example, many law firms use employment firms to hire paralegals rather than directly recruit such personnel themselves. Many employers use temporary employment firms to recruit both temporary and full-time employees at several different levels, from labor and clerical to professional. Indeed, many temporary employment firms have temp-to-perm programs that link qualified candidates to employers who are looking for full-time employees. But make sure you are working with a legitimate employment firm. Such firms get paid by employers or they collect placement fees from applicants only **after** the applicant has accepted a position. Beware of firms that want up-front fees for promised job placement assistance.

MYTH #14: **I must be aggressive in order to find a job.**

REALITY: Aggressive people tend to be offensive and obnoxious people. They also make pests of themselves. Try being purposeful, persistent, and pleasant in all job search activities. Such behavior is well received by potential employers!

MYTH #15: **Once I apply for a job, it's best to wait to hear from an employer.**

REALITY: Waiting is not a good job search strategy. If you want action from employers, you must first take action. The key to getting a job interview and offer is follow up, follow up, follow up. You do this by making follow-up telephone calls as well as writing follow-up and thank-you letters to employers. Neil McNulty and I outline a whole arsenal of effective one-on-one job search techniques for ex-offenders in *The Ex-Offender's 30/30 Job Search Solution* (Impact Publications).

MYTH #16: **I can get a job based on completing applications, using, contacts, and interviewing for jobs.**

REALITY: While you may complete several applications during your job search, more and more employers for both blue- and white-collar positions want to see a resume. If you attend a job fair, you'll need to take several copies of a resume with you. While networking is one of the most effective methods for finding employment, it does not erase the need for a resume. The resume is your calling card. It provides a prospective employer with a snapshot of your background and skills. Employers often want to first see you on paper or online (resume) **before** meeting you in person (interview). Whether you like it or not, chances are you'll need a resume very early in your job search, especially when a contact asks you to "Send me your resume."

MYTH #17:   **A good resume is the key to getting a job.**

REALITY: While resumes play an important role in the job search process, they are often overrated. The purpose of a resume is to communicate your qualifications to employers who, in turn, invite you to job interviews. The key to getting a job is the job interview. No job interview, no job offer.

MYTH #18:   **I should include my salary expectations on my resume or in my cover letter.**

REALITY: You should never include your salary expectations on your resume or in a cover letter, unless specifically requested to do so. Salary should be the very **last** thing you discuss with a prospective employer. You do so only after you have had a chance to **assess the worth of the position** and **communicate your value** to the employer. This usually occurs at the end of your final job interviews, just before or after being offered the job. If you prematurely raise the salary issue, you may devalue your worth.

MYTH #19:   **My resume should emphasize my work history.**

REALITY: Employers are interested in hiring your **future** rather than your past. Therefore, your resume should emphasize the skills and abilities you will bring to the job as well as your interests and goals. Let prospective employers know what you are like to do for them **in the future**. When you present your work history, do so in terms of your major skills and accomplishments.

MYTH #20:   **It's not necessary to write letters to employers – just send them a resume or complete an application.**

REALITY: You should be prepared to write several types of job search letters – cover, approach, resume, thank-you, follow-up, and acceptance. In addition to communicating your level of literacy, these job search letters enable you to express important values sought after by employers – your tactfulness, thoughtfulness, enthusiasm, likability, and follow-up ability. Sending a resume without a cover letter devalues your resume and application.

22 Key Principles for Success

Why are some people more successful than others? Many people frequently ask and answer this question. Indeed, many motivational speakers, success seminar gurus, and authors have made a career of preaching positive thinking and principles of success. Some take a religious- or faith-based perspective on this question:

The Purpose-Driven Life (Rick Warren)
How to Find Your Mission in Life (Richard Nelson Bolles)
The Path (Laurie Beth Jones)
Don't Throw Away Tomorrow (Dr. Robert H. Schuller)
The Power of Positive Thinking (Dr. Norman Vincent Peale)
Your Best Life Now (Joel Osteen)

Others use a non-religious approach that primarily emphasizes the power of positive thinking and incorporates many sales-related analogies, especially related to overcoming rejections and the power of persuasion:

The Success Principles (Jack Canfield)
How to Get What You Really, Really, Really, Really Want (Wayne Dyer)
Success Through a Positive Mental Attitude (Napoleon Hill and W. Clement Stone)
Think and Grow Rich (Napoleon Hill)
Awaken the Giant Within (Anthony Robbins)
Create Your Own Future (Brian Tracy)
Maximum Achievement (Brian Tracy)
The Magic of Thinking Big (David Schwartz)
The 7 Habits of Highly Effective People (Stephen R. Covey)
The 8th Habit (Stephen R. Covey)
How to Win Friends and Influence People (Dale Carnegie)
How to Get What You Want (Zig Zigler)
Secrets of Success (Og Mandino)
The Secret (Rhonda Byrne)

If you need to re-examine your attitudes and motivations, we strongly recommend reading a few of these books or listening to them on CD, which are available in many libraries or through Impact Publications (www.impactpublications.com). Focusing on faith, attitudes, motivations, and behaviors, they may well change your life or at least have a significant impact on the way you approach each day of your life.

Some of the general success principles apply to people engaged in finding employment and to ex-offenders in transition. Indeed, over the years I've worked with thousands of individuals in conducting a job search as they transition from one stage of life to another. I've learned that job search success is determined by more than just carrying out a good plan. I know success is not determined primarily by intelligence, time management, positive thinking, luck, or divine intervention. Based upon experience, theory, research, and common sense, I believe you will achieve job search success by following most of these 22 time-tested principles:

1. **You should work hard at finding a job:** Make this a daily endeavor, challenge yourself, and involve your family. Focus on specifics such as how many phone calls you will make each day to uncover job leads and schedule interviews.

2. **You should not be discouraged by setbacks:** You are playing the odds, so expect disappointments along the way and handle them in stride. You will get many "no's" before finding the one "yes" which is right for you.

3. **You should be patient and persevere:** Expect several weeks or even months of hard work before you connect with the job that's right for you. While you may need to take a temporary job to make ends meet, don't abandon your goal of finding a job you do well and enjoy doing.

4. **You should be honest with yourself and others:** Honesty is always the best policy. But don't be naive and stupid by confessing your negatives and shortcomings to others.

5. **You should develop a positive attitude toward yourself:** Nobody wants to employ guilt-ridden people with inferiority complexes and low self-esteem. Focus on your positive characteristics.

6. **You should associate with positive and successful people:** Finding a job largely depends on how well you relate to others. Avoid associating with negative and depressing people who complain and have a "you-can't-do-it" attitude. Run with winners who have a positive "can-do" outlook on life.

7. **You should set goals:** You should have a clear idea of what you want and where you are going. Without these, you will present a confusing and indecisive image to others. Clear goals direct your job search into productive channels. Setting high goals will help make you work hard in getting what you want. Challenge yourself to be your very best.

8. **You should plan:** Convert your goals into action steps that are organized as short-, intermediate-, and long-range plans. Then make sure you implement those plans on a daily basis. Planning without implementation is a waste of time and indicates a serious lack of motivation.

9. **You should get organized:** Translate your plans into activities, targets, names, addresses, telephone numbers, and materials. Develop an efficient and effective filing system and use a large calendar to set time targets, record appointments, and compile useful information.

10. **You should be a good communicator:** Take stock of your oral, written, and nonverbal communication skills. How well do you communicate? Since most aspects of your job search involve communicating with others, and communication skills are one of the most sought-after skills, always present yourself well both verbally and nonverbally. If you have bad grammar, pronunciation, and spelling, by all means get professional help to improve your communication skills **before** you make a bad impression on employers.

11. **You should be energetic and enthusiastic:** Employers are attracted to positive people. They don't like negative and depressing people who toil at their work. Generate enthusiasm both verbally and nonverbally. Check on your telephone voice with a friend or relative – it may be more unenthusiastic than your face-to-face voice.

12. **You should be prepared to answer questions:** You should be able to anticipate at least 80 percent of all questions an employer will ask during a job interview. Prepare positive answers that express your attitude, skills, and abilities. However difficult, be prepared to disclose your record when asked about any convictions.

13. **You should address possible red flag questions:** While employers want to know about your strengths, they also probe for weaknesses. Be sure to prepare answers to any red flag questions that could knock you out of the competition, especially those relating to your criminal background, work habits, education, and training.

14. **You should ask questions:** Your best information and impressions come from asking questions. Learn to develop intelligent questions that are non-aggressive, polite, and interesting to others. In the end, the quality of your questions may make the difference. But don't ask too many questions and thereby become a bore.

15. **You should be a good listener:** Being a good listener is often more important than being a good questioner, talker, or motormouth. Learn to improve your face-to-face listening behavior (nonverbal cues) as well as remember and use information gained from others. Make others feel they enjoyed talking with you, i.e., you are one of the few people who actually **listens** to what they say.

16. **You should be civil, which means being polite, courteous, and thoughtful:** Treat gatekeepers, especially receptionists, like human beings. Avoid being aggressive. Try to be polite, courteous, and gracious. Your social graces are being observed. Remember to send thank-you letters – a very thoughtful thing to do in a job search. Even if rejected, thank employers for the "opportunity" to apply for the job. After all, they may later have additional opportunities, and they will **remember** you. Much of the job search is all about being remembered in a positive manner.

17. **You should be tactful:** Watch what you say to others about people. Don't be a gossip, back-stabber or confessor. Word does get around about your behavior, which could be negative.

18. **You should maintain a professional stance:** Be neat in what you do and wear, and speak with the confidence, authority, and maturity of a professional.

19. **You should demonstrate your intelligence and competence:** Present yourself as someone who gets things done and achieves results – a **producer**. Employers generally seek people who are bright, hard working, responsible, communicate well, have positive personalities, maintain good interpersonal relation, are likable, observe dress and social codes, take initiative, are talented, possess expertise in particular areas, use good judgment, are cooperative, trustworthy, and loyal, generate confidence and credibility, and are conventional. In other words, they like people who score in the "excellent" to "outstanding" categories of a performance evaluation.

20. **You should be open-minded and keep an eye open for "luck":** Too much planning can blind you to unexpected and fruitful opportunities – that wonderful experience called "serendipity." You should welcome the unexpected. Learn to re-evaluate your goals and strategies. Seize new opportunities if appropriate.

21. **You should evaluate your progress and adjust:** Take two hours once every two weeks and evaluate your accomplishments. If necessary, tinker with your plans and reorganize your activities and priorities. Don't get too set in a routine and thereby kill creativity and innovation.

22. **You should believe in yourself and seize your Second Act.** You've stumbled and fallen, but you also can pick yourself up and become the Comeback Kid. Life comes in seasons and passes quickly. Past failures should not become impediments to future successes. While there is a season for everything, this is **your season** to start fresh as you move into the next stage of your life.

These principles should provide you with an initial orientation for starting your job search. As you become more experienced, you will develop your own set of operating principles that should work for you.

3

Examine and Change Your Attitudes

"Own yourself! Never surrender hope or allow the urge to dive into darkness consume you."
–Ned Rollo, *A Map Through the Maze*

THE OLD CAUTIONARY SAYING that "your attitude is showing" and the famous sports and sales adage that "attitude is everything" are especially appropriate for ex-offenders in transition. After all, finding a job involves presentation, competition, and selling yourself. Employers look for **truthfulness, character, and value** in candidates by examining their attitudes during a job interview. Certain attitudes raise red flags and thus quickly knock candidates out of consideration. Whether or not you are aware of it, your attitude may show more than the clothes you wear to the job interview!

Ex-Offender Attitudes and Motivation

After months and possibly years of incarceration, few ex-offenders re-enter society with a positive, can-do attitude. After all, they are coming from a caged environment from which they may feel worthless, hopeless, rejected, and unwanted. Their negative attitudes are often obvious to family members, friends, and employers. Not surprisingly, those attitudes affect their motivation to finding a good job.

More often than not, ex-offenders' re-entry is filled with anxiety and uncertainty – uncertain how people will receive them, uncertain about their families, uncertain about their housing and financial situations, and uncertain whether or not they will find a job, succeed on the outside, or become another recidivism statistic. If they harbor anger and negative attitudes, chances are they also lack the necessary motivation to become successful. Older ex-offenders, who may have been incarcerated for several years, especially fear re-entering the job market. Unlike many young offenders, older ex-offenders often lack self-motivation skills that are essential for making a successful transition.

What's Your Attitude?

If you have nothing to start with, at least you have an attitude that will potentially motivate you and thus propel you to success. On the other hand, your attitude might drag you down a road to failure. Take a moment to examine your attitude. Is it negative much of the time? Do you often make excuses? Does your attitude often show in what you say and do? Are others attracted to you in a positive manner? What exactly motivates you to succeed?

One of the first things you need to do is check the state of your attitude. You can do this by completing the following exercise. Check whether or not you primarily agree ("Yes") or disagree ("No") with each of these statements:

	Yes	No
1. Other people often make my work and life difficult.	❏	❏
2. When I get into trouble, it's often because of what someone else did rather than my fault.	❏	❏
3. People often take advantage of me.	❏	❏
4. When I worked, people less qualified than me often got promoted.	❏	❏
5. I avoid taking risks because I'm afraid of failing.	❏	❏
6. I don't trust many people.	❏	❏
7. Not many people trust me.	❏	❏
8. Not many people I know take responsibility.	❏	❏
9. Most people get ahead because of connections, schmoozing, and politics.	❏	❏
10. When I worked, I was assigned more duties than other people in similar positions.	❏	❏
11. I expect to be discriminated against in the job search and on the job.	❏	❏
12. I don't feel like I can change many things; I've been dealt this hand, so I'll have to live with it.	❏	❏
13. I've had my share of bad luck.	❏	❏
14. I usually have to do things myself rather than rely on others to get things done.	❏	❏
15. People often pick on me.	❏	❏

16. Employers try to take advantage of job seekers by offering
    them low salaries.   ❑   ❑

17. I didn't like many of the people I worked with.   ❑   ❑

18. There's not much I can do to get ahead.   ❑   ❑

19. My ideas are not really taken seriously.   ❑   ❑

20. I often think of reasons why other people's ideas won't work.   ❑   ❑

21. I sometimes respond to suggestions by saying *"Yes, but...,"*
    "I'm not sure...," *"I don't think it will work...,"* *"Let's not*
    do that..."   ❑   ❑

22. Other people are often wrong, but I have to put up with
    them nonetheless.   ❑   ❑

23. I don't see why I need to get more education and training.   ❑   ❑

24. I often wish other people would just disappear.   ❑   ❑

25. I sometimes feel depressed.   ❑   ❑

26. I have a hard time getting and staying motivated.   ❑   ❑

27. I don't look forward to going to work.   ❑   ❑

28. Friday is my favorite workday.   ❑   ❑

29. When I worked, I sometimes came to work late or left early.   ❑   ❑

30. The jobs I've had didn't reflect my true talents.   ❑   ❑

31. I should have advanced a lot further than where I am today.   ❑   ❑

32. I'm worth a lot more than most employers are willing to pay.   ❑   ❑

33. I sometimes do things behind my boss's back that could get
    me into trouble.   ❑   ❑

TOTALS _____ _____

Not all of these statements necessarily reflect bad attitudes or negative behaviors. Some may be honest assessments of realities ex-offenders frequently encounter, such as discrimination and lousy jobs. In fact, some organizations are dysfunctional and thus they breed negative attitudes and behaviors among their employees. However, if you checked "Yes" to more than six of these statements, you may be harboring some bad attitudes that affect both your job search and your on-the-job performance. You may want to examine these attitudes as possible barriers to getting ahead in your job search as well as on the job. Indeed, you may want to change those attitudes that may be preventing you from making good choices and getting ahead. We'll examine how to make such changes later in this chapter (pages 38-42).

What Excuses Do You Make?

Many negative and dysfunctional attitudes are related to excuses we make for our behavior. Take, for example, the following list of "100 Excuses for Choosing Poor Behavior" compiled several years ago by Rory Donaldson on www.brainsarefun.com. While many of these excuses apply to school children, many also relate to everyone else, including the elderly. He prefaced this list with Rudyard Kipling's observation that *"We have forty million reasons for failure, but not a single excuse"*:

1. It's your fault.
2. I'm not happy.
3. It's too hot.
4. I'm too busy.
5. I'm sad.
6. I didn't sleep well.
7. It's not fair.
8. I wanted to watch TV.
9. I didn't write it down.
10. It's too hard.
11. It's too far away.
12. The teacher didn't explain it.
13. I forgot.
14. The dog was sick.
15. There was too much traffic.
16. I tried.
17. My pencil broke.
18. My grandmother wouldn't let me.
19. You're mean.
20. I didn't know it was today.
21. I'm too tied.
22. My brother was sick.
23. The car broke down.
24. It was snowing.
25. I hurt my foot.
26. I thought it was due tomorrow.
27. The ice was too thin.
28. I ran out of time.
29. I hurt my finger.
30. I don't feel well.
31. You didn't tell me.
32. It was cold.
33. I'm not good at that.
34. I left it in my pocket.
35. He made a face at me.
36. I wasn't.
37. I was rushed.
38. You didn't give it to me.
39. We did that last year.
40. That's not the way we learned at school.
41. His mother said it was O.K.
42. I already did it.
43. It was right here.
44. It's too much work.
45. It stinks.
46. I didn't know it was sharp.
47. I was scared.
48. I was frustrated.
49. I did already.
50. It wasn't in the dictionary.
51. I lost it.
52. Nobody likes me.
53. I have poor self esteem.
54. I'm too happy.
55. I'm sleepy.

56. He hit me.
57. I already know that.
58. I left it at school.
59. It's too easy.
60. It's not important.
61. I couldn't get into my locker.
62. I dropped it.
63. I have a learning disorder.
64. I lost my pencil.
65. My pen leaked.
66. I have an excuse.
67. It got wet.
68. It got dirty.
69. My dog threw up.
70. I missed the bus.
71. I have a different learning style.
72. It was raining.
73. My grandfather was visiting.
74. I didn't know.
75. No one told me.
76. I don't have to.
77. My neck hurts.
78. I ran out of paper.
79. The electricity went out.
80. I don't know how.
81. I can't
82. I don't know where it is
83. Hi hit me first.
84. It's the weekend.
85. I ran out of money.
86. I'm too stupid.
87. My teacher said to do it this way.
88. I watched it at my friend's house.
89. I just cleaned it.
90. My friend got one.
91. You lost it.
92. It takes too much time.
93. He told me I didn't have to.
94. I'm hungry.
95. I couldn't open the door.
96. I'm too important.
97. It spilled.
98. I ran out of batteries.
99. I'm doing something else.
100. I didn't know it was hot.

I and other employers have often encountered 25 additional excuses related to the workplace. Some are even used by candidates during a job interview to explain their questionable on-the-job behavior! Most of these excuses reflect an attitude lacking in truthfulness, responsibility, and initiative:

1. No one told me.
2. I did what you said.
3. Your directions were bad.
4. It's not my fault.
5. She did it.
6. It just seemed to happen.
7. It happens a lot.
8. What did he say?
9. I had a headache.
10. I don't understand why.
11. I don't know how to do it.
12. That's your problem – not mine!
13. It wasn't very good.
14. Maybe you did it.
15. I thought I wrote it down.
16. That's not my style.

17. He told me to do it that way.

18. I've got to go now.

19. Where do you think it went?

20. We can talk about it later.

21. My computer crashed.

22. The Internet went down.

23. I think someone gave me a computer virus.

24. I didn't get your email. Where did you send it?

25. My prayers weren't answered.

We all make excuses. Many are harmless excuses or rationalizations that help us get through the day. Identify a few excuses you frequently make:

1. _____

2. _____

3. _____

4. _____

5. _____

On the other hand, certain excuses may prevent you from getting and keeping a job. Identify any excuses that may work against your employability:

1. _____

2. _____

3. _____

4. _____

5. _____

When you express such excuses, you literally **show an attitude** that is not appreciated by employers. People with positive attitudes and proactive behavior do not engage in behaviors that reflect such excuses. They have a "can do" attitude that helps focus their goals on doing those things that are most important to achieving their goals. For example, rather than show up 10 minutes late for a job interview and say they got lost or had bad directions, people with positive attitudes and proactive behavior scope out the interview location the day before in anticipation of arriving 10 minutes early. They make no excuses because they plan ahead and engage in no-excuses behavior. That's exactly where you need to be with your new life – no-excuses behavior.

Does Your Attitude Indicate Red Flags?

The job search is all about **making good first impressions on strangers** who know little or nothing about your background and capabilities but who have the power to hire.

Whether completing an application, writing a resume, or interviewing for a job, your attitude will show in many different ways, both verbally and nonverbally.

Many job seekers show attitudes of disrespect, deceit, laziness, irresponsibility, carelessness, and narcissism – all **red flags** that will quickly knock you out of the competition. Most of these attitudes are communicated during the critical job interview when employers have a chance to read both verbal and nonverbal behavioral cues. Here are some common mistakes job seekers make that show off some **killer attitudes** that also reflect on their character:

Mistakes	Attitude/Character
Lacks a job objective	Confused and unfocused
Misspells words on application, resume, and letters	Careless and inconsiderate
Uses poor grammar	Uneducated and illiterate
Sends resume to the wrong person	Careless and error-prone
Arrives late for the job interview	Unreliable and lacks punctuality
Dresses inappropriately	Unperceptive and insensitive
Doesn't know about the company	Lazy and thoughtless
Talks about salary and benefits	Greedy and self-centered
Bad-mouths previous employer	Disrespectful, angry, and narcissistic
Doesn't admit to any weaknesses	Disingenuous and calculating
Boasts about himself	Obnoxious and self-centered
Lies about background	Deceitful and untrustworthy
Lacks eye contact	Shifty and dishonest
Blames others for problems	Irresponsible and immature
Interrupts and argues	Inconsiderate and impatient
Has trouble answering questions	Unprepared and nervous
Fails to ask questions	Disinterested in job and employer
Jumps from one extreme to another	Manic and disorganized
Fails to close and follow up interview	Doesn't care about the job

On the other hand, employers look for attitudes that indicate a candidate has some of the following **positive characteristics**:

- Accurate
- Adaptable
- Careful
- Competent
- Considerate

- Cooperative
- Dependable
- Determined
- Diligent
- Discreet

- Driven
- Educated
- Efficient
- Empathic
- Energetic

- Enthusiastic
- Fair
- Focused
- Good-natured
- Happy
- Helpful
- Honest
- Intelligent
- Loyal
- Nice
- Open-minded

- Patient
- Perceptive
- Precise
- Predictable
- Prompt
- Purposeful
- Reliable
- Resourceful
- Respectful
- Responsible

- Self-motivated
- Sensitive
- Sincere
- Skilled
- Tactful
- Team player
- Tenacious
- Tolerant
- Trustworthy
- Warm

Do You Need to Change Your Attitudes?

If you have negative attitudes and often need to make excuses for your behavior, you are probably an immature and unhappy person. It's time you took control of both your attitudes and behaviors. Start by identifying several of your negative attitudes and try to transform them into positive attitudes. As you do this, you will begin to identify the positive attitude (person) you want to be. For starters, examine these sets of negative and positive attitudes that can arise at various stages of the job search, especially during the critical job interview?

Negative Attitude	+ Positive Attitude
- I've just got out of prison and need a job.	+ While incarcerated, I turned my life around by getting my GED, learning new skills, and controlling my anger and addictions. I'm really excited about becoming a landscape architect and working with your company.
- I didn't like my last employer.	+ It was time for me to move on to a more progressive company.
- I haven't been able to find a job in over three months. I really want this one.	+ I've been learning a great deal during the past several weeks of my job search.
- My last two jobs were problems.	+ I learned a great deal about what I really love to do from those last two jobs.
- Do you have a job?	+ I'm in the process of conducting a job search. Do you know anyone who might have an interest in someone with my qualifications?

- **Negative Attitude**	+ **Positive Attitude**
- I can't come in for an interview tomorrow since I'm interviewing for another job. What about Wednesday? That looks good.	+ I have a conflict tomorrow. Wednesday would be good. Could we do something in the morning?
- Yes, I flunked out of college in my sophomore year.	+ After two years in college, I decided to pursue a career in computer sales.
- I really hated studying math.	+ Does this job require math?
- Sorry about that spelling error on my resume. I was never good at spelling.	+ (Doesn't point it out; if asked, say *"Oops. That's one that got away."*)
- I didn't enjoy working in teams.	+ I work best when given an assignment that allows me to work on my own.
- What does this job pay?	+ How does the pay scale here compare with other firms in the area?
- Will I have to work weekends?	+ What are the normal hours for someone in this position?
- I have to see my parole officer once a month. Can I have that day off?	+ I need to keep an appointment the first Friday of each month. Would it be okay if I took off three hours that day?
- I'm three months pregnant. Will your health care program cover my delivery?	+ Could you tell me more about your benefits, such as health and dental care?

Can you think of any particular negative attitudes you might have that you can restate in positive language? Identify five that relate to your job search and work. State them in both the negative and positive:

- **Negative Attitude**	+ **Positive Attitude**
1. _____	_____
_____	_____
_____	_____
_____	_____
2. _____	_____
_____	_____

– Negative Attitude	**+ Positive Attitude**
_____	_____
_____	_____
3. _____	_____
_____	_____
_____	_____
4. _____	_____
_____	_____
_____	_____
5. _____	_____
_____	_____
_____	_____

Resources for Changing Attitudes and Attracting Success

You'll find numerous books, audio CDs, videos, and software specializing in developing positive thinking and productive attitudes. Most are designed to transform the thinking and perceptions of individuals by changing negative attitudes. One of the major themes underlying these products is that you can change your life through positive thinking, new attitudes, and discovering the law of attraction. Individuals whose lives are troubled, for example, can literally transform themselves by changing their thinking in new and positive directions. Somewhat controversial and a form of pseudoscience, nonetheless, these products are especially popular with people in sales careers, such as real estate and insurance, who must constantly stay motivated, focused, and positive in the face of making cold calls that result in numerous rejections. Positive thinking helps them get through the day, the week, and the month despite numerous rejections that would normally dissuade most people from continuing to pursue more sales calls that result in even more rejections.

One of the most influential books on self-transformation through positive thinking is Napoleon Hill's **_Think and Grow Rich_**. This single book has had a tremendous impact on the development of the positive thinking industry, which now includes hundreds of motivational speakers and gurus who produce numerous seminars, books, and audio programs for the true believers who think they can attract success through positive thoughts. Other popular books and authors include:

- Keith Harrell   *Attitude is Everything*
- Napoleon Hill and   *Success Through a Positive Mental*
  W. Clement Stone   *Attitude*
- Dr. Norman Vincent Peale   *The Power of Positive Thinking*
                                                             Six Attitudes for Winners
- Anthony Robbins   *Personal Power*
                                                             Unlimited Power
                                                             Awaken the Giant Within
                                                             Live With Passion
                                                             Money, Master the Game
- Dr. Robert H. Schuller   *You Can Become the Person You Want to Be*
                                                             The Be Happy Attitudes
- Dale Carnegie   *How to Win Friends and Influence People*
- Rhonda Byrne   *The Secret*
- Les Brown   *Live Your Dream*
- Joel Osteen   *You Can, You Will*
                                                             Become a Better You
                                                             Your Best Life Now
- David Schwartz   *The Magic of Thinking Big*
- Zig Ziglar   *How to Get What You Want*
- Og Mandino   *Secrets of Success*
- Brian Tracy   *Change Your Thinking, Change Your Life*
                                                             Create Your Own Future
                                                             Eat That Frog!
                                                             Focal Point
                                                             Maximum Achievement
- Steve Chandler   *100 Ways to Motivate Yourself*
                                                             Reinventing Yourself
- Bay and Macpherson   *Change Your Attitude*

As you will quickly discover, a positive attitude that focuses on the future is one of the most powerful motivators for achieving success. Any of these recommended books will get you started on the road to changing your attitudes as well as your life. They are filled with fascinating stories of self-transformation, motivational language, and exercises for developing positive attitudes for success.

For a powerful alternative to the popular pseudoscientific positive thinking and laws of attraction approaches, see Richard Bandler's ground-breaking neuro-linguistic programming approach:

> ***Get the Life You Want: The Secrets to Quick and Lasting Change
> With Neuro-Linguistic Programming***

Here's an important life-changing tip: Get serious about shaping your future by committing yourself to reading at least one of these books over the next two weeks. If reading is a problem for you, try to find audio CDs that include similar material. You can find the books and audio tapes in many libraries. Set aside at least one hour each day to read a book or listen to a tape that can literally change your life. Such books and tapes will both exercise your mind and inspire you to be your best!

4

Seek Assistance
and Become Proactive

"If you want to go fast, go alone.
If you want to go far, go together." – old African Proverb

WHO WILL HELP YOU WITH your re-entry, especially with finding a job? Will you be on your own, or will you be working with various support groups? Who will you initially look to for assistance in your community?

While you may at times feel lonely, frustrated, and angry, always remember you are not alone unless you choose to be alone. Many helping hands are available to assist ex-offenders in transition. Experienced in working with ex-offenders and other disadvantaged groups, these individuals and groups have lots of street smarts that can be of great benefit to you in finding a job and dealing with other important re-entry issues. For example, if you are under supervision, your P.O. will be one of our most important helping hands. Despite a sometimes overwhelming case load, your P.O. can put you in touch with community organizations that assist ex-offenders. Numerous government agencies, nonprofit organizations, and faith-based groups provide all types of assistance, from housing, health care, and counseling to training and employment. Become familiar with various community organizations and programs so you can literally hit the ground running when you re-enter **your** community.

Community-Based Programs and Services

Not all communities are alike when it comes to assisting ex-offenders in transition. Some communities are well organized to assist ex-offenders while others are not focused on re-entry issues, or they absorb ex-offenders into existing services designed to assist disadvantaged groups. Ex-offenders living in Chicago and the Quad Cities area of Illinois and Iowa (Safer Foundation), New York City (Center for Employment Opportunities), and Baltimore (Mayor's Office of Employment Development), for example, can benefit greatly from local efforts to provide employment programs and services for ex-offenders. Some of the programs, such as the Safer Foundation in Chicago, actually start in detention centers, jails, and prisons and involve both pre- and post-release services. Other communities have employment placement and training programs, such as One-Stop Career Centers, nonprofit organizations, such as Goodwill Industries, which increasingly serve ex-offenders along with other hard-to-employ populations, including welfare recipients and people with disabilities. Many of these programs offer housing, health care, job training, transportation, and child care services to individuals as well as financial incentives, such as bonding and tax credits, to employers who hire hard to-employ populations

The following discussion is designed to help you to both understand and navigate communities that may or may not have programs and services designed for ex-offenders. If you relocate to Chicago, or New York City, you will find programs and services that deal with the immediate and long-term needs of ex-offenders – short-term jobs, skills training, job placement, and job retention. Other communities, such as Baltimore, may have a loose coalition of government agencies, nonprofit organizations, and churches and experimental programs focused on ex-offender re-entry and employability issues. In many other communities, you may be on your own in a sea of hope and fear; these may be the toughest communities for ex-offenders who need a support system beyond just family and friends to help them make a successful transition.

However, many communities offer hope if you know how to **navigate them properly**. Indeed, you should be aware of alternative programs and services available in many communities, such as One-Stop Career Centers, nonprofit organizations, and churches that assist disadvantaged groups, including ex-offenders in transition. In the end, with a flood of 660,000 ex-offenders re-entering communities each year, all communities and the many organizations that deal with disadvantaged groups more or less work with ex-offenders. So let's focus on getting some new street smarts by identifying services, where to go, and who to contact for re-entry assistance.

Safety Nets and Opportunity Networks

Once you've been released, chances are you will return to your former community where you will seek employment along with food, housing, transportation, credit, health care, and other necessities of life. You will probably re-unite with many friends, relatives, and acquaintances, including former employers. If you are on parole or probation, the terms of your release may require that you become documented, live and work in one community, regularly see your P.O., disclose your criminal history to employers, and avoid certain jobs because of your background. You face certain legal restrictions you need to acknowledge and work with. If you don't, you may be in violation of your terms of release.

If you're lucky, you may be quickly hired by a former employer or land a job through a family connection or referral from a friend. In fact, these are the best sources for finding a job, regardless of your background – informal, word-of-mouth contacts that also screen you for employment and thus help you deal with the troubling issue of disclosure.

However, not everyone is fortunate to have great personal connections to quickly find a job. And you don't have the luxury to spend three to six months looking for a job. Many ex-offenders, who quickly exhaust their meager gate money, are in a scary survival mode – they need to get a job **now** just to pay for basic food, housing, and transportation. Contrast their situation with individuals who lose their jobs: they often have savings and family to fall back on, or they qualify for unemployment compensation and public welfare – services beyond the reach of many ex-offenders who may only qualify for food stamps, if they are lucky. Except for family, you don't have many standard safety net options in today's job market. You need a job, and the sooner, the better.

> **With 660,000 ex-offenders released each year, all communities and the many organizations that deal with disadvantaged groups more or less work with ex-offenders.**

The first thing you need to do is to develop some **community smarts** by rethinking how you fit into a community and how it relates to you. I don't mean acquiring traditional street smarts, since such smarts may have gotten you into trouble in the first place. I'll talk about how you approach a community as part of your lifeline and support system. Your community has various safety nets to assist ex-offenders in transition, which you need to know about and at times use to jump-start your new life in the free world.

A community is more than just a place in which you live, work, and raise a family. A community also is a place of opportunities to fulfill your dreams. It's made up of many individuals, groups, organizations, institutions, and neighborhoods that come together for achieving different goals. Perhaps it's best to view them as playing different competitive and cooperative games. As they compete, cooperate, come into conflict, and co-op one another, they provide **opportunity structures** for finding jobs through informal, word-of-mouth channels. They become important **networks** for locating job opportunities. Some of these networks serve as safety networks, but most should be viewed as **networks of opportunity**. It's where the good jobs are found for those who know how to network their way to a new job and life. (See Chapter 10 for details on how to make networking literally work for you!)

The Yellow Pages (book or Internet) will give you a good overview of the major organizational players in a community that define both safety nets and opportunity networks. Banks, mortgage companies, advertising firms, car dealers, schools, churches, small businesses, industries, hospitals, law firms, government agencies, and civic and volunteer organizations all coexist as well as periodically cooperate and compete with one another. Banks, for example, need to loan money to the businesses, churches, and individuals. The businesses, in turn, need the educational institutions to purchase their goods and services as well as provide an educated and skilled workforce. And the educational institutions need the businesses to absorb their graduates. Churches need members and money. Therefore, individuals tend to cooperate in seeing that people playing the other games also succeed.

The larger the community, the more safety nets and opportunity networks will be available to you. For example, the number and size of safety nets for ex-offenders in Chicago, Houston, New York City, Baltimore, and Washington, DC are much greater than in Sioux Falls, South Dakota or Grand Prairie, Texas. However, the opportunity networks may be fewer in large poor cities that have high unemployment rates than in smaller cities and suburbs that have booming economies with very low unemployment.

Key Community Players for Ex-Offenders

Let's outline the key community players who can provide both a safety net and job opportunities for ex-offenders. They generally fall into these categories:

- **Government agencies and programs:** Social services, public health, courts, P.O.s, halfway houses, and One-Stop Career Centers.
- **Nonprofit and volunteer organizations:** Substance abuse centers, housing groups, public health groups, mental health organizations, legal services, and education and training organizations. Some of the most prominent such organizations that regularly work with ex-offenders include Goodwill Industries and the Salvation Army.
- **Churches and other faith-based organizations:** Includes a wide range of denominations that offer everything from evangelical to social services as well as faith-based organizations involved in federal government re-entry initiatives funded through the U.S. Department of Justice (see http://csgjusticecenter.org and http://ojp.gov/fbnp/reentry.htm) and the Second Chance Act.

A good way to look at communities is to visualize the safety nets and opportunity networks relating to you as found in the diagram on page 47.

Community Safety Nets and Opportunity Networks

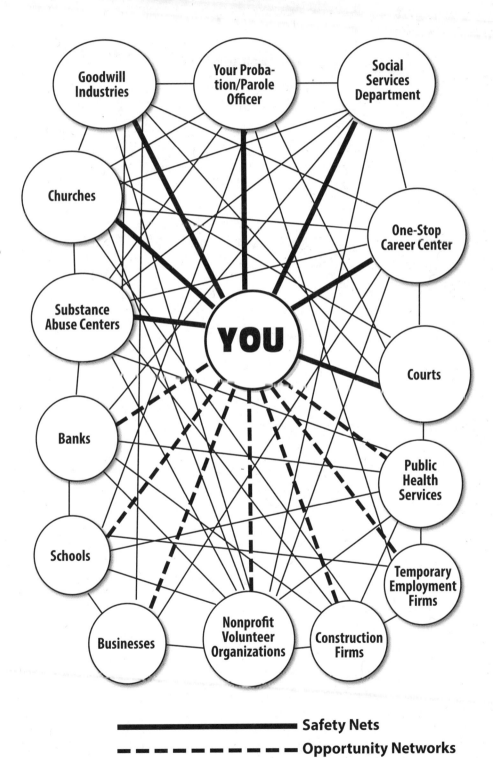

Model Job Placement and Retention Programs

To illustrate our community approach, let's look at a few communities with programs and services available for ex-offenders.

Chicago and the Quad Cities Area
(Safer Foundation)

For more than 40 years, the Chicago-based Safer Foundation (www.saferfoundation.org) has focused on assisting ex-offenders with finding and keeping jobs in the Chicago and Quad Cities areas of Illinois and Iowa. Working with over 4,000 clients each year, the Safer Foundation has developed a model program for dealing with a hard-to-employ population that has similar at-risk characteristics in many other communities across the country:

- Young and poor
- Little or no work history
- Less than a 10th grade education
- Few basic education and occupational skills
- Unrealistic expectations and poor motivation
- Impulsive behaviors and weak decision-making skills
- Questionable parenting skills and minimal family supports
- Several substance abuse, mental health, and anger issues

The Safer Foundation offers both prison- and community-based services to ex-offenders. Working with the Illinois Department of Correction in two adult transition centers (North Lawndale Center and Crossroads Adult Transition Center) and the Sheridan Correctional Facility, their programs provide basic education and life skills training that encompass everything from basic skills/GED, substance abuse treatment, and mental health counseling to family support and parenting skills. Once released, ex-offenders are encouraged to attend vocational classes as well as receive job placement assistance from employment specialists. After being placed in a job, the employment specialist follows up with the ex-offender and employer during the first 30 days. Program participants also are assigned case managers who offer assistance during the first 12 months of employment. Over 40 percent of program participants remain employed after six months, which is a significantly higher job retention rate than for ex-offenders outside this program. Fewer than 22 percent of program participants return to prisons compared to 52 percent who do not participate in Safer Foundation programs.

New York City
(The Center for Employment Opportunities)

Operating transitional jobs programs for more than 30 years, the Center for Employment Opportunities (www.ceoworks.org) annually offers life skills education, transitional employment, job placement, and post-placement services to more than 3,000 ex-offenders (disproportionately black and hispanic) returning to New York City as well as to others under community supervision. Its model work experience program – the Neighborhood Work Project (NWP) – provides participants with immediate, paid, and short-term employment while they take part in a program to develop skills for rejoining the workforce and restarting their lives. Much of CEO's focus is on the most at-risk populations, especially young adults ages 18-25, who have limited work experience and face strong barriers to entering the workforce. The program provides an intensive four-day job readiness workshop that deals with resume writing, job search skills, interview preparation, dress, and discussing one's conviction and incarceration. It also assesses individual needs for support services, such as housing, clothing, child care, transportation, and documentation. Participants undergo vocational assessment (reading, math, job-related skills), develop an employment plan, regularly meet with a job coach, and receive paid transitional employment (NWP) four days a week. Sixty percent of program participants are placed in permanent jobs within two to three months. The program closely supervises those placed as well as continues to offer participants post-placement, job coaching, and support services for an additional 12 months. CEO has offices in New York (New York City, Albany, Binghamton, Buffalo, Rochester), Pennsylvania (Philadelphia), California (Oakland, San Bernardino, San Diego), and Oklahoma (Oklahoma City and Tulsa).

State of Texas
(Project RIO – Re-Integration of Offenders)

Project RIO used to be a state-wide program administered by the state employment office, the Texas Workforce Commission, in collaboration with the Texas Department of Criminal Justice (TDCJ), Windham School District, and the Texas Youth Commission (TYC). Offering both pre- and post-release services to participants, Project RIO linked education, training, and employment during incarceration with employment, training, and education after release. Prior to release, Project RIO staff members encouraged participants to take advantage of educational and vocational services; assisted them in getting the necessary documents (driver's license, birth certificate, Social Security card, etc.) for employment; and provided placement services to gain practical work experience. After release, Project RIO provided job preparation and job search assistance. Participants attended job search workshops that focused on completing applications, preparing a resume, and participating in mock interviews. The primary focus was on quickly landing a job. Project RIO also worked with employers in certifying them for the Work Opportunity Tax Credit program (provides tax incentives for hiring economically disadvantaged ex-offenders) and provided bonding services upon request (issue fidelity bonds at no cost for up to six months). This program is no longer operating in Texas.

Baltimore
(Mayor's Office of Employment Development)

The city of Baltimore, Maryland represents both a private/public coalition approach and an experimental program approach to assisting ex-offenders in transition. Each year nearly 10,000 ex-offenders are released into this city, which is anything but a hotbed of economic development and employment. Like ex-offenders in many other large cities, nearly 80 percent in Baltimore move into the worst neighborhoods. Recognizing that both the city and ex-offenders face a major challenge, Baltimore has been very aggressive in dealing with the recidivism problem and pulling together major community resources for dealing with the re-entry issue. The Mayor's Office of Employment Development facilitated the creation of the Baltimore Citywide Ex-offender Task Force in October 2002 to focus on ex-offender re-entry issues. The Task Force included more than 100 government agencies and community partners. In March 2004, the Task Force was succeeded by a mayoral-appointed Ex-Offender Employment Steering Committee. The Committee published a resource directory for ex-offenders, which outlines the major government and community-based organizations providing services to ex-offenders:

> *Ex-offender Resource Guide: Baltimore Community Services for Individuals With Criminal Backgrounds* (March 2005)

Many of these agencies and organizations function as safety nets and opportunity networks for individuals who are unemployed, homeless, hungry, sick, victims of domestic violence, mentally ill, HIV/AIDS, or drug and alcohol abusers. Examples of such service providers include:

Employment
- Baltimore Works One-Stop Career Center
- Career Development and Cooperative Education Center
- Caroline Center
- Damascus Career Center
- Goodwill Industries of the Chesapeake
- Maryland New Directions
- Prisoners Aid Association of Maryland, Inc.

Health
- First Call for Help
- Health Care for the Homeless
- Jai Medical Center
- Maryland Youth Crisis Hotline
- Rape Crisis Center
- Sisters Together and Reaching, Inc.
- The Men's Health Center
- Black Educational AIDS Project

Housing
- 20th Street Hope House
- AIDS Interfaith Residential Services
- At Jacob's Well
- Baltimore Rescue Mission
- Cottage Avenue Community Transitional Housing
- Helping Up Mission
- Light Street Housing
- Maryland Re-Entry Program
- Safe Haven
- Salvation Army

- SSI Outreach Project

Legal

- Homeless Persons Representation Project
- House of Ruth, Domestic Violence Legal Clinic
- Lawyer Referral & Information Service
- Legal Aid Bureau
- Office of the Public Defender
- University of Baltimore School of Law

Mental Health

- Baltimore Crisis Response Center
- Department of Social Services
- Family Help Line
- Gamblers Anonymous
- North Baltimore Center

- People Encouraging People
- Suicide Prevention Hotline
- You Are Never Alone
- Substance Abuse
- Bright Hope House
- I Can't, We Can, Inc.
- Addict Referral and Counseling Center
- Crossroads Center
- Day Break Rehabilitation Program
- Friendship House
- Quarterway Outpatient Clinic
- SAFE House

Food and Clothing

- Salvation Army
- Bethel Outreach Center, Inc.
- Our Daily Bread
- Paul's Place

Baltimore also initiated a transitional jobs project, Project Bridge, for ex-offenders. It's a collaborative effort involving Goodwill Industries of the Chesapeake; Associated Catholic Charities; the Center for Fathers, Families, and Workforce Development; and the Second Chance Project. Targeted toward ex-offenders who are unlikely to find employment on their own, the project provides eligible ex-offenders returning to Baltimore with transitional employment, support services, and job placement, followed by 12 months of post-placement retention services.

For street-smart ex-offenders who understand the many service providers focused on their re-entry challenges, the city of Baltimore looks like a loosely structured set of safety nets and opportunity networks. Ex-offenders entering Baltimore are well advised to learn how they can best use these organizations to quickly find employment as well as deal with other pressing re-entry issues.

Many communities offer assistance programs for ex-offenders similar to those cited above. Start with several of the organizations listed below to uncover programs in your area.

Useful Re-Entry Resources

Many large communities, especially New York City, Chicago, Detroit, Houston, Los Angeles, and Washington, DC, offer various types of assistance programs for ex-offenders. If you have Internet access, you can quickly locate such programs and services in your community. For an excellent summary of governmental agencies and community-based organizations assisting ex-offenders with employment, legal, and other re-entry issues, including referrals to other relevant organizations, be sure to visit the **National H.I.R.E. Network** website, which provides access to resources in all 50 states:

www.hirenetwork.org/resource.html

Other useful websites include:

Government

- **Federal Bureau of Prisons** www.bop.gov
- **U.S. Parole Commission** www.usdoj.gov/uspc
- **National Institute of Corrections** nicic.gov
- **U.S. Office of Justice Programs** www.ojp.gov/fbnp/reentry.htm
  (DOJ Center for Faith-based and
  Neighborhood Partnerships)
- **National Reentry Resource Center** csgjusticecenter.org/nrrc
  (CSG Justice Center)

Associations

- **American Correctional Association** www.aca.org
- **American Jail Association** www.aja.org
- **Corrections Connection** www.corrections.com
- **American Correctional Chaplains** www.correctionalchaplains.org
  Association
- **American Probation and** www.appa-net.org
  Parole Association
- **Association of State Correctional** www.asca.net/projects/13
  Administrators (Reentry and
  Community Corrections Committee)

Nonprofit/Volunteer

- **The Safer Foundation** www.saferfoundation.org
- **Center for Employment** www.CEOworks.org
  Opportunities (New York City)
- **The Sentencing Project** www.sentencingproject.org
- **Legal Action Center** www.lac.org
- **Criminal Justice Policy Foundation** www.cjpf.org
- **Annie E. Casey Foundation** www.aecf.org
- **The Fortune Society** www.fortunesociety.org
- **Second Chance/STRIVE** (San Diego) www.secondchanceprogram.org

Faith-Based

- **Prison Fellowship Ministries**   www.pfm.org
- **Institute for Prison Ministries**   www.wheaton.edu
- **Re-entry Prison and Jail Ministry**   www.reentry.org
- **Breakthrough Urban Ministries**   www.breakthroughministries.com
- **Exodus Transitional Community, Inc.**   www.etcny.org
  (New York)
- **News/Advice Reentry Central**   www.reentrycentral.org
- **CareerOneStop** (Job Search Help   www.careeroneestop.org/ExOffender/
  for Ex-Offenders)   index.aspx

Using Your Community Resources

A similar pattern of networks and relationships will be found in other large communities across the country. The city of Washington, DC, for example, operates a faith-based mentoring program for ex-offenders through its Faith Community Partnership, which is made up of a network of over 40 congregations. The sponsoring agency, the Court Services and Offender Supervision Agency (www.csosa.com), provides supervisory and treatment services to over 26,000 individuals in pretrial release and on probation and parole. Pinellas County in Florida operates a re-entry program sponsored by the Pinellas County Ex-Offender Re-Entry Coalition (www.exoffender.org). In 2014 the U.S. Department of Labor provided $30 million for 15 grants to help adults in prison work-release programs transition to the workforce. In 2015 the Center for Substance Abuse Treatment of the U.S. Department of Health and Human Services, offered $13.6 million in grants for 18 re-entry awards targeted to sentenced substance-abusing adult offenders/ex-offenders. The U.S. Department of Justice also offers millions of dollars in grants for developing effective re-entry programs at the local level. Many government agencies, nonprofits, and faith-based organizations depend on this federal funding for developing and operating experimental re-entry programs.

Identify Your Community Resources

What is different among communities is the degree to which a community actually recognizes – as in the cases of Chicago, New York City, Baltimore, Boston, Detroit, Kansas City, Oakland, and the state of Texas – the need to focus on issues surrounding the re-entry of ex-offenders into their communities. If you enter a community that does not provide specific assistance and services to ex-offenders, you'll be on your own in a sea of government agencies and community-based organizations that primarily provide employment and safety net services for disadvantaged groups, similar to the ones we identified for Baltimore. Therefore, one of your most important initial jobs will be to understand how your particular community is structured in terms of such networks and relationships. Once you understand your community, you should be prepared to take advantage of the many services and opportunities available to someone in your situation.

You can start identifying your community networks by completing the following exercise. Specify the actual names of at least five different government agencies and community-based organizations for each category that you need to know about and possibly use in the coming weeks and months. Remember the three types of organizations we identified at the beginning of this chapter. If you don't have this information, ask your P.O. for assistance, visit your local library and ask personnel at the information desk for assistance, do an Internet search, or contact your local government social services department.

Identify Your Community Safety Nets and Opportunity Networks

My target community:_____

Employment Groups

1. _____

2. _____

3. _____

4. _____

5. _____

Housing Groups

1. _____

2. _____

3. _____

4. _____

5. _____

Food and Clothing Groups

1. _____

2. _____

3. _____

4. _____

5. _____

Health Care Groups

1. _____

2. _____

3. _____

4. _____

5. _____

Mental Health Groups (if an issue)

1. _____

2. _____

3. _____

4. _____

5. _____

Substance Abuse Groups (if an issue)

1. _____

2. _____

3. _____

4. _____

5. _____

Legal Groups

1. _____

2. _____

3. _____

4. _____

5. _____

Other Groups

1. _____

2. _____

3. _____

4. _____

5. _____

The Importance of One-Stop Career Centers

One community group you should become familiar with is your local One-Stop Career Center. Indeed, make sure you visit a One-Stop Career Center soon after release. It may well become one of your most important lifelines for landing your first job out.

Established under the Workforce Investment Act, One-Stop Career Centers provide training referrals, career counseling, job listings, and related employment services. You can visit these centers in person or connect to their databases through a PC or kiosk remote access. The One-Stop Career Center System is coordinated by the U.S. Department of Labor's Employment and Training Administration (ETA). Go to their website where you will find a clickable map of One-Stop Centers' websites for each state and a list of state, regional, and local center contacts:

www.doleta.gov/usworkforce/onestop/onestopmap.cfm

These websites are rich with all kinds of useful employment information. In the case of Virginia, for example, you'll find this useful nugget: a free Massive Open Online Course (MOOC) created by Germanna Community College's Center for Workforce and Community Education that provides training in skills necessary to start up and run a small business. It's available to anyone who accesses the site. You can also call ETA's toll-free help line (877-US-2JOBS) to find a One-Stop Career Center nearest you.

One-Stop Career Centers provide numerous resources for assisting individuals in finding employment. Since career professionals staffing these centers increasingly work with ex-offenders, you'll be no stranger to their offices. Be sure to disclose your background to their personnel, since knowing about your criminal record may result in their providing you with special contacts and services. You can easily find the center nearest you by visiting this website:

- **One-Stop Career Centers**   www.careeronestop.org

If you're using the Internet, you'll also want to visit these two related websites operated by the U.S. Department of Labor:

- **America's CareerInfoNet**   www.acinet.org
- **America's Service Locator**   www.servicelocator.org

CareerOneStop now has a special section for assisting ex-offenders with their job search. Be sure to explore the "Job Search Help for Ex-Offenders" section:

www.careeronestop.org/ExOffender/index.aspx

Consider Using Temporary Employment Agencies

You also may want to contact various temporary employment agencies or staffing firms. This is good way to quickly get employed and acquire work experience. With temporary employment agencies, you work for the agency which, in turn, places you on temporary assignments with their clients. While these companies primarily recruit individuals for temporary or part-time positions, many of these firms also have temp-to-perm programs. With these programs, you may work two to three months with one employer who hopes to hire you full-time once your contract expires with the temporary employment agency and you have met their performance expectations. Many large cities have over 200 such firms operating. Many of these agencies specialize in particular occupations, such as construction, accounting, information technology, law, and health services. Other agencies may recruit for all types of positions, including many low-skill, low-wage labor positions. Some of the most popular temporary employment agencies with a nationwide presence include:

- **Labor Finders**   www.laborfinders.com
- **Manpower**   www.manpower.com
- **Olsten**   www.olsten.com
- **Kelly Services**   www.kellyservices.com
- **Aerotek**   www.aerotek.com

Map Your Safety Nets and Opportunity Networks

Create a picture of the safety nets and opportunities networks in your community by completing the figure on page 58. This is a blank version of our example on page 47. Write down the names of the most important groups you identified on pages 54-56. Also, include the names of any individuals who could be key to finding a job. We'll later identify such individuals when we examine your network in Chapter 10.

Become More Proactive

Many ex-offenders have limited knowledge about the job market, unrealistic expectations about employers and how quickly they will find a full-time job, and a history of limited work experience. If you approach your re-entry with a positive attitude and realistic expectations – this transition will be difficult but not impossible – and take sensible actions, you should be successful. You must hit the ground running by taking actions that make a difference in your future. If you were used to spending lots of time sleeping, watching television, and exercising your body while incarcerated, it's time to

Picture of Your Community Safety Nets and Opportunity Networks

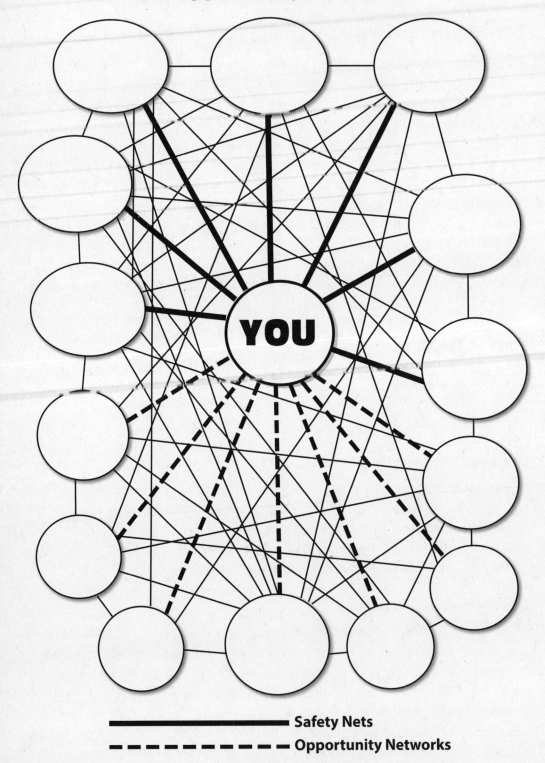

━━━━━━━━━━━━━━━ **Safety Nets**
━ ━ ━ ━ ━ ━ ━ ━ **Opportunity Networks**

spend more of your waking hours exercising your mind (read and do research) and be-coming involved in activities that will advance your job search. As we noted throughout this chapter, you can make things happen if you will:

- work with your P.O.
- acquaint yourself with groups and organizations that assist ex-offenders.
- approach your community as a network of opportunity structures.
- use resources that can quickly lead to job search success and a new record of work experience.
- avoid individuals, groups, and organizations that may waste your time.

When you get up in the morning, follow the advice of Brian Tracy in *Eat That Frog*: first do those things you hate to do (eat the frog first) so that the rest of your day will be devoted to more enjoyable activities. Don't procrastinate by avoiding those things you hate to do. Clear the least enjoyable activities in the day by getting them over with immediately. There is much to be done in finding a job. Let's now turn to developing some realistic expectations on how to best find a job.

5

Select Appropriate Job Search Approaches

HOW WILL YOU GO ABOUT finding a job? Are you going to do this on your own or rely on others to find you a job? Will you primarily respond to online vacancy announcements with a resume, use placement firms and temp agencies, or visit companies to fill out applications? Do you plan to knock on doors to introduce yourself to employers or hang around a busy corner for someone to hire you for the day? What about using the telephone to call employers, or using social media (LinkedIn, Twitter, Facebook) to find job vacancies? Will you look for jobs through a One-Stop Career Center, employment agencies, or friends and family? Do you plan to attend a job fair or some other type of career or job event?

Most anyone can find a job, especially in an economy where demand for workers outstrips available supply. You can always rake leaves, trim lawns, clean buildings, paint, lift boxes, drive a vehicle, pick up trash, or use a shovel. The real questions are (1) what type of work you will find? and (2) how rewarding will the job be in terms of salary, benefits, and job satisfaction? How you approach your job search will make a big difference in what type of work you will do as well as the next job you may move to in your worklife. If you choose an appropriate job search approach, you should be able to find a job that's right for you.

Become a Self-Reliant Job Seeker

Most ex-offenders have difficulty finding a job on their own. Many lack basic education and occupational skills, few have ever held a full-time job, and many have never conducted a well organized job search on their own. Few know where to start, what they want to do, whom to contact, how to dress, how to answer and ask questions, or how to ask for the job and follow up. As a result, many rely on job placement services designed to assist ex-offenders or other hard-to-employ people, or they join the underground economy of day laborers and illegal activities. In other words, they rely on others to find or give them a job rather than try to find a job on their own. While a job seeker may learn how to best complete an application, write a resume, or interview for the job, a placement specialist initially locates employers who might be interested in screening such candidates.

While it's nice to have other people do this critical job search work for you, this is not the best approach for finding a job. Instead, you should be developing the knowledge and skills to find a job through your own efforts.

There are many ways to find a job that don't rely on job placement services. The most effective job search methods require you to take responsibility for your employment and your future career. While you will conduct a job search within your support system, you start by acquiring important job search skills for contacting employers. These are important **self-management skills** that you will most likely use throughout your life as you go through several job changes. In fact, individuals first entering the job market today will go through 15 job changes and three to five career changes. The more self-reliant you become in finding a job, the easier it should be for you to change jobs and careers in the years ahead. One of your major goals should be to acquire the necessary job search skills to land a job on your own. You can acquire many of these skills by completing the remaining chapters of this book.

> *You need to take responsibility and acquire important self-management skills. The more self-reliant you become in finding a job, the easier it should be for you to change jobs and careers in the years ahead.*

The Best Job Search Methods

As indicated in the questions at beginning of this chapter, there are many ways to find a job. In fact, every day hundreds of people find jobs using a variety of methods. However, some of these methods are more effective in finding a job than others.

The best methods are ones that lead to good paying jobs with a future – not just any job. Studies consistently show that the most effective job search method (used by 50 to 80 percent of successful candidates) is **networking** – finding job leads through family, friends, and acquaintances. The job search experiences of ex-offenders also confirm this finding – those who quickly enter the job market do so through the assistance of family and friends. The least effective job search method, which ironically is the most widely used method, is responding to job listings or postings. If you want to use your time wisely, focus the greatest amount of your time on those methods that appear to have the greatest payoff in terms of job leads and interviews.

Let's examine the most widely used job search methods. My advice: Don't rely on any one method; use several of these methods throughout your job search.

Respond to Job Listings

Classified ads used to be printed in newspapers, a major section that generated tons of revenue. Today, most employers advertise jobs online through their company websites or on major employment websites such as www.indeed.com, www.monster.com, and www.careerbuilder.com. Visit any of these websites and you can search for hundreds of job vacancies related to your interests, skills, and experience as well as post your resume and confidential profile, create email job alerts, and use career resources. Chances are you will identify several interesting jobs, but few of them will relate to your skills and experience. Believing that most job vacancies are found online, thousands of job seekers explore such job listings each day. Engaging in wishful thinking, they often respond to ads with an emailed resume or profile. Unfortunately, two things happen at this stage:

1. Many other people also respond to the same job listing and thus they face a great deal of competition for a single position.

2. Lacking the required skills and experience, they stretch their qualifications in the hopes that the employer might hire them anyway.

Not surprisingly, employers often receive numerous responses to their job listings. They can immediately disregard 80 percent of the responses, because the candidates do not appear qualified for the position. Indeed, many candidates seem to waste their time applying for a position that does not relate to their skills and experience.

In some cases, an ad may not be for an actual job. Some employers place ads in order to collect resumes or sell candidates on self-employment schemes. Don't assume just because an ad appears online that it represents a legitimate job vacancy.

Your chances of getting a job by responding to classified ads are not very good – at best a five-percent chance of getting a positive or negative response from an employer! However, many job seekers spend most of their job search time on this single, ineffective job search method. They search listings, respond to a few vacancy announcements, and then sit and wait for employers to contact them for an interview. When they don't get a response, they conclude there are no jobs available for them at present.

Here's the truth about job listings and classified ads:

1. **They represent no more than 40 percent of available job vacancies.** Some of the remaining 60 percent of job vacancies may be advertised elsewhere, but most of the jobs (50+ percent) are found on the "hidden job market," which primarily operates by word-of-mouth and is found through networking.

2. **They tend to represent jobs at the two extreme ends of the job market** – low-wage, high-turnover positions and high-wage, highly skilled positions. In other words, they represent difficult-to-fill positions. Most jobs, which fall between these two extremes, are not well represented in job listings.

3. **They create unrealistic expectations – false hopes** that you will actually get the job or that you are basically unqualified for most jobs.

My point here is that you should not waste a great deal of time focused on job listings and classified ads. It's an ego-bruising experience to get rejected by many employers. Explore job listings for a few minutes each day, but move on to more productive job search methods.

If you see a job that seems to be a perfect fit, you can increase your odds of getting a job interview by doing the following:

1. **Respond immediately** with a phone call in which you ask for an interview.

2. **Follow the application instructions.** How does the employer want you to contact him – by email or call for a telephone screening interview? What does he want you to send him – resume, letter, references, examples of work?

3. **Dissect the ad carefully and then write a cover letter** in which you respond to each requirement with corresponding examples of your qualifications. If you are applying for a position as an electrician, your letter might include the following statements:

Your Requirements	**My Qualifications**
■ One year experience	Completed one-year apprenticeship and served two years as an electrician's helper on complex commercial projects.
■ Responsible	Praised by previous employer and co-workers as being a quick starter who takes initiative, is responsible, and gets the job done well and on time.

4. **Follow up your application within five days** with a phone call and/or email. I prefer a phone call. This will be the single most important action you can take to move your application to the top of the pile and get it read and remembered. Ask if the employer has any questions about your application, restate your qualifications and interest in the position, and ask for a job interview. If you don't ask for the job interview, chances are the employer won't contact you for an interview! Your phone call also gives you a chance to be interviewed over the telephone by the employer – the first screening step in the job interview process.

Use the Internet

During the past 20 years the Internet has become a very popular resource for both employers and job seekers. In fact, much of today's job market and recruitment/job search activities have moved to the Internet. If you are not using the Internet in your job search, you are not up-to-date in your job search, and you will be missing out on important segments of the job market. In addition, employers may view you as unprepared for today's workplace, which increasingly values technical skills.

> *The largest and most popular employment websites provide a wealth of information about jobs, employers, and the job search in general.*

Many employers use the Internet to recruit candidates through employment websites, such as www.indeed.com, www.monster.com and www.careerbuilder.com, as well as through their own company websites. Job seekers use the Internet to find job vacancies, post their resumes to online resume databases, and research jobs, companies, and employers. Approximately 40 percent of job seekers actually find jobs based upon using the Internet. This percentage has steadily increased – from just five percent 15 years ago.

In many respects, using the Internet is similar to finding a job through classified ads. Indeed, many classified ads appear on employment websites and are called "job postings." Employers who used to place classified ads for positions in newspapers found it was cheaper and more effective to post their jobs on websites. They also find resume databases useful for identifying candidates who best meet their hiring requirements.

The largest and most popular employment websites provide a wealth of information for job seekers about jobs, employers, and the job search in general: job search tips, featured articles, career experts, career assessment tests, community forums, chat groups, salary calculators, resume and interview advice, relocation information, success stories, blogs, newsletters, career events, online job fairs, polls and surveys, contests, online education and training, company ads, and special channels for students, freelancers, military, and other groups. The 15 most popular employment websites, which receive from 2 million to 36 million unique visitors each month, are:

- www.indeed.com
- www.monster.com
- www.careerbuilder.com
- www.glassdoor.com
- www.simplyhire.com
- www.aoljobs.com
- www.jobdiagnosis.com
- www.beyond.com
- www.ziprecruiter.com
- www.USAJobs.com
- www.snagajob.com
- www.theLadders.com
- www.dice.com
- www.salary.com
- www.bright.com

As you explore the Internet, you should at least visit these large employment websites. Altogether, over 25,000 websites focus on employment. Hundreds of thousands of additional employer websites include information on employment with specific companies and organizations.

However, you should be aware that jobs found on the Internet tend to be for individuals with at least a high school education and some college, and most jobs pay $30,000 or more a year; many lower-level jobs tend to be entry-level sales positions. A large percentage of jobs require a college education, technical skills, and work experience. Many employers use the Internet to find hard-to-recruit individuals, especially professionals, who have a great deal of work experience or some combination of exotic skills.

Individuals lacking a high school education, work experience, and marketable skills are unlikely to find employers on the Internet interested in their backgrounds for two reasons: (1) they don't have such jobs, and (2) it's cheaper to recruit low-wage earners by putting a sign on a busy street corner, in a window, or at a work site; visiting day-laborer centers; or listing the job free of charge with a public employment office or through a job developer working with hard-to-place individuals. If you lack basic education, work experience, and skills, you should use the Internet to primarily educate yourself about alternative jobs and careers, assess your skills, and learn how to acquire more education and training.

As you will quickly discover, the Internet is a wonderful information and communication tool if used properly. It's an especially frustrating medium for individuals who spend most of their job search time trying to find a job online by responding to job postings and entering their resume into online resume databases.

As we noted in Chapter 3 (Myth #10), if you don't have a computer or an Internet connection, contact your local library or One-Stop Career Center for assistance. Most of these places offer free public access to the Internet and some minimal help to get you up and running on the Internet.

Even though you may not qualify for many jobs found on the Internet, learn how to use the Internet early in your job search. It will open a whole new world of employment to you as well as give you many great ideas for thinking about and planning your future.

While the Internet can be extremely useful for job seekers, few of them know how to use this tool properly. Many mistakenly believe that employers actually hire over the Internet! When you are looking for a job, the Internet is best used for:

1. Conducting research on jobs, employers, companies, and communities.
2. Acquiring useful advice and referrals.
3. Communicating with individuals via email.

Your most productive online activities will relate to **research** and **communication**. While you may, depending on your qualifications, want to post your resume on various employment websites and periodically review online job listings, don't spend a great deal of time doing so and then waiting to hear from employers based on such activities. This whole process is similar to working classified employment ads in newspapers – a low probability of getting a response from employers. Move on to other more productive activities, especially visiting **employer websites**, which are more likely to yield useful information, job listings, and applications than the more general and popular employment websites.

In fact, since more and more employers recruit directly from their own websites, rather than use general employment websites, you are well advised to explore employer websites for employment information. If, for example, you have a college education, a strong technical background, and are exceptionally talented, companies such as Microsoft (careers.microsoft.com) and Boston Consulting Group (careers.bcg.com) provide a wealth of information for such job seekers interested in their companies. Even if you don't qualify for employment with these companies, you can learn a great deal about job hunting by visiting those two websites alone.

But your most useful online job search activity relates to **research**. Thousands of websites can yield useful information for enhancing your job search. For example, use the Internet to explore different jobs (www.bls.gov/oco) and employers (www.hoovers.com), community-based employment assistance (www.careeronestop.org), career counselors (www.nbcc.org), networking groups (www.linkedin.com), salary ranges (www.salary.com), best communities (www.findyourspot.com), relocation (www.moving.com), job search tips (www.quintcareers.com), and career advice (www.wetfeet.com). You can even use the Internet to conduct an online assessment (www.careerlab.com), blast your resume to thousands of employers (www.resumedeliver.com), contact recruiters (www.recruiterson line.com), and explore hundreds of professional associations (www.ipl.org/div/aon) and nonprofit organizations (www.guidestar.org) that are linked to thousands of employers.

The Internet also is a terrific way to **communicate** with people, especially with employers. If you don't have an email address, you can always set up a free email account through one of the major search engines, such as MSN (www.hotmail.com), Yahoo (www.yahoo.com), or Google (mail.google.com), or create a dedicated job search email through one of the major employment websites, such as Monster.com or CareerBuilder.com.

For more information on how to wisely use the Internet in your job search, see Brad Schepp and Debra Schepp, *How to Find a Job on LinkedIn, Facebook, Twitter and Google+*; Joshua Waldman, *Job Searching With Social Media for Dummies*; Richard N. Bolles, *What Color Is Your Parachute?*; and Martin Yate, *Knock 'Em Dead*. All of these titles are available through Impact Publications (www.impactpublications.com or see the order form at the end of this book).

Contact Employers Directly

One of the most effective methods for finding a job is making direct contact with employers. You can do this many different ways:

1. **Use the telephone:** Few people enjoy making cold calls to strangers, especially since doing so results in many rejections. However, job seekers who contact numerous employers by phone do generate job interviews. In fact, this is the fastest way to get job interviews. Make 100 phone calls to inquire about job vacancies and you may be able to generate one or two job interviews. Since this is largely a numbers game, and you are playing the odds, you must be willing to make many phone calls and endure numerous rejections. Most people you call will politely tell you they have no jobs available at present. But persistence will pay off. You will eventually uncover job vacancies for which you qualify. Use the Yellow Pages as your directory for identifying potential employers. When making such calls, have a prepared outline of points to cover in front of you from which you (1) quickly introduce yourself, (2) ask about job vacancies, (3) request a job interview, and (4) thank the person for his or her time and consideration. Don't write it out word for word and read it. If you do this, you will sound as if you are reading it. You want to sound spontaneous. If you receive a rejection, that's okay. In the process, you may acquire some useful information about jobs elsewhere. And you can then move on to call the next potential employer!

2. **Send email:** If you use the Internet, you should explore the websites of employers. While many of these websites will post employment opportunities, others may not. If they don't, send an email inquiring about such opportunities. However, if you can find a phone number, it's best to make a telephone call rather than wait for an email reply. Many companies automatically delete unsolicited email inquiries. Email is no substitute for using the telephone, which is more efficient and effective than email.

3. **Go door to door:** Some job seekers are successful in finding jobs by literally showing up at the doors or work sites of employers and asking about job opportunities. This approach requires a great deal of initiative, entrepreneurship, and a willingness to accept rejections as part of the game. This is the in-your-face version of the cold telephone call. It works best with small mom-and-pop employers. Many businesses, such as large retail stores (Walmart, Kmart, Target, Home Depot), grocery stores, restaurants, and banks, are well organized to handle walk-in job seekers. Some may still ask you to sit at a computer terminal or "job kiosk" to complete an electronic application, but most will tell you to go online to their website and complete an electronic application. Others, such as construction firms, are accustomed to individuals showing up at their job sites for work. If you walk into a small business, such as a warehouse, auto repair shop, or construction company, you may

be able to meet directly with the owner and ask about job opportunities. Timing is the key to such walk-in approaches – if you happen to arrive at the right time, when a job needs to be filled immediately, you may get lucky and be offered the job. If that happens, be prepared to interview (see Chapter 11) for a job while inquiring about opportunities. If you use this approach, be prepared for many rejections. Indeed, many employers hate dealing with walk ins. However, if you persist and visit 100 employers in this manner, chances are you will uncover one or two job opportunities for which you qualify. If you visit 500 employers, you may uncover five job opportunities. But you will probably experience a few hundred rejections in the process of uncovering the right job for you. Can you handle that number?

4. **Hang around busy corners:** Day-laborer sites, both formal and informal, are used a great deal by illegal immigrants and individuals with limited skills and education. Day-laborer sites may be found on a busy street corner or adjacent to a convenience store or vacant lot. Large day-laborer markets of hispanics (*jornaleros*) are especially prevalent in Southern California, Arizona, Texas, and Florida where they have recently become very controversial political issues.

Employers – usually homeowners or subcontractors who need cheap day laborers – may stop to check who is available for a few hours or a day or two of temporary work. Most work is physical labor – landscaping, roofing, gardening, construction – and wages are usually negotiated on an hourly, daily, or per job basis. In many communities, informal day-laborer sites represent a gray market of undocumented workers (illegal immigrants) and cash wages (no tax or Social Security deductions). Cities in some states, such as California, Washington, Arizona, Illinois, New York, Connecticut, Maryland, Georgia, Florida, and Washington, DC, actually sponsor formal day-laborer sites where employers can come to hire laborers. In California and Arizona, these markets are 95 percent hispanic. In Chicago, many homeless African Americans participate in these markets. In New York City a large number of Polish and Indian (Sikhs) immigrants also participate.

Despite controversies concerning the illegal immigrant and taxation questions, day-laborer centers offer employment options for poor people who lack sufficient education and skills, and who are willing to tolerate unstable and often exploitative work (many are cheated by unscrupulous employers) situations. In fact, some studies show that nearly 25 percent of day laborers prefer such unstable work situations to other types of employment. Many can make $80 to $100 or more a day by just showing up when they want to work. In some cases day laborer experiences turn into full-time jobs, especially with subcontractors who decide to hire the best of the many day laborers they have worked with and thus have a chance to observe their on-the-job behavior.

Register With Employment Agencies and Placement Services

Public employment services operate One-Stop Career Centers (www.careeronestop. org), which post many vacancies listed by employers in their communities. These centers also are linked to America's Job Bank (www.ajb.dni.us), an electronic job bank which includes over 1 million job listings. Be sure to visit your local center and acquaint yourself with the many useful free services available to the public. Many employment agencies and placement services look for candidates they can place with their clients. Registering with these agencies and services can result in temporary or permanent jobs. However, beware of any agency or service that wants you to pay them for employment services. The legitimate firms are paid by employers – not by job seekers. Anyone who asks you to pay them money to find you a job should be avoided. You can find legitimate agencies through a One-Stop Career Center (ask their personnel for recommended agencies and services). Two of the best known temporary labor and staffing firms found in hundreds of communities across the country are LaborFinders (www.laborfinders.com) and Manpower (www.man power.com). You may want to visit these firms early in your job search since they may be able to help you

> *Beware of any agency or service that wants you to pay them for employment services. The legitimate firms are paid by employers.*

quickly find employment with their many clients. Also, check on dozens of other temporary employment firms that may operate in your community. If your community has a specialized program to assist ex-offenders, chances are they also have a placement program designed to quickly place ex-offenders in jobs with employers who are interested in hiring ex-offenders. If you are a college graduate, you can use the placement services of the career center or alumni office. For recent college graduates this means signing up for on-campus job interviews through the career services center.

Attend Job Fairs

Job fairs are a great way to survey job opportunities, meet employers, network, practice resume and interview skills, learn about salaries and benefits, and possibly get hired on the spot. While you will find many job fairs operating in large cities (check the classified section of your Sunday newspaper for large ads announcing such events), many correctional institutions also sponsor job fairs for ex-offenders.

The typical job fair is held in a large conference room of a hotel or a public building and takes place over one day – often from 9am to 4pm. Many employers have representatives at tables or booths who advertise their company or organization and are looking for candidates who meet their hiring requirements. Job seekers circulate among the various displays (booths and tables) as they try to learn more about the organizations, pick up literature, talk with a representative, and leave a resume. Job fairs can be very enlightening experiences for job seekers, especially if they find a good selection of employers and if the job fair also includes special job search workshops, such as writing resumes, interviewing for jobs, or using a job fair in your job search. Job fairs for ex-offenders are great places to find employment since employers already indicate, by their participation, that they are willing to hire ex-offenders. However, employers attending such job fairs are not looking for just any ex-offenders – they want to hire the best of the best who have basic education and workplace skills.

You should keep the following eight tips in mind when planning to attend a job fair:

1. **Check to see if you qualify for the job fair.** Some job fairs are open to the general public and involve many different types of employers. These general job fairs are sometimes sponsored by a single company that is opening a new business and needs to recruit hundreds of people, such as a large hotel and conference center, sports arena, or an amusement park, Many job fairs specialize in a particular skill or occupational area. For example, some job fairs only focus on high-tech and computer skills. Others may specialize in clerical skills or the construction trades. And still others may be organized for government-related jobs, including specialized job fairs of government contractors looking for individuals with military backgrounds as well as those with security clearances. Special career events, such as career conferences sponsored by a single company, may be by invitation only.

2. **Be sure to pre-register for the job fair.** Many job fairs require you to register before the event – not just show up at the door. One of the registration requirements is to submit a resume which, in turn, is entered into a resume database. This database enables employers attending the job fair to review the resumes online both before and after the job fair.

3. **Plan ahead.** Prior to attending the event, try to get a list of companies that will be attending. Research several of the companies on the Internet. Discover what they do, who they employ, and what is particularly unique or different about them. When you go the job fair, you will have some knowledge of those employers you want to meet. Better still, you'll impress the representatives when you indicate you know something about what they do. You'll avoid asking that killer question – *"What do you do?"* Being prepared in this manner also means you will be more at ease in talking with employers, because you have some common ground knowledge for engaging in an intelligent job-oriented conversation.

4. **Bring copies of your resume to the job fair.** Since you will be meeting many employers at the job fair as you circulate from one table or booth to another, your calling card is your resume. A good rule of thumb is to bring 25 to 50 copies of your resume to the job fair. If the employer is interested in you, they will want to see your resume. Best of all, they will give you instant feedback on

your qualifications. In many cases, they will interview you on the spot and may even hire you that day! So make sure you write a terrific resume as well as bring enough copies for every employer you are interesting in meeting.

5. **Dress appropriately.** Job fairs are places where first impressions are very important. Be sure to dress as if you were going to a formal job interview – conservative, neat, and clean. If, for example, you have tattoos on your arm, be sure to wear a long-sleeve shirt. While your tattoo may be a great conversation piece with some friends and strangers, they are a negative distraction for many employers, who may question your branding choices.

6. **Prepare a 30-second pitch.** Your 30-second pitch should tell an employer who you are and what skills and experience you have that should be of interest to the employer. Tell them why they should consider interviewing and hiring you.

7. **Be prepared to interview for the job.** Since some employers will actually interview candidates and hire them at the job fair, don't assume a job fair is merely a casual "get together" to just meet employers. Prepare for a job fair in the same way you would prepare for a job interview – bring a positive attitude, be enthusiastic and energetic, anticipate questions, prepare your own questions, and observe all the verbal and nonverbal rules for interview success (see Chapter 11).

8. **Follow up your contacts within five days.** Job fairs are all about networking with employers. If you're interested in an employer and you've had a chance to meet a representative and get his or her name and business card, be sure to follow up with a phone call and/or email within five days of your meeting. This communication will remind the individual of your continuing interest and may result in a formal job interview with other company representatives.

If you are currently incarcerated, check with your library or education department to see if they have a copy of this excellent video: ***Ex-Offender's Guide to Job Fair Success***.

Network With Family, Friends, and Others

The single most effective way of getting a job is through networking. Your network consists of family, friends, your P.O., former supervisors, acquaintances, pastors, people you do business with, and even strangers whom you meet and with whom you develop a relationship. These people can be of assistance in finding a job, because many have useful information, advice, and referrals to others who know about jobs appropriate for you. You want to plug into these informal yet rich channels of job information and communications.

As we noted earlier, most jobs are not advertised. Through networking, you tap into the **hidden job market** where many of the best jobs can be found. These jobs are located through word-of-mouth. People in your network – family friends, P.O., and others –

know about such jobs, or they may know people who may know, and thus they refer you to others in the know. The more networking you do, the more likely you will find a job on the hidden job market.

However, many people are reluctant to network because it involves initiating conversations and meetings with others. The twin fears of embarrassment (I'm unemployed and an ex-offender) and rejection (they may say *"No, I can't help you"*) work against many job seekers. But these are false fears that seldom materialize. Instead, people who learn to network well are surprised how supportive others are in giving them useful information, advice, and referrals. Many of these people have been in similar situations and others helped them with their job search. Most people enjoy helping others, as long as they are not put on the spot and asked to take responsibility for your employment fate! Networkers are not beggars – they are nice people who are in search of information and advice, and hopefully useful referrals to people who have the power to hire.

> *Through networking, you tap into the hidden job market where many of the best jobs can be found.*

Chapter 10 is about the whole process of networking in the job search. It shows you how to launch an effective networking campaign. Read it carefully and put it into practice immediately. It may well become your most important approach to landing a job that's right for you!

6

Assess Your Skills and Identify Your MAS

SELF-ASSESSMENT IS THE BASIS for conducting a successful job search. You first need to know who you are in terms of your interests, skills, and abilities **before** you can state a clear objective and communicate your strengths to employers. Without this self-knowledge and lacking a clear sense of purpose, you are likely to be confused as you wonder where to search for a job that will best fit your interests, skills, abilities, and values.

Discover the Truth About You

Discovering who you are and what you really want to do is by no means easy. It requires conducting a long and honest conversation with your best friend – yourself – in which you get to meet and know yourself in greater depth.

You probably talk to yourself a lot – that little inner voice that goes from fear, worry, and anger to optimism, joy, and happiness. If you are a con artist, scammer, or sociopath, your conversation may be directed toward manipulating and taking advantage of others. If you have low self-esteem, your inner voice may focus, like a broken record, on what's wrong with you and avoid taking positive steps. More often than not, our conversation with ourselves is negative, confusing, and disorganized – jumping from one subject to another, but never really focused on taking actions that produce positive outcomes. That's about to change, at least we hope it will within a few hours of reading this chapter and relating it to Chapter 7.

We need to get your inner voice focused on what's **positive** about you and your future. You must be brutally **honest** with yourself. No games, no tricks, no lies, no manipulation, no scamming – just the truth about you. This truth may initially hurt, but it, too, will set you free as you go on to landing a good job and leading a productive life based

Ask yourself:

- *What do I do well?*
- *What do I do poorly?*
- *What do I enjoy doing?*
- *What do I dislike doing?*
- *What do I want to do during the next 12 months? Five years?*
- *What do I want to do with the rest of my life?*
- *What kind of person do I want to become?*

on an understanding of your unique talents. It will have a surprising effect on your self-esteem – you will actually meet a new you who has lots of good things to say about you. Best of all, your self-assessment may transform you from the person you thought you were to the person you want to be.

Bear with me. This and Chapter 7 are long and tedious chapters on two of the most important subjects you will ever deal with – discovering the **real you** and changing the **direction of your life**. Since these closely related chapters are the most important chapters of this book, spend some serious time completing the exercises. You will be well rewarded!

Ask Powerful Questions About Yourself

Through a series of probing questions and exercises, your self-assessment activities enable you to answer this two-part question:

*What do I **do well** and **enjoy doing**?*

This question focuses on **specifying your interests, skills, and abilities** and prepares you for answering the next critical question:

*What do I **really** want to do?*

When you answer this question, you are prepared to **state your job or career objective**. Taken together, these two questions will help you organize a powerful job search that clearly focuses on your major strengths and goals. These two questions also will help improve the quality of your conversation with both yourself and others!

What Employers Want From You

It's not surprising what employers want from their employees – truthfulness, character, and value. They want to better **predict your future behavior** based upon a clear understanding of your past patterns of behavior. You can help them achieve this understanding by organizing this step in your job search around the qualities of truthfulness, character, and value.

As I noted earlier (Chapter 2) in my discussion of myths and realities centered around "qualifications," employers attempt to hire individuals who are competent, intelligent, honest, enthusiastic, and likable. At the same time, many employers are suspicious of candidates, because they have encountered manipulators, scammers, and deceivers among job applicants. They actually hired some people who turned out to be the wrong choice for the job, costing the company money, embarrassing the hiring manager, and even endangering other employees in the workplace.

In fact, surveys indicate that nearly two-thirds of job seekers include inaccurate information on applications and resumes, from fictitious degrees, schools, and accomplishments to nonexisting employers, employment dates, positions, responsibilities, and awards. Some of these inaccuracies are unintentional, but others are deliberate lies in order to cover up not-so-hot backgrounds and to get the job. Many of these inaccuracies surface during job interviews as candidates give deceptive answers to questions, or during the first 90 days on the job when an employer has the chance to observe actual on-the-job behavior.

> *Employers want truthfulness, character, and value – no lies, no scamming, no cheating about you and your work.*

Employers aren't stupid. Dealing with people they really don't know well – basically strangers – they are suspicious about putting such people on the company payroll. If you assume you can manipulate employers, think again. Get over your misplaced sense of power, which indicates you may be headed for trouble in the both the job market and the workplace.

Employers anticipate all types of personalities, motivations, and behaviors – positive, negative, and manipulative – from strangers who want a job. Books such as ***Don't Hire a Crook***, ***101 Mistakes Employers Make and How to Avoid Them***, ***Hiring the Best***, ***Hiring Smart***, and ***The Safe Hiring Manual: The Complete Guide to Keeping Criminals, Imposters, and Terrorists Out of Your Workplace*** are on the reading lists of many employers. In fact, employers can tell you lots of stories about the characters they have met, hired, and fired!

While employers may appear to trust what you say, they also want to verify your credentials and observe what you actually do. This means conducting background checks (over 95 percent of employers do this), asking probing behavior-based questions, subjecting candidates to multiple job interviews, and administering a variety of revealing tests (aptitude, drug, personality, psychological, and polygraph) to discover the truth about you. **Verification and observation** are the real basis for trust – not questionable resumes and clever conversations with strangers.

Above all, employers want **value** for their money – people who can do the job well. Take, for example, a survey by the National Association of Colleges and Employers (www.naceweb.org). It found that college graduates with strong communication skills and integrity have a distinct advantage in the job market. The most highly valued candidates were ones who demonstrated strong communication skills, honesty/integrity, interpersonal/teamwork skills, and a strong work ethic. These skills were more highly valued than computer, leadership, and organizational skills. These tend to be the same skills employers look for in candidates who do not have a college degree. As an ex-offender, you need to make sure these highly desired skills are part of your skill set and clearly communicate them to employers.

At this stage in your job search, it's extremely important that you take a complete inventory of your skills so you can better communicate with employers what it is you do well and enjoy doing. Once you do this and formulate a clear objective, you will be on the road to finding the right job for you. Your self-assessment will end much of your confusion as you begin charting an exciting path to renewed job and life success.

Your Skills and Abilities

Most people possess two types of skills that define their strengths as well as enable them to move within the job market: work-content skills and functional skills. These skills become the key **language** – both verbs and nouns – for communicating your qualifications to employers through your resumes and letters as well as in interviews.

I assume you have already acquired certain **work-content skills**. These "hard skills" are easy to recognize since they are often identified as "qualifications" for **specific** jobs;

> *Functional skills can be transferred from one job or career to another.*

they are the subject of most education and training programs and often relate to a specialized skill language that non-specialists may consider to be jargon. Work-content skills tend to be technical and job-specific in nature. Examples of such skills include welding, painting, cooking, cleaning, landscaping, repairing air conditioners, programming computers, selling real estate, wiring a room, or operating a complicated piece of machinery. They may require formal training, are associated with specific trades or professions, and are used only in certain job settings. While these skills do not transfer well from one occupation to another, they are critical for entering and advancing within specific occupations.

At the same time, you possess many **functional/transferable skills** employers readily seek along with work-content skills. These are "soft skills" used in **numerous** job settings. They are mainly acquired through experience rather than formal training, and can be communicated through a general vocabulary. Functional/transferable skills are less easy to recognize since they tend to be linked to certain **personal characteristics** (energetic, intelligent, likable) and the ability to **deal with processes** (communicating, problem-solving, motivating) rather than **doing things** (programming a computer, building a house, repairing air conditioners).

Most people view the world of work in traditional occupational job skill terms. This is a **structural view** of occupational realities. Occupational fields are seen as consisting of separate and distinct jobs which, in turn, require specific work-content skills. From this perspective, occupations and jobs are relatively self-contained entities. Social work, for example, is seen as being different from paralegal work; social workers, therefore, are not "qualified" to seek paralegal work.

Ex-offenders as a group possess few marketable occupational skills, because of their youth, limited education, and spotty work experience. If, on the other hand, you have participated in pre-release education and vocational programs, you will have some work-content skills to include on your applications, in your resume, and during job interviews.

On the other hand, a **functional view** of occupations and jobs emphasizes the similarity of job characteristics as well as common links among different occupations. For example, if you work with people, data, processes, and objects in one occupation, you can transfer that experience to other occupations which have similar functions. Ex-offenders who have been involved in illegal activities have many transferable skills – from planning, organization, and communication to persistence, leadership, and problem-solving – that can be applied to legitimate work activities.

The skills I identify and help you organize in this chapter are the functional skills that define your **strengths**. While most people have only a few work-content skills, they may have numerous – as many as 300 – functional/transferable skills. These skills enable job seekers to more easily change jobs and careers without acquiring additional education and training. They constitute an important bridge for moving from one occupation to another. But you must first be aware of your functional skills before you can relate them to the job market.

Before you decide if you need more education or training, you should first assess both your functional and work-content skills to see how they best fit into different jobs and occupations. Once you do this, you should be better prepared to communicate your qualifications to employers with a rich skills-based vocabulary.

Focus on Key Strengths and Questions

If you begin your job search by focusing on your **strengths**, you'll be able to quickly identify your work-content and functional skills. While you should be aware of your weaknesses, your strengths give you needed direction and keep you focused on what's really important to employers.

Without knowing your strengths, you will lack focus and your motivation may suffer accordingly. After all, your goal should be to find a job that is fit for you rather than one you think you might be able to fit into. You can best do this by asking the right questions about your strengths and then assessing what you do best – your skills and abilities.

Knowing the right questions to ask will save you time and steer you into productive job search channels from the very beginning. Asking the wrong questions can leave you confused and frustrated. The questions must be understood from the perspectives of both employers and applicants.

Two of the most humbling questions you will encounter in your job search are *"Why should I hire you?"* and *"What are your weaknesses?"* While employers may not directly ask these questions, they ask them nonetheless. If you can't answer these questions in a positive manner directly, indirectly, verbally, or nonverbally – your job search will likely founder, and you will join the ranks of the unsuccessful and disillusioned job searchers who feel something is wrong with them. Ex-offenders and individuals who have lost their jobs are particularly vulnerable to these questions, since many have lowered self-esteem and self-image as a result of their situations. Many such people focus on what is wrong rather than what is right about themselves, which tends to be self-destructive. By all means avoid such negative thinking!

> **Employers want to hire your value or strengths – not your weaknesses.**

Employers want to hire your **value or strengths** – not your weaknesses. Since it is easier to identify and interpret weaknesses, employers look for indicators of your strengths by trying to identify your weaknesses. The more successful you are in communicating your strengths to employers, the better off you will be in relation to both employers and fellow applicants.

Your Strengths and Weaknesses

Unfortunately, many people work against their own best interests. Not knowing their strengths, they market their weaknesses by first identifying job vacancies and then trying to fit their "qualifications" into job descriptions. This approach often frustrates applicants; it presents a picture of a job market that is not interested in the applicant's strengths and it leads to the often-heard complaint of frustrated job seekers – *"No one will hire me!"* This leads some people toward acquiring new skills which they hope will be marketable, even though they do not enjoy using them. Millions of individuals find themselves in such misplaced situations: the divorce lawyer who would rather be teaching in a university; the computer programmer who enjoys cooking and would love to be a top chef; the surgeon who is an accomplished pianist; or the salesman who is good at managing a community fund-raising drive. Your task is to avoid joining the ranks of the misplaced and unhappy workforce by first understanding your skills and then relating them to your values, interests, and goals. In so doing, you will be in a better position to target your job search toward jobs that should become especially rewarding and fulfilling.

Your Functional/Transferable Skills

We know most people stumble into jobs by accident. Some are in the right place at the right time to take advantage of opportunities. Others work hard at trying to fit into jobs posted on the Internet; listed in classified ads, employment agencies, and personnel offices; identified through friends and acquaintances; or found by knocking on doors or just showing up. After several years in the work world, many people wish they had better planned their careers from the very start. All of a sudden they are unhappily locked into jobs because of retirement benefits and family responsibilities of raising children and meeting monthly mortgage payments.

If you are an ex-offender with limited work experience and few strengths, you especially need to understand and identify your transferable or functional skills. Once you have done this, you will be better prepared to identify what it is you want to do. Moreover, your self-image and self-esteem will improve. Better still, you will be prepared to communicate your strengths to others through a rich skills-based vocabulary. These outcomes are critically important for completing applications and writing your resume and letters (Chapter 9) as well as for networking and interviewing (Chapters 10 and 11).

Let's illustrate the concept of functional/transferable skills for ex-offenders who are currently incarcerated. Many of them view their skills in strict work-content terms – knowledge of a particular job or a specific education and training experience, such as cleaning buildings, dishwashing, cooking, repairing appliances, working in the laundry, grounds keeping, landscaping, repairing machinery, welding, fixing air conditioners, plumbing, using computers, or making furniture. While there are many general labor and trade jobs on the outside directly related to these prison experiences (carpentry, construction, janitorial work, kitchen jobs, culinary work, electrical work, automotive repair, office work, pipefitting, welding, and electronic), many other jobs may relate to your transferable skills which may be your major strengths.

Your goal should be to find a job that is fit for you rather than one you think you might be able to fit into.

Ex-offenders possess several skills that are directly transferable to a variety of jobs. Unaware of these skills, they may fail to communicate their strengths to others. For example, if you have participated in educational and vocational programs, you may have demonstrated several of the following **transferable organizational and interpersonal skills**:

1. Communication
2. Decision-making
3. Following orders/instructions
4. Selling/persuading
5. Logical thinking
6. Team building/playing
7. Organizing/prioritizing
8. Reviewing/evaluating
9. Trouble-shooting
10. Problem solving

In addition, you may have demonstrated some of these **transferable personality and work-style traits** sought by employers in many occupational fields:

1. Quick learner/astute
2. Diligent/patient
3. Honest/trustworthy
4. Loyal/motivated
5. Patient/calm
6. Punctual/reliable
7. Assertive/initiative
8. Responsible/cooperative
9. Intelligent/sensitive
10. Accurate/talented

If you have done a good job, your supervisor will likely focus on complimenting you about these skills and traits, which also gives your P.O. some idea of your major strengths. Both individuals may be important to your job search, especially when it comes time to provide references.

As just noted, most functional/transferable skills can be classified into these two general skills and trait categories – organizational/interpersonal skills and personality/work-style traits:

Organizational and Interpersonal Skills

__ communicating
__ trouble-shooting
__ problem solving
__ implementing
__ analyzing/assessing
__ self-understanding
__ planning
__ understanding
__ decision-making
__ setting goals
__ innovating
__ conceptualizing
__ thinking logically
__ generalizing
__ evaluating
__ managing time
__ identifying
    problems

__ creating
__ synthesizing
__ judging
__ forecasting
__ controlling
__ tolerating ambiguity
__ organizing
__ motivating
__ persuading
__ leading
__ encouraging
__ selling
__ improving
__ performing
__ designing
__ reviewing
__ consulting
__ attaining

__ teaching
__ team building
__ cultivating
__ updating
__ advising
__ coaching
__ training
__ supervising
__ interpreting
__ estimating
__ achieving
__ negotiating
__ reporting
__ administering
__ managing
__ multi-tasking
__ defending

Personality and Work-Style Traits

__ diligent

__ honest

__ patient

__ reliable

__ innovative

__ perceptive

__ persistent

__ assertive

__ tactful

__ sensitive

__ loyal

__ astute

__ successful

__ risk taker

__ versatile

__ easygoing

__ enthusiastic

__ calm

__ outgoing

__ flexible

__ expressive

__ competent

__ adaptable

__ punctual

__ democratic

__ receptive

__ resourceful

__ diplomatic

__ determining

__ self-confident

__ creative

__ tenacious

__ open

__ discreet

__ objective

__ talented

__ warm

__ empathic

__ orderly

__ tidy

__ tolerant

__ candid

__ frank

__ adventuresome

__ cooperative

__ firm

__ dynamic

__ sincere

__ self-starter

__ initiator

__ precise

__ competent

__ sophisticated

__ diplomatic

__ effective

__ efficient

__ cool and collected

These are the types of skills you need to identify and then communicate to employers in your resumes and letters as well as during interviews.

Identify Your Skills

You should take some vocational tests and psychological inventories to identify your values, interests, skills, aptitudes, and temperament. Most are pencil-and-paper or computerized tests which are administered and interpreted by a career professional. Several prisons, jails, and detention centers administer assessments as part of their pre-release programs. Once you enter your community, several of these inventories are available at low cost ($20) through the career services centers of local community colleges. Also, check with your local One-Stop Career Center for information on such inventories and tests.

The most widely used assessment devices are the *Myers-Briggs Type Indicator®*, *Strong Interest Inventory®*, *Self-Directed Search®*, and *Campbell™ Interest and Skill Survey (CISS®)*:

- **Myers-Briggs Type Indicator® (MBTI®):** This is the most popular personality inventory in the world used by psychologists and career counselors. It has multiple applications for everything from marital counseling to executive development programs. It attempts to measure personality dispositions and interests – the way people absorb information, decide, and communicate. It analyzes preferences to four dichotomies (extroversion/introversion, sensing/intuiting, thinking/feeling, judging/perceiving) which result in 16 personality types. The MBTI® comes in a variety of forms. Available through CPP, Inc. (www.cpp.com and www.skillsone.com) and most colleges, universities, and testing centers.

- **Strong Interest Inventory®:** Next to the *Myers-Briggs Type Indicator®* and the *Self-Directed Search®*, this remains one of the most popular assessment devices used by career counselors. Individuals respond to 317 multiple-choice items to determine their occupational interests according to six occupational themes, 25 interest scales, occupational scales, and personal style scales. Used extensively for career guidance, occupational decisions, employment placement, educational choices, and vocational rehabilitation programs. Available through CPP, Inc. (www.cpp.com) and most schools, colleges, universities, and testing centers.

- **Self-Directed Search® (SDS):** One of the most widely used and adapted interest inventories in career counseling. Designed to assist individuals in making career choices based on an analysis of different orientations toward people, data, and things. It matches interests with six types (realistic, investigative, artistic, social, enterprising, and conventional) that are, in turn, related to different types of occupations that match these types. Used in helping determine how one's interests fit with various occupations. Available through Psychological Assessment Resources (www.parinc.com).

- **Campbell™ Interest and Skill Survey (CISS®):** One of the most popular assessments devised for measuring interests and skills. Includes 320 items divided into 200 interest and 120 skill categories. Available through NCS Pearson (www.pearsonclinical.com).

Other popular assessment devices, which measure different aspects of personality and behavior, include:

Personality and Motivation

- *California Psychological Inventory Form 434 (CPI™ 434)* (www.cpp.com)
- *Edwards Personal Preference Schedule* (www.testdimensions.com/CatalogEPPS.aspx)
- *Riso-Hudson Enneagram Type Indicator Version 2.5* (www.enneagraminstitute.com)
- *Keirsey Character Sorter* (http://keirsey.com)
- *6-Personality Factor Questionnaire (16PF)* (www.opp.com/tools/16pf)

Values

- *Career Beliefs Inventory (CBI)* (www.cpp.com)
- *Minnesota Importance Questionnaire* (MIQ) (www.psych.umn.edu)
- *Survey of Interpersonal Values (SIV)* (www.psycentre.apps01.yorku.ca)

- *Temperament and Values Inventory* (jist.emcp.com)
- *O*NET Career Values Inventory* (jist.emcp.com)

Interests and Attitudes

- *Career Assessment Inventory™ – Enhanced Version (CAI-E)* (www.pearsonclinical.com)
- *Career Exploration Inventory* (jist.emcp.com)
- *Guide to Occupational Exploration Interest Inventory* (jist.emcp.com)
- *Career Decision-Making System* (www.pearsonclinical.com)
- *Jackson Vocational Interest Survey (JVIS)* (http://jvis.com)
- *Job Search Attitude Inventory (JSAI)* (jist.emcp.com)
- *Kuder Occupational Interest Survey* (www.kuder.com)
- *Leisure to Occupational Connection Search (LOCS)* (jist.emcp.com)
- *Leisure/Work Search Inventory* (jist.emcp.com)
- *Ohio Vocational Interest Survey Vocational Interest Inventory* (jist.emcp.com)

Skills, Behaviors, Aptitudes

- *Barriers to Employment Success Inventory* (jist.emcp.com)
- *BRIGANCE® Diagnostic Employability Skills Inventory* (www.curriculumassociates.com)
- *Career Decision Scale* (www4.parinc.com)
- *FIRO-B®* (www.cpp.com)

Multiple Indicators

- *APTICOM* (www.vri.org)
- *Armed Services Vocational Battery (ASVAB)*
- *Assessment of Career Decision Making (ACDM)* (www.wpspublish.com)
- *The Birkman Method* (www.birkman.com)
- *Career Scope* (www.vri.org)
- Vocational Interest, Temperament, & Aptitude System (VITAS) (www.vri.org)

Ex-Offender Transition

- *Offender Integration Scale* (jist.emcp.com)
- *Re-Employment Success Inventory* (jist.emcp.com)
- *Transition-to-Work Inventory* (jist.emcp.com)

At the same time, you'll find several assessment devices available online. The following seven websites are well worth exploring for both free and fee-based online assessments tools:

- **SkillsOne** (CPP's online   www.skillsone.com
  assessment system)   www.cpp-db.com
- **CareerLab.com**   www.careerlab.com
- **Self-Directed Search®**   www.self-directed-search.com
- **Personality Online**   www.personalityonline.com
- **Keirsey Character Sorter**   www.kelrsey.com
- **MAPP™**   www.assessment.com
- **PersonalityType**   www.personalitytype.com

These 15 additional sites also include a wealth of related assessment devices that you can access online:

- **Analyze My Career**   www.analyzemycareer.com
- **Birkman Method**   www.birkman.com
- **Career Key**   www.careerkey.org/english
- **CareerLeader™**   www.careerleader.com
- **CareerPlanner.com**   www.careerplanner.com
- **CareerPerfect.com**   www.careerperfect.com
- **Careers By Design®**   www.careers-by-design.com
- **CollegeBoard.com**   www.myroad.collegeboardcom
- **Enneagram**   www.ennea.com
- **Humanmetrics**   www.humanmetrics.com
- **Jackson Vocational
  Interest Inventory**   www.jvis.com
- **My Future**   www.myfuture.com
- **People Management SMD**   peoplemanagementsmd.com
                                        or simainternational.com
- **Profiler**   www.profiler.com
- **QueenDom.com**   www.queendom.com

I present several good alternatives to the above assessment devices in the remainder of this chapter that are designed to identify both your work-content and transferable skills and then relate them to your interests, values, and motivations. These self-assessment techniques stress your positives or strengths rather than identify your negatives or weaknesses. Each exercise requires a different investment of your time and effort as well as varying degrees of assistance from other people.

These exercises, however, should be used with caution. They provide you with a clear picture of your **past**, which may or may not be particularly useful for charting your future. Nonetheless, these exercises do help individuals:

1. Organize data on themselves
2. Target their job search around clear objectives and skills
3. Generate a rich vocabulary of skills and accomplishments for communicating their strengths to potential employers.

If you feel these exercises are inadequate for your needs, by all means seek professional assistance from a testing or assessment center staffed by a licensed psychologist or certified career counselor. Many such centers can do in-depth testing which goes further than these self-directed skill exercises.

Checklist Method

This is the simplest method for identifying your strengths. Review the different types of transferable skills outlined on pages 79-81. Place a "1" in front of the skills that **strongly** characterize you; assign a "2" to those skills that describe you to a **large extent**; put a "3" before those that may or may not describe you to **some extent**. When finished, review the lists and identify, in order of importance, the top 10 characteristics that best describe you on each list.

Autobiography of Accomplishments

Write a lengthy essay about your **life accomplishments**. This could range from 10 to 15 pages. After completing the essay, go through it page by page to identify what you most enjoyed doing (working with different kinds of information, people, and things) and what skills you used most frequently as well as enjoyed using. Finally, identify those skills you wish to continue using. After analyzing and synthesizing this data, you should have a relatively clear picture of your strongest skills.

Computerized Assessment Programs

While the previous self-directed exercises required you to either respond to checklists of skills or reconstruct and analyze your past job experiences, several computerized self-assessment programs are designed to help individuals identify their skills. Many of the programs are available in career centers, and some can be accessed online. Some of the most widely used programs include:

- *Career Navigator*
- *Choices*
- *Discover*
- *O*NET Interest Profiler*

- *Guidance Information System* (GIS)
- *Self-Directed Search (SDS) Form R*
- *SIGI-Plus*
- *Career Clusters Interest Survey (CCIS)*

Most of these programs do much more than just assess skills. They also integrate other key components in the career planning process – values, interests, goals, related jobs, college majors, education and training programs, and job search plans. These programs are widely available in schools, colleges, One-Stop Career Centers, and libraries across the country, and many are free of charge in your community. You might check with the career or counseling center at your local community college or your local One-Stop Career Center (visit www.servicelocator.org and www.careeronestop.org for various locations) to see what computerized career assessment programs are available for your use.

Relatively easy to use and taking one to two hours to complete, these programs generate a great deal of valuable career planning and job search information. Many will print out a useful analysis of how your interests and skills are related to specific jobs and careers. Such programs come closest to our notion of a magic bullet – they generate a great deal of personal and professional data for such a small investment of time, effort, and money.

At the same time, you need to be cautious about the validity of these computerized texts. For example, both the *O*NET Interest Profiler* and *Career Clusters Interest Survey* have been criticized by professionals as being invalid and thus of questionable value.

Your Interests and Values

Just knowing your abilities and skills will not give your job search the direction it needs for finding a job that's right for you – one you both do well and enjoy doing. You also need to know your **work values and interests**. These are the basic building blocks for setting goals and targeting your abilities toward certain jobs and careers.

Take, for example, the ex-offender who does a superb job cleaning floors, hauling trash, or typing. While he possesses marketable skills (janitors, trash haulers, computer operators are in demand), if he doesn't regularly use these job-related skills and is more interested in working outdoors or with people, his abilities will not become **motivated skills**. In the end, your interests and values will determine which skills should play a central role in your job search.

Work, Leisure, and Home-Based Interests

We all have interests. Most change over time. Many of your interests may center on your past jobs, whereas others relate to activities that define your hobbies and leisure activities. Still other interests may relate to your dreams.

While many of the tests we previously identified focus on identifying and analyzing interests, the following exercises are more open-ended and require self analysis rather than assistance from a career professional. Two good places to start identifying your interests are *The Guide to Occupational Exploration* and *The Enhanced Guide to Occupational Exploration*, which classify all jobs into 12 interest areas.

Examine the following list of interest areas. In the first column check those work areas that appeal to you. In the second column rank order those areas you checked in the first column. Start with "1" to indicate the most interesting:

Your Work Interests

Yes (x)	Ranking (1-12)	Interest Area
___	___	**Artistic:** An interest in creative expression of feelings or ideas.
___	___	**Scientific:** An interest in discovering, collecting, and analyzing information about the natural world, and in applying scientific research findings to problems in medicine, the life sciences, and the nature sciences.
___	___	**Plants and animals:** An interest in working with plants and animals, usually outdoors.
___	___	**Protective:** An interest in using authority to protect people and property.
___	___	**Mechanical:** An interest in applying mechanical principles to practical situations by using machines or hand tools.
___	___	**Industrial:** An interest in repetitive, concrete, organized activities done in a factory setting.
___	___	**Business detail:** An interest in organized, clearly defined activities requiring accuracy and attention to details (office settings).
___	___	**Selling:** An interest in bringing others to a particular point of view by personal persuasion, using sales and promotion techniques.
___	___	**Accommodating:** An interest in catering to the wishes and needs of others, usually on a one-to-one basis.
___	___	**Humanitarian:** An interest in helping others with their mental, spiritual, social, physical, or vocational needs.
___	___	**Leading and influencing:** An interest in leading and influencing others by using high-level verbal or numerical abilities.
___	___	**Physical performing:** An interest in physical activities performed before an audience.

The Guide to Occupational Exploration also includes other checklists relating to home-based and leisure activities. You may discover that some of your home-based and leisure activity interests should become your work interests. Examples of such interests include:

Leisure and Home-Based Interests

__ Acting in a play or amateur variety show.

__ Advising family members on their personal problems.

__ Announcing or emceeing a program.

__ Applying first aid in emergencies as a volunteer.

__ Building model airplanes, automobiles, or boats.

__ Building or repairing radios, televisions, or other electronic equipment.

__ Buying large quantities of food or other products for an organization.

__ Campaigning for political candidates or issues.

__ Canning and preserving food.

__ Carving small wooden objects.

__ Coaching children or youth in sports activities.

__ Collecting experiments involving plants.

__ Conducting house-to-house or telephone surveys for a PTA or other organization.

__ Creating or styling hairdos for friends.

__ Designing your own greeting cards and writing original verses.

__ Developing film/printing pictures.

__ Doing impersonations.

__ Doing public speaking or debating,

Entertaining at parties or other events.

__ Helping conduct physical exercises for disabled people.

__ Making ceramic objects.

__ Modeling clothes for a fashion show.

__ Mounting and framing pictures.

__ Nursing sick pets.

__ Painting the interior or exterior of a home.

__ Playing a musical instrument.

__ Refinishing or re-upholstering furniture.

__ Repairing electrical household appliances.

__ Repairing the family car.

__ Repairing or assembling bicycles.

__ Repairing indoor plumbing.

__ Speaking on radio or television.

__ Taking photographs.

___ Teaching in Sunday School.

___ Tutoring pupils in school subjects.

___ Weaving rugs or making quilts.

___ Writing articles, stories, or plays.

___ Writing songs for club socials or amateur plays.

Indeed, many people turn hobbies or home activities into full-time jobs after deciding that such "work" is what they really enjoy doing.

For more sophisticated treatments of work interests, which are also validated through testing procedures, contact career counselors, women's centers, testing and assessment centers, or the appropriate publishers for information on these tests:

- *Career Assessment Inventor*
- *Career Exploration Inventory*
- *Jackson Vocational Interest Survey*
- *Kuder Occupational Interest Survey*
- *Leisure/Work Search Inventory*
- *Ohio Vocational Interest Survey*
- *Strong Interest Inventory*®
- *Vocational Interest Inventory*

Your Key Work Values

Work values are those things you like to do. They give you pleasure and enjoyment. Most jobs involve a combination of likes and dislikes. By identifying what you both like and dislike about jobs, you should be able to better identify jobs that involve tasks you most enjoy. Several exercises can help you identify your work values. First, identify what most satisfies you about work by completing this exercise:

My Work Values

I prefer employment which enables me to:

___ contribute to society	___ be creative
___ have contact with people	___ supervise others
___ work alone	___ work with details
___ work with a team	___ gain recognition
___ compete with others	___ acquire security
___ make decisions	___ make money
___ work under pressure	___ help others
___ use power and authority	___ solve problems
___ acquire new knowledge	___ take risks
___ be a recognized expert	___ work at own pace

Select four work values from the above list which are the most important to you and list them in the space below. List any other work values (desired satisfactions) which were not listed above but are nonetheless important to you:

1. _____ _____

2. _____ _____

3. _____ _____

4. _____

Another approach to identifying work values is outlined in ***The Guide to Occupational Exploration*** below. If you feel you need to go beyond the above exercises, try this one. In the first column check those values that are most important to you. In the second column rank order the five most important values:

Ranking Work Values

Yes (x)	Ranking (1-12)	Interest Area
_____	_____	**Adventure:** Working in a job that requires taking risks.
_____	_____	**Authority:** Working in a job in which you use your position to control others.
_____	_____	**Competition:** Working in a job in which you compete with others.
_____	_____	**Creativity and self-expression:** Working in a job in which you use your imagination to find new ways to do or say something.
_____	_____	**Flexible work schedule:** Working in a job in which you choose your hours to work.
_____	_____	**Helping others:** Working in a job in which you provide direct services to persons with problems.
_____	_____	**High salary:** Working in a job where many workers earn a large amount of money.
_____	_____	**Independence:** Working in a job in which you decide for yourself what work to do and how to do it.
_____	_____	**Influencing others:** Working in a job in which you influence the opinions of others or decisions of others.
_____	_____	**Intellectual stimulation:** Working in a job which requires a great amount of thought and reasoning.

_____ _____ **Leadership:** Working in a job in which you direct, manage, or supervise the activities of other people.

_____ _____ **Outside work:** Working outdoors.

_____ _____ **Persuading:** Working in a job in which you personally convince others to take certain actions.

_____ _____ **Physical work:** Working in a job which requires substantial physical activity.

_____ _____ **Prestige:** Working in a job which gives you status and respect in the community.

_____ _____ **Public attention:** Working in a job in which you attract immediate notice because of appearance or activity.

_____ _____ **Public contact:** Working in a job in which you daily deal with the public.

_____ _____ **Recognition:** Working in a job in which you gain public notice.

_____ _____ **Research work:** Working in a job in which you search for and discover new facts and develop ways to apply them.

_____ _____ **Routine work:** Working in a job in which you follow established procedures requiring little change.

_____ _____ **Seasonal work:** Working in a job in which you are employed only at certain times of the year.

_____ _____ **Travel:** Working in a job in which you take frequent trips.

_____ _____ **Variety:** Working in a job in which your duties change frequently.

_____ _____ **Work with children:** Working in a job in which you teach or care for children.

_____ _____ **Work with hands:** Working in a job in which you use your hands or hand tools.

_____ _____ **Work with machines or equipment:** Working in a job in which you use machines or equipment.

_____ _____ **Work with numbers:** Working in a job in which you use mathematics or statistics.

Second, develop a comprehensive list of your past and present **job frustrations and dissatisfactions**. This should help you identify negative factors you should avoid in future jobs.

My Job Frustrations and Dissatisfactions

List as well as rank order as many past and present things that frustrate or make you dissatisfied and unhappy in job situations:

Rank

1. _____ _____

2. _____ _____

3. _____ _____

4. _____ _____

5. _____ _____

6. _____ _____

7. _____ _____

8. _____ _____

9. _____ _____

10. _____ _____

Third, brainstorm a list of "Ten or More Things I Love to Do." Identify which ones could be incorporated into what kinds of work environments·

Ten or More Things I Love to Do

Item Environment   **Related Work**

1. _____   _____

2. _____   _____

3. _____   _____

4. _____   _____

5. _____   _____

6. _____   _____

7. _____   _____

8. _____   _____

9. _____   _____

10 _____   _____

Fourth, list at least 10 things you most enjoy about work and rank each item accordingly:

Ten Things I Enjoy the Most About Work

Rank

1. _____ _____

2. _____ _____

3. _____ _____

4. _____ _____

5. _____ _____

6. _____ _____

7. _____ _____

8. _____ _____

9. _____ _____

10. _____ _____

Fifth, you should also identify the types of interpersonal environments you prefer working in. Do this by specifying the types of people you like and dislike associating with:

Interpersonal Environments

Characteristics of people I like working with:	Characteristics of people I dislike working with:
_____	_____
_____	_____
_____	_____
_____	_____
_____	_____
_____	_____
_____	_____
_____	_____
_____	_____
_____	_____

No one test, instrument, or exercise will give you complete assessment information. You are well advised to use a variety of approaches to answer your self-assessment questions in the process of identifying what you really want to do.

Identify Your Motivated Abilities and Skills (MAS)

Once you know what you really do well and enjoy doing, your next task should be to analyze those interests, values, abilities, skills, and temperaments that form a **recurring motivated pattern**. This pattern is the single most important piece of information you need to know about yourself in the whole self-assessment process. Knowing your skills and abilities alone without understanding how they relate to your interests, values, and temperament will not give you the necessary direction for finding the job you want. You simply **must** know your pattern. Once you do, your job search activities may take on a whole new direction that will produce amazing results. You'll be able to state a clear objective (Chapter 7) that will guide you toward achieving your goals. So let's discover your pattern.

What's Your MAS?

Your pattern of motivated abilities and skills becomes evident once you analyze your **achievements or accomplishments**. For it is your achievements that tell us what you both do well and enjoy doing. If we analyze and synthesize many of your achievements, we are likely to identify a **recurring pattern** that probably goes back to your childhood and which will continue to characterize your achievements in the future.

An equally useful exercise is to identify your **weaknesses** by identifying your bad habits and analyzing your failures. These, too, would fall into recurring patterns. Understanding what your weaknesses are might help you avoid jobs and work situations that bring out the worst rather than the best in you. Indeed, you may learn more about yourself by analyzing your failures than by focusing solely on your accomplishments.

Another interesting approach is to examine how you have dealt with some of life's most **challenging situations**, such as your incarceration, an illness, accident, divorce, financial difficulties, starting a business, or a death in the family. Many of these difficult situations required character, drive, persistence, and problem-solving strategies beyond the ordinary. They may have drawn on inner strengths or a reservoir of skills you never knew you had but which occasionally came to the forefront when you were under extreme pressure. Moreover, your handling of these difficult situations might have led to life-altering consequences for you and those around you.

For now, let's focus on your positives rather than identify your negatives or how you coped with difficult situations. After you complete the strength exercises in this chapter, you may want to reverse the procedures to identify your weaknesses and challenges.

Numerous self-directed exercises can assist you in identifying your pattern of motivated abilities and skills. The basic requirements for making these exercises work for you are

time and analytical ability. You must spend a great deal of time detailing your achievements by examining your history of accomplishments. Once you complete the historical reconstruction task, you must comb through your "stories" to identify **recurring** themes and patterns. This requires a high level of analytical ability which you may or may not possess. If analysis and synthesis are not among your strong skills, you may want to seek assistance from someone who is good at analyzing and synthesizing information presented in narrative form.

> *Once you uncover your pattern, get prepared to acknowledge it and live with it in the future.*

Motivated Skills Exercise

One of the most useful exercises I and thousands of others use yields some of the best data on motivated abilities and skills. Initially developed by Dr. Bernard Haldane, the father of modern career counseling, this exercise is variously referred to as *"Success Factor Analysis," "System to Identify Motivated Skills,"* or *"Intensive Skills Identification."*

This exercise helps you identify which skills you **enjoy** using. While you can do it on your own, it is best to work with someone else. Since you will need six to eight hours to properly complete this exercise, divide your time into two or three work sessions.

The exercise consists of six steps. The steps follow the basic pattern of generating raw data, identifying patterns, analyzing the data through reduction techniques, and synthesizing the patterns into a transferable skills vocabulary. You need strong analytical skills to complete this exercise on your own. The six steps include:

1. **Identify 15-20 achievements:** While ideally you should inventory over 100-150 achievements, let's start by focusing on a minimum of 15-20 achievements. These consist of things you enjoyed doing, believe you did well, and felt a sense of satisfaction, pride, or accomplishment in doing. You can see yourself performing at your best and enjoying your experiences when you analyze your achievements. This information reveals your motivations since it deals entirely with your voluntary behavior. In addition, it identifies what is right with you by focusing on your positives and strengths. Identify achievements throughout your life, beginning with your childhood. Your achievements should relate to **specific** experiences – not general ones – and may be drawn from work, leisure, education, military, or home life. Put each achievement at the top of a separate sheet of paper on which you will further elaborate. For example, your achievements might appear as follows:

Sample Achievement Statements

"When I was 10 years old, I started a small paper route and built it up to the largest in my district."

_____

"I started playing basketball in ninth grade and became team captain in my junior year, the same year we had an undefeated season."

_____

"When I was in junior high school, I sang tenor in the church choir and was asked to sing solos at several Sunday services."

_____

"Designed, constructed, and displayed the Christmas nativity display at my church when I was 16 years old."

_____

"Earned enough money as a cook at Jerry's Diner to help my grandmother buy a much-needed pair of eyeglasses."

_____

"While I was small compared to other guys, I made the first string on my high school football team."

_____

"Although incarcerated and struggling with reading, I was the first in my family to complete a GED and start working on a college degree."

_____

"I helped a fellow inmate improve his reading and persuaded him to complete his GED and participate in the vocational program. I was so proud to learn he got a job three weeks after release and is now doing very well and has even enrolled in community college."

_____

"I proposed reorganizing the prison library and was put in charge of a team of four people who developed and implemented a plan that resulted in a 15-percent increase in the use of the library by fellow inmates. The warden complimented me on my excellent work."

_____

2. Prioritize your seven most significant achievements.

1. _____
2. _____
3. _____
4. _____
5. _____
6. _____
7. _____

3. Write a full page on each of your prioritized achievements. You should describe:
- How you initially became involved.
- The details of **what you did** and **how you did it**.
- What was especially enjoyable or satisfying to you.

Use copies of the "Detailing Your Achievements" form on page 98 to outline your achievements.

4. Elaborate on your achievements: Have one or two other people interview you. For each achievement have them note on a separate sheet of paper any terms used to reveal your skills, abilities, and personal qualities. To elaborate details, the interviewer(s) may ask:
- What was involved in the achievement?
- What was your part?
- What did you actually do?
- How did you go about that?

Clarify any vague areas by providing an example or illustration of what you actually did. Use these questions to get more details:
- Would you describe in detail one example of what you mean?
- Could you give me an illustration?
- What were you good at doing?

This interview should clarify the details of your activities by asking only "what" and "how" questions. It should take 45 to 90 minutes to complete. Make copies of the "Strength Identification Interview" form on page 99 to guide you through this interview.

Detailing Your Achievements

ACHIEVEMENT #___: _____

_____

_____

_____

1. How did I initially become involved? _____

_____

_____

_____

2. What did I do? _____

_____

_____

_____

_____

3. How did I do it? _____

_____

_____

_____

_____

_____

4. What was especially enjoyable about doing it? _____

_____

_____

_____

_____

Strength Identification Interview

Interviewee_____

Interviewer_____

INSTRUCTIONS: For each achievement experience, identify the **skills** and **abilities** the achiever actually demonstrated. Obtain details of the experience by asking **what** was involved with the achievement and **how** the individual made the achievement happen. Avoid "why" questions which tend to mislead. Ask for examples or illustrations of **what** and **how**.

Achievement #1:_____

_____

_____

_____

_____

Achievement #2: _____

_____

_____

_____

_____

Achievement #3: _____

_____

_____

_____

_____

Recurring abilities and skills: _____

_____

_____

_____

_____

_____

5. **Identify patterns by examining the interviewer's notes:** Together, identify the recurring skills, abilities, and personal qualities **demonstrated** in your achievements. Search for patterns. Your skills pattern should be clear at this point; you should feel comfortable with it. If you have questions, review the data. If you disagree with a conclusion, disregard it. The results must accurately and honestly reflect how you operate.

6. **Synthesize the information by clustering similar skills into categories:** For example, your skills might be grouped in the following manner:

Synthesized Skill Clusters

Investigate/Survey/Read Inquire/Probe/Question	Teach/Train/Drill Perform/Show/Demonstrate
Learn/Memorize/Practice Evaluate/Appraise/Assess Compare	Construct/Assemble/Put together
	Organize/Structure/Provide definition/Plan/ Chart course Strategize/Coordinate
Influence/Involve/Get participation/Promote/ Publicize	Create/Design/Adapt/Modify

This exercise yields a relatively comprehensive inventory of your skills. The information will better enable you to use a **skills vocabulary** when identifying your objective, writing your resume and letters, and interviewing. If you are like many others who have successfully completed this exercise, your self-confidence and self-esteem should increase accordingly.

Become a Purpose-Driven Ex-Offender

All of the exercises outlined in this chapter were designed to explore your **past** and **present**. At the same time, you need to project your skills and values into the **future**. What, for example, do you want to do over the next 10 to 20 years? We examine this question in the next chapter when we focus on developing a powerful objective for guiding your job search and perhaps your life.

Once you formulate your objective, you'll be prepared to take action that should lead to a good job. Highly motivated and focused, you'll organize an effective job search that focuses laser-like on what you do well and enjoy doing. With an objective clearly reflecting your skills and values, a whole new world of work and satisfaction will open to you. You will become a purpose-driven ex-offender who knows exactly what he or she wants to do, and you'll become single-minded in achieving your goal.

As we noted earlier, you have power within you to change your life. Unleashing that power requires relating all of the information you gathered on yourself in this chapter, especially your MAS, to the important work you will do in the next chapter to develop that all-important objective.

7

Develop a Powerful Objective

ONE YOU HAVE IDENTIFIED your motivated abilities and skills (MAS) in Chapter 6, you should be well prepared to develop a clear and purposeful objective for targeting your job search toward specific jobs, organizations, and employers. You should be able to clearly communicate to employers, with an appropriate set of examples and stories of success, that you are a talented and purposeful individual who **achieves results**.

Your objective must tell employers what you will **do for them** rather than what you want from them. It targets your pattern of accomplishments around **employers' needs**. In other words, your objective should be **employer-centered** rather than self centered.

Mission Statements, Goals, and Objectives

Your objective is not the same as a mission statement, which is usually associated with the kind of person you would like to become. A mission statement is more closely associated with your purpose or significance in life, and it might be identified through an obituary exercise – a statement of how you would like to be remembered after you die.

Goals and objectives are statements of what you want to do in the future. When combined with an assessment of your interests, values, abilities, and skills, and related to specific jobs, they give your job search needed direction and meaning for the purpose of targeting specific employers. Without them, your job search may become disorganized as you present an image of uncertainty and confusion to potential employers. Employers want to hire talented, enthusiastic, and purposeful individuals. Your goal should be to find a job or career that is compatible with your interests, motivations, skills, and talents as well as related to a **vision of your future**. In other words, try to find a job fit for you and your future rather than try to fit into a job that happens to be advertised and for which you think you can qualify. Your ultimate goal should be to find a job and career you really like.

Orient Yourself to Employers' Needs

Your objective should be a concise statement of what you want to do and what you have to offer to an employer. The **position** you seek is "what you want to do"; your **qualifications** are "what you have to offer."

Your objective should state your strongest qualifications for meeting employers' needs. It should communicate what you have to offer an employer without emphasizing what you expect the employer to do for you. In other words, your objective should be **work-centered**, not self-centered; it should not contain over-used terms that emphasize what **you** want, such as give me a(n) "opportunity for advancement," "position working with people," "progressive company," or "creative position." Such terms are viewed as "canned" job search language which say little of value about you, the candidate. Above all, your objective should reflect your honesty and integrity; it should not be "hyped."

Most job hunters lack clear objectives. Many engage in a random and somewhat mindless search for jobs by identifying available job opportunities and then adjusting their skills and objectives to fit specific job openings. While you can get a job using this approach, you may be misplaced and unhappy with what you find. You will fit into a job rather than find a job that is fit for you.

Be Purposeful and Realistic

Your objective should communicate that you are a **purposeful individual who achieves results**. It can be stated over different time periods as well as at various levels. You can identify short-, intermediate-, and long-range objectives and very general to very specific objectives. Whatever the case, it is best to know your prospective audience before deciding on the type of objective for your job search. Your objective should reflect **your career interests** as well as **employers' needs**.

Objectives also should be **realistic**. You may want to become president of the United States or solve all the world's problems. However, these objectives are unrealistic. While they may represent your ideals and fantasies, you need to be more realistic in terms of what you can personally accomplish in the immediate future given your particular skills, pattern of accomplishments, level of experience, and familiarity with the job market. What, for example, are you prepared to deliver to prospective employers over the next few months? While it is good to set challenging objectives, you can overdo it. Refine your objective by thinking about the next major step or two you would like to make in your career advancement. Develop a **realistic** action plan that focuses on the details of progressing your career one step at a time.

Project Yourself Into the Future

Even after identifying your abilities and skills, specifying an **objective** can be the most difficult and tedious step in the job search process; it can stall the resume writing process indefinitely. This simple one-sentence, 25-word statement can take days or weeks to formulate and clearly define. Yet, it must be specified prior to writing the resume and engaging in other job search steps. An objective gives meaning, direction, and purpose to all other activities in your job search.

Your objective should be viewed as a function of several influences. Since you want to build upon your strengths and you want to be realistic, your abilities and skills will play a central role in formulating your work objective. At the same time, you do not want your objective to become a function solely of your past accomplishments and skills. You may be very skilled in certain areas, but you may not want to use these skills in the future. As a result, your values and interests will help determine which skills you will or will not incorporate into your work objective.

Overcoming the problem of historical determinism – your future merely reflecting your past – requires incorporating additional components into defining your objective. One of the most important is your ideals, fantasies, or dreams. Everyone engages in these, and sometimes they come true. Your ideals, fantasies, or dreams may include making $1,000,000 by age 40; owning a Mercedes-Benz and a Porsche; taking trips to Rio, Hong Kong, and Rome; owning your own business; developing financial independence; writing a best-selling novel; solving major social problems; or winning the Nobel Peace Prize. Since your fantasies require more money than you are now making, you will need to incorporate monetary considerations into your work objective.

Four major steps are involved in developing a realistic work objective. Each step can be implemented in a variety of ways:

STEP 1: Develop or obtain basic information on your functional/transferable skills, which we discussed in Chapter 6.

STEP 2: Acquire supportive information about yourself from other people, tests, and yourself. Several resources are available for this purpose:

A.   **From other people:** Ask three to five individuals whom you know well to evaluate you according to the questions in the "Strength Evaluation" form on page 104. Explain to these people that you believe their candid opinion will help you better understand of your strengths and weaknesses from the perspectives of others. Make copies of this form and ask your evaluators to complete and return it to a designated third party who will share the information – but not the respondent's name – with you.

Strength Evaluation

TO: _____

FROM: _____

I am going through a career assessment process and thought you would be an appropriate person to ask for assistance. Would you please truthfully respond to the questions below? Your comments will be given to me by the individual named below; s/he will not reveal your name. Your comments will be used for advising purposes only. Thank you.

What are my strengths? _____

_____

_____

_____

_____

What weak areas might I need to improve? _____

_____

_____

_____

_____

In your opinion, what do I need in a job or career to make me satisfied?

_____

_____

_____

_____

Please return to: _____

B. **From vocational tests:** Although I prefer self-generated data, vocationally oriented tests can help clarify, confirm, and translate your understanding of yourself into occupational directions. If you decide to use vocational tests, contact a professional career counselor who can administer and interpret the tests. I suggest several of the following tests, which we mentioned in Chapter 6:

- *Myers-Briggs Type Indicator®*
- *Strong Interest Inventory®*
- *Self-Directed Search (SDS)®*
- *Campbell™ Interest and Skill Survey (CISS®)*
- *Keirsey Character Sorter*
- *Birkman Method*
- *Edwards Personal Preference Schedule*
- *Jackson Vocational Interest Survey*

C. **From yourself:** Refer to the previous exercises in Chapter 6 that assist you in identifying your work values, job frustrations and dissatisfactions, things you love to do, things you enjoy most about work, and your preferred interpersonal environments.

STEP 3: Project your values and preferences into the future by completing simulation and creative thinking exercises:

A. **Ten Million Dollar Exercise:** First, assume you receive a $10,000,000 gift; now you don't have to work. Since the gift is restricted to your use only, you cannot give any part of it away. What will you do with your time? At first? Later on? Second, assume that you are given another $10,000,000, but this time you are required to give it all away. What kinds of causes, organizations, charities, etc. would you support? Complete the following form in which you answer these questions:

What Will I Do With Two $10,000,000 Gifts?

First gift is restricted to my use only:

_____

_____

_____

Second gift must be given away:

_____

_____

_____

B.   Obituary Exercise: Make a list of the most important things you would like to do or accomplish before you die. Two alternatives are available for doing this. First, make a list in response to this lead-in statement: *"Before I die, I want to..."*

Before I Die, I Want to:

1. _____

2. _____

3. _____

4. _____

5. _____

Second, write a newspaper article which is actually your obituary for 10 years from now. Stress your accomplishments over the coming 10-year period.

My Obituary

Obituary for Mr./Ms. _____ to appear in the _____ Newspaper in the year 20_____.

_____

_____

_____

_____

_____

_____

_____

C.   My Ideal Work Week: Starting with Monday, place each day of the week as the headings of seven sheets of paper. Develop a daily calendar with 30-minute intervals, beginning at 7am and ending at midnight. Your calendar should consist of a 118-hour week. Next, beginning at 7am on Monday (sheet one), identify the **ideal activities** you would enjoy doing, or need to do, for each 30-minute segment during the day. Assume you are capable of doing anything; you have no requirements except those you impose on yourself. Furthermore, assume that your work schedule consists of 40 hours per week. How will you fill your time? Be specific.

My Ideal Work Week

am _____	pm _____
7:00_____	4:00_____
7:30_____	4:30_____
8:00_____	5:00_____
8:30_____	5:30_____
9:00_____	6:00_____
9:30_____	6:30_____
10:00_____	7:00_____
10:30_____	7:30_____
11:00_____	8:00_____
11:30_____	8:30_____
Noon_____	9:00_____
12:30_____	9:30_____
pm _____	10:00_____
1:00_____	10:30_____
1:30_____	11:00_____
2:00_____	11:30_____
2:30_____	12:00_____
3:00_____	Continue for Tuesday to Friday
3:30_____	

D. **My Ideal Job Description:** Develop your ideal future job. Be sure you include:

- Specific interests you want to build into your job
- Work responsibilities
- Working conditions
- Earnings and benefits
- Interpersonal environment
- Working circumstances, opportunities, and goals

Description of My Ideal Job

STEP 4: Test your objective against reality. Evaluate and refine it by doing the following:

A. Market Research: Four steps are involved in conducting this research:

1. **Products or services:** Based upon all other assessment activities, make a list of what you **do** or **make**:

Products/Services I Do or Make

1. _____
2. _____
3. _____
4. _____
5. _____
6. _____
7. _____
8. _____
9. _____
10. _____

2. **Market:** Identify who needs, wants, or buys what you do or make. Be very specific. Include individuals, groups, and organizations. Then, identify **what** specific **needs** your products or services fill. Next, assess the **results** you achieve with your products or services.

The Market for My Products/Services

Individuals, groups, and organizations needing me:

1. _____
2. _____
3. _____
4. _____
5. _____

Needs I fulfill:

1. _____
2. _____
3. _____
4. _____
5. _____

Results/outcomes/impacts of my products/services:

1. _____
2. _____
3. _____
4. _____
5. _____

3. **New Markets:** Brainstorm a list of **who else** needs your products or services. Think about ways of expanding your market. Next, list any new needs your current or new market has which you might be able to fill:

Developing New Needs

Who else needs my products/services?

1. _____
2. _____
3. _____
4. _____
5. _____

New ways to expand my market:

1. _____
2. _____
3. _____
4. _____
5. _____

New needs I should fulfill:

1. _____
2. _____
3. _____
4. _____
5. _____

4. **New products and/or services:** List any new products or services you can offer and any new needs you can satisfy:

New Products/Services I Can Offer

1. _____
2. _____
3. _____
4. _____
5. _____

New Needs I Can Meet

1. _____
2. _____
3. _____
4. _____
5. _____

B. **Force Field Analysis:** Once you develop a tentative or firm objective, force field analysis can help you understand the various internal and external forces affecting the achievement of your objective. You complete force field analysis by engaging in the following order of activities:

- **Clearly state your objective or course of action.** Make sure it's based upon your MAS from Chapter 6 and is employer-oriented rather than self-centered.

- **List the positive and negative forces affecting your objective.** Specify the internal and external forces working **for** and **against** you in terms of who, what, where, when, and how much. Estimate the impact of each on your objective.

- **Analyze the forces.** Assess the importance of each force upon your objective and its probable effect upon you. Some forces may be irrelevant to your goal. You may need additional information to make a thorough analysis.

- **Maximize positive forces and minimize negative ones.** Identify actions you can take to strengthen positive forces and to neutralize, overcome, or reverse negative forces. Focus on real, important, and probable key forces.

- **Assess the likelihood of attaining your objective** and, if necessary, modifying it in light of new information.

C. **Conduct Online and Library Research:** This research should strengthen and clarify your objective. Consult various reference materials on alternative jobs and careers. Many of these resources are available in print form at your local library or bookstore. Some are available electronically and can be accessed through your local library. (Check to see if your library has online databases, such as Dun and Bradstreet's, which can be accessed from a home computer using your local library card.) If you explore the numerous company profiles and career sites available on the Internet, you should be able to tap into a wealth of information on alternative jobs and careers. See Chapter 8 for more information on conducting research.

D. **Conduct Informational Interviews:** This may be the most useful way to clarify and refine your objective. See Chapter 10 for details on networking and informational interviews.

After completing these steps, you will have identified what it is you **can** do (abilities and skills), enlarged your thinking to include what it is you would **like** to do (aspirations), and explored the realities of implementing your objective. Thus, setting a realistic work objective is a function of the many considerations outlined on page 112.

Your work objective is a function of both subjective and objective information as well as combines idealism with realism. I believe the strongest emphasis should be placed on your competencies and should include as much information on yourself as possible. Your work objective is realistic in that it is tempered by your past experiences, accomplishments, skills, and current research. An objective formulated in this manner permits you to think beyond your past experiences – a definite plus for ex-offenders who need to chart a new life after prison.

Objective Setting Process

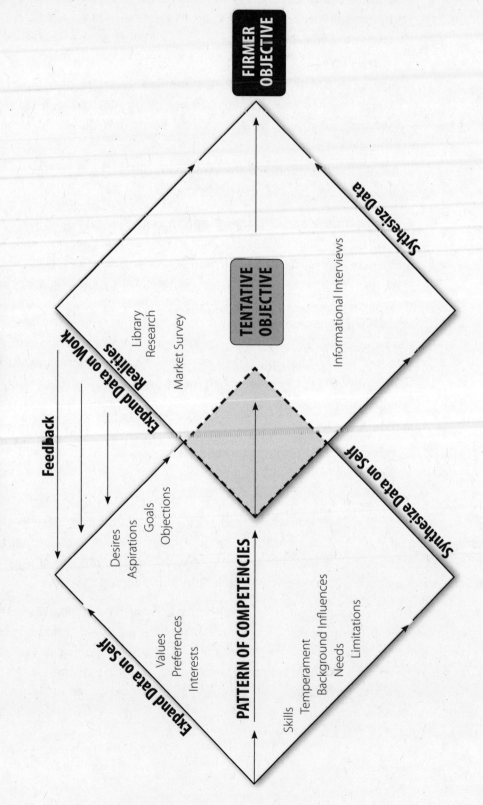

FIRMER OBJECTIVE

TENTATIVE OBJECTIVE

Synthesize Data

Informational Interviews

Library Research

Market Survey

Expand Data on Work
Realities

Feedback

Desires
Aspirations
Goals
Objections

Synthesize Data on Self

Values
Preferences
Interests

PATTERN OF COMPETENCIES

Skills
Temperament
Background Influences
Needs
Limitations

Expand Data on Self

State a Functional Objective

Your job objective should be oriented toward skills and results or outcomes. You can begin by stating a functional job objective at two different levels: a general objective and a specific one for communicating your qualifications to employers both on resumes and in interviews. Thus, this objective-setting process sets the stage for other key job search activities. For the general objective, begin with the statement:

Stating Your General Objective

I would like a job where I can use my ability to _____which will result in _____.

The objective in this statement is both a **skill** and an **outcome**. For example, you might state:

Skills-Based and Results-Oriented Objective

I would like a job where my experience in landscaping, supported by strong design interests and maintenance abilities, will result in more customers and greater profits for the company.

At a second level you may wish to re-write this objective in order to target it at various landscaping companies. For example, on your resume it becomes:

Job-Targeted Objective

An increasingly responsible planning position in landscaping, where proven design and maintenance abilities will be used for expanding the company's clientele.

The following are examples of weak and strong objective statements. Various styles are also presented.

Weak Objectives

A challenging Landscaping position with a progressive company that leads to career advancement.

_____

A position in Substance Abuse Counseling that will allow me to work with people in a helping capacity.

_____

A position in Electronics with a progressive firm.

_____

Sales Representative with opportunity for advancement.

_____

Stronger Objectives

*To use computer science training in **software development** for designing and implementing operating systems.*

_____

*To use innovative **landscape design** training for developing award-winning approaches to designing commercial properties.*

_____

*A responsible **front desk position** with a major hotel that uses strong organization and communication skills for improving customer service.*

_____

*A **masonry position** with a commercial construction firm that values creative stonework and rewards hard working, responsible, and loyal employees.*

_____

*A challenging **sales position** in real estate where sales/customer service experience and strong communication and market skills will be used for expanding agency listings and commercial sales. Long term goal: top sales associate within five years and general manager of a branch real estate office within 10 years.*

_____

Answer the Big Question

It is important to relate your objective to your audience. While you definitely want a good job that pays well, your audience wants to know what you can do for them in exchange for a good paying job. Remember this:

> *Your objective should be work-centered, not self-centered.*

We will return to this discussion when we examine how to develop the objective section on your resume. Your objective will become the key element for organizing all other elements on your resume. It gives meaning and direction to your job search. Your objective says something very important about how you want to conduct your life with the employer. It gives them an important indicator of the **value** you will bring to this job. Most important of all, it tells them who you really are in terms of your key values and accomplishments – a short answer to the big question of *"**Why should I hire you?**"*

8

Conduct Research on Jobs, Employers, and Communities

K NOWLEDGE IS POWER when conducting a job search. The more you know about yourself (Chapters 6 and 7), jobs, companies, and employers, the more effective you should be in making decisions that lead to landing the right job for you.

Life doesn't just happen. It involves making deliberate choices, which have both good and bad consequences. We believe you can make the best decisions based upon a good foundation of information rather than just doing things based upon emotions, guesses, or intuition. That's where research becomes important.

Research is the lifeblood of an effective job search. It is the process of acquiring information in order to make better choices. It involves reading, talking, listening, observing, analyzing, formulating conclusions, and selecting alternative courses of action. It feeds a curious mind.

Decisions, Decisions, Decisions

Once you are released, you have lots of important decisions to make – from housing to employment – that may have life-altering consequences. At times the pressure to make so many responsible decisions can be overwhelming, especially since most basic food, clothing, housing, work, and leisure decisions were made for you during your incarceration. Since you may be entering unfamiliar territory with new responsibilities, you want to gather as much information as possible before making important decisions. A simple decision, such as contacting a friend for information and advice or walking into a One-Stop Career Center to talk to a career counselor about job opportunities, can have important consequences if such contacts and resulting information lead to finding a job you enjoy doing.

Let's look at how you can best conduct research for supporting a well organized and targeted job search. In so doing, you should be able to develop some useful research skills to better direct your job search.

Employment Decisions

Since you may know little about the job market, you need to acquire information in several important employment areas. These should become the central focus of your research activities:

1. **Job alternatives:** What jobs are available and which ones most interest you? What are the education and skill requirements, working conditions, and potential salary, benefits, and advancement opportunities?

2. **Employers and companies:** Who's hiring for what types of jobs? How do you reach the people who make the hiring decisions?

3. **Communities and neighborhoods:** Are you looking in the right places? Will you need to move or commute to your next job? Do you have probation or parole issues that may prevent you from relocating to another community?

Much research can be done during your pre-release. You can visit your library for resources, talk to correctional staff members, and write letters to family members, friends, and potential employers. If you do nothing else while incarcerated, read, read, read, and write, write, write about alternative jobs, employers, and communities. Talk to people in your institution about possible jobs and careers. Get focused on your future and develop new goals (Chapter 7). Learn to conduct informational interviews (see Chapter 10), which lead to acquiring information, advice, and referrals, by communicating with knowledgeable people.

Once you are released, your research options will increase dramatically. Now you can work with your P.O., who may have a list of local employers who regularly hire ex-offenders, and visit your local library, One-Stop Career Center, and several support groups that assist ex-offenders in transition. You can use the Internet and interview people by phone, email, and in face-to-face meetings. Use these resources frequently. Start developing a plan of action for creating a new future centered around goals and employment.

Job Alternatives

A great deal of research can be done while you are incarcerated. Visit your library and look for any of these useful books and directories that examine alternative jobs and careers. Many are relevant to the interests, skills, and educational backgrounds of ex-offenders:

50 Best Jobs for Your Personality

100 Fastest-Growing Careers

150 Best Jobs for a Secure Future

150 Best Jobs for Your Skills

150 Best Low-Stress Jobs

200 Best Jobs for Introverts

200 Best Jobs Through Apprenticeships

250 Best Paying Jobs

300 Best Jobs Without a Four-Year Degree

Best Jobs for the 21ˢᵗ Century

Enhanced Occupational Outlook Handbook

Occupational Outlook Handbook

Top 100 Careers for College Graduates

Top 100 Health-Care Careers

Most of these resources describe numerous jobs as well as include information on occupational outlook over the next 10 years, education and training requirements, working conditions, positions, salary ranges, and advancement opportunities.

We especially recommend reviewing the U.S. Department of Labor's *Occupational Outlook Handbook* and *The O*NET Dictionary of Occupational Titles*. Both books also can be viewed online by visiting these two websites:

- *Occupational Outlook Handbook*   www.bls.gov/oco
- *The O*NET Dictionary*   www.onetonline.org

The *Occupational Outlook Handbook* reviews nearly 300 occupations covering over 85 percent of all jobs. *The O*NET Dictionary of Occupational Titles* provides details on nearly 1,110 jobs.

The U.S. Department of Labor gathers a great deal of information on growing and declining jobs. For example, their most recent surveys indicate the following jobs are the fastest growing jobs in the decade ahead. Each requires particular levels of education and training. As might be expected in today's high-tech and service economy, technical and service occupations will grow the fastest in the coming decade:

Fastest Growing Occupations, 2012-2022*
(Numbers in thousands of jobs)

Occupational Title	Employment 2012	2022	Percent % Change	Median annual wage, 2012
Total, All Occupations	145,355.8	160,983.7	10.8	$34,750
Industrial-organizational psychologists	1.6	2.5	3.4	$83,580
Personal care aides	1,190.6	1,771.4	48.8	$19,910
Home health aides	875.1	1,299.3	48.5	$20,820
Insulation workers, mechanical	28.9	42.4	46.7	$39,170
Interpreters and translators	63.6	92.9	46.1	$45,430
Diagnostic medical sonographers	58.8	85.9	46.0	$65,860
Helpers – brickmasons, blockmasons, stonemasons, and tile and marble setters	24.4	34.9	43.0	$28,220
Occupational therapy assistants	30.3	43.2	42.6	$53,240
Genetic counselors	2.1	3.0	41.2	$56,800
Physical therapist assistants	71.4	100.7	41.0	$52,160
Physical therapist aides	50.0	70.1	40.1	$23,880
Skincare specialists	44.4	62.0	39.8	$28,640
Physician assistants	86.7	120.0	38.4	$90,930
Segmental pavers	1.8	2.4	38.1	$33,720
Helpers – electricians	60.8	83.3	36.9	$27,670
Information security analysts	75.1	102.5	36.5	$86,170
Occupational therapy aides	8.4	11.4	36.2	$26,850
Health specialties teachers, postsecondary	190.0	258.6	36.1	$81,140
Medical secretaries	525.6	714.9	36.0	$31,350
Physical therapists	204.2	277.7	36.0	$79,860
Orthotists and prosthetists	8.5	11.5	35.5	$62,670
Brickmasons and blockmasons	71.0	96.2	35.5	$46,440
Nursing instructors/teachers, postsecondary	67.8	91.8	35.4	$64,850
Nurse practitioners	110.2	147.3	33.7	$89,960
Audiologist	13.0	17.3	33.6	$69,720
Dental hygienists	192.8	256.9	33.3	$70,210
Meeting, convention, and event planners	94.2	125.4	33.2	$45,810
Market research analysts/market specialists	415.7	547.2	31.6	$60,300
Substance abuse and behavioral disorder counselors	89.6	117.7	31.4	$38.520

* Compiled by the Occupational Employment Statistics program,
   U.S. Deparmtnet of Labor, U.S. Bureau of Labor Statistics

Employers and Companies

While it's important to know about alternative jobs and careers, including growing and declining occupations, in the end, you need specifics about who is actually hiring for what types of jobs in **your** community. After release, be sure to visit your local library and One-Stop Career Center, which will have a great deal of information on local businesses and employers. Ask for assistance in locating employers. The One-Stop Career Center may have a series of notebooks on local companies, including current job listings provided by various employers.

While many people primarily look to large companies for employment, don't forget to do research on small businesses and nonprofit organizations in your community, which hire many more people than large companies. Indeed, small businesses account for nearly 85 percent of all employment in America. Many of these employers also are more willing to hire ex-offenders than large companies.

> *Don't forget to do research on small businesses and nonprofit organizations. Many of these employers are more willing to hire ex-offenders than large companies.*

One of your best sources of information on employers and companies will be the Internet. Most businesses and organizations have their own websites, which include information about what they do and who and how they hire. Many also will have online application forms or information on submitting an electronic resume. You can easily find employers by using any major search engine, such as Google.com, Yahoo.com, MSN.com, or AskJeeves.com. My favorite gateway websites or online directories to businesses and companies include:

- **CEO Express**   www.ceoexpress.com
- **Hoover's Online**   www.hoovers.com
- **Dun and Bradstreet's Million
  Dollar Databases**   www.mergentmddi.com
- **Corporate Information**   www.corporateinformation.com
- **AllBusiness**   www.allbusiness.com
- **BizWeb**   www.bizweb.com
- **Business.com**   www.business.com
- **America's CareerInfoNet**   www.acinet.org

The first four websites are the top ones for conducting research on large companies and organizations. Small businesses can be accessed through some of these online resources.

Websites that focus on **government jobs**, which you may or may not qualify for because of your background, include:

- **USA Jobs**   www.usajobs.gov
- **FederalJobsCentral**   www.fedjobs.com
- **Federal Jobs Digest**   www.federaljobsdigest.com
- **Search Fed Jobs**   www.searchfedjobs.com

Individuals interested in working in the **nonprofit sector** should visit these useful gateway websites:

- **GuideStar**   www.guidestar.org
- **Action Without Borders**   www.idealist.org
- **Foundation Center**   www.fdncenter.org
- **Independent Sector**   www.independentsector.org

The following directories, which should be available through either your local library, One-Stop Career Center, or online are well worth reviewing:

- *Almanac of American Employers*
- *Almanac of American Employers: Mid-Size Firms*
- *The Directory of Corporate Affiliations: Who Owns Whom*
- *Dun & Bradstreet's Middle Market Directory*
- *Dun & Bradstreet's Million Dollar Directory*
- *Encyclopedia of Business Information Sources*
- *Standard & Poor's Industrial Index*
- *Standard Rate and Data Business Publications Directory*
- *Thomas Register of American Manufacturers*

Communities

If the terms of your reentry include community restrictions because of probation, parole, or the nature of your crime, this section may be of limited usefulness in your job search. It also may be limited if you lack appropriate education and marketable skills for the job market. Nonetheless, it should become increasingly relevant in the years ahead after you have completed your post-release sentencing requirements.

Identifying the geographical area where you would like to work will be one of your most important decisions. Once you make this decision, other job search decisions and activities become easier. For example, if you live in a small town with limited job opportunities, you should consider moving to a city that has greater job opportunities or perhaps start your own business. If you decide to move, you will need to develop a long-distance job search campaign which would involve visiting community websites, writing letters, making long-distance phone calls, and visiting a community.

Deciding where you want to live involves researching various communities and comparing advantages and disadvantages of each. In addition to identifying specific job alternatives, organizations, and individuals in the community, you need to do research on other aspects of the community. After all, you will live in the community, buy or rent a residence, perhaps send children to school, and participate in community organizations and events. Often these environmental factors are just as important to your happiness and well-being as the particular job you accept. Renting an apartment in one community may run $700 a month whereas a similar apartment in another community may be over $1,200 a month. It would be foolish for you to take a new job without first researching several aspects of the community other than job opportunities.

Will you be living and looking for work in a community of hope or one of despair? Will you be relocating to one of the best or worst states for employment? Let's look at some revealing statistics on communities.

Unemployment By States (March 2015)

State	Percentage	State	Percentage
10 Lowest for Unemployment		**10 Highest for Unemployment**	
Nebraska	2.6	Connecticut	6.4
North Dakota	3.1	Alaska	6.5
Utah	3.4	Califonria	6.5
South Dakota	3.5	New Jersey	6.5
Minnesota	3.7	Louisiana	6.6
Idaho	3.8	West Virginia	6.6
Vermont	3.8	South Carolina	6.7
New Hampshnire	3.9	Mississippi	6.8
Oklahoma	3.9	Nevada	7.1
Iowa	4.0	District of Columbia	7.7

Employment and unemployment figures for states tell you nothing about the employment situation in particular cities and counties. For example, while Washington, DC has one of the highest unemployment rates in the country, three counties just 20 miles south and west of Washington, DC have some of the lowest unemployment rates in the country – Prince William, Fairfax, and Loudoun counties. Many of the best job opportunities will be found in thriving suburbs within 10 to 20 miles of large cities. Not surprisingly, many people move to these communities because of the abundance of good job opportunities.

You should consider moving to communities that are experiencing low unemployment coupled with steady job growth as well as offering attractive lifestyles. A *Glassdoor* study for 2015 ranked America's 50 biggest cities and identified 25 that were best for workers, especially in reference to housing affordability, employee job satisfaction ratings (on Glassdoor's popular website – www.glassdoor.com), and how easy it is to get a job. Popular cities such as Riverside, California, and Las Vegas ranked near the bottom. Glassdoor's 25 cities (actually metropolitan areas) are considered some of the top wealth creators which also offer attractive lifestyles and excellent quality of life. The first five cities are noted for higher education and high-tech orientation:

Glassdoor's Top 25 Best Places to Work, 2015

Rank	City	Number of Job Openings	Population	Median Base Salary	Medium Home Value
1	Raleigh, NC	24,146	1,242,974	$50,950	$198.400
2	Kansas City, MO	28,786	2,071,133	$46,000	$138,500
3	Oklahoma City, OK	16,759	1,336,759	$38,100	$129,400
4	Austin, TX	33,198	1,943,299	$50,000	$226,400
5	Seattle, WA	69,423	3,671,478	$70,000	$344,700
6	Salt Lake City, UT	17,970	1,153,340	$44,000	$224,000
7	San Jose, CA	51,439	1,952,872	$99,000	$863,800
8	Louisville, KY	16,295	1,269,702	$40,000	$131,100
9	San Antonio, TX	29,980	2,328,652	$40,000	$147,600
10	Washington, DC	116,770	6,033,737	$61,000	$361,200
11	St. Louis MO	31,365	2,806,207	$45,000	$133,200
12	San Francisco, CA	94,933	4,594,060	$70,000	$728,000
13	Columbus, OH	25,242	1,994,536	$43,000	$146,700
14	Dallas-Fort Worth, TX	102,311	6,954,330	$50,000	$157,900
15	Boston, MA	66,563	4,732,161	$56,000	$367,600
16	Minneapolis-St. Paul, MN	48,231	3,495,176	$52,000	$310,300
17	Atlanta, GA	69,642	5,614,323	$49,180	$155,200
18	Memphis, TN	14,776	1,343,230	$42,000	$107,000
19	Indianapolis, IN	23,863	1,971,274	$44,000	$130,100
20	Chicago, IL	124,633	9,554,598	$50,000	$186,900
21	Houston, TX	74,442	6,490,180	$52,000	$157,900
22	Baltimore, MD	45,558	2,785,874	$46,000	$244,100
23	Richmond, VA	17,933	1,260,029	$45,000	$186,300
24	Pittsburgh, PA	29,456	2,355,968	$43,000	$124,500
25	Nashville, TN	27,850	1,792,649	$41,600	$176,700

Communities in and around these metropolitan areas are likely to experience solid growth in the decade ahead. Many communities within the Washington (DC), Atlanta (GA), and Minneapolis/St. Paul (MN) metropolitan areas have long been star performers, because of their extensive medical facilities and high-tech infrastructure as well as their attractive lifestyles. They will probably continue to be great growth communities. They will generate a disproportionate number of high-paying jobs due to the high quality nature of their jobs and workforces.

Community growth and decline trends should be considered as part of your job and career options. If you live in a declining community with few opportunities for your skills and interests, seriously consider relocating to a growth community. Depressed communities simply do not generate enough jobs for their populations, and the quality of jobs tends to be low. Many communities with populations of 100,000 to 500,000 (Charleston, SC; Savannah, GA; Madison, WI; Boulder, CO; Boise, ID; Asheville, NC; Santa Barbara, CA; Eugene, OR; Fargo, NC; Ames, IA; Greenville, SC; Rochester, MN; Bozeman, MT) offer a nice variety of job and lifestyle options.

Research on different communities can be done at your local library or on the Internet. Several resources will provide you with a current profile of various communities. Statistical overviews and comparisons of states and cities, for example, are found in the *U.S. Census Data*, *The Book of the States*, and *The Municipal Yearbook*. Many libraries have a reference section of telephone books on various cities. If this section is weak or absent in your local library, check out several websites that function as **telephone directories**, such as:

- **Yellow Pages**   www.yellow.com
- **Yahoo! Local**   local.yahoo.com
- **Switchboard**   www.switchboard.com
- **SuperPages**   www.superpages.com
- **WhitePages**   www.whitepages.com

In addition to giving you names, addresses, and telephone numbers, these websites are invaluable sources of information on local companies and organizations that you may wish to target for employment.

Many large libraries also have state and community directories as well as subscriptions to some state and community magazines and city newspapers. Using the Internet, you can explore hundreds of **newspapers and magazines** linked to these key websites:

- **Internet Public Library**   www.ipl.org/div/news
- **Newslink**   http://newslink.org
- **Newspapers.com**   www.newspapers.com
- **Online Newspapers**   www.onlinenewspapers.com
- **The Paper Boy**   www.thepaperboy.com
- **Huffington Post**   www.huffingtonpost.com
- **CEO Express**   www.ceoexpress.com

Research magazine, journal, and newspaper articles on different communities by consulting several print and online references available through your local library.

The Internet has a wealth of information on the best places to live and work. For information on the **best places to live**, visit these websites:

- **Sperling's BestPlaces**   www.bestplaces.net
- **Find Your Spot**   www.findyourspot.com
- **Livability**   livability.com

For information on the **best places to work**, check out these websites:

- **BestJobsUSA**   www.bestjobsusa.com/best-places-to-work/
    employer-rankings
- **College Grad**   www.collegegrad.com/topemployers
- **Forbes Magazine**   www.forbes.com/lists
- **Fortune Magazine**   www.fortune.com (see "Rankings")
- **Glassdoor**   www.glassdoor.com/Best-Places-to-Work-
    LST_KQ0,19.htm
- **Great Place to Work**   http://greatplacetowork.com
- **JobStar Central**   www.jobstar.org/hidden/bestcos.php
- **Quintessential Careers**   www.quintcareers.com/best_places_to_work.html
- **Working Mother**   www.workingmother.com/best-companies

If you want to **explore various communities**, you should examine several of these gateway community sites:

- **Boulevards**   http://boulevards.com
- **CityGuides, Yahoo**   http://cityguides.local.yahoo.com
- **CitySearch**   www.citysearch.com
- **Mapquest**   local.mapquest.com
- **Official City Sites**   officialcitysites.org
- **USA CityLink**   http://usacitylink.com
- **Yahoo City Guides**   cityguides.local.yahoo.com

Most major communities and newspapers have websites. You'll find a wealth of community-based information and linkages on such homepages, from newspapers and housing information to local employers, schools, recreation, and community services. Several employment sites include relocation information and salary calculators which provide information on the cost of living in, as well as the cost of moving to, different communities.

If you are trying to determine the best place to live, you should start with the latest edition of Bert Sperling's and Peter Sander's *Cities Ranked and Rated* and David Savageau's *Places Rated Almanac* (John Wiley & Sons). While somewhat dated, these books rank cities by various indicators. Books on best places to retire are more current and offer useful information for anyone interested in moving to attractive communities.

Start with Mary Lu Abbott and Annette Fuller, *America's 100 Best Places to Retire* (Vacation Publications), and John Howells, *Where to Retire: America's Best and Most Affordable Places* (Globe Pequot Press). Both *Money* magazine and *U.S. News & World Report* publish annual surveys of the best places to live in the U.S., which can be accessed online by doing a Google search.

After narrowing the number of communities that interest you, further research them in depth. Start by exploring community homepages on the Internet (search by community name). Then kick off community-based research. Ask your relatives, friends, and acquaintances for contacts in the particular community; they may know people whom you can write, telephone, or email for information and referrals. Once you have decided to focus on one community, visit it in order to establish personal contacts with key reference points, such as the local Chamber of Commerce, real estate firms, schools, libraries, churches, government agencies, business firms and associations, and support groups that work with ex-offenders. Begin developing personal networks based upon your research. Survey the local newspaper and any community magazines which help profile the community. Follow the classified, society, financial, and real estate sections of the newspaper – especially the Sunday edition. Your overall research should focus on developing personal contacts which may assist you in both your job search and your move to the community.

Questions You Should Ask

The key to conducting useful research lies in the questions you ask. Once you narrow your focus to a few companies and organizations, you should focus on three key questions that will yield useful information for guiding your job search:

- **Who has the power to hire?** It's seldom the personnel office, which is charged with administrative duties. Hiring power usually lies in the operating units. This question leads to several other related questions: Who describes the positions? Who announces vacancies? Who receives applications? Who administers tests? Who selects eligible candidates? Who chooses whom to interview? Who conducts the interview? Who offers the jobs?

- **How does the company or organization operate?** Try to learn as much as possible about internal operations. Is this a good place to work? Are employees generally happy working here? What about advancement opportunities, working conditions, salaries, relationships among co-workers and supervisors, growth patterns, internal politics, management style, work values, and opportunities for taking initiative? Start by looking for your targeted community and featured companies on www.glassdoor.com to see what local workers have to say about their employers. You may be surprised what you learn from this website!

- **What do I need to do to get a job with this company or organization?** The best way to find how to get a job in a particular organization is to follow the advice in Chapter 10 on prospecting, networking, and informational interviewing. This question can only be answered by talking to people who know both the formal and informal hiring practices. Your networking activities also will help you answer the first two questions.

If you can answer many of these questions, you'll learn a great deal about a potential employer. You'll discover whether or not you are interested in working for the company, and you'll acquire valuable inside information that will give you an edge over the competition. You'll know who should get your resume, and you'll be able to ask good questions at the job interview

9

Write Effective Applications, Resumes, and Letters

EMPLOYERS WANT TO SEE YOU on paper, in a database, or on a computer screen **before** meeting you in person. How you complete applications and write, produce, distribute, and follow up resumes and letters will largely determine whether or not you will be invited to a job interview and offered a job. As you will quickly discover, applications and resumes are **calling cards** for opening the doors of employers. Letters add sizzle to resumes as well as open more doors to getting a job.

Important Issues for You

You are well advised to pay particular attention to how you handle these critical written stages of your job search. In addition to observing the basic rules of effective applications, resumes, and letters, you need to deal with the issue of **disclosure** – revealing that you have a criminal record.

Let's look at the basic elements that go into this written phase of your job search as well as address the disclosure issue prior to facing it again in the job interview. In so doing, you should be better prepared to open the doors of employers despite red flags that might turn off some employers.

One word of advice before I proceed with this discussion. Many ex-offenders with low education, language, and skill levels have difficulty writing, especially in handling basic spelling and grammar. If you have serious writing problems – nouns, verbs, adverbs, sentence and paragraph structure – you will be rejected by many employers who value good communication skills. Most won't tell you to your face that you have significant communication problems; they simply won't hire you because you appear potentially illiterate and thus incompetent. Bad spelling and grammar are major **red flags** that will quickly knock you out of consideration and affect your employment future. **Get help!**

It's **never** too late to improve your spelling and grammar as well as your overall communication skills. Start with a good communication improvement book, such as *Woe Is I*. Many of the groups and organizations I identified in Chapter 4 can assist you with this critical skill issue.

Application Tips

Many employers require applicants to fill out job applications or complete an online profile or resume. If, for example, you walk into a grocery store or retail business, you may be asked to complete an online application. In a few cases (rarely happens these days) you may be given a two- to four-page application form to be completed by hand.

While some companies routinely give anyone interested in a job a chance to fill out an application, the trend is to quickly dismiss walk-in applicants by telling them to just apply online through the company's website. Indeed, most companies these days hate dealing with walk-in applicants – such spontaneous candidates disrupt someone's daily routine, which does not include dealing with walk-in applicants. In other words, walking into a company to complete an application form wastes their staff's time, because you should have "followed the formal rules" by first going to the company's website to apply online. Walk-ins are more likely to apply in person in the case of mom-and-pop stores and food service operations with "Help Wanted" signs in their windows. Having said that, nonetheless, many ex-offenders focus on companies with high turnover (food service and construction), very small companies that are more likely to hire walk-in candidates, and those who do minimal background checks. Indeed, despite what you hear about online applications, if your timing is right (a vacancy just became available and they need to fill it immediately), your first job on the outside may come about because you made the effort to walk into a company and ask about vacancies and an application. You broke the rules and got the job. Congratulations!

The following 20 tips should help you complete a job application to the expectations of employers and improve your chances of getting a job interview:

1. **Dress neatly.** If you're successfully doing a walk-in, assume you'll be observed when you complete the application. The person taking your application may make a note about your appearance and communication skills. Since you could be interviewed on the spot, dress as if you were going to a job interview and observe all the rules for positive verbal and nonverbal behavior (see Chapter 11). **First impressions** are always important, be it on an application, over the telephone, online, or in person. But don't be disappointed if you get a quick brush-off – no one wants to talk to you about employment. They just want you to go away and/or online!

2. **Take two copies of the application form.** If you are picking up an application form to take with you, get two copies. Use the one copy to draft your answers and the other copy to submit as a neat, clean, and error-free application.

3. **Read the instructions carefully and follow them completely.** An application is your first screening test in more ways than you may think. Start by reading through the whole application to see exactly what information is required for completion. If you lack sufficient information, don't complete the application since you will be submitting an incomplete application, which is a negative. Return later with the information that you didn't have the first time. Follow the instructions. If it says print, then you print. If it says last name first, then write accordingly. If it asks for a phone number, provide one. If it asks for your supervisor's name, reason for leaving each job, and pay rates, supply this information. If it says provide three references, then give the details on three references. Failure to complete an application according to instructions communicates a terrible message – you simply can't follow instructions, or you have something to hide! No one wants to hire such people. You've just wasted your time filling out an incomplete application.

4. **Use a black ink pen when writing.** Avoid using a pencil or an ink color other than black. In fact, many applications will ask you to use a black pen. An application completed in pencil looks unprofessional and one completed in a non-black ink may be difficult to read if the application is run through a copy machine.

5. **Answer each question.** It's important to respond to each question – no blanks left that could raise questions in the mind of the reviewer about your willingness to disclose. For example, if you don't have a permanent address or telephone number, use the address and number of a friend or relative who agrees to serve as your contact location. Do not appear homeless on an application – it raises all kinds of questions about transportation, stability, and work history. If a question does not relate to your situation, such as military service, type or write "N/A" which means "Not Applicable."

6. **Try to write as neatly as possible.** The neatness and style of your handwriting or typing may be interpreted by the reader as an indication of your personality and work habits. If it looks sloppy, with letters or words crossed out or misspelled, the reader may think you are confused, careless, or sloppy in your work habits.

7. **Be prepared to complete each section of the application.** If you know you will be applying for a job, take to the application center all information you may need to complete the application in full. You may want to complete a mock or draft application form, which you always take with you, that contains

most information you are likely to be asked on an application. This would include a list of previous employers, addresses, telephone numbers, employment dates, information about your work, and documents (Social Security number and driver's license). You also want to have with you details on your educational background and references. Trying to recall this information by memory may lead to inaccurate statements or an incomplete application; you'll be demonstrating two negatives to the employer even before the job interview: you are unprepared and you're not serious about employment.

8. **Include all previous employers.** Reveal all of your previous employers, even if you were fired. Many people get fired and it's not held against them by other employers. You can always explain the situation, but you will have greater difficulty trying to explain a major employment gap. Many ex-offenders also include their prison work experience at a state or federal job, such as Custodian, State of Louisiana, or Machine Operator, State of Texas. If, indeed, you had janitorial duties and operated machines, such as those in the laundry room, these are truthful employment statements that do not prematurely raise a red flag that you served time in XYZ Penitentiary. You have work experience, you used skills, and you have someone who can serve as a reference. Most important of all, you filled in a potential time gap that might have indicated you were hiding something or you were unemployed for a long period of time. Hiding your record indicates you may be a con artist. No one wants to hire someone who is deceptive. If you can't be trusted with the truth at the application stage, why would anyone want to trust you on the job?

9. **If you lack work experience, be creative.** Each year millions of people first enter the job market without formal work experience or a job. However, that doesn't mean they lack work-related experience. If you did not hold a regular job but have volunteer or other life experiences related to skills found in the workplace, include these in the work experience section. Did you assist a group (church, school, sports team, community organization)? Did you sell something? (Yes, even illegal street activities may demonstrate certain "transferable" skills to legitimate work settings and activities.)

10. **Appear educated, even if you lack formal credentials.** Let's face it. Few employers want to hire someone without a high school education. If you lack a high school education but have a GED, include the date you completed your GED. If you do not have a GED, get enrolled in a program **before** you fill out any applications and then state on your application that you are completing your GED in a specific month and year. If you've completed a training program or acquired specialized skills, include those on your application under Education. Make sure you appear educated and thoughtful – no

misspelling, poor grammar, or stupid and smart aleck statements – in each section of your application.

11. **Handle sensitive questions with tact.** An application is not a place to confess your sins, reveal red flags, or prematurely show your hand (remember the rule in poker – he who first reveals his hand loses the game). Like a resume, an application becomes your calling card to be invited to the interview. As we noted on page 5, many states have now "banned the box" that raises this sensitive and potentially self-incriminating question – *"Have you ever been convicted of a crime? If yes, please explain."* For ex-offenders, this is the ultimate lose-lose question and answering it will more or less be troublesome. Indeed, a great deal of controversy surrounds advice on how to best respond to this question. Some say you should be completely honest and reveal the truth. But the truth is often complicated and sensitive – it can be stated many different ways and with different outcomes for the truth-teller. I have an old adage that is worth pondering: **Tell the truth but don't be stupid**. In fact, kids say the dumbest things in the name truthfulness. Most applicants believe they have three choices in responding to this question: Lie, tell the truth, or leave it blank. All three choices may have negative consequences for getting the job interview or keeping the job. In addition, the law may require you to disclose your criminal record to employers, and you must sign applications, indicating your answers are truthful. However, there is a fourth choice in answering this question which leaves the door open: simply write *"Please discuss with me"* or *"Will discuss at the interview."* This could be a knock-out statement, but it is marginally better than the alternatives. These statements indicate you have a conviction, you're not hiding it, and you are prepared to discuss it at the appropriate time. If you must include some details, keep them short and focused on the future, such as *"Will complete parole or probation in 20__."* Depending on the nature of your crime (murder, sex, and assault are the worst crimes to admit and explain), you cannot adequately explain your record in one or two sentences. Indeed, most short statements raise more negative questions than they answer. This question is best dealt with in a face-to-face meeting where you will have a chance to control the conversation by explaining and demonstrating six things: (1) you made a serious mistake, (2) you took responsibility, (3) you've done several things to change your life, (4) you're not a risk, (5) you want a chance to prove yourself, and (6) you are positive, enthusiastic, energetic, and ready to perform beyond the employer's expectations. Whatever you do, don't lie or leave this question blank. A similar response should be given to another sensitive question: *"Have you ever been fired?"* Respond by writing *"Please see me"* or *"Will discuss at the interview."* The good news is that most states will probably "ban the box" on the application form within the next decade. The bad news is that you still have to deal with the criminal record issue in both the job interview and

the background check. The truth will finally come out and, hopefully, you'll have a good story to tell about your transformation and redemption.

12. **Avoid abbreviations.** Not all readers share the same knowledge of abbreviations. You can abbreviate the obvious, such as Street (St.), Avenue (Ave.), or Boulevard (Blvd.), but spell out the not-so-obvious. If, for example, you lived or worked in Los Angeles, your application should say Los Angeles rather than L.A.

13. **Avoid vague statements.** If you state that you can operate a computer, indicate at what level and with which programs. If you are a driver, indicate what type of vehicle or equipment you work with. The more details you give, the more impressive will be your application.

14. **Avoid revealing salary information.** If the application asks for your salary expectations (pay or salary desired), state *"Open"* or *"Will discuss at the interview."* Always keep this question to the very end of the interview – **after** you have been offered the job. The old poker saying that *"He who reveals his hand is at a disadvantage"* is very true in the job search. Get the **employer** to first reveal his hand before you talk about your salary expectations. We'll have more to say on this subject in Chapter 12.

15. **Include interests and hobbies relevant to the job.** If asked about any interests and hobbies, try to select examples relevant to the job. If, for example, you are applying for an outdoor job that requires physical stamina, outdoor sports interests would be supportive of such a job.

16. **Include additional comments if appropriate.** Some applications will have a section for additional comments. This is the place you want to indicate your goals, state your interests, and make a pitch for the job. Get yourself set up for the job interview by stating something to this effect:

> "I'm especially interested in this job, because I love working with inventory management software and streamlining operations that save companies both time and money. I would appreciate an opportunity to discuss how my experience can best meet your needs."

17. **Remember to sign the application.** The very last thing you need to do is sign and date your application. Failure to do so may invalidate your application and raise questions about your ability to follow instructions.

18. **Read and re-read your answers.** Make sure you proofread your application for any errors, omissions, or misspellings. Like the perfect resume, you want an error-proof application.

19. **Attach your resume to the application form.** At least for employers, applications are a necessary evil in the screening and hiring processes. Most applica-

tions follow a similar and rather dull format that yields little information about who you really are and what you have done, can do, and will do in the future. Few applications allow the flexibility to state your goals, skills, and accomplishments. If you write an achievement oriented resume, as we will shortly discuss, submit it along with your application. With a resume, you structure the reader's thinking around your major strengths rather than allow the reader to control information about you, which is exactly what an application does for the employer. With a well written resume, you may quickly grab the attention of the employer who will want to invite you to a job interview. Your resume, not your application, becomes the central focus of the job interview.

20. **Be sure to follow up.** When you submit the application, ask when you might expect to hear from the employer on the status of your application. If they say within two weeks, be sure to call and ask about your candidacy in two weeks. In some cases, the follow-up telephone call will result in a job interview. After all, the employer may still be reviewing applications, and your call may force him or her to take a second look at your application (and attached resume). Most important of all, your call indicates that you are still interested in the job. For tips on how to best handle such telephone situations in a job search, see my companion re-entry book with Neil McNulty – *The Ex-Offender's 30/30 Job Solution: How to Quickly Find a Lifeboat Job Close to Home* (Impact Publications, 2016).

Why a Resume?

Resumes used to be required for most white-collar or professional positions. They were seen as necessary documents for well educated and skilled individuals. However, today many employers expect to see resumes for blue-collar and entry-level positions. As the job search has moved online, online resumes, along with related professional profiles, video presentations, and websites have become key to getting job interviews.

There are two basic reasons you need to write a resume rather than just rely on completing applications:

1. **Employers want to see you on paper or online in the form of a resume.** More and more employers require resumes as part of the pre-employment screening process. They expect candidates to present their qualifications in this form. Many employers include employment sections on their websites, which require prospective candidates to complete an online application or questionnaire, submit an electronic resume, or complete a "profile," which is essentially a mini-resume.

2. **You need to organize yourself around a resume.** As you will quickly discover, a resume is a powerful device for organizing you and your job search. A

relatively simple one-page resume requires you to develop an objective, identify your key skills and accomplishments, and document your education and work history. Most important of all, it gives you and others a snapshot of who you really are in terms of your goals and accomplishments. For many job seekers, a well-crafted resume that showcases their major strengths significantly improves their self-esteem (*"Wow . . . this is who I really am!"*) as well as transforms the way they see and approach the world of work.

Resume Rules

Resumes play a central role in a job search. Employers normally want to see a resume **before** interviewing a candidate. From the perspective of the employer, a resume should be a concise summary of your qualifications. **It should tell an employer what you have done, can do, and are likely to do in the future.** Employers use resumes to screen candidates for interviews. During the interview, the information on the resume may be the subject of several questions about a candidate's background, accomplishments, and future goals.

From the perspective of job seekers, a resume is an **advertisement** for a job. Within the space of one or two pages, it should give just enough information to persuade the reader to interview the writer. As such, the resume becomes a calling card for a job interview.

Common Writing, Production, Distribution, and Follow-Up Errors

Unfortunately, many job seekers produce poorly designed resumes that neither grab the attention of employers nor satisfy their need to know what the candidate has done, can do, and will do in the future. Many misunderstand the purpose of resumes and lose focus on what it is the resume should do – convince the reader to take action. Worst of all, many resumes are "dead upon arrival," because the writer makes numerous writing, production, distribution, and follow-up mistakes that quickly turn off employers. Whatever you do, make sure your resume does not include these **writing errors**:

1. Unrelated to the position in question.
2. Too long or too short.
3. Unattractive with a poorly designed format, small type style, and crowded copy.
4. Misspellings, poor grammar, wordiness, and repetition.
5. Punctuation errors.
6. Lengthy phrases, long sentences, and awkward paragraphs.
7. Slick, amateurish, or "gimmicky" – appears over-produced.
8. Boastful, egocentric, and aggressive.
9. Dishonest, untrustworthy, or suspicious information.
10. Missing critical categories, such as experience, skills, and education.

11. Difficult to interpret because of poor organization and lack of focus – uncertain what the person has done or can do.

12. Unexplained time gaps between jobs.

13. Too many jobs in a short period of time – a job hopper with little evidence of career advancement.

14. No evidence of past accomplishments or a pattern of performance from which to predict future performance; primarily focuses on formal duties and responsibilities that came with previous jobs.

15. Lacks credibility and content – includes much fluff and "canned" resume language.

16. States a strange, unclear, or vague objective.

17. Appears over-qualified or under-qualified for the position.

18. Includes distracting personal information that does not enhance the resume nor the candidate.

19. Fails to include critical contact information (telephone number and email address) and uses an anonymous address (P.O. Box number).

20. Uses jargon and abbreviations unfamiliar to the reader.

21. Embellishes name with formal titles, middle names, and nicknames which make him or her appear odd or strange.

22. Repeatedly refers to "I" and appears self-centered.

23. Lacks keywords and key phrases for quick assessing or scanning the resume.

24. Ends with the rather empty statement "References available upon request." One would hope so!

25. Includes too much personal information or just too much information overall, which makes the reader uneasy and exhausted from trying to make some analytical sense of the document.

26. Includes obvious self-serving references that raise credibility questions.

27. Sloppy, with handwritten corrections – crosses out "married" and writes "single"!

28. Includes red flag information such as being incarcerated, fired, lawsuits or claims, health or performance problems, or stating salary figures, including salary requirements, that may be too high or too low.

29. Includes a very narrow, self-serving objective that turns off readers.

30. Too unconventional – needs to stay "inside the box."

Employers also report encountering several of these **production, distribution, and follow-up errors**:

1. Poorly typed and reproduced – hard to read.

2. Produced on odd-sized paper.

3. Too unconventional, such as using rainbow colors and perfumed paper.

4. Printed on poor quality paper or on extremely thin or thick paper.

5. Soiled with coffee stains, fingerprints, or ink marks.

6. Sent to the wrong person or department.

7. Mailed, faxed, or emailed to "To Whom It May Concern" or "Dear Sir."

8. Emailed as an attachment which could have a virus if opened.

9. Enclosed in a tiny envelope that requires the resume to be unfolded and flattened several times.

10. Arrived without proper postage – the employer gets to pay the extra!

11. Sent the resume and letter by the slowest postage rate possible.

12. Envelope double-sealed with tape and is indestructible – nearly impossible to open by conventional means!

13. Back of envelope includes a handwritten note stating that something is missing on the resume, such as a telephone number, email address, or new mailing address.

14. Resume taped to the inside of the envelope, an old European habit practiced by paranoid letter writers. Need to destroy the envelope and perhaps also the resume to get it out of the envelope.

15. Accompanied by extraneous or inappropriate enclosures which were not requested, such as copies of self-serving letters or recommendations, transcripts, or samples of work.

16. Arrives too late for consideration.

17. Comes without a cover letter.

18. Cover letter repeats what's on the resume – does not command attention nor move the reader to action.

19. Sent the same or different versions of the resume to the same person as a seemingly clever follow-up method.

20. Follow-up call made too soon – before the resume and letter arrive!

21. Follow-up call is too aggressive or the candidate appears too "hungry" for the position – appears needy or greedy.

Since the resume is so important to getting a job interview, make sure your resume is error-free. Spend sufficient time crafting a resume that shouts loud and clear that you are someone who should be interviewed for a position.

Resumes and Resources for Ex-Offenders

Many ex-offenders face difficulties in writing, producing, and distributing resumes. Most of these difficulties center on some or all of the following:

1. Limited or unstable work history
2. Low levels of education and training
3. Unclear goals and lack of focus
4. Weak organization and writing skills
5. An "experience" time gap while incarcerated
6. Uncertainty about marketing oneself
7. Lack of equipment and money for production and distribution

In other words, ex-offenders are likely to make many of the mistakes I outlined above. If these difficulties characterize your situation, and you are not a talented writer, by all means seek assistance in writing a resume. Don't pretend you can write and distribute a resume on your own by just following my advice. It simply won't happen, or the product will be third-rate.

A career professional can give you much needed advice and assistance in putting together a resume that best represents you and is targeted toward the right people. Hopefully you will participate in a pre-release program that assisted you in writing a resume. If not, once you are released, contact a local support group, participate in a job readiness program, or contact personnel at your local One-Stop Career Center for assistance in writing a resume. You also can hire a professional resume writer to develop your resume. They will charge from $300 to $1,000 for their services, and they will probably produce an outstanding resume that will grab the attention of employers as well as help you focus your job search. You can contact such professionals, including career coaches, through these organizations:

- **Professional Association of Resume Writers and Career Coaches** — www.parw.com
- **National Resume Writers' Association** — www.thenrwa.com
- **Career Directors International** — careerdirectors.com
- **International Coach Federation** — www.internationalcoach federation.com

You can see some terrific examples of their work by reviewing the following resume books written by professional resume writers, which are available in many libraries, online, or through Impact Publications (www.impactpublications.com):

101 Best Resumes
Best KeyWords for Resumes, Cover Letters, and Interviews

Best Resumes and Letters for Ex-Offenders

Best Resumes for People Without a Four-Year Degree

Damn Good Resume Guide

Expert Resumes for Manufacturing Careers

Gallery of Best Resumes for People Without a Four-Year Degree

High Impact Resumes and Letters

Knock 'Em Dead Resumes

The Resume Catalog

Resume Magic

Resumes for Dummies

Indeed, you can learn a great deal about resumes for particular occupations by examining the many resume examples in these books.

For step-by-step instructions on how to produce each section of your resume as well as information on production, distribution, and follow-up, see three of my other books:

Blue-Collar Resume and Job Hunting Guide

High Impact Resumes and Letters

Nail the Resume!

Used together, these resume writing and example books will give you sufficient information to create your own winning resume.

For a new approach to resume writing, production, and distribution, check out LinkedIn's **free resume templates** for quickly turning a LinkedIn profile into a customized resume:

resume.linkedinlabs.com

Many other job search websites (see page 144) also offer templates for creating an online resume.

Best Resume Practices

Whether you write your own resume or seek help from a professional, you should benefit from the following discussion on how to put together a winning resume.

Your resume should incorporate the characteristics of strong and effective resumes. It should:

- Clearly communicate your **purpose and competencies** in relation to employers' needs.
- Be **concise** and easy to read.
- Outline a **pattern of success** highlighted with examples of **key accomplishments**.
- **Motivate** the reader to read it in-depth.

- Tell employers that you are a **responsible and purposeful** individual – a doer who can quickly solve their problems.

Keep in mind that most employers are busy people who normally glance at a resume for only 20 to 30 seconds. Your resume, therefore, must sufficiently catch their attention to pass the 20- to 30-second evaluation test. Above all, it must motivate the reader to take action. When writing your resume, ask yourself the same question asked by employers: *"Why should I read this or contact this person for an interview?"* Your answer should result in an attractive, interesting, unique, and skills-based resume.

Types of Resumes

You have four basic types of resumes to choose from: chronological, functional, combination, or resume letter. Each form has various advantages and disadvantages, depending on your background and purpose. For example, someone first entering the job market or making a major career change should use a functional resume. Examples of resumes are included at the end of this chapter.

The **chronological resume** is the standard resume used by most applicants who are not very savvy about job searching. It often comes in two forms: traditional and improved. The **traditional chronological resume** is also known as the "obituary resume," because it both "kills" your chances of getting a job and is a good source for writing your obituary. Summarizing your work history, this resume lists dates and names first and duties and responsibilities second, it includes extraneous information such as height, weight, age, marital status, gender, and hobbies. While relatively easy to write, this is the most ineffective resume you can produce. Its purpose at best is to inform people of what you have done in the past as well as where, when, and with whom. It tells employers little or nothing about what you want to do, can do, and will do for them.

The **improved chronological resume** better communicates to employers your purpose, past achievements, and probable future performance. This resume works best for individuals who have extensive experience directly related to a position. This resume should include a clear work objective. The work experience section should include the names and locations of former employers followed by a brief description of relevant accomplishments, skills, and responsibilities; inclusive employment dates should appear at the end. It should stress **accomplishments** and **skills** rather than formal duties and responsibilities – that you are a productive and responsible person who gets things done, a doer. While this resume performs better than the traditional chronological resume, it still has major limitations because of its chronological format. It simply doesn't highlight very well major accomplishments and a pattern of success. Also, since you have an employment gap because of your incarceration, a chronological resume will draw attention to that gap.

Functional resumes should be used by individuals making a significant career change, first entering the workforce, or re-entering the job market after a lengthy absence. This resume should stress your accomplishments and transferable skills regardless of previous work settings and job titles. This could include accomplishments as a volunteer worker or Sunday school teacher. Names of employers and dates of employment should not appear on this resume.

Functional resumes have certain weaknesses. While they are important bridges for the inexperienced and for those making a career change, some employers dislike these resumes. Since many employers still look for names, dates, and direct job experience, this resume does not meet their expectations. You should use a functional resume only if you have limited work experience or your past experience doesn't strengthen your objective when making a career change. For many ex-offenders, this resume helps them deal with such issues as limited work experience and obvious time gaps.

Combination resumes, also known as hybrid resumes, combine the best features of both chronological and functional resumes. Having more advantages than disadvantages, this resume best communicates accomplishments to employers. It's an ideal resume for experienced professionals who are advancing in their careers as well as for those making a career change.

Combination resumes have the potential to both **meet** and **raise** the expectations of employers. You should stress your accomplishments and skills as well as include your work history. Your work history should appear as a separate section immediately following your presentation of accomplishments and skills in the "Areas of Effectiveness," "Experience," or "Achievements" section. It is not necessary to include dates unless they enhance your resume. This is the perfect resume for someone with work experience who wishes to change to a job in a related career field.

Resume letters are substitutes for resumes. Appearing as a job inquiry or application letter, resume letters highlight various sections of your resume, such as work history, experience, areas of effectiveness, objective, or education, in relation to employers' needs. These letters are used when you prefer not sending your more general resume. Resume letters have one major weakness: they give employers insufficient information and thus may prematurely eliminate you from consideration.

Structuring Resume Content

After choosing an appropriate resume format, you should generate the necessary information for structuring each category of your resume. You developed much of this information when you identified your motivated abilities and skills and specified your objective in Chapter 7. Include the following information on separate sheets of paper:

Contact Information: Name, street address, and telephone/fax numbers, email address.

Work Objective:	Refer to the information in Chapter 7 on writing an objective.
Education:	Degrees, schools, dates, highlights, special training.
Work Experience:	Paid, unpaid, civilian, military, and part-time employment. Include job titles, employers, locations, dates, skills, accomplishments, duties, and responsibilities. Use the functional language outlined in Chapter 6.
Achievements:	Things you did that provided **benefits** to others, especially initiatives that resulted in outcomes for previous employers.
Other Experience:	Volunteer, civic, and professional memberships. Include your contributions, demonstrated skills, offices held, names, and dates.
Special Skills or Licenses/ Certificates:	Computer, Internet, foreign languages, teaching, paramedical, etc. relevant to your objective.
Other Information:	References, expected salary, willingness to relocate/travel, availability dates, and other information supporting your objective.

Producing Drafts

Once you generate the basic data for constructing your resume, your next task is to convert this data into draft resumes. If, for example, you write a combination resume, the internal organization of the resume should be as follows:

- Contact information
- Work objective
- Qualifications/experience/achievements
- Work history or employment
- Education

Be careful in including any other type of information on your resume. Other information most often is extraneous or negative information. You should only include information designed to strengthen your objective.

While your first draft may run more than two pages, try to get everything into one or two pages for the final draft. Most employers lose interest after reading the first page. If you produce a two-page resume, one of the best formats is to attach a supplemental page to a self-contained one-page resume.

Your final draft should conform to the following rules:

Resume "Don'ts"

- **Don't** use abbreviations except for your middle name.
- **Don't** create a cramped and crowded look.
- **Don't** make statements you can't document.
- **Don't** use the passive voice.
- **Don't** change tense of verbs.
- **Don't** use lengthy sentences and descriptions.
- **Don't** refer to yourself as "I."
- **Don't** emphasize employment dates.
- **Don't** include negative information, such as your record.
- **Don't** include extraneous information.
- **Don't** include salary information or references.

Resume "Do's"

- **Do** include an employer-centered objective.
- **Do** focus on your major accomplishments as they relate to the needs of the employer.
- **Do** include nouns so your resume can be scanned for keywords.
- **Do** use action verbs and the active voice to emphasize your accomplishments and keywords desired by employers.
- **Do** be direct, succinct, and expressive with your language.
- **Do** appear neat, well organized, and professional.
- **Do** use ample spacing and highlights (all caps, underlining, bulleting) for different emphases (except if it's an electronic resume).
- **Do** maintain an eye-pleasing balance.
- **Do** check carefully your spelling, grammar, and punctuation.
- **Do** clearly communicate your purpose and value to employers.
- **Do** communicate your strongest points first.
- **Do** keep your resume to one page but never more than two pages.

Resume Distribution

The only good resumes are the ones that get read, remembered, referred, and result in a job interview. Therefore, after completing a first-rate resume, you must decide what to do with it. Are you planning to only respond to job listings with a standard mailing piece consisting of your conventional or electronic resume and a formal cover letter? Do you prefer posting your resume online with resume databases or emailing it to potential employers? What other creative distribution methods might you use, such as sending it to friends, relatives, and former employers; mailing it in a shoe box with a note (*"Now that I've got my foot in the door, how about an interview?"*); gift wrapping it; or having it delivered by a singing messenger? What's the best way to proceed?

Most of your writing activities should focus on the hidden job market where jobs are neither announced nor listed. At the same time, you should respond to job listings as well as get your resume into online resume databases. While this is largely a numbers game, you can increase your odds by the way you respond to the listings.

You should be selective in your responses. Since you know what you want to do, you will be looking for only certain types of positions. Once you identify them, your response entails little expenditure of time and effort – a quick email, fax, or paper letter, and some of your time. You have little to lose, but the odds are usually against you.

It is difficult to interpret job listings, regardless of whether they are in print or electronic format. Some employers place blind ads with P.O. Box numbers and email addresses in order to collect resumes for future reference. Others wish to avoid aggressive applicants who telephone or "drop in" for interviews. Many employers work through professional recruiters who place these ads, or they post job listings on electronic bulletin boards. While you may try to second-guess the rationale behind such ads, it's always best to respond to them as you would to ads with an employer's name, address, or telephone number. Assume there is a real job behind each ad.

Most ads request a copy of your resume. Employers increasingly specify that it be sent by email. You should respond with a cover letter and resume as soon as you see the ad. Depending on how much information about the position is revealed in the ad, your letter should be tailored to emphasize your qualifications as they relate to the ad. Examine the ad carefully. Highlight any words or phrases which relate to your qualifications. In your cover letter, you should use similar terminology in emphasizing your qualifications. The most powerful cover letter you can send is the classic "T" letter (see page 150) which literally matches your skills and accomplishments with each of the employer's requirements. Keep the letter brief and to the point.

You may be able to increase your odds by sending a second copy of your letter and resume two or three weeks after your initial response. Most applicants normally reply to an ad during the seven-day period immediately after it appears in print. Since employers often are swamped with responses, your letter and resume may get lost in the crowd. If you send a second copy of your resume two or three weeks later, the employer will have more time to give you special attention. By then, he or she also will have a better basis on which to compare you to the others. However, if the employer electronically scans resumes, sending a second copy of your resume and letter will not affect the outcome.

Keep in mind that your cover letter and resume may be screened among 400 other resumes and letters. Thus, you want your cover letter to be eye-catching and easy to read.

Keep it brief and concise, and highlight your qualifications as stated in the employer's ad. If you know your resume will be electronically scanned, make sure it includes lots of keywords and phrases and is formatted properly for scanners. Don't spend a great deal of time responding to an ad or waiting anxiously at your mailbox, telephone, or computer for a reply. Keep moving on to other job search activities.

Your letters and resumes can be distributed and managed in various ways. Many people broadcast or "shotgun" hundreds of cover letters and resumes to prospective employers. This is a form of gambling where the odds are always against you. For every 100 people you contact in this manner, expect one or two who might be interested in you. After all, successful direct-mail experts at best expect only a 2-percent return on their mass mailings!

If you choose to use the broadcast method, you can increase your odds by using the **telephone**. Call the employer within a week after he or she receives your letter. This technique will probably increase your effectiveness rate from 1 to 5 percent.

However, many people are broadcasting their resumes today, and more and more employers are using automated resume management systems. As more resumes and letters descend on employers, the effectiveness rates may be even lower. This also can be an expensive marketing method. You would be much better off posting an electronic version of your resume on various online employment sites where your exposure rate will be much higher and more targeted to the needs of specific employers. Start by surveying job listings and posting your resume on these 15 top sites:

- www.indeed.com
- www.monster.com
- www.careerbuilder.com
- www.glassdoor.com
- www.simplyhire.com
- www.aoljobs.com
- www.jobdiagnosis.com
- www.beyond.com
- www.ziprecruiter.com
- www.USAJobs.com
- www.snagajob.com
- www.theLadders.com
- www.dice.com
- www.salary.com
- www.bright.com

This electronic form of broadcasting is also the cheapest way to go – it's usually free to job seekers. Your best distribution strategy will be your own modification of the following procedure:

- Selectively identify for whom you are interested in working.
- Send an approach letter.
- Follow up with a telephone call requesting an informational interview.

In more than 50 percent of the cases, you will get an interview. It is best not to include a copy of your resume with the approach letter. If you include a resume, you communicate the **wrong** message – that you want a job rather than information and advice.

Keep your resume for the very **end** of the interview. Chapter 10 outlines procedures for conducting this informational interview.

The Internet has quickly become the best friend of both employers and headhunters, who can recruit personnel much faster and cheaper than through more traditional recruitment channels. Even small companies, with fewer than 10 employees, use the Internet to advertise jobs and search resume databases for qualified candidates. At the same time, the Internet offers job seekers an important tool to add to their job search arsenal. Make sure you include the Internet in your job search by posting your resume on numerous sites, conducting research, and networking for information, advice, and referrals. Start with the 15 major sites listed on page 144. While you may not get your next job through the Internet, at least you will acquire lots of useful information over the Internet.

Letter Power

Regardless of how you send your resume, it should be accompanied by a cover letter. Indeed, certain types of cover letters – especially powerful "T" letters – are often more important than resumes. After interviewing for information or a position, you should send a thank-you letter. Other occasions will arise when it is both proper and necessary for you to write different types of job search letters. Numerous examples of job search letters are presented in my *High Impact Resumes and Letters, Nail the Cover Letter*, and *201 Dynamite Job Search Letters*. For examples of powerful "T" letters, see *Haldane's Best Cover Letters for Professionals*. These resources are published by Impact Publications. (see "Re-Entry Success Resources" on page 225-230).

Your letter writing should follow the principles of good resume and business writing. Job hunting letters are like resumes – they advertise you for interviews. Like good advertisements, these letters should follow four basic principles for effectiveness:

1. Catch the reader's attention.
2. Persuade the reader of your benefits or value.
3. Convince the reader with evidence.
4. Move the reader to acquire the product – you!

In addition, the content of your letters should be the basis for conducting screening interviews as well as face-to-face interviews.

Basic Preparation Rules

Before you begin writing a job search letter, ask yourself several questions to clarify the content of your letter:

- What is the **purpose** of the letter?
- What are the **needs** of my audience?
- What **benefits** will my audience gain from me?

- What is a good opening for grabbing the **attention** of my audience?
- How can I maintain the **interest** of my audience?
- How can I best end the letter so that the audience will be **persuaded** to contact me?
- If sent with a resume, how can my letter best **advertise the resume**?
- Have I spent enough time **revising** and **proofreading** the letter?
- Does the letter represent my **best professional effort**?

Since your letters are a form of business communication, they should conform to the rules of good business correspondence:

- Organize what you will say by outlining the content of your letter.
- Know your purpose and structure your letter accordingly.
- Communicate your message in a logical and sequential manner.
- State your purpose immediately in the first sentence and paragraph.
- End by stating what your reader can expect next from you.
- Use short paragraphs and sentences; avoid complex sentences.
- Punctuate properly and use correct grammar and spelling.
- Use simple and straightforward language; avoid jargon or slang.
- Communicate your message as directly and briefly as possible.

The rules stress how to both **organize and communicate** your message with impact. At the same time, you should always have a specific purpose in mind as well as know the needs of your audience.

Types of Letters

Cover letters provide cover for your resume. You should avoid overwhelming a one-page resume with a two-page letter or repeating the contents of the resume in the letter. A short and succinct one-page letter which highlights one or two points in your resume is sufficient. Three paragraphs will suffice. The first paragraph should state your interests and purposes for writing. The second paragraph should highlight your possible value to the employer. The third paragraph should state that you will call the individual at a particular time to schedule an interview.

However, do not expect great results from cover letters. Many professional job search firms use computers and mailing lists to flood the job market with thousands of unsolicited resumes and cover letters each day. Other job seekers use "canned" job search letters produced by computer software programs, such as *WinWay Resumes*, designed to generate model job search letters. As a result, employers are increasingly suspicious of the authenticity of such letters. To cope with the sheer volume of communications, many employers use resume management software to scan, store, and retrieve such communications – or they throw away most of the unsolicited resumes and letters they receive.

Approach letters are written for the purpose of developing job contacts, leads, or information as well as for organizing networks and getting interviews – the subjects of Chapter 10. Your primary purpose should be to get employers to engage in the 5R's of informational interviewing:

- **Reveal** useful information and advice.
- **Read** your resume.
- **Remember** you for future reference.
- **Refer** you to others.
- **Revise** your resume.

These letters help you gain access to the hidden job market by making important networking contacts that lead to those all-important informational interviews.

Approach letters can be sent to many places to uncover job leads, or they can target particular individuals or organizations. It is best to target these letters since they have maximum impact when personalized in reference to a position.

The structure of approach letters is similar to that of other letters. The first paragraph states your purpose. In so doing, you may want to use a personal statement for openers, such as *"John Taylor recommended that I write to you..."* or *"I am familiar with your..."* State your purpose, but do not suggest that you are asking for a job – only career advice or information. In your final paragraph, request a meeting and indicate you will call to schedule such a meeting at a mutually convenient time.

Thank-you letters may well become your most effective job search letters. They especially communicate your thoughtfulness. These letters come in different forms and are written for various occasions. The most common thank-you letter is written after receiving assistance, such as job search information and advice or a critique of your resume. Other occasions include:

- **Immediately after an interview:** Thank the interviewer for the opportunity to interview for the position. Repeat your interest in the position.
- **Receive a job offer:** Thank the employer for his or her faith in you and express your appreciation of the offer.
- **Rejected for a job:** Thank the employer for the opportunity to interview for the job. Ask to be remembered for future reference.
- **Terminate employment:** Thank the employer for the experience and ask to be remembered for future reference.
- **Begin a new job:** Thank the employer for giving you this new opportunity and express your confidence in doing the good work he is expecting.

The goal of the thank-you letter to be **remembered** by potential employers in a **positive** light. In a job search, being remembered by employers is the closest thing to being invited to an interview and offered a job!

Functional Resume
(Limited Relevant Experience)

Gerald Walters

2713 Calder Avenue   Tel. 333-444-2222
Gary, Indiana 44432

Objective

An **entry-level warehouse position** with a small business that requires an energetic worker and values hard working, responsible, and loyal employees who are focused on getting the job done right and on time.

Summary of Qualifications

- Experienced in lifting heavy boxes and equipment
- Enjoy solving inventory problems and keeping a well organized work area
- Work well with supervisors, co-workers, and clients in getting jobs done
- Reputation for being a hard worker, quick learner, and adaptable

Experience

Heavy Lifting: Regularly handle heavy boxes and equipment weighing over 100 pounds. Experienced in operating a forklift, packaging equipment, and computers.

Organization: Maintain a well-organized work area, keep good records, stock shelves, and load trucks. Sited by supervisor as one who is exceptionally dependable, well organized, and takes initiative in solving problems.

Customer Service: Experiencing in handling customer orders and solved customer problems.

Work History

State of Pennsylvania: Education and training programs centered on developing new workplace skills. Framington, Pennsylvania. 2014 to present.

Graysorn Construction Company: Varied maintenance jobs involving commercial construction and warehousing functions. Pittsburgh, Pennsylvania, 2012-2013.

Subway: Ordered supplies, maintained inventory, and provided good customer service. Pittsburgh, Pennsylvania, 2011.

Education/Training

- Currently completing GED
- Completed a basic workplace skills computer training course

Combination Resume
(Relevant Experience)

Victor Taylor

471 16th Street
Altanta, GA 33333
Tel. 222-333-4444

OBJECTIVE: **A position as architectural drafter** with a firm specializing in commercial construction where technical knowledge and practical experience will enhance construction design and improve building operations.

EXPERIENCE: **Draftsman:** A.C.T. Construction Company, Atlanta, GA. Helped develop construction plans for $15 million of residential and commercial construction. 2012-2014.

Cabinet Maker: Garner-Williams Company, Birmingham, AL. Designed and constructed kitchen countertops and cabinets; installed the material in homes; cut and laid linoleum flooring in apartment complexes. 2009-2010.

Carpenter's Assistant: Thompson Associates, Atlanta, GA. Assisted carpenter in the reconstruction of a restaurant and in building of forms for pouring concrete. 2007-2008.

Materials Control Auditor: Battles Machine and Foundry, Alanta, GA. Collected data on the amount of material being utilized daily in the operation of the foundry. Evaluated the information to determine the amount of materials being wasted. Submitted reports to production supervisor on the analysis of weekly and monthly production. 2003-2006.

TRAINING: **Drafting School, Atlanta Vocational and Technical Center**, 2011. Completed 15 months of training in drafting night school.

EDUCATION: **Atlanta Community High School**, Atlanta, GA. Graduated in 2002.

PERSONAL: Single...willing to relocate...prefer working both indoors and outdoors...strive for perfection...hard worker...enjoy photography, landscaping, furniture design, and construction.

"T" Letter
(Alternative to a Resume)

September 21, 20__

Jack Tillman
ACE Electrical Solutions
2781 Washington Avenue
Baltimore, MD 17233

Dear Mr. Tillman:

I'm responding to the job listing on your website for an electrician. I believe I am an excellent candidate for this position. Given my interests, training, and experience as an electrician, I would bring to this position the following qualifications:

Your Requirements	My Qualifications
One year commercial experience	Completed one-year apprenticeship and served two years as an electrician's helper on complex commercial projects.
Responsible	Praised by previous employer and co-workers as being a quick starter who takes initiative, is responsible, and gets the job done well and on time.
Trouble-shooter	Skilled in solving complex wiring problems that have saved customers additional costs.
Good customer relations	Received several letters from repeat customers expressing satisfaction for quickly solving problems and proposing cost-effective solutions to lighting issues.

In addition, I know the importance of building strong long-term customer relations as part of building a small business. I enjoy taking on new challenges and working with teams to achieve company goals.

I believe there is a strong match between your needs and my qualifications. Could we meet soon to discuss how we might best work together? I'll call your office on Wednesday at 11am to see if your schedule might permit such a meeting.

I appreciate your consideration and look forward to speaking with you on Wednesday.

Sincerely,

Aaron Easton

Aaron Easton
eastonar@hotmail.com

Cover Letter
(Parts Manager)

7813 Peoria Avenue
Chicago, IL 60030

July 23, 20____

Emily Southern
Atlas Auto Supply
153 West 19th Street
Chicago, IL 60033

Dear Ms. Southern:

Please accept the enclosed resume as my application in response to your job listing for a Parts Manager. You stated you needed an experienced manager who has worked with large equipment and who is familiar with ordering inventory and managing personnel.

I believe I have the necessary experience and skills to do this job well. During the past 10 years I have worked at all levels and in a variety of positions in the parts business. I began in receiving, moved on to manage a stockroom, took customer orders, and managed a parts warehouse with 11 employees. I'm experienced in operating computerized inventory systems. In my last job I decreased warehouse labor costs by 35% by installing a new inventory system.

I would appreciate the opportunity to interview for this position. Please expect a phone call from me on Thursday afternoon. I'll be calling for more information about the position as well as to answer any questions you may have about my candidacy.

Sincerely,

Terry Wilder

Terry Wilder
wildert@hotmail.com

Thank-You Letter
(Post Job Interview)

981 River Drive
Los Angeles, CA 13344

December 2, 20____

Tom Peterson
Atlas Trucking
2150 Waterfront Drive
Los Angeles, CA 13347

Dear Mr. Peterson:

I really appreciated having the opportunity to interview with you today
for the position of Dispatcher. I remain extremely interested in this position. I am especially interested because it is an evening job. Since I am
used to working an evening schedule, this would be a perfect schedule
for me.

If I have not heard from you by next Friday, I will check back with you
to see how your selection process is progressing. I look forward to hearing from you and hope I will have the opportunity to work with you.

Sincerely,

Steven Chase

Steven Chase
Chases@yahoo.com

10

Network for Information, Advice, and Referrals

Y OU SHOULD USE SEVERAL job search approaches simultaneously, as I noted in Chapter 7. However, you also should devote the greatest amount of your time to networking. This is the single most effective approach to finding the best jobs. With networking, you rely on family, friends, and acquaintances for information, advice, and referrals for locating jobs on the hidden job market as well as for dealing with many other issues related to your reentry. You develop, expand, and maintain (build and nurture) your network for achieving success.

Here's the really good news for you, which also applies to other job seekers, regardless of their backgrounds: Ex-offenders who quickly find jobs and advance their careers tend to do so through **networking** rather than by responding to job listings or relying on job placement services. Remember that fact every day you get up and start looking for a job. If you don't network, you will decrease your chances of getting a good job.

You Must Take Action and Do It Now!

If you learn only one thing from this book, make sure it's **networking**. This is a key interpersonal and communication skill that will serve you well while looking for a job as well as advancing on the job and changing jobs and careers. It's a powerful tool you **must** learn to use throughout your work life.

Unfortunately, many people talk about networking and acknowledge understanding its importance and how it works. But few people actually develop an active networking campaign that produces desired results. Rather than make 10 contacts a day, for example, they sit back and do nothing except complain about their failure in finding a job. This should not happen to you.

If you do nothing to advance your job search, don't expect to get anything in return. You simply **must** take action, which means **networking** your way to a new job through a very well organized, targeted, and active networking campaign.

It's All About Getting Interviews and Job Offers

Everything you do up to this point in your job search should be aimed at **getting a job interview**. The skills you identified and the goals you set in Chapter 7, the information you gathered in Chapter 8, and the resume and letters you wrote in Chapter 9 are carefully related to one another so you can clearly communicate your best qualifications to employers who, in turn, will decide to invite you to a job interview.

But there are secrets to getting a job interview you should know about before continuing further with your job search. The most important secret is the **informational interview** – a type of interview that yields useful job search information, advice, and referrals leading to job interviews and offers. Based on prospecting and networking techniques, these interviews minimize rejections and competition as well as quickly open the doors to organizations and employers you would not normally know about. For ex-offenders, the informational interview is an ideal way to deal with the "criminal record" issue as you develop and refine an effective story for overcoming objections to hiring someone with your background.

> *The informational interview also helps you deal with the "criminal record" issue as you develop and refine an effective story for overcoming objections to hiring someone with your background.*

If you want to quickly generate several interviews, you first need to understand the informational interview and how to initiate and use it for maximum impact. In so doing, you'll be exploring the **hidden job market** of unadvertised vacancies. You'll begin locating opportunities that are best suited for your particular motivated abilities and skills.

Learn to Effectively Prospect and Network

What do you do after you complete your resume? Most people send cover letters and resumes in response to online job postings; they then wait to be called for a job interview. Viewing the job search as basically an electronic communication operation, many job seekers are disappointed in discovering the reality of such approaches: a 2-percent response rate is considered successful!

Successful job seekers are **people-oriented and proactive**. They develop face-to-face strategies in which the resume plays a **supportive** rather than central role in their job search. They first present themselves to employers; the resume appears only at the end of a face-to-face conversation.

Throughout the job search you should acquire useful names and contact information as well as meet people who will assist you in contacting potential employers. Such information and contacts become key building blocks for generating job interviews and offers.

Since the most and best jobs are found on the hidden job market, you must use methods appropriate for this job market. Indeed, research and experience clearly show the most effective means of communication are face-to-face and word-of-mouth. The informal, interpersonal system of communication is the central nervous system of the hidden job market. Your goal should be to penetrate this

> *The most effective means of communication are face-to-face and word-of-mouth.*

job market with proven methods for success. Appropriate methods for making important job contacts are **prospecting and networking**. The best methods for getting these contacts to provide you with useful job information are **informational and referral interviews**.

Focus on Communicating Your Qualifications

Taken together, these interpersonal methods help you clearly **communicate your qualifications to employers**. Although many job seekers may be reluctant to use this informal communication system, they greatly limit their potential for success if they do not.

Put yourself in the position of the employer for a moment, especially one who is not fully staffed nor automated to handle hundreds of resumes and phone, fax, and email inquiries. You have a job vacancy to fill. Even under the best of circumstances, hiring is a challenging process filled with all types of potential problems. Not only is it time consuming, the outcome is often uncertain. Worst of all, you may spend a great deal of time and money and still hire the wrong person for the position! You know if you advertise the position, you may be bombarded with hundreds of resumes, applications, phone calls, faxes, emails, and walk-ins. While you do want to hire the best qualified individual for the job, you simply don't have time nor patience to review scores of applications. Furthermore, with limited information from application forms, cover letters, and resumes, you find it hard to identify the best qualified individuals to invite for an interview; many candidates look the same.

So what do you do? You might hire a job placement firm or use the services of a temporary employment agency to take on this additional work. Or you may decide to recruit on the Internet by doing keyword searches of various online resume databases or post a job announcement on your homepage. You may even try your luck by spending a few hundred dollars to use major commercial recruitment sites, such as www.indeed.com, www.monster.com or www.careerbuilder.com.

On the other hand, you may want to better control the hiring process, especially since it appears to be filled with uncertainty and headaches. You want to minimize your risks and time so you can get back to what you do best – accomplishing the goals of the organization. So you decide to "put the word out" by doing a little word-of-mouth recruiting. Like many other employers, you begin by calling your friends, acquaintances,

> *There's nothing like a personal reference from someone whose judgment an employer trusts.*

and business associates and ask if they or someone else might know of any good candidates for the position. If they can't help, you ask them to give you a call should they learn of anyone qualified for your vacancy. You, in effect, create your own hidden job market – an informal information network for locating desirable candidates. Best of all, your trusted contacts initially **screen** the candidates in the process of **referring** them to you. This both saves you a great deal of time and minimizes your risks in hiring a stranger. Individuals in your network begin sending you names of people they feel would be ideal for your position. After all, they have either worked with these people or know well their ability to work with others and do the job. There's nothing like a personal reference from someone whose judgment an employer trusts.

Even if you are fully staffed and technically capable of handling the recruitment process, you still may use an informal, interpersonal, and parallel recruitment approach to minimize your risks. Indeed, many large companies encourage **employee referrals** for recruiting personnel. While they may post a vacancy on their website or use a commercial recruitment site to find candidates, they also encourage and reward their employees to refer candidates. The reward may be a nice bonus for anyone whose referral results in a new hire. These employee referral systems encourage networking within the hidden job market.

Let's shift our attention – from the employer to the **job seeker**. Since you now know how the employer thinks and operates, what should you, the job seeker, do to improve your chances of getting an interview and job offer? Networking for information, advice, and referrals should play a central role in your overall job search. Remember, employers need to solve personnel problems. By conducting **informational interviews and networking**, you help employers identify their needs, limit their alternatives, and thus make decisions and save money. Especially for ex-offenders, such interviews and networking activities help relieve employers' anxiety about hiring what they might consider to be "risky" individuals.

At the same time, you gain several advantages by conducting these interviews:

- You are less likely to encounter rejections since you are not asking for a job – only information, advice, referrals, and to be remembered.
- You encounter little competition.
- You go directly to the people who have the power to hire.
- You are likely to be invited to job interviews based upon referrals you receive.

Most employers want more information on candidates than just "paper qualifications" represented in application forms, resumes, and letters. Studies show that employers, in general, seek candidates who have these skills: communication, problem solving, analytical, assessment, and planning. Surprising to many job seekers, technical expertise ranks third or fourth on employers' lists of most desired skills. These findings support a frequent observation made by employers: the major problems with employees relate to communication, problem solving, and analysis; most individuals get fired because of political and interpersonal conflicts rather than for technical incompetence.

Employers want to hire people they **like** both personally and professionally. Therefore, communicating your qualifications to employers involves more than just informing them of your technical competence. You must communicate that you have the necessary personal **and** professional skills to perform the job. Prospecting, networking, and informational interviewing activities are the best methods for communicating such "qualifications" to employers.

Develop Networks

Networking is the process of purposefully developing relations with others. Networking in the job search involves connecting with other people who can help you find a job. Your network consists of you interacting with these other individuals. The more you develop, maintain, and expand your networks, the more successful should be your job search.

Your network is your interpersonal environment. While you know and interact with hundreds of people, on a day-to-day basis, you may encounter no more than 20 people. You frequently contact these people in face-to-face situations. Some people are more **important** to you than others. You **like** some more than others. And some will be more **helpful** to you in your job search than others. Your basic network may include the following individuals and groups: friends, acquaintances, immediate family, distant relatives, spouse, supervisor, P.O., fellow workers, delivery service people, and local businesspeople and professionals, such as your banker, lawyer, doctor, pastor, and insurance agent. You should contact many of these individuals for advice relating to your job search.

You need to **identify everyone in your network** who might help you with your job search. You first need to expand your basic network to include individuals you know and have interacted with over the past ten or more years. Make a list of 100 or more people you know, such as:

- Relatives
- Your P.O.
- Former supervisors

- Teachers/instructors
- Ministers/clergy
- Church members

- Support group members
- Friends
- Neighbors
- Former employers
- Social acquaintances
- Classmates
- Anyone you do business with:
    - store personnel
    - bank personnel
    - doctors
    - dentists
    - opticians

- lawyers
- real estate agents
- insurance agents
- travel agents
- direct-sales personnel
- People you meet on the Internet
- Speakers at meetings you attend
- Delivery service personnel (Postal Service, UPS, Federal Express)
- Local leaders
- Politicians, including your local representative

You can probably think of many other people to put on your list. Try to identify those who have legitimate jobs and who are successful. In other words, you want to **run with real winners** who have good job-oriented contacts. Pretty soon you should have a long list of people to whom you can direct your networking activities.

After developing your comprehensive list of contacts, classify the names into different categories of individuals:

- Those in influential positions or who have hiring authority
- Those with job leads
- Those most likely to refer you to others
- Those with long-distance contacts

Select at least 25 names from your list for initiating your first round of contacts. You are now ready to begin an active prospecting and networking campaign which should lead to informational interviews, formal job interviews, and job offers.

After identifying your extended network, you should try to **link your network to the networks** of others. The figure on page 159 illustrates this linkage principle. Individuals in these other networks also have job information and contacts. Ask people in your basic network for referrals to individuals in **their** networks. This approach should greatly enlarge your basic job search network.

What do you do if individuals in your immediate and extended network cannot provide you with certain job information and contacts? While it is much easier and more effective to meet new people through personal contacts, on occasion you may need to **approach strangers without prior contacts**. In this situation, try the "cold turkey" approach. Write a letter to someone you feel may be useful to your job search. Research this individual so

Linking Your Networks to Others

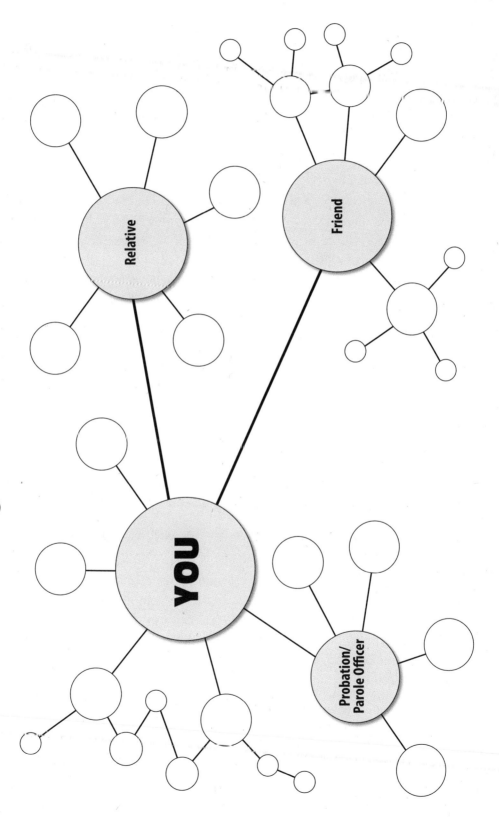

you are acquainted with their background and accomplishments. In the letter, refer to their accomplishments, mention your need for job information, and specify a date and time you will call to schedule a meeting. Another approach is to introduce yourself to someone by telephone or email and request a meeting and/or job information. While you may experience rejections in using these approaches, you also will experience successes. And those successes should lead to further expansion of your job search network.

Develop a Prospecting Campaign for Information

The key to successful networking is an active and routine **prospecting campaign**. Salespersons in insurance, real estate, Amway, Shaklee, and other direct-sales businesses understand the importance of prospecting; indeed, many have turned the art of prospecting into a science as well as billion-dollar global businesses! The basic operating principle is **probability**: the number of sales you make is a direct function of the amount of effort you put into developing new contacts and following through. Expect no more than a 10-percent acceptance rate: for every 10 people you meet, nine will reject you and one will accept you. Therefore, the more people you contact, the more acceptances you will receive. If you want to be successful, you must collect many more "no's" than "yeses." In a 10-percent probability situation, you need to contact 100 people for 10 successes.

These prospecting principles are extremely useful for conducting a job search or making a career change. Like sales situations, the job search is a highly ego-involved activity often characterized by numerous rejections accompanied by a few acceptances. While no one wants to be rejected, few people are willing and able to handle more than a few rejections. They take a "no" as a sign of personal failure – and quit prematurely. In fact, the typical job search looks something like this:

> No, No, No, No, No, No, Maybe, No, No, No, Yes, No, No, No, No, No, No, No, Maybe, No, Maybe, Yes, No, No, No, No, Yes, Yes

If you get disillusioned and quit after receiving four rejections, you will prematurely fail. While it may be initially hard to do, you need to continue making calls and writing letters in the process of "collecting" more rejections in order to get an acceptance. In fact, I often recommend that individuals get up in the morning with the idea of collecting at least 20 rejections! You will eventually get acceptances, but you must first deal with many rejections on the road to success. **Persistence does pay off in the long run**.

You also can minimize rejections by focusing your prospecting activities on gathering information rather than making sales. Therefore, you are well advised to do the following:

Develop a well organized and active prospecting campaign for uncovering quality job leads.

- Be positive by accepting rejections as part of the game that leads to acceptances.
- Link prospecting to informational interviewing.

- Keep prospecting for more information and "yeses" which will eventually translate into job interviews and offers.

A good prospecting pace as you start your search is to make two new contacts each day. Start by contacting people in your immediate network. Let them know you are conducting a job search, but emphasize that you are only doing research (see Chapter 8). Ask for a few moments of their time to talk about what you are doing. You are only seeking **information and advice** at this time – not a job.

It should take you about 20 minutes to make a contact by letter or telephone. If you make two contacts each day, by the end of the first week you will have 10 new contacts for a total investment of less than seven hours. By the second week you may want to increase your prospecting pace to four new contacts each day or 20 each week. The more contacts you make, the more useful information, advice, and job leads you will receive. If your job search bogs down, you probably need to increase your prospecting activities.

Expect each contact to refer you to two or three others, who will also refer you to others. Consequently, your contacts should multiply considerably within only a few weeks.

Learn to Handle and Minimize Rejections

These prospecting and networking methods are effective, and they can have a major impact on your job search – and your life. While they are responsible for building, maintaining, and expanding multi-million dollar businesses, they work extremely well for job hunters. But they only work for those who have a positive attitude and who are patient and persist. **The key to networking success is to focus on gathering information while also learning to handle rejections**. Learn from rejections, forget them, and go on to more productive networking activities. The major reason direct-sales people fail is because they don't persist. The reason they don't persist is because they either can't take, or they get tired of taking, rejections. This should not happen to you. **Always welcome rejections: they will eventually lead to acceptances**.

> *The job search is a highly ego-involved activity often characterized by numerous rejections accompanied by a few acceptances.*

Rejections are no fun, especially in such an ego-involved activity as a job search. But you will encounter rejections as you travel on the road toward job search success. This road is littered with individuals who quit prematurely because they were rejected four or five times. Don't be one of them!

My prospecting and networking techniques differ from sales approaches in one major respect: I have special techniques for minimizing the number of rejections. If handled properly, at least 50 percent of your prospects will turn into "yeses" rather than "nos." The reason for this unusually high acceptance rate is how you introduce and handle yourself as you contact your prospects. Many insurance agents and direct distributors expect a 90-percent rejection rate, because they are trying to sell specific products potential clients may or may not need. Most people don't like to be put on the spot – especially when it is in their own home or office – to make a decision to buy a product.

Be Honest and Sincere

The principles of selling yourself in the job market are similar. People don't want to be put on the spot. They feel uncomfortable if they think you expect them to give you a job. Thus, you should never introduce yourself to a prospect by asking them for a job or a job lead. You should do just the opposite: relieve their anxiety by mentioning that you are not looking for a job from them – only job information and advice. You must be honest and sincere in communicating these intentions to your contact. The biggest turn-off for individuals targeted for informational interviews is insincere job seekers who try to use this as a mechanism to get a job.

Your approach to prospects must be subtle, honest, and professional. You are seeking **information, advice, and referrals** relating to several subjects: job opportunities, your job search approach, your resume, and contacts who may have similar information, advice, and referrals. Most people gladly volunteer such information. They generally like to talk about themselves, their careers, and others. Similar to advice columnists, they like to give advice. This approach flatters individuals by placing them in the role of the expert-advisor. Who doesn't want to be recognized as an expert-advisor, especially on such a critical topic as one's employment?

This approach should yield a great deal of information, advice, and referrals from your prospects. One other important outcome should result from using this approach: people will **remember** you as the person who made them feel at ease and who received their valuable advice. If they hear of job opportunities for someone with your qualifications, chances are they will pass the information on to you. After contacting 100 prospects, you will have created 100 sets of eyes and ears to help you in your job search!

Practice the 5R's of Informational Interviewing

The guiding principle behind prospecting, networking, and informational interviews is this: **The best way to get a job is to ask for job information, advice, and referrals; never ask for a job**. Remember, you want your prospects to engage in the 5R's of informational interviewing:

- **Reveal** useful information and advice.
- **Read** your resume.
- **Remember** you for future reference.
- **Refer** you to others.
- **Revise** your resume.

If you network according to this principle, you should join the ranks of thousands of successful job seekers who have experienced the 5R's of informational interviewing. Largely avoiding the advertised job market, you may find your perfect job through such powerful networking activities.

Approach Key People

Whom should you contact within an organization for an informational interview? Contact people who are **busy**, who have the **power to hire**, and who are **knowledgeable** about the organization. The least likely candidate will be someone in the human resources department. Most often the heads of operating units are the most busy, powerful, and knowledgeable individuals in the organization. However, getting access to such individuals may be difficult. Some people at the top may appear to be informed and powerful, but they may lack information on the day-to-day personnel changes or their influence is limited in the hiring process. It is difficult to give one best answer to this question.

> *The best way to get a job is to ask for job information, advice, and referrals; never ask for a job.*

Therefore, I recommend contacting several types of people. Aim for the busy, powerful, and informed, but be prepared to settle for less. Receptionists, assistants, and the person you want to meet may refer you to others. From a practical standpoint, you may have to take whomever you can schedule an appointment with. Sometimes people who are less powerful can be helpful. Talk to a receptionist sometime about their boss or working in the organization. You may be surprised by what you learn!

Nonetheless, you will conduct informational interviews with different types of people. Some will be friends, relatives, or acquaintances. Others will be referrals or new contacts. You will gain the easiest access to people you already know. This can usually be done informally by telephone. You might meet at their home or office or at a restaurant.

You should use a more formal approach to gain access to referrals and new contacts. The best way to initiate a contact with a prospective employer is to **send an approach letter** and follow it up with a phone call. This letter should include the following elements:

OPENERS if you have a referral, tell the individual you are considering a career in_____. His or her name was given to you by_____ who suggested he or she might be a good person to give you useful information about careers in_____. Should you lack a referral to the individual and thus must use a "cold turkey" approach to making this contact, you might begin your letter by stating that you are aware he or she has been at the forefront of _____ _____business – or whatever is both truthful and appropriate for the situation. Try to make a personal connection to this person. A subtle, but honest, form of flattery will be helpful at this stage.

REQUEST Demonstrate your thoughtfulness and courtesy rather than aggressiveness by mentioning that you know he or she is busy. You hope to schedule a mutually convenient time for a brief meeting to discuss your questions and career plans. Most people will be flattered by such a request and happy to talk with you about their work – if they have time and are interested in you.

CLOSINGS In closing the letter, mention that you will call the person to see if an appointment can be arranged. Be specific by stating the time and day you will call – for example, Thursday at 2pm. You must take initiative to follow up the letter with a definite contact time. If you don't, you cannot expect to hear from the person. It is **your** responsibility to make the telephone call to schedule a meeting.

ENCLOSURE Do **not** enclose your resume with this approach letter. Take your resume to the interview and present it as a topic of discussion near the **end** of your meeting. If you send it with the approach letter, you communicate a mixed and contradictory message. Remember your purpose for this interview: to gather information and advice. You are not – and never should be – asking for a job. A resume accompanying a letter appears to be an application or a job request.

Many people will meet with you, assuming you are sincere in your approach. On the other hand, many people also are very busy and simply don't have the time to meet with you. If the person puts you off when you telephone for an appointment, clearly state your purpose and emphasize that you are not looking for a job with this person – only information and advice. If the person insists on putting you off, make the best of the situation: try to conduct the informational interview over the telephone. Alternatively, write a nice thank-you letter in which you again state your intended purpose; mention your disappointment in not being able to learn from the person's experience; and ask to be remembered for future reference. Enclose your resume with this letter.

While you are ostensibly seeking information and advice, treat this meeting as an important preliminary interview. You need to communicate your qualifications – that you are competent, intelligent, honest, and likable. These are the same qualities you should communicate in a formal job interview. Hence, follow the same advice given for conducting a formal interview and dressing appropriately for a face-to-face meeting (Chapter 11).

Conduct the Interview, Including the "CR" Question

An informational interview will be relatively unstructured compared to a formal job interview. Since you want the individual to advise you, make sure you ask questions that will give you useful information. You, in effect, become the interviewer. You should structure this interview with a particular sequence of questions. Most questions should be open-ended, requiring the individual to give specific answers based upon his or her experience.

The structure and dialogue for the informational interview might go something like this: You plan to take no more than 45 minutes for this interview. The first three to five minutes will be devoted to small talk – the weather, traffic, the office, mutual acquaintances, or an interesting or humorous observation. Since these are the most critical moments in the interview, be especially careful how you communicate nonverbally. Begin your interview by stating your appreciation for the individual's time. Use your own words, but use the following to help you form your own remarks.

> *"I want to thank you again for scheduling this meeting with me. I know you're busy. I appreciate the special arrangements you made to see me on a subject which is very important to my future."*

Your next comment should reiterate your purpose as stated in your letter:

> *"As you know, I am exploring job and career alternatives. I know what I do well and what I want to do. But before I commit myself to a new job, I need to know more about various career options. I thought you would be able to provide me with some insights into career opportunities, job requirements, and possible problems or promising directions in the field of _____."*

A statement of this type normally will get a positive reaction from the individual who may want to know more about what it is you want to do. Be sure to clearly communicate your job objective. If you can't, you may indicate that you are lost, indecisive, or uncertain about yourself. The person may feel you are wasting his or her time.

Your next line of questioning should focus on "how" and "what" questions centering on (1) specific jobs and (2) the job search process. Begin by asking about various aspects of specific jobs:

- Duties and responsibilities
- Knowledge, skills, and abilities required
- Work environment relating to employees, work, deadlines, stress
- Advantages and disadvantages
- Advancement opportunities and outlook
- Salary ranges

Your informer will probably take a great deal of time talking about his or her experience in each area. Be a good listener, but make sure you move along with the questions.

Your next line of questioning should focus on your job search activities. You need as much information as possible on how to:

- Acquire the necessary skills
- Best find a job in this field
- Overcome any objections employers may have to you

- Uncover job vacancies which may not be advertised
- Develop job leads
- Approach prospective employers

Your next line of questioning should raise the "CR" question — your criminal record. While you may be embarrassed to ask it, nonetheless, this is a good time to disclose what may be a red flag for many employers. The question might be something like this, but it must honestly reflect your situation in the most positive way.

> *"I have a potential problem that I would appreciate your advice on. I'm currently on parole. A few years ago, when I was running with the wrong crowd, I did some very stupid things related to drugs. As a result, I spent two years in Paris State Prison. I lost everything – family, friends, and my self-esteem. While I hit bottom, I swore I would turn my life around. In fact, being incarcerated was the best thing to happen to me at that stage in my life. It was a real wake-up call. I got my GED, took a couple of college courses, participated in vocational training programs, and have excellent references from my supervisor, caseworker, and parole officer. I now know what I want to do with my life. However, when employers learn about my criminal record, they may automatically reject me. If you were in my situation, how would you handle the criminal record issue with employers?"*

The advice you get in response to this question may be some of the most important advice you get as you network. Indeed, you may discover many people in your network may try to bend over backwards to help you reenter the workforce despite your criminal record. This is an excellent time to fully disclose your key red flag issue. Again, you're not interviewing for a job – just getting valuable information and advice. The advice will help you overcome any reluctance to reveal your background to employers with whom you will be interviewing for an actual job.

Your final line of questioning should focus on your resume. Do not show your resume until you pose this last set of questions. The purposes of these questions are to: (1) get the individual to read your resume in-depth, (2) acquire useful advice on how to strengthen it, (3) be referred to prospective employers, and (4) be remembered. With the resume in front of you and the other person, ask the following questions:

- Is this an appropriate type of resume for the jobs I have talked about?
- If an employer received this resume, how do you think he or she would react to it?
- Do you see possible weaknesses or areas that need to be improved?
- What about the length, paper quality and color, layout, and type style/size? Are they appropriate?
- What should I do with this resume? Broadcast it to hundreds of employers with a cover letter? Use a "T" letter instead?

- How might I best improve the form and content of my resume?
- Who might be most interested in receiving this resume?

You should obtain useful advice on how to strengthen both the content and use of your resume. Most important, these questions force the individual to **read** your resume, which, in turn, may be **remembered** for future reference.

Your last question is especially important in this interview. You want to be both **remembered** and **referred**. Some variation of the following question should help:

> *"I really appreciate all your advice. It is very helpful and it should improve my job search considerably. Could I ask you one more favor? Do you know two or three other people who might be willing to assist me with these same questions? I want to conduct as much research as possible, and their advice might be helpful also."*

Before you leave, mention one more important item:

> *"During the next few months, if you hear of any job opportunities for someone with my interests and qualifications, I would appreciate being kept in mind. And please feel free to pass my name on to others."*

Send a nice thank-you letter – preferably by both email and mail – within 48 hours of completing this informational interview. Express your genuine gratitude for the individual's time and advice. Restate your interests, and ask to be remembered and referred.

Be sure to follow up on any useful advice you receive, particularly referrals. Approach referrals in the same manner you approached the person who gave you the referral. Write a letter requesting a meeting. Begin the letter by mentioning:

> *"Mr./Ms. _____ suggested that I contact you concerning my research on careers in _____."*

If you continue prospecting, networking, and conducting informational interviews, soon you will be busy conducting interviews and receiving job offers. While 100 informational interviews over a two-month period should lead to several formal job interviews and offers, the pay-offs are uncertain because job vacancies are unpredictable. I know cases where the first referral turned into a formal interview and job offer. More typical cases require constant prospecting, networking, and informational interviewing activities. The telephone call or letter inviting you to a job interview can come at any time. While the timing may be unpredictable, your persistent job search activities will be largely responsible for the final outcome.

Telephone for Job Leads

Telephone communication should play an important role in prospecting, networking, and informational interviews. However, controversy centers around how and when to use the telephone for generating job leads and scheduling interviews. Some people recommend writing a letter and waiting for a written or telephone reply. Others suggest writing a letter and following it with a telephone call. Still others argue you should use the telephone exclusively rather than write letters.

How you use the telephone will indicate what type of job search you are conducting. Exclusive reliance on the telephone is a technique used by highly formalized job clubs that operate phone banks for generating job leads. Using the Yellow Pages or Internet phone directories as the guide to employers, a job club member may call as many as 50 employers a day to schedule job interviews. A rather aggressive yet typical telephone dialogue goes something like this:

> *"Hello, my name is Bill Webber. I would like to speak to the head of the sales department. By the way, what is the name of the sales director?"*

> *"You want to talk to Ms. Carson. Her number is 777-222-1111, or I can connect you directly."*

> *"Hello, Ms. Carson. My name is Bill Webber. I am very interested in your new line of paper products for small businesses. I would like to meet with you to discuss a possible sales position for someone with my qualifications. Would it be possible to see you on Friday at 2pm?"*

Not surprisingly, this telephone approach generates many "no's." If you have a hard time handling rejections, this telephone approach will help you confront your anxieties. The principle behind this approach is **probability**: for every 25 telephone "no's" you receive, you will probably get one or two "yeses." Success is just 25 telephone calls away! If you start calling prospective employers at 9am and finish your 25 calls by 12 noon, you should generate at least one or two interviews. That's not bad for three hours of job search work. It beats a direct-mail approach.

While the telephone is more efficient than writing letters, its effectiveness is questionable. When you use the telephone in this manner, you are basically pitching for a job. You are asking the employer: *"Do you have a job for me?"* There is nothing subtle about this approach. Luck pays an important role – you place a phone call at the right time when a job vacancy is available, often before it gets advertised. If you need a job – any job – in a hurry, which is the situation for most ex-offenders, this is one of the most efficient ways of finding employment. However, if you are more concerned with finding a job that is right for you – a job you do well and enjoy doing, one that is fit for you – this telephone approach may not be appropriate.

You must use your own judgment in determining when and how to use the telephone in your job search. There are appropriate times and methods for using the telephone, and these should relate to your job search goals and needs. I prefer the networking approach I previously outlined – writing a letter requesting an informational interview and following up with a telephone call. While you take the initiative in scheduling an appointment, you do not put the individual on the spot by asking for a job. You are only **seeking**

information and advice. This low-keyed approach results in numerous acceptances and has a higher probability of paying off with interviews than the aggressive telephone request. You should be trying to uncover jobs that are right for you rather than any job that happens to pop up from a telephoning blitz.

Join a Job Club or Support Group

The techniques outlined thus far are designed for individuals conducting a self-directed job search. Job clubs and support groups are two important alternatives to these techniques.

Job clubs are designed to provide a group structure and support system to individuals seeking employment. These groups consist of about 12 individuals who are led by a trained counselor and supported with telephones, copying machines, and a resource center.

Formal job clubs, such as the 40-Plus Club, organize job search activities for both the advertised and hidden job markets. Job club activities may include:

- Signing commitment agreements to achieve specific job search goals and targets.
- Contacting friends, relatives, and acquaintances for job leads.
- Completing activity forms.
- Using telephones, computers, photocopy machines, postage, and other equipment and supplies.
- Meeting with fellow participants to discuss job search progress.
- Meeting with career counselors or other career specialists.
- Attending job fairs and hiring conferences.
- Telephoning to uncover job leads.
- Using the Internet to research the job market and contact potential employers.
- Researching newspapers, telephone books, and directories.
- Developing research, telephone, interview, and social skills.
- Writing letters and resumes.
- Responding to want ads.
- Completing employment applications.
- Assessing weekly progress and sharing information with fellow group members.

In other words, the job club formalizes many of the prospecting, networking, and informational interviewing activities within a group context and interjects the role of the telephone as the key communication device for developing and expanding networks.

Many job clubs place excessive reliance on using the telephone and Internet for uncovering job leads. Members call prospective employers and ask about job openings. The Yellow Pages and the Internet become the job hunter's best friends. During a two-week period, a job club member might spend most of his or her mornings telephoning for job leads and scheduling interviews. Afternoons are normally devoted to job interviewing.

Many job club methods are designed for individuals who need a job – any job – quickly. Since individuals try to fit into available vacancies, their specific objectives and skills are of secondary concern. Other job club methods are more consistent with the focus and methods outlined in this book, especially those used by 40-Plus Clubs (www.40plus-dc.org) and Five O'Clock Clubs (www.fiveoclockclub.com).

Instead of participating in such clubs, you may want to form a support group that adapts some job club methods around our central concept of finding a job fit for you – one appropriate to your objective and in line with your particular mix of skills, abilities, and interests. Support groups are a useful alternative to job clubs. They have one major advantage to conducting a job search on your own: they may cut your job search time in half because they provide an important structure for achieving goals. Forming or joining one of these groups can help direct as well as enhance your individual job search activities. Several of the ex-offender support groups identified in Chapter 5 may be good candidates for forming such job-oriented groups.

Your support group should consist of three or more individuals who are job hunting. Try to schedule regular meetings with specific purposes in mind. While the group may be highly social, especially if it involves close friends, it also should be **task-oriented**. Meet at least once a week and include your spouse. At each meeting set **performance goals** for the week. For example, your goal can be to make 20 new contacts and conduct five informational interviews. The contacts can be made by telephone, email, letter, or in person. Share your experiences and job information with each other. **Critique** each other's progress, make suggestions for improving the job search, and develop new strategies together. By doing this, you will be gaining valuable information and feedback which is normally difficult to gain on one's own. This group should provide important psychological supports to help you through your job search. After all, job hunting can be a lonely, frustrating, and exasperating experience. By sharing your experiences with others, you will find you are not alone. You will quickly learn that rejections are part of the game. The group will encourage you, and you will feel good about helping others achieve their goals. Try developing small incentives, such as the individual who receives the most job interviews for the month will be treated to dinner by other members of the group.

Explore Online Networks and Networking

Networking is increasingly taking on new communication forms in today's high-tech world. Job seekers can take advantage of several websites and electronic databases for conducting a job search, from gathering information on the job market to disseminating resumes to employers. The Internet also allows job seekers to network for information, advice, and job leads. If you have Internet access, you can use social media, blogs, chat groups, message boards, and email to gather job information and make contacts with potential employers. Using email, you can make personal contacts which give you job leads for further networking via computer or through the more traditional networking methods outlined in this chapter.

Several websites will help you develop networking skills as well as put you in contact with important employment-related networks. These three websites include a wealth of information on the networking process and serve as useful gateway networking sites for job seekers:

- **Quintessential Careers**   www.quintcareers.com/networking.html
- **Riley Guide**   www.rileyguide.com/netintv.html
- **My Career Transitions**   mycareertransitions.com

Once you begin the process of developing your networks, you may want to use the following websites to locate long-lost friends, classmates, and others who might be helpful in your networking campaign:

- **AnyWho**   www.anywho.com
- **Classmates**   www.classmates.com
- **Reunion** (high school)   www.reunion.com
- **Switchboard**   www.switchboard.com
- **Yahoo! People Search**   search.yahoo.com

If you have military experience and wish to locate some of your former military buddies, be sure to explore these people finders for locating military personnel:

- **Buddy Finder**   www.military.com/BuddyFinder
- **GI Search.com**   www.gisearch.com
- **Military Locator**   www.militarylocator.com
- **VetFriends**   www.vetfriends.com

If you've lost contact with your former classmates, try these websites for locating alumni groups:

- **Alumni.net**   www.alumni.net
- **Curious Cat Alumni Connections**   www.curiouscat.net/alumni

The popular trend or fad in online networking is based upon the "six degrees of separation theory" – everyone is connected to everyone else in the world by only six other people. Building electronic communities, these networks are designed to put users into contact with thousands of other people for all types of purposes – from dating to making friends to finding a job to recruiting to developing sales forces to closing business deals. These electronic networks offer some interesting online networking opportunities for those who have the time and dedication to make them work. They probably are most effective for those who need to prospect for new business and potential sales contacts, which is the direction many of the more entrepreneurial such networks now take.

Opportunities to do online networking relating to jobs and careers are numerous. The three major social networking groups enable users to profile themselves online and make connections:

- **LinkedIn**   www.linkedin.com
- **Facebook**   www.facebook.com
- **Twitter**   www.twitter.com

LinkedIn is by far the most widely used for professional branding and job search. You are well advised to incorporate LinkedIn in your job search. You'll find a great deal of information on the Internet about how to best use LinkedIn for finding employment.

Other up-and-coming networking groups include:

- **Tumbir**   www.tumbir.com
- **Ryze**   www.ryze.com
- **Ning**   www.ning.com
- **Groupsite**   www.groupsite.com
- **Pinterest**   www.pinterest.com
- **Meetup**   www.meetup.com
- **Networking for Professionals**   networkingforprofessionals.com

The Internet can significantly enhance your job search. It offers new networking possibilities for individuals who are literate in today's digital technology. If you have access to the Internet, we recommend getting your resume into various employment websites (see Chapter 9). Explore their job vacancies, resources, chat groups, and message boards. Within just a few minutes of electronic networking, you may pick up important job information, advice, and leads that could turn into a real job.

11

Develop Winning Job Interview Skills

THE JOB INTERVIEW IS the single most important step in the whole job search process – no interview, no job offer, no salary, no benefits, no job. If you've followed my advice in previous chapters, you should now have a strong foundation for handling the job interview. Nonetheless, job interviews can be stressful, especially for ex-offenders with red flags in their backgrounds. This may well be the most challenging step in the whole job search process for ex-offenders. Is it time to tell the truth, the whole truth, or just enough truth to land the job?

Throughout the job interview your major purpose should be to sell yourself to the employer. At the same time, you want to get as much information about the job and the employer in order to decide whether or not the job is right for you.

Let's examine various aspects of the job interview. In so doing, I'll prepare you for different phases of a job interview. I want you to leave the interview with the confidence that you did your very best in communicating your qualifications to the employer.

Hire Slow, Fire Fast

In recent years, the job interview – as well as the whole hiring process – has changed in several important ways. These changes require both interviewees and interviewers to better prepare for the job interview. Indeed, **preparation is the key to interview success**. Most changes reflect the need of employers to better define their hiring needs and then make more intelligent and cost-effective hiring decisions.

While employers used to hire fast and fire slow, today more employers see the wisdom of doing just the opposite – hire slow and fire fast. This means more extensive screening of candidates and focusing on **patterns of accomplishments** in order to better **predict** employee behavior. Employers want a perfect "fit." This also means conducting a different style of interviewing. Rather than call a candidate in for one interview, an employer may interview a single candidate three to five or more times before making a job offer. So, how do you handle your fifth interview? Not surprisingly, many candidates have difficulty remaining upbeat after the third interview! Those who may have mis-

> *While employers used to hire fast and fire slow, many see the wisdom of doing just the opposite – hire slow and fire fast*

takenly prepared canned answers to interview questions may have difficulty staying on message after responding to dozens of questions that require them to demonstrate their personality, likability, competence, and ability to make thoughtful decisions.

At the same time, employers are taking more time to screen candidates for **red flags** with everything from drug, aptitude, psychological, and polygraph tests to in-depth background checks on criminal records, work history, and even credit history. Within the interview itself, more and more employers are asking **behavior-based questions** to identify a candidate's ability to make decisions and solve problems relevant to the job. Consequently, candidates who prepare for interviews with memorized or canned answers to anticipated interview questions do not do well in such interviews; they appear coached or rehearsed and thus lack authenticity and credibility. Going beyond behavior-based questions, many employers also seek better indicators of a candidate's decision-making style and pattern of performance by conducting **situational interviews**. Giving interviewees hypothetical or real-work problems to solve, interviewers want to see how a candidate actually behaves, rather than what they say, within the context of the company. Accordingly, employers want to know more about your motivated abilities and skills (Chapter 7) and whether or not your MAS is a good fit for their organization by actually observing you in action.

The overall trend is simple: No more hiring surprises due to poor hiring skills! Employers want to better **predict** individual performance within their organizations. They can't afford to make costly hiring mistakes because of their own lack of good screening and interview skills.

Prepare for Stressful Interviews

Nearly 95 percent of all organizations require job interviews prior to hiring employees. In fact, employers consider an effective interview to be the most important hiring criterion – outranking education, related work experience, resumes, letters, and recommendations.

While the job interview is the most important job search activity, it also is the most **stressful** job search experience. Your application, resume, and letters may get you to the interview, but you must perform well in person in order to get a job offer. Knowing the stakes are high, most people face interviews with dry throats and sweaty palms; it is a time of great stress. You will be on stage, and you are expected to put on your best performance.

How do you prepare for the interview? First, you need to understand the nature and purpose of the interview. Second, you must prepare to respond to different interview situations and interviewers. Make sure whoever assists you in preparing for the interview evaluates your performance. Practice the whole interviewing scenario, from the time you enter the door until you leave. Sharpen communication skills as you prepare to give positive answers to questions as well as ask intelligent questions. The more you practice, the better prepared you will be for the real job interview.

A Two-Way Communication Exchange

An interview is a two-way communication exchange between an interviewer and interviewee. It involves both verbal and nonverbal communication. While we tend to concentrate on the content of what we say, research shows that approximately 65 percent of all communication is **nonverbal**. Furthermore, we tend to give more **credibility** to nonverbal than to verbal messages. Regardless of what you say, how you dress, sit, stand, use your hands, move your head and eyes, and listen communicates both positive and negative messages.

Job interviews can occur in many different settings and under various circumstances. You may write job interview letters, schedule interviews by telephone, be interviewed over the phone or Internet, and encounter one-on-one as well as panel, group, series, behavioral, and situational interviews. Each situation requires a different set of communication behaviors. For example, while telephone communication is efficient, it may be ineffective for interview purposes. Only certain types of information can be effectively communicated over the telephone because this medium is primarily verbal. Honesty, intelligence, and likability – three of the most important values you want to communicate to employers – are primarily communicated nonverbally. Therefore, you should be very careful of telephone interviews – whether giving or receiving them.

Job interviews have different purposes and can be negative in many ways. From your perspective, the purpose of an initial job interview is to get a second interview or a job offer, and the purpose of the second interview is to get more interviews until a job offer is forthcoming. However, for many employers, the purpose of the interview is to eliminate you from additional interviews or a job offer. The interviewer wants to know why he or she should **not** hire you. The interviewer tries to do this by identifying your weaknesses. These differing purposes can create an adversarial relationship and contribute to the overall interviewing stress experienced by both the applicant and the interviewer.

Since the interviewer has certain expectations about required personalities and performance in candidates, he or she wants to **identify your weaknesses**. You must counter by **communicating your strengths** to lessen the interviewer's fears of hiring you. Recognizing that you are an unknown quantity to the employer, you must raise the interviewer's expectations of you.

Avoid 45 Common Interview Errors

Employers report encountering many job seekers who make a variety of interview errors that quickly knock them out of competition. Make sure you don't make any of these mistakes, which constitute a handy list of interview "don'ts":

1. Arrives late to the interview.
2. Comes to the interview with a friend, relative, or child.
3. Makes a bad impression – rude and obnoxious – in the waiting area.
4. Dresses inappropriately and looks sloppy and unkempt.
5. Wears sunglasses, blue jeans, and heavy-duty boots.
6. Presents a poor appearance and negative image.
7. Expresses negative attitudes, often saying *"can't" or "didn't."*
8. Offers lots of excuses and blames others for weaknesses.
9. Engages in inappropriate behavior – shows off tattoos and leg injury.
10. Appears somewhat incoherent and unfocused.
11. Looks stressed out – uncomfortable, very nervous, and sweats a lot.
12. Uses poor grammar and seems inarticulate.
13. Gives short and incomplete answers to questions.
14. Lacks a sense of direction or purpose.
15. Appears ill or has a possible undisclosed medical condition.
16. Volunteers personal information that would be illegal to ask.
17. Emits bad body odors.
18. Shows little enthusiasm, drive, or initiative.
19. Lacks confidence and self-esteem.
20. Appears too eager and hungry for the job.
21. Communicates dishonesty or deception.
22. Seems too smooth and superficial.
23. Appears evasive when asked about possible red flags.
24. Speaks negatively of previous employers and co-workers.
25. Maintains poor eye contact and fidgets a lot.
26. Offers a limp or overly firm handshake.
27. Shows little interest in the company.
28. Talks about salary and benefits early in the interview.
29. Is discourteous, ill-mannered, and disrespectful – argues a lot.
30. Tries to look cool and speaks an inappropriate street language.
31. Tells inappropriate jokes and laughs a lot.

32. Talks too much – a real motor-mouth.

33. Drops names to impress the interviewer.

34. Appears needy and greedy.

35. Fails to talk about accomplishments.

36. Does not ask questions about the job or employer.

37. Goes silent after offering very brief answers to questions.

38. Asks inappropriate questions that raise red flags about motivation.

39. Appears self-centered rather than employer-centered.

40. Demonstrates poor listening skills.

41. Seems not too bright for the job.

42. Fails to know his/her worth when talking about compensation.

43. Forgets to bring appropriate documents, including a list of references.

44. Closes the interview by just getting up and leaving.

45. Never follows up.

Observe 43 Interview "Do's"

There are certain things you need to know and do before, during, and after the job interview. Each phase of the interview has its own separate set of "do's":

Preparing for the Interview

1. **DO** prepare your wardrobe, questions, and answers before the day of the interview.

2. **DO** research the company/organization, the job, and comparable salaries and benefits (see Chapter 8).

3. **DO** plan to sell yourself throughout the interview, from the moment you enter the door to 24 hours after the interview.

4. **DO** ask a friend or relative to help you prepare for the interview by role playing the interviewer and interviewee.

5. **DO** practice giving positive employer-centered answers to possible interview questions, but never memorize answers that will make you sound rehearsed, appear insincere, and contribute to nervousness, especially when you forget your "lines."

6. **DO** prepare to address some really tough questions about your background, especially why the interviewer should hire someone with a criminal record, your work and educational achievements, your goals, and whether or not you are bonded.

7. **DO** look at yourself in the mirror and listen to what you say and how you say it, and then grade yourself and your performance from 1 to 10. Keep doing this until you become a "10." If you can't grade yourself, find someone who is a tough and objective grader.

8. **DO** outline a 30-second employer-focused pitch of why you should be hired that you can occasionally repeat in different ways during the interview.

9. **DO** develop five one- to two-minute stories giving good examples of your major strengths and accomplishments that support your job objective.

10. **DO** learn how long it will take to get to the interview location, plan your transportation, and then plan to arrive at least 20 minutes early.

11. **DO** gather any documents you need to take to the interview, such as a list of references, a mock application form, your resume, driver's license, Social Security number, examples of your work, and any letters of recommendation or commendations.

12. **DO** ask people you plan to use as references if you may use them as references in your job search

13. **DO** lower your stress level and nervousness by preparing well, taking deep breaths, and focusing on the interviewer rather than yourself.

14. **DO** write down any questions you need to ask the interviewer.

15. **DO** tell yourself that this is going to be the best day for starting your new life.

16. **DO** check the weather before you leave, just in case you need an umbrella or coat.

17. **DO** get a good night's sleep, avoid alcohol, and eat lightly the day before the interview.

18. **DO** practice good personal hygiene, from bathing and brushing teeth to washing hair, shaving, and cleaning hands.

Arriving at the Interview Site

19. **DO** arrive on time.

20. **DO** come alone – no friends, relatives, or children should enter the building with you.

21. **DO** remove your coat before sitting down in the waiting area.

22. **DO** observe the surroundings and visit the restroom.

23. **DO** be courteous, professional, sincere, open, and honest at all times and with everyone you meet, especially those in the waiting area before the actual interview; everyone you meet may be "interviewing" you and thus could be important to the final hiring decision.

24. **DO** behave yourself properly in the waiting room by being seen doing something relevant to the job or company, such a reading a company brochure, or asking thoughtful company-related questions (not salary and benefits).

Greeting the Interviewer

25. **DO** stand up and greet the interviewer by looking him or her in the eye, extending your hand, giving a firm handshake, and stating your first and last name: *"Hi, I'm John Strong."*

26. **DO** address the interviewer by his or her proper title and last name: Mr./Mrs./Miss/Dr. _____. No first names unless asked to do so by the interviewer or people you meet.

27. **DO** wait to be seated before sitting down in the interviewer's office.

28. **DO** engage in some small talk, perhaps about the weather, something interesting you see in the office (painting, book, sculpture, diploma).

Conducting the Formal Interview

29. **DO** bring a pen and notebook to take notes during the interview.

30. **DO** sit up straight with a slightly forward lean, relax, keep your hands to your side or on your lap, listen carefully, project yourself, focus on the interviewer rather than on yourself, and look alive and happy.

31. **DO** appear friendly, enthusiastic, energetic, interested, and alert throughout the interview.

32. **DO** control your emotions, avoid being defensive, keep your cool, and go on to do your best, even if the interviewer asks you an illegal or insulting question

33. **DO** recover quickly from any errors you make. If you stumble or knock something over, or know you gave a bad answer to a question, keep on moving. Excuse yourself, go on to the next question, and focus on other more important things rather than try to keep recovering from a mistake. How you recover may be more important to the interviewer than the error you made.

34. **DO** speak well of others and situations, even though you may have had problems in the past. Always think of something good to say about other people and situations you have been in. How you talk about them is a good indicator of your attitudes, motivations, and behavior. Take, for example, how you might respond to questions concerning your incarceration or being fired. Put a positive spin on such experiences.

35. **DO** give complete 30-second to two-minute answers to questions that constantly focus on your goals and strengths.

36. **DO** ask thoughtful questions about the job, company, employer, and competition, which you should have listed and written on a card or in your notebook. Refer to your notes to make sure you ask the right questions and impress upon the interviewer that you are prepared and interested in the company.

37. **DO** let the interviewer finish his or her questions or comments before responding.

38. **DO** delay any discussion of salary and benefits until the very end of the interview and after you have received a job offer. Prematurely talking about salary and benefits can quickly kill your candidacy as well as put you at a disadvantage.

Closing the Interview

39. **DO** let the interviewer initiate the close of the interview by indicating it's time to move on.

40. **DO** ask for a business card so you can follow up with a nice thank-you letter.

41. **DO** close the interview properly by (1) summarizing what you understand to be the responsibilities of the job, (2) stating why you believe this job would be a good fit for both you and the employer, (3) expressing your gratitude for the opportunity to interview for the position, (4) asking when the interviewer plans to make the hiring decision and when you might hear again from the interviewer, and (5) asking if it would be okay if you called the interviewer to check on the status of your candidacy.

Following Up the Interview

42. **DO** follow up with a nice thank-you letter (email immediately as well as send a properly constructed hard copy in the mail) within 24 hours.

43. **DO** make the follow-up call you indicated you would make.

Interview Sequence

Our lists of interview errors and "do's" are appropriate for several phases of the job interview. Most job interviews follow this basic sequence, which may take from 30 minutes to more than one hour to complete:

1. Greeting
2. Establishing common ground/icebreakers/small talk
3. Indicating purpose of interview
4. Drawing out information through the exchange of questions, answers, observations, and analysis:
   - General and specific questions
   - Brief and drawn out answers
   - Conversations to clarify questions, explain answers, and reach mutual understanding
5. Summarizing information and understanding
6. Indicating next steps to be taken
7. Closing

Prepare to Answer Questions

Hopefully your prospecting, networking, informational interviewing, and resume and letter-writing activities result in several invitations to interview for jobs appropriate to your objective. Once you receive an invitation to interview, you should prepare for the interview as if it were a $1,000,000+ prize. After all, that may be what you earn during your employment.

The invitation to interview will most likely come by telephone or email. In some cases, a preliminary interview will be conducted by telephone. The employer may want to shorten the list of eligible candidates from, for example, ten to three. By calling each individual, the employer can quickly eliminate marginal candidates as well as update the job status of each individual. When you get such a telephone call, you have no time to prepare. You may be dripping wet as you step from the shower or you may have a splitting headache as you pick up the phone. Telephone interviews always seem to occur at bad times. Whatever your situation, put your best foot

> *You should prepare for the interview as if it were a $1,000,000+ prize.*

forward based upon your thorough preparation for an interview. You should keep a copy of your resume and a list of answering strategies and questions you would like to ask near the telephone just in case you receive such a call.

Telephone interviews often result in a face-to-face interview at the employer's office. Once you confirm an interview time and place, you should do as much research on the organization and employer as possible, as well as learn to lessen your anxiety and stress levels by practicing the interview situation. Be sure to check out the employer on www.glassdoor.com to see if there is any inside information on the company – morale, leadership, politics, salaries, job interviews, etc. **Preparation and practice** are the keys to doing your best.

During the interview, you want to impress upon the interviewer your knowledge of the company by asking insightful questions and giving intelligent answers. Your library, Internet, and networking research should yield useful information on the organization and employer. Be sure you know something about the organization. Interviewers are normally impressed by interviewees who demonstrate knowledge and interest in their company.

You should practice the actual interview by mentally addressing questions interviewers are likely to ask. Most of these questions will relate to your educational background, work experience, career goals, personality, accomplishments, weaknesses, decision-making style, and related concerns. Expect to encounter these frequently asked questions:

Education

- Describe your educational background.
- Why did you drop out of school?
- What was your grade point average?
- Why were your grades so low? So high?
- What subjects did you enjoy the most? The least? Why?
- What leadership positions did you hold?
- Did you do the best you could in school? If not, why not?
- What educational programs did you participate in while in prison?
- Are you planning to go to college?
- What will you major in?
- If you could, what would you change about your education?
- What type of specialized training have you received?

Work Experience

- What were your major achievements in each of your past jobs?
- Why did you change jobs before?
- What is your typical workday like?
- What did you like about your boss? Dislike?
- If I called your last supervisor and asked about you, what might he tell me concerning your work habits and accomplishments?
- Which job did you enjoy the most? Why? Which job did you enjoy the least? Why?
- Have you ever been fired? Why?
- What did you especially like about your last job?
- Do you think you have enough experience for this job?

Career Goals

- Why do you want to join our company?
- Why do you think you are qualified for this position?
- Why are you looking for a job?
- What ideally would you like to do?
- Why should we hire you?
- How would you improve our operations?
- What do you want to be doing five years from now?
- How much do you expect to be making five years from now?
- What are your short-range and long-range career goals?
- If you were free to choose your job and employer, where would you go?
- What other types of jobs are you considering? Companies?

- When will you be ready to begin work?
- How do you feel about relocating, traveling, working overtime, working shifts, and working on weekends?
- What attracted you to us?

Personality and Other Concerns

- Tell me about yourself.
- What are your major weaknesses? Your major strengths?
- What causes you to lose your temper?
- What do you do in your spare time? Any hobbies?
- What types of books do you read?
- What role does your family play in your career?
- How well do you work under pressure? In meeting deadlines?
- How much initiative do you take?
- What types of people do you prefer working with?
- How _____ (creative, analytical, tactful, etc.) are you?
- If you could change your life, what would you do differently?

Most frequently Asked Questions

While different employers will ask different combinations of questions, we recommend spending extra time preparing for these seven most frequently asked questions:

- Tell me about yourself.
- Why should I hire you?
- What are your major weaknesses?
- Tell me about your plans for the future.
- How do your most recent jobs relate to this position?
- How would your previous employers characterize you?
- What are your salary requirements?

Handle Objections and Negatives With Ease

Interviewers must have a healthy skepticism of job candidates. They expect people to exaggerate their competencies and overstate what they will do for the employer. They sometimes encounter dishonest applicants, and some people they hire fail to meet their expectations. Being realists who have made poor hiring decisions before, they want to know why they should **not** hire you. Although they do not always ask you these questions, they think about them nonetheless:

- Why should I hire an ex-offender?
- What do you really want?
- What can you really do for me?
- What are your weaknesses?
- What problems will I have with you?

Underlying these questions are specific employers' fears or **objections** to hiring you:

- You're not as good as you say you are; you probably hyped your resume or lied about yourself. You may be incompetent and need lots of start-up time to get up and running.
- You just want a paycheck, benefits, and security. It may be hard to keep you motivated and enthusiastic about your work.
- You may talk and complain a lot, blame others, avoid responsibilities, and talk about salary and benefits all the time.
- You have weaknesses like the rest of us. Is it alcohol, sex, drugs, finances, shift-lessness, stealing, lying, cheating, petty politics?
- You may be lazy, come to work late, leave early, or not show up at all.
- You may drive your co-workers crazy with your annoying behavior.
- You won't stay long with us. You'll probably quit in a few months or violate your parole and get arrested again.

Employers raise such suspicions and objections, because it is difficult to trust strangers in the employment game, and they may have been "burned" before. Indeed, there is an alarming rise in the number of individuals lying on their resumes or falsifying their credentials.

How can you best handle employers' objections? You must first recognize their biases and then **raise** their expectations. You do this by stressing your strengths and avoiding your weaknesses. You must be impeccably honest in doing so.

Your answers to employers' questions should be positive and emphasize your **strengths**. Remember, the interviewer wants to know what's wrong with you – your **weaknesses**. When answering questions, both the **substance** and **form** of your answers should be positive. For example, such words as "couldn't," "can't," "won't," and "don't" may create a negative tone and distract from the positive and enthusiastic image you are trying to create. While you cannot eliminate all negative words, at least recognize that the type of words you use makes a difference; try to better manage your word choice. Compare your reactions to the following answers:

QUESTION: **Why do you want to work here?**

ANSWER 1:   *I just got out of prison and need a job. I don't know if you'll give me the job since I haven't worked in a few years. But I won't give* *you any trouble. I think I'll like working here. The people seem nice. I hope you won't hold my record against me.*

ANSWER 2:   *I've always wanted to work for this company. You have a great reputation for being a leader in commercial moving and having the most professional movers in the business. My experience as a truck driver, my recent training in customer service, and my strong organization and communication skills are ideally suited for this position. I'm really excited about joining your team and making sure that you continue being the very best in this business. I also have some ideas on how we might be able to save money on two of the regular delivery routes. I am ready to take on more responsibilities and hope to work closely with you.*

Which one has the greatest impact in terms of projecting positives and strengths? The first answer communicates too many negatives and makes the interviewee sound like a beggar. The second answer is positive and upbeat in its emphasis on skills, accomplishments, and the future.

In addition to choosing positive words, select **content information** which is positive and **adds** to the interviewer's knowledge about you. Avoid simplistic "yes/no" answers; they say nothing about you. Instead, provide information which explains your reasons and motivations behind specific events or activities. For example, how do you react to these two factual answers?

QUESTION: **I see you recently completed your GED. Did you drop out of high school?**

ANSWER 1:   *Yes, I did.*

ANSWER 2:   *Yes. I did very poorly in high school – bad grades along with a poor attitude and attendance. I flunked two grades and was often suspended for bad behavior. I even attended an alternative school and got into more trouble, ending up in the juvenile detention center for two years. There I met a wonderful teacher, Mrs. Taylor, who took a personal interest in me. She urged me to study for my GED. I really hadn't read until I met her. With her encouragement, I studied real hard and scored a 60 on the GED. Getting my GED really got me focused on planning my future, which now centers on more education and training. I know I can do whatever I set my mind to do. I really love working with numbers. As you can see from my resume, I've taken a couple of accounting courses at T. L. Johnson Junior College. I'm planning to complete my A.A degree within the next three years. I'm hoping this bookkeeping* *position will eventually lead to an accounting position within your company. I'm really excited about this position and have enjoyed meeting your staff and learning about your work.*

Let's try another question reflecting possible objections to hiring you:

QUESTION: **Your background bothers me. Why should I hire someone with a criminal record?**

ANSWER 1: *I can understand that.*

ANSWER 2: *I understand your hesitation in hiring someone with my background. I would, too, if I were you. Yes, many people who get out of prison go back to their old ways and soon return to prison. But I'm not like others who may play games to get the job and then disappoint you. I've been there and learned more than you can imagine. I was young, foolish, and made a terrible mistake. But I decided to turn my attitude and life around. Prison was actually good for me. I took advantage of every educational, vocational training, and work opportunity available while I was incarcerated. I now have clear goals, which include working for someone like you. I also have excellent character, education, and work references from several people I've worked with over the past two years, including my parole officer who knows my case very well. If you have any doubts about my character and ability to do this job, I would urge you to put me on a lengthy probationary period during which time you can be assured that you made the best hiring decision. Frankly, I plan to become your star performer within the first three months.*

The first answer is incomplete. It misses an important opportunity to give evidence that you have resolved this issue in a positive manner, which is clearly reflected in the second response.

Exercise: On eight separate sheets of paper, write answers to these seven questions (one question per sheet):

1. Why should I hire you?
2. Why should I hire someone with a criminal record?
3. Tell me about yourself.
4. What are your weaknesses?
5. Tell me about your plans for the future.
6. How do your most recent jobs relate to this position?
7. How would your previous employers characterize you?
8. What are your salary requirements?

All of these examples stress the basic point about effective interviewing. Your single best strategy for managing the interview is to **emphasize your strengths and positives and be enthusiastic about the job**. Questions come in several forms. Anticipate these questions, especially the negative ones, and practice positive responses in order to project your best self in an interview situation.

Deal With the Incarceration Question

The question you probably dread most relates to your incarceration. How should you handle it? How can you best respond to it in the most positive manner possible? Should you raise the issue if the employer doesn't? Questions about your criminal record are on the employer's mind whether they are spoken or unspoken. Are you going to be more trouble than you are worth? Is it a pattern that is likely to recur again and again? Have you really changed, or will your problems likely affect your work on your next job? If you get hired, will your new employer inherit a pattern of negative behavior?

Even if the employer does not ask about your incarceration, you may decide to bring it up yourself either because you are required to do so, or because you don't want to worry about someone else telling him in the future. You want to explain the situation honestly, but in the most positive way that you can. It is important that you address each of the red flags in your background as honestly and in as positive a light as possible. Making excuses or blaming others for your problems will not reassure the employer that he will not inherit similar problems with your behavior if he hires you! You could respond to the incarceration question or you might bring it up yourself with a statement such as this:

> *You know about my incarceration. I would like to explain the situation*
> *and the changes I've made in my life to make sure it never happens again.*

You immediately want to stress two important points:

1. You accept that your behavior was wrong. You are aware of the negative consequences of the behavior that got you into trouble.
2. You take responsibility for the past inappropriate behavior and don't put the blame on others.

Don't talk too much about these first two points. Many ex-offenders talk too long and in too much detail about their past crime(s). Accept responsibility, but don't dwell on it! Move on. You want to talk more about the next two areas – those that deal with the changes you have made for your future:

3. Mention the changes you have made in your life so this will not happen again. The situation that supported the past negative behavior no longer exists. For example, if part of the problem in the past was that you got in with the wrong crowd and their activities influenced your behavior, demonstrate that your present situation is different. You no longer hang out with that crowd. You now associate with a different group of people who do not get into trouble.

4. As you have changed your situation, you have made it easier for you to change your behavior. You have overcome the negative cycle.

5. It was a difficult learning experience you had to go through. But you have "done your time" and are ready to get on with a more positive life. You want the chance to demonstrate to the employer that with your skills and your attitude, you will make a positive contribution to the company.

Anticipate Behavior-Based Questions

More and more employers are conducting a different type of interview than they did 10 or 20 years ago. Known as "behavior-based interviews," these interviews are filled with questions designed to elicit clear **patterns of behavior**, which are primarily sets of accomplishments, relevant to the employer's situation. They are specific and challenge interviewees to provide concrete examples of their achievements in different types of situations. Such interviews are based on the simple belief that how a job candidate has responded to certain types of situations in the past is a good predictor of how that person will behave in a similar future situation. Their behavioral "stories" provide clues on how they will solve future problems. Behavior-based questions are likely to begin with some variation of:

- *Give me an example of a time when you . . .*
- *Give me an example of how you . . .*
- *Tell me about how you . . .*

Depending on the position in question, you may or may not encounter these types of questions. Behavior-based questions especially arise during interviews for professional positions involving considerable responsibilities. Nonetheless, they may occur for any type of position, including entry-level positions involving decisions of responsibility. If you are asked such questions, try to sell your positives with an example or two. Briefly describe the situation, enthusiastically explain what you did (adding information as to why if you think this would not be evident), and indicate the outcome. For example, if the interviewer asks,

> *"Tell me about a time when you anticipated a potential problem."*

The applicant might respond,

> *"When I was working at McDonald's, I noticed the children's playground was unprotected from the parking area. I told my supervisor that this could be a dangerous situation if someone accidently jumped the curb and plowed into a crowd of kids. He took a look at the area and agreed that heavy-duty guard rails needed to be installed in front of the curb. It was a good thing he did this. Three weeks after they were installed, a lady got into her car, accidently put it in drive, and slammed into the guard rail. It really scared a group of 30 kids and parents who were there for a birthday party. Had we not installed the guard rail, I'm afraid several of the kids would have been injured or even killed. I really felt good about this doing this. I also was glad someone at work listened to me and took appropriate action. My supervisor promoted me after that incident."*

Obviously you want to select examples that promote your skills and have a positive outcome. Even if the interviewer asks about a time when something negative happened, try to select an example where you were able to turn the situation around and something positive came out of it. For example, if asked, *"Tell me about a time you made a bad decision,"* try to identify an occasion where:

- Even though it wasn't the best decision, you were able to pull something positive out of the situation.

- Though it was a poor decision, you learned from it, and in the next similar situation you made a good decision or know how you will handle it differently the next time a similar situation arises.

- It was bad decision but the negative outcome had only minor impact.

In other words, try to pull something positive – either that you did or that you learned – out of even a negative experience you are asked to relate. As you prepare for your interview, consider situations where you:

- demonstrated leadership
- increased company profits
- made a good/poor decision
- handled changing events

- solved a problem
- handled criticism
- worked as part of a team
- met a deadline/missed a deadline

Add to this list other behavioral questions you think of that pertain to the job for which you are applying.

Ask others who have interviewed with the company, if possible, to find out the types of questions to expect. You may encounter hypothetical questions in which you are asked not what you did, but what you would do **if** something occurred. With hypothetical questions, the interviewer is less interested in your actual answer – often there is no correct or incorrect response – than in your thought process. He wants to know how you would solve a problem or respond to a particular type of situation.

Exercise: On seven separate sheets of paper, write stories that relate to these seven behavior-based questions (one question/story per sheet):

1. Tell me about a time in which you failed to meet a deadline.
2. Give me an example of how you took initiative in solving a problem.
3. Tell me how you took responsibility for a problem you created.
4. Give me examples of three most satisfying accomplishments in your last job.
5. Tell me about a time in which you were fired from a job.
6. Give me an example of how you worked effectively under pressure.
7. Tell me how you saved your boss money.

Develop Strong Storytelling Skills

Individuals who do well in behavior-based interviews are those who have a rich background of accomplishments as well as are good storytellers. Indeed, **storytelling** is one of the key skills involved in conducting effective interviews. If you want to do well in this type of interview, be sure to **anticipate questions** you might be asked so you can prepare a well thought-out response – a set of revealing stories about your performance – prior to the interview. It is far easier to formulate positive responses to questions in the relaxed setting than in the stressful and time-constrained setting of the job interview.

Face Situational Interviews

More and more employers also conduct situational interviews, which enable them to observe the actual behavior of candidates in particular situations. Again, you may or may not encounter such questions. While candidates can prepare for behavioral interviews by focusing on their accomplishments and telling stories about their past performance that communicate a clear pattern of behavior, such interviews are still primarily verbal exchanges. Employers analyze answers to open-ended questions for clues of future performance.

Situational interviews rely less on analyzing verbal cues and more on analyzing actual observed behavior or performance in key work-related situations. The popular television program *The Apprentice* is a good example of situational interviews. Employers especially like conducting these interviews, because they know candidates can't prepare well for the situations in which they may be asked to perform. These interviews give employers a chance to observe a candidate's decision-making skills in the process of solving work-related problems. Many of these interviews involve mock scenarios in which a candidate is asked to role play. For example, someone who is interviewing for a customer service position may be asked to play the role of a customer service representative by handling telephone calls from an irate customer. In this scenario the interviewer has a chance to observe how the candidate actually handles such a customer. Does he or she talk down to the customer, get angry, or resolve the problem to the satisfaction of the customer, which they hope will become a repeat customer? The behavior of a competent customer service representative can be readily observed in such a role-playing scenario. Other examples of situational interviews may involve mock negotiation sessions, selling a product, counseling a client, teaching a course, constructing something, or repairing a product.

> *Employers like to conduct situational interviews because they know candidates can't prepare well for the situations in which they may be asked to perform.*

Encounter Illegal Questions

Many questions are illegal, but some employers ask them nonetheless. Consider how you would respond to these questions:

- Are you married, divorced, separated, or single?
- How old are you?
- Do you go to church regularly?
- Do you have many debts?
- Do you own or rent your home?
- What social and political organizations do you belong to?
- What does your spouse think about your career?
- Are you living with anyone?
- Are you practicing birth control?
- How much insurance do you have?
- How much do you weigh?
- How tall are you?

Don't get upset and say *"That's an illegal question...I refuse to answer it!"* While you may be perfectly right in saying so, this response lacks tact and may push an unattractive anger button that sometimes surfaces when you're under stress. In fact, some employers may ask such questions just to see how you react under stress. Others may do so out of ignorance of the law. Whatever the case, be prepared to handle these questions with tact.

Ask Thoughtful Questions

Interviewers expect candidates to ask intelligent questions concerning the organization and the nature of the work. In fact, many employers indicate that it's often the quality of the questions asked by the candidate that is instrumental in offering them the job. Moreover, you need information and should indicate your interest in the employer by asking questions. Consider asking some of these questions if they haven't been answered early in the interview:

- Tell me about the duties and responsibilities of this job.
- What's the most important thing I should know about your company?
- How does this position relate to other positions within this company?
- How long has this position been in the organization?
- What would be the ideal type of person for this position? Skills? Personality? Working style? Background?
- Can you tell me about the people who have been in this position before? Backgrounds? Promotions? Terminations?

- Whom would I be working with in this position?
- Tell me something about these people. Their strengths? Their weaknesses? Their performance expectations?
- What am I expected to accomplish during the first year?
- How will I be evaluated?
- Are promotions and raises tied to performance criteria?
- Tell me how this operates?
- What is the normal salary range for such a position?
- Based on your experience, what type of problems would someone new in this position likely encounter?
- I'm interested in your career with this organization. When did you start? What are your plans for the future?
- How do people get promoted and advance in this company?
- What does the future look like for this company?
- Could I meet with the person who will be my supervisor?

You may want to write your questions on a 3x5 card or include them in the "Notes" app of your handheld device and take them with you to the interview. While it is best to recall these questions, you may need to refer to your list when the interviewer asks you if you have any questions. You might do this by saying: *"Yes, I jotted down a few questions which I want to make sure I ask you before leaving."* Then pull out your card or phone and refer to the questions.

Appropriate Dress, Appearance, and Grooming

Dress, appearance, and grooming are the first things you communicate to others. Before you have a chance to speak, others notice how you look and accordingly draw certain conclusions about your personality and competence. Indeed, research shows that appearance makes the greatest difference when an evaluator has little information about the other person. This is precisely the situation you find yourself in at the start of the interview.

Many people object to having their capabilities evaluated on the basis of their appearance and manner of dress. *"But that is not fair,"* they argue. *"People should be hired on the basis of their ability to do the job – not on how they look."* But debating the lack of merit or complaining about the unfairness of such behavior does not alter reality. Like it or not, people do make initial judgments about others based on their appearance. Since you cannot alter this fact and bemoaning it will get you nowhere, it is better to learn to use it to your advantage. If you learn to effectively manage your image, you can convey marvelous messages regarding your authority, credibility, and competence.

Some estimates indicate that as much as 65 percent of the hiring decision may be based on the nonverbal aspects of the interview! Employers sometimes refer to this phenomenon with such terms as "chemistry," "body warmth," or that "gut feeling" the individual is right for the job. This correlates with findings of communication studies that approximately 65 percent of a message is communicated nonverbally.

So how should you dress and groom for the job interview? The general rule is to be conservative in your dress and appearance and neat and clean in your grooming. The following tips should help you develop a proper appearance for the job interview:

1. **Dress one step above the position for which you are interviewing.** If you don't know what that is, check with people in your support group, someone who works with that company or a similar company, or visit the company to observe the people at work.

2. **Wear clothes that fit well and look neat, clean, and appropriate for the setting.** No blue jeans, shorts, baggy or low-riding pants, sleeveless blouses, or baseball caps. In general, women should wear a conservative blouse and skirt, dress, slacks, and/or suit jacket. Men should wear a light-colored shirt, dark tie, a jacket, and/or dark trousers. For laborer positions, neat and clean work clothes will be sufficient.

3. **Choose clothes with coordinated patterns and colors.** Avoid wearing different plaids together, clashing colors, and unusual combination of fabrics.

4. **Select conservative colors,** such as cream or white, navy blue, and dark brown. Reds, oranges, bright greens, and yellows do not test well in job interviews.

5. **Avoid wearing excessive or gaudy jewelry.** You want the interviewer to focus on you rather than your dangling jewelry. Excessive jewelry is a distraction and raises questions about your choice of body adornments.

6. **Minimize the number of obvious body piercings.** Like excessive jewelry, body piercings are distractions and raise questions about your decisions and lifestyle. Avoid showing off any facial piercings.

7. **Avoid excessive fragrances.** One of the first things an interviewer notices is your scent. Be very careful wearing heavy perfume or cologne. You may love their scent, but they could be irritating to an interviewer, who may think you smell terrible.

8. **Hide tattoos as much as possible.** If you have tattoos running up and down your arms, cover them with a long-sleeve shirt. Consider having some tattoos removed since they may hinder your employability. Try not to drawn attention to your tattoos during the interview. They may raise more questions than you're prepared to answer.

9. **Make sure you have clean and trimmed nails and cover any obvious sores or injuries.** Look like you can take care of yourself.

10. **Shower and use deodorant on the day of the interview.** Bad or strange body odors will quickly turn off most people.

11. **Wear shoes that are in good condition and are clean and shined.** Employers do look at your shoes as a sign of personal care.

12. **Keep your hair clean, trimmed, neatly combed, and in a conservative style.** Avoid unusual or trendy hairstyles and colors. Green or orange hair will not enhance your candidacy. Men should avoid excessive facial hair.

13. **Women should avoid heavy makeup,** over-sized jewelry, large handbags, excessively high heels, or showing a bare midriff or too much skin in any area.

14. **Avoid accentuating any weight problems** with tight-fitting clothes. In addition to fitting well, your clothes should down-play weight issues (stripes should run up and down rather than around, which accentuates weight problems).

15. **Brush your teeth and use mouthwash** just before the interview to avoid bad breath.

16. **Excuse yourself if you have a cold or look ill on the day of the interview (sneezing, coughing, sniffling, watery eyes).** Point this fact out at the beginning of the interview. Otherwise, the interviewer may think you have some type of permanent illness, or you will come to work sick or may miss work because of health problems.

17. **Avoid chewing gum or smoking during the interview.** You just don't do these things in interviews. Nothing should be in your mouth other than clean teeth and compelling information on why **you** should be hired!

If you are female and don't have or can't afford a wardrobe appropriate for job interviews and the workplace, you may want to contact these organizations that work with ex-offenders and other disadvantaged groups in need of interview clothes:

- **Dress for Success** (women)   www.dressforsuccess.org
- **Career Gear** (men)   careergear.org
- **Bridge to Success**   www.thebridgetosuccess.org
- **The Women's Alliance**   www.thewomensalliance.org
- **Wardrobe for Success**   www.wardrobe.org

A few of these websites also include personal success stories and useful job interview tips. The Dress for Success organization now has 140 offices in 19 countries that have served over 850,000 women.

Several communities have their own programs designed to help low-income and disadvantaged men and women dress properly for job interviews. If you are living in a halfway house or shelter, personnel there will know about such programs. Also check the used clothing sections of your local Goodwill Industries and Salvation Army for inexpensive clothes appropriate for a job interview. Thrift and clothing consignment shops also are good sources for quality clothing. Lucky shoppers can sometimes find a $1,000.00 slightly used suit for only $50.00, a suit that may have been part of a fine wardrobe of someone who passed away. Visit the stores nearest affluent communities since they offer better quality used clothes. Personnel in these stores also may be able to tell you who operates a local wardrobe program for low-income job seekers. As you will quickly discover, several community-based resources are available to make sure you dress for success and thus make the best impression when interviewing for a job.

Appear Likable to Employers

Remember, most people invited to a job interview have already been "screened in." They supposedly possess the basic qualifications for the job, such as education and work experience. At this point, employers will look for several qualities in the candidates, such as honesty, credibility, intelligence, competence, enthusiasm, spontaneity, friendliness, and likability. You communicate many of these qualities through your clothing as well as through other nonverbal behaviors.

In the end, employers hire people they **like** and who will get along well with others on the job. Therefore, you should communicate that you are a likable candidate who can get along well with others. You can communicate these messages by engaging in several nonverbal behaviors. Four of the most important ones include:

1. **Sit with a very slight forward lean toward the interviewer.** It should be so slight as to be almost imperceptible. If not overdone, it communicates your interest in what the interviewer is saying.

2. **Make eye contact frequently, but don't overdo it.** Good eye contact establishes rapport with the interviewer. You will be perceived as more trustworthy if you will look at the interviewer as you ask and answer questions. To say someone has "shifty eyes" or cannot "look us in the eye" is to imply they may not be completely honest. To have a direct, though moderate eye gaze conveys interest, as well as trustworthiness.

3. **A moderate amount of smiling will also help reinforce your positive image.** You should smile enough to convey your positive attitude, but not much that you will not be taken seriously. Some people naturally smile often and others hardly ever smile. Monitor your behavior or ask a friend to give you frank feedback.

4. **Try to convey interest and enthusiasm through your vocal inflections.** Your tone of voice can say a lot about you and how interested you are in the interviewer and organization.

Close the Interview

Be prepared to end the interview. Many people don't know when or how to close interviews. They go on and on until someone breaks an uneasy moment of silence with an indication that it is time to go.

Interviewers normally will initiate the close by standing, shaking hands, and thanking you for coming to the interview. Don't end by saying *"Goodbye and thank you."* As this stage, you should summarize the interview in terms of your interests, strengths, and goals. Briefly restate your qualifications and continuing interest in working with the employer. At this point it is proper to ask the interviewer about selection plans:

> *"When do you anticipate making your final decision?"*

Follow this question with your last one:

> *"May I call you next week (or whatever is appropriate in response to your question about timing of the final decision) to inquire about my status?"*

By taking the initiative in this manner, the employer will be prompted to clarify your status soon, and you will have an opportunity to talk to him or her further.

Many interviewers will ask you for a list of references. Be sure to prepare such a list **prior** to the interview. Include the names, addresses, phone numbers, and emails of four individuals who will give you positive professional and personal recommendations. If asked for references, you will appear well prepared by presenting a list in this manner. If you fail to prepare this information ahead of time, you may appear at best disorganized and at worst lacking good references. Always anticipate being asked for specific names, addresses, phone numbers, and emails of your references.

Remember to Follow Up

Once you have been interviewed, be sure to follow through to get nearer to the job offer. One of the best follow-up methods is the thank-you letter; you will find examples of these letters at the end of Chapter 9. After talking to the employer over the telephone or in a face-to-face interview, send a thank-you letter by email and/or mail. It's always a good idea to email a thank-you letter immediately after the interview – within the first 12 hours. Follow it up with a mailed paper thank-you letter. This letter should be typed on good quality paper and follow standard rules of good letter layout. Avoid handwritten thank-you letters since they are double-edge swords – may or may not receive a positive response. In this letter express your gratitude for the opportunity to interview. Re-state your interest in the position and highlight any particularly noteworthy points made in your conversation or anything you wish to further clarify. Close the letter by mentioning that you will call in a few days to inquire about the employer's decision. When you do this, the employer should remember you as a thoughtful person.

If you call and the employer has not yet made a decision, follow through with another phone call in a few days. Send any additional information to the employer which may enhance your application. You might also want to ask one of your references to call the employer to further recommend you for the position. However, don't engage in over-kill by making a pest of yourself. You want to tactfully communicate two things to the employer at this point: (1) you are interested in the job, and (2) you will do a good job.

Useful Interview Resources

For more information on developing interviewing skills, including follow-up and thank-you letters, look for my *The Ex-Offender's Job Interview Guide, Job Interview Tips for People With Not-So-Hot Backgrounds, Win the Interview Win the Job, Nail the Job Interview, You Should Hire Me!, I Can't Believe They Asked Me That!, Savvy Interviewing,* and *201 Dynamite Job Search Letters*; Richard Fein's *111 Dynamite Ways to Ace Your Job Interview* and *101 Dynamite Questions to Ask at Your Job Interview*; and Wendy Enelow's *KeyWords to Nail Your Job Interview* (all published by Impact Publications). I also highly recommend *Job Interviews for Dummies, Knock 'Em Dead Job Interviews, Best Answers to 202 Job Interview Questions, Sweaty Palms,* and *101 Great Answers to the Toughest Interview Questions*. You also should check out the following websites, which include tips on interviewing:

- **Monster.com**   career-advice.monster.com
- **CareerOneStop**   www.careeronestop.org/jobsearch
- **JobInterview.net**   www.job-interview.net
- **Interview Coach**   www.interviewcoach.com
- **Quintessential Careers**   www.quintcareers.com/intvres.html
- **The Riley Guide**   www.rileyguide.com/interview.html
- **The Ladders**   www.theladders.com/career-advice/interviewing
- **Vault.com**   www.vault.com/skills/interviewing.aspx

Most sites offer free interview tips and services, including Monster.com's "virtual interview." A few sites, such as InterviewCoach.com, charge consulting fees for assisting individuals in preparing for the job interview.

One final interview preparation tip: visit www.youtube.com and search for "job interviews." You'll generate a motherlode of free job interview video tips. Indeed, hundreds of career experts have produced videos of job interviews. It's well worth browsing through several of these video presentations. Spend a few hours viewing many of these videos and you'll learn a lot about the "do's" and "don'ts" of interviewing. Indeed, the job interview lends itself well to this video format.

12

Negotiate Salary and Benefits Like a Pro

W HAT ARE YOU REALLY WORTH in today's job market? Do you know based upon "compensation facts," or are your expectations primarily based on wishful thinking? What about benefits? What do you expect and how much are they worth on top of your expected salary? Will you accept an offer that's too low or self-destruct by asking too much? Are you ready to talk money to power or are you uncomfortable discussing this subject and thus you will probably accept whatever is offered?

If you had to put a dollar figure on your forehead (*I'm really worth this in salary and benefits*), what would it be – $30,000, $45,000, $60,000, $75,000, or $100,000+? In this chapter we're going to go beyond wishful thinking and nail down what you're really worth to employers. If you follow it carefully, you'll end with a dollar figure for your forehead: *I'm really worth this much: $_____!*

Salary and Benefit Flexibility

Successful job interviews lead to job offers and a compensation package consisting of salary and benefits. If you are interviewing for a job as a laborer or for an entry-level position, chances are salary and benefits will be set and you'll have little room to negotiate. However, you may be able to negotiate the hours you work, including any overtime, but only if you have skills the employer very much needs. For higher level jobs, salary is seldom predetermined. Most employers have some flexibility to negotiate salary and benefits.

Depending on the level of the position and the type of job you seek, the following discussion may or may not be useful to you. But hopefully it will become useful as you move ahead in your career and acquire jobs that have salary flexibility and offer numerous benefits which you can negotiate. The general compensation principle is this: **The greater the job responsibilities, the more flexibility you and the employer have to**

negotiate salary and benefits (see the comprehensive checklist at the end of this chapter). Consider this section to be a "sneak preview" of possible compensation options in your future work life.

Raising the Money Question

The question of wages/salary may be raised anytime during the job search. Employers may want you to state a salary expectation figure on an application form, in a cover letter, or over the telephone. Most frequently, however, employers will ask about salary during the employment interview.

If at all possible, keep the wage/salary question **open** until the very last. Revealing your hand early in the interview will not be to your advantage. Even with application forms, cover letters, and telephone screening interviews, try to delay the discussion of money by stating "open" or "negotiable." After all, the ultimate purpose of your job search activities is to demonstrate your **value** to employers. You should not attempt to translate your value into dollar figures until you have had a chance to convince the employer of your worth. This is best done near the end of the job interview, preferably after you have received a job offer.

Although employers will have a salary figure or range in mind when they interview you, they still want to know your salary expectations. How much will you cost them? Will it be more or less than the job is worth? Employers prefer hiring individuals for the least amount possible.

You, on the other hand, want to be hired for as much as possible. Obviously, there is room for disagreement and unhappiness as well as negotiation, compromise, and agreement.

One easy way employers screen you in or out of consideration is to raise the salary question early in the interview. A standard question is: *"What are your salary requirements?"* For entry-level or blue-collar jobs, wages are often stated as an hourly rate. For professional positions, salary is stated as a yearly figure. When asked, don't answer with a specific dollar figure. You should aim at establishing your value in the eyes of the employer prior to talking about a figure. If you give the employer a salary figure at this stage, you are likely to lock yourself into it, regardless of how much you impress the employer or what you find out about the duties and responsibilities of the job. Therefore, **salary should be the last major item you discuss with the employer**.

You should **never** ask about money prior to being offered the job, even though it is one of your major concerns. Try to let the **employer** initiate the salary question. And when he or she does, take your time. Don't appear too anxious. While you may know – based on your previous research – approximately what the employer will offer, try to get the employer to state a figure first. If you do this, you will be in a stronger negotiating position.

Reach Common Ground and Agreement

After finding out what the employer is prepared to offer, you have several choices. First, you can indicate that his or her figure is acceptable to you and thus conclude your final interview. Second, you can haggle for more money in the hope of reaching an acceptable compromise. Third, you can delay final action by asking for more time to consider the figure. Finally, you can tell the employer the figure is unacceptable and leave.

The first and the last options indicate you are either too eager or playing hard-to-get. I recommend the second and third options. If you decide to reach agreement on salary in this interview, negotiate in a professional manner. You can do this best by establishing a salary range from which to bargain in relation to the employer's salary range. For example, if the employer indicates that he or she is prepared to offer $40,000 to $45,000 (or $13.50 to $15.00 per hour), you should establish common ground for negotiation by placing your salary or wage range into the employer's range. Your response to the employer's stated range might be:

> *"Yes, that does come near what I was expecting. I was thinking more in terms of $45,000 to $50,000 (or $15.00 to $17.00 per hour)."*

You, in effect, place the top of the employer's range into the bottom of your range. At this point you should be able to negotiate a salary of $45,000 to $50,000 (or a wage rate of $15.00 to $17.00 per hour), depending on how much flexibility the employer has with money. Many employers have more flexibility than they are willing to admit.

Once you place your expectations at the top of the employer's salary range, you need to emphasize your value with **supports,** such as examples, illustrations, descriptions, definitions, statistics, comparisons, or testimonials. It is not enough to simply state you were "thinking" in a certain range; you must state why you believe you are worth the salary you want. Using statistics and comparisons as your supports, you might say, for example:

> *"The salary surveys I have read indicate that for the position of _____ in this industry and region the salary is between $45,000 and $50,000. Since, as we have discussed, I have extensive experience in all the areas you outlined, I would not need training in the job duties themselves – just a brief orientation to the operating procedures you use here at _____. I'm sure I could be up and running in this job within a week or two. Taking everything into consideration – especially my skills and experience and what I see as my future contributions here – I really believe a salary of $50,000 is fair compensation. Is this possible here at _____?"*

Another option is to ask the employer for time to think about the salary offer. You want to consider it for a day or two. A common professional courtesy is to give you at least 48 hours to consider an offer. During this time, you may want to carefully examine the job. Is it worth what you are being offered? Can you do better? What are other employers offering for comparable positions? If one or two other employers are considering you for a job, let this employer know his or her job is not the only one under consideration. Let the employer know you may be in demand elsewhere. This should give you a better bargaining position. Contact the other employers and let them know you have a job offer and that you would like to have your application status with them clarified before you make any decisions with the other employer. Depending on how much flexibility an employer may have to accelerate a hiring decision, you may be able to

> *How you negotiate your salary will affect your future relations with the employer.*

go back to the first employer with another job offer. With a second job offer in hand, you should greatly enhance your bargaining position.

In both recommended options, you need to keep in mind that you should always negotiate from a position of knowledge and strength – not because of need or greed. Learn about salaries for your occupation, establish your value, discover what the employer is willing to pay, and negotiate in a professional manner. How you negotiate your salary will affect your future relations with the employer. In general, applicants who negotiate well will be treated well on the job.

Carefully Examine Benefits

Many employers will try to impress candidates with the benefits offered by the company. These might include retirement, bonuses, stock options, medical and life insurance, and cost of living adjustments. If the employer includes these benefits in the salary negotiations, do not be overly impressed. Most benefits are standard – they come with the job. When negotiating salary, it is best to talk about specific dollar figures. But don't neglect to both calculate and negotiate benefits according to the lengthy checklist of benefit options I outline on pages 204-206. Benefits can translate into a significant portion of one's compensation. In fact, the U.S. Department of Labor estimates that benefits constitute 43 percent of total compensation for the average worker. For example, a $40,000 offer with Company X may translate into a compensation package worth $50,000; but a $40,000 offer with Company Y may actually be worth more than $60,000 when you examine their different benefits.

If the salary offered by the employer does not meet your expectations, but you still want the job, you might try to negotiate for some benefits which are not considered standard, such as longer paid vacations, some flextime, or profit sharing.

Take Time Before Accepting

You should accept an offer only after reaching a salary agreement. If you jump at an offer, you may appear needy. Take time to consider your options. Remember, you are committing your time and effort in exchange for money and status. Is this the job you really want? Take some time to think about the offer before giving the employer a definite answer. But don't play hard-to-get and thereby create ill will with your new employer.

While considering the offer, ask yourself some of the same questions you asked at the beginning of your job search:

- What do I want to be doing five years from now?
- How will this job affect my personal life?
- Do I know enough about the employer and the future of this organization?
- How have other people in this position done? Why did they leave?
- Are there other job opportunities that would better meet my goals?
- Accepting a job is serious business. If you make a mistake, you could be locked into a very unhappy situation for a long time.

If you receive one job offer while considering another, you will be able to compare relative advantages and disadvantages. You also will have some leverage for negotiating salary and benefits. While you should not play games, let the employer know you have alternative job offers. This communicates that you are in demand, others also know your value, and the employer's price is not the only one in town. Use this leverage to negotiate your salary, benefits, and job responsibilities.

If you get a job offer but you are considering other employers, let the others know you have a job offer. Telephone them to inquire about your status as well as inform them of the job offer. Sometimes this will prompt employers to make a hiring decision sooner than anticipated. In addition you will be informing them that you are in demand; they should seriously consider you before you get away!

Some job seekers play a bluffing game by telling employers they have alternative job offers even though they don't. Some candidates do this and get away with it. I don't recommend this approach. Not only is it dishonest, it will work to your disadvantage if the employer learns that you were lying. But, more important, you should be selling yourself on the basis of your **strengths** rather than your deceit and greed. If you can't sell yourself honestly, don't expect to get along well on the job. When you compromise your integrity, you lower your value to others and yourself.

Your job search is not over with the job offer and acceptance. You need to set the stage. Be thoughtful by sending your new employer a nice thank-you letter. As I noted in Chapter 9, this is one of the most effective letters to write for getting your new job off on the right foot. The employer will remember you as a thoughtful individual whom he looks forward to working with.

The whole point of our job search methods is to clearly communicate to employers that you are competent and worthy of being paid top dollar. If you follow my advice, you should do very well with employers in interviews and negotiating your salary as well as working on the job.

Useful Salary Negotiation Resources

For more information on salary negotiations for both job seekers and employees, see my *Give Me More Money!*, *Salary Negotiation Tips for Professionals*, and *Get a Raise in 7 Days* (Impact Publications). These books outline various steps for calculating your worth and conducting face-to-face negotiations, including numerous sample dialogues. For online assistance with salary information and negotiations, be sure to visit these useful websites:

- **Salary.com**   www.salary.com
- **Quintessential Careers** www.quintcareers.com/salary
                              negotiation.html
- **Riley Guide**   www.rileyguide.com/salguides.html
- **JobStar**   jobstar.org/tools/salary/index.php
- **PayScale**   www.payscale.com/salary-negotiation-guide
- **Monster.com**   career-advice.monster.com
- **Jack Chapman**   salarynegotiations.com
- **SalaryExpert**   www.salaryexpert.com
- **Robert Half**   www.roberthalf.com

Checklist of Compensation Options

When it's time to talk about compensation with an employer, it's always a good idea to prepare a written statement of your current, or previous, compensation package. This statement should summarize the various elements included in your compensation package as well as the value of each. Some elements, such as an office with a window or telecommuting, may not have a dollar value but they may be important to you.

One of the easiest ways to survey your compensation options and assign value to your ideal compensation package is to use the checklist of compensation options on pages 204-206. Consider each item and then value it by assigning a dollar amount. When finished, add up the total dollars assigned to get a complete picture of the value of your present or past compensation package. You can later compare this to future offers.

Element	Value
Basic Compensation Issues	
▪ Base salary	$ _____
▪ Commissions	$ _____
▪ Corporate profit sharing	$ _____
▪ Personal performance bonuses/incentives	$ _____
▪ Cost-of-living adjustment	$ _____
▪ Overtime	$ _____
▪ Signing bonus	$ _____
▪ Cash instead of certain benefits	$ _____
Health Benefits	
▪ Medical insurance	$ _____
▪ Dental insurance	$ _____
▪ Vision insurance	$ _____
▪ Prescription package	$ _____
▪ Health/athletic club membership	$ _____
▪ Life insurance	$ _____
▪ Accidental death and disability insurance	$ _____
▪ Evacuation insurance (international travel)	$ _____
Vacation and Time Issues	
▪ Vacation time	$ _____
▪ Sick days	$ _____
▪ Personal time	$ _____
▪ Holidays	$ _____
▪ Flex-time	$ _____
▪ Compensatory time	$ _____
▪ Paternity/maternity leave	$ _____
▪ Family leave	$ _____
Retirement-Oriented Benefits	
▪ Defined-benefit plan	$ _____
▪ 401(k) plan	$ _____
▪ Deferred compensation	$ _____
▪ Savings plans	$ _____
▪ Stock-purchase plans	$ _____
▪ Stock bonus	$ _____
▪ Stock options	$ _____
▪ Ownership/equity	$ _____
Education	
▪ Professional continuing education	$ _____
▪ Tuition reimbursement for you or family members	$ _____

Military

- Compensatory pay during active duty $ _____
- National Guard $ _____

Perquisites

- Cell phone $ _____
- Computer/tablet $ _____
- Printer $ _____
- Company car or vehicle/mileage allowance $ _____
- Travel reimbursement $ _____
- Expense accounts $ _____
- Liberalization of business-related expenses $ _____
- Child care $ _____
- Cafeteria privileges $ _____
- Executive dining room privileges $ _____
- Business-class hotels $ _____
- Business-class air travel $ _____
- Upgrade business travel $ _____
- Personal use of frequent-flyer awards $ _____
- Convention participation: professionally related $ _____
- Parking $ _____
- Paid travel for spouse $ _____
- Professional association memberships $ _____
- Social club memberships $ _____
- Use of company-owned facilities $ _____
- Executive office $ _____
- Office with a window $ _____
- Laptop computer/tablet $ _____
- Private assistant $ _____
- Employee discounts $ _____
- Incentive trips $ _____
- Sabbaticals $ _____
- Discount warehouse memberships (Costco, Sam's, BJ's) $ _____
- Free drinks and meals $ _____

Relocation Expenses

- Direct moving expenses $ _____
- Moving costs for unusual property $ _____
- Trips to find suitable housing $ _____
- Loss on sale of present home
  or lease termination $ _____
- Company handling sale of present home $ _____

- Housing cost differential between cities $ _____
- Mortgage rate differential $ _____
- Mortgage fees and closing costs $ _____
- Temporary dual housing $ _____
- Trips home during dual residency $ _____
- Real estate fees $ _____
- Utilities hookup $ _____
- Drapes/carpets $ _____
- Appliance installation $ _____
- Auto/pet shipping $ _____
- Signing bonus for incidental expenses $ _____
- Additional meals expense account $ _____
- Bridge loan while owning two homes $ _____
- Outplacement assistance for spouse $ _____

Home Office Options

- Personal computer $ _____
- Internet access $ _____
- Cable fees $ _____
- Copier $ _____
- Printer $ _____
- Financial planning assistance $ _____
- Separate phone line $ _____
- CPA/tax assistance $ _____
- Incidental/support office functions $ _____
- Office supplies $ _____
- Furniture and accessories $ _____

Severance Packages (Parachutes)

- Base salary $ _____
- Bonuses/incentives $ _____
- Non-compete clause $ _____
- Stock/equity $ _____
- Outplacement assistance $ _____
- Voicemail access $ _____
- Statement (letter) explaining why you left $ _____
- Vacation reimbursement $ _____
- Health benefits or COBRA reimbursements $ _____
- 401(k) contributions $ _____

TOTAL $_____

13

Starting Right, Surviving, and Advancing Your Career

"Your work is going to fill a large part of your life, and the only way to be truly satisfied is to do what you believe is great work. And the only way to do great work is to love what you do. If you haven't found it yet, keep looking. Don't settle."

– Steve Jobs on work, success, and happiness

CONGRATULATIONS! NOW THAT you've gotten the job, you need to do several things in order to (1) set the stage for starting the job, (2) develop good initial relationships, (3) keep your job, (4) advance on the job, and (5) move ahead in your career. Surviving and thriving on the job is all about having good work habits, maintaining good relationships, and focusing on accomplishing the goals of the company or organization.

After negotiating the job offer, shaking hands, and feeling great for having succeeded in getting a job that is right for you, what's next? How do you get started on the right foot and continue to advance your career? In this chapter I recommend several steps for best handling your job and career future after congratulating yourself on a job search well done.

Become a Thoughtful Professional

If you managed your interviews and salary negotiations in a professional manner, your new employer should view you in a positive light. Once you've completed the interview, negotiated the salary, and accepted the offer, you should do two things:

1. **Send your new employer a nice thank-you letter.**

   Never underestimate the power of a simple thank-you letter. It may be the single most important action you take. Mention your appreciation for the professional manner in which you were hired and how pleased you are to be joining the company. Reaffirm your goals and your commitment to producing results.

This letter should be much appreciated by the employer. After all, employers seldom receive such thoughtful letters, and your reaffirmation helps ease the employer's fears of hiring an untested quantity.

2. **Send thank-you letters to those individuals who assisted you with your job search, especially those with whom you conducted informational and referral interviews in Chapter 10.**

Tell them of your new position, thank them for their assistance, and offer your assistance in the future. Not only is this a nice and thoughtful thing to do, it also is a wise thing to do for your future.

In both cases, put your best professional foot forward by sending a traditional paper letter by mail. Such a letter means more, stands out, and will be more likely to be read than a quick and easy email note, which may get lost among a ton of other emails.

Always remember your **network** from Chapter 10 (page 159). You work with people who can help you in many ways. Take good care of your network by sending thank-you letters and keeping in contact. In a few years you may be looking for another position. In addition, people in your network may later want to hire you away from your present employer. Since they know what you can do and they like you, they may want to keep you informed of new opportunities. While you will be developing new contacts and expanding your network in your new job, your former contacts should be remembered for future reference. An occasional letter, holiday card, email, or telephone call are thoughtful things to do.

Treat Your Boss as a Client

In today's highly competitive and fast-paced work environments driven by new technologies and negatively impacted by disruptive technologies, the skills required for the job you have today may change tomorrow. Indeed, the job you have today may disappear because of outsourcing, off-shoring, automation, competition, or just bad economic times. The job you were initially hired to do may also expand and result in a substantial raise or promotion; be open to such changes.

Always make sure your on-the-job skills are up to date and that you are doing more than what you consider to be "your job." This may mean acquiring new skills and redefining your job. Take initiative and demonstrate your entrepreneurial skills. Treat your boss as if he or she were your client by **exceeding most expectations** related to performing your job.

Your continuing employment depends on satisfying the needs of your employer. Individuals who unexpectedly get laid off are often ones who did a particular job well, but they suddenly discover they have the wrong set of skills for an organization undergoing important changes. Never assume the skills and experience you have today will be sufficient for the job tomorrow. Always define what you are doing today in reference to the larger needs of the company. Ask yourself, for example, *"Am I a continuing asset to what may be a rapidly changing company? Will I be needed as much tomorrow as I am today?"*

Avoid the Pitfalls of Politics

After three months on the job, you should know who's who, who has clout, whom to avoid, and how to get things done in spite of people, their positions, and their personal agendas. In other words, you will become part of the informal structure of the organization. You should become aware of it, and use it to your advantage.

> *Treat your boss as if he or she were your client by exceeding performance expectations.*

While it goes without saying that you should demonstrate excellent work habits and perform well in your job, you need more than just habits and performance. You also should understand the informal organization, develop new networks, and use them to advance your career. This means conducting an internal career advancement campaign as well as an annual career check-up.

Don't expect to advance by sitting around and doing your job, however good you think you may be. Learn about different personalities as well as who has the real power in your organization and learn to play **positive politics**. After a while many organizations appear to be similar in terms of politics and personalities. Intensely interpersonal jobs are the most politically and personality charged. Indeed, people usually get fired because of politics and personal conflicts (problems with such soft skills as communication and self-management) – not gross technical incompetence. What do you do, for example, if you find yourself working for a tyrannical or incompetent boss, or a jealous co-worker is out to get you? Some companies can be unhealthy for your career development and your mental health. You should be savvy enough to know the key players and how they might relate to your job tenure.

Conduct an Annual Career Check-Up

It's important that you take **control** of your job and career rather than let others call all the shots. Start taking control by doing an annual career check-up. Take out your resume and review it. Ask yourself several questions about your current job and your goals:

- Am I achieving my goals and purpose in life?
- Has my objective changed?
- Is this job meeting my expectations?
- Am I doing what I'm good at and enjoy doing?

- Are my skills up-to-date for this job and organization?
- Am I fully using my skills as well as acquiring new skills?
- Does this company fully value my contributions?
- Is this job worth keeping?
- How can I best achieve career satisfaction either in this job or in another job or career?
- What other opportunities elsewhere might be better than this job?

Perhaps changing jobs is not the best alternative for you. If you encounter difficulties with your job, you should first understand the problem. Perhaps the problem can be resolved by working with your present employer. Many employers prefer this approach. They know that increased job satisfaction translates into less job stress and absenteeism as well as more profits for the company. Happy workers become more productive employees.

Alternatively, you may want to play a "just in case" scenario by entering your resume into various online resume databases where you can literally keep yourself in the job market 24 hours a day, 365 days a year. Whether you are actively looking for a job or just keeping in touch with potential opportunities, putting your resume online may be a good way to conduct a career check-up on a regular basis. Since many employment websites permit employers to search their resume databases, putting your resume online with such websites as <u>Indeed.com</u>, <u>Monster.com</u>, and <u>CareerBuilder.com</u> allows you to remain constantly active in the job market. This is a passive rather than proactive way to identify new opportunities. In so doing, new and unexpected job opportunities may come your way, even though you are perfectly happy with your current job. In other words, participation in such resume databases may result in employers coming to you rather than you seeking out employers by using the job search strategies and techniques outlined in this book. Most of the Internet job search strategies outlined here are very proactive – designed for responding to online job listings.

25 Job-Keeping Skills and Personal Qualities

Assuming you enjoy your work, how can you best ensure keeping your job as well as advancing your career in the future? How can you best avoid becoming a victim of cut-backs, politics, disruptive technologies, and terminations?

Most employers want their employees to perform according to certain expectations. As I noted earlier, employers want truthfulness, honesty, and value in their employees. They expect their workers to:

1. Be on time consistently.
2. Follow directions.
3. Be honest and truthful.

4. Be dependable in everything they do.

5. Get the job done quickly, starting with things they least like to do (eat that frog first in the morning!).

6. Do the job well and with a positive attitude.

7. Take initiative rather than wait to be given directions.

8. Be accurate and show competence.

9. Dress and groom appropriately, being both conservative and professional in their appearance.

10. Maintain good health and cleanliness.

11. Be professional and respectful.

12. Be enthusiastic and energetic.

13. Be a loyal employee who looks out for the company and boss.

14. Avoid doing personal business (phone calls, email, texting, Internet surfing and social media) on company time.

15. Solve problems skillfully.

16. Be pleasant to work with and to be around.

17. Avoid conflicts and arguments with others.

18. Help out when needed, even if doing so is not part of their normal responsibilities.

19. Be unselfish and give credit to others, especially the boss (always make him/her look good), even though the credit should go to the employee.

20. Persevere in spite of unusual challenges and difficulties – never give up!

21. Take responsibility for their job and everything they do.

22. Make useful suggestions and find creative ways to solve the employer's problems.

23. Earn the respect of their fellow workers.

24. Become a good team player.

While using these skills and personal qualities will not ensure job security, they will most likely enhance your security and potential for advancement. Most of them will make an employee indispensable to a company and a special asset to an employer or boss. When an employer asks himself who he can most rely upon to do a job, do it well, and do it enthusiastically, make sure it's **you** he thinks about.

A final job-keeping skill – (#25) **manage your political environment** – is one that employers don't like to talk about. It may well be more important than all the other job-keeping skills. Many people who get fired are victims of political assassination rather than failures at meeting the boss's job performance expectations or scoring well on the annual performance appraisal.

You **must** become savvy at the game of office politics in order to survive in many jobs. For example, what might happen if the boss you have a good working relationship with today is replaced tomorrow by someone you don't know or by someone you know but don't like? Through no fault of your own – except having been associated with a particular mentor or patron – you may become a victim of the new boss's housecleaning. Accordingly, you get a two-hour notice to clean out your desk and get out. Such wholesale political assassinations are common occurrences in the publishing, advertising, media, and other businesses.

I also recommend that you periodically visit **Mind Tools** (www.mindtools.com). This website includes an online toolkit of more than 1,000 management, career, and thinking skills. This site and its blog can help you become an outstanding employee and develop an exciting career.

10 Job Survival Strategies

The following 10 survival strategies can be used to minimize the uncertainty and instability surrounding many jobs today:

1. **Learn to read the signs of coming changes.** Know when to leave and when to stay by reading the signs of possible cutbacks, layoffs, and firings before they occur. How is employee morale? Are you communicating as well with others as before? Are others being terminated? Adjust to the danger signals by securing your job or by looking for another job.

2. **Document your achievements.** Keep a record of what you accomplish – problems you solve, contributions you make to improving productivity and profits. Most employers look for two major outcomes – saving money or making money. How do you contribute to these two?

3. **Toot your horn for promotion.** Talk about your accomplishments with co-workers and supervisors – but don't boast. Keep them informed about your work; let them know you are available for promotion. If they don't know what you are accomplishing, they may think you are not contributing much to their operations.

4. **Expand your horizons.** Become more aware of other areas in the company and acquire skills for performing other jobs. The more skills you have, the more valuable you should be to the company.

5. **Prepare for your next job.** Most people will have three to five different careers and 15 or more jobs throughout their lives. The job you have today will most likely not be the job you have five or 10 years from now. Therefore, you need to plan ahead by acquiring more skills for your future jobs. Seek more training through:

- apprenticeships
- community colleges
- weekend colleges
- private, trade, or technical schools
- Internet and correspondence courses
- industrial training programs
- government training programs
- military training
- cooperative education
- four-year college or university

6. **Find a good mentor.** Attach yourself to someone in a position of influence and power whom you admire and who can help you acquire more responsibilities, skills, and advancement. Avoid currying favor.

7. **Continue networking.** Educate yourself as well as expand your interpersonal network of job contacts by regularly talking to people about their jobs and careers. Networking will be your ticket to job and career advancement.

8. **Use your motivated abilities and skills (MAS) identified in Chapter 6.** Success tends to attract more success. Regularly use the abilities and skills you enjoy in different everyday settings.

9. **Think like an entrepreneur.** You are responsible for your own employment fate. No one owes you a job. Like any business, you receive money in exchange for services rendered. Your boss is your most important client. Make sure you're offering good quality services to this client. If not, the boss may want to hire someone else to provide the necessary services.

10. **Keep a positive attitude.** Attitude is everything when it comes to getting ahead. Try to keep a positive attitude in everything you say and do. People like working with and promoting enthusiastic and positive people.

Make Changes When Necessary

I'm not proposing disloyalty to employers or regular job-hopping. Instead, I believe in the great American principle of "self-interest rightly understood"; your first obligation is to yourself. No one owes you a job, and nor should you feel you owe someone your career and life. Jobs and careers should not be life sentences. Periodically assess your career health and feel free to make changes when necessary. You owe it to yourself and others around you to be your very best self.

Since many jobs change for the worse, it may not be worth staying around for headaches and ulcers. Indeed, many people stay around too long; they fail to read signs that say it's time to go. If the organization does not meet your career expectations, use the same job search methods that got you into the organization. Be prepared to bail out for greener pastures by doing your job research and conducting informational and referral interviews. While the grass may not always be greener on the other side, many times it is; you will know by conducting another job search.

> *Jobs and careers should not be life sentences. Periodically assess your career health and feel free to make changes when necessary.*

Revitalize and Transform Your Job

Assuming you know how to survive on your job, what do you do if you experience burnout and high levels of job stress, or are just plain bored with your job? A job change, rather than resolving these problems, may lead to a repetition of the same patterns elsewhere. Techniques for changing the nature of your present job may prove to be your best option.

Most people will sometimes experience what Marilyn Moats Kennedy (*Career Knockouts*, Follett) calls the "Killer B's": blockage, boredom, and burnout. What can individuals do to make their jobs less stressful, more interesting, and more rewarding? One answer is found in techniques collectively referred to as "job revitalization."

Job revitalization involves changing work patterns. It requires you to take risks. Again, you need to evaluate your present situation, outline your career and life goals, and develop and implement a plan of action. A job revitalization campaign may include meeting with your boss to develop an on-the-job career development plan. Set goals with your boss and discuss with him or her how you can best meet these goals on the job. If your boss is not familiar with career development and job revitalization alternatives, suggest some of these options:

- Rotating jobs
- Redesigning your job
- Creating a new position
- Promotions
- Enlarging your job duties and responsibilities
- Sabbatical or leave of absence

- Part-time work
- Sabbatical or leave of absence
- Flextime scheduling
- Job sharing
- Retraining or educational programs
- Internship

Perhaps your supervisor can think of other options which would be acceptable to company policy as well as productive for both you and the organization.

More and more companies recognize the value of introducing career development programs, and they encourage job revitalization among their employees. They know it is more cost-effective to retain good employees by offering them new job options for career growth within the organization than to see them go. They are especially protective of their star employees, trying to find new ways to keep them happy and productive! Such programs and policies support the productivity and profit goals of organizations. They are good management practices. As organizations in the coming decade stress greater productivity, hiring right, and retaining star performers, they will place more emphasis on career development and job revitalization. For extensive treatments of these subjects within the context of today's workplace, see Dr. Beverly Kaye and Sharon Jordan-Evans, ***Love 'Em or Lose 'Em: Getting Good People to Stay*** (Barrett-Koehler); Dr. Jim Harris and Joan Brannick, ***Finding and Keeping Great Employees*** (AMACOM); Donald Asher, ***Who Gets Promoted, Who Doesn't, and Why*** (Ten Speed Press); and Robert E. Kelley, ***How to Be a Star At Work*** (Time Books).

From Ex-Offender to Excellent Employee

You should prepare yourself for today's new job realities. This means avoiding organizations, careers, and jobs that are declining as well as knowing what you do well and enjoy doing. It also means regularly acquiring the necessary training and retraining to remain marketable. And it means using the many support services and job search skills outlined in this book to find better jobs and manage your career. If you do this, you should be well prepared to find a good job and advance your career despite some red flags in your background. Best of all, you'll transform yourself from an ex-offender to an indispensable employee who has a reputation for excellence in the workplace!

14

No More Firewalls!
Navigating Today's Electronic World

IF YOU'VE BEEN LOCKED UP for several years, chances are your punishment included little or no access to the Internet nor the latest communication technologies. Cut off from major modes of communication (email, texting, telephone) in the Free World, you've been divorced from the rapidly changing electronic world that has been revolutionizing the rest of society. Maybe that's not all bad. Indeed, you lost the constant "connectivity" that characterizes and defines the sustained busyness of the increasingly unhealthy, stressed-out Free World. If you once were, you're probably no longer a communication stress junkie!

Not surprisingly, your caged communication has been somewhat primitive – a form of rehab. If you had limited Internet access (now available in prisons of only four states), it was severely resisted. In fact, going to jail or prison may have resulted in technology withdrawal and illiteracy as you lost your computer, access to the Internet, and use of a tablet and smartphone. Your main windows to the Free World were censored TV, restricted landline phone calls and letters, and questionable rumors.

> *You're entering a new, chaotic, and highly competitive and predatory electronic world where you'll become an electronic "user" and a targeted consumer.*

You definitely had no privacy nor did you need to worry about Internet viruses, identity theft, scams, robo calls, telemarketers, or other disruptive communication. All that is about to change as you enter a new, chaotic, and highly competitive and predatory electronic world where you'll become an electronic "user" and a targeted consumer who may experience all the positives and negatives of having Internet access! As you'll quickly discover, this is anything but a free world. In addition to being costly, it's a sometimes stressful, annoying, disruptive, and angry world.

Missing Life Skills

Now, everything has changed, and you need to get onboard as soon as possible. Since using the Internet, tablets, and smartphones are increasingly essential life skills, you need to seriously work on becoming Internet and smartphone savvy. You should quickly learn how to best use email, text, send files, conduct online research, access key websites, use apps (applications), and join online communities.

Throughout this book I have referred to hundreds of websites that can assist you with your transition. My assumption is that you will, or soon will, have Internet access. If not, I assume you will quickly get "up and running" with a computer, tablet, and/or handheld device as well as Internet access in order to explore my recommended websites. To read this book without connecting to several of those websites in this electronic world would be a terrible waste of precious re-entry time. It would also mean remaining in the shadows of the digital world

> *You simply must get connected and incorporate the Internet into your new life of freedom.*

without an essential lifeline to your future. You simply **must** get connected and incorporate the Internet into your new life of freedom. An exciting, although sometimes scary, online world awaits you. If used properly, the Internet will quickly become your best friend for maintaining your freedom.

Welcome to a Strange New World

Re-entry may feel very strange when everyone around you seems to be proficient in using the Internet, laptops, smartphones, tablets, and other personal and professional handheld technologies. For many people, their lifeline is their **handheld device** – usually a smartphone – that keeps them connected to family, friends, employers, businesses, processes, and things that occupy their ever-expanding digital world through text, images, and voice. In fact, you may quickly feel like a fossil when you get out from under the firewall that has "protected" you from the outside world.

From a technological perspective, you'll have a lot to learn in the coming months. Employers and others you interact with, including banks and utility companies, expect you to be literate in basic Internet and communication technologies. They will ask you for your email address, assume you receive and send text messages, tell you to apply for jobs online, use particular apps, and send and receive documents and files over the Internet. If you don't have email and Internet access, you'll find this new paperless and digital world to be increasingly difficult to navigate. And the people you interact with, including employers, may think you're from another planet, because you lack the knowledge and skills to fully function in today's society. Soon, no one will want to work with such an "electronic loser." This is what many ex-offenders refer to when they talk about entering a "scary world" on the outside. Prison did not really prepare them for this New World!

In many respects, being free at last may also give you a feeling that you're very lost in this New World. It has changed dramatically, and you haven't changed with it! It's time to play catch-up and learn how all of this new technology can be used to your advantage.

Get Connected and Acquire Online Skills

One of the first things you need to do is to get connected to the Internet and learn how to best use it for your purposes. In fact, depending on how quickly you learn, you might be up and running after an hour or two of basic instruction. If you don't have a computer, tablet, or handheld device with Internet access, start by visiting your local **library** for information and assistance. Many libraries assist individuals without computers and Internet access. Some provide classes for seniors and others who want to learn the basics of Internet use and email. If they don't, the personnel at the information desk usually give advice on where you can get such assistance.

> *If you don't have email and Internet access, you'll find this new paperless and digital world to be increasingly difficult to navigate.*

Some local churches and other nonprofits may provide similar assistance with the Internet and communication devices. They also may offer **mentors** who can work with you one-on-one in developing computer and Internet skills. Local career centers and community colleges also may offer free or inexpensive courses on how to use computers and the Internet. Alternatively, search the Internet for "Internet for beginners" and you'll find references to online Internet assistance, including guides and tutorials.

If you're feeling Internet dumb or rusty, I strongly recommend that you make a top priority – from Day One – to get an email account along with Internet access and online skills. Use the most popular search engines – Google, DuckDuckGo, Ask, Bing, Mahalo, Dogpile, Yippy, and Yahoo! – to search for several of these subjects:

- Internet 101: beginners guide
- Internet sites that make you smarter
- Mobile web: smart phones and tablets
- Search engines and how to use them
- Email basics
- Editors picks: best of the Internet
- How proper online research works

These searches will result in links to several online tutorials that focus on each subject. After a few minutes of exploring the resulting websites, you'll be wiser for having done such searches.

If you need to learn **how to best use a cell phone**, visit this website:

- www.wikihow.com/Use-a-Cell-Phone

The **WikiHow** website (www.wikihow.com) includes a great deal of other **how-to information** on everything from education and communications to personal care, relationships, and the work world. Also, check on the popular **HowStuffWorks** website:

- www.howstuffworks.com.

If you need **inspiration and intellectual stimulation**, visit the popular TED talks website.

- www.TED.com

If you get hooked on TED Talks, you may want to visit UniversityWebinars with its many live webinars and archives of educational videos:

- universitywebinars.org

If you want to take **free online courses** from some of the top universities and other sources, visit these informative websites:

- www.coursera.org
- ocw.mit.edu
- www.edx.org
- www.khanacademy.org
- www.openculture.com/freeonlinecourses

You're also well advised to periodically visit the **YouTube** website – www.youtube.com – and search for any subject you need assistance with. The website is filled with useful video clips on just about everything. It's especially rich with "how-to" videos – repairing vehicles and appliances, using computers and handheld devices, packing and moving, speed reading, writing resumes, interviewing for a job, using email and the telephone, etc.

After a few days of embrace, you may discover that the Internet is essential to dealing with many re-entry issues. Make sure you arrange to have regular access to a computer and the Internet. You'll be glad you did. It will greatly enhance your community re-entry!

Index

The Author

RONALD L. KRANNICH is one of America's leading career and travel writers who has authored more than 100 books, including many bestsellers for transitioning military personnel, ex-offenders, and others. A former Peace Corps Volunteer and Fulbright Scholar, Ron received his Ph.D. from Northern Illinois University. He is also founder and president of Impact Publications, a company that specializes in producing and distributing books, DVDs, training programs, and related materials on employment, career changes, addiction, anger management, criminal justice, and life skills.

Ron is former university professor, high school teacher, management trainer, and consultant. His career books focus on key job search skills, military and civilian career transitions, government and international careers, travel jobs, and nonprofit organizations and include such classics as *High Impact Resumes and Letters*, *Interview for Success*, *Change Your Job, Change Your Life*, and *The Military-to-Civilian Transition Guide*. His ex-offender re-entry books include such titles as *The Anger Management Pocket Guide*, *The Re-Entry Employment and Life Skills Pocket Guide*, *The Re-Entry Personal Finance Pocket Guide*, *The Re-Entry Start-Up Pocket Guide*, *Best Jobs for Ex-Offenders*, *The Ex-Offender's 30/30 Job Solution*, *The Ex-Offender's Job Interview Guide*, *The Ex-Offender's New Job Finding and Survival Guide*, *The Ex-Offender's Quick Job Hunting Guide*, *The Ex-Offender's Re-Entry Success Guide*, *Best Resumes and Letters for Ex-Offenders*, and *99 Days to Re-Entry Success Journal*. His books represent one of today's most comprehensive collections of career writing. With over 7 million copies in print, his publications are available in bookstores, libraries, career centers, and on the Internet.

Ron lives a double life with travel being his best kept *"do what you love"* career secret. Author of over 20 travel-shopping guidebooks on numerous destinations around the world (*Treasures and Pleasures of...Best of the Best*), he continues to pursue his international and travel interests through his new *Great Water Destinations* travel series. Accordingly, he adheres to the career advice he gives to others: *"Pursue a passion that enables you to do what you really love to do."*

As both a career and travel expert, Ron's work is frequently featured in major newspapers, magazines, and newsletters as well as on radio, television, and the Internet. Residing in both Virginia and Georgia, he also is frequently found abroad working on his seductive shopping and water projects. Available for interviews, consultation, and presentations, he can be contacted through the publisher: query@impactpublications.com.

224

Re-Entry Success Resources

THE FOLLOWING RE-ENTRY RESOURCES are available from Impact Publications. Full descriptions of each as well as downloadable catalogs and video clips can be found at www. impactpublications.com. Complete the following form or list the titles, include shipping (see formula at the end), enclose payment, and send your order to:

IMPACT PUBLICATIONS
9104 Manassas Drive, Suite N
Manassas Park, VA 20111-5211
1-800-361-1055 (orders only)
Tel. 703-361-7300 or Fax 703-335-9486
Email: query@impactpublications.com
Quick & easy online ordering: www.impactpublications.com

Orders from individuals must be prepaid by check, money order, or major credit card. We accept telephone, fax, and email orders.

Qty.	TITLES	Price	TOTAL
Featured Title			
	The Ex-Offender's New Job Finding and Survival Guide	$19.95	
Re-Entry Pocket Guides (quantity discounts featured on inside cover page)			
	The Anger Management Pocket Guide	$2.95	
	Re-Entry Employment & Life Skills Pocket Guide	2.95	
	Re-Entry Personal Finance Pocket Guide	2.95	
	Re-Entry Start-Up Pocket Guide	2.95	
	Re-Imagining Life on the Outside Pocket Guide	2.95	
Re-Entry and Survival for Ex-Offenders			
	9 to 5 Beats Ten to Life	$20.00	
	99 Days and a Get Up	9.95	
	99 Days to Re-Entry Success	4.95	
	Best Jobs for Ex-Offenders	11.95	
	Best Resumes and Letters for Ex-Offenders	19.95	
	Beyond Bars	13.95	
	Chicken Soup for the Prisoner's Soul	14.95	
	The Dedicated Ex-Prisoner's Life and Success on the Outside	19.95	
	Ex-Offender's 30/30 Job Solution	11.95	
	Ex-Offender's Re-Entry Assistance Directory	29.95	
	Ex-Offender's Guide to a Responsible Life	15.95	
	Ex-Offender's Job Interview Guide	11.95	
	Ex-Offender's Quick Job Hunting Guide	11.95	
	Ex-Offender's Re-Entry Assistance Directory	29.95	
	Ex-Offender's Re-Entry Success Guide	11.95	
	Houses of Healing	15.00	
	How to Do Good After Prison	19.95	
	Jobs for Felons	7.95	
	Letters to an Incarcerated Brother	16.00	
	Life Beyond Loss	20.00	
	Life Without a Crutch	7.95	
	Man, I Need a Job	7.95	
	A Map Through the Maze	11.95	
	No One is Unemployable	29.95	

_____	Picking Up the Pieces (for Women)	20.00 _____
_____	Quick Job Search for Ex-Offenders	7.95 _____
_____	Re-Entry Support Programs for Ex-Offenders	40.00 _____
_____	Serving Productive Time	14.95 _____

Personal Finance Guides

_____	The Total Money Makeover	$24.99 _____
_____	The Truth About Money	21.99 _____

Attitude, Motivation, and Inspiration

_____	7 Habits of Highly Effective People	$17.00 _____
_____	30 Lessons for Living	16.00 _____
_____	100 Ways to Motivate Yourself	15.99 _____
_____	The Art of Doing	16.00 _____
_____	Attitude Is Everything	16.99 _____
_____	Awaken the Giant Within	17.99 _____
_____	Breaking the Habit of Being Yourself	16.95 _____
_____	The Bounce Back Book	12.95 _____
_____	Bouncing Back: Rewiring Your Brain	17.95 _____
_____	Can I Get a Do Over?	14.95 _____
_____	Change Your Attitude	16.99 _____
_____	Change Your Thinking, Change Your Life	22.00 _____
_____	Create Your Own Future	21.00 _____
_____	Eat That Frog!	15.95 _____
_____	The Element: How Finding Your Passion Changes Everything	16.00 _____
_____	Finding Your Own North Star	15.00 _____
_____	Free At Last: Daily Meditations By and For Ex-Offenders	15.95 _____
_____	Get Out of Your Own Way: Overcoming Self-Defeating Behavior	15.00 _____
_____	Get the Life Your Want	19.95 _____
_____	Goals!	19.95 _____
_____	Healing is a Choice	18.99 _____
_____	How to Save Your Own Life	14.00 _____
_____	How to Win Friends and Influence People	16.95 _____
_____	The Last Lecture	21.95 _____
_____	Magic of Thinking Big	15.99 _____
_____	Making Good Habit, Breaking Bad Habits	19.99 _____
_____	Making Hope Happen	26.00 _____
_____	The Power of Habit	16.00 _____
_____	The Power of Positive Thinking	15.99 _____
_____	Reinventing Your Life	17.00 _____
_____	The Secret	23.95 _____
_____	The Success Principles	18.99 _____
_____	Think and Grow Rich	18.95 _____
_____	What Should I Do With My Life?	16.00 _____
_____	What You're Really Meant to Do	25.00 _____
_____	Wishcraft: How to Get What You Really Want	15.00 _____

Reimagining Your Life With Purpose

_____	Claiming Your Place At the Fire	$16.95 _____
_____	From Age-ing to Sage-ing	15.00 _____
_____	Life Reimagined: Discovering Your New Life Possibilities	16.95 _____
_____	Man's Search for Meaning	9.99 _____
_____	The Power of Purpose	17.95 _____
_____	Repacking Your Bags	17.95 _____
_____	Something to Live For	16.95 _____
_____	Your Best Life Ever	21.99 _____
_____	Your Life Calling: Reimagining the Rest of Your Life	16.00 _____

Mindfulness

_____	The Gifts of Imperfection	$14.95	_____
_____	Mindfulness: A Practical Guide to Awakening	25.95	_____
_____	Mindfulness for Beginners	21.95	_____
_____	Mindfulness for Dummies	26.99	_____
_____	The Mindfulness Solution	16.95	_____
_____	One-Minute Mindfulness	15.95	_____
_____	The Power of Now	15.00	_____
_____	Spiritual Solutions: Answers to Life's Greatest Challenges	22.00	_____
_____	Stillness Speaks	17.00	_____
_____	Super Brain	15.00	_____
_____	Thrive	26.00	_____

Assessment Instruments (packages of 25)

_____	Barriers to Employment Success Inventory	$57.95	_____
_____	Job Survival and Success Scale	53.95	_____
_____	Offender Reintegration Scale	47.95	_____
_____	Transition-to-Work Inventory	54.95	_____

Career Exploration

_____	50 Best Jobs for Your Personality	$17.95	_____
_____	150 Best Jobs for a Secure Future	17.95	_____
_____	150 Best Jobs for Your Skills	17.95	_____
_____	150 Best Low-Stress Jobs	16.95	_____
_____	200 Best Jobs for Introverts	16.95	_____
_____	200 Best Jobs Through Apprenticeships	24.95	_____
_____	250 Best-Paying Jobs	17.95	_____
_____	300 Best Jobs Without a Four-Year Degree	18.95	_____
_____	Best Jobs for the 21st Century	19.95	_____
_____	Occupational Outlook Handbook	19.95	_____
_____	Top 100 Health-Care Careers	25.95	_____

Finding Jobs and Getting Hired

_____	The 2-Hour Job Search	$12.99	_____
_____	Guerrilla Marketing for Job Hunters 3.0	21.95	_____
_____	Job Hunting Tips for People With Hot and Not-So-Hot Backgrounds	17.95	_____
_____	Knock 'Em Dead: The Ultimate Job Search Guide	16.99	_____
_____	No One Will Hire Me!	15.95	_____
_____	Overcoming Barriers to Employment	17.95	_____
_____	Unemployed, But Moving On!	13.95	_____
_____	What Color is Your Parachute? (annual edition)	18.99	_____

Career Assessment

_____	Career Match	$15.00	_____
_____	Discover What You're Best At	15.99	_____
_____	Do What You Are	18.99	_____
_____	Everything Career Tests Book	15.99	_____
_____	Gifts Differing	18.95	_____
_____	Go Put Your Strengths to Work	16.00	_____
_____	I Don't Know What I Want, But I Know It's Not This	15.00	_____
_____	I Want to Do Something Else, But I 'm Not Sure What It Is	15.95	_____
_____	Pathfinder	17.95	_____
_____	What Color Is Your Parachute Workbook	12.99	_____
_____	What Type Am I?	17.00	_____

Resumes and Cover Letters

_____	100 Best Resumes	$20.00	_____
_____	201 Dynamite Job Search Letters	19.95	_____

_____	Best KeyWords for Resumes, Cover Letters, and Interviews	17.95 _____
_____	Best Resumes for People Without a Four-Year Degree	19.95 _____
_____	Blue-Collar Resume and Job Hunting Guide	15.95 _____
_____	Damn Good Resume Guide	11.99 _____
_____	Gallery of Best Resumes for People Without a Four-Year Degree	18.95 _____
_____	Haldane's Best Cover Letters for Professionals	15.95 _____
_____	High Impact Resumes and Letters	19.95 _____
_____	Knock 'Em Dead Cover Letters	14.99 _____
_____	Knock 'Em Dead Resumes	14.99 _____
_____	Nail the Cover Letter	17.95 _____
_____	Nail the Resume!	17.95 _____
_____	The Resume Catalog	19.99 _____
_____	Resumes for Dummies	18.99 _____

Networking and Social Media

_____	Branding Yourself	$24.99 _____
_____	How to Find a Job on LinkedIn, Facebook, Twitter, and Google+	20.00 _____
_____	Job Searching With Social Media for Dummies	19.99 _____
_____	Know 'Em Dead Social Networking	15.99 _____
_____	Networking for People Who Hate Networking	16.95 _____
_____	The Power Formula for LinkedIn Success	16.95 _____
_____	Savvy Networker	16.95 _____
_____	Social Networking for Career Success	20.00 _____

Interviewing

_____	101 Dynamite Questions to Ask At Your Job Interview	$13.95 _____
_____	101 Great Answers to the Toughest Interview Questions	12.99 _____
_____	Best Answers to 202 Job Interview Questions	17.95 _____
_____	I Can't Believe They Asked Me That!	17.95 _____
_____	Job Interview Tips for People With Not-So-Hot Backgrounds	14.95 _____
_____	KeyWords to Nail Your Job Interview	17.95 _____
_____	Knock 'Em Dead Job Interviews	14.95 _____
_____	Nail the Job Interview	17.95 _____
_____	Job Interview for Dummies	17.99 _____
_____	Savvy Interviewing	10.95 _____
_____	Sweaty Palms	13.95 _____
_____	Win the Interview, Win the Job	15.95 _____
_____	You Should Hire Me!	15.95 _____

Salary Negotiations

_____	Get a Raise in 7 Days	$16.95 _____
_____	Give Me More Money!	17.95 _____
_____	Salary Negotiation Tips for Professionals	16.95 _____

Job Keeping and Revitalization

_____	How to Be a Star At Work	$15.00 _____
_____	Love 'Em or Lose 'Em	24.95 _____
_____	Who Gets Promoted, Who Doesn't, and Why	14.95 _____

Start and Manage a Business

_____	The $100,000 Entrepreneur	$19.95 _____
_____	Small Business Start-Up Kit	29.99 _____
_____	Start Your Own Business	24.95 _____

Addiction

_____	12 Hidden Rewards of Making Amends	$14.95 _____
_____	12 Smart Things to Do When the Booze and Drugs Are Gone	14.95 _____
_____	12 Stupid Things That Mess Up Recovery	14.95 _____

_____	Chicken Soup for the Recovering Soul	14.95	_____
_____	Clean: Overcoming Addiction and Ending America's Greatest Tragedy	25.00	_____
_____	Denial Is Not a River in Egypt	13.95	_____
_____	Ending Addiction for Good	14.95	_____
_____	How to Get and Stay Sober	14.95	_____
_____	The Life Recovery Bible	19.99	_____
_____	Life Without a Crutch	7.95	_____
_____	Now What? An Insider's Guide to Addiction and Recovery	14.95	_____
_____	Painkillers, Heroin, and the Road to Sanity	14.95	_____
_____	Passages Through Recovery	14.95	_____
_____	Recover to Live	25.95	_____
_____	The Recovery Book	15.95	_____
_____	Rein in Your Brain	14.95	_____
_____	Stop the Chaos	14.95	_____
_____	The Truth About Addiction and Recovery	16.00	_____
_____	Understanding the Twelve Steps	15.00	_____
_____	You Need Help!	14.95	_____

Anger Management

_____	Anger Control Workbook	$21.95	_____
_____	Anger Management for Dummies	22.99	_____
_____	Anger Management Sourcebook	18.95	_____
_____	Angry Men	14.95	_____
_____	Angry Women	14.95	_____
_____	Beyond Anger: A Guide for Men	15.99	_____
_____	Cage Your Rage for Women	20.00	_____
_____	Cage Your Rage Workbook	25.00	_____
_____	Forgiveness	17.95	_____
_____	Healthy Anger	24.95	_____
_____	Letting Go of Anger	16.95	_____
_____	Managing Teen Anger and Violence	19.95	_____
_____	Pathways to Peace Anger Management Workbook	29.95	_____
_____	Teen Anger Workbook	19.95	_____
_____	Violent No More	24.95	_____

Special Value Kits

_____	71 Re-Entry Success Books for Ex-Offenders	$1,161.95	_____
_____	Anger, Rage, and Recovery Kit	848.00	_____
_____	Discover What You're Best At Kit	428.95	_____
_____	Ex-Offender's Re-Entry Success Library	330.95	_____
_____	Helping Ex-Offenders Achieve Re-Entry Success	373.95	_____
_____	Job Finding With Social Media and Technology Kit	279.95	_____
_____	Learning From Successes and Failures Kit	1,069.95	_____
_____	Mindfulness for Refocusing Your Life Kit	297.95	_____
_____	New Attitudes, Goals, and Motivations Kit	411.95	_____
_____	Overcoming Self-Defeating Behaviors and Bouncing Back Kit	244.95	_____
_____	Reimagining Life: Discovering Your Meaning and Purpose in Life Kit	203.95	_____
_____	Start Your Own Business Kit	316.95	_____
_____	Substance Abuse, Addictive Behaviors, and Recovery Kit	899.95	_____
_____	Tony Robbins "Transform Your Life" Collection	189.95	_____

Survival and Re-Entry Curriculum Programs

_____	99 Days and a Get Up Training Program	$2,500.00	_____
_____	From the Inside Out Curriculum	$599.00	_____
_____	Co-occurring Disorders Program (CDP)	829.00	_____
_____	Life Skills Series for Parolees and Inmates	1,239.00	_____
_____	Life Without a Crutch Training Program	995.00	_____
_____	Map Through the Maze Program	389.95	_____

_____	A New Direction for Ex-Offenders: A Curriculum	4,695.00 _____
_____	Ultimate Re-Entry Success Curriculum Starter Kit	1,795.00 _____

Re-Entry and Survival DVDs

_____	9 to 5 Beats Ten to Life	$95.00 _____
_____	After Prison	149.00 _____
_____	Breaking and Entering...Into a Better Life	199.95 _____
_____	Countdown to Freedom (for men or women)	695.00 _____
_____	Down But Not Out	149.00 _____
_____	Ex-Offenders CAN Ace the Job Interview	139.00 _____
_____	Ex-Offender's Guide to Job Fair Success	129.00 _____
_____	From Prison to Home	`169.95 _____
_____	From Parole to Payroll (3 DVDs)	299.85 _____
_____	From Prison to Paycheck (8 DVDs)	999.00 _____
_____	Life After Prison	99.95 _____
_____	Living Free	149.00 _____
_____	Parole: Getting Out and Staying Out	69.95 _____
_____	Putting the Bars Behind You	99.00 _____
_____	Starting Fresh With a Troubled Background Series	299.95 _____
_____	Stop Recidivism, Now! (3 DVDs)	275.00 _____
_____	Why Bother? Finding the Will to Go On	119.95 _____

Life Skills/Personal Finance DVD/CD Programs

_____	Buying the Basics	$199.00 _____
_____	Effectively Managing Your Money and Work Program	1,170.00 _____
_____	Life Skills for Independent Living CD Program	1,319.00 _____
_____	Life Steps DVD Series	799.95 _____
_____	Managing Your Personal Finances	540.00 _____
_____	On Your Own: Independent Living Skills	99.95 _____

Addiction, Recovery, and Relapse Programs

_____	Addiction Recovery for Ex-Offenders DVD Series	$999.00 _____
_____	Co-Occurring Disorders Program	1,395.00 _____
_____	Substance Abuse and Addictive Behaviors Kit	557.95 _____

TERMS: Individuals must prepay; approved accounts are billed net 30 days. All orders under $100.00 should be prepaid.

RUSH ORDERS: fax, call, or email for more information on any special shipping arrangements and charges.

SUBTOTAL _____

Shipping ($5 +8% of SUBTOTAL) _____

TOTAL ORDER _____

Bill To:

Name_____ Title _____
Address _____
City _____ State/Zip _____
Phone (   ) _____ (daytime)
Email _____

Ship To: (if different from "Bill To;" include street delivery address) :

Name_____ Title _____
Address _____
City _____ State/Zip _____
Phone (   ) _____ (daytime)
Email _____

PAYMENT METHOD: ❑ **Purchase Order #**_____ (attach or fax with this order form)

❑ **Check** – Make payable to IMPACT PUBLICATIONS

❑ **Credit Card**: ❑ Visa ❑ MasterCard ❑ AMEX ❑ Discover

Card #															Expiration Date		
Signature							**Name on Card (print)**				